여러분의 합격을 응원하는
해커스경찰의 특별 혜택!

📝 회독용 답안지 [PDF]

해커스경찰(police.Hackers.com) 접속 후 로그인 ▶ 상단의 [교재·서점 → 무료 학습 자료] 클릭 ▶
본 교재 우측의 [자료받기] 클릭하여 이용

FREE 경찰헌법 특강

해커스경찰(police.Hackers.com) 접속 후 로그인 ▶ 상단의 [무료강좌 → 경찰 무료강의] 클릭하여 이용

해커스경찰 온라인 단과강의 20% 할인쿠폰

FF774D979BEECD86

해커스경찰(police.Hackers.com) 접속 후 로그인 ▶ 상단의 [내강의실] 클릭 ▶
[쿠폰/포인트] 클릭 ▶ 쿠폰번호 입력 후 이용

* 등록 후 7일간 사용 가능(ID당 1회에 한해 등록 가능)

경찰 합격예측 온라인 모의고사 응시권 + 해설강의 수강권

6BAB7B8C3BEF8D6C

해커스경찰(police.Hackers.com) 접속 후 로그인 ▶ 상단의 [내강의실] 클릭 ▶
[쿠폰/포인트] 클릭 ▶ 쿠폰번호 입력 후 이용

* ID당 1회에 한해 등록 가능

쿠폰 이용 관련 문의 1588-4055

단기 합격을 위한 해커스경찰 커리큘럼

입문
탄탄한 기본기와 핵심 개념 완성!
누구나 이해하기 쉬운 개념 설명과 풍부한 예시로 부담없이 쌩기초 다지기

TIP 베이스가 있다면 **기본 단계**부터!

기본+심화
필수 개념 학습으로 이론 완성!
반드시 알아야 할 기본 개념과 문제풀이 전략을 학습하고
심화 개념 학습으로 고득점을 위한 응용력 다지기

기출+예상 문제풀이
문제풀이로 집중 학습하고 실력 업그레이드!
기출문제의 유형과 출제 의도를 이해하고 최신 출제 경향을 반영한
예상문제를 풀어보며 본인의 취약영역을 파악 및 보완하기

동형문제풀이
동형모의고사로 실전력 강화!
실제 시험과 같은 형태의 실전모의고사를 풀어보며 실전감각 극대화

최종 마무리
시험 직전 실전 시뮬레이션!
각 과목별 시험에 출제되는 내용들을 최종 점검하며 실전 완성

PASS

* 커리큘럼 및 세부 일정은 상이할 수 있으며, 자세한 사항은 해커스경찰 사이트에서 확인하세요.

단계별 교재 확인 및 수강신청은 여기서!
police.Hackers.com

해커스경찰

박철한
경찰헌법

기출문제집

박철한

약력

현 | 해커스경찰 헌법 강의
　　　해커스공무원 헌법 강의

전 | 합격의 법학원 사법시험 헌법 강의
　　　한양대 겸임교수
　　　한양대, 성균관대, 이화여대, 숙명여대, 조선대 특강강사
　　　박문각 남부행정고시학원 헌법 강의
　　　KG패스원 헌법 강의

저서

박철한 경찰헌법 최신 5개년 판례집, 해커스경찰
박철한 경찰헌법 실전문제집, 해커스경찰
박철한 경찰헌법 실전동형모의고사, 해커스경찰
박철한 경찰헌법 핵심요약집, 해커스경찰
박철한 경찰헌법 기출문제집, 해커스경찰
박철한 경찰헌법 기본서, 해커스경찰
박철한 헌법 기본서, 해커스공무원
OLA 올라 헌법 기본서, 경찰공제회
OLA 올라 헌법 핵심 문제풀이, 경찰공제회
박철한 경찰헌법 단계별 핵심지문 OX, 법률저널
박철한 헌법 기출, 법률저널
박철한 핵심 헌법, 법률저널
헌법 기출 오엑스, 훈민정음

경찰헌법 어떻게 시작해야 할까?

헌법은 국민주권, 민주주의와 같이 상당히 추상적인 단어들로 구성되어 있습니다. 이에 많은 수험생들이 헌법을 이해하는 데 상당한 어려움을 겪고 있습니다. 헌법을 공부할 때는 철저하게 수험적으로 접근해야 합니다. 막연하게 어려운 단어를 깊이 파고드는 방식이 아니라 판례 내용과 결론 중심으로 정답을 고를 수 있도록 공부하는 것이 중요합니다.

<2026 해커스경찰 박철한 경찰헌법 기출문제집>은 수험생 여러분들이 '시험에 나오는' 헌법만을 효율적으로 학습할 수 있도록 다음과 같은 특징을 가지고 있습니다.

첫째, 경찰 수험생에게 맞게끔 단계별로 기출문제를 정리하였습니다.
헌법 과목은 그 단어들이 추상적이어서 우리 수험생들이 쉽게 이해할 수가 없습니다. 어려운 내용의 헌법을 경찰 수험생에게 맞게끔 단계별로 기출문제를 정리하여 차근차근 헌법을 이해하고 고득점으로 접근할 수 있도록 구성하였습니다.

둘째, OX 문제와 4지선다형(선택형) 문제를 함께 수록하였습니다.
4지선다형 문제의 경우에는 계속 정답 지문이 반복되는 경우가 많다 보니 중요 지문들을 놓칠 때가 많고 누락되는 경우도 있습니다. 이에 중요한 지문들, 꼭 알아야 할 지문들은 '핵심 OX'로 구성하여 먼저 전체적으로 정리하고, 이어서 4지선다형 문제를 풀어볼 수 있도록 두 종류의 문제를 모두 수록하였습니다.

셋째, 최근 헌법 시험 유형을 분석하여 엄선한 기출문제만을 수록하였습니다.
최근 시행되는 대부분의 헌법 시험은 판례와 법령을 위주로 출제되고 있으며, 이론의 경우는 거의 출제되지 않고 있습니다. 이에 맞추어 헌법 시험의 변화된 유형을 알 수 있는 문제들을 모두 수록하고자 하였으며, 순수이론 문제는 선별하여 최근 흐름에 맞게 기존 문제를 정리하고, 최신 판례와 개정법령을 반영한 예상문제로 수록하였습니다.

넷째, 최신 판례 및 개정법령을 전면 반영하였습니다.
최신 판례 및 개정된 법령을 본 교재 내 기출문제에 반영하였습니다. 문제를 통해 이론을 학습하면서 동시에 개정된 법령과 최신의 판례까지 효과적으로 학습할 수 있습니다.

다섯째, 상세하게 해설하였습니다.
정답 지문뿐만 아니라 정답이 아닌 지문에 대한 해설도 상세하게 수록하였습니다. 따라서 어떤 지문이 틀렸다면 왜 틀렸는지를 해설만을 통해서도 충분히 이해하실 수 있으실 것입니다.

더불어 경찰공무원 시험 전문 **해커스경찰(police.Hackers.com)**에서 학원강의나 인터넷 동영상강의를 함께 이용하여 꾸준히 수강한다면 학습효과를 극대화할 수 있습니다.

부디 <2026 해커스경찰 박철한 경찰헌법 기출문제집>과 함께 경찰공무원 헌법 시험의 고득점을 달성하고 합격을 향해 한 걸음 더 나아가시기를 바랍니다. 본 교재가 경찰공무원 시험 합격을 꿈꾸는 모든 수험생 여러분에게 훌륭한 길잡이가 되기를 바랍니다.

2025년 1월
박철한

목차

제1편 헌법 총론

제1장 헌법의 개념과 흐름   8
제1절 헌법의 개념   15
제2절 헌법의 흐름   18

제2장 국가   24
제1절 헌정사   28
제2절 국가의 3요소   31

제3장 대한민국헌법의 근본원리   37
제1절 헌법전문   45
제2절 국민주권·민주주의·법치국가   51
제3절 사회국가·문화국가·국제평화주의   65

제2편 기본권 총론

제1절 기본권의 주체   84
제2절 기본권의 효력   90
제3절 기본권의 제한 및 한계   93
제4절 기본권의 침해 및 구제   96

제3편 기본권 각론

제1장 포괄적 기본권 — 104
- **제1절** 행복추구권 — 111
- **제2절** 평등권 — 117

제2장 자유권적 기본권 — 124
- **제1절** 인신의 자유 — 124
- **제2절** 사생활의 자유 — 159
- **제3절** 정신적 자유권 — 178
- **제4절** 경제적 자유권 — 216

제3장 정치적 기본권 — 245
- **제1절** 직접참정권 — 259
- **제2절** 정당제도 — 264
- **제3절** 선거제도 — 274
- **제4절** 직업공무원제도 및 공무담임권 — 282

제4장 청구권적 기본권 — 292
- **제1절** 청원권 — 299
- **제2절** 재판청구권 — 304
- **제3절** 국가배상청구권 — 311
- **제4절** 형사보상청구권 — 313
- **제5절** 범죄피해자구조청구권 — 318

제5장 사회권적 기본권 — 321
- **제1절** 인간다운 생활을 할 권리 — 332
- **제2절** 교육을 받을 권리 — 339
- **제3절** 근로의 권리와 근로3권 — 345
- **제4절** 환경권 — 353
- **제5절** 혼인과 가족제도 — 356

제6장 국민의 의무 — 360

해커스경찰
police.Hackers.com

2026 해커스경찰 박철한 경찰헌법 기출문제집

제1편
헌법 총론

제1장 헌법의 개념과 흐름
제2장 국가
제3장 대한민국헌법의 근본원리

제1장 | 헌법의 개념과 흐름

핵심 OX

01 성문헌법이라고 하여도 그 속에 모든 헌법사항을 빠짐없이 완전히 규율하는 것은 불가능하고 또한 헌법은 국가의 기본법으로서 간결성과 함축성을 추구하기 때문에 형식적 헌법전에는 기재되지 아니한 사항이라도 이를 불문헌법 내지 관습헌법으로 인정할 소지가 있다. ( )

해설

[O] 성문헌법이라고 하여도 그 속에 모든 헌법사항을 빠짐없이 완전히 규율하는 것은 불가능하고 또한 헌법은 국가의 기본법으로서 간결성과 함축성을 추구하기 때문에 형식적 헌법전에는 기재되지 아니한 사항이라도 이를 불문헌법(不文憲法) 내지 관습헌법으로 인정할 소지가 있다(헌재 2004.10.21, 2004헌마554).

02 관습헌법도 성문헌법과 마찬가지로 주권자인 국민의 헌법적 결단의 의사표현이고 성문헌법과 동등한 효력을 가진다. ( )

해설

[O] 관습헌법도 성문헌법과 마찬가지로 주권자인 국민의 헌법적 결단의 의사의 표현이며 성문헌법과 동등한 효력을 가진다(헌재 2004.10.21, 2004헌마554).

03 헌법개정과 위헌법률심판은 불문헌법에서는 인정되지 않는다. ( )

해설

[O] 국가창설적 기능과 헌법변천, 헌법해석, 헌법보호는 불문헌법에서는 인정된다.

04 헌법재판제도는 헌법의 최고규범성을 간접적으로 인정한 것이다. ( )

해설

[O] 우리 헌법은 헌법의 최고규범성에 대하여 명시하고 있지는 않지만, 헌법개정절차의 복잡성(제10장), 위헌법률심사제(제107조 제1항, 제111조 제1항), 명령·규칙의 위헌심사제(제107조 제2항), 대통령의 헌법존중과 헌법준수의 선서(제69조) 등을 통해서 간접적으로 헌법이 최고규범임을 인정하고 있다.

05 헌법의 최고규범성과 경성(硬性)헌법성은 서로 밀접히 관련되어 있다. ( )

해설

[O] '지나친 경성'이 아닌 한, 경성헌법은 최고규범성을 확립하는 데 도움이 된다. 헌법의 최고규범성과 관련되는 것으로 경성헌법, 국가창설 기능, 위헌법률심사제를 들 수 있다.

06 헌법은 그 조문 등이 갖는 구조적 특성으로 인하여 하위의 법규범에 비해 해석에 의한 보충의 필요성이 큰 편이다. ( )

해설
[O] 헌법은 쉽게 변경되지 못하고 추상적이어서 하위 규범에 의한 보충적 해석이 필요하다.

07 헌법은 규범통제에서는 해석기준으로 기능하고, 합헌적 법률해석에서는 심사기준으로 기능한다. ( )

해설
[×] 헌법은 규범통제에서는 법률심사의 기준이 되고, 합헌적 법률해석에서는 법률해석의 기준이 된다.

08 규범통제는 원칙적으로 헌법적 근거를 요한다. ( )

해설
[O] 원칙은 그러하나 미국은 그러하지 아니하다. 그래서 헌법변천이라고 한다. 국회가 제정한 법률을 통제하기 위해선 당연히 헌법에 근거가 필요하다.

09 법률에 대한 합헌적 해석으로 법률의 목적이나 내용이 본래의 취지보다 다소 제한되거나 보충되는 것은 가능하다. ( )

해설
[O] 법률에 대한 합헌적 해석으로 법률의 목적이나 내용이 본래의 취지보다 다소 제한되거나 보충되는 것은 가능하다(헌재 1997.1.16, 89헌마240).

10 합헌적 법률해석이 합법적 헌법해석이 되어서는 안 된다는 원칙을 헌법수용적 한계라고 한다. ( )

해설
[O] 즉, 주객이 전도되면 안 된다. 헌법에 맞게끔 법률을 해석해야지 법률에 맞게끔 헌법을 해석해서는 안 될 것이다.

11 합헌적 법률해석은 입법자의 명백한 의지 및 입법목적과 완전히 다른 해석을 하여서는 아니 된다. ( )

해설
[O] 입법목적과 완전히 다른 해석을 한 경우 이는 합헌적 법률해석의 한계를 벗어나게 되며 더 큰 입법권 침해가 된다.

12 지방자치단체의 장이 다른 지방자치단체의 장의 동의를 얻어 그 소속 공무원을 전입할 수 있다는 지방공무원법 제29조의3 규정은 해당 지방공무원의 동의가 있을 것을 전제로 하고 있다고 해석하기 어려우므로 지방자치단체의 장의 자의적 판단에 의하여 실질적으로 면직에 버금가는 불리한 인사조치를 할 수 있다는 결론으로 귀착되므로 헌법에 위반된다고 볼 것이다. ( )

해설
[×] 지방자치단체의 장이 다른 지방자치단체의 장의 동의를 얻어 그 소속 공무원을 전입할 수 있다는 지방공무원법 제29조의3 규정은 해당 지방공무원의 동의가 있을 것을 당연한 전제로 하여 그 공무원이 소속된 지방자치단체의 장의 동의를 얻어서만 그 공무원을 전입할 수 있음을 규정하고 있는 것으로 보는 것이 올바른 해석이므로 헌법에 위반되지 아니한다(헌재 2002.11.28, 99헌바8).

13 법률이 전부 개정된 경우 부칙 규정에 관한 경과규정을 두지 않은 이상 전부개정법률의 시행으로 인하여 실효된다. ( )

해설
[O] 따라서 이 사건 부칙조항이 실효되지 않은 것으로 해석하는 것은 헌법에 위반된다(헌재 2012.5.31, 2009헌바123 등).

14 헌법개정은 국회재적의원 과반수 또는 대통령의 발의로 제안된다. ( )

해설
[O] 헌법개정은 국회재적의원 과반수 또는 대통령의 발의로 제안된다(헌법 제128조 제1항).

15 제안된 헌법개정안은 대통령이 30일 이상의 기간 동안 이를 공고하여야 한다. ( )

해설
[×] 제안된 헌법개정안은 대통령이 20일 이상의 기간 동안 이를 공고하여야 한다(헌법 제129조).

16 국회는 헌법개정안이 공고된 날로부터 60일 이내에 의결하여야 하며, 국회의 의결은 재적의원 3분의 2 이상의 찬성을 얻어야 한다. ( )

해설
[O] 국회는 헌법개정안이 공고된 날로부터 60일 이내에 의결하여야 하며, 국회의 의결은 재적의원 3분의 2 이상의 찬성을 얻어야 한다(헌법 제130조 제1항).

17 헌법개정은 국회재적의원 3분의 2 이상 또는 대통령의 발의로 제안된다. ( )

해설
[×] 헌법개정은 국회재적의원 과반수 또는 대통령의 발의로 제안된다(헌법 제128조 제1항).

18 국회는 헌법개정안이 공고된 날로부터 60일 이내에 의결하여야 한다. ( )

해설
[O] 국회는 헌법개정안이 공고된 날로부터 60일 이내 의결하여야 하며 국회의 의결은 재적의원 3분의 2 이상의 찬성을 얻어야 한다(헌법 제130조 제1항).

19 헌법개정안이 확정되면 대통령은 15일 이내에 이를 공포하여야 한다. ( )

해설
[×] 헌법개정안이 확정되면 대통령은 즉시 이를 공표하여야 한다(헌법 제130조 제3항).

20 헌법개정안은 국회가 의결한 후 30일 이내에 국민투표에 붙여 국회의원선거권자 과반수의 투표와 투표자 과반수의 찬성을 얻어야 한다. ( )

해설
[O] 헌법개정안은 국회가 의결한 후 30일 이내에 국민투표에 붙여 국회의원선거권자 과반수의 투표와 투표자 과반수의 찬성을 얻어야 한다(헌법 제130조 제2항).

21 대통령의 임기연장 또는 중임변경을 위한 헌법개정은 그 헌법개정 제안 당시의 대통령에 대하여는 효력이 없다. ( )

해설
[O] 대통령의 임기연장 또는 중임변경을 위한 헌법개정은 그 헌법개정 제안 당시의 대통령에 대하여는 효력이 없다(헌법 제128조 제2항).

22 대통령은 국회에서 의결된 헌법개정안을 반드시 국민투표에 붙여야 한다. ( )

해설
[O] 헌법개정안은 국회가 의결한 후 30일 이내에 국민투표에 붙여 국회의원선거권자 과반수의 투표와 투표자 과반수의 찬성을 얻어야 한다(헌법 제130조 제2항).

23 국회의원이 헌법개정안을 발의함에는 재적의원 과반수의 찬성이 있어야 한다. ( )

해설
[O] 헌법개정은 국회재적의원 과반수 또는 대통령의 발의로 제안된다(헌법 제128조 제1항).

24 헌법개정안은 국회가 의결한 후 30일 이내에 국민투표에 회부하여 국회의원선거권자 과반수 이상의 찬성을 얻어야 한다. ( )

해설
[×] 헌법개정안은 국회가 의결한 후 30일 이내에 국민투표에 붙여 국회의원선거권자 과반수의 투표와 투표자 과반수의 찬성을 얻어야 한다(헌법 제130조 제2항).

25 헌법개정안은 대통령이 공고한 후 30일 이내에 국민투표에 붙여 국회의원선거권자 과반수의 투표와 투표자 과반수의 찬성을 얻어야 한다. ( )

해설
[×] 헌법개정안은 국회가 의결한 후 30일 이내에 국민투표에 붙여 국회의원선거권자 과반수의 투표와 투표자 과반수의 찬성을 얻어야 한다(헌법 제130조 제2항).

26 헌법개정은 헌법개정안을 국민투표에 부쳐 국회의원선거권자 과반수의 투표와 투표자 과반수의 찬성을 얻고, 대통령이 이를 15일 이내에 공포하여야 확정된다. ( )

해설
[×] 헌법 제130조 제3항을 참조할 때 즉시 이를 공포한다고 규정되어 있다.

27 제4공화국은 헌법개정절차를 이원화하였다. ( )

해설
[O] 제4공화국은 대통령이 제안한 헌법개정안은 국민투표로 확정하고, 국회의원이 제안한 헌법개정안은 국회재적의원 3분의 2 이상의 의결을 거쳐 통일주체국민회의의 의결로 확정된다고 하여 헌법개정절차를 이원화하였다.

28 우리나라 현행 헌법상 대통령의 중임변경을 위한 헌법개정은 그 헌법개정 제안 당시의 대통령에 대하여는 효력이 없다. ( )

> **해설**
> [O] 대통령의 임기연장 또는 중임변경을 위한 헌법개정은 그 헌법개정 제안 당시의 대통령에 대하여는 효력이 없다(헌법 제128조 제2항).

29 국회의 의결절차를 거치지 아니한 채, 헌법 제72조의 중요정책에 관한 국민투표만으로 헌법을 개정하는 것은 위헌이다. ( )

> **해설**
> [O] 어려운 문제는 아니며, 현재까지 자주 출제되었던 문제이다. 헌법개정을 헌법 제130조가 아닌 헌법 제72조의 방식으로 하는 것은 국회의 의결을 거치지 않아 헌법에 위반되는 것으로 허용되지 않는다.

30 헌법의 기본적 동일성을 변경하는 개정은 허용되지 않는다고 본다. ( )

> **해설**
> [O] 헌법개정한계설의 견해를 따르면 헌법의 기본적인 동일성이나 본질적인 내용은 개정할 수 없다. 즉, 개정에 있어서도 헌법제정권자가 정립한 기본원리가 되는 조항은 개정할 수 없다.

31 헌법규범 상호간에는 이념적·논리적으로뿐만 아니라 효력상으로도 특정 규정이 다른 규정의 효력을 부인할 수 있는 정도의 가치의 우열을 인정할 수 있다. ( )

> **해설**
> [X] 이때 인정되는 헌법규범 상호간의 우열은 추상적 가치규범의 구체화에 따른 것으로서 헌법의 통일적 해석에 있어서는 유용할 것이지만, 그것이 헌법의 어느 특정 규정이 다른 규정의 효력을 전면적으로 부인할 수 있을 정도의 개별적 헌법규정 상호간에 효력상의 차등을 의미하는 것이라고는 볼 수 없다(헌재 1996.6.13, 94헌바20).

32 위헌심사의 대상이 되는 법률은 국회의 의결을 거친 형식적 의미의 법률을 의미하는 것이므로 헌법의 개별규정 자체는 헌법소원에 의한 위헌심사의 대상이 될 수 없다. ( )

> **해설**
> [O] 헌법 제111조 제1항 제1호·제5호 및 헌법재판소법 제41조 제1항, 제68조 제2항은 위헌심사의 대상이 되는 규범을 '법률'로 명시하고 있으며, 여기서 '법률'이라고 함은 국회의 의결을 거쳐 제정된 이른바 형식적 의미의 법률을 의미하므로 헌법의 개별규정 자체는 헌법소원에 의한 위헌심사의 대상이 아니다(헌재 1996.6.13, 94헌바20).

33 헌법의 각 개별조항 간에는 이념적·논리적으로 규범 상호간의 우열을 인정할 수 있으므로 특정한 헌법조항은 다른 헌법조항이 개정될 경우 그 위헌 여부를 심사할 수 있는 기준이 될 수 있다. ( )

> **해설**
> [X] 헌법의 제규정 가운데는 헌법의 근본가치를 보다 추상적으로 선언한 것도 있고, 이를 보다 구체적으로 표현한 것도 있으므로 이념적·논리적으로는 규범 상호간의 우열을 인정할 수 있는 것이 사실이다. 그러나, 이때 인정되는 규범 상호간의 우열은 추상적 가치규범의 구체화에 따른 것으로 헌법의 통일적 해석에 있어서는 유용할 것이지만, 그것이 헌법의 어느 특정규정이 다른 규정의 효력을 전면적으로 부인할 수 있을 정도의 개별적 헌법규정 상호간에 효력상의 차등을 의미하는 것이라고는 볼 수 없다(헌재 1995.12.28, 95헌바3).

34 일본의 자위대는 헌법변천의 예라고 할 수 있다. ( )

해설

[O] 일본헌법은 제9조 제1항·제2항에서 군대의 보유를 허용하지 않는 평화조항을 두고 있으나 일본정부는 이 조항을 개정하지 아니한 채 자위를 위한 최소한의 군사력 보유를 허용하는 것으로 해석하고 자위대라는 군사력을 지속적으로 증강해오고 있다.

35 헌법개정의 가능성이 다한 경우에는 헌법을 변천하지 않으면 안 된다. ( )

해설

[×] 이는 반대로 되었다. 즉, 헌법변천의 가능성이 다한 경우에는 헌법을 개정하지 않으면 안 된다. 헌법개정은 헌법변천의 한계적 기능을 수행한다.

36 헌법변천은 반복적인 헌법적 관례가 있으면 족하지 그 관계에 대한 국민적 승인이 있어야 하는 것은 아니다. ( )

해설

[×] 제헌법변천의 요건은 헌법조항의 의미내용에 변화가 있어야 하며, 헌법적 관례의 존재, 그리고 국민적 승인이 필요하다.

37 헌법보장수단으로서의 저항권은 폭력적 수단을 사용해서는 안 된다. ( )

해설

[×] 저항권이란 법치주의적 헌정질서를 침해하거나 파괴하려는 국가권력에 대하여 국민이 저항할 수 있는 권리를 말한다. 저항권은 최후의 비상수단적 권리인 동시에 헌법보장제도로써의 이중적인 성격을 내재하고 있는 것으로, 명백한 불법정부에 대한 저항권은 현대적 법률관에 의하여 당연히 인정되는 권리이다. 저항권은 기존질서의 유지라는 측면에서 소극적 무력행사가 허용된다.

38 대법원은 헌법 및 법률에 저항권에 관하여 아무런 규정을 두지 않았음을 근거로 하여 저항권의 재판규범성을 부정하였다. ( )

해설

[O] 대법원은 저항권이 실정법에 근거를 두지 못하고 오직 자연법에만 근거하고 있는 한 법관은 이를 재판규범으로 원용할 수 없다. 더구나 오늘날 저항권의 존재를 긍정하는 학자 사이에서도 그 구체적 개념의 의의, 내용이나 성립요건에 관해서는 견해가 구구하여 일치한다 할 수 없어 결국 막연하고 추상적인 개념임을 면할 수 없고, 이미 저항권의 존재를 선언한 몇 개의 입법례도 그 구체적 요건은 서로 다르다 할 것이니, 헌법 및 법률에 저항권에 관하여 아무런 규정이 없는 우리나라의 현 단계에서는 더욱이 이 저항권이론을 재판의 준거규범으로 채용하기를 주저하지 않을 수 없다고 하였다[대판 1980.5.20, 80도306(전합) - 김재규 사건 ; 동일취지 대판 1975.4.8, 74도3323(전합) - 민청학련사건].

39 대법원은 저항권이 일종의 자연법상의 권리로서 이를 인정하는 것이 타당하다 할 것이고 저항권이 인정된다면 재판규범으로서의 기능을 배제할 근거가 없다는 입장을 가지고 있다. ( )

해설

[×] 저항권이 존재한다 하더라도 저항권은 실정법에 근거를 두지 아니하고 자연법에만 근거하고 있는 한, 법관은 이를 재판규범으로 원용할 수 없다[대판 1980.5.20, 80도306(전합)].

40 소수의 특수집단을 중심으로 헌정체제의 변화를 유발하는 쿠데타는 혁명이나 저항권과 같이 국민적 정당성을 확보한다고 볼 수 있다. ( )

해설
[×] 쿠데타가 정당하다고 하는 경우는 없다. 정당하다면 혁명이라는 표현을 사용할 것이다.

41 국가기관이나 지방자치단체와 같은 공법인도 저항권의 주체가 될 수 있다. ( )

해설
[×] 국민이 주체가 되며, 국가기관이나 지방자치단체와 같은 공법인도 저항권의 주체가 될 수 없다.

42 저항권의 행사는 목적달성을 위해 필요최소한에 국한되지 않으면 안 되기 때문에 원칙적으로 평화적 방법에 의해야 한다. ( )

해설
[O] 이런 의미에서 주로 폭력을 사용하는 혁명권과 구별된다.

43 우리나라에서는 진보당의 경우 사법부에 의해 위헌정당으로 해산된 바 있다. ( )

해설
[×] 진보당은 위헌정당으로 해산된 것이 아니라 공보실장의 행정처분에 의해서 해산되었다.

44 기본권 실효제도는 현재 우리 헌법에는 규정되어 있지 않다. ( )

해설
[O] 독일에는 기본권 실효제도가 존재하나, 우리나라는 기본권 실효제도가 규정되어 있지 않다.

기출문제

제1절 헌법의 개념

01 다음 중 헌법의 의의와 특질에 관한 기술로 옳지 <u>않은</u> 것은? (다툼이 있을 경우 판례에 의함)

13. 서울시 7급 변형

① 헌법은 그 조문 등이 갖는 구조적 특성으로 인하여 하위의 법규범에 비해 해석에 의한 보충의 필요성이 큰 편이다.
② 불문헌법 국가는 헌법개정이라는 것이 있을 수 없고, 헌법이 존재하지 않으니 헌법의 독특한 해석이나 헌법변천도 불가능하다.
③ 수도의 핵심은 국회와 행정을 통할하며 국가를 대표하는 대통령의 소재지가 있는 곳이다.
④ 현대 사회국가 헌법은 헌법전에 사회국가 원리, 즉 약자에 대한 배려가 실현되어 있는 헌법을 말한다.

해설
② [×] 불문헌법 국가의 경우 헌법개정과 위헌법률심사는 불가능하지만 나머지는 허용된다. 즉, 헌법의 독특한 해석이나 헌법변천은 가능하다.
① [○] 헌법은 쉽게 변경되지 못하고 추상적이어서 하위 규범에 의한 보충적 해석이 필요하다.
③ [○] 수도의 핵심개념은 국회와 행정을 통할하며 국가를 대표하는 대통령의 소재지가 있는 곳이다(헌재 2004.10.21, 2004헌마554 등).
④ [○] 근대 입헌주의 헌법의 특징이 헌법전에 권리가 들어가는 것이라면, 현대 사회국가 헌법은 약자에 대한 배려가 실현되어 있는 헌법을 말한다.

02 헌법의 개념에 관한 설명으로 가장 적절하지 <u>않은</u> 것은? (다툼이 있는 경우 판례에 의함) 23. 경찰순경 1차 변형

① 관습헌법이란 실질적 의미의 헌법사항이 관습으로 규율되고 있다는 것을 뜻할 뿐이며, 관습헌법이라고 해서 성문헌법과 똑같은 효력이 인정된다고 볼 근거가 없다.
② 관습헌법이 성립하기 위하여서는 관습이 성립하는 사항이 단지 법률로 정할 사항이 아니라 반드시 헌법에 의하여 규율되어 법률에 대하여 효력상 우위를 가져야 할 만큼 헌법적으로 중요한 기본적 사항이 되어야 한다.
③ 법률개정의 방법보다 헌법개정이 어려운 경우를 경성헌법이라고 한다.
④ 성문헌법이라고 하여도 그 속에 모든 헌법사항을 빠짐없이 완전히 규율하는 것은 불가능하고 또한 헌법은 국가의 기본법으로서 간결성과 함축성을 추구하기 때문에 형식적 헌법전에는 기재되지 아니한 사항이라도 이를 불문헌법 내지 관습헌법으로 인정할 소지가 있다.

해설
① [×] 관습헌법도 성문헌법과 마찬가지로 주권자인 국민의 헌법적 결단의 의사의 표현이며 성문헌법과 동등한 효력을 가진다(헌재 2004.10.21, 2004헌마554).
② [○] 관습헌법이 성립하기 위하여서는 먼저 관습이 성립하는 사항이 단지 법률로 정할 사항이 아니라 반드시 헌법에 의하여 규율되어 법률에 대하여 효력상 우위를 가져야 할 만큼 헌법적으로 중요한 기본적 사항이 되어야 한다(헌재 2004.10.21, 2004헌마554).
③ [○] 헌법은 개정방법이 일반적인 법률의 개정방법에 비해 어려운가의 여부에 따라 분류된다. 통상의 방법보다 어려운 경우를 경성헌법이라고 하고, 통상의 방법과 동일한 경우를 연성헌법이라고 한다.
④ [○] 성문헌법이라고 하여도 그 속에 모든 헌법사항을 빠짐없이 완전히 규율하는 것은 불가능하고 또한 헌법은 국가의 기본법으로서 간결성과 함축성을 추구하기 때문에 형식적 헌법전에는 기재되지 아니한 사항이라도 이를 불문헌법(不文憲法) 내지 관습헌법으로 인정할 소지가 있다(헌재 2004.10.21, 2004헌마554).

정답 | 01 ② 02 ①

03 다음 관습헌법에 관한 설명 중 가장 옳지 <u>않은</u> 것은? (다툼이 있는 경우 판례에 의함) 24. 해양경찰 간부

① 관습헌법이 성립하기 위하여서는 관습이 성립하는 사항이 단지 법률로 정할 사항이 아니라 반드시 헌법에 의하여 규율되어 법률에 대하여 효력상 우위를 가져야 할 만큼 헌법적으로 중요한 기본적 사항이 되어야 한다.
② 헌법 제1조 제2항에 따라 국민이 대한민국의 주권자이며, 국민은 최고의 헌법제정권력이기 때문에 성문헌법의 제·개정에 참여할 뿐만 아니라 헌법전에 포함되지 아니한 헌법사항을 필요에 따라 관습의 형태로 직접 형성할 수 있다.
③ 국가를 대표하는 대통령과 민주주의적 통치원리에 핵심적 역할을 하는 의회의 소재지 및 대법원의 소재지를 정하는 문제는 국가의 정체성을 표현하는 형식적 헌법사항이다.
④ 관습헌법은 일반적인 헌법사항에 해당하는 내용 중에서도 특히 국가의 기본적이고 핵심적인 사항으로서 법률에 의하여 규율하는 것이 적합하지 아니한 사항을 대상으로 한다.

해설

③ [×] 헌법기관들 중에서 국민의 대표기관으로서 국민의 정치적 의사를 결정하는 국회와 행정을 통할하며 국가를 대표하는 대통령의 소재지가 어디인가 하는 것은 수도를 결정하는 데 있어서 특히 결정적인 요소가 된다(헌재 2004.10.21, 2004헌마554).
▶ 따라서 대법원은 이에 해당하지 않는다.
① [O] 관습헌법이 성립하기 위하여서는 관습이 성립하는 사항이 단지 법률로 정할 사항이 아니라 반드시 헌법에 의하여 규율되어 법률에 대하여 효력상 우위를 가져야 할 만큼 헌법적으로 중요한 기본적 사항이 되어야 한다(헌재 2004.10.21, 2004헌마554).
② [O] 헌법 제1조 제2항은 '대한민국의 주권은 국민에게 있고, 모든 권력은 국민으로부터 나온다.'고 규정한다. 이와 같이 국민이 대한민국의 주권자이며, 국민은 최고의 헌법제정권력이기 때문에 성문헌법의 제·개정에 참여할 뿐만 아니라 헌법전에 포함되지 아니한 헌법사항을 필요에 따라 관습의 형태로 직접 형성할 수 있다(헌재 2004.10.21, 2004헌마554).
④ [O] 일반적으로 실질적인 헌법사항이라고 함은 널리 국가의 조직에 관한 사항이나 국가기관의 권한 구성에 관한 사항 혹은 개인의 국가권력에 대한 지위를 포함하여 말하는 것이지만, 관습헌법은 이와 같은 일반적인 헌법사항에 해당하는 내용 중에서도 특히 국가의 기본적이고 핵심적인 사항으로서 법률에 의하여 규율하는 것이 적합하지 아니한 사항을 대상으로 한다(헌재 2004.10.21, 2004헌마554).

04 헌법의 최고규범성에 관한 설명으로 가장 적절하지 <u>않은</u> 것은? 16. 경찰승진 변형

① 헌법의 국가를 창설하는 기능은 최고규범성과는 큰 관련이 없다.
② 헌법의 최고규범성과 경성헌법성은 관련되어 있다.
③ 위헌법률심사제도는 헌법의 최고규범성을 관철하기 위한 제도이다.
④ 현행 헌법은 헌법의 최고법조항을 직접 명문으로 규정하고 있지는 않다.

해설

① [×] 최고권력이라 할 수 있는 국가를 창설하는 기능을 가진다는 것은 최고규범이기 때문에 가능하다.
② [O] 개정을 어렵게 할수록 규범력이 강해지고 이는 최고규범성과 관련이 있다.
③ [O] 위헌법률심사제도는 헌법에 저촉되는 법률을 제거하여 헌법의 최고규범성을 유지하기 위한 제도이다.
④ [O] 현행 헌법에는 헌법의 최고규범성을 직접 명시한 규정은 없다. 즉, "헌법은 최고규범이다."라는 조문은 없다.

05 헌법해석에 관한 다음 설명 중 잘못된 것은?

02. 법원행시 변형

① 법률의 합헌적 해석의 원칙이란 법률의 개념이 다의적이어서 그 어의에 대해서 여러 가지 해석이 가능할 때 가능한 한 헌법에 합치되는 방향으로 해석하여야 한다는 원칙이다.
② 법률의 합헌적 해석의 원칙은 입법권자의 입법형성권이 제한되거나 박탈되더라도 적극적으로 합헌해석을 하여야 한다는 취지이다.
③ 법률이 전부개정된 경우 부칙 규정에 관한 경과규정을 두지 않은 이상 전부개정법률의 시행으로 인하여 실효된다.
④ 법률의 합헌적 해석은 해석론이기 때문에 헌법에 명시적 근거가 있어야 가능한 것은 아니다.

해설

② [×] 법률제정권자가 해당 법률의 제정을 통해 추구하는 명백한 입법목적을 정면으로 무시한 합헌적 법률해석은 허용할 수 없다. 이 경우 입법권 침해가 야기될 수 있기 때문이다. 이를 법목적적 한계라고 한다.
① [O] 합헌적 법률해석은 기본적으로 다의적으로 해석될 경우에만 가능하다. 일의적으로 해석된다면 위헌이라고 판단해야 한다.
③ [O] 이 사건 부칙조항은 이 사건 전문개정법의 시행으로 인하여 실효되었다. 법률이 전부 개정된 경우에는 기존 법률을 폐지하고 새로운 법률을 제정하는 것과 마찬가지여서, 종전의 본칙은 물론 부칙 규정도, 그에 관한 경과규정을 두거나 이를 계속 적용한다는 등의 규정을 두지 않은 이상 위 전부개정법률의 시행으로 인하여 실효된다. 따라서 이 사건 부칙조항이 실효되지 않은 것으로 해석하는 것은 헌법에 위반된다(헌재 2012.5.31, 2009헌바123 등).
④ [O] 합헌적 법률해석에서는 반드시 헌법에 명시적 근거를 요하는 것은 아니나, 규범통제의 경우에는 명시적 근거가 필요하다.

06 합헌적 법률해석에 관한 설명으로 옳지 않은 것은? (다툼이 있는 경우 판례에 의함)

19. 소방간부 변형

① 법률의 개념이 다의적이고 그 어의의 테두리 안에서 여러 가지 해석이 가능할 때, 헌법을 최고법규로 하는 통일적인 법질서의 형성을 위하여 헌법에 합치되는 해석을 하여야 한다.
② 법률에 대하여 위헌적인 결과가 될 해석을 배제하면서 합헌적이고 긍정적인 면을 살려야 한다는 것이 헌법의 일반법리이다.
③ 합헌적 법률해석은 법률조항의 문구가 간직하고 있는 말의 뜻을 넘어서 말의 뜻이 완전히 다른 의미로 변질되지 아니하는 범위 내에서 이루어져야 한다.
④ 합헌적 법률해석의 한계를 벗어난 해석이라 해도 입법자의 목적을 존중한다는 의미에서 입법권 침해가 될 수 없다.

해설

④ [×] 법률제정권자가 해당 법률로 추구하고 있는 명백한 입법목적을 정면으로 무시한 합헌적 법률해석은 허용할 수 없다. 이 경우 입법권 침해가 야기될 수 있다(헌재 1989.7.14, 88헌가5 등). 합헌적 법률해석의 한계를 벗어난 해석은 그것이 바로 실질적 의미에서의 입법작용을 뜻하게 되어 결과적으로 입법권자의 입법권을 침해한다.
① [O] 합헌적 법률해석은 기본적으로 다의적으로 해석될 경우에만 가능하다. 일의적으로 해석된다면 위헌이라고 판단해야 한다.
② [O] 어떤 법률의 개념이 다의적이고 그 어의의 테두리 안에서 여러 가지 해석이 가능할 때, 헌법을 최고법규로 하는 통일적인 법질서의 형성을 위하여 헌법에 합치되는 해석, 즉 합헌적인 해석을 택하여야 하며, 이에 의하여 위헌적인 결과가 될 해석은 배제하면서 합헌적이고 긍정적인 면은 살려야 한다는 것이 헌법의 일반법리이다(헌재 1990.4.2, 89헌가113).
③ [O] 합헌적 법률해석도 법조문의 자구가 간직하고 있는 말뜻을 넘어서까지 해당 조문을 합헌적으로 해석할 수는 없다는 것을 문의적 한계라고 한다.

정답 | 03 ③   04 ①   05 ②   06 ④

제2절 헌법의 흐름

01 헌법개정에 관한 현행 헌법의 규정 중 빈칸에 들어갈 내용을 바르게 나열한 것은? 23. 경찰승진

> ㉠ 헌법개정은 국회재적의원 (A) 또는 대통령의 발의로 제안된다.
> ㉡ 제안된 헌법개정안은 대통령이 (B)일 이상의 기간 이를 공고하여야 한다.
> ㉢ 국회는 헌법개정안이 공고된 날로부터 60일 이내에 의결하여야 하며, 국회의 의결은 (C) (D) 이상의 찬성을 얻어야 한다.
> ㉣ 헌법개정안은 국회가 의결한 후 (E)일 이내에 국민투표에 붙여 국회의원선거권자 과반수의 투표와 투표자 과반수의 찬성을 얻어야 한다.

① A: 과반수,   B: 20,   C: 재적의원,   D: 3분의 2,   E: 30
② A: 과반수,   B: 20,   C: 출석의원,   D: 과반수,   E: 60
③ A: 3분의 2 이상, B: 10,   C: 출석의원,   D: 과반수,   E: 30
④ A: 3분의 2 이상, B: 10,   C: 재적의원,   D: 3분의 2,   E: 60

해설

㉠ 헌법 제128조 제1항

> 헌법 제128조 ① 헌법개정은 국회재적의원 과반수 또는 대통령의 발의로 제안된다.

㉡ 헌법 제129조

> 헌법 제129조 제안된 헌법개정안은 대통령이 20일 이상의 기간 이를 공고하여야 한다.

㉢ 헌법 제130조 제1항

> 헌법 제130조 ① 국회는 헌법개정안이 공고된 날로부터 60일 이내에 의결하여야 하며, 국회의 의결은 재적의원 3분의 2 이상의 찬성을 얻어야 한다.

㉣ 헌법 제130조 제2항

> 헌법 제130조 ② 헌법개정안은 국회가 의결한 후 30일 이내에 국민투표에 붙여 국회의원선거권자 과반수의 투표와 투표자 과반수의 찬성을 얻어야 한다.

02 헌법개정에 관한 설명으로 가장 적절하지 않은 것은? (다툼이 있는 경우 판례에 의함) 16. 경정승진

① 헌법은 하나의 통일된 가치체계를 이루고 있기 때문에 헌법규범 상호간에는 이념적·논리적 가치의 우열과 효력상 우열은 인정되지 아니한다.
② 위헌심사의 대상이 되는 법률은 국회의 의결을 거친 형식적 의미의 법률을 의미하는 것이므로 헌법의 개별규정 자체는 헌법소원에 의한 위헌심사의 대상이 될 수 없다.
③ 관습헌법도 헌법의 일부로서 성문헌법의 경우와 동일한 효력을 가지기 때문에 그 법규범은 헌법개정의 방법에 의하여만 개정될 수 있다.
④ 헌법상 헌법개정안에 대한 국회의 의결은 헌법개정안이 공고된 날로부터 60일 이내에 하여야 하며 재적의원 3분의 2 이상의 찬성을 얻어야 한다.

해설

① [×] 헌법의 제규정 가운데에는 헌법의 근본가치를 보다 추상적으로 선언한 것도 있고, 이를 보다 구체적으로 표현한 것도 있으므로 이념적·논리적으로는 헌법규범 상호간의 우열을 인정할 수 있는 것이 사실이다. 그러나 이때 인정되는 헌법규범 상호간의 우열은 추상적 가치규범의 구체화에 따른 것으로서 헌법의 통일적 해석에 있어서는 유용할 것이지만, 그것이 헌법의 어느 특정 규정이 다른 규정의 효력을 전면적으로 부인할 수 있을 정도의 개별적 헌법규정 상호간에 효력상의 차등을 의미하는 것이라고는 볼 수 없다(헌재 1996.6.13, 94헌바20).

② [○] 헌법 제111조 제1항 제1호·제5호 및 헌법재판소법 제41조 제1항, 제68조 제2항은 위헌심사의 대상이 되는 규범을 '법률'로 명시하고 있으며, 여기서 '법률'이라고 함은 국회의 의결을 거쳐 제정된 이른바 형식적 의미의 법률을 의미하므로 헌법의 개별규정 자체는 헌법소원에 의한 위헌심사의 대상이 아니다(헌재 1996.6.13, 94헌바20).

③ [○] 관습헌법도 헌법의 일부로서 성문헌법의 경우와 동일한 효력을 가지기 때문에 그 법규범은 최소한 헌법 제130조에 의거한 헌법 개정의 방법에 의하여만 개정될 수 있는 것이다(헌재 2004.10.21, 2004헌마554).

④ [○] 헌법상 헌법개정안에 대한 국회의 의결은 헌법개정안이 공고된 날로부터 60일 이내에 하여야 하며 재적의원 3분의 2 이상의 찬성을 얻어야 한다(헌법 제130조 제1항).

03 헌법개정절차에 관한 설명으로 가장 적절하지 않은 것은?

23. 경찰순경 1차

① 헌법개정의 발의는 국회재적의원 과반수 또는 대통령에 의해 행해지며, 대통령의 임기연장 또는 중임변경을 위한 헌법개정은 그 헌법개정 제안 당시의 대통령에 대하여는 효력이 없다.

② 국회는 헌법개정안의 공고기간이 만료된 날로부터 60일 이내에 의결하여야 하며 국회의 의결은 재적의원 3분의 2 이상의 찬성을 얻어야 한다.

③ 헌법개정안은 국회가 의결한 후 30일 이내에 국민투표에 붙여 국회의원선거권자 과반수의 투표와 투표자 과반수의 찬성을 얻어야 한다.

④ 국민투표의 효력에 관하여 이의가 있는 투표인은 투표인 10만인 이상의 찬성을 얻어 중앙선거관리위원회위원장을 피고로 하여 투표일로부터 20일 이내에 대법원에 제소할 수 있다.

해설

② [×] 국회는 헌법개정안이 공고된 날로부터 60일 이내에 의결하여야 하며, 국회의 의결은 재적의원 3분의 2 이상의 찬성을 얻어야 한다(헌법 제130조 제1항).

① [○] 헌법 제128조

> 헌법 제128조 ① 헌법개정은 국회재적의원 과반수 또는 대통령의 발의로 제안된다.
> ② 대통령의 임기연장 또는 중임변경을 위한 헌법개정은 그 헌법개정 제안 당시의 대통령에 대하여는 효력이 없다.

③ [○] 헌법개정안은 국회가 의결한 후 30일 이내에 국민투표에 붙여 국회의원선거권자 과반수의 투표와 투표자 과반수의 찬성을 얻어야 한다(헌법 제130조 제2항).

④ [○] 국민투표의 효력에 관하여 이의가 있는 투표인은 투표인 10만인 이상의 찬성을 얻어 중앙선거관리위원회위원장을 피고로 하여 투표일로부터 20일 이내에 대법원에 제소할 수 있다(국민투표법 제92조).

정답 | 01 ① 02 ① 03 ②

04 헌법개정에 관한 설명 중 가장 적절하지 않은 것은? (다툼이 있는 경우 판례에 의함) 22. 경찰순경

① 헌법개정은 국회재적의원 과반수 또는 대통령의 발의로 제한되며, 제안된 헌법개정안은 대통령이 20일 이상의 기간 이를 공고하여야 한다.
② 우리 헌법의 각 개별규정 가운데 무엇이 헌법제정규정이고 무엇이 헌법개정규정인지를 구분하는 것이 가능하지 아니할 뿐 아니라, 각 개별규정에 그 효력상의 차이를 인정하여야 할 형식적인 이유를 찾을 수 없다.
③ 제7차 헌법개정에서는 대통령이 제안한 헌법개정안은 국민투표로 확정되며, 국회의원이 제안한 헌법개정안은 국회의 의결을 거쳐 통일주체국민회의의 의결로 확정되도록 하였다.
④ 헌법개정안이 국회에서 의결된 후 60일 이내에 국민투표에 붙여 국회의원선거권자 과반수의 투표와 투표자 과반수의 찬성을 얻으면 헌법개정은 확정되며, 국회의장은 즉시 이를 공포하여야 한다.

해설
④ [×] 헌법개정안은 국회가 의결한 후 30일 이내에 국민투표에 붙여 국회의원선거권자 과반수의 투표와 투표자 과반수의 찬성을 얻어야 한다(헌법 제130조 제2항). 또한 국회의장이 아닌 대통령이 공포한다.
① [O] 헌법개정은 국회재적의원 과반수 또는 대통령의 발의로 제안된다(헌법 제128조 제1항). / 제안된 헌법개정안은 대통령이 20일 이상의 기간 이를 공고하여야 한다(헌법 제129조).
② [O] 우리 헌법의 각 개별규정 가운데 무엇이 헌법제정규정이고 무엇이 헌법개정규정인지를 구분하는 것이 가능하지 아니할 뿐 아니라, 각 개별규정에 그 효력상의 차이를 인정하여야 할 형식적인 이유를 찾을 수 없다(헌재 1995.12.28, 95헌바3).
③ [O] 유신헌법은 대통령이 제안한 경우 국민투표로 확정되며, 국회의원이 제안한 경우에는 통일주체 국민회의에서 의결로 확정하였다.

05 헌법의 제정과 개정에 관한 설명으로 가장 적절한 것은? (다툼이 있는 경우 판례에 의함) 24. 경찰순경 1차

① 헌법을 개정하는 것은 주권자인 국민이 보유하는 가장 기본적인 권리로서 가장 강력하게 보호되어야 할 권리 중의 권리이지만, 헌법을 폐지하고 다른 내용의 헌법을 모색하는 것은 국민에게 허용되지 않는 권리이다.
② 헌법개정안은 국회에서 재적의원 3분의 2 이상의 찬성에 따른 국회의 의결을 거친 다음 국민투표에서 국회의원선거권자 과반수의 찬성을 얻어 확정된다.
③ 헌법의 제규정 가운데는 헌법의 근본가치를 보다 추상적으로 선언한 것도 있고, 이를 보다 구체적으로 표현한 것도 있어서 이념적·논리적으로는 규범 상호간의 우열을 인정할 수 있으므로, 우리 헌법의 각 개별규정 가운데 무엇이 헌법제정규정이고 무엇이 헌법개정규정인지를 구분하는 것이 가능할 뿐 아니라, 각 개별규정에 그 효력상의 차이를 인정할 수도 있다.
④ 우리 헌법은 제128조 내지 제130조에서 일반법률의 개정절차와는 다른 엄격한 헌법개정절차를 정하고 있으며 헌법개정절차의 대상을 단지 '헌법'이라고만 하고 있으므로, 관습헌법도 헌법에 해당하는 이상 여기서 말하는 헌법개정의 대상인 헌법에 포함된다고 보아야 한다.

해설
④ [O] 우리 헌법의 경우 헌법 제10장 제128조 내지 제130조는 일반법률의 개정절차와는 다른 엄격한 헌법개정절차를 정하고 있으며, 동 헌법개정절차의 대상을 단지 '헌법'이라고만 하고 있다. 따라서 관습헌법도 헌법에 해당하는 이상 여기서 말하는 헌법개정의 대상인 헌법에 포함된다고 보아야 한다(헌재 2004.10.21, 2004헌마554 등).
① [×] 헌법을 개정하거나 폐지하고 다른 내용의 헌법을 모색하는 것은 주권자인 국민이 보유하는 가장 기본적인 권리로서, 가장 강력하게 보호되어야 할 권리 중의 권리에 해당한다. 무릇 집권세력의 정책과 도덕성, 혹은 정당성에 대하여 정치적인 반대의사를 표시하는 것은 헌법이 보장하는 정치적 자유의 가장 핵심적인 부분이기 때문이다(헌재 2013.3.21, 2010헌바132 등).
② [×] 헌법개정안은 국회가 의결한 후 30일 이내에 국민투표에 붙여 국회의원선거권자 과반수의 투표와 투표자 과반수의 찬성을 얻어야 한다(헌법 제130조 제2항).
③ [×] 우리 헌법의 각 개별규정 가운데 무엇이 헌법제정규정이고 무엇이 헌법개정규정인지를 구분하는 것이 가능하지 아니할 뿐 아니라, 각 개별규정에 그 효력상의 차이를 인정하여야 할 형식적인 이유를 찾을 수 없다(헌재 1995.12.28, 95헌바3).

06 현행 헌법하에서의 헌법개정에 관한 다음 설명 중 옳지 않은 것은?

04. 법원직 9급

① 대통령 또는 국회재적의원 3분의 1 이상은 헌법개정의 발의를 할 수 있다.
② 대통령이 헌법개정안을 제안하는 경우 국무회의의 심의를 거쳐야 한다.
③ 국회는 헌법개정안이 공고된 날로부터 60일 이내에 의결하여야 한다.
④ 대통령은 국회에서 의결된 헌법개정안을 반드시 국민투표에 부쳐야 한다.

해설

① [×] 헌법개정은 국회재적의원 과반수 또는 대통령의 발의로 제안된다(헌법 제128조 제1항).
② [○] 헌법 제89조

> 헌법 제89조 다음 사항은 국무회의의 심의를 거쳐야 한다.
> 3. 헌법개정안·국민투표안·조약안·법률안 및 대통령령안

③ [○] 국회는 헌법개정안이 공고된 날로부터 60일 이내에 의결하여야 하며, 국회의 의결은 재적의원 3분의 2 이상의 찬성을 얻어야 한다(헌법 제130조 제1항).
④ [○] 헌법개정안은 국회가 의결한 후 30일 이내에 국민투표에 부쳐 국회의원선거권자 과반수의 투표와 투표자 과반수의 찬성을 얻어야 한다(헌법 제130조 제2항).

07 헌법변천에 대한 설명으로 옳지 않은 것은?

15. 지방직 7급 변형

① 헌법변천은 실정헌법의 조문은 그대로 존속하는 상태에서 그 의미 또는 내용이 실질적으로 변화하는 것을 의미한다.
② 영국의 수상내각제나 일본의 자위대를 통한 전력 보유는 헌법변천의 예로 설명될 수 있다.
③ 헌법개정이 한계에 이르면 헌법변천을 할 수밖에 없다.
④ 헌법변천을 한계 없이 인정할 경우 사실상 관철된 헌법현실 또는 심지어 위헌적인 헌법현실이 정당화되는 결과가 발생된다.

해설

③ [×] 반대로 기술되어 있다. 헌법변천이 한계에 이르면 헌법개정을 할 수밖에 없다.
① [○] 헌법변천의 정의 개념으로 옳은 지문이다.
② [○] 일본 평화헌법에 의하면 일본은 일체의 군비의 보유할 수 없게 되어 있으나, 사실상 군대를 보유하고 있어 헌법변천으로 볼 수 있다.
④ [○] 헌법변천을 한계 없이 인정할 경우 헌법조문과 현실이 일치하지 않는 위헌적인 현실이 정당화되는 결과가 발생된다. 즉, 군대를 보유할 수 없는데 군대가 존재하니 이런 경우에까지 이른다면 개정이 필요하다.

08 저항권에 대한 설명으로 옳지 않은 것은?

11. 지방직 7급 변형

① 저항권은 헌법이나 법률에 규정된 일체의 법적 구제수단이 이미 유효한 수단이 될 수 없는 경우에 행사될 수 있다.
② 헌법재판소는 국회법 소정의 협의 없는 개의시간의 변경과 회의일시를 통지하지 아니한 입법과정의 하자는 저항권 행사의 대상이 되지 아니한다고 판시하였다.
③ 저항권은 사회·경제적 체제개혁이라는 적극적 목적을 위하여 행사될 수 없으며, 평화적인 방법으로만 행사되어야 한다.
④ 저항권이 행사되려면 불법적인 공권력 행사의 존재가 객관적으로 명백해야 한다.

해설

③ [×] 원칙적으로 필요최소한에 그쳐야 한다. 비례의 원칙에 따라 평화적 방법에 의하여야 하고 예외적인 경우에만 폭력적 방법도 허용될 수 있다.
① [○] 이를 보충성이라고 한다. 저항권은 합법적인 구제방법이 없거나, 있는 경우에도 실효적이지 못할 때 행사할 수 있다.
② [○] 저항권이 헌법이나 실정법에 규정이 있는지 여부를 가려볼 필요도 없이 제청법원이 주장하는 국회법 소정의 협의 없는 개의시간의 변경과 회의일시를 통지하지 아니한 입법과정의 하자는 저항권 행사의 대상이 되지 아니한다(헌재 1997.9.25, 97헌가4).
④ [○] 이러한 침해행위가 민주적 기본질서를 침해함이 객관적으로 명백하여야 한다. 개인의 자의적인 저항권 행사로 인해 사회적 혼란과 무질서를 가져올 우려가 있기 때문이다.

09 저항권에 대한 설명으로 가장 옳지 않은 것은? (다툼이 있는 경우 판례에 의함)

17. 서울시 7급

① 저항권은 국민적 정당성에 기초해 있다는 점에서 혁명과 동일하지만, 혁명의 목적이 새로운 헌법질서의 창출에 있다면, 저항권의 목적은 기존 헌법질서의 수호에 있다.
② 저항권은 실정법 질서를 부정하는 폭력적 방법으로도 정당화될 수 있지만, 시민불복종은 비폭력적 방법으로 행사되어야 한다.
③ 국가기관이나 지방자치단체와 같은 공법인도 저항권의 주체가 될 수 있다.
④ 저항권의 행사는 헌법질서의 수호 유지 또는 회복을 위해 남겨진 최후의 수단이어야 한다.

해설

③ [×] ①②④[○] 저항권은 국가권력에 의하여 헌법의 기본원리에 대한 중대한 침해가 행하여지고 그 침해가 헌법의 존재 자체를 부인하는 것으로서 다른 합법적인 구제수단으로는 목적을 달성할 수 없을 때에 국민이 자기의 권리·자유를 지키기 위하여 실력으로 저항하는 권리이기 때문이다(헌재 1997.9.25, 97헌가4). 즉, 판례에 따르면 저항권은 국민의 권리이다. 따라서 국가기관이나 지방자치단체와 같은 공법인은 그 객체일 뿐 주체가 아니다.

구분	저항권	시민불복종	혁명
요건	헌법질서의 위협	위헌법령·위법명령	-
목적	기존 헌법질서의 유지	민주적 법질서 유지	새로운 헌법질서 수립
강조	민주질서 수호		기존질서 배제
주체	국민		
방법	(주로) 비폭력 + (예외적) 폭력	비폭력적	(주로) 폭력적
보충성	제약 ○	제약 ×	

10 다음 중 헌법의 보장 혹은 보호와 관련한 사항으로 옳은 설명은? 14. 서울시 7급 변형

① 대법원은 저항권이 일종의 자연법상의 권리로서 이를 인정하는 것이 타당하다 할 것이고 저항권이 인정된다면 재판규범으로서의 기능을 배제할 근거가 없다는 입장을 가지고 있다.
② 소수의 특수집단을 중심으로 헌정체제의 변화를 유발하는 쿠데타는 혁명이나 저항권과 같이 국민적 정당성을 확보한다고 볼 수 있다.
③ 국가권력 행사의 불법이 객관적으로 명백하고 민주적 기본질서를 중대하게 침해하고 헌법의 존재 자체를 부인하는 경우에만 국민은 시민불복종운동을 행사할 수 있다.
④ 방어적 민주주의를 위한 장치로 위헌정당해산제도와 기본권 실효제도를 들 수 있는데, 이 중 우리는 독일과 달리 위헌정당해산제도만을 도입하고 있다.

해설

④ [○] 기본권 실효제도는 현재 우리나라에 도입되어 있지 않다.
① [×] 저항권이 존재한다 하더라도 저항권은 실정법에 근거를 두지 아니하고 자연법에만 근거하고 있는 한, 법관은 이를 재판규범으로 원용할 수 없다[대판 1980.5.20, 80도306(전합)].
② [×] 쿠데타가 정당하다고 하는 경우는 없다. 정당하다면 혁명이라는 표현을 사용할 것이다.
③ [×] 시민불복종은 개별적인 법령에 대해서 거부하는 것이고 민주적 기본질서 자체에 문제가 생긴다면 이는 저항권의 문제로 보아야 한다.

제2장 | 국가

핵심 OX

01 제헌헌법은 국유화와 사회화에 관한 규정을 두었고, 기본권으로는 자유시장경제를 바탕으로 하는 경제질서를 채택하였다. ( )

해설
[×] 우리나라 최초의 경제헌법은 1948년 7월 12일에 제정된 건국헌법이다. 건국헌법은 국유화를 폭넓게 규정한 통제경제체제를 채택하였으며, 제2차 개헌헌법에서 자유시장경제체제를 최초로 채택하였다.

02 제헌헌법에는 근로자의 노동3권과 이익분배균점권 조항을 두었다. ( )

해설
[O] 이익분배균점권 등을 볼 때 우리 제헌헌법은 사회화 경향이 강했다고 볼 수 있다.

03 1954년 헌법은 국가안위와 관련된 중대사항에 대한 국민투표제와 헌법개정에 대한 국민발안제를 도입하여 국민주권을 실질화한다는 명분을 내세웠으나 실질은 초대대통령에 대한 3선 연임을 가능하도록 하기 위한 헌법이었다. ( )

해설
[O] 제2차 개헌의 내용으로 옳은 지문이다.

04 제2차 개헌(1954.11.27.)에서는 국무총리제가 폐지되고, 경제체제가 자유시장경제체제로 전환되었다. ( )

해설
[O] 부통령과 국무총리가 동시에 존재하는 특이한 체제에서 국무총리가 폐지되었으며, 사회화 경향이 농후했던 과거와 달리 자유시장경제체제로 전환하였다.

05 1960년의 제3차 개정헌법에서는 의원내각제 정부형태를 채택하였고 대통령간선제를 규정하였다. ( )

해설
[O] 독재라는 단점을 보여주었던 제1공화국의 문제를 해결하기 위하여 의원내각제로 정부형태를 변경하였다.

06 제4차 개정헌법은 반민주행위자의 공민권제한을 위한 소급입법의 근거를 마련하였다. ( )

해설
[O] 제4차 개헌 내용으로 위헌이라는 논란이 많았던 조항이다.

07 남북관계의 변화를 빌미로 기존 헌정을 비상적으로 중단시킨 채 탄생한 1972년 헌법은 권력분립의 원칙을 형해화하여 실질적으로 입헌주의적 헌법이라고 볼 수 없다. ( )

해설
[O] 대통령에게 거의 군주와 같은 권력을 가지게 하여 권력분립의 원칙이 형해화하여 실질적으로 군주국이나 다름 없는 헌법이었다.

08 출생한 당시에 부 또는 모가 대한민국의 국민인 자는 출생과 동시에 대한민국의 국적을 취득한다. ( )

해설
[O] 우리나라는 속인주의를 원칙으로 하며, 이 경우 출생과 동시에 대한민국 국적을 획득한다(국적법 제2조 제1항 제1호).

09 국적법상 부모가 모두 국적이 없는 경우에는 대한민국에서 출생하더라도 대한민국의 국적을 취득할 수 없다. ( )

해설
[×] 국적법 제2조 제1항 제3호에 의하면 부모가 모두 국적이 없는 경우에도 대한민국에서 출생하게 되면 출생과 동시에 대한민국 국적을 취득한다.

10 대한민국 국민으로서의 기본 소양이 없거나 품행이 단정하지 않은 외국인은 국적법상 일반귀화를 허가받을 수 없다. ( )

해설
[O]
> **국적법 제5조 【일반귀화 요건】** 외국인이 귀화허가를 받기 위해서는 제6조나 제7조에 해당하는 경우 외에는 다음 각 호의 요건을 갖추어야 한다.
> 3. 법령을 준수하는 등 법무부령으로 정하는 품행 단정의 요건을 갖출 것

11 배우자가 대한민국의 국민인 외국인으로서 그 배우자와 혼인한 후 2년이 지나고 혼인한 상태로 대한민국에 1년 이상 계속하여 주소가 있는 사람은 귀화허가를 받을 수 있다. ( )

해설
[×] 배우자가 대한민국의 국민인 외국인으로서 그 배우자와 혼인한 후 3년이 지나고 혼인한 상태로 대한민국에 1년 이상 계속하여 주소가 있는 사람은 귀화허가를 받을 수 있다(국적법 제6조 제2항 제2호). 즉, 2년이 아니라 3년이다.

12 만 20세가 되기 전에 복수국적자가 된 자는 만 22세가 되기 전까지, 만 20세가 된 후에 복수국적자가 된 자는 그때부터 2년 내에 하나의 국적을 선택하여야 하는 것이 원칙이다. ( )

해설
[O] 만 20세가 되기 전에 복수국적자가 된 자는 만 22세가 되기 전까지, 만 20세가 된 후에 복수국적자가 된 자는 그 때부터 2년 내에 제13조와 제14조에 따라 하나의 국적을 선택하여야 한다(국적법 제12조 제1항 본문).

13 대한민국 국민으로서 자진하여 외국 국적을 취득한 자는 그 외국 국적을 취득한 때에 대한민국 국적을 상실한다.
( )

   해설
   [○] 대한민국의 국민으로서 자진하여 외국 국적을 취득한 자는 그 외국 국적을 취득한 때에 대한민국 국적을 상실한다(국적법 제15조 제1항).

14 우리 국적을 상실한 자는 우리 국민이 아니면 향유할 수 없는 양도 가능한 권리를 별도의 규정이 없는 한 3년 내에 대한민국 국민에게 양도하여야 한다.
( )

   해설
   [○] 국적상실자의 권리변동기간을 종전의 1년 이내에서 3년 이내로 연장하였다(국적법 제18조 제2항).

15 외무부장관은 대한민국 국적의 취득이나 보유 여부가 분명하지 아니한 자에 대하여 이를 심사한 후 판정할 수 있다.
( )

   해설
   [×] 법무부장관은 대한민국 국적의 취득이나 보유 여부가 분명하지 아니한 자에 대하여 이를 심사한 후 판정할 수 있다(국적법 제20조 제1항).

16 조선인을 부친으로 하여 출생한 자는 설사 그가 북한 국적을 취득하였다고 하더라도 대한민국의 국적을 취득한 것으로 인정할 수 있다.
( )

   해설
   [○] 조선인을 부친으로 하여 출생한 자는 남조선과도정부법률 제11호 국적에 관한 임시조례 규정에 따라 조선 국적을 취득하였다가 제헌헌법의 공포와 동시에 대한민국 국적을 취득하였다 할 것이다(대판 1996.11.12, 96누1221).

17 주민등록법상 재외국민으로 등록·관리되고 있는 영유아를 보육료·양육수당의 지원대상에서 제외한 규정은 국가의 재정능력에 비추어 보았을 때 국내에 거주하면서 재외국민인 영유아를 양육하는 부모를 차별하고 있더라도 평등권을 침해하지는 않는다.
( )

   해설
   [×] 대한민국 국적을 가지고 있는 영유아 중에서도 재외국민인 영유아를 보육료·양육수당 지원대상에서 제외하는 보건복지부지침이 국내에 거주하면서 재외국민인 영유아를 양육하는 부모인 청구인들의 평등권을 침해하므로 헌법에 위반된다(헌재 2018.1.25, 2015헌마1047).

18 북한의 해외공민증을 소지한다는 이유만으로는 대한민국의 국적을 취득하고 유지함에 있어서 아무런 영향을 끼칠 수 없다.
( )

   해설
   [○] 북한의 해외공민증을 소지한다는 이유만으로는 대한민국의 국적을 취득하고 유지함에 있어서 아무런 영향을 끼칠 수 없다(대판 1996.11.12, 96누1221).

19 헌법재판소는 북한을 대화와 협력의 동반자임과 동시에 반국가단체라는 성격을 함께 갖고 있다고 보고 있다.
( )

   해설
   [○] 헌재 1997.1.16, 92헌바6 등 병합. 다만, 대법원의 경우는 반국가단체로 보고 있다.

20 대법원 판례에 의하면 북한 국적의 주민이 대한민국의 국적을 취득·유지하는 데 아무런 문제가 없다. ( )

해설

[O] 북한의 해외공민증을 소지한다는 이유만으로는 대한민국의 국적을 취득하고 유지함에 있어서 아무런 영향을 끼칠 수 없다(대판 1996.11.12, 96누1221).

21 헌법은 영해에 관하여 규정하고 있지 않다. ( )

해설

[O] 대한민국의 영토는 한반도와 그 부속도서로 한다(헌법 제3조).

22 헌법 제3조의 영토조항에 근거하여 북한을 반국가단체로 볼 수 있다. ( )

해설

[O] 헌법 제3조의 영토규정은 북한을 반국가단체로 보는 논거이고, 헌법 제4조의 평화통일의무규정은 북한을 민족적 공동체로 보는 논거이다.

23 남북관계 발전에 관한 법률에서는 남한과 북한 간의 거래를 민족내부의 거래로 보고 있다. ( )

해설

[O] 남북관계 발전에 관한 법률 제3조 제2항에 의하면 남한과 북한 간의 거래는 국가 간의 거래가 아닌 민족내부의 거래로 본다.

24 대법원은 북한주민의 한국 국적을 인정하고 있다. ( )

해설

[O] 조선인을 부친으로 하여 출생한 자는 남조선과도정부법률 제11호 국적에 관한 임시조례의 규정에 따라 조선국적을 취득하였다가 제헌헌법의 공포와 동시에 대한민국 국적을 취득하였다 할 것이고, 설사 그가 북한법의 규정에 따라 북한국적을 취득하여 중국 주재 북한대사관으로부터 북한의 해외공민증을 발급받은 자라 하더라도 북한지역 역시 대한민국의 영토에 속하는 한반도의 일부를 이루는 것이어서 대한민국의 주권이 미칠 뿐이고, 대한민국의 주권과 부딪치는 어떠한 국가단체나 주권을 법리상 인정할 수 없는 점에 비추어 볼 때, 그러한 사정은 그가 대한민국 국적을 취득하고 이를 유지함에 있어 아무런 영향을 끼칠 수 없다(대판 1996.11.12, 96누1221).

25 헌법재판소는 국가보안법과 남북교류협력에 관한 법률의 관계는 상호 구성요건이 중복되는 일반법과 특별법의 관계에 있는 것으로 보고 있다. ( )

해설

[×] 1990.8.1. 법률 제4239호로 "남북교류협력에 관한 법률"이 공포·시행된 바 있으나, 이 법률은 남·북한간의 상호교류와 협력을 촉진하기 위하여 필요한 사항을 규정할 목적으로 제정된 것인데(제1조) 남·북한간의 왕래·교역·협력사업 및 통신역무의 제공 등 남북교류와 협력을 목적으로 하는 행위에 관하여는 정당하다고 인정되는 범위 안에서 다른 법률에 우선하여 이 법을 적용하도록 되어 있어(제3조) 이 요건을 충족하지 아니하는 경우에는 이 법률의 적용은 배제된다고 할 것이므로 국가보안법이 이 법률과 상충되는 것이라고는 볼 수 없다. 요컨대, 현단계에 있어서의 북한은 조국의 평화적 통일을 위한 대화와 협력의 동반자임과 동시에 대남적화노선을 고수하면서 우리 자유민주주의체제의 전복을 획책하고 있는 반국가단체라는 성격도 함께 갖고 있음이 엄연한 현실인 점에 비추어, 헌법의 전문과 제4조가 천명하는 자유민주적 기본질서에 입각한 평화적 통일정책을 수립하고 이를 추진하는 법적 장치로서 남북교류협력에 관한 법률 등을 제정·시행하는 한편, 국가의 안전을 위태롭게 하는 반국가활동을 규제하기 위한 법적 장치로서 국가보안법을 제정·시행하고 있는 것으로서, 위 두 법률은 상호 그 입법목적과 규제대상을 달리하고 있는 것이므로 남북교류협력에 관한 법률 등이 공포·시행되었다 하여 국가보안법의 필요성이 소멸되었다거나 북한의 반국가단체성이 소멸되었다고는 할 수 없다(헌재 1997.1.16, 92헌바6 등).

기출문제

제1절 헌정사

01 역대 헌법에 대한 설명으로 옳지 않은 것은?
20. 국가직 7급 변형

① 1948년 제헌헌법에서 국회의원의 임기와 국회에서 선거되는 대통령의 임기는 모두 4년으로 규정되었다.
② 1962년 개정헌법은 1948년 헌법부터 유지되고 있던 대통령의 헌법개정제안권을 삭제했다.
③ 1980년 개정헌법은 행복추구권, 친족의 행위로 인하여 불이익한 처우의 금지 및 범죄피해자구조청구권을 새로 도입하였다.
④ 1987년 개정헌법은 여야합의에 의해 제안된 헌법개정안을 국회가 의결한 후 국민투표로 확정된 것이다.

해설
③ [×] 범죄피해자구조청구권이 새로 도입된 것은 1980년 헌법이 아니라 현행 헌법, 즉 1987년 헌법이다.
① [○] 제헌헌법은 국회의원의 경우 실제 운용은 2년이었으나, 규정상으로는 4년이었다(제헌헌법 제33조).
② [○] 1962년 헌법 제119조 제1항의 내용이다.
④ [○] 옳은 지문이다.

02 헌정사에 대한 설명으로 옳지 않은 것은?
19. 5급 공채 변형

① 1948년 제헌헌법에서 대통령은 국회에서 간선으로 선출되었다.
② 1960년 제4차 개정헌법에서 헌법개정안에 대한 국민투표가 처음으로 규정되었다.
③ 1980년 제8차 개정헌법에서 소비자보호가 처음으로 규정되었다.
④ 1987년 제9차 개정헌법에서 범죄피해자구조청구권이 처음으로 규정되었다.

해설
② [×] 제2차 개정에서 중요정책에 관한 국민투표가 신설되었으며, 제5차 개정에서 헌법개정에 대한 국민투표가 신설되었다. 따라서 제4차 개정은 틀린 지문이다.
① [○] 제헌헌법의 대통령과 부통령의 임기는 4년, 1차 중임이다. 특히 대통령을 간선제로 하였다는 것이 큰 특징이다.
③ [○] 국가는 건전한 소비행위를 계도하고 생산품의 품질향상을 촉구하기 위한 소비자보호운동을 법률이 정하는 바에 의하여 보장한다(제8차 개정헌법 제125조).
④ [○] 현행 헌법 제30조에 범죄피해자구조청구권이 처음으로 규정되었다. 타인의 범죄행위로 인하여 생명·신체에 대한 피해를 받은 국민은 법률이 정하는 바에 의하여 국가로부터 구조를 받을 수 있다(헌법 제30조).

03 대한민국헌법의 개정과정에 관한 설명으로서 옳지 <u>않은</u> 것은?   05. 법원직 9급 변형

① 제헌헌법(건국헌법)은 대통령중심제를 채택하고, 국민의 직접선거에 의하여 대통령을 선출하도록 규정되어 있었다.
② 제2공화국 헌법은 내각책임제를 채택하고, 헌법재판소를 설치하도록 규정하였다.
③ 제3공화국 헌법은 법원에 위헌법률심사권을 부여하였다.
④ 제4공화국 헌법은 법관을 대통령이 임명하도록 하였다.

해설
① [×] 제헌헌법은 대통령 중심제를 채택하였지만, 국회에서 대통령을 간선하도록 했다.
② [O] 제2공화국은 우리나라에서 유일하게 의원내각제를 채택하였으며, 현행 헌법과 똑같이 헌법재판소를 설치하였다.
③ [O] 제3공화국에서 경제과학심의회의, 국가안전보장회의가 신설되었으며, 헌법재판소가 아닌 법원에서 위헌법률심사를 담당하게 되었다.
④ [O] 제4공화국은 헌법위원회를 설치하고, 일반 법관까지 대통령이 임명하였다.

04 헌정사에 대한 설명으로 옳지 <u>않은</u> 것은?   18. 국가직 7급

① 1954년 헌법은 대한민국의 주권의 제약 또는 영토의 변경을 가져올 국가안위에 관한 중대사항은 국회의 가결을 거친 후에 국민투표에 부하여 민의원의원선거권자 3분의 2 이상의 투표와 유효투표 3분의 2 이상의 찬성을 얻어야 한다고 규정하였다.
② 1962년 헌법은 인간의 존엄과 가치를 명시하고, 행복추구권을 기본권으로 신설하였다.
③ 1972년 헌법은 대통령이 제안한 헌법개정안은 국민투표로 확정되며, 국회의원이 제안한 헌법개정안은 국회의 의결을 거쳐 통일주체국민회의의 의결로 확정된다고 규정함으로써 헌법개정절차를 이원화하였다.
④ 1987년 헌법은 체포·구속 시 이유고지 및 가족통지제도를 추가하였고, 범죄피해자구조청구권을 기본권으로 새로 규정하였다.

해설
② [×] 인간의 존엄성은 제5차 개헌에서, 행복추구권은 제5공화국에서 신설되었다. 즉, 행복추구권은 1980년 제8차 개헌에서 신설되었다.
① [O] 제2차 개정헌법 제7조의2의 내용이다.
③ [O] 제7차 개정헌법 제124조 제2항의 내용이다. 제7차 개정헌법은 헌법개정절차가 이원화되어 있다.
④ [O] 현행 헌법에는 체포·구속 시 이유고지 및 가족통지제도를 추가하였고, 범죄피해자구조청구권을 기본권으로 새로 규정하였다.

정답 | 01 ③ 02 ② 03 ① 04 ②

05 헌정사에 대한 설명 중 옳지 않은 것은?

14. 서울시 7급

① 건국헌법은 국회단원제, 국정감사제도, 대통령 국회간선제 등을 규정하였다.
② 제1차 개정헌법은 국회양원제, 국무원불신임제, 대통령직선제 등을 규정하였다.
③ 제2차 개정헌법은 초대 대통령의 중임제한 폐지, 국무총리제 폐지, 국민소환제 등을 규정하였다.
④ 제3차 개정헌법은 의원내각제, 대통령 국회간선제, 헌법재판소의 설치 등을 규정하였다.
⑤ 제5차 개정헌법은 대통령제, 국회단원제, 대법원의 위헌법률심사권 등을 규정하였다.

해설

③ [×] 국민발안은 과거에 존재하였으며, 국민투표는 현재도 존재하지만 현재까지 우리나라에서 국민소환제를 채택한 적은 없다. 따라서 이는 틀린 지문이다.
① [O] 건국헌법의 내용으로 옳은 지문이다.
② [O] 제1차 개정헌법으로 옳은 지문이다. 제1차 개정에서 국회양원제는 헌법에만 규정되었을 뿐 실제 시행하지는 않았다.
④ [O] 제3차 개정, 제2공화국 헌법은 의원내각제의 정부형태이었다. 따라서 대통령은 직선이 아닌 간선으로 선출되었다.
⑤ [O] 제5차 개정헌법은 헌법재판소가 아닌 대법원이 위헌법률심사를 하였으며, 의원내각제에서 다시 대통령제로 복귀하였다.

06 현행 헌법에 대한 설명으로 옳지 않은 것은?

17. 5급 공채 변형

① 현행 헌법은 정당 조항을 처음으로 신설하면서 정당 해산을 헌법재판소의 결정에 따르게 하였다.
② 전문, 본문 10개장 130개조, 부칙 6개조로 구성되어 있으며, 제9차 헌법개정으로 탄생하였다.
③ 헌법전문에서 대한민국임시정부의 법통과 불의에 항거한 4·19민주이념의 계승 및 조국의 민주개혁의 사명을 명시하였다.
④ 대통령직선제로 변경하면서 5년 단임제를 채택하였고, 대통령의 국회해산권은 폐지하였다.

해설

① [×] 제3차 개헌 때 정당 조항이 처음으로 신설되었고, 또한 헌법재판소도 제3차 개헌 때 최초로 규정되었다.
② [O] 옳은 지문이다.
③ [O] 3·1운동으로 건립된 대한민국임시정부의 법통과 불의에 항거한 4·19민주이념을 계승하고, 조국의 민주개혁과 평화적 통일의 사명에 입각하여 ….
④ [O] 제9차 개정헌법 내용이다.

제2절 국가의 3요소

01 국적에 관한 설명 중 가장 적절하지 않은 것은? (다툼이 있는 경우 판례에 의함) 20. 경찰승진 변형

① 1978.6.14.부터 1998.6.13. 사이에 태어난 모계출생자가 대한민국 국적을 취득할 수 있는 특례를 두면서 2004.12.31.까지 국적취득 신고를 한 경우에만 대한민국 국적을 취득하도록 한 것은 부모양계혈통주의에 위배되는 불합리한 차별로 볼 수 있다.
② 국적법상 부모가 모두 국적이 없는 경우라도 대한민국에서 출생한 사람은 대한민국 국적을 취득한다.
③ 1948년 정부수립 이전 이주동포를 재외동포의 출입국과 법적 지위에 관한 법률의 적용대상에서 제외하는 것은 헌법 제11조의 평등원칙에 위배된다.
④ 외국인이 귀화허가를 받기 위해서는 '품행이 단정할 것'의 요건을 갖추도록 한 국적법 조항은 명확성원칙에 위배되지 않는다.

해설

① [×] 1978.6.14.부터 1998.6.13. 사이에 태어난 모계출생자가 대한민국 국적을 취득할 수 있는 특례를 두면서 2004.12.31.까지 국적취득 신고를 한 경우에만 대한민국 국적을 취득하도록 한 것은, 특례의 적용을 받는 모계출생자가 그 권리를 조속히 행사하도록 하여 위 모계출생자가 권리를 남용할 가능성을 억제하기 위한 것으로 합리적 이유 있는 차별이다(헌재 2015.11.26, 2014헌바211).
② [○] 국적법 제2조 제1항 제3호

> 국적법 제2조 【출생에 의한 국적 취득】 ① 다음 각 호의 어느 하나에 해당하는 자는 출생과 동시에 대한민국 국적을 취득한다.
> 3. 부모가 모두 분명하지 아니한 경우나 국적이 없는 경우에는 대한민국에서 출생한 자

③ [○] 정부수립 이전에 국외로 이주한 구 소련 거주동포와 중국 거주동포를 재외동포의 출입국과 법적 지위에 관한 법률의 수혜 대상에서 배제한 것은 인간의 존엄과 가치 및 행복추구권을 침해하는 것은 아니지만, 평등의 원칙에 위배된다(헌재 2001.11.29, 99헌마494).
④ [○] '품행이 단정할 것'은 '귀화신청자를 대한민국의 새로운 구성원으로서 받아들이는 데 지장이 없을 만한 품성과 행실을 갖춘 것'을 의미하고, 구체적으로 이는 귀화신청자의 성별, 연령, 직업, 가족, 경력, 전과관계 등 여러 사정을 종합적으로 고려하여 판단될 것임을 예측할 수 있다. 따라서 심판대상조항은 명확성원칙에 위배되지 아니한다(헌재 2016.7.28, 2014헌바421).

02 국적에 관한 다음 설명 중 옳지 않은 것은? 05. 국회직 8급

① 헌법은 국적에 관한 사항은 법률로 정하도록 규정하고 있다.
② 우리나라는 국적의 취득원인으로 속인주의를 기본원칙으로 채택하고 있다.
③ 우리나라 영토에서 발견된 부모를 알 수 없는 기아는 무국적자이다.
④ 우리나라의 국적법은 단일국적주의를 기본으로 하고 있다.
⑤ 국적은 일단 포기하더라도 재취득을 할 수 있다.

해설

③ [×] 우리나라 영토에서 발견된 기아는 대한민국에서 출생한 것으로 추정하며(국적법 제2조 제2항), 부모를 알 수 없는 경우에는 국적법 제2조 제1항 제3호에 의하여 출생과 동시에 대한민국 국적을 취득한 것으로 된다.
① [○] 대한민국의 국민이 되는 요건은 법률로 정한다(헌법 제2조 제1항).
② [○] 우리나라는 속인주의를 기본원칙으로 채택하고 있다(국적법 제2조 제1항).
④ [○] 우리나라의 국적법은 단일국적주의를 기본으로 하고 있다.
⑤ [○] 국적법 제11조 제1항에 의하여, 제10조 제3항에 따라 대한민국 국적을 상실한 자가 그 후 1년 내에 그 외국 국적을 포기하면 법무부장관에게 신고함으로써 대한민국 국적을 재취득할 수 있다.

정답 | 05 ③ 06 ① / 01 ① 02 ③

03 국적에 관한 다음 설명 중 옳지 <u>않은</u> 것은? 04. 법원직 9급 변형

① 출생한 당시에 부 또는 모가 대한민국의 국민인 자는 출생과 동시에 대한민국의 국적을 취득한다.
② 부 또는 모가 대한민국의 국민이었던 외국인은 대한민국에서 3년 이상 계속하여 주소가 있는 경우 간이귀화허가를 받을 수 있다.
③ 인지에 의하여 국적을 취득할 수 있는 자는 우리 민법에 의하여 미성년자이어야 한다.
④ 출생에 의하여 이중국적자가 된 자는 만 20세가 되기 전까지 하나의 국적을 선택하여야 한다.

해설

④ [×] 국적법 제12조 제1항에 따라 출생에 의하여 이중국적자가 된 자는 만 22세가 되기 전에 하나의 국적을 선택하여야 한다.
① [○] 국적법 제2조 제1항 제1호

> **국적법 제2조【출생에 의한 국적 취득】** ① 다음 각 호의 어느 하나에 해당하는 자는 출생과 동시에 대한민국 국적을 취득한다.
> 1. 출생 당시에 부 또는 모가 대한민국 국민인 자

② [○] 국적법 제6조 제1항 제1호

> **제6조【간이귀화 요건】** ① 다음 각 호의 어느 하나에 해당하는 외국인으로서 대한민국에 3년 이상 계속하여 주소가 있는 사람은 제5조 제1호 및 제1호의2의 요건을 갖추지 아니하여도 귀화허가를 받을 수 있다.
> 1. 부 또는 모가 대한민국의 국민이었던 사람

③ [○] 국적법 제3조 제1항 제1호

> **국적법 제3조【인지에 의한 국적 취득】** ① 대한민국의 국민이 아닌 자(이하 '외국인'이라 한다)로서 대한민국의 국민인 부 또는 모에 의하여 인지된 자가 다음 각 호의 요건을 모두 갖추면 법무부장관에게 신고함으로써 대한민국 국적을 취득할 수 있다.
> 1. 대한민국의 민법상 미성년일 것

---

04 국적에 관한 설명으로 옳지 <u>않은</u> 것은? 20. 소방간부 변형

① 대한민국 국적을 취득한 사실이 없는 외국인은 법무부장관의 귀화허가를 받아 대한민국 국적을 취득할 수 있다.
② 대한민국에서 발견된 기아(棄兒)는 대한민국에서 출생한 것으로 추정한다.
③ 부모가 모두 분명하지 아니한 경우에는 대한민국에서 출생한 자는 출생과 동시에 대한민국 국적을 취득한다.
④ 대한민국 국적을 취득한 외국인으로서 외국 국적을 가지고 있는 자는 대한민국 국적을 취득한 날로부터 2년 내에 그 외국 국적을 포기하여야 한다.

해설

④ [×] 대한민국 국적을 취득한 외국인으로서 외국 국적을 가지고 있는 자는 대한민국 국적을 취득한 날부터 1년 내에 그 외국 국적을 포기하여야 한다(국적법 제10조 제1항).
① [○] 대한민국 국적을 취득한 사실이 없는 외국인은 법무부장관의 귀화허가(歸化許可)를 받아 대한민국 국적을 취득할 수 있다(국적법 제4조 제1항).
② [○] 대한민국에서 발견된 기아(棄兒)는 대한민국에서 출생한 것으로 추정한다(국적법 제2조 제2항).
③ [○] 국적법 제2조 제1항 제3호

> **국적법 제2조【출생에 의한 국적취득】** ① 다음 각 호의 어느 하나에 해당하는 자는 출생과 동시에 대한민국 국적을 취득한다.
> 3. 부모가 모두 분명하지 아니한 경우나 국적이 없는 경우에는 대한민국에서 출생한 자

05 국적에 대한 설명으로 옳은 것은?

20. 지방직 7급

① 대한민국의 국민으로서 자진하여 외국 국적을 취득한 자는 그 외국 국적을 취득한 날로부터 6개월이 지난 때에 대한민국 국적을 상실한다.
② 대한민국 국적을 상실한 자는 국적을 상실한 때부터 대한민국의 국민만이 누릴 수 있는 권리를 향유할 수 없으며, 이들 권리 중 대한민국의 국민이었을 때 취득한 것으로서 양도할 수 있는 것은 그 권리와 관련된 법령에서 따로 정한 바가 없으면 3년 내에 대한민국의 국민에게 양도하여야 한다.
③ 외국인의 자(子)로서 대한민국의 민법상 성년인 사람은 부 또는 모가 귀화허가를 신청할 때 함께 국적 수반취득을 신청할 수 있다.
④ 출생 당시에 부(父)가 대한민국의 국민인 자만 출생과 동시에 대한민국 국적을 취득한다.

해설

② [O] 국적법 제18조

> 국적법 제18조 【국적상실자의 권리 변동】 ① 대한민국 국적을 상실한 자는 국적을 상실한 때부터 대한민국의 국민만이 누릴 수 있는 권리를 누릴 수 없다.
> ② 제1항에 해당하는 권리 중 대한민국의 국민이었을 때 취득한 것으로서 양도할 수 있는 것은 그 권리와 관련된 법령에서 따로 정한 바가 없으면 3년 내에 대한민국의 국민에게 양도하여야 한다.

① [×] 대한민국의 국민으로서 자진하여 외국 국적을 취득한 자는 그 외국 국적을 취득한 때에 대한민국 국적을 상실한다(국적법 제15조 제1항).
③ [×] 외국인의 자로서 대한민국의 민법상 미성년인 사람은 부 또는 모가 귀화허가를 신청할 때 함께 국적 취득을 신청할 수 있다(국적법 제8조 제1항).
④ [×] 국적법 제2조 제1항 제1호

> 국적법 제2조 【출생에 의한 국적 취득】 ① 다음 각 호의 어느 하나에 해당하는 자는 출생과 동시에 대한민국 국적을 취득한다.
> 1. 출생 당시에 부 또는 모가 대한민국의 국민인 자

06 대한민국 국적에 관한 설명으로 가장 옳지 않은 것은?

19. 서울시 7급 변형

① 대한민국 남자와 결혼하여 국적을 취득한 여자는 이혼하였다고 하여 한국 국적을 상실하는 것은 아니다.
② 일반귀화는 대한민국에서 영주할 수 있는 체류자격을 가지고 3년 이상 대한민국에 주소를 가지는 것 등의 요건을 갖추어야 한다.
③ 대한민국의 국민으로서 자진하여 외국 국적을 취득한 자는 그 외국 국적을 취득한 때에 대한민국 국적을 상실한다.
④ 헌법재판소는 1948년 정부수립 이전 이주동포를 재외동포의 출입국과 법적 지위에 관한 법률의 적용대상에서 제외하는 것은 헌법 제11조의 평등원칙에 위배된다고 판시하였다.

정답 | 03 ④ 04 ④ 05 ②

해설

② [×] 국적법 제5조

> **국적법 제5조 【일반귀화 요건】** 외국인이 귀화허가를 받기 위하여서는 제6조나 제7조에 해당하는 경우 외에는 다음 각 호의 요건을 갖추어야 한다.
> 1. 5년 이상 계속하여 대한민국에 주소가 있을 것
> 1의2. 대한민국에서 영주할 수 있는 체류자격을 가지고 있을 것

① [○] 일본인 여자가 한국인 남자와의 혼인으로 인하여 한국의 국적을 취득하는 동시에 일본의 국적을 상실한 뒤 한국인 남자와 이혼하였다 하여 한국 국적을 상실하고 일본 국적을 다시 취득하는 것은 아니고 동녀가 일본국에 복적할 때까지는 여전히 한국의 국적을 그대로 유지한다(대결 1976.4.23, 73마1051).

③ [○] 대한민국의 국민으로서 자진하여 외국 국적을 취득한 자는 그 외국 국적을 취득한 때에 대한민국 국적을 상실한다(국적법 제15조 제1항).

④ [○] 정부수립 이전에 국외로 이주한 구 소련 거주동포와 중국 거주동포를 재외동포의 출입국과 법적 지위에 관한 법률의 수혜 대상에서 배제한 것은 인간의 존엄과 가치 및 행복추구권을 침해하는 것은 아니지만, 평등의 원칙에 위배된다(헌재 2001.11.29, 99헌마494).

---

07 국민에 관한 다음 설명 중 가장 옳지 <u>않은</u> 것은? 13. 법원직 9급 변형

① 대한민국 국적을 취득한 외국인으로서 외국 국적을 가지고 있는 자는 대한민국 국적을 취득한 날부터 1년 내에 그 외국 국적을 포기하여야 한다.

② 외국인으로서 대한민국의 국민인 부 또는 모에 의하여 인지된 자는 대한민국의 민법상 미성년이고 출생 당시에 그 부 또는 모가 대한민국의 국민이었던 경우에는 법무부장관에게 신고함으로써 대한민국의 국적을 취득할 수 있다.

③ 만 20세가 되기 전에 복수국적자가 된 자는 만 22세가 되기 전까지, 만 20세가 된 후에 복수국적자가 된 자는 그때부터 2년 내에 하나의 국적을 선택하여야 하는 것이 원칙이다.

④ 배우자가 대한민국의 국민인 외국인으로서 그 배우자와 혼인한 후 2년이 지나고 혼인한 상태로 대한민국에 1년 이상 계속하여 주소가 있는 사람은 귀화허가를 받을 수 있다.

해설

④ [×] 배우자가 대한민국의 국민인 외국인으로서 그 배우자와 혼인한 후 3년이 지나고 혼인한 상태로 대한민국에 1년 이상 계속하여 주소가 있는 사람은 귀화허가를 받을 수 있다(국적법 제6조 제2항 제2호). 즉, 2년이 아니라 3년이 지나고이다.

① [○] 대한민국 국적을 취득한 외국인으로서 외국 국적을 가지고 있는 자는 대한민국 국적을 취득한 날부터 1년 내에 그 외국 국적을 포기하여야 한다(국적법 제10조 제1항).

② [○] 국적법 제3조 제1항 제1호·제2호

③ [○] 만 20세가 되기 전에 복수국적자가 된 자는 만 22세가 되기 전까지, 만 20세가 된 후에 복수국적자가 된 자는 그때부터 2년 내에 제13조와 제14조에 따라 하나의 국적을 선택하여야 한다(국적법 제12조 제1항).

---

08 대한민국 국적의 취득과 상실에 관한 다음 설명 중 가장 옳지 <u>못한</u> 것은? 01. 법무사 변형

① 비록 조선인을 부친으로 하여 출생한 자라고 하더라도 그가 북한법의 규정에 따라 북한 국적을 취득한 이상 그가 대한민국 국적을 가진다고 할 수 없다는 것이 대법원 판례의 태도이다.

② 현행 헌법은 입법자에게 대한민국의 국민이 되는 요건을 법률로 정할 것을 위임하고 있다.

③ 현행 국적법에 의하면 선천적 국적취득에 관하여 원칙적으로 혈통주의(속인주의)를 채택하고 있다고 한다.

④ 국적법상 '병역을 기피할 목적으로 대한민국 국적을 상실하였거나 이탈하였던 사람'에 대하여 법무부장관은 국적 회복을 허가하지 아니한다.

해설

① [×] 조선인을 부친으로 하여 출생한 자는 남조선과도정부법률 제11호 국적에 관한 임시조례의 규정에 따라 조선 국적을 취득하였다가 제헌헌법의 공포와 동시에 대한민국 국적을 취득하였다 할 것이고, 설사 그가 북한법의 규정에 따라 북한 국적을 취득하여 중국 주재 북한대사관으로부터 북한의 해외공민증을 발급받은 자라 하더라도 북한지역 역시 대한민국의 영토에 속하는 한반도의 일부를 이루는 것이어서 대한민국의 주권이 미칠 뿐이고, 대한민국의 주권과 부딪치는 어떠한 국가단체나 주권을 법리상 인정할 수 없는 점에 비추어 볼 때, 그러한 사정은 그가 대한민국 국적을 취득하고 이를 유지함에 있어 아무런 영향을 끼칠 수 없다(대판 1996.11.12, 96누1221).

② [O] 대한민국의 국민이 되는 요건은 법률로 정한다(헌법 제2조 제1항).

③ [O] 국적법 제2조 제2항 제2호

> **국적법 제2조【출생에 의한 국적 취득】** ② 다음 각 호의 어느 하나에 해당하는 자는 출생과 동시에 대한민국 국적을 취득한다.
> 1. 출생 당시에 부(父)또는 모(母)가 대한민국의 국민인 자
> 2. 출생하기 전에 부가 사망한 경우에는 그 사망 당시에 부가 대한민국의 국민이었던 자
> 3. 부모가 모두 분명하지 아니한 경우나 국적이 없는 경우에는 대한민국에서 출생한 자

④ [O] 국적법 제9조 제2항 제3호

> **국적법 제9조【국적회복에 의한 국적 취득】** ② 법무부장관은 국적회복허가 신청을 받으면 심사한 후 다음 각 호의 어느 하나에 해당하는 사람에게는 국적회복을 허가하지 아니한다.
> 3. 병역을 기피할 목적으로 대한민국 국적을 상실하였거나 이탈하였던 사람

---

09 대한민국의 구성요소 중 국민에 대한 설명으로 옳지 않은 것은? (다툼이 있는 경우 판례에 의함)

15. 서울시 7급 변형

① 국민은 항구적 소속원이므로 어느 곳에 있든지 그가 속하는 국가의 통치권에 복종할 의무를 부담하고, 국외에 있을 때에는 예외적으로 거주국의 통치권에 복종하여야 한다.
② 대한민국 국민인 재외선거인의 의사는 국민투표에 반영되어야 하고, 재외선거인의 국민투표권을 배제할 이유가 없다.
③ 국적법상 부모가 모두 국적이 없는 경우에는 대한민국에서 출생하더라도 대한민국의 국적을 취득할 수 없다.
④ 우리나라가 선천적 국적취득에 관하여 부계혈통주의에서 부모양계혈통주의로 개정한 것은 가족생활에 있어서 양성의 평등원칙에 부합한다.

해설

③ [×] 국적법 제2조 제1항 제3호에 의하면 부모가 모두 국적이 없는 경우에도 대한민국에서 출생하게 되면 출생과 동시에 대한민국 국적을 취득한다.

① [O] 국민은 항구적 소속원이므로 어느 곳에 있든지 그가 속하는 국가의 통치권에 복종할 의무를 부담하고, 국외에 있을 때에는 예외적으로 거주국의 통치권에 복종하여야 한다(헌재 2000.8.31, 97헌가12).

② [O] 국민투표는 선거와 달리 국민이 직접 국가의 정치에 참여하는 절차이므로, 국민투표권은 대한민국 국민의 자격이 있는 사람에게 반드시 인정되어야 하는 권리이다. 이처럼 국민의 본질적 지위에서 도출되는 국민투표권을 추상적 위험 내지 선거기술상의 사유로 배제하는 것은 헌법이 부여한 참정권을 사실상 박탈한 것과 다름없다. 따라서 국민투표법 조항은 재외선거인인 나머지 청구인들의 국민투표권을 침해한다(헌재 2014.7.24, 2009헌마256).

④ [O] 부계혈통주의가 평등의 원칙에 반하여 위헌(헌재 2000.8.31, 97헌가12)이기에 부모양계혈통주의로 개정한 것은 양성의 평등원칙에 부합한다.

정답 | 06 ② 07 ④ 08 ① 09 ③

10 남북관계에 관한 설명으로 가장 적절하지 않은 것은? (다툼이 있는 경우 판례에 의함) 16. 경찰승진

① 북한은 조국의 평화적 통일을 위한 대화와 협력의 동반자임과 동시에, 대남적화노선을 고수하며 우리의 자유민주 체제 전복을 획책하는 반국가단체라는 이중적 성격을 함께 가진다.
② 우리 헌법에서 지향하는 통일은 대한민국의 존립과 안전을 부정하는 것이 아니고, 자유민주적 기본질서에 바탕을 둔 정치체제적 의미뿐만 아니라 사유재산과 시장경제를 골간으로 한 경제질서까지도 포함된 것이다.
③ 1992년 발효된 '남북 사이의 화해와 불가침 및 교류·협력에 관한 합의서'는 국가 간의 조약이라기보다는 남북당국의 성의 있는 이행을 상호 약속하는 일종의 신사협정에 불과하다.
④ 남북교류협력에 관한 법률과 국가보안법의 상호관계에 대해서, 헌법재판소는 양 법률의 규제대상이 동일한 점을 들어 일반법과 특별법의 관계로 파악하고 있다.

해설

④ [×] 그 구성요건을 달리하고 있는 것이므로 청구인의 행위에 관하여는 남북교류협력에 관한 법률은 적용될 여지가 없다고 할 것이다 (헌재 1993.7.29, 92헌바48).
① [O] 헌법재판소는 북한은 조국의 평화적 통일을 위한 대화와 협력의 동반자임과 동시에 대남적화노선을 고수하면서 우리 자유민주주의 체제의 전복을 획책하고 있는 반국가단체라는 이중적 성격도 함께 갖고 있다고 판시하였다(헌재 1997.1.16, 92헌바6 등).
② [O] 헌법 제119조 제1항은 대한민국의 경제질서는 개인과 기업의 경제상의 자유와 창의를 존중함을 기본으로 한다고 하여 시장경제의 원리에 입각한 경제체제임을 천명하였다(헌재 1993.7.29, 89헌마31).
③ [O] 남북합의서는 남북관계를 나라와 나라 사이 관계가 아닌 통일을 지향하는 과정에서 잠정적으로 형성된 특수관계로 규정하고 있다 (헌재 1997.1.16, 92헌바6 등).

11 남·북한의 관계에 관한 설명 중 옳지 않은 것은? 06. 국회직 8급 변형

① 헌법 제3조의 영토조항에 근거하여 북한을 반국가단체로 볼 수 있다.
② 남북관계 발전에 관한 법률에서는 남·북한의 관계를 통일을 지향하는 과정에서 잠정적으로 형성되는 특수관계로 보고 있다.
③ 남북관계 발전에 관한 법률에서는 남한과 북한 간의 거래를 민족내부의 거래로 보고 있다.
④ 북한주민은 대한민국 국민이므로 헌법 해석상 탈북의료인에게도 국내 의료면허를 부여할 입법의무가 발생한다.

해설

④ [×] 청구인과 같은 탈북의료인에게 국내 의료면허를 부여할 것인지 여부는 북한의 의학교육 실태와 탈북의료인의 의료수준, 탈북의료인의 자격증명방법 등을 고려하여 입법자가 그의 입법형성권의 범위 내에서 규율한 사항이지, 헌법조문이나 헌법해석에 의하여 바로 입법자에게 국내 의료면허를 부여할 입법의무가 발생한다고 볼 수는 없다(헌재 2006.11.30, 2006헌마679).
① [O] 이는 대법원의 태도라 할 수 있다. 그러나 헌법재판소는 북한은 조국의 평화적 통일을 위한 대화와 협력의 동반자임과 동시에 대남적화노선을 고수하면서 우리 자유민주주의 체제의 전복을 획책하고 있는 반국가단체라는 이중적 성격도 함께 갖고 있다고 판시했다(헌재 1997.1.16, 92헌바6 등).
② [O] 남북합의서는 남북관계를 나라와 나라 사이 관계가 아닌 통일을 지향하는 과정에서 잠정적으로 형성된 특수관계로 규정하고 있다. 또한 남북합의서는 법적 구속력이 없는 공동성명, 신사협정에 불과하다(헌재 1997.1.16, 92헌바6).
③ [O] 남한과 북한 간의 거래는 국가 간의 거래가 아닌 민족내부의 거래로 본다(남북관계 발전에 관한 법률 제3조 제2항).

정답 | 10 ④ 11 ④

제3장 | 대한민국헌법의 근본원리

핵심 OX

01 현행 헌법의 전문은 3·1운동으로 건립된 대한민국임시정부의 법통을 계승한다고 명시하고 있다. ( )

해설
[O] 유구한 역사와 전통에 빛나는 우리 대한국민은 3·1운동으로 건립된 대한민국임시정부의 법통과 불의에 항거한 4·19민주이념을 계승하고 … (헌법전문 참조).

02 민족문화의 창달은 현행 헌법전문에 규정된 내용이다. ( )

해설
[×] 국가는 전통문화의 계승·발전과 민족문화의 창달에 노력하여야 한다(헌법 제9조). 이는 헌법전문이 아니라 헌법 제9조의 내용이다.

03 헌법재판소는 한·일어업협정과 관련된 판례에서 헌법전문, 특히 통일 관련 부분에서 기본권을 도출할 수 있다고 보았다. ( )

해설
[×] 헌법전문에 기재된 3·1정신은 우리나라 헌법의 연혁적, 이념적 기초로서 헌법이나 법률해석에서의 해석기준으로 작용한다고 할 수 있지만, 그에 기하여 곧바로 국민의 개별적 기본권성을 도출해낼 수 없다고 할 것이다(헌재 2001.3.21, 99헌마139).

04 헌법전문은 규범적 효력으로서 구체적 소송에 적용될 수 있는 재판규범성을 가진다. ( )

해설
[O] 규범적 효력을 갖는다는 것은 ① 헌법이 최고규범이라는 점과 법령해석의 기준이 된다는 것을 의미한다. ② 또한 이는 하위 입법을 할 때에도 그 지침이 될 것이다. ③ 결국 규범력을 가진다는 것은 실제 재판을 통해서 효력을 가져야 하는데 우리 헌법재판소도 헌법전문의 재판규범성을 인정하고 있다.

05 '3·1운동으로 건립된 대한민국임시정부의 법통을 계승'한다는 것은 대한민국이 일제에 항거한 독립운동가의 공헌과 희생을 바탕으로 이룩된 것임을 선언한 것으로, 국가는 자주독립을 위하여 공헌한 독립유공자와 그 유족에 대해 응분의 예우를 해야 할 헌법적 의무를 지닌다. ( )

해설
[O] 헌법전문에서 독립유공자와 그 유족에 대하여는 응분의 예우를 하여야 할 헌법적 의무를 지닌다. 다만, 국가보훈처장이 서훈추천 신청자에 대한 서훈추천을 하여 주어야 할 헌법적 작위의무가 있다고 할 수는 없으므로, 서훈추천을 거부한 것에 대하여 행정권력의 부작위에 대한 헌법소원으로서 다툴 수 없다(헌재 2005.6.30, 2004헌마859).

06 주권론은 국민에게 절대적 권위, 곧 대외적으로는 독립이고 대내적으로는 최고의 권력을 부여하려는 목적에서 주장된 것이다. ( )

해설

[×] 국민주권이 절대주의의 군주주권에 대한 투쟁구호로서 성립된 것이라면, 군주주권론은 교황과 황제의 권위에 근거를 두었던 중세 봉건질서가 붕괴하면서 안정된 새 질서의 형성과 유지를 위하여 군주에게 절대적 권위를 부여하려는 목적에서 주장되었다.

07 텔레비전방송수신료를 형식적 의미의 법률로 정하지 아니하고 한국방송공사의 이사회 및 공보처장관의 승인을 통해 결정하도록 규정한 것은 법률유보원칙에 위배된다. ( )

해설

[○] 수신료의 금액은 수신료 납부의무자의 범위, 수신료의 징수절차와 함께 수신료부과징수에 있어서 본질적인 요소이다. 따라서 국회가 결정해야 할 사안임에도 불구하고 이를 이사회가 결정한 것은 법률유보원칙에 어긋나는 것이다(헌재 1995.5.27, 98헌바70).

08 체계정당성의 원리는 비례의 원칙이나 평등의 원칙 등 일정한 헌법의 규정이나 원칙을 위반하여야만 비로소 그 위반이 인정된다. ( )

해설

[○] 일반적으로 일정한 공권력 작용이 체계정당성에 위반한다고 해서 곧 위헌이 되는 것은 아니다(헌재 2004.11.25, 2002헌바66).

09 신뢰보호의 원칙은 법률이나 그 하위법규의 개폐에만 적용될 뿐, 국가관리의 입시제도와 같은 제도운영지침의 개폐에는 적용되지 않는다. ( )

해설

[×] 신뢰보호원칙은 법률이나 그 하위 법규의 개폐뿐만 아니라 국가의 권력작용에도 적용되어야 하며, 국가관리의 입시제도와 같은 제도운영지침에도 적용되어야 한다.

10 특정규범이 개별사건법률에 해당한다고 해서 곧바로 위헌이 되는 것은 아니다. ( )

해설

[○] 개별사건법률은 원칙적으로 평등원칙에 위배되는 자의적 규정이라는 강한 의심을 불러일으키는 것이지만, 개별법률금지의 원칙이 법률제정에 있어서 입법자가 평등원칙을 준수할 것을 요구하는 것이기 때문에 특정규범이 개별사건법률에 해당한다 하여 곧바로 위헌을 뜻하는 것은 아니며, 이러한 차별적 규율이 합리적인 이유로 정당화될 수 있는 경우에는 합헌적일 수 있다(헌재 1996.2.16, 96헌가2 등).

11 세무당국에 사업자등록을 하고 운전교습에 종사해 왔음에도 불구하고, 자동차운전학원으로 등록한 경우에만 자동차운전교습업을 영위할 수 있도록 법률을 개정하는 것은 관련자들의 정당한 신뢰를 침해하는 것이다. ( )

해설

[×] 운전학원등록제의 실효성을 확보하기 위하여 등록한 운전학원이 아닌 무등록자의 운전교육을 금지하는 것은 신뢰보호원칙을 침해하는 것은 아니다(헌재 2003.9.25, 2001헌마447·2002헌가19).

12 진정소급입법도 특정의 법적 상황에 대한 신뢰가 객관적으로 정당화될 수 없는 경우에는 예외적으로 허용될 수 있다. ( )

> 해설
> [O] 헌법재판소는 진정소급입법의 경우 개인의 신뢰보호와 법적 안정성을 위하여 특별한 사정이 없는 한 원칙적으로 허용될 수 없다고 본다. 다만, 예외적으로 소급입법을 예상할 수 있었거나, 법적 상태가 불확실하여 신뢰보호의 이익이 적은 경우, 소급입법에 의한 당사자 손실이 없거나 아주 경미한 경우, 심히 중대한 공익상 사유가 소급입법을 정당화하는 경우에는 인정한다(헌재 1999.7.22, 97헌바76).

13 개정된 신법이 피적용자에게 유리한 경우에 이른바 시혜적 소급입법을 할 것인지의 여부는 입법자에게 보다 광범위한 입법형성의 자유가 인정된다. ( )

> 해설
> [O] 개정된 신법이 피적용자에게 유리한 경우에 이른바 시혜적인 소급입법을 하여야 한다는 입법자의 의무가 헌법상의 원칙들로부터 도출되지는 아니한다. 따라서 이러한 시혜적 소급입법을 할 것인지의 여부는 입법재량의 문제로서 그 판단은 일차적으로 입법기관에 맡겨져 있는 것이므로 이와 같은 시혜적 조치를 할 것인가를 결정함에 있어서는 국민의 권리를 제한하거나 새로운 의무를 부과하는 경우와는 달리 입법자에게 보다 광범위한 입법형성의 자유가 인정된다(헌재 1998.11.26, 97헌바65).

14 개인의 신뢰이익에 대한 보호가치는 법령에 따른 개인의 행위가 국가에 의하여 일정방향으로 유인된 신뢰의 행사인지, 아니면 단지 법률이 부여한 기회를 활용한 것으로서 원칙적으로 사적 위험부담의 범위에 속하는 것인지 여부에 따라 달라지는 것은 아니다. ( )

> 해설
> [×] 개인의 신뢰이익에 대한 보호가치는 법령에 따른 개인의 행위가 국가에 의하여 일정 방향으로 유인된 신뢰의 행사인지, 아니면 단지 법률이 부여한 기회를 활용한 것으로서 원칙적으로 사적 위험부담의 범위에 속하는 것인지 여부에 따라 달라진다(헌재 2002.11.28, 2002헌바45).

15 국세관련 경력공무원 중 일부에게만 종전 세무사법 규정을 적용하여 세무사 자격이 부여되도록 규정한 개정된 세무사법 규정은 관련자들의 신뢰이익을 침해한 것이다. ( )

> 해설
> [O] 기존 국세관련 경력공무원 중 일부에게만 구법 규정을 적용하여 세무사 자격이 부여되도록 규정한 위 세무사법 부칙 제3항은 충분한 공익적 목적이 인정되지 아니함에도 청구인들의 기대가치 내지 신뢰이익을 과도하게 침해한 것으로서 헌법에 위반된다(헌재 2001.9.27, 2000헌마152).

16 건설폐기물 재생처리를 신고대상으로 하였다가 허가대상으로 변경하는 법률의 개정에서 일정한 유예기간을 둔다면 이러한 법률개정이 폐기물재생처리업자의 신뢰이익을 과도하게 침해하지 않는다. ( )

> 해설
> [O] 종전의 규정에 의한 폐기물재생처리신고업자의 사업이 개정규정에 의한 폐기물중간처리업에 해당하는 경우 영업을 계속하기 위해서는 법 시행일부터 1년 이내에 개정규정에 의한 폐기물중간처리업의 허가를 받도록 함으로써 법률개정을 통하여 신고제에서 허가제로 직업요건을 강화하는 과정에서 신뢰보호를 위한 경과조치를 규정하고 있다. 위 법률조항은 종전의 규정에 의한 폐기물재생처리신고업자가 법개정으로 인한 상황변화에 적절히 대처할 수 있도록 상당한 유예기간을 두고 있고, 그 기간은 2000.7.1. 대통령령 제16891호로 개정된 도시계획법 시행령 부칙 제3조에 의하여 도시계획결정에 관한 새로운 유예기간이 추가된 점에 비추어 볼 때 지나치게 짧은 것이라고 할 수 없으므로, 위 법률조항은 종전의 규정에 의한 폐기물재생처리신고업자의 신뢰이익을 충분히 보호하고 있는 것으로서 과잉금지의 원칙에 위반하여 청구인들의 직업결정의 자유를 침해하는 것이라고 볼 수 없다(헌재 2000.7.20, 99헌마452).

17 국가안전기획부의 계급정년제도의 도입은 신뢰보호이익에 반한다. ( )

> **해설**
>
> [×] 구 국가안전기획부직원법 제22조 제1항 및 제2호 및 동법 부칙 제3항이 국가안전기획부 직원에 대한 계급정년을 새로이 규정하면서 이를 소급적용하도록 하고 있다고 하더라도, 이는 정당한 공익목적을 달성하기 위한 것으로 구법질서하에서의 공무원들의 기대 내지 신뢰를 과도히 해치는 것으로 보기는 어렵다고 할 것이므로, 위 규정은 입법자의 입법형성재량 범위 내에서 입법된 것이라고 할 것이고, 이를 공무원신분관계의 안정을 침해하는 입법이라거나 소급입법에 의한 기본권 침해규정이라고 할 수 없다(헌재 1994.4.28, 91헌바15·19).

18 후임자 임명에 따른 국회사무처 직원 등의 신분보장을 박탈한 것은 위헌이다. ( )

> **해설**
>
> [○] 이 법에 의한 후임자가 임명될 때까지 그 직을 가진다는 국가보위입법회의법 부칙 제4항은 국가보위입법회의법이 제정되기 이전부터 국회사무처와 국회도서관에 근무하여 왔던 공무원들의 신뢰이익을 침해하여 신뢰보호의 원칙에 위배된다(헌재 1989.12.18, 89헌마32 등).

19 공유수면매립지를 양도함에 있어 양도소득세 또는 특별부과세를 전액 감면하던 것을 50% 감면으로 법률을 개정한 경우는 신뢰보호의 원칙에 위배된다고 할 수 없다. ( )

> **해설**
>
> [○] 조세우대조치는 잠정적인 것으로서 장래의 개정이 쉽사리 예측 가능하다고 할 것이며, 또한 공유수면매립지의 양도로 인한 소득에 대한 특별부가세 감면규정은 앞서 본 바와 같이 수년에 걸쳐 개정을 거듭하면서 점차 폐지되는 방향으로 나아가는 것은 신뢰보호의 원칙에 위배된다고 할 수 없다(헌재 1995.3.23, 93헌바18 등).

20 의무사관후보생의 병적에서 제외된 사람의 징집면제연령을 31세에서 36세로 상향 조정한 병역법 규정은 신뢰보호원칙에 위반되는 것이다. ( )

> **해설**
>
> [×] 청구인의 징집면제연령에 관한 기대 또는 신뢰는 단지 법률이 부여한 기회를 활용한 것으로서 원칙적으로 사적 위험부담의 범위에 속하는 것이다. 헌법상의 신뢰보호의 원칙에 위배된다고 볼 수 없다(헌재 2002.11.28, 2002헌바45).

21 우리나라는 독일의 본기본법과 같이 사회국가조항을 명시하고 있다. ( )

> **해설**
>
> [×] 우리나라는 독일의 바이마르 헌법과 같이 사회적 기본권을 명시하고 있지만, 사회국가조항을 명시하고 있지는 않다.

22 경제의 민주화를 위하여 예외적으로 국가의 경제에 관한 규제와 조정을 인정한다. ( )

> **해설**
>
> [○] 헌법 제119조 제1항에 대한민국의 경제질서는 개인과 기업의 경제상의 자유와 창의를 존중함을 기본으로 한다는 규정 때문에 국가는 헌법 제119조 제2항에 의해서 국민경제의 성장 및 안정과 적정한 소득의 분배를 유지하고 시장의 지배와 경제력 남용을 방지하며 경제민주화를 위하여 경제에 관하여 규제와 조정을 할 수 있다. 그러므로 규제와 조정은 예외적으로 할 수 있다.

23 헌법상 소작제도의 금지는 어떠한 예외도 허용되지 않은 절대적 금지이다. ( )

> **해설**
>
> [○] 농지는 경자유전의 원칙에 입각하여 소작제도는 금지된다. 다만, 농업생산성의 제고와 농지의 합리적 이용을 위하여 불가피한 경우에는 법률이 정하는 바에 따라 농지의 임대차·위탁경영을 인정한다(헌법 제121조).

24 경자유전의 원칙에 따라 농지의 소작제도는 금지되나 특별한 경우 법률이 정하는 바에 의하여 농지의 위탁경영이 허용된다. ( )

해설

[O] **헌법 제121조** ① 국가는 농지에 관하여 경자유전의 원칙이 달성될 수 있도록 노력하여야 하며, 농지의 소작제도는 금지된다.
② 농업생산성의 제고와 농지의 합리적인 이용을 위하거나 불가피한 사정으로 발생하는 농지의 임대차와 위탁경영은 법률이 정하는 바에 의하여 인정된다.

25 수력(水力)은 법률이 정하는 바에 의하여 일정한 기간 그 이용을 특허할 수 있다. ( )

해설

[O] 수력은 특허할 수 있다. 광물 기타 중요한 지하자원·수산자원·수력과 경제상 이용할 수 있는 자연력은 법률이 정하는 바에 의하여 일정한 기간 그 채취·개발 또는 이용을 특허할 수 있다(헌법 제120조 제1항).

26 국가는 대외무역을 육성하고 규제할 수 있다. ( )

해설

[O] 국가는 대외무역을 육성하며, 이를 규제·조정할 수 있다(헌법 제125조).

27 국방상 긴절한 필요를 위하여 사영기업을 국유화하는 법률은 헌법에 위반되지 아니한다. ( )

해설

[O] 국방상 또는 국민경제상 긴절한 필요로 인하여 법률이 정하는 경우를 제외하고는, 사영기업을 국유 또는 공유로 이전하거나 그 경영을 통제 또는 관리할 수 없다(헌법 제126조).

28 재무부장관(현 기획재정부장관)이 국제그룹의 주거래은행인 제일은행에게 국제그룹 해체준비착수와 언론발표를 지시하고 제일은행장이 제3자인수방식으로 국제그룹을 해체시킨 것은 통상의 공권력행사라고는 볼 수 없어 헌법재판소는 각하라고 판시하였다. ( )

해설

[×] 이는 권력적 사실행위로 보아 헌법재판소는 본안 판단하였고 사안의 경우 제3자인수방식으로 국제그룹을 해체시킨 것은 우리 헌법상 경제질서에 위배된다고 판시하였다.

29 이자제한법폐지법률은 경제적 약자에 대한 국가의 보호를 방기함으로써 복지국가를 지향하는 우리 헌법질서에 위배된다고 판례는 보았다. ( )

해설

[×] 경제적 약자의 보호문제는 민법상의 일반원칙에 맡길 것인가는 입법자의 재량에 속하는 것으로 보아 합헌적으로 보았다(헌재 2001. 1.18, 2000헌바7).

30 금융소득에 대한 분리과세를 하면서 세율을 인상하고 소득계층에 관계없이 동일한 세율을 적용하는 것은 적정한 소득분배라는 헌법상의 원칙에 위배된다. ( )

> **해설**
> [×] 입법자는 IMF라는 절박한 경제위기를 극복하여야 한다는 국민적 관점에서 금융소득에 대한 분리과세를 시행하기로 정책적 결단을 내린 것으로 헌법상의 경제질서에 위반되는 것이라고 볼 수 없다.

31 국산영화를 연간상영일수의 5분의 2 이상 의무상영하도록 하는 것은 헌법에 위반된다. ( )

> **해설**
> [×] 입법자가 외국영화에 의한 국내 영화시장의 독점이 초래되는 것을 방지하고 균형 있는 영화산업의 발전을 위하여 국산영화의무상영제를 둔 것이므로, 이를 들어 헌법상 경제질서에 반한다고는 볼 수 없다(헌재 1995.7.21, 94헌마125).

32 전통사찰 경내지 수용과 관련하여 국가의 공용수용에 관해서 아무런 법적 규제를 두고 있지 아니한 것은 위헌적인 조치라고 판례는 판단하였다. ( )

> **해설**
> [O] 이 사건 법률조항의 경우, 전통사찰을 훼손하고자 시도하는 주체가 제3자적 국가기관이고 그 형식이 공용수용이라는 우연한 사정의 유무에 따라서 전통사찰을 훼손하는 것이 불가피한 것인지 여부를 관할 국가기관이 실효성 있게 판단·결정할 수 있는 기회를 실질적으로 배제하는 사안과 그렇지 아니한 사안을 구별하는 중요한 차별을 행하는 것이 되어 불합리하고, 헌법 제23조를 이유로 하여 헌법 제9조의 규정을 실질적으로 무력화시키는 결과를 초래하므로, 평등의 원칙에 어긋나는 위헌적인 법률이다(헌재 2003.1.30, 2001헌바64).

33 문화재의 보유·보관·은닉행위에 대해서 형사처벌을 하는 것은 합헌이다. ( )

> **해설**
> [×] 타인이 한 당해 문화재에 관한 도굴 등이 처벌되지 아니하여도, 본인이 그 정을 알고 보유·보관하는 경우 처벌하도록 규정한 구 문화재보호법 제82조 제4항과 제104조 제4항은 과잉금지원칙에 위배된다. 그러나 은닉행위에 관해서는 위헌으로 보지 않았다. 또한 필요적 몰수규정은 비례원칙에 위배되어 위헌이다(헌재 2007.7.26, 2003헌마377).

34 상호방위조약을 체결한 국가에 전쟁이 발발한 경우 그것이 자위전쟁이라면, 그 국가에 군대를 파견하는 것은 헌법에 위반되지 않는다. ( )

> **해설**
> [O] 이라크 전쟁에 관해서도 논란은 존재하지만 이는 상호방위조약에 따른 것으로 집단적 안보차원에서 합헌적이라고 보고 있다.

35 외국인의 경우 그 법적 지위와 관련하여 우리나라는 평등주의를 원칙으로 한다. ( )

> **해설**
> [×] 헌법 제6조 제2항은 외국인은 국제법과 조약이 정하는 바에 의하여 그 지위가 보장된다고 보아 상호주의를 원칙으로 하고 있다.

36 통상 외국인의 경우 외국 국적의 보유자는 포함하지만 무국적자까지 포함하는 것은 아니다. ( )

> **해설**
> [×] 통상 외국인이라고 하는 경우에는 외국 국적의 보유자뿐만 아니라 무국적자까지도 포함하는 개념이다.

37 조약에 의하여 처벌을 가중하는 것은 불가능하다는 것이 헌법재판소의 견해이다. ( )

해설

[×] 마라케쉬협정도 적법하게 체결되어 공포된 조약이므로 국내법과 같은 효력을 갖는 것이어서 그로 인하여 새로운 범죄를 구성하거나 범죄자에 대한 처벌이 가중된다고 하더라도 이것은 국내법에 의하여 형사처벌을 가중한 것과 같은 효력을 갖게 되는 것이다. 따라서 마라케쉬협정에 의하여 관세법위반자의 처벌이 가중된다고 하더라도 이를 들어 법률에 의하지 아니한 형사처벌이라거나 행위시의 법률에 의하지 아니한 형사처벌이라고 할 수 없다(헌재 1998.11.26, 97헌바65).

38 남북사이의 화해와 불가침 및 교류협력에 관한 합의서는 신사협정에 불과하여 법률이나 조약이라고 볼 수 없다. ( )

해설

[○] 1992.2.19. 발효된 '남북사이의 화해와 불가침 및 교류협력에 관한 합의서'는 일종의 공동성명 또는 신사협정에 준하는 성격을 가짐에 불과하여 법률이 아님은 물론 국내법과 동일한 효력이 있는 조약이나 이에 준하는 것으로 볼 수 없다(헌재 2000.7.20, 98헌바63).

39 조약의 체결·비준에 있어서 국회의 동의를 얻어야 하는 조약으로서는 주권의 제약에 관한 조약, 상호원조 또는 안전보장에 관한 조약, 중요한 국제조직에 관한 조약, 정부간의 어업협정, 우호통상항해 조약, 무역조약 등이 있다. ( )

해설

[×] 정부 간의 어업협정은 그 내용이 유동적이므로 세계 각국의 예에 따라 제5공화국 헌법에서부터 삭제하였다. 또한 우호통상항해조약은 국회의 동의를 필요로 하나 단기간의 무역관계를 규율하는 무역조약은 동의를 요하지 아니한다.

40 세계 대부분의 국가가 가입한 다자간 조약은 대한민국이 당사국이 아니어도 국내에서 효력이 있다. ( )

해설

[×] 대한민국이 당사국이 아닌 조약은 국내적으로는 효력이 없다.

41 대한민국과 일본국간의 어업에 관한 협정체결행위는 헌법소원심판의 대상이 되는 '공권력의 행사'에 해당하지 않는다. ( )

해설

[×] 대한민국과 일본국간의 어업에 관한 협정은 우리나라 정부가 일본 정부와의 사이에서 어업에 관해 체결·공포한 조약(조약 제1477호)으로서 헌법 제6조 제1항에 의하여 국내법과 같은 효력을 가지므로, 그 체결행위는 고권적 행위로서 '공권력의 행사'에 해당한다(헌재 2001.3.21, 99헌마139·142·156·160 병합).

42 우리 헌법은 어떠한 조약에 대해서도 헌법과 동일한 효력을 인정하지 않는다. ( )

해설

[○] 국회의 동의를 받으면 법률로, 받지 않으면 명령으로 효력을 가지기 때문에 헌법적 효력을 가지는 조약은 인정되지 않는다.

43 세계인권선언의 각 조항은 보편적인 법적 구속력을 가짐과 아울러 국제법적 효력을 갖는다. ( )

해설

[×] 국제연합의 '인권에 관한 세계선언'은 선언적인 의미를 가지고 있을 뿐 법적 구속력을 가진 것은 아니다(헌재 1991.7.22, 89헌가106).

44 외교관계에 관한 비엔나협약에 의하여 외국의 대사관저에 대하여 강제집행을 할 수 없다는 이유로 집행관이 강제집행의 신청의 접수를 거부하여 강제집행이 불가능하게 되었다면 국가는 이러한 경우 손실을 보상하는 법률을 제정하여야 할 의무가 있다. ( )

해설

[×] 외교관계에 관한 비엔나협약에 근거한 민사면책특권규정으로 외국대사관저에 대한 강제집행거부에 따른 손실을 대한 보상을 할 수 있는 법률을 제정할 의무가 없다(헌재 1998.5.28, 96헌마44).

45 한미주둔군지위협정(SOFA)은 비록 그 내용이 국민에게 재정적 부담을 지우는 입법사항을 포함하고 있다 하더라도, 그 명칭이 협정으로 되어 있어 국회의 관여없이 체결되는 행정협정에 해당한다. ( )

해설

[×] 대한민국과 아메리카합중국간의 상호방위조약 제4조에 의한 시설과 구역 및 대한민국에서의 합중국군대의 지위에 관한 협정은 그 명칭이 "협정"으로 되어 있어 국회의 관여없이 체결되는 행정협정처럼 보이기도 하나 우리나라의 입장에서 볼 때에는 외국군대의 지위에 관한 것이고, 국가에게 재정적 부담을 지우는 내용과 입법사항을 포함하고 있으므로 국회의 동의를 요하는 조약으로 취급되어야 한다(헌재 1999.4.29, 97헌가14).

46 헌법재판소는 우루과이협상결과 체결된 마라케쉬협정에 의해서 관세법위반자의 처벌이 가중된다고 하여도 이를 들어 법률에 의하지 아니한 처벌이라고 할 수 없다고 판시하였다. ( )

해설

[O] 마라케쉬협정에 의하여 관세법위반자의 처벌이 가중된다고 하더라도 이를 들어 법률에 의하지 아니한 형사처벌이라거나 행위시의 법률에 의하지 아니한 형사처벌이라고 할 수 없으므로, 마라케쉬협정에 의하여 가중된 처벌을 하게 된 구 특가법 제6조 제2항 제1호나 농안법 제10조의3이 죄형법정주의에 어긋나거나 청구인의 기본적 인권과 신체의 자유를 침해하는 것이라고 할 수 없다(헌재 1998.11.26, 97헌바65).

기출문제

제1절 헌법전문

01 헌법전문(前文)에 대한 설명으로 가장 적절하지 않은 것은? (다툼이 있는 경우 판례에 의함) 18. 경찰승진

① '헌법전문에 기재된 3·1정신'은 우리나라 헌법의 연혁적·이념적 기초로서 헌법이나 법률해석에서의 해석기준으로 작용한다고 할 수 있지만, 그에 기하여 곧바로 국민의 개별적 기본권성을 도출해낼 수는 없다.
② 헌법전문에서 "3·1운동으로 건립된 대한민국임시정부의 법통을 계승"한다고 선언하고 있으므로 국가는 일제로부터 조국의 자주독립을 위하여 공헌한 독립유공자와 그 유족에 대하여는 응분의 예우를 하여야 할 헌법적 의무를 지닌다.
③ 현행 헌법전문은 "1948년 7월 12일에 제정되고 9차에 걸쳐 개정된 헌법을 이제 국회의 의결을 거쳐 국민투표에 의하여 개정한다."라고 규정하고 있다.
④ 헌법의 전문과 본문의 전체에 담겨있는 최고이념은 국민주권주의와 자유민주주의에 입각한 입헌민주헌법의 본질적 기본원리에 기초하고 있다.

해설

③ [×] "1948년 7월 12일에 제정되고 8차에 걸쳐 개정된 헌법을 이제 국회의 의결을 거쳐 국민투표에 의하여 개정한다." 즉, 8차에 걸쳐 개정된 헌법을 또 개정하니 현행 헌법은 9차 개정헌법이다.
① [O] 3·1운동과 4·19민주이념에서 저항권을 긍정하는 견해가 있으나, 판례는 헌법전문에서는 기본권이 도출되지 않는다고 보고 있다(헌재 2001.3.21, 99헌마139).
② [O] 헌법전문에서 독립유공자와 그 유족에 대하여는 응분의 예우를 하여야 할 헌법적 의무를 지닌다. 다만, 국가보훈처장이 서훈추천 신청자에 대한 서훈추천을 하여 주어야 할 헌법적 작위의무가 있다고 할 수는 없으므로, 서훈추천을 거부한 것에 대하여 행정권력의 부작위에 대한 헌법소원으로서 다툴 수 없다(헌재 2005.6.30, 2004헌마859).
④ [O] 우리 헌법의 전문과 본문에 담겨있는 최고이념은 국민주권주의와 자유민주주의에 입각한 입헌민주헌법의 본질적 기본원리에 기초하고 있다. 이는 모든 법령해석의 기준이 되고, 입법형성권 행사의 한계와 정책결정의 방향을 제시한다(헌재 1989.9.8, 88헌가6).

02 헌법의 기본원리에 관한 설명으로 가장 적절하지 않은 것은? (다툼이 있는 경우 판례에 의함) 24. 경찰순경 1차

① 헌법의 기본원리는 헌법의 이념적 기초인 동시에 헌법을 지배하는 지도원리로서 입법이나 정책결정의 방향을 제시하며 공무원을 비롯한 모든 국민·국가기관이 헌법을 존중하고 수호하도록 하는 지침이고 법률조항의 위헌 여부를 심사할 때 해석기준으로 삼을 수도 있다.
② '책임 없는 자에게 형벌을 부과할 수 없다'라는 형벌에 관한 책임주의는 형사법의 기본원리로서, 헌법상 법치국가의 원리에 내재하는 원리인 동시에 헌법 제10조의 취지로부터 도출되는 원리이므로 법인에게는 적용되지 않는다.
③ 정부는 문화국가실현에 관한 과제를 수행함에 있어 문화의 다양성, 자율성, 창조성이 조화롭게 실현될 수 있도록 중립성을 지키면서 문화에 대한 지원 및 육성을 하도록 유의하여야 한다.
④ 헌법은 법치주의를 그 기본원리의 하나로 하고 있으며, 법치주의는 행정작용에 국회가 제정한 형식적 법률의 근거가 요청된다는 법률유보를 그 핵심적 내용의 하나로 하고 있다.

정답 | 01 ③

해설

② [×] '책임 없는 자에게 형벌을 부과할 수 없다.'라는 형벌에 관한 책임주의는 형사법의 기본원리로서, 헌법상 법치국가의 원리에 내재하는 원리인 동시에 헌법 제10조의 취지로부터 도출되는 원리이고, 법인의 경우도 자연인과 마찬가지로 책임주의원칙이 적용된다고 할 것이다(헌재 2010.7.29, 2009헌가18 등).

① [O] 헌법의 기본원리는 헌법의 이념적 기초인 동시에 헌법을 지배하는 지도원리로서 입법이나 정책결정의 방향을 제시하며 공무원을 비롯한 모든 국민·국가기관이 헌법을 존중하고 수호하도록 하는 지침이 되며, 구체적 기본권을 도출하는 근거로 될 수는 없으나 기본권의 해석 및 기본권제한입법의 합헌성 심사에 있어 해석기준의 하나로서 작용한다(헌재 1996.4.25, 92헌바47).

③ [O] 아직까지 국가지원에의 의존도가 높은 우리나라 문화예술계 환경을 고려할 때, 정부는 문화국가실현에 관한 과제를 수행함에 있어 과거 문화간섭정책에서 벗어나 문화의 다양성, 자율성, 창조성이 조화롭게 실현될 수 있도록 중립성을 지키면서 문화에 대한 지원 및 육성을 하도록 유의하여야 한다(헌재 2020.12.23, 2017헌마416).

④ [O] 헌법은 법치주의를 그 기본원리의 하나로 하고 있으며, 법치주의는 행정작용에 국회가 제정한 형식적 법률의 근거가 요청된다는 법률유보를 그 핵심적 내용의 하나로 하고 있다. 헌법 제37조 제2항은 기본권제한에 관한 일반적 법률유보조항이라고 할 수 있는데, 법률유보의 원칙은 '법률에 의한 규율'만을 요청하는 것이 아니라 '법률에 근거한 규율'을 요청하는 것이기 때문에 기본권의 제한에는 법률의 근거가 필요할 뿐이고 기본권제한의 형식이 반드시 법률의 형식일 필요는 없다(헌재 2011.4.28, 2009헌바167).

---

03 1987.10.29. 개정된 현행 우리 헌법의 전문(前文)에서 명시적으로 언급하고 있지 않은 것은? 16. 법원직 9급

① 조국의 민주개혁
② 경제의 민주화
③ 세계평화와 인류공영
④ 국민생활의 균등한 향상

해설

② [×] 경제의 민주화는 헌법 제119조 제2항에 규정되어 있다.

> **헌법전문** 유구한 역사와 전통에 빛나는 우리 대한국민은 3·1운동으로 건립된 대한민국임시정부의 법통과 불의에 항거한 4·19민주이념을 계승하고, 조국의 민주개혁과 평화적 통일의 사명에 입각하여 정의·인도와 동포애로써 민족의 단결을 공고히 하고, 모든 사회적 폐습과 불의를 타파하며, 자율과 조화를 바탕으로 자유민주적 기본질서를 더욱 확고히 하여 정치·경제·사회·문화의 모든 영역에 있어서 각인의 기회를 균등히 하고, 능력을 최고도로 발휘하게 하며, 자유와 권리에 따르는 책임과 의무를 완수하게 하여, 안으로는 국민생활의 균등한 향상을 기하고 밖으로는 항구적인 세계평화와 인류공영에 이바지함으로써 우리들과 우리들의 자손의 안전과 자유와 행복을 영원히 확보할 것을 다짐하면서 1948년 7월 12일에 제정되고 8차에 걸쳐 개정된 헌법을 이제 국회의 의결을 거쳐 국민투표에 의하여 개정한다.

---

04 다음 중 현행 헌법전문에 규정된 내용이 아닌 것은? 15. 서울시 7급 변형

① 국민생활의 균등한 향상
② 민족문화의 창달
③ 모든 사회적 폐습과 불의를 타파
④ 조국의 민주개혁

해설

② [×] 국가는 전통문화의 계승·발전과 민족문화의 창달에 노력하여야 한다(헌법 제9조). 전통문화의 계승·발전에 관한 규정은 헌법 제9조에 규정되어 있다.

①③④ [○] 헌법전문에 규정되어 있다.

05 다음 중 현행 헌법전문에 규정된 사항은? 13. 서울시 7급

① 전통문화의 계승·발전
② 자유민주적 기본질서에 입각한 평화통일
③ 복수정당제의 보장
④ 5·16혁명이념 계승
⑤ 대한민국임시정부의 법통 계승

해설

⑤ [○] 유구한 역사와 전통에 빛나는 우리 대한국민은 3·1운동으로 건립된 대한민국임시정부의 법통과 불의에 항거한 4·19민주이념을 계승하고, 조국의 민주개혁과 평화적 통일의 사명에 입각하여 … . 이는 05년 입시에도 똑같이 출제되었다.

① [×] 국가는 전통문화의 계승·발전과 민족문화의 창달에 노력하여야 한다(헌법 제9조).

② [×] 대한민국은 통일을 지향하며, 자유민주적 기본질서에 입각한 평화적 통일 정책을 수립하고 이를 추진한다(헌법 제4조).

③ [×] 정당의 설립은 자유이며, 복수정당제는 보장된다(헌법 제8조 제1항).

④ [×] 5·16혁명이념의 계승은 박정희 정부 때에는 존재하였지만 현재는 삭제되었다.

06 대한민국헌법전문(前文)에 규정된 내용이 아닌 것은? 22. 소방간부 변형

① 1948년 7월 12일에 제정되고 9차에 걸쳐 개정된 헌법
② 3·1운동으로 건립된 대한민국임시정부의 법통
③ 항구적인 세계평화와 인류공영
④ 국민생활의 균등한 향상

해설

① [×] "1948년 7월 12일에 제정되고 8차에 걸쳐 개정된 헌법을 이제 국회의 의결을 거쳐 국민투표에 의하여 개정한다."라고 되어 있다. 즉, 9차가 아니라 8차이다.

②③④ [○] 헌법전문에 규정되어 있다.

정답 | 02 ② 03 ② 04 ② 05 ⑤ 06 ①

07 헌법전문에 대한 설명으로 가장 옳은 것은?

19. 서울시 7급

① '헌법전문에 기재된 3·1정신'은 우리나라 헌법의 연혁적·이념적 기초로서 헌법이나 법률해석에서의 해석기준으로 작용함과 동시에 헌법소원의 대상인 헌법상 보장된 기본권에 해당된다.
② 헌법은 전문에서 "3·1운동으로 건립된 대한민국임시정부의 법통을 계승"한다고 선언하고 있으므로, 이에 따라 국가는 헌법소원심판의 당사자가 주장하는 특정인을 독립유공자로 인정해야 할 헌법적 의무를 부담한다.
③ 헌법전문상 대한민국은 대한민국임시정부의 법통을 계승하고 있으므로 1938.4.1.부터 1945.8.15. 사이의 일제 강제동원 사태와 관련한 입법을 하면서, 국내 강제동원자를 지원대상에서 제외한 것은 국가의 기본권 보호의무를 위반한 것이다.
④ '3·1운동으로 건립된 대한민국임시정부의 법통'의 계승을 천명하고 있는 헌법전문에 비추어 외교부장관은 일본군위안부 피해자들의 일본에 대한 배상청구권 실현을 위해 적극적으로 노력할 구체적 작위의무가 있다.

해설

④ [O] 헌법전문, 헌법 제10조, 제2조 제2항과 이 사건 협정 제3조의 문언에 비추어 볼 때, 피청구인이 위 제3조에 따라 분쟁해결의 절차로 나아갈 의무는 일본국에 의해 자행된 조직적이고 지속적인 불법행위에 의하여 인간의 존엄과 가치를 심각하게 훼손당한 자국민들이 배상청구권을 실현하도록 협력하고 보호하여야 할 헌법적 요청에 의한 것이다(헌재 2011.8.30, 2006헌마788).
① [×] 청구인들이 침해받았다고 주장하는 기본권 가운데 '헌법전문에 기재된 3·1정신'은 우리나라 헌법의 연혁적·이념적 기초로써 헌법이나 법률해석에서의 해석기준으로 작용한다고 할 수 있지만, 그에 기하여 곧바로 국민의 개별적 기본권성을 도출해낼 수는 없다고 할 것이다(헌재 2001.3.21, 99헌마139 등).
② [×] 헌법전문에서 독립유공자와 그 유족에 대하여는 응분의 예우를 하여야 할 헌법적 의무를 지닌다. 다만, 국가보훈처장이 서훈추천 신청자에 대한 서훈추천을 하여 주어야 할 헌법적 작위의무가 있다고 할 수는 없으므로, 서훈추천을 거부한 것에 대하여 행정권력의 부작위에 대한 헌법소원으로서 다툴 수 없다(헌재 2005.6.30, 2004헌마859).
③ [×] 국가가 국내 강제동원자들을 위하여 아무런 보호조치를 취하지 아니하였다거나 국가가 취한 조치가 전적으로 부적합하거나 매우 불충분한 것임이 명백한 경우라고 단정하기 어려우므로, 국민에 대한 국가의 기본권 보호의무에 위배된다고 볼 수 없다(헌재 2011.2.24, 2009헌마94).

08 헌법전문(憲法前文)에 관한 다음 설명 중 가장 옳지 않은 것은? (다툼이 있는 경우 헌법재판소 결정에 의함)

18. 법원직 9급

① 헌법전문이란 헌법전(憲法典)의 일부를 구성하는 헌법서문을 말하지만, 성문헌법의 필수적 구성요소는 아니다.
② 현행 헌법전문은 헌법의 기본이념과 기본원리를 선언하고 있다.
③ 현행 헌법전문에 담겨있는 최고이념은 국민주권주의와 자유민주주의에 입각한 입헌민주헌법의 본질적 기본원리에 기초하고 있다.
④ 현행 헌법은 전문에서 "3·1운동으로 건립된 대한민국임시정부의 법통을 계승"한다고 선언하고 있으나, 이는 추상적 프로그램적 규정일 뿐이고 이로부터 국민의 구체적인 기본권이나 국가의 헌법적 의무가 도출되는 것은 아니다.

해설

④ [×] 헌법은 국가유공자 인정에 관하여 명문 규정을 두고 있지 않으나 전문(前文)에서 "3·1운동으로 건립된 대한민국임시정부의 법통을 계승"한다고 선언하고 있다. 이는 대한민국이 일제에 항거한 독립운동가의 공헌과 희생을 바탕으로 이룩된 것임을 선언한 것이고, 그렇다면 국가는 일제로부터 조국의 자주독립을 위하여 공헌한 독립유공자와 그 유족에 대하여는 응분의 예우를 하여야 할 헌법적 의무를 지닌다(헌재 2005.6.30, 2004헌마859).
① [O] 헌법전문은 모든 국가의 헌법이 이를 가지고 있는 것은 아니며 또 필수적 요소라고 볼 수도 없다.
② [O] 헌법전문에는 헌법의 제정과 개정에 관한 역사적 서술 외에 대한민국의 지도이념과 지도원리도 규정되어 있다.
③ [O] 우리 헌법의 전문과 본문의 전체에 담겨있는 최고 이념은 국민주권주의와 자유민주주의에 입각한 입헌민주헌법의 본질적 기본원리에 기초하고 있다(헌재 1989.9.8, 88헌가6).

09 헌법전문(憲法前文)에 관한 설명으로 옳은 것은? (다툼이 있는 경우 판례에 의함) 23. 소방간부 변형

① 헌법은 전문에서 "3·1운동으로 건립된 대한민국임시정부의 법통"의 계승을 천명하고 있으나, 일제강점기에 일본 군위안부로 강제 동원되어 인간의 존엄과 가치가 말살된 상태에서 장기간 비극적인 삶을 영위하였던 피해자들의 훼손된 인간의 존엄과 가치를 회복시켜야 할 의무는 우리 헌법이 제정되기 전의 일이므로 정부가 국민에 대하여 부담하는 보호의무에 속하지 않는다.

② 태평양전쟁 직후 일제에 의한 강제동원으로 피해를 입은 자에 대한 위로금 지급에 있어 대한민국 국적을 가지고 있지 않은 유족을 위로금 지급대상에서 제외하는 것은 정의·인도와 동포애로써 민족의 단결을 공고히 할 것을 규정한 헌법전문에 비추어 헌법에 위반된다.

③ 헌법은 전문에서 유구한 역사와 전통에 빛나는 우리 대한국민은 3·1운동으로 건립된 대한민국임시정부의 법통을 계승한다고 규정하고 있음에도 불구하고 일제강점기 일본의 한반도 지배는 규범적인 관점에서 불법적인 강점에 지나지 않는다고 할 수는 없다.

④ 우리 헌법이 제정되기 전의 일이라 할지라도 국가가 국민의 안전과 생명을 보호하여야 할 가장 기본적인 의무를 수행하지 못한 일제강점기에 일본군위안부로 강제 동원되어 인간의 존엄과 가치가 말살된 상태에서 장기간 비극적인 삶을 영위하였던 피해자들의 훼손된 인간의 존엄과 가치를 회복시켜야 할 의무는 대한민국임시정부의 법통을 계승한 지금의 정부가 국민에 대하여 부담하는 가장 근본적인 보호의무에 속한다.

해설

④ [O] 우리 헌법은 전문에서 "3·1운동으로 건립된 대한민국임시정부의 법통"의 계승을 천명하고 있는바, 비록 우리 헌법이 제정되기 전의 일이라 할지라도 국가가 국민의 안전과 생명을 보호하여야 할 가장 기본적인 의무를 수행하지 못한 일제강점기에 징병과 징용으로 일제에 의해 강제이주 당하여 전쟁수행의 도구로 활용되다가 원폭피해를 당한 상태에서 장기간 방치됨으로써 심각하게 훼손된 청구인들의 인간으로서의 존엄과 가치를 회복시켜야 할 의무는 대한민국임시정부의 법통을 계승한 지금의 정부가 국민에 대하여 부담하는 가장 근본적인 보호의무에 속한다고 할 것이다(헌재 2011.8.30, 2008헌마648).

① [×] 우리 헌법은 전문에서 "3·1운동으로 건립된 대한민국임시정부의 법통"의 계승을 천명하고 있는바, 비록 우리 헌법이 제정되기 전의 일이라 할지라도 국가가 국민의 안전과 생명을 보호하여야 할 가장 기본적인 의무를 수행하지 못한 일제강점기에 일본군위안부로 강제 동원되어 인간의 존엄과 가치가 말살된 상태에서 장기간 비극적인 삶을 영위하였던 피해자들의 훼손된 인간의 존엄과 가치를 회복시켜야 할 의무는 대한민국임시정부의 법통을 계승한 지금의 정부가 국민에 대하여 부담하는 가장 근본적인 보호의무에 속한다고 할 것이다(헌재 2011.8.30, 2006헌마788).

② [×] 사할린 지역 강제동원 희생자의 범위를 1990.9.30.까지 사망 또는 행방불명된 사람으로 제한하고, 대한민국 국적을 갖고 있지 않은 유족을 위로금 지급대상에서 제외한 것은 합리적 이유가 있어 입법재량의 범위를 벗어난 것으로 볼 수 없으므로, 심판대상조항이 '정의·인도와 동포애로써 민족의 단결을 공고히' 할 것을 규정한 헌법전문의 정신에 위반된다고 볼 수 없다(헌재 2015.12.23, 2013헌바11).

③ [×] 현행 헌법도 그 전문에 "유구한 역사와 전통에 빛나는 우리 대한국민은 3·1운동으로 건립된 대한민국임시정부의 법통과 불의에 항거한 4·19 민주이념을 계승하고"라고 규정하고 있다. 이러한 대한민국헌법의 규정에 비추어 볼 때, 일제강점기 일본의 한반도 지배는 규범적인 관점에서 불법적인 강점(强占)에 지나지 않고, 일본의 불법적인 지배로 인한 법률관계 중 대한민국의 헌법정신과 양립할 수 없는 것은 그 효력이 배제된다고 보아야 한다(대판 2012.5.24, 2009다22549).

정답 | 07 ④ 08 ④ 09 ④

10 현행 헌법전문에 관한 설명 중 가장 옳지 <u>못한</u> 것은?

01. 법무사

① 현행 헌법전문에는 대한민국임시정부의 법통과 4·19민주이념을 계승한다고 되어 있다.
② 헌법재판소 판례에 의하면 헌법전문은 헌법 제정의 역사적 설명에 불과하거나 제정 유래나 목적 또는 헌법 제정에 있어서의 국민의 의사를 선언한 것으로서 규범으로서의 효력은 없다고 한다.
③ 현행 헌법전문에는 헌법의 제정 주체가 국민임을 밝히고 있다.
④ 현행 헌법전문에는 평화통일과 국제평화주의를 지향하는 내용도 있다.

해설

② [×] 헌법재판소는 "헌법은 그 전문에 '정치, 경제, 사회, 문화의 모든 영역에 있어서 각인의 기회를 균등히 하고'라고 규정하고, 제11조 제1항에 '모든 국민은 법 앞에 평등하다'고 규정하여 기회균등 또는 평등의 원칙을 선언하고 있는바, 평등의 원칙은 국민의 기본권 보장에 관한 우리 헌법의 최고원리로서 국가가 입법을 하거나 법을 해석 및 집행함에 있어 따라야 할 기준인 동시에, 국가에 대하여 합리적 이유 없이 불평등한 대우를 하지 말 것과, 평등한 대우를 요구할 수 있는 모든 국민의 권리로서, 국민의 기본권 중의 기본권인 것이다(헌재 1989.1.25, 88헌가7)."라고 하여 헌법전문의 규범으로서의 효력을 인정하고 있다.
① [O] 유구한 역사와 전통에 빛나는 우리 대한국민은 3·1운동으로 건립된 대한민국임시정부의 법통과 불의에 항거한 4·19민주이념을 계승하고 ….
③ [O] 우리 대한국민은 …. 따라서 국민이 주체이다.
④ [O] 조국의 민주개혁과 평화적 통일의 사명에 입각하여 … 밖으로는 항구적인 세계평화와 인류공영에 이바지함으로써 ….

제2절 국민주권·민주주의·법치국가

01 국민주권에 대한 설명 중 옳지 않은 것은? (다툼이 있는 경우 판례에 의함) *14. 서울시 7급 변형*

① 민주국가에서 국민주권의 원리는 무엇보다도 대의기관의 선출을 의미하는 선거와 필요한 경우 국민의 직접적 결정을 의미하는 국민투표에 의하여 실현된다.
② 주권은 국민을 억압하고 있는 왕권을 제한하기 위하여 탄생하였다.
③ 공무담임권은 국민주권의 실현 방법으로 국가의 공적인 업무를 수행함에 있어 참여하고 이를 수행하는 권리로서 헌법상의 권리이다.
④ 국회구성권이란 유권자가 설정한 국회의석분포에 국회의원들을 기속시키고자 하는 것이며, 이는 오늘날 대의제도의 본질에 반하는 것으로 헌법상 기본권으로 인정될 여지가 없다.

해설
② [×] 초창기의 주권은 국민을 위한 국민주권이 아닌 왕권 강화를 위한 군주주권이었다.
① [○] 민주국가에서 국민주권의 원리는 무엇보다도 대의기관의 선출을 의미하는 선거와 필요한 경우 국민의 직접적 결정을 의미하는 국민투표에 의하여 실현된다(헌재 1999.5.27, 98헌마214).
③ [○] 공무담임권은 국민주권의 실현 방법으로 국가의 공적인 업무를 수행함에 있어 참여하고 이를 수행하는 권리로서 헌법상의 권리이다(헌재 2007.3.29, 2005헌마1144).
④ [○] 국회구성권이란 유권자가 설정한 국회의석분포에 국회의원들을 기속시키고자 하는 것이며, 이는 오늘날 대의제도의 본질에 반하는 것으로 헌법상 기본권으로 인정될 여지가 없다(헌재 1998.10.29, 96헌마186).

02 국민주권 및 민주주의 원리에 대한 설명으로 가장 적절하지 않은 것은? (다툼이 있는 경우 헌법재판소 판례에 의함) *24. 경찰간부*

① 국민주권의 원리는 공권력의 구성·행사·통제를 지배하는 우리 통치질서의 기본원리이므로, 공권력의 일종인 지방자치권과 국가교육권도 원리에 따른 국민적 정당성기반을 갖추어야만 한다.
② 국민주권주의는 국가권력의 민주적 정당성을 의미하는 것이기는 하나, 그렇다고 하여 국민전체가 직접 국가기관으로서 통치권을 행사하여야 한다는 것은 아니므로, 주권의 소재와 통치권의 담당자가 언제나 같을 것을 요구하는 것이 아니다.
③ 민주주의 원리의 한 내용인 국민주권주의는 모든 국가권력이 국민의 의사에 기초해야 한다는 의미일 뿐만 아니라 국민이 정치적 의사결정에 관한 모든 정보를 제공받고 직접 참여하여야 한다는 의미이다.
④ 국민주권의 원리는 기본적 인권의 존중, 권력분립제도, 복수정당제도등과 함께 헌법 제8조 제4항이 의미하는 민주적 기본질서의 주요한 요소라고 볼 수 있다.

정답 | 10 ② / 01 ②

해설

③ [×] 민주주의 원리의 한 내용인 국민주권주의는 모든 국가권력이 국민의 의사에 기초해야 한다는 의미일 뿐 국민이 정치적 의사결정에 관한 모든 정보를 제공받고 직접 참여하여야 한다는 의미는 아니므로, 청구인들의 이 부분 주장 역시 이유 없다(헌재 2016.10.27, 2012헌마121).
▶ 민주주의의 정치체제는 대의제가 원칙이다.
① [O] 국민주권의 원리는 공권력의 구성·행사·통제를 지배하는 우리 통치질서의 기본원리이므로, 공권력의 일종인 지방자치권과 국가교육권(교육입법권·교육행정권·교육감독권 등)도 이 원리에 따른 국민적 정당성기반을 갖추어야만 한다(헌재 2000.3.30, 99헌바113).
② [O] 국민주권주의는 국가권력의 민주적 정당성을 의미하는 것이기는 하나, 그렇다고 하여 국민전체가 직접 국가기관으로서 통치권을 행사하여야 한다는 것은 아니므로 주권의 소재와 통치권의 담당자가 언제나 같을 것을 요구하는 것이 아니다(헌재 2009.3.26, 2007헌마843).
④ [O] 헌법 제8조 제4항이 의미하는 '민주적 기본질서'는, 개인의 자율적 이성을 신뢰하고 모든 정치적 견해들이 각각 상대적 진리성과 합리성을 지닌다고 전제하는 다원적 세계관에 입각한 것으로서, 모든 폭력적·자의적 지배를 배제하고, 다수를 존중하면서도 소수를 배려하는 민주적 의사결정과 자유·평등을 기본원리로 하여 구성되고 운영되는 정치적 질서를 말하며, 구체적으로는 국민주권의 원리, 기본적 인권의 존중, 권력분립제도, 복수정당제도 등이 현행 헌법상 주요한 요소라고 볼 수 있다(헌재 2014.12.19, 2013헌다1).

03 법치국가원리에 대한 설명으로 옳지 않은 것은? (다툼이 있는 경우 판례에 의함)   15. 서울시 7급 변형

① 기본권을 제한하는 법률을 제정할 때 입법자는 동일 규범 내에서 혹은 당해 기본권을 규율하는 상이한 규범 간에 구조나 내용 또는 원칙면에서 상호 배치되거나 모순되는 입법을 해서는 안 된다는 헌법적 요청을 '체계정당성원리'라 하는데, 그 위반 자체가 바로 위헌은 아니며 평등원칙 위반 내지 입법의 자의금지 위반 등 위헌성을 시사하는 하나의 징후에 불과하고, 이것은 법치주의원리로부터 도출되는 것이다.
② 특별한 법적 근거 없이 엄중격리대상자의 수용거실에 CCTV를 설치하여 24시간 감시하는 행위는 법률유보의 원칙에 위배되지 않는다.
③ 체계정당성의 원리는 비례의 원칙이나 평등의 원칙 등 일정한 헌법의 규정이나 원칙을 위반하여야만 비로소 그 위반이 인정된다.
④ 의무사관후보생의 병적에서 제외된 사람의 징집면제연령을 31세에서 36세로 상향 조정한 병역법 규정은 신뢰보호 원칙에 위반되는 것이다.

해설

④ [×] 청구인의 징집면제연령에 관한 기대 또는 신뢰는 단지 법률이 부여한 기회를 활용한 것으로서 원칙적으로 사적 위험부담의 범위에 속하는 것이다. 헌법상의 신뢰보호의 원칙에 위배된다고 볼 수 없다(헌재 2002.11.28, 2002헌바45).
① [O] '체계정당성'(Systemgerechtigkeit)의 원리라는 것은 동일 규범 내에서 또는 상이한 규범 간에 (수평적 관계이건 수직적 관계이건) 그 규범의 구조나 내용 또는 규범의 근거가 되는 원칙면에서 상호 배치되거나 모순되어서는 안 된다는 하나의 헌법적 요청(Verfassungspostulat)이다. … 이는 국가공권력에 대한 통제와 이를 통한 국민의 자유와 권리의 보장을 이념으로 하는 법치주의원리로부터 도출되는 것이라고 할 수 있다. … 즉, 체계정당성 위반(Systemwidrigkeit) 자체가 바로 위헌이 되는 것은 아니고 이는 비례의 원칙이나 평등원칙위반 내지 입법의 자의금지 위반 등의 위헌성을 시사하는 하나의 징후일 뿐이다(헌재 2004.11.25, 2002헌바66).
② [O] 이 사건 CCTV설치행위에 대한 특별한 법적 근거가 없더라도 일반적인 계호활동을 허용하는 법률규정에 의하여 허용된다고 보아야 한다. CCTV는 교도관의 시선에 의한 감시를 대신하는 기술적 장비에 불과하므로, 교도관의 시선에 의한 감시가 허용되는 이상 CCTV에 의한 감시 역시 가능하다고 할 것이다(헌재 2008.5.29, 2005헌마137 등).
③ [O] 일반적으로 일정한 공권력 작용이 체계정당성에 위반한다고 해서 곧 위헌이 되는 것은 아니다(헌재 2004.11.25, 2002헌바66).

04 법치주의에 관한 설명으로 옳은 것은 모두 몇 개인가? (다툼이 있는 경우 판례에 의함) 23. 경찰순경 2차 변형

㉠ 헌법 제37조 제2항은 기본권 제한에 관한 일반적 법률유보 조항이고 법률유보의 원칙은 '법률에 의한 규율'을 요청하고 있으므로, 기본권 제한에는 법률의 근거가 필요하고 반드시 법률의 형식으로 하여야 한다.
㉡ 법률유보원칙은 단순히 행정작용이 법률에 근거를 두기만 하면 충분한 것이 아니라 국가공동체와 그 구성원에게 기본적이고도 중요한 의미를 갖는 영역, 특히 국민의 기본권 실현에 관련된 영역에 있어서는 행정에 맡길 것이 아니라 국민의 대표자인 입법자 스스로 그 본질적 사항에 대해 결정하여야 한다는 요구까지 내포한다.
㉢ 병의 복무기간은 국방의무의 본질적 내용에 관한 것이어서 이는 반드시 법률로 정하여야 할 입법사항에 속한다.
㉣ 소급입법은 신법이 이미 종료된 사실관계에 작용하는지 아니면 현재 진행 중인 사실관계에 작용하는지에 따라 진정소급입법과 부진정소급입법으로 구분되고, 전자는 헌법적으로 허용되지 않는 것이 원칙이며 특단의 사정이 있는 경우에만 예외적으로 허용될 수 있는 반면, 후자는 원칙적으로 허용되지만 소급효를 요구하는 공익상의 사유와 신뢰보호의 요청 사이의 교량과정에서 신뢰보호의 관점이 입법자의 형성권에 제한을 가하게 된다.

① 1개
② 2개
③ 3개
④ 4개

해설

㉡, ㉢, ㉣ 3개가 옳다.

㉠ [×] 헌법 제37조 제2항에 의하면 기본권은 원칙적으로 법률로써만 이를 제한할 수 있다고 할 것이지만, 헌법 제75조에 의하여 법률의 위임이 있고 그 위임이 구체적으로 범위를 정하여 하는 것이라면 명령·규칙에 의한 기본권의 제한도 가능하다(헌재 2003.11.27, 2002헌마193).
▶ 즉, 반드시 법률의 형식이어야 하는 것이 아니라 구체적으로 위임했다면 명령에 위임도 가능하다.

㉡ [○] 오늘날 법률유보원칙은 단순히 행정작용이 법률에 근거를 두기만 하면 충분한 것이 아니라, 국가공동체와 그 구성원에게 기본적이고도 중요한 의미를 갖는 영역, 특히 국민의 기본권 실현에 관련된 영역에 있어서는 행정에 맡길 것이 아니라 국민의 대표자인 입법자 스스로 그 본질적 사항에 대하여 결정하여야 한다는 요구까지 내포하는 것으로 이해하여야 한다(헌재 1999.5.27, 98헌바70).

㉢ [○] 병의 복무기간은 국방의무의 본질적 내용에 관한 것이어서 이는 반드시 법률로 정하여야 할 입법사항에 속한다(대판 1985.2.28, 85초13).

㉣ [○] 일반적으로 과거의 사실관계 또는 법률관계를 규율하기 위한 소급입법의 태양을 이미 과거에 완성된 사실·법률관계를 규율의 대상으로 하는 '진정소급입법'과 이미 과거에 시작하였으나 아직 완성되지 아니하고 진행과정에 있는 사실·법률관계를 규율의 대상으로 하는 '부진정소급입법'으로 구분한다. 전자는 헌법적으로 허용되지 않는 것이 원칙이며, 특별한 사정이 있는 경우에만 예외적으로 허용될 수 있는 반면, 후자는 원칙적으로 허용되지만 소급효를 요구하는 공익상의 사유와 신뢰보호의 요청 사이의 교량과정에서 신뢰보호의 관점이 입법자의 형성권에 제한을 가하게 된다(헌재 2002.11.28, 2002헌바45).

05 포괄위임금지원칙에 관한 설명 중 가장 적절하지 <u>않은</u> 것은? (다툼이 있는 경우 판례에 의함) 23. 경찰승진

① 헌법 제75조에서 "법률에서 구체적으로 범위를 정하여 위임받은 사항에 관하여"라고 함은 법률 그 자체에 이미 대통령령으로 규정될 내용 및 범위의 기본적 사항이 구체적으로 규정되어 있어서 누구라도 당해 법률 그 자체에서 대통령령에 규정될 내용의 대강을 예측할 수 있어야 함을 의미한다.
② 헌법 제95조는 부령에의 위임근거를 마련하면서 '구체적으로 범위를 정하여'라는 문구를 사용하고 있지 않으므로, 법률의 위임에 의한 대통령령에 가해지는 헌법상의 제한은 법률의 위임에 의한 부령의 경우에는 적용되지 않는다.
③ 헌법 제75조, 제95조가 정하는 포괄적인 위임입법의 금지는, 그 문리해석상 정관에 위임한 경우까지 그 적용 대상으로 하고 있지 않고, 또 권력분립의 원칙을 침해할 우려가 없다는 점 등을 볼 때, 법률이 정관에 자치법적 사항을 위임한 경우에는 원칙적으로 적용되지 않는다.
④ 포괄위임입법금지원칙에 대한 판단기준인 예측가능성의 유무는 당해 특정조항 하나만을 가지고 판단할 것은 아니고 관련 법조항 전체를 유기적·체계적으로 종합 판단하여야 하며, 각 대상법률의 성질에 따라 구체적·개별적으로 검토하여야 한다.

해설

② [×] 헌법 제95조는 부령에의 위임근거를 마련하면서 '구체적으로 범위를 정하여'라는 문구를 사용하고 있지는 않지만, 법률의 위임에 의한 대통령령에 가해지는 헌법상의 제한은 당연히 법률의 위임에 의한 부령의 경우에도 적용된다(헌재 2013.2.28, 2012헌가3).
① [○] 헌법 제75조는 위임입법의 근거조문임과 동시에 그 범위와 한계를 제시하고 있는바, 여기서 '법률에서 구체적인 범위를 정하여 위임받은 사항'이란 법률에 이미 대통령령으로 규정될 내용 및 범위의 기본사항이 구체적으로 규정되어 있어서 누구라도 당해 법률로부터 대통령령에 규정될 내용의 대강을 예측할 수 있어야 함을 의미한다(헌재 2013.6.27, 2011헌바386).
③ [○] 법률이 정관에 자치법적 사항을 위임한 경우에는 헌법 제75조, 제95조가 정하는 포괄적인 위임입법의 금지는 원칙적으로 적용되지 않는다고 봄이 상당하다(헌재 2001.4.26, 2000헌마122).
④ [○] 위임의 구체성·명확성 내지 예측가능성의 유무는 당해 특정 조항 하나만을 가지고 판단할 것이 아니라 관련 법조항 전체를 유기적·체계적으로 종합하여 판단하여야 하고 위임된 사항의 성질에 따라 구체적·개별적으로 검토하여야 한다(헌재 2013.6.27, 2011헌바386).

06 신뢰보호원칙과 소급입법금지원칙에 관한 설명 중 가장 적절하지 <u>않은</u> 것은? (다툼이 있는 경우 판례에 의함) 23. 경찰승진

① 법률에 따른 개인의 행위가 단지 법률이 반사적으로 부여하는 기회의 활용을 넘어서 국가에 의하여 일정 방향으로 유인된 것이라면 특별히 보호가치가 있는 신뢰이익이 인정될 수 있고, 원칙적으로 개인의 신뢰보호가 국가의 법률개정이익에 우선된다고 볼 여지가 있다.
② 부진정소급입법에 있어서는 소급효를 요구하는 공익상의 사유와 신뢰보호의 요청 사이의 교량과정에서 신뢰보호의 관점이 입법자의 형성권에 제한을 가하게 되므로 원칙적으로 허용되지 않는다.
③ 진정소급입법이 허용되는 예외적인 경우로는 일반적으로 국민이 소급입법을 예상할 수 있었거나 법적 상태가 불확실하고 혼란스러워 보호할 만한 신뢰이익이 적은 경우와 소급입법에 의한 당사자의 손실이 없거나 아주 경미한 경우 그리고 신뢰보호의 요청에 우선하는 심히 중대한 공익상의 사유가 소급입법을 정당화하는 경우를 들 수 있다.
④ 신법이 피적용자에게 유리한 경우에는 이른바 시혜적인 소급입법이 가능하지만 이를 입법자의 의무라고는 할 수 없고, 그러한 소급입법을 할 것인지의 여부는 입법재량의 문제로서 그 판단은 일차적으로 입법기관에 맡겨져 있으며, 이와 같은 시혜적 조치를 할 것인가 하는 문제는 국민의 권리를 제한하거나 새로운 의무를 부과하는 경우와는 달리 입법자에게 보다 광범위한 입법형성의 자유가 인정된다.

해설

② [×] 새로운 입법으로 이미 종료된 사실관계에 작용케 하는 진정소급입법은 헌법적으로 허용되지 않는 것이 원칙이며 특단의 사정이 있는 경우에만 예외적으로 허용될 수 있는 반면, 현재 진행 중인 사실관계에 작용케 하는 부진정소급입법은 원칙적으로 허용되지만 소급효를 요구하는 공익상의 사유와 신뢰보호의 요청 사이의 교량과정에서 신뢰보호의 관점이 입법자의 형성권에 제한을 가하게 된다(헌재 1998.11.26, 97헌바58). 진정과 부진정을 바꾼 문제이다.
① [○] 법률에 따른 개인의 행위가 단지 법률이 반사적으로 부여하는 기회의 활용을 넘어서 국가에 의하여 일정 방향으로 유인된 것이라면 특별히 보호가치가 있는 신뢰이익이 인정될 수 있고, 원칙적으로 개인의 신뢰보호가 국가의 법률개정이익에 우선된다고 볼 여지가 있다(헌재 2002.11.28, 2002헌바45).
③ [○] 진정소급입법이 허용되는 예외적인 경우로는 ⓐ 일반적으로 국민이 소급입법을 예상할 수 있었거나 ⓑ 법적 상태가 불확실하고 혼란스러웠거나 하여 보호할 만한 신뢰의 이익이 적은 경우와 ⓒ 소급입법에 의한 당사자의 손실이 없거나 아주 경미한 경우, 그리고 ⓓ 신뢰보호의 요청에 우선하는 심히 중대한 공익상의 사유가 소급입법을 정당화하는 경우 등을 들 수 있다(헌재 1998.9.30, 97헌바38).
④ [○] 신법이 피적용자에게 유리한 경우에는 이른바 시혜적인 소급입법이 가능하지만 이를 입법자의 의무라고는 할 수 없고, 그러한 소급입법을 할 것인지의 여부는 입법재량의 문제로서 그 판단은 일차적으로 입법기관에 맡겨져 있으며, 이와 같은 시혜적 조치를 할 것인가 하는 문제는 국민의 권리를 제한하거나 새로운 의무를 부과하는 경우와는 달리 입법자에게 보다 광범위한 입법형성의 자유가 인정된다고 할 것이다(헌재 1995.12.28, 95헌마196).

07 신뢰보호원칙에 대한 설명으로 옳지 <u>않은</u> 것은? (다툼이 있는 경우 판례에 의함) 18. 지방직 7급 변형

① 무기징역의 집행 중에 있는 자의 가석방 요건을 종전의 '10년 이상'에서 '20년 이상' 형 집행 경과로 강화한 개정 형법조항을 형법 개정 시에 이미 수용 중인 사람에게도 적용하는 것은 신뢰보호원칙에 위배된다.
② 조세에 관한 법규·제도는 신축적으로 변할 수밖에 없다는 점에서 납세의무자로서는 구법 질서에 의거한 신뢰를 바탕으로 적극적으로 새로운 법률관계를 형성하였다든지 하는 특별한 사정이 없는 한 원칙적으로 현재의 세법이 변함 없이 유지되리라고 기대하거나 신뢰할 수는 없다.
③ 신뢰보호원칙은 법치국가원리에 근거를 두고 있는 헌법상 원칙으로서, 특정한 법률에 의하여 발생한 법률관계는 그 법에 따라 파악되고 판단되어야 하고 과거의 사실관계가 그 뒤에 생긴 새로운 법률의 기준에 따라 판단되지 않는다는 국민의 신뢰를 보호하기 위한 것이다.
④ 지방의회의원으로서 받게 되는 보수가 연금에 미치지 못하는 경우에도 연금 전액의 지급을 정지하는 것이 재산권을 과도하게 제한하여 헌법에 위반된다.

해설

① [×] 죄질이 더 무거운 무기징역형을 선고받은 수형자를 가석방할 수 있는 형 집행 경과기간이 개정 형법 시행 후에 유기징역형을 선고받은 수형자의 경우와 같거나 오히려 더 짧게 되는 불합리한 결과를 방지하고, 사회를 방위하기 위한 이 사건 부칙조항이 신뢰보호원칙에 위배되어 청구인의 신체의 자유를 침해한다고 볼 수 없다(헌재 2013.8.29, 2011헌마408).
② [○] 조세에 관한 법규·제도는 신축적으로 변할 수밖에 없다는 점에서 납세의무자로서는 구법질서에 의거한 신뢰를 바탕으로 적극적으로 새로운 법률관계를 형성하였다든지 하는 특별한 사정이 없는 한 원칙적으로 세율 등 현재의 세법이 변함 없이 유지되리라고 기대하거나 신뢰할 수는 없다(헌재 2002.2.28, 99헌바4).
③ [○] 신뢰보호원칙은 법치국가원리에 근거를 두고 있는 헌법상 원칙으로서, 특정한 법률에 의하여 발생한 법률관계는 그 법에 따라 파악되고 판단되어야 하고 과거의 사실관계가 그 뒤에 생긴 새로운 법률의 기준에 따라 판단되지 않는다는 국민의 신뢰를 보호하기 위한 것이다(헌재 2015.2.26, 2012헌마400).
④ [○] 지방의회의원으로서 받게 되는 보수가 연금에 미치지 못하는 경우에도 연금 전액의 지급을 정지하는 것이 재산권을 과도하게 제한하여 헌법에 위반된다(헌재 2022.1.27, 2019헌바161).

정답 | 05 ② 06 ② 07 ①

08 신뢰보호원칙에 관한 설명으로 가장 적절한 것은? (다툼이 있는 경우 판례에 의함)

24. 경찰승진 1차

① 법률에 따른 개인의 행위가 단지 법률이 반사적으로 부여하는 기회의 활용을 넘어서 국가에 의하여 일정 방향으로 유인된 것이라면, 원칙적으로 국가의 법률개정이익이 개인의 신뢰보호에 우선된다고 볼 여지가 있다.
② 산업재해보상보험법 개정을 통하여 최고보상제도를 신설하고, 개정법 시행 전에 장해사유가 발생하여 이미 장해보상연금을 수령하고 있던 수급권자에게도 감액된 보상연금을 지급하도록 하더라도, 2년 6개월의 경과기간 동안 구법을 적용한 후 일률적이고 전면적으로 최고보상제도를 적용하도록 하였다면 신뢰보호원칙에 위배되지 않는다.
③ 헌법상 법치국가원리의 파생원칙인 신뢰보호의 원칙은 국민이 법률적 규율이 장래에도 지속할 것이라는 합리적인 신뢰를 바탕으로 이에 적응하여 개인의 법적 지위를 형성해 왔을 때에는 국가로 하여금 그와 같은 국민의 신뢰를 되도록 보호할 것을 요구하는 것으로, 법률이나 그 하위법규에 적용되는 것이지 국가관리의 입시제도와 같은 제도운영지침의 개폐에 적용되는 것은 아니다.
④ 조세법의 영역에 있어서는 특별한 사정이 없는 한 현재의 세법이 변함없이 유지되리라는 납세자의 기대나 신뢰는 보호될 수 없다.

해설

① [×] 개인의 신뢰이익에 대한 보호가치는 ㉠ 법령에 따른 개인의 행위가 국가에 의하여 일정방향으로 유인된 신뢰의 행사인지, ㉡ 아니면 단지 법률이 부여한 기회를 활용한 것으로서 원칙적으로 사적 위험부담의 범위에 속하는 것인지 여부에 따라 달라진다. 만일 법률에 따른 개인의 행위가 단지 법률이 반사적으로 부여하는 기회의 활용을 넘어서 국가에 의하여 일정 방향으로 유인된 것이라면 특별히 보호가치가 있는 신뢰이익이 인정될 수 있고, 원칙적으로 개인의 신뢰보호가 국가의 법률개정이익에 우선된다고 볼 여지가 있다(헌재 2002.11.28, 2002헌바45).
② [×] 입법자의 결단은 최고보상제도 시행 이후에 산재를 입는 근로자들부터 적용될 수 있을 뿐, 제도 시행 이전에 이미 재해를 입고 산재보상수급권이 확정적으로 발생한 청구인들에 대하여 그 수급권의 내용을 일시에 급격히 변경하여 가면서까지 적용할 수 있는 것이 아니라고 보아야 할 것이다. 따라서, 심판대상조항은 신뢰보호의 원칙에 위배하여 청구인들의 재산권을 침해하는 것으로서 헌법에 위반된다(헌재 2009.5.28, 2005헌바20 등).
③ [×] 이 원칙은 법률이나 그 하위법규뿐만 아니라 국가관리의 입시제도와 같이 국·공립대학의 입시전형을 구속하여 국민의 권리에 직접 영향을 미치는 제도운영지침의 개폐에도 적용되는 것이다(헌재 1997.7.16, 97헌마38).
④ [O] 조세법의 영역에 있어서는 국가가 조세·재정정책을 탄력적·합리적으로 운용할 필요성이 매우 큰 만큼, 조세에 관한 법규·제도는 신축적으로 변할 수밖에 없다는 점에서 납세의무자로서는 구법질서에 의거한 신뢰를 바탕으로 적극적으로 새로운 법률관계를 형성하였다든지 하는 특별한 사정이 없는 한 원칙적으로 세율 등 현재의 세법이 변함없이 유지되리라고 기대하거나 신뢰할 수는 없다(헌재 2002.2.28, 99헌바4).

09 신뢰보호원칙에 대한 설명으로 가장 옳은 것은?

16. 서울시 7급

① 현행 헌법은 신뢰보호원칙에 대한 명문규정을 두고 있다.
② 법률이나 하위법규뿐만 아니라 국가관리의 입시제도와 같이 국·공립대학의 입시전형을 구속하여 국민의 권리에 직접 영향을 미치는 제도운영지침의 개폐에도 적용된다.
③ 위법건축물에 대하여 이행강제금을 부과하도록 하면서 이행강제금제도 도입 전의 위법건축물에 대하여도 이행강제금제도 적용의 예외를 두지 아니한 것은 신뢰보호원칙에 위배된다.
④ 국민들이 국가의 공권력행사에 관하여 가지는 모든 기대 내지 신뢰가 절대적인 권리로서 보호되어야 한다.

해설

② [O] 법률이나 그 하위법규뿐만 아니라 국가관리의 입시제도와 같이 국·공립대학의 입시전형을 구속하여 국민의 권리에 직접 영향을 미치는 제도운영지침의 개폐에도 신뢰보호원칙은 적용된다(헌재 1997.7.16, 97헌마38).
① [×] 현행 헌법에는 신뢰보호원칙에 관한 규정은 없다. 다만, 법치국가원리에서 신뢰보호를 도출하고 있다.
③ [×] 이행강제금 도입으로 인한 국민의 혼란이나 부담도 많이 줄어든 상태인 반면, 이행강제금제도 도입 전의 위법건축물이라 하더라도 이행강제금을 부과함으로써 위법상태를 치유하여 건축물의 안전, 기능, 미관을 증진하여야 한다는 공익적 필요는 중대하다 할 것이다. 따라서 이 사건 부칙조항은 신뢰보호원칙에 위배된다고 볼 수 없다(헌재 2015.10.21, 2013헌바248).
④ [×] 사회 환경이나 경제여건의 변화에 따른 정책적인 필요에 의하여 공권력행사의 내용은 신축적으로 바뀔 수밖에 없고, 그 바뀐 공권력행사에 의하여 발생된 새로운 법질서와 기존의 법질서와의 사이에는 어느 정도 이해관계의 상충이 불가피하므로 국민들이 국가의 공권력행사에 관하여 가지는 모든 기대 내지 신뢰가 절대적인 권리로서 보호되는 것은 아니라고 할 것이다(헌재 1996.4.25, 94헌마119).

10 신뢰보호의 원칙과 소급입법에 대한 설명으로 옳지 않은 것은? (다툼이 있는 경우 판례에 의함) 19. 국가직 7급

① 법률의 제정이나 개정시 구법질서에 대한 당사자의 신뢰가 합리적이고도 정당하며 법률의 제정이나 개정으로 야기되는 당사자의 손해가 극심하여 새로운 입법으로 달성하고자 하는 공익적 목적이 그러한 당사자의 신뢰의 파괴를 정당화할 수 없다면, 그러한 새로운 입법은 허용될 수 없다.
② 부진정소급입법은 특단의 사정이 없는 한 헌법적으로 허용되지 않는 것이 원칙이나, 예외적으로 신뢰보호의 요청에 우선하는 심히 중대한 공익상의 사유가 소급입법을 정당화하는 경우에 허용될 수 있다.
③ 신법이 피적용자에게 유리한 경우에는 시혜적인 소급입법이 가능하지만, 그러한 소급입법을 할 것인가의 여부는 그 일차적인 판단이 입법기관에 맡겨져 있으므로 입법자는 시혜적 소급입법을 할 것인가 여부를 결정할 수 있고, 그 결정이 합리적 재량의 범위를 벗어나 현저하게 불합리하고 불공정한 것이 아닌 한 헌법에 위반된다고 할 수는 없다.
④ 헌법 제38조는 "모든 국민은 법률이 정하는 바에 의하여 납세의무를 진다."라고 규정하는 한편, 헌법 제59조는 "조세의 종목과 세율은 법률로 정한다."라고 규정하여 조세법률주의를 선언하고 있는데, 이는 납세의무가 존재하지 않았던 과거에 소급하여 과세하는 입법을 금지하는 원칙을 포함하는 것이다.

해설

② [×] 진정소급입법이 허용되는 예외적인 경우로는 ⓐ 일반적으로 국민이 소급입법을 예상할 수 있었거나 ⓑ 법적 상태가 불확실하고 혼란스러웠거나 하여 보호할 만한 신뢰의 이익이 적은 경우와 ⓒ 소급입법에 의한 당사자의 손실이 없거나 아주 경미한 경우, ⓓ 그리고 신뢰보호의 요청에 우선하는 심히 중대한 공익상의 사유가 소급입법을 정당화하는 경우 등을 들 수 있다(헌재 1998.9.30, 97헌바38). 즉, 진정과 부진정을 바꾼 문제로 단순한 말바꾸기 문제이다.
① [O] 법률의 제정이나 개정시 구법질서에 대한 당사자의 신뢰가 합리적이고도 정당하며 법률의 제정이나 개정으로 야기되는 당사자의 손해가 극심하여 새로운 입법으로 달성하고자 하는 공익적 목적이 그러한 당사자의 신뢰의 파괴를 정당화할 수 없다면, 그러한 새로운 입법은 허용될 수 없다(헌재 2002.11.28, 2002헌바45).
③ [O] 신법이 피적용자에게 유리한 경우에는 이른바 시혜적인 소급입법이 가능하지만 이를 입법자의 의무라고는 할 수 없고, 그러한 소급입법을 할 것인지의 여부는 입법재량의 문제로서 그 판단은 일차적으로 입법기관에 맡겨져 있으며, 이와 같은 시혜적 조치를 할 것인가 하는 문제는 국민의 권리를 제한하거나 새로운 의무를 부과하는 경우와는 달리 입법자에게 보다 광범위한 입법형성의 자유가 인정된다(헌재 1995.12.28, 95헌마196).
④ [O] "조세의 종목과 세율은 법률로 정한다."라고 규정하여 조세법률주의를 선언하고 있는데, 이는 납세의무가 존재하지 않았던 과거에 소급하여 과세하는 입법을 금지하는 원칙을 포함하는 것이다(헌재 2008.11.13, 2006헌바112).

11 신뢰보호원칙에 대한 설명으로 가장 적절하지 않은 것은? (다툼이 있는 경우 헌법재판소 판례에 의함)

19. 경찰승진

① 입법자는 새로운 인식을 수용하고 변화한 현실에 적절하게 대처해야 하기 때문에, 국민은 현재의 법적 상태가 항상 지속되리라는 것을 원칙적으로 신뢰할 수 없다.
② 개정된 법규·제도의 존속에 대한 개인의 신뢰가 합리적이어서 권리로서 보호할 필요성이 인정되어야 그 신뢰가 헌법상 권리로서 보호될 것이다.
③ 신뢰보호원칙의 위반 여부는 한편으로는 침해받은 신뢰이익의 보호가치, 침해의 중한 정도, 신뢰침해의 방법 등과 다른 한편으로는 새 입법을 통해 실현코자 하는 공익목적을 종합적으로 비교형량하여 판단하여야 한다.
④ 법률에 따른 개인의 행위가 국가에 의하여 일정 방향으로 유인된 것이라도 헌법상 보호가치가 있는 신뢰이익으로 인정될 수 없다.

해설

④ [×] ②③ [O] 개인의 신뢰이익에 대한 보호가치는 법령에 따른 개인의 행위가 국가에 의하여 일정 방향으로 유인된 신뢰의 행사인지, 아니면 단지 법률이 부여한 기회를 활용한 것으로서 원칙적으로 사적 위험부담의 범위에 속하는 것인지 여부에 따라 달라진다. 만일 법률에 따른 개인의 행위가 단지 법률이 반사적으로 부여하는 기회의 활용을 넘어서 국가에 의하여 일정 방향으로 유인된 것이라면 특별히 보호가치가 있는 신뢰이익이 인정될 수 있고, 원칙적으로 개인의 신뢰보호가 국가의 법률개정이익에 우선된다고 볼 여지가 있다(헌재 2002.11.28, 2002헌바45).
① [O] 일반적으로 법률은 현실상황의 변화나 입법정책의 변경 등으로 언제라도 개정될 수 있는 것이기 때문에, 원칙적으로 법률의 개정은 예측할 수 있다고 보아야 한다(헌재 2002.11.28, 2002헌바45).

12 신뢰보호의 원칙과 소급입법금지원칙에 대한 설명으로 옳지 않은 것은? (다툼이 있는 경우 판례에 의함)

18. 국회직 9급 변형

① 전부개정된 성폭력범죄의 처벌에 관한 특례법 시행 전에 행하여졌으나 아직 공소시효가 완성되지 아니한 성폭력범죄에 대해서도 공소시효의 정지·배제조항을 적용하는 성폭력범죄의 처벌에 관한 특례법 조항은 신뢰보호원칙에 위반되지 않는다.
② 신뢰보호의 요청에 우선하는 심히 중대한 공익상의 사유가 소급입법을 정당화하는 경우에는 예외적으로 진정소급입법이 허용된다.
③ 친일행위의 대가로 취득한 친일반민족행위자의 재산을 그 취득·원인행위시에 국가의 소유로 하도록 한 것은 헌법에 위배되지 않는다.
④ 신법이 피적용자에게 유리하게 개정된 경우 이른바 시혜적인 소급입법이 가능하므로 이를 피적용자에게 유리하게 적용하는 것은 입법자의 의무이다.

해설

④ [×] 신법이 피적용자에게 유리한 경우에는 이른바 시혜적인 소급입법이 가능하지만 이를 입법자의 의무라고는 할 수 없고, 그러한 소급입법을 할 것인지의 여부는 입법재량의 문제로서 그 판단은 일차적으로 입법기관에 맡겨져 있으며, 이와 같은 시혜적 조치를 할 것인가 하는 문제는 국민의 권리를 제한하거나 새로운 의무를 부과하는 경우와는 달리 입법자에게 보다 광범위한 입법형성의 자유가 인정된다(헌재 1995.12.28, 95헌마196).
① [O] 심판대상조항이 형사소송법의 공소시효에 관한 조항의 적용을 배제하고 새롭게 규정된 조항을 적용하도록 하였다고 하더라도, 이로 인하여 제한되는 성폭력 가해자의 신뢰이익이 공익에 우선하여 특별히 헌법적으로 보호해야 할 가치나 필요성이 있다고 보기 어렵다. 따라서 심판대상조항은 신뢰보호원칙에 반한다고 할 수 없다(헌재 2021.6.24, 2018헌바457).
② [O] 진정소급입법이 허용되는 예외적인 경우로는 ⓐ 일반적으로 국민이 소급입법을 예상할 수 있었거나 ⓑ 법적 상태가 불확실하고 혼란스러웠거나 하여 보호할 만한 신뢰의 이익이 적은 경우와 ⓒ 소급입법에 의한 당사자의 손실이 없거나 아주 경미한 경우, ⓓ 그리고 신뢰보호의 요청에 우선하는 심히 중대한 공익상의 사유가 소급입법을 정당화하는 경우 등을 들 수 있다(헌재 1998.9.30, 97헌바38).

③ [O] 친일재산의 취득 경위에 내포된 민족배반적 성격, 대한민국임시정부의 법통 계승을 선언한 헌법전문 등에 비추어 친일반민족행위자측으로서는 친일재산의 소급적 박탈을 충분히 예상할 수 있었고, 친일재산 환수 문제는 그 시대적 배경에 비추어 역사적으로 매우 이례적인 공동체적 과업이므로 이러한 소급입법의 합헌성을 인정한다고 하더라도 이를 계기로 진정소급입법이 빈번하게 발생할 것이라는 우려는 충분히 불식될 수 있다. 따라서 이 사건 귀속조항은 진정소급입법에 해당하나 헌법 제13조 제2항에 반하지 않는다(헌재 2011.3.31, 2008헌바141 등).

13 신뢰보호의 원칙에 관한 설명 중 가장 적절한 것은? (다툼이 있는 경우 판례에 의함)

22. 경찰승진 변형

① 친일재산을 그 취득·증여 등 원인행위시에 국가의 소유로 하도록 규정한 친일반민족행위자 재산의 국가귀속에 관한 특별법 조항은 현재 진행 중인 사실관계 또는 법률관계에 작용하는 부진정소급입법에 해당한다.
② 외국에서 치과대학을 졸업한 대한민국 국민이 국내 치과의사 면허시험에 응시하기 위해서는 기존의 응시요건에 추가하여 새로이 예비시험에 합격할 것을 요건으로 규정한 의료법의 '예비시험' 조항은 외국에서 치과대학을 졸업한 국민들이 가지는 합리적 기대를 저버리는 것으로서 신뢰보호의 원칙상 허용되지 아니한다.
③ 법률 시행 당시 개발이 진행 중인 사업에 대하여 장차 개발이 완료되면 개발부담금을 부과하려는 것은 진정소급입법에 해당하는 것으로 원칙적으로 허용되지 아니한다.
④ 사법연수원의 소정 과정을 마치더라도 바로 판사임용자격을 취득할 수 없고 일정 기간 이상의 법조경력을 갖추어야 판사로 임용될 수 있도록 한 법원조직법 개정조항의 시행일 및 그 경과조치에 관한 부칙은, 동법 개정 시점에 이미 사법연수원에 입소하여 사법연수생의 신분을 가지고 있었던 자가 사법연수원을 수료하는 해의 판사 임용에 지원하는 경우에 적용되는 한 신뢰보호의 원칙에 위반된다.

해설
④ [O] 이 사건 심판대상조항이 개정법 제42조 제2항을 법 개정 당시 이미 사법연수원에 입소한 사람들에게 적용되도록 한 것은 신뢰보호의 원칙에 반한다고 할 것이다(헌재 2012.11.29, 2011헌마786 등).
① [×] 친일반민족행위자 재산의 국가귀속에 관한 특별법은 부진정소급입법이 아니라 진정소급입법에 해당한다(헌재 2011.3.31, 2008헌바141).
② [×] 이 사건 법률조항은 청구인들의 신뢰이익을 충분히 고려하고 있다고 할 것이므로 신뢰보호의 원칙에 위배된다고 할 수 없다(헌재 2006.4.27, 2005헌마406).
③ [×] 법률 시행 당시 개발이 진행 중인 사업에 대하여 장차 개발이 완료되면 개발부담금을 부과하려는 것이므로, 이는 아직 완성되지 아니하여 진행과정에 있는 사실관계 또는 법률관계를 규율대상으로 하는 이른바 부진정소급입법에 해당하는 것이어서 원칙적으로 헌법상 허용되는 것이다(헌재 2001.2.22, 98헌바19).

정답 | 11 ④ 12 ④ 13 ④

14 신뢰보호원칙과 소급입법금지원칙에 대한 설명으로 가장 적절하지 않은 것은? (다툼이 있는 경우 판례에 의함)

18. 경찰승진 변형

① 신뢰보호의 원칙은 법률이나 그 하위법규의 개폐에만 적용될 뿐, 국가관리의 입시제도와 같은 제도운영지침의 개폐에는 적용되지 않는다.

② 공무원의 퇴직연금 지급개시연령을 제한한 구 공무원연금법은 현재 공무원으로 재직 중인 자가 퇴직하는 경우 장차 받게 될 퇴직연금의 지급시기를 변경한 것으로서 입법목적으로 달성하고자 하는 연금재정 안정 등의 공익이 손상되는 신뢰에 비해 우월하다고 할 것이므로 신뢰보호원칙에 위배된다고 볼 수 없다.

③ 선불식 할부거래업자에게 개정 법률이 시행되기 전에 체결된 선불식 할부계약에 대하여도 소비자피해보상 보험계약 등을 체결할 의무를 부과한 할부거래에 관한 법률 조항은 소급입법금지원칙에 위반되지 아니한다.

④ 과거에 소멸한 저작인접권을 회복시키는 저작권법 조항은 과거의 음원 사용 행위에 대한 것이 아니라 개정된 법률 시행 이후에 음원을 사용하는 행위를 규율하고 있으므로, 헌법 제13조 제2항이 금지하는 소급입법에 의한 재산권 박탈에 해당하지 아니한다.

해설

① [×] 법률이나 그 하위법규뿐만 아니라 국가관리의 입시제도와 같이 국·공립대학의 입시전형을 구속하여 국민의 권리에 직접 영향을 미치는 제도운영지침의 개폐에도 신뢰보호원칙은 적용된다(헌재 1997.7.16, 97헌마38).

② [○] 현재 공무원으로 재직 중인 자가 퇴직하는 경우 장차 받게 될 퇴직연금의 지급시기를 변경한 것으로, 아직 완성되지 아니한 사실 또는 법률관계를 규율대상으로 하는 부진정소급입법에 해당되는 것이어서 원칙적으로 허용되고, 입법목적으로 달성하고자 하는 연금재정 안정 등의 공익이 손상되는 신뢰에 비하여 우월하다고 할 것이어서 신뢰보호원칙에 위배된다고 볼 수 없다. 따라서 이 사건 법률조항들은 공무원의 재산권을 침해하지 아니한다(헌재 2015.12.23, 2013헌바259).

③ [○] 선불식 할부거래업자에게 개정 법률이 시행되기 전에 체결된 선불식 할부계약에 대하여도 소비자피해보상 보험계약 등을 체결할 의무를 부과한 할부거래에 관한 법률 조항은 소급입법금지원칙에 위반되지 아니한다(헌재 2017.7.27, 2015헌바240).

④ [○] 저작인접권이 소멸된 음원을 무상으로 이용하여 음반을 제작·판매하는 방식으로 영업을 해오던 사업자가 소멸한 저작인접권을 회복시키는 입법으로 인하여 이를 할 수 없게 되었더라도, 2년의 유예기간을 두어 음반 제작·판매업자로서의 이익을 보호하는 것은 신뢰보호원칙에 위반되지 아니한다(헌재 2013.11.28, 2012헌마770).

15 소급입법금지원칙에 대한 설명으로 옳지 않은 것은? (다툼이 있는 경우 헌법재판소 판례에 의함)

19. 경찰승진 변형

① 개성공단의 정상화를 위한 합의서에는 국내법과 동일한 법적 구속력을 인정하기 어렵고, 과거 사례 등에 비추어 개성공단의 중단 가능성은 충분히 예상할 수 있었으므로, 개성공단 전면 중단조치는 신뢰보호원칙을 위반하여 개성공단 투자기업인 청구인들의 영업의 자유와 재산권을 침해하지 아니한다.

② 공소시효가 아직 완성되지 않을 경우, 진행 중인 공소시효를 연장하는 법률은 부진정소급효를 갖게 되나, 공소시효제도에 근거한 개인의 신뢰와 공소시효의 연장을 통하여 달성하려는 공익을 비교형량하여 공익이 개인의 신뢰보호이익에 우선하는 경우에는 소급효를 갖는 법률도 헌법상 정당화될 수 있다.

③ 신법이 이미 종료된 사실관계나 법률관계에 적용되는 부진정소급입법에 있어서는 소급효를 요구하는 공익상의 사유와 신뢰보호 요청 사이의 교량과정에서 신뢰보호의 관점이 입법자의 형성권에 제한을 가하게 된다.

④ 신법이 피적용자에게 유리한 경우에는 이른바 시혜적인 소급입법이 가능하지만, 그러한 소급입법을 할 것인지의 여부는 그 일차적인 판단이 입법기관에 맡겨져 있다.

해설

③ [×] 일반적으로 과거의 사실관계 또는 법률관계를 규율하기 위한 소급입법의 태양을 이미 과거에 완성된 사실·법률관계를 규율의 대상으로 하는 '진정소급입법'과 이미 과거에 시작하였으나 아직 완성되지 아니하고 진행과정에 있는 사실·법률관계를 규율의 대상으로 하는 '부진정소급입법'으로 구분한다. 전자는 헌법적으로 허용되지 않는 것이 원칙이며, 특별한 사정이 있는 경우에만 예외적으로 허용될 수 있는 반면, 후자는 원칙적으로 허용되지만 소급효를 요구하는 공익상의 사유와 신뢰보호의 요청 사이의 교량과정에서 신뢰보호의 관점이 입법자의 형성권에 제한을 가하게 된다(헌재 2002.11.28, 2002헌바45).
① [O] 이 사건 중단조치가 적법절차원칙에 위반되어 투자기업인 청구인들의 영업의 자유나 재산권을 침해한 것으로 볼 수 없다(헌재 2022.1.27, 2016헌마364).
② [O] 공소시효가 아직 완성되지 않은 경우 위 법률조항은 단지 진행 중인 공소시효를 연장하는 법률로서 이른바 부진정소급효를 갖게 되나, 공소시효제도에 근거한 개인의 신뢰와 공시시효의 연장을 통하여 달성하려는 공익을 비교형량하여 공익이 개인의 신뢰보호이익에 우선하는 경우에는 소급효를 갖는 법률도 헌법상 정당화될 수 있다(헌재 1996.2.16, 96헌가2 등).
④ [O] 신법이 피적용자에게 유리한 경우에는 이른바 시혜적인 소급입법이 가능하지만 이를 입법자의 의무라고는 할 수 없고, 그러한 소급입법을 할 것인지의 여부는 입법재량의 문제로서 그 판단은 일차적으로 입법기관에 맡겨져 있으며, 이와 같은 시혜적 조치를 할 것인가 하는 문제는 국민의 권리를 제한하거나 새로운 의무를 부과하는 경우와는 달리 입법자에게 보다 광범위한 입법형성의 자유가 인정된다(헌재 1995.12.28, 95헌마196).

16 소급입법에 관한 설명 중 가장 적절하지 않은 것은? (다툼이 있는 경우 판례에 의함) 15. 경찰승진 변형

① 과거의 사실관계 또는 법률관계를 규율하기 위한 소급입법의 태양에는 이미 과거에 완성된 사실·법률관계를 규율의 대상으로 하는 이른바 진정소급효의 입법과 이미 과거에 시작하였으나 아직 완성되지 아니하고 진행과정에 있는 사실·법률관계를 규율의 대상으로 하는 이른바 부진정소급효의 입법이 있다.
② 진정소급입법은 허용되지 않는 것이 원칙이며 특단의 사정이 있는 경우에만 예외적으로 허용될 수 있는 반면, 부진정소급입법은 원칙적으로 허용되지만 소급효를 요구하는 공익과 신뢰보호의 요청 사이의 교량과정에서 신뢰보호의 관점이 입법자의 형성권에 제한을 가하게 된다.
③ 친일재산이라고 하더라도 그 당시의 재산법 관련 법제에 의하여 확정적으로 취득된 재산이므로 친일재산을 그 취득·증여 등 원인행위시에 국가의 소유로 하도록 하는 것은 헌법에 반한다.
④ 공소시효제도가 헌법 제12조 제1항 및 제13조 제1항에 정한 죄형법정주의의 보호범위에 바로 속하지 않는다면, 소급입법의 헌법적 한계는 법적 안정성과 신뢰보호원칙을 포함하는 법치주의의 원칙에 따른 기준으로 판단하여야 한다.

해설

③ [×] 친일재산을 그 취득·증여 등 원인행위시에 국가의 소유로 하도록 규정한 이 사건 귀속조항은 진정소급입법에 해당하지만, 진정소급입법이라 할지라도 예외적으로 국민이 소급입법을 예상할 수 있었던 경우와 같이 소급입법이 정당화되는 경우에는 허용될 수 있다. 친일재산의 취득 경위에 내포된 민족배반적 성격, 대한민국임시정부의 법통계승을 선언한 헌법전문 등에 비추어 친일반민족행위자 측으로서는 친일재산의 소급적 박탈을 충분히 예상할 수 있었고, 친일재산 환수 문제는 그 시대적 배경에 비추어 역사적으로 매우 이례적인 공동체적 과업이므로 이러한 소급입법의 합헌성을 인정한다고 하더라도 이를 계기로 진정소급입법이 빈번하게 발생할 것이라는 우려는 충분히 불식될 수 있다. 따라서 이 사건 귀속조항은 진정소급입법에 해당하나 헌법 제13조 제2항에 반하지 않는다(헌재 2011.3.31, 2008헌바141).
①② [O] 일반적으로 과거의 사실관계 또는 법률관계를 규율하기 위한 소급입법의 태양을 이미 과거에 완성된 사실·법률관계를 규율의 대상으로 하는 '진정소급입법'과 이미 과거에 시작하였으나 아직 완성되지 아니하고 진행과정에 있는 사실·법률관계를 규율의 대상으로 하는 '부진정소급입법'으로 구분한다. 전자는 헌법적으로 허용되지 않는 것이 원칙이며, 특별한 사정이 있는 경우에만 예외적으로 허용될 수 있는 반면, 후자는 원칙적으로 허용되지만 소급효를 요구하는 공익상의 사유와 신뢰보호의 요청 사이의 교량과정에서 신뢰보호의 관점이 입법자의 형성권에 제한을 가하게 된다(헌재 2002.11.28, 2002헌바45).
④ [O] 공소시효제도가 헌법 제12조 제1항 및 제13조 제1항에 정한 죄형법정주의의 보호범위에 바로 속하지 않는다면, 소급입법의 헌법적 한계는 법적 안정성과 신뢰보호원칙을 포함하는 법치주의의 원칙에 따른 기준으로 판단하여야 한다(헌재 2021.6.24, 2018헌바457).

정답 | 14 ① 15 ③ 16 ③

17 헌법상 원칙에 관한 다음 설명 중 가장 적절하지 <u>않은</u> 것은? (다툼이 있는 경우 판례에 의함) <small>15. 경찰승진</small>

① 세무당국에 사업자등록을 하고 운전교습에 종사해 왔음에도 불구하고, 자동차운전학원으로 등록한 경우에만 자동차운전교습업을 영위할 수 있도록 법률을 개정하는 것은 신뢰보호의 원칙에 반하여 헌법에 위배된다.
② 단순히 법인이 고용한 종업원 등이 업무에 관하여 범죄행위를 하였다는 이유만으로 법인에 대하여 형사처벌을 과하는 것은 헌법상 법치국가원리 및 죄형법정주의로부터 도출되는 책임주의원칙에 반하여 헌법에 위배된다.
③ 명확성의 원칙은 모든 법률에 있어서 동일한 정도로 요구되는 것이 아니고, 개개의 법률이나 법조항의 성격에 따라 요구되는 정도에 차이가 있을 수 있으며, 각각의 구성요건의 특수성과 그러한 법률이 제정되게 된 배경이나 상황에 따라 달라질 수 있다.
④ 법률유보의 원칙은 단순히 행정작용이 법률에 근거를 두기만 하면 충분한 것이 아니라, 국가공동체와 그 구성원에게 기본적이고도 중요한 의미를 갖는 영역, 특히 국민의 기본권 실현과 관련된 영역에 있어서는 국민의 대표자인 입법자가 그 본질적 사항에 대해서 스스로 결정하여야 한다는 요구까지 내포하고 있다.

해설
① [×] 비록 세무당국에 사업자등록을 하고, 운전교육업에 종사하였다고 하더라도, 사업자등록은 과세행정상의 편의를 위하여 납세자의 인적사항 등을 공부에 등재하는 행위에 불과하고, 허가 또는 면허제도와는 달리 이로 인하여 그 사업의 적법성이 보장되는 것 또한 아니라고 할 것이므로 사업자등록여부가 운전교습업의 계속에 대하여 국가가 신뢰를 부여한 어떠한 조치라고 보기도 어렵다. 따라서 신뢰보호의 전제가 되는 선행하는 법적 상태에 대한 신뢰 자체를 인정할 수 없는 이 사건에 있어 신뢰보호원칙에 위배하여 청구인들의 재산권과 직업의 자유를 침해하였다는 청구인들의 주장 역시, 더 나아가 살필 필요도 없이 이유없다(헌재 2003.9.25, 2001헌마447).
② [○] 종업원 등이 저지른 행위의 결과에 대한 법인의 독자적인 책임에 관하여 전혀 규정하지 않은 채, 단순히 법인이 고용한 종업원 등이 범죄행위를 하였다는 이유만으로 법인에 대하여 형사처벌을 과하고 있는바, 이는 아무런 비난받을 만한 행위를 하지 않은 자에 대하여 다른 사람의 범죄행위를 이유로 처벌하는 것으로서 형벌에 관한 책임주의에 반한다고 하지 않을 수 없다(헌재 2009.7.30, 2008헌가16).
③ [○] 명확성의 원칙은 모든 법률에 있어서 동일한 정도로 요구되는 것은 아니고 개개의 법률이나 법조항의 성격에 따라 요구되는 정도에 차이가 있을 수 있으며 각각의 구성요건의 특수성과 그러한 법률이 제정되게 된 배경이나 상황에 따라 달라질 수 있다고 할 것이다(헌재 1992.2.25, 89헌가104).
④ [○] 오늘날 법률유보원칙은 단순히 행정작용이 법률에 근거를 두기만 하면 충분한 것이 아니라, 국가공동체와 그 구성원에게 기본적이고도 중요한 의미를 갖는 영역, 특히 국민의 기본권실현과 관련된 영역에 있어서는 국민의 대표자인 입법자가 그 본질적 사항에 대해서 스스로 결정하여야 한다는 요구까지 내포하고 있다(의회유보원칙)(헌재 1999.5.27, 98헌바70).

18 법치주의에 대한 설명으로 옳지 <u>않은</u> 것은? (다툼이 있는 경우 헌법재판소 결정에 의함) <small>17. 5급 공채</small>

① 현행 헌법상 법치주의를 선언하고 있는 명문의 규정은 없으나, 법치주의는 헌법의 기본원리로 인정된다.
② 법치주의는 행정작용에 국회가 제정한 형식적 법률의 근거가 요청된다는 법률유보를 그 핵심적 내용의 하나로 한다.
③ 법치주의로부터 도출되는 신뢰보호의 원칙상 모든 법규범은 현재와 장래에 한하여 효력을 가지기 때문에 시혜적 소급입법은 금지된다.
④ 범죄행위의 무게 및 그 범행자의 책임에 상응하는 정당한 비례성을 감안하여, 기본권의 제한은 필요한 최소한에 그쳐야 한다는 것은 헌법상 법치국가의 원리에서 나온다.

해설
③ [×] 헌법상의 기본원칙인 법치주의로부터 도출되는 법적 안정성과 신뢰보호의 원칙상 모든 법규범은 현재와 장래에 한하여 효력을 가지는 것이기 때문에 소급입법은 금지 내지 제한된다. 다만, 신법이 피적용자에게 유리한 경우에는 이른바 시혜적인 소급입법이 가능하지만 이를 입법자의 의무라고는 할 수 없다(헌재 1995.12.28, 95헌마196).
①② [○] 헌법은 법치주의를 그 기본원리의 하나로 하고 있고, 법치주의는 법률유보 원칙, 즉 행정작용에는 국회가 제정한 형식적 법률의 근거가 요청된다는 원칙을 그 핵심적 내용으로 하고 있다(헌재 2009.2.26, 2008헌마370).
④ [○] 범죄행위의 무게 및 그 범행자의 책임에 상응하는 정당한 비례성을 감안하여, 기본권의 제한은 필요한 최소한에 그쳐야 한다는 것은 헌법상 법치국가의 원리에서 나온다(헌재 1992.4.28, 90헌바24).

19 다음 중 법치국가의 원리에 대한 설명으로 옳지 않은 것은? (다툼이 있는 경우 헌법재판소 판례에 의함)

17. 국회직 9급 변형

① 죄형법정주의에서 요구되는 명확성원칙을 인정한다고 하더라도 오늘날 복잡한 현대사회에서 법규범의 문언을 순수하게 기술적 개념만으로 구성하는 것은 불가능하다.
② 명확성의 원칙은 기본적으로 최소한이 아닌 최대한의 명확성을 요구하는 것이다.
③ 폐기물재생처리업을 허가제로 하도록 법률을 개정하면서 종전 규정에 의하여 폐기물 재생처리신고를 한 자는 이 법 시행일로부터 1년 이내에 허가를 받도록 한 것은 신뢰보호를 위한 경과조치를 규정하고 있고 그 유예기간이 지나치게 짧은 것이라 할 수 없으므로 신뢰보호위반이 아니다.
④ 지방고시의 최종시험일을 예년과 달리 연도말로 정함으로써 전년도 공무원 채용을 위한 제1차 시험에 합격한 청구인의 연령이 응시상한연령을 5일 초과하게 하여 청구인이 2차 시험에 응시할 수 있는 자격을 박탈한 것은 청구인의 정당한 신뢰를 해한 것이다.

해설

② [×] 명확성의 원칙이란 기본적으로 최대한이 아닌 최소한의 명확성을 요구하는 것이다. 그러므로 법문언이 해석을 통해서, 즉 법관의 보충적인 가치판단을 통해서 그 의미내용을 확인해낼 수 있고, 그러한 보충적 해석이 해석자의 개인적인 취향에 따라 좌우될 가능성이 없다면 명확성의 원칙에 반한다고 할 수 없다 할 것이다(헌재 1998.4.30, 95헌가16).
① [O] 죄형법정주의에서 요구되는 명확성원칙을 인정한다고 하더라도 오늘날 복잡한 현대사회에서 법규범의 문언을 순수하게 기술적 개념만으로 구성하는 것은 불가능하다(헌재 2001.6.28, 99헌바31).
③ [O] 법률은 현실상황의 변화나 입법정책의 변경 등으로 언제라도 개정될 수 있는 것이고 이는 일반적으로 예측할 수 있다고 보아야 하므로, 특별한 사정이 없는 한 구법상의 재생처리신고업자들은 스스로의 위험부담으로 법률이 부여한 기회를 활용한 경우에 지나지 않는다고 할 것이다. 그렇다면 앞에서 본 바와 같이 구법상의 재생처리신고업자가 보호받아야 할 신뢰이익은 법률개정의 이익에 절대적으로 우선하는 것은 아니고, 적당한 유예기간을 규정하는 경과규정에 의하여 보호될 수 있는 것이라고 보아야 할 것이다(헌재 2000.7.20, 99헌마452).
④ [O] 지방고등고시 제1차 시험에 합격하여 제2차 시험에 응시할 수 있는 자격을 확보하였음에도 불구하고 제2차 시험을 10월에 실시하였던 예년과 달리 시험일정을 12월로 정함으로써 응시상한연령을 초과하게 된 경우 이러한 공무원채용시험 계획공고는 신뢰보호원칙에 위배된다(헌재 2000.1.27, 99헌마123).

20 신뢰보호의 원칙에 관한 헌법재판소의 결정 내용과 합치되지 않는 것은?

08. 국회직 변형

① 공유수면매립지를 양도함에 있어 양도소득세 또는 특별부과세를 전액 감면하던 것을 50% 감면으로 법률을 개정한 경우는 신뢰보호의 원칙에 위배된다고 할 수 있다.
② 신뢰보호의 원칙은 법치국가원리에 근거를 두고 있는 헌법상의 원칙으로서 특정한 법률에 의하여 발생한 법률관계는 그 법에 따라 파악되고 판단되어야 하고, 과거의 사실관계가 그 뒤에 생긴 새로운 법률의 기준에 따라 판단되지 않는다는 국민의 신뢰를 보호하기 위한 것이다.
③ 국세 관련 경력공무원 중 일부에게만 종전 세무사법 규정을 적용하여 세무사 자격이 부여되도록 규정한 개정된 세무사법 규정은 관련자들의 신뢰이익을 침해한 것이다.
④ 입법자는 구법질서가 더 이상 그 법률관계에 적절하지 못하며 합목적적이지도 아니함에도 불구하고 그 수혜자군을 위하여 이를 계속 유지하여 줄 의무는 없다.

정답 | 17 ① 18 ③ 19 ②

해설

① [×] 조세우대조치는 잠정적인 것으로서 장래의 개정이 쉽사리 예측 가능하다고 할 것이다. 따라서 공유수면매립지를 양도함에 있어 양도소득세 또는 특별부과세를 전액 감면하던 것을 50% 감면으로 법률을 개정한 경우는 신뢰보호의 원칙에 위배된다고 할 수 없다(헌재 1995.3.23, 93헌바18 등).

② [O] 신뢰보호원칙은 법치국가원리에 근거를 두고 있는 헌법상 원칙으로서, 특정한 법률에 의하여 발생한 법률관계는 그 법에 따라 파악되고 판단되어야 하고 과거의 사실관계가 그 뒤에 생긴 새로운 법률의 기준에 따라 판단되지 않는다는 국민의 신뢰를 보호하기 위한 것이다(헌재 2012.11.29, 2011헌마786 등).

③ [O] 기존 국세 관련 경력공무원 중 일부에게만 구법 규정을 적용하여 세무사 자격이 부여되도록 규정한 세무사법 부칙 제3항은 충분한 공익적 목적이 인정되지 아니함에도 청구인들의 기대가치 내지 신뢰이익을 과도하게 침해한 것으로서 헌법에 위반된다(헌재 2001.9.27, 2000헌마152).

④ [O] 시혜적인 입법은 꼭 지속해야 할 의무가 없다.

21 명확성원칙에 대한 설명으로 가장 옳은 것은? (다툼이 있는 경우 판례에 의함) 17. 서울시 7급

① 공중도덕상 유해한 업무에 취업시킬 목적으로 근로자를 파견한 사람을 형사처벌하도록 한 파견근로자보호 등에 관한 법률 조항 중 공중도덕 부분은 명확성원칙에 위배되지 않는다.

② 전문과목을 표시한 치과의원에게 그 표시한 전문과목에 해당하는 환자만을 진료하도록 한 의료법 조항은 명확성원칙에 위배된다.

③ 학원법에 따른 등록을 하지 아니하고 학원을 설립·운영한 자를 처벌하도록 한 학원법 조항은 명확성원칙에 위배된다.

④ 공공수역에 다량의 토사를 유출하거나 버려 상수원 또는 하천·호소를 현저히 오염되게 한 자를 처벌하는 수질 및 수생태계 보전에 관한 법률 조항 중 '다량', '토사', '현저히 오염' 부분은 명확성원칙에 위배된다.

해설

④ [O] 이 사건 벌칙규정이나 관련 법령 어디에도 '토사'의 의미나 '다량'의 정도, '현저히 오염'되었다고 판단할 만한 기준에 대하여 아무런 규정도 하지 않고 있으므로, 일반 국민으로서는 자신의 행위가 처벌대상인지 여부를 예측하기 어렵고, 감독 행정관청이나 법관의 자의적인 법해석과 집행을 초래할 우려가 매우 크므로 이 사건 벌칙규정은 죄형법정주의의 명확성원칙에 위배된다(헌재 2013.7.25, 2011헌가26).

① [×] 공중도덕상 유해한 업무에 취업시킬 목적으로 근로자를 파견한 사람을 형사처벌하도록 규정한 구 '파견근로자보호 등에 관한 법률' 조항 중 '공중도덕상 유해한 업무' 부분은 건전한 상식과 통상적 법감정을 가진 사람으로 하여금 자신의 행위를 결정해 나가기에 충분한 기준이 될 정도의 의미내용을 가지고 있다고 볼 수 없으므로 죄형법정주의의 명확성원칙에 위배된다(헌재 2016.11.24, 2015헌가23).

② [×] 치과전문의가 되기 위해서는 치과의사 면허를 받은 자가 치과전공의 수련과정을 거쳐 치과전문의 자격시험에 합격해야 하므로, 심판대상조항의 수범자인 치과전문의는 각 전문과목의 진료내용과 진료영역 및 전문과목 간의 차이점 등을 알 수 있다. 따라서 심판대상조항은 명확성원칙에 위배되어 직업수행의 자유를 침해한다고 볼 수 없다(헌재 2015.5.28, 2013헌마799). ▶ 명확성원칙에 위배되어 직업수행의 자유를 침해하는 것은 아니나, 과잉금지의 원칙에 위배하여 직업의 자유를 침해한다.

③ [×] 학원법 제6조에 따른 등록을 하지 아니하고 학원을 '설립·운영한 자'를 처벌하도록 규정한 학원법 조항은 죄형법정주의의 명확성원칙에 반하지 아니한다(헌재 2014.1.28, 2011헌바252).

제3절 사회국가·문화국가·국제평화주의

01 헌법 제9장 경제에 관한 내용으로 옳지 <u>않은</u> 것은? _{02. 국가직 7급 변형}

① 경제의 민주화를 위하여 예외적으로 국가의 경제에 관한 규제와 조정을 인정한다.
② 국가는 지역 간의 균형 있는 발전을 위하여 지역경제를 육성할 의무를 진다.
③ 의약품 도매상 허가를 받기 위해 필요한 창고면적의 최소기준을 규정하고 있는 약사법 조항들은 국가의 중소기업 보호·육성의무를 위반한다.
④ 예외적으로 국가는 사영기업을 국유 또는 공유로 이전할 수 있다.

해설

③ [×] 이 사건 면적조항이 규정한 264제곱미터라는 창고면적 기준은 과거 의약품 도매상 창고면적에 대한 기준이 있었던 때에 시행되었던 것과 같은 것으로, 이러한 시설기준이 지나치게 과도하다는 사정을 찾을 수 없으므로 이에 대한 입법자의 정책적 판단은 존중되어야 한다(헌재 2014.4.24, 2012헌마811).
① [O] 헌법 제119조 제1항은 자유시장경제질서원리를 의미하고, 헌법 제119조 제2항은 사회적 시장경제질서원리를 의미한다. 따라서 국가는 원칙상 시장경제원리를 존중하되 예외적으로 경제민주화를 위하여 규제와 조정을 할 수 있다.
② [O] 국가는 지역 간의 균형 있는 발전을 위하여 "지역경제를 육성할 의무"를 진다.
④ [O] 헌법 제126조 규정에 의하면, 국방상 또는 국민경제상 긴절한 필요로 인하여 법률이 정하는 경우를 제외하고는, 사영기업을 국유 또는 공유로 이전하거나 그 경영을 통제 또는 관리할 수 없다. 헌법 제126조 규정은 사유재산제를 원칙으로 하면서 예외적으로 국가는 사영기업을 국유 또는 공유로 이전할 수 있다는 규정이다.

02 헌법상 경제질서에 대한 설명으로 가장 적절하지 <u>않은</u> 것은? (다툼이 있는 경우 헌법재판소 판례에 의함) _{19. 경찰승진}

① 헌법 제119조는 기본권의 성질을 가지며, 헌법상 경제질서와 관련하여 위헌심사의 기준이 된다.
② 국방상 또는 국민경제상 긴절한 필요로 인하여 법률이 정하는 경우를 제외하고는, 사영기업을 국유 또는 공유로 이전하거나 그 경영을 통제 또는 관리할 수 없다.
③ 헌법 제119조 제1항은 사유재산제도와 사적 자치의 원칙을 기초로 하는 자유시장경제질서를 기본으로 하고 있다.
④ 국가는 균형 있는 국민경제의 성장 및 안정과 적정한 소득의 분배를 유지하고, 시장의 지배와 경제력의 남용을 방지하며, 경제주체간의 조화를 통한 경제의 민주화를 위하여 경제에 관한 규제와 조정을 할 수 있다.

해설

① [×] 헌법 제119조는 헌법상 경제질서에 관한 일반조항으로서 국가의 경제정책에 대한 하나의 헌법적 지침일 뿐 그 자체가 기본권의 성질을 가진다거나 독자적인 위헌심사의 기준이 된다고 할 수 없으므로, 청구인들의 이러한 주장에 대하여는 더 나아가 살펴보지 않는다(헌재 2017.7.27, 2015헌바278 등).
② [O] 국방상 또는 국민경제상 긴절한 필요로 인하여 법률이 정하는 경우를 제외하고는, 사영기업을 국유 또는 공유로 이전하거나 그 경영을 통제 또는 관리할 수 없다(헌법 제126조).
③ [O] 헌법 제119조 제1항은 사유재산제도와 사적 자치의 원칙을 기초로 하는 자유시장경제질서를 기본으로 하고 있다(헌재 1989.12.22, 88헌가13).
④ [O] 국가는 균형 있는 국민경제의 성장 및 안정과 적정한 소득의 분배를 유지하고, 시장의 지배와 경제력의 남용을 방지하며, 경제주체간의 조화를 통한 경제의 민주화를 위하여 경제에 관한 규제와 조정을 할 수 있다(헌법 제119조 제2항).

정답 | 20 ① 21 ④ / 01 ③ 02 ①

03
헌법상 경제질서에 관한 설명으로 옳지 않은 것은? (다툼이 있는 경우 판례에 의함) 19. 소방간부 변형

① 국가는 경제주체간의 조화를 통한 경제의 민주화를 위하여 경제에 관한 규제와 조정을 할 수 있다.
② 독과점규제의 목적은 궁극적으로 경쟁의 회복에 있으므로 독과점규제의 목적을 실현하는 수단 또한 자유롭고 공정한 경쟁을 가능하게 하는 방법이어야 한다.
③ 농업생산성의 제고와 농지의 합리적인 이용을 위하거나 불가피한 사정으로 발생하는 농지의 임대차와 위탁경영은 법률이 정하는 바에 의하여 인정된다.
④ 어떠한 경우에도 사영기업을 국유 또는 공유로 이전하거나 그 경영을 통제 또는 관리할 수 없다.

해설
④ [×] 국방상 또는 국민경제상 긴절한 필요로 인하여 법률이 정하는 경우를 제외하고는, 사영기업을 국유 또는 공유로 이전하거나 그 경영을 통제 또는 관리할 수 없다(헌법 제126조). 어떠한 경우에도 통제 또는 관리할 수 없는 것은 아니다.
① [○] 국가는 균형 있는 국민경제의 성장 및 안정과 적정한 소득의 분배를 유지하고, 시장의 지배와 경제력의 남용을 방지하며, 경제주체간의 조화를 통한 경제의 민주화를 위하여 경제에 관한 규제와 조정을 할 수 있다(헌법 제119조 제2항).
② [○] 헌법 제119조 제2항은 독과점규제라는 경제정책적 목표를 개인의 경제적 자유를 제한할 수 있는 정당한 공익의 하나로 명문화하고 있다. 독과점규제의 목적이 경쟁의 회복에 있다면 이 목적을 실현하는 수단 또한 자유롭고 공정한 경쟁을 가능하게 하는 방법이어야 한다(헌재 1996.12.26, 96헌가18).
③ [○] 농업생산성의 제고와 농지의 합리적인 이용을 위하거나 불가피한 사정으로 발생하는 농지의 임대차와 위탁경영은 법률이 정하는 바에 의하여 인정된다(헌법 제121조 제2항).

04
다음 중 헌법에 경제조항으로 명시되어 있지 않은 것은? 04. 법원직 9급

① 중앙은행의 자율성은 보장된다.
② 농지의 소작제도는 금지된다.
③ 소비자 보호운동은 법률이 정하는 바에 의하여 보장된다.
④ 국가는 국가표준제도를 확립한다.

해설
① [×] 명문의 규정이 없다.
② [○] 국가는 농지에 관하여 경자유전의 원칙이 달성될 수 있도록 노력하여야 하며, 농지의 소작제도는 금지된다(헌법 제121조 제1항).
③ [○] 국가는 건전한 소비행위를 계도하고 생산품의 품질향상을 촉구하기 위한 소비자보호운동을 법률이 정하는 바에 의하여 보장한다(헌법 제124조).
④ [○] 국가는 국가표준제도를 확립한다(헌법 제127조 제2항).

05
다음 중 현행 헌법이 명문으로 규정하고 있지 않은 것은? 15. 법원직 9급

① 경자유전의 원칙
② 농수산물의 수급균형
③ 지속가능한 국민경제의 성장
④ 중소기업의 보호·육성

해설
③ [×] 헌법에는 지속가능한 국민경제의 성장은 존재하지 않으며, 균형 있는 국민경제의 성장은 존재한다(헌법 제119조 제2항). 헌법조문은 양이 많지 않으니 전부 암기를 해둘 필요가 있다.
① [○] 국가는 농지에 관하여 경자유전의 원칙이 달성될 수 있도록 노력하여야 하며, 농지의 소작제도는 금지된다(헌법 제121조 제1항).
② [○] 국가는 농수산물의 수급균형과 유통구조의 개선에 노력하여 가격안정을 도모함으로써 농·어민의 이익을 보호한다(헌법 제123조 제4항).
④ [○] 국가는 중소기업을 보호·육성하여야 한다(헌법 제123조 제3항).

06 우리 헌법상의 시장경제질서에 관한 설명 중 가장 옳지 <u>않은</u> 것은? 07. 법원직 9급 변형

① 광물 기타 중요한 지하자원, 수산자원, 수력과 경제상 이용할 수 있는 자연력은 특허의 대상이 아니다.
② 국가는 농지에 관하여 경자유전의 원칙이 달성될 수 있도록 노력하여야 하며, 농지의 소작제도는 금지된다.
③ 국가는 국민 모두의 생산 및 생활의 기반이 되는 국토의 효율적이고 균형 있는 이용, 개발과 보전을 위하여 법률이 정하는 바에 의하여 그에 관한 필요한 제한과 의무를 과할 수 있다.
④ 헌법 제119조 제1항이 규정하고 있는 '경제적 자유와 창의'는 직업의 자유, 재산권의 보장, 근로3권과 같은 경제에 관한 기본권 및 비례의 원칙과 같은 법치국가원리에 의하여 비로소 헌법적으로 구체화된다.

해설
① [×] 광물 기타 중요한 지하자원·수산자원·수력과 경제상 이용할 수 있는 자연력은 법률이 정하는 바에 의하여 일정한 기간 그 채취·개발 또는 이용을 특허할 수 있다(헌법 제120조 제1항).
② [O] 국가는 농지에 관하여 경자유전의 원칙이 달성될 수 있도록 노력하여야 하며, 농지의 소작제도는 금지된다(헌법 제121조 제1항).
③ [O] 국가는 국민 모두의 생산 및 생활의 기반이 되는 국토의 효율적이고 균형 있는 이용·개발과 보전을 위하여 법률이 정하는 바에 의하여 그에 관한 필요한 제한과 의무를 과할 수 있다(헌법 제122조).
④ [O] 헌법은 제119조에서 개인의 경제적 자유를 보장하면서 사회정의를 실현하기 위한 경제질서를 선언하고 있다. 이 규정은 헌법상 경제질서에 관한 일반조항으로서 국가의 경제정책에 대한 하나의 헌법적 지침이고, 동 조항이 언급하는 '경제적 자유와 창의'는 직업의 자유, 재산권의 보장, 근로3권과 같은 경제에 관한 기본권 및 비례의 원칙과 같은 법치국가원리에 의하여 비로소 헌법적으로 구체화된다(헌재 2002.10.31, 99헌바76 등).

07 헌법상 경제조항에 대한 설명으로 옳지 <u>않은</u> 것은? 17. 5급 공채 변형

① 헌법 제119조는 자유시장 경제질서를 기본으로 하면서 사회국가원리를 수용하여 실질적인 자유와 평등을 아울러 달성하려는 것을 근본이념으로 한다.
② 국가는 농지에 관하여 경자유전의 원칙이 달성될 수 있도록 노력하여야 하며, 농지의 임대차는 금지된다.
③ 국가는 건전한 소비행위를 계도하고 생산품의 품질향상을 촉구하기 위한 소비자보호운동을 법률이 정하는 바에 의하여 보장한다.
④ 국방상 또는 국민경제상 긴절한 필요로 인하여 법률이 정하는 경우에는 사영기업을 국유 또는 공유로 이전할 수 있다.

해설
② [×] 국가는 농지에 관하여 경자유전의 원칙이 달성될 수 있도록 노력하여야 하며, 농지의 소작제도는 금지된다(헌법 제121조 제1항).
① [O] 우리 헌법이 자유시장 경제질서를 기본으로 하면서 사회국가원리를 수용하여 실질적인 자유와 평등을 아울러 달성하려는 것을 근본이념으로 하고 있음을 밝히고 있다(헌재 2003.2.27, 2002헌바4).
③ [O] 국가는 건전한 소비행위를 계도하고 생산품의 품질향상을 촉구하기 위한 소비자보호운동을 법률이 정하는 바에 의하여 보장한다(헌법 제124조).
④ [O] 국방상 또는 국민경제상 긴절한 필요로 인하여 법률이 정하는 경우를 제외하고는, 사영기업을 국유 또는 공유로 이전하거나 그 경영을 통제 또는 관리할 수 없다(헌법 제126조).

정답 | 03 ④ 04 ① 05 ③ 06 ① 07 ②

08 경제적 기본질서에 관한 다음 설명 중 가장 옳지 않은 것은?

20. 법원직 9급 변형

① 헌법 제119조 제2항에 규정된 '경제주체간의 조화를 통한 경제민주화'의 이념은 경제영역에서 정의로운 사회질서를 형성하기 위하여 추구할 수 있는 국가목표일 뿐, 개인의 기본권을 제한하는 국가행위를 정당화하는 헌법규범이 아니다.

② 도서정가제를 규정한 조항은 국민의 직업의 자유를 침해하지 않는다.

③ 경제적 기본권의 제한을 정당화하는 공익이 헌법에 명시적으로 규정된 목표에만 제한되는 것은 아니고, 헌법은 단지 국가가 실현하려고 의도하는 전형적인 경제목표를 예시적으로 구체화하고 있을 뿐이므로 기본권의 침해를 정당화할 수 있는 모든 공익을 아울러 고려하여 법률의 합헌성 여부를 심사하여야 한다.

④ 헌법 제119조 제2항은 국가가 경제영역에서 실현하여야 할 목표의 하나로서 "적정한 소득의 분배"를 들고 있지만, 이로부터 반드시 소득에 대하여 누진세율에 따른 종합과세를 시행하여야 할 구체적인 헌법적 의무가 조세입법자에게 부과되는 것이라고 할 수 없다.

해설

① [×] 헌법 제119조 제2항에 규정된 '경제주체간의 조화를 통한 경제민주화'의 이념도 경제영역에서 정의로운 사회질서를 형성하기 위하여 추구할 수 있는 국가목표로서 개인의 기본권을 제한하는 국가행위를 정당화하는 헌법규범이다(헌재 2003.11.27, 2001헌바35).

② [O] 헌법재판소는 출판문화산업에서 존재하고 있는 자본력, 협상력 등의 차이를 간과하고 이를 그대로 방임할 경우 우리 사회 전체의 문화적 다양성 축소로 이어지게 되고, 지식문화 상품인 간행물에 관한 소비자의 후생이 단순히 저렴한 가격에 상품을 구입함으로써 얻는 경제적 이득에만 한정되지는 않는 점 등에 비추어 이 사건 심판대상조항이 청구인의 직업의 자유를 침해하지 않는다고 판단하였다(헌재 2023.7.20, 2020헌마104).

③ [O] 경제적 기본권의 제한을 정당화하는 공익이 헌법에 명시적으로 규정된 목표에만 제한되는 것은 아니고, 헌법은 단지 국가가 실현하려고 의도하는 전형적인 경제목표를 예시적으로 구체화하고 있을 뿐이므로 기본권의 침해를 정당화할 수 있는 모든 공익을 아울러 고려하여 법률의 합헌성 여부를 심사하여야 한다(헌재 1996.12.26, 96헌가18).

④ [O] 헌법 제119조 제2항은 국가가 경제영역에서 실현하여야 할 목표의 하나로서 "적정한 소득의 분배"를 들고 있지만, 이로부터 반드시 소득에 대하여 누진세율에 따른 종합과세를 시행하여야 할 구체적인 헌법적 의무가 조세입법자에게 부과되는 것이라고 할 수 없다(헌재 1999.11.25, 98헌마55).

09 경제질서에 관한 내용으로 다음 중 현행 헌법상 명시되어 있지 않은 것은?

05. 법원행시

① 지하자원 등의 채취·개발·이용의 특허 및 국가의 보호
② 농지의 소작제도 금지
③ 농·어민의 이익보호 및 중소기업의 보호·육성과 지역경제의 육성
④ 소비자보호운동의 보장
⑤ 공정거래의 보장과 독과점에 대한 규제 및 조정

해설

⑤ [×] 국가는 균형있는 국민경제의 성장 및 안정과 적정한 소득의 분배를 유지하고, 시장의 지배와 경제력의 남용을 방지하며, 경제주체간의 조화를 통한 경제의 민주화를 위하여 경제에 관한 규제와 조정을 할 수 있다(헌법 제119조 제2항). 독과점이나 공정거래라는 단어는 규정에 존재하지 않는다.
① [O] 광물 기타 중요한 지하자원·수산자원·수력과 경제상 이용할 수 있는 자연력은 법률이 정하는 바에 의하여 일정한 기간 그 채취·개발 또는 이용을 특허할 수 있다(헌법 제120조 제1항).
② [O] 국가는 농지에 관하여 경자유전의 원칙이 달성될 수 있도록 노력하여야 하며, 농지의 소작제도는 금지된다(헌법 제121조 제1항).
③ [O] 헌법 제123조

> 헌법 제123조 ① 국가는 농업 및 어업을 보호·육성하기 위하여 농·어촌종합개발과 그 지원 등 필요한 계획을 수립·시행하여야 한다.
> ② 국가는 지역간의 균형 있는 발전을 위하여 지역경제를 육성할 의무를 진다.
> ③ 국가는 중소기업을 보호·육성하여야 한다.

④ [O] 국가는 건전한 소비행위를 계도하고 생산품의 품질향상을 촉구하기 위한 소비자보호운동을 법률이 정하는 바에 의하여 보장한다(헌법 제124조).

---

10 사회국가원리에 관한 설명으로 가장 옳지 않은 것은?
13. 법원직 9급 변형

① 우리 헌법은 명문으로 사회국가원리를 천명하고 있다.
② 복지국가가 그 목적달성을 위하여 복지정책을 수립하고 실시하는 데 자유권이 제한된다고 하더라도 자유와 권리의 본질적 내용을 침해하는 제한은 허용되지 아니한다.
③ 우리나라 헌법상의 경제질서는 자유경쟁을 존중하는 자유시장경제질서를 기본으로 하면서도 이에 수반되는 갖가지 모순을 제거하고 사회복지·사회정의를 실현하기 위하여 국가적 규제와 조정을 용인하는 사회적 시장경제질서로서의 성격을 띠고 있다.
④ 경제적 기본권의 제한을 정당화하는 공익이 헌법에 명시적으로 규정된 목표에만 제한되는 것은 아니다.

해설

① [×] 자주 출제되는 문제이다. 우리나라는 바이마르 공화국과 같이 사회국가원리를 직접 규정하지 않고 사회적 기본권조항을 두고 있다.
② [O] 복지국가를 실시하더라도 기본권 제한의 기본 한계, 즉 과잉금지원칙이나 본질적 내용을 침해하여서는 안 될 것이다.
③ [O] 우리나라 헌법상의 경제질서는 자유경쟁을 존중하는 자유시장경제질서를 기본으로 하면서도 이에 수반되는 갖가지 모순을 제거하고 사회복지·사회정의를 실현하기 위하여 국가적 규제와 조정을 용인하는 사회적 시장경제질서로서의 성격을 띠고 있다(헌재 1996.4.25, 92헌바47).
④ [O] 경제적 기본권의 제한을 정당화하는 공익이 헌법에 명시적으로 규정된 목표에만 제한되는 것은 아니고, 헌법은 단지 국가가 실현하려고 의도하는 전형적인 경제목표를 예시적으로 구체화하고 있을 뿐이므로 기본권의 침해를 정당화할 수 있는 모든 공익을 아울러 고려하여 법률의 합헌성 여부를 심사하여야 한다(헌재 1996.12.26, 96헌가18).

정답 | 08 ① 09 ⑤ 10 ①

11 문화국가원리에 대한 설명으로 옳은 것은? (다툼이 있는 경우 판례에 의함) 17. 국가직 7급

① 국가의 문화육성의 대상에는 원칙적으로 모든 사람에게 문화창조의 기회를 부여한다는 의미에서 모든 문화가 포함되므로 엘리트문화뿐만 아니라 서민문화, 대중문화도 그 가치를 인정하고 정책적인 배려의 대상으로 하여야 한다.
② 헌법 제9조의 규정취지와 민족문화유산의 본질에 비추어 볼 때, 국가가 민족문화유산을 보호하고자 하는 경우 이에 관한 헌법적 보호법익은 '민족문화유산의 존속' 그 자체를 보장하는 것에 그치지 않고, 민족문화유산의 훼손 등에 관한 가치보상이 있는지 여부도 이러한 헌법적 보호법익과 직접적인 관련이 있다.
③ 헌법전문(前文)과 헌법 제9조에서 말하는 '전통', '전통문화'란 역사성과 시대성을 띤 개념으로 이해하여야 하므로, 과거의 어느 일정 시점에서 역사적으로 존재하였다는 사실만으로도 헌법의 보호를 받는 전통이 되는 것이다.
④ 공동체 구성원들 사이에 관습화된 문화요소라 하더라도 종교적인 의식, 행사에서 유래된 경우에까지 국가가 지원하는 것은 문화국가원리와 정교분리원칙에 위반된다.

해설
① [O] 문화국가원리의 이러한 특성은 문화의 개방성 내지 다원성의 표지와 연결되는데, 국가의 문화육성의 대상에는 원칙적으로 모든 사람에게 문화창조의 기회를 부여한다는 의미에서 모든 문화가 포함된다. 따라서 엘리트문화뿐만 아니라 서민문화, 대중문화도 그 가치를 인정하고 정책적인 배려의 대상으로 하여야 한다(헌재 2004.5.27, 2003헌가1).
② [X] 원칙적으로 민족문화유산의 훼손 등에 관한 가치보상이 있는지 여부는 이러한 헌법적 보호법익과 직접적인 관련이 없다(헌재 2003.1.30, 2001헌바64).
③ [X] 헌법전문과 헌법 제9조에서 말하는 '전통', '전통문화'란 역사성과 시대성을 띤 개념으로 이해하여야 한다. 과거의 어느 일정 시점에서 역사적으로 존재하였다는 사실만으로 모두 헌법의 보호를 받는 전통이 되는 것은 아니다(헌재 2005.2.3, 2001헌가9).
④ [X] 이미 문화적 가치로 성숙한 종교적인 의식, 행사, 유형물에 대한 국가 등의 지원은 일정 범위 내에서 전통문화의 계승·발전이라는 문화국가원리에 부합하며 정교분리원칙에 위배되지 않는다(대판 2009.5.28, 2008두16933).

12 문화국가원리에 관한 설명 중 가장 적절하지 않은 것은? (다툼이 있는 경우 판례에 의함) 22. 경찰순경 2차 변형

① 우리 헌법상 문화국가원리는 견해와 사상의 다양성을 그 본질로 하며, 이를 실현하는 국가의 문화정책은 불편부당의 원칙에 따라야 한다.
② 오늘날 문화국가에서의 문화정책은 문화가 생겨날 수 있는 문화풍토를 조성하는 것이 아니라 문화 그 자체에 초점을 두어야 한다.
③ 헌법은 문화국가를 실현하기 위하여 보장되어야 할 정신적 기본권으로 양심과 사상의 자유, 종교의 자유, 언론·출판의 자유, 학문과 예술의 자유 등을 규정하고 있는바, 이들 기본권은 문화국가원리의 불가결의 조건이다.
④ 구 문화재보호법이 건설공사 과정에서 매장문화재의 발굴로 인하여 문화재훼손 위험을 야기한 사업시행자에게 원칙적으로 발굴경비를 부담시키는 것은 사업시행자의 재산권을 침해하지 아니한다.

해설
② [X] 오늘날에 와서는 국가가 어떤 문화현상에 대하여도 이를 선호하거나, 우대하는 경향을 보이지 않는 불편부당의 원칙이 가장 바람직한 정책으로 평가받고 있다. 오늘날 문화국가에서의 문화정책은 그 초점이 문화 그 자체에 있는 것이 아니라 문화가 생겨날 수 있는 문화풍토를 조성하는 데 두어야 한다(헌재 2004.5.27, 2003헌가1 등).
① [O] 오늘날에 와서는 국가가 어떤 문화현상에 대하여도 이를 선호하거나, 우대하는 경향을 보이지 않는 불편부당의 원칙이 가장 바람직한 정책으로 평가받고 있다(헌재 2004.5.27, 2003헌가1 등).
③ [O] 헌법은 문화국가를 실현하기 위하여 보장되어야 할 정신적 기본권으로 양심과 사상의 자유, 종교의 자유, 언론·출판의 자유, 학문과 예술의 자유 등을 규정하고 있는바, 개별성·고유성·다양성으로 표현되는 문화는 사회의 자율영역을 바탕으로 한다고 할 것이고, 이들 기본권은 견해와 사상의 다양성을 그 본질로 하는 문화국가원리의 불가결의 조건이라고 할 것이다(헌재 2004.5.27, 2003헌가1 등).
④ [O] 구 문화재보호법 제44조 제4항 제2문은 건설공사 과정에서 매장문화재의 발굴로 인하여 문화재 훼손 위험을 야기한 사업시행자에게 원칙적으로 발굴경비를 문화재를 보호하는 것이어서 입법목적의 정당성, 방법의 적절성이 인정된다. 대통령령으로 정하는 경우에는 예외적으로 국가 등이 발굴조사비용을 부담할 수 있는 완화규정을 두고 있어 최소침해성원칙, 법익균형성원칙에도 반하지 아니하므로 과잉금지원칙에 위배되어 위헌이라고 볼 수 없다(헌재 2010.10.28, 2008헌바74).

13 헌법상의 국제질서에 관한 다음의 설명 중 옳은 것은? (다툼이 있는 경우 헌법재판소 결정례에 의함)

11. 법원직 9급

① 일반적으로 승인된 국제법규는 조약이 아니기 때문에 원칙적으로 국내법과 같은 효력을 가질 수 없다.
② 외교관계에 관한 비엔나협약에 근거한 민사면책특권 때문에 채무자인 외국대사관에 대하여 강제집행을 할 수 없게 되더라도, 이 경우 채권자인 국민의 손실을 보상하는 법률을 제정해야 할 입법의무가 발생하는 것은 아니다.
③ 한미주둔군지위협정(SOFA)은 비록 그 내용이 국민에게 재정적 부담을 지우는 입법사항을 포함하고 있다 하더라도, 그 명칭이 협정으로 되어 있어 국회의 관여없이 체결되는 행정협정에 해당한다.
④ 우리 헌법상 외국인은 국제법과 조약이 정하는 바에 의하여 그 지위가 보장되기 때문에, 국제법과 조약이 정하는 외에 외국인이 우리 헌법상 기본권의 주체가 될 수 있는 경우는 없다.

해설

② [O] 외교관계에 관한 비엔나협약에 근거한 민사면책특권 규정으로 외국대사관저에 대한 강제집행거부에 따른 손실 보상을 할 수 있는 법률을 제정할 의무가 없다(헌재 1998.5.28, 96헌마44).
① [×] 현행 헌법은 헌법에 의하여 체결·공포된 조약과 일반적으로 승인된 국제법규는 국내법과 같은 효력을 가진다고 규정하여 국제법질서 존중을 명시하고 있다(헌법 제6조 참조).
③ [×] 대한민국과 아메리카합중국간의 상호방위조약 제4조에 의한 시설과 구역 및 대한민국에서의 합중국 군대의 지위에 관한 협정은 그 명칭이 "협정"으로 되어 있어 국회의 관여없이 체결되는 행정협정처럼 보이기도 하나 우리나라의 입장에서 볼 때에는 외국군대의 지위에 관한 것이고, 국가에 재정적 부담을 지우는 내용과 입법사항을 포함하고 있으므로 국회의 동의를 요하는 조약으로 취급되어야 한다(헌재 1999.4.29, 97헌가14).
④ [×] 기본권의 보장에 관한 각 헌법 규정의 해석상 국민(또는 이와 유사한 지위에 있는 외국인과 사법인)이 기본권의 주체라 할 것이다(헌재 1994.12.29, 93헌마120).

14 조약 또는 국제법규에 관한 설명 중 옳지 않은 것은? (다툼이 있는 경우 판례에 의함)

15. 서울시 7급 변형

① 조약과 비구속적 합의를 구분함에 있어서는 합의의 명칭, 합의가 서면으로 이루어졌는지 여부 등과 같은 형식적 측면 외에도 합의의 과정과 내용·표현에 비추어 법적 구속력을 부여하려는 당사자의 의도가 인정되는지 여부 등 실체적 측면을 종합적으로 고려하여야 한다.
② 세계인권선언의 각 조항은 보편적인 법적 구속력을 가짐과 아울러 국제법적 효력을 갖는다.
③ 조약은 국가·국제기구 등 국제법 주체 사이에 권리의무관계를 창출하기 위하여 서면 형식으로 체결되고 국제법에 의하여 규율되는 합의라고 할 수 있다.
④ 우리 헌법은 어떠한 조약에 대해서도 헌법과 동일한 효력을 인정하지 않는다.

해설

② [×] 국제연합의 '인권에 관한 세계선언'은 선언적인 의미를 가지고 있을 뿐 법적 구속력을 가진 것은 아니다(헌재 1991.7.22, 89헌가106).
① [O] 조약과 비구속적 합의를 구분함에 있어서는 합의의 명칭, 합의가 서면으로 이루어졌는지 여부, 국내법상 요구되는 절차를 거쳤는지 여부와 같은 형식적 측면 외에도 합의의 과정과 내용·표현에 비추어 법적 구속력을 부여하려는 당사자의 의도가 인정되는지 여부, 법적 효과를 부여할 수 있는 구체적인 권리·의무를 창설하는지 여부 등 실체적 측면을 종합적으로 고려하여야 한다(헌재 2019.12.27, 2016헌마253).
③ [O] 조약은 '국가·국제기구 등 국제법 주체 사이에 권리의무관계를 창출하기 위하여 서면형식으로 체결되고 국제법에 의하여 규율되는 합의'이다(헌재 2008.3.27, 2006헌라4). 다만 최근에는 구두의 경우도 예외적으로 가능하다는 판시가 있다(헌재 2019.12.27, 2016헌마253).
④ [O] 국회의 동의를 받으면 법률로, 받지 않으면 명령으로 효력을 가지기 때문에 헌법적 효력을 가지는 조약은 인정되지 않는다.

정답 | 11 ① 12 ② 13 ② 14 ②

15 다음 중 조약에 대한 설명으로 옳지 않은 것은? (다툼이 있는 경우 헌법재판소 판례에 의함) 17. 국회직 9급 변형

① 대한민국과 일본국 간의 어업에 관한 협정은 우리나라 정부가 일본 정부와의 사이에서 체결·공포한 조약으로서 국내법과 같은 효력을 갖고, 그 체결행위는 공권력의 행사에 해당한다.
② 헌법에 의하여 체결·공포된 조약이란 헌법상의 규정과 절차에 따른 조약을 말하며, 헌법상 조약의 체결권은 대통령에게 있다.
③ 대한민국과 아메리카합중국간의 상호방위조약 제4조에 의한 시설과 구역 및 대한민국에서의 합중국군대의 지위에 관한 협정은, 그 명칭이 '협정'일지라도 국가에 재정적 부담을 지우는 내용과 입법사항을 포함하고 있으므로 국회의 동의를 요하는 조약이다.
④ 한미무역협정(FTA)은 대한민국의 입법권의 범위, 사법권의 주체와 범위, 헌법상 경제조항에 변경을 가져오는 등 실질적으로 헌법 개정에 해당함에도, 국민투표 절차를 거치지 않고 이 협정을 체결한 것은 대한민국 국민의 국민투표권을 침해한다.

해설

④ [×] 한미무역협정의 경우, 국회의 동의를 필요로 하는 조약의 하나로서 법률적 효력이 인정되므로, 그에 의하여 성문헌법이 개정될 수는 없으며, 따라서 한미무역협정으로 인하여 청구인의 헌법 제130조 제2항에 따른 헌법개정절차에서의 국민투표권이 침해될 가능성은 인정되지 아니한다(헌재 2013.11.28, 2012헌마166).
① [○] 이 사건 협정은 우리나라 정부가 일본 정부와의 사이에서 어업에 관해 체결·공포한 조약(조약 제1477호)으로서 헌법 제6조 제1항에 의하여 국내법과 같은 효력을 가지므로, 그 체결행위는 고권적 행위로서 '공권력의 행사'에 해당한다(헌재 2001.3.21, 99헌마139 등).
② [○] 대통령은 조약을 체결·비준하고, 외교사절을 신임·접수 또는 파견하며, 선전포고와 강화를 한다(헌법 제73조). 체결권은 대통령에게 있으며, 동의권은 국회에 존재한다.
③ [○] 이 사건 조약은 그 명칭이 "협정"으로 되어있어 국회의 관여없이 체결되는 행정협정처럼 보이기도 하나 우리나라의 입장에서 볼 때에는 외국군대의 지위에 관한 것이고, 국가에게 재정적 부담을 지우는 내용과 입법사항을 포함하고 있으므로 국회의 동의를 요하는 조약으로 취급되어야 한다(헌재 1999.4.29, 97헌가14).
▶ 어떤 조약도 헌법적 효력을 가지는 조약은 존재하지 않는다.

16 조약과 일반적으로 승인된 국제법규에 대한 설명으로 옳지 않은 것은? (다툼이 있는 경우 판례에 의함) 18. 5급 공채

① 전 세계적으로 양심적 병역거부권의 보장에 관한 국제관습법이 형성되었다고 할 수 없어 양심적 병역거부가 일반적으로 승인된 국제법규로서 우리나라에 수용될 수는 없다.
② 국제노동기구 산하 '결사의 자유위원회'의 권고는 국내법과 같은 효력이 있거나 일반적으로 승인된 국제법규라고 볼 수 없다.
③ 주권의 제약에 관한 조약은 체결할 수 없다.
④ 조약안은 국무회의의 심의를 거쳐야 한다.

해설

③ [×] 국회는 상호원조 또는 안전보장에 관한 조약, 중요한 국제조직에 관한 조약, 우호통상항해조약, 주권의 제약에 관한 조약, 강화조약, 국가나 국민에게 중대한 재정적 부담을 지우는 조약 또는 입법사항에 관한 조약의 체결·비준에 대한 동의권을 가진다(헌법 제60조 제1항).

① [O] 양심적 병역거부권을 명문으로 인정한 국제인권조약은 아직까지 존재하지 않으며, 유럽 등의 일부국가에서 양심적 병역거부권이 보장된다고 하더라도 전 세계적으로 양심적 병역거부권의 보장에 관한 국제관습법이 형성되었다고 할 수 없어 양심적 병역거부가 일반적으로 승인된 국제법규로서 우리나라에 수용될 수는 없다(헌재 2011.8.30, 2008헌가22).

② [O] 국제노동기구 산하 '결사의 자유위원회'의 권고는 국내법과 같은 효력이 있거나 일반적으로 승인된 국제법규라고 볼 수 없다(헌재 2005.10.27, 2003헌바50).

④ [O] 헌법 제89조

> 헌법 제89조 다음 사항은 국무회의의 심의를 거쳐야 한다.
> 3. 헌법개정안·국민투표안·조약안·법률안 및 대통령령안

17 조약에 대한 설명으로 옳지 않은 것은? (다툼이 있는 경우 판례에 의함)

16. 국가직 7급

① 강제노동의 폐지에 관한 국제노동기구(ILO)의 제105호 조약은 우리나라가 비준한 바가 없고, 헌법 제6조 제1항에서 말하는 일반적으로 승인된 국제법규로서 헌법적 효력을 갖는다고 볼 수도 없기 때문에 위헌성 심사의 척도가 될 수 없다.

② 헌법 제6조 제1항의 국제법 존중주의에 따라 조약과 일반적으로 승인된 국제법규는 국내법에 우선한다.

③ 국회는 상호원조 또는 안전보장에 관한 조약, 중요한 국제조직에 관한 조약, 우호통상항해조약, 주권의 제약에 관한 조약, 강화조약, 국가나 국민에게 중대한 재정적 부담을 지우는 조약 또는 입법사항에 관한 조약의 체결·비준에 대한 동의권을 가진다.

④ 마라케쉬협정은 적법하게 체결·공포된 조약이므로 이 협정에 의하여 관세법위반자의 처벌이 가중되어도 위헌은 아니다.

해설

② [×] 헌법에 의하여 체결·공포된 조약과 일반적으로 승인된 국제법규는 국내법과 같은 효력을 가진다(헌법 제6조 제1항). 따라서 우선하는 것이 아니라 신법 우선의 원칙, 특별법 우선의 원칙에 따라 우선순위가 정해진다.

① [O] 강제노동의 폐지에 관한 국제노동기구(ILO)의 제105호 조약은 우리나라가 비준한 바가 없고, 헌법 제6조 제1항에서 말하는 일반적으로 승인된 국제법규로서 헌법적 효력을 갖는다고 볼 수도 없기 때문에 위헌성 심사의 척도가 될 수 없다(헌재 1998.7.16, 97헌바23).

③ [O] 국회는 상호원조 또는 안전보장에 관한 조약, 중요한 국제조직에 관한 조약, 우호통상항해조약, 주권의 제약에 관한 조약, 강화조약, 국가나 국민에게 중대한 재정적 부담을 지우는 조약 또는 입법사항에 관한 조약의 체결·비준에 대한 동의권을 가진다(헌법 제60조 제1항).

④ [O] 따라서 마라케쉬협정에 의하여 관세법위반자의 처벌이 가중된다고 하더라도 이를 들어 법률에 의하지 아니한 형사처벌이라거나 행위시의 법률에 의하지 아니한 형사처벌이라고 할 수 없다(헌재 1998.11.26, 97헌바65).

정답 | 15 ④ 16 ③ 17 ②

18 국제질서와 관련한 다음의 설명 중 옳은 것은?

02. 법무사

① 대한민국은 모든 전쟁을 부인한다.
② 국제법 성문주의 원칙상 국제관습법은 국내법과 같은 효력을 가지지 못한다.
③ 조약은 헌법재판소의 위헌법률심사의 대상이 될 수 없다.
④ 외국인은 국제법과 조약이 정하는 바에 의하여 그 지위가 보장된다.

해설

④ [○] 헌법 제6조 제2항은 '외국인은 국제법과 조약이 정하는 바에 의하여 그 지위가 보장된다.'라고 규정한다.
① [×] 헌법 제5조 제1항은 '침략적 전쟁을 부인한다.'라고 규정하여 방위전쟁은 허용한다.
② [×] 헌법 제6조 제1항은 '헌법에 의하여 체결·공포된 조약과 일반적으로 승인된 국제법규는 국내법과 같은 효력을 가진다.'라고 규정하고 있는데, 일반적으로 승인된 국제법규는 포로에 관한 제네바협약(1949년)이나, 부전조약(1928년), 집단학살(Genocide)금지협정(1948년)과 같은 성문의 국제법규와 포로의 살해금지와 인도적 처우에 관한 전시국제법상 기본원칙, 국내문제 불간섭의 원칙 등과 같은 국제관습법을 포함한다.
③ [×] 헌법재판소는 '대한민국과 아메리카합중국간의 상호방위조약 제4조에 의한 시설과 구역 및 대한민국에서의 합중국 군대의 지위에 관한 협정' 제2조 등 위헌법률심판(헌재 1999.4.29, 97헌가14) 및 '국제통화기금협정' 제9조 제3항 등 위헌소원(헌재 2001.9.27, 2000헌바20)에서 조약도 위헌법률심사의 대상이 된다고 판시하고 있다.

19 헌법상 평화주의에 대한 설명으로 옳지 않은 것은?

14. 국가직 7급 변형

① 헌법재판소는 '마라케쉬협정'을 조약이라고 하였으나, 대한민국과 미합중국 간에 체결된 '동맹 동반자 관계를 위한 전략대화 출범에 관한 공동성명'에 대해서는 조약에 해당하지 않는다고 하였다.
② 국회는 상호원조 또는 안전보장에 관한 조약, 중요한 국제조직에 관한 조약, 무역조약, 주권에 관한 조약, 강화조약, 국가나 국민에게 중대한 재정적 부담을 지우는 조약 또는 입법 사항에 관한 조약의 체결·비준에 대한 동의권을 갖는다.
③ 헌법은 외국인에 대하여 국제법과 조약이 정하는 바에 의하여 그 지위를 보장하도록 하고 있고, 이것은 상호주의를 존중하겠다는 뜻을 밝힌 것이다.
④ 제7차 개정헌법전문(前文)은 평화통일에 관하여 규정하고 있으며, 이것은 현행 헌법까지 이어지고 있다.

해설

② [×] 헌법 제60조에 따르면, 무역조약이 아니라 우호통상항해조약이다.

> **헌법 제60조** ① 국회는 상호원조 또는 안전보장에 관한 조약, 중요한 국제조직에 관한 조약, 우호통상항해조약, 주권의 제약에 관한 조약, 강화조약, 국가나 국민에게 중대한 재정적 부담을 지우는 조약 또는 입법사항에 관한 조약의 체결-비준에 대한 동의권을 가진다.

① [○] 따라서 마라케쉬협정에 의하여 관세법위반자의 처벌이 가중된다고 하더라도 이를 들어 법률에 의하지 아니한 형사처벌이라거나 행위시의 법률에 의하지 아니한 형사처벌이라고 할 수 없다(헌재 1998.11.26, 97헌바65).
③ [○] 헌법 제6조 제1항에 의하면 외국인의 경우 상호주의를 취하고 있다.
④ [○] 평화통일에 관한 내용은 제7차 개정헌법에 처음 규정되었다.

정답 | 18 ④ 19 ②

MEMO

해커스경찰
police.Hackers.com

제2편

기본권 총론

핵심 OX

01 태아는 헌법상 생명권의 주체이므로 수정 후 착상 전의 초기배아도 그에 대한 국가의 보호필요성과 기본권 주체성이 인정된다. ( )

> **해설**
> [×] 태아의 경우 생명권을 비롯해서 일정한 경우 기본권 주체가 될 수 있다는 것이 학설의 태도이다. 최근 헌법재판소는 착상 이전 배아에 대해서는 기본권 주체성을 부정하였다(헌재 2010.5.27, 2005헌마346).

02 기본적 생활수단을 확보하고 인간의 존엄성을 보장받기 위하여 최소한의 근로조건을 요구할 수 있는 권리에 대해서는 외국인 근로자에게도 그 기본권 주체성이 인정된다. ( )

> **해설**
> [O] 건강한 작업환경, 일에 대한 정당한 보수, 합리적인 근로조건의 보장 등을 요구할 수 있는 권리 등을 포함한다고 할 것이므로 외국인 근로자라고 하여 이 부분에까지 기본권 주체성을 부인할 수는 없다(헌재 2007.8.30, 2004헌마670).

03 인간의 존엄과 가치, 행복추구권은 그 성질상 자연인에게 인정되는 기본권이므로 법인에게는 적용되지 않는다. ( )

> **해설**
> [O] 주의할 것은 인간의 존엄과 가치는 법인에게 인정되지 않으나, 여기서 파생되는 기본권인 인격권은 법인에게 긍정되어 비판받고 있다.

04 개인이 자연인으로서 향유하게 되는 기본권은 그 성질상 당연히 법인에게 적용될 수 없다. 따라서 인간의 존엄과 가치에서 유래하는 인격권은 그 성질상 법인에게는 적용될 수 없다. ( )

> **해설**
> [×] 법인은 기본권의 주체가 될 수 있지만 성질상 제한이 따른다. 다만, 조심해야 할 것은 인간의 존엄성의 주체가 되지 못하는데 인격권의 주체가 되기 때문에 많은 비판이 따른다. 인격권은 인간의 존엄과 가치에서 유래하기 때문이다. 판례는 "사죄광고과정에서는 자연인이든 법인이든 인격의 자유로운 발현을 위해 보호받아야 할 인격권이 무시되고 … (헌재 1991.4.1, 89헌마160)."라고 하여 법인의 인격권을 인정하고 있다.

05 권리능력 없는 사단으로서의 법적 형태를 가진 정당의 경우 법적 권리능력을 갖추지 못하므로 그 구성원과 별개로 독립적인 기본권의 향유 주체가 될 수는 없다. ( )

> **해설**
> [×] 권리능력 없는 사단으로서의 법적 형태를 가진 정당은 기본권 주체성과 헌법소원청구능력을 가진다. 따라서 기본권의 향유 주체가 될 수 있다.

06 신앙의 자유, 양심의 자유와 같이 자연인의 정신적 특성에서 유래하는 기본권의 경우에는 법인의 기본권은 부인된다. ( )

> **해설**
> [O] 신앙이나 양심의 경우에는 성질상 무생물이 향유하기는 어려울 것이다.

07 과거에는 교정행정의 객체로 파악되었던 수형자도 오늘날에는 일반 국민과 같이 헌법상 보장된 기본권의 한 주체이다. ( )

해설

[○] 변호사의 조력받을 권리의 주체에서는 부정되지만 통신의 자유, 행복추구권 등 대부분의 기본권에서 주체가 된다.

08 공법상 법인에 대하여 기본권 주체성을 인정할 경우 기본권의 반전을 초래할 우려가 있기 때문에 공법인은 원칙적으로 기본권 주체성이 부인된다. ( )

해설

[○] 공법인은 공권력의 행사주체로서 기본권을 실현하고 보호해야 할 권한과 책임을 지고 있으므로 원칙적으로 기본권의 적용대상인 수범자이지, 기본권을 주장하는 주체로서의 기본권의 보유자는 아니다. 따라서 원칙적으로 기본권 주체성이 인정되지는 않는다.

09 대통령도 국민의 한 사람으로서 소속 정당을 위하여 정당활동을 할 수 있는 사인으로서의 지위와 관련해서는 기본권 주체성을 갖는다. ( )

해설

[○] 대통령도 국민의 한 사람으로서 제한적으로나마 기본권의 주체가 될 수 있는바, 대통령은 소속 정당을 위하여 정당활동을 할 수 있는 사인으로서의 지위와 국민 모두에 대한 봉사자로서 공익실현의 의무가 있는 헌법기관으로서의 지위를 동시에 갖는데 최소한 전자의 지위와 관련하여는 기본권 주체성을 갖는다고 할 수 있다(헌재 2008.1.17, 2007헌마700).

10 국회 노동위원회도 기본권의 주체로서 헌법소원심판을 청구할 수 있다. ( )

해설

[×] 국가기관인 국회의 일부조직인 국회의 노동위원회는 기본권의 주체가 될 수 없다. 그러므로 헌법소원을 제기할 수 있는 당사자 적격이 없다(헌재 1994.12.29, 93헌마120).

11 기본권의 대사인적 효력의 문제는 사인 내지 사적단체에 의한 기본권 침해의 문제가 자주 발생하는 현실에 대한 문제의식에서 출발한다. ( )

해설

[○] 오늘날은 과거의 국가에 대한 기본권 침해문제뿐만 아니라 개인에 의한 침해의 문제가 자주 발생하여 대사인효가 논의되고 있다.

12 우리 헌법상 그 조항 자체에서 기본권의 효력이 사인에 대하여도 미친다는 취지를 명문으로 규정하거나 그 규정 자체에서 사인 간에도 기본권의 침해가 발생할 수 있음을 암시한 기본권은 없다. ( )

해설

[×] 헌법상 대사인간 직접적으로 규정될 수 있게 암시하는 기본권은 헌법 제21조 제4항의 언론·출판의 사회적 책임과 헌법 제33조의 근로3권을 들 수 있다.

13 기본권의 직접적인 제3자적 효력을 주장하는 경우에도 모든 기본권이 예외 없이 사인간의 법률관계에 직접 적용되어야 한다고 주장하지는 않고 있다. ( )

해설

[○] 재판청구권이나 체포·구속적부심 등 국가와 관련해서 문제되는 경우에는 대사인효가 인정되지 않는다.

14 기본권의 경합이란 한 기본권의 주체가 하나의 사안에서 국가에 대하여 둘 이상의 기본권의 적용을 주장하는 경우에 발생하는 국가에 대한 이들 기본권 간의 관계를 말한다. ( )

해설
[O] 기본권의 경합이란 한 기본권의 주체가 하나의 사안에서 국가에 대하여 둘 이상의 기본권의 적용을 주장하는 경우에 발생하는 국가에 대한 이들 기본권 간의 관계를 말한다. 기본권 경합은 기본권 충돌이 대사인적 효력의 문제라는 것과 비교하여야 한다.

15 공무담임권과 같이 우선적으로 적용되는 개별 기본권이 존재하여 그 침해 여부를 판단하여도 그 다음에는 포괄적인 기본권인 행복추구권 침해 여부를 판단할 필요가 있다는 것이 일관된 헌법재판소의 입장이다. ( )

해설
[×] 헌법재판소는 개별기본권과 행복추구권이 경합될 때 보충적 보장설의 입장이다. 즉, 사인에 대하여 직접 적용할 기본권 규정이 없는 경우에 보충적으로 행복추구권을 적용해야 한다는 입장을 가지고 있다.

16 헌법재판소에 의하면, 흡연자의 흡연권과 비흡연자의 혐연권은 각기 독자성을 갖는 기본권이므로 양자는 대등하게 인정된다. ( )

해설
[×] 흡연권은 사생활의 자유를 실질적 핵으로 하는 것이고 혐연권은 사생활의 자유뿐만 아니라 생명권에까지 연결되는 것이므로 혐연권이 흡연권보다 상위의 기본권이다. 상하의 위계질서가 있는 기본권끼리 충돌하는 경우에는 상위기본권우선의 원칙에 따라 하위기본권이 제한될 수 있으므로, 흡연권은 혐연권을 침해하지 않는 한에서 인정되어야 한다(헌재 2004.8.26, 2003헌마457).

17 이익형량에 의하여 기본권의 충돌을 해결하는 방법은 모든 기본권이 독자적 의미와 기능을 갖는다는 점에서 원칙적으로 각 기본권은 동등하며 또한 제한 없이 보장된다는 것을 전제로 한다. ( )

해설
[×] 기본권이 모두 동등하며 모두 제한 없이 보장된다면 이익형량을 과연 할 수 있겠는가? 이는 문제 자체에 모순점이 내포된 것으로 보인다. 따라서 이는 반대로 이익형량의 경우는 기본권 간의 상호간 위계질서가 있다는 것을 오히려 전제로 하여야 한다.

18 헌법재판소는 정정보도사건에서 사생활과의 충돌문제를 규범조화적으로 해결하였다. ( )

해설
[O] 판례는 정정보도 사건에서 명예회복에 적당한 처분에 사죄광고가 포함되지 않는다고 하여 사죄광고를 부정하였으나, 정정보도는 허용하여 양자의 충돌을 규범조화적으로 해결하였다(헌재 1991.4.1, 89헌마160).

19 개인의 성적 자기결정권은 타인의 권리·공중도덕·사회윤리·공공복리 등의 존중에 의한 내재적 한계를 갖는다. ( )

해설
[O] 헌법재판소는 간통죄사건에서 개인의 성적 자기결정권도 국가적·사회적·공공복리 등의 존중에 의한 내재적 한계가 있는 것이며, 따라서 절대적으로 보장되는 것은 아닐 뿐만 아니라 헌법 제37조 제2항이 명시하고 있듯이 "질서유지, 공공복리 등 공동체 목적을 위하여 그 제한이 불가피한 경우에는 성적 자기결정권의 본질적 내용을 침해하지 않는 한도에서 법률로써 제한할 수 있는 것이다."라고 하여 내재적 한계를 인정하고 있다(헌재 1990.9.10, 89헌마82).

20 기본권 제한은 국회가 제정한 법률에 의하여야 하지만 조약과 국제법규에 의한 기본권 제한도 가능하다. ( )

해설
[O] 헌법 제6조 제1항에 의해서 조약과 일반적으로 승인된 국제법규는 국내법과 동일한 효력을 가지므로 법률과 동일한 효력을 가지는 조약과 일반적으로 승인된 국제법규에 의한 기본권 제한은 법률에 의한 기본권 제한에 준한다.

21 처벌법규의 구성요건이 광범위하여 이에 대해 법관이 보충적으로 해석하여야 할 정도에 이르렀다면 법률의 명확성의 원칙에 위배된다. ( )

해설
[×] 다소 광범위하고 어느 정도의 범위에서는 법관의 보충적 해석을 필요로 하는 개념을 사용하여 규정하였다 하더라도, 그 적용단계에서 다의적으로 해석될 우려가 없다면 명확성의 원칙에 위배되지 아니한다(헌재 1989.12.22, 88헌가13).

22 오늘날 법률유보원칙은 특히 국민의 기본권실현과 관련된 영역에 있어서는 국민의 대표자인 입법자가 그 본질적 사항에 대해서 스스로 결정하여야 한다는 요구까지 내포하고 있다. ( )

해설
[O] 오늘날 법률유보원칙은 단순히 행정작용이 법률에 근거를 두기만 하면 충분한 것이 아니라, 국가공동체와 그 구성원에게 기본적이고도 중요한 의미를 갖는 영역, 특히 국민의 기본권실현과 관련된 영역에 있어서는 국민의 대표자인 입법자가 그 본질적 사항에 대해서 스스로 결정하여야 한다는 요구까지 내포하고 있다(의회유보원칙)(헌재 1999.5.27, 98헌바70).

23 과잉금지의 원칙은 국가작용의 한계를 명시하는 것인데 목적의 정당성, 방법의 적정성, 피해의 최소성, 법익의 균형성[보호하려는 공익이 침해되는 사익보다 더 커야 한다는 것으로서 그래야만 수인(受忍)의 기대가능성이 있다는 것]을 의미하는 것으로서 그 어느 하나에라도 저촉되면 위헌이 된다는 헌법상의 원칙이다. ( )

해설
[O] 과잉금지의 원칙이라 함은 국민의 기본권을 제한함에 있어서 국가작용의 한계를 명시한 것으로서 목적의 정당성, 방법의 적정성, 피해의 최소성, 법익의 균형성 등을 의미하며, 그 어느 하나라도 저촉이 되면 위헌이 된다는 헌법상의 원칙을 말한다.

24 헌법 제37조 제2항은 국민의 모든 자유와 권리에 대한 제한을 규정하고 있어, 생명권 역시 헌법 제37조 제2항에 의한 일반적 법률유보의 대상이 될 수 있다. ( )

해설
[O] 헌법재판소는 사형제도에 대하여 합헌결정하면서 상대설에 입각해 판시한 바 있다. 또한 생명권 역시 법률유보의 대상으로 파악하고 있다(헌재 1996.11.28, 95헌바1).

25 본질적 내용금지와 관련 우리 헌법재판소는 사형제도에서 상대설을 취하고 있다. ( )

해설
[O] 우리 헌법재판소는 "생명권 역시 헌법 제37조 제2항에 의한 일반적 법률유보의 대상이 될 수밖에 없는 것이나, 생명권에 대한 제한은 곧 생명권의 완전한 박탈을 의미한다 할 것이므로, 사형이 비례의 원칙에 따라서 최소한 동등한 가치가 있는 다른 생명 또는 그에 못지 아니한 공공의 이익을 보호하기 위한 불가피성이 충족되는 예외적인 경우에만 적용되는 한, 그것이 비록 생명을 빼앗는 형벌이라 하더라도 헌법 제37조 제2항 단서에 위반되는 것으로 볼 수는 없다."라고 하여 상대설의 입장이다.

26 재산권의 본질적 내용을 침해하는 경우란 그 침해로 사유재산권이 유명무실해지고 사유재산제도가 형해화되어 헌법이 재산권을 보장하는 궁극적인 목적을 달성할 수 없게 되는 데 이르는 경우를 들 수 있다. ( )

해설
[O] 이 판례의 경우 절대설을 취한 판례라 평가받고 있다(헌재 1989.12.22, 88헌가13).

27 중과실로 인한 경우는 중상, 경상을 불문하고 재판절차진술권과 평등권에 위배된다고 최근 판례는 판시하고 있다. ( )

해설
[×] 판례는 중과실로 중상해를 입은 경우에만 재판절차 진술권과 평등권을 침해한다고 보았다. 즉, 중과실로 경상을 입은 경우에는 합헌으로 보았기 때문에 설문은 틀린 지문이다(헌재 2009.2.26, 2005헌마764).

28 교통사고특례법 중 업무상 과실 또는 중대한 과실로 인한 교통사고로 말미암아 피해자로 하여금 상해를 입게 한 경우 공소를 제기할 수 없도록 한 부분은 기본권 보호의무에 위반한 것이다. ( )

해설
[×] 형벌은 국가가 취할 수 있는 유효적절한 수많은 수단 중의 하나일 뿐이지, 결코 형벌까지 동원해야만 보호법익을 유효적절하게 보호할 수 있다는 의미의 최종적인 유일한 수단이 될 수는 없다 할 것이다. 따라서 이 사건 법률조항은 국가의 기본권 보호의무의 위반 여부에 관한 심사기준인 과소보호금지의 원칙에 위반한 것이라고 볼 수 없다(헌재 2009.2.26, 2005헌마764).

29 태평양전쟁 전후 강제동원된 자 중 국외 강제동원자에 대해서만 의료지원금을 지급하도록 하고 국내 강제동원자를 제외하는 것이 국민에 대한 국가의 기본권 보호의무에 위배된다고 볼 수 없다. ( )

해설
[O] 태평양전쟁 전후 강제동원된 자 중 국외 강제동원자에 대해서만 위로금을 지급하도록 규정하고 있는 구 국외강제동원자지원법 제2조 제1호 나목이 청구인의 기본권을 침해하거나 헌법에 위반되지 않는다(헌재 2012.7.26, 2011헌바352).

30 국가인권위원회법에서 보호하고자 하는 인권은 국제인권조약 및 국제관습법에서 인정하는 자유와 권리도 포함한다. ( )

해설
[O] 인권이란 헌법 및 법률에서 보장하거나 대한민국이 가입·비준한 국제인권조약 및 국제관습법에서 인정하는 인간으로서의 존엄과 가치 및 자유와 권리를 말한다(국가인권위원회법 제2조 제1호 참조).

31 국가인권위원회는 성희롱에 대해서도 조사 및 구제대상에 포함시키고 있다. ( )

해설
[O] 국가인권위원회법 제2조 제3호 라목에서 성희롱행위를 "업무, 고용, 그 밖의 관계에서 공공기관의 종사자, 사용자 또는 근로자가 그 직위를 이용하여 또는 업무 등과 관련하여 성적 언동 등으로 성적 굴욕감 또는 혐오감을 느끼게 하거나 성적 언동 또는 그 밖의 요구 등에 따르지 아니한다는 이유로 고용상의 불이익을 주는 것을 말한다."라고 규정하고 있다.

32 국가인권위원회는 대통령 소속이나 그 기능적인 면에서 독립적이다. ( )

해설
[×] 국가인권위원회는 소속도 독립이고 업무수행도 독립적이다. 감사원과 비교해서 자주 출제된다. 반면 국민권익위원회는 소속은 국무총리 소속이나 기능면에서는 독립이다.

33 국가인권위원회에는 피해자 아닌 자도 진정할 수 있다. ( )

해설
[O] 피해자는 물론 그 사실을 알고 있는 사람이나 단체도 국가인권위원회에 진정할 수 있다(국가인권위원회법 제30조 제1항).

34 국가인권위원회는 진정이 없는 경우에는 직권으로 조사할 수는 없다. ( )

해설
[×] 국가인권위원회는 진정이 없는 경우에도 직권으로 조사할 수 있다(국가인권위원회법 제30조 제3항).

35 피해자를 위한 법률구조요청은 피해자의 명시한 의사에 반하여 할 수 없다. ( )

해설
[O] 위원회는 진정에 관한 위원회의 조사, 증거의 확보 또는 피해자의 권리 구제를 위하여 필요하다고 인정하면 피해자를 위하여 대한법률구조공단 또는 그 밖의 기관에 법률구조를 요청할 수 있다. 법률구조 요청은 피해자의 명시한 의사에 반하여 할 수 없다(국가인권위원회법 제47조 제1항·제2항).

기출문제

제1절 기본권의 주체

01 기본권의 주체에 관한 다음 설명 중 가장 옳지 <u>않은</u> 것은? (다툼이 있는 경우 헌법재판소 결정에 의함)

17. 법원직 9급

① 직장선택의 자유는 인간의 존엄과 가치, 행복추구권과 밀접한 관련을 가지므로 외국인도 제한적으로 직장선택의 자유를 향유할 수 있다.
② 공법인은 기본권의 수범자로서 국민의 기본권을 보호 내지 실현하여야 할 책임과 의무를 지닐 뿐이므로 기본권의 주체가 될 여지가 없다.
③ 인간의 존엄과 가치, 행복추구권은 그 성질상 자연인에게 인정되는 기본권이므로 법인에게는 적용되지 않는다.
④ 아동은 성숙하지 못한 인격체이지만 그의 인격권은 성인과 마찬가지로 인간의 존엄성 및 행복추구권을 보장하는 헌법 제10조에 의해 보호된다.

해설

② [×] 예외적으로 기본권에 의하여 보호되는 생활영역에 속해 있으며, 자연인의 개인적 기본권을 실현하는 데 기여하고 있을 뿐 아니라 조직법상 국가로부터 독립되어 고유한 업무영역을 가지고 있는 경우에는 기본권 주체성이 인정된다고 할 것이다(헌재 2013.9.26, 2012헌마271).
① [○] 직업의 자유 중 이 사건에서 문제되는 직장선택의 자유는 인간의 존엄과 가치 및 행복추구권과도 밀접한 관련을 가지는 만큼 단순히 국민의 권리가 아닌 인간의 권리로 보아야 할 것이므로 외국인도 제한적으로라도 직장선택의 자유를 향유할 수 있다고 보아야 한다(헌재 2011.9.29, 2007헌마1083 등).
③ [○] 인간의 존엄과 가치, 행복추구권은 그 성질상 자연인에게 인정되는 기본권이므로 법인에게는 적용되지 않는다(헌재 2006.12.28, 2004헌바67). ▶ 인간의 존엄과 가치는 인정되지 않으나, 인격권은 인정된다는 것을 주의해야 한다.
④ [○] 아동은 성숙하지 못한 인격체이지만 그의 인격권은 성인과 마찬가지로 인간의 존엄성 및 행복추구권을 보장하는 헌법 제10조에 의해 보호된다(헌재 2004.5.27, 2003헌가1 등).

02 기본권의 주체에 관한 설명 중 가장 적절하지 <u>않은</u> 것은? (다툼이 있는 경우 판례에 의함)

22. 경찰순경

① 불법체류 중인 외국인들이라 하더라도, 불법체류라는 것은 관련 법령에 의하여 체류자격이 인정되지 않는다는 것일 뿐이므로, '인간의 권리'로서 외국인에게도 주체성이 인정되는 일정한 기본권에 관하여 불법체류 여부에 따라 그 인정 여부가 달라지는 것은 아니다.
② 근로의 권리의 구체적인 내용에 따라, 국가에 대하여 고용증진을 위한 사회적·경제적 정책을 요구할 수 있는 권리는 사회권적 기본권으로서 국민에 대하여만 인정해야 하지만, 자본주의 경제 질서하에서 근로자가 기본적 생활수단을 확보하고 인간의 존엄성을 보장받기 위하여 최소한의 근로조건을 요구할 수 있는 권리는 자유권적 기본권의 성격도 아울러 가지므로 이러한 경우 외국인 근로자에게도 그 기본권 주체성을 인정함이 타당하다.
③ 청구인은 공법상 재단법인인 방송문화진흥회가 최다출자자인 방송사업자로서 방송법 등 관련 규정에 의하여 공법상의 의무를 부담하고 있으므로, 그 설립목적이 언론의 자유의 핵심 영역인 방송사업이라고 하더라도 이러한 업무 수행과 관련해서는 기본권 주체가 될 수 없다.
④ 대통령도 국민의 한 사람으로서 제한적으로나마 기본권의 주체가 될 수 있는바, 대통령은 소속 정당을 위하여 정당 활동을 할 수 있는 사인으로서의 지위와 국민 모두에 대한 봉사자로서 공익실현의 의무가 있는 헌법기관으로서의 지위를 동시에 갖는데 최소한 전자의 지위와 관련하여는 기본권 주체성을 갖는다고 할 수 있다.

해설

③ [×] 청구인은 공법상 재단법인인 방송문화진흥회가 최다출자자인 방송사업자로서 방송법 등 관련 규정에 의하여 공법상의 의무를 부담하고 있지만, 그 설립목적이 언론의 자유의 핵심 영역인 방송사업이므로 이러한 업무 수행과 관련해서는 당연히 기본권 주체가 될 수 있다(헌재 2013.9.26, 2012헌마271).

① [○] 불법체류외국인도 신체의 자유, 주거의 자유, 변호인의 조력을 받을 권리, 재판청구권 등은 성질상 인간의 권리로 외국인에게도 기본권 주체성이 인정된다(헌재 2012.8.23, 2008헌마430).

② [○] 근로의 권리가 "일할 자리에 관한 권리"만이 아니라 "일할 환경에 관한 권리"도 함께 내포하고 있는바, 후자는 인간의 존엄성에 대한 침해를 방어하기 위한 자유권적 기본권의 성격도 갖고 있어 건강한 작업환경, 일에 대한 정당한 보수, 합리적인 근로조건의 보장 등을 요구할 수 있는 권리 등을 포함한다고 할 것이므로 외국인 근로자라고 하여 이 부분에까지 기본권 주체성을 부인할 수는 없다(헌재 2007.8.30, 2004헌마670).

④ [○] 예컨대 대통령은 국민 모두에 대한 봉사자로서 공익실현의 의무가 있는 헌법기관으로서의 지위와 소속 정당을 위하여 정당 활동을 할 수 있는 사인(私人)으로서의 법적 지위도 가지므로 후자의 경우 제한적으로나마 기본권의 주체가 될 수 있다(헌재 2008.1.17, 2007헌마700).

03 기본권의 주체에 관한 다음 설명 중 가장 옳지 <u>않은</u> 것은? (다툼이 있는 경우 헌법재판소 결정에 의함)

17. 법원직 9급 변형

① 외국인이 국내에서 누리는 직업의 자유는 법률 이전에 헌법에 의해서 부여된 기본권이라고 할 수 없고, 법률에 따른 정부의 허가에 의해 비로소 발생하는 권리이다.

② 초기배아는 수정이 된 배아라는 점에서 아직 모체에 착상되거나 원시선이 나타나지 않았다고 하더라도 기본권의 주체가 될 수 있다.

③ 법인도 그 목적과 사회적 기능에 비추어 볼 때 그 성질에 반하지 않는 범위 내에서 인격권의 한 내용인 사회적 신용이나 명예의 주체가 될 수 있다.

④ 헌법상 기본권의 주체가 될 수 있는 법인은 원칙적으로 사법인에 한하는 것이고 공법인은 헌법의 수범자이지 기본권의 주체가 될 수 없다.

해설

② [×] 수정 후 착상 전의 배아가 인간으로 인식된다거나 그와 같이 취급하여야 할 필요성이 있다는 사회적 승인이 존재한다고 보기 어려운 점 등을 종합적으로 고려할 때, 기본권 주체성을 인정하기 어렵다(헌재 2010.5.27, 2005헌마346).

① [○] 직업의 자유는 원칙적으로 대한민국 국민에게 인정되는 기본권이지, 외국인에게 인정되는 기본권은 아니다. 국가 정책에 따라 정부의 허가를 받은 외국인은 정부가 허가한 범위 내에서 소득활동을 할 수 있는 것이므로, 외국인이 국내에서 누리는 직업의 자유는 법률 이전에 헌법에 의해서 부여된 기본권이라고 할 수는 없고, 법률에 따른 정부의 허가에 의해 비로소 발생하는 권리이다(헌재 2014.8.28, 2013헌마359).

③ [○] 법인도 그 목적과 사회적 기능에 비추어 볼 때 그 성질에 반하지 않는 범위 내에서 인격권의 한 내용인 사회적 신용이나 명예의 주체가 될 수 있다(헌재 2012.8.23, 2009헌가27).

④ [○] 공법인은 공권력의 행사주체로서 기본권을 실현하고 보호해야 할 권한과 책임을 지고 있으므로 원칙적으로 기본권의 적용대상인 수범자이지, 기본권을 주장하는 주체로서의 기본권의 보유자는 아니다. 따라서 원칙적으로 기본권 주체성이 인정되지는 않는다(헌재 2000.6.1, 99헌마553).

정답 | 01 ② 02 ③ 03 ②

04 기본권 주체에 대한 설명으로 가장 적절하지 <u>않은</u> 것은? (다툼이 있는 경우 판례에 의함) 18. 경찰승진 변형

① 평등권 및 평등선거의 원칙으로부터 나오는 기회균등의 원칙은 후보자는 물론 정당에 대해서도 보장된다.
② 직장선택의 자유는 국민의 권리로 보아야 할 것이므로 외국인에게는 직장선택의 자유가 인정되지 않는다.
③ 사단법인 한국영화인협회 내부의 8개 분과위원회 중 하나인 한국영화인협회 감독위원회는 독자적으로 기본권의 주체가 될 수 없다.
④ 태아도 헌법상 생명권의 주체이고, 그 성장상태가 보호 여부의 기준이 되어서는 안 된다.

해설

② [×] 직업의 자유 중 이 사건에서 문제되는 직장선택의 자유는 인간의 존엄과 가치 및 행복추구권과도 밀접한 관련을 가지는 만큼 단순히 국민의 권리가 아닌 인간의 권리로 보아야 할 것이므로 외국인도 제한적으로라도 직장선택의 자유를 향유할 수 있다고 보아야 한다(헌재 2011.9.29, 2007헌마1083).
① [○] 평등권 및 평등선거원칙으로부터 나오는 (선거에 있어서의) 기회균등의 원칙은 후보자는 물론 정당에 대해서도 보장되는 것이다(헌재 1991.3.11, 91헌마21).
③ [○] 청구인 영화인협회 감독위원회는 영화인협회로부터 독립된 별개의 단체가 아니고, 영화인협회의 내부에 설치된 8개의 분과위원회 가운데 하나에 지나지 아니하며, 달리 단체로서의 실체를 갖추어 당사자능력이 인정되는 법인 아닌 사단으로 볼 자료가 없으므로 헌법소원 심판청구능력이 있다고 할 수 없다(헌재 1991.6.3, 90헌마56).
④ [○] 태아의 경우 생명권을 비롯해서 일정한 경우 기본권 주체가 될 수 있다는 것이 판례의 태도이다(헌재 2008.7.31, 2004헌바81).

05 기본권의 주체성에 관한 설명 중 가장 적절하지 <u>않은</u> 것은? (다툼이 있는 경우 판례에 의함) 15. 경찰승진 변형

① 태아는 헌법상 생명권의 주체이므로 수정 후 착상 전의 초기배아도 그에 대한 국가의 보호필요성과 기본권 주체성이 인정된다.
② 신체의 자유, 주거의 자유, 변호인의 조력을 받을 권리, 재판청구권 등은 성질상 인간의 권리에 해당한다고 볼 수 있으므로, 이 기본권들에 관하여는 외국인들의 기본권 주체성이 인정된다.
③ 근로의 권리가 일할 환경에 관한 권리도 내포하고 있으므로 건강한 작업환경, 일에 대한 정당한 보수, 합리적인 근로조건의 보장 등을 요구할 수 있는 권리에 관하여 외국인 근로자의 기본권 주체성이 인정된다.
④ 미성년자도 대한민국 국민이기 때문에 당연히 기본권 주체성이 인정되나 기본권 행사가 본인에게 불이익이 될 수 있는 경우에는 친권에 의하여 기본권 행사가 제한될 수 있다.

해설

① [×] 수정 후 착상 전의 배아가 인간으로 인식된다거나 그와 같이 취급하여야 할 필요성이 있다는 사회적 승인이 존재한다고 보기 어려운 점 등을 종합적으로 고려할 때, 기본권 주체성을 인정하기 어렵다(헌재 2010.5.27, 2005헌마346).
② [○] 신체의 자유, 주거의 자유, 변호인의 조력을 받을 권리, 재판청구권 등은 성질상 인간의 권리에 해당한다고 볼 수 있으므로, 이 기본권들에 관하여는 외국인들의 기본권 주체성이 인정된다(헌재 2012.8.23, 2008헌마430).
③ [○] 근로의 권리가 "일할 자리에 관한 권리"만이 아니라 "일할 환경에 관한 권리"도 함께 내포하고 있는바, 후자는 인간의 존엄성에 대한 침해를 방어하기 위한 자유권적 기본권의 성격도 갖고 있어 건강한 작업환경, 일에 대한 정당한 보수, 합리적인 근로조건의 보장 등을 요구할 수 있는 권리 등을 포함한다고 할 것이므로 외국인 근로자라고 하여 이 부분에까지 기본권 주체성을 부인할 수는 없다(헌재 2007.8.30, 2004헌마670).
④ [○] 미성년자의 경우도 당연히 기본권의 주체가 되지만 아직 판단능력이 미성숙하기 때문에 단지 그 행사능력에 여러 가지 제한이 따를 뿐이다. 또한 그 행사능력의 제한도 미성년자의 인격형성에 도움이 되는 방향으로 제한되어야 정당화될 수 있을 것이다.

06 기본권 주체에 관한 설명 중 옳은 것을 모두 고른 것은? (다툼이 있는 경우 판례에 의함) 23. 경찰승진

> ⊙ 법인은 법인의 목적과 사회적 기능에 비추어 볼 때 그 성질에 반하지 않는 범위 내에서 인격권의 한 내용인 사회적 신용이나 명예 등의 주체가 될 수 있지만, 법인이 사회적 신용이나 명예 유지 내지 법인격의 자유로운 발현을 위하여 의사결정이나 행동을 어떻게 할 것인지를 자율적으로 결정하는 것은 법인의 인격권의 내용이 아니다.
> ⓒ 법인 아닌 사단·재단의 경우 대표자의 정함이 있고 독립된 사회적 조직체로서 활동한다고 하더라도 그의 이름으로 헌법소원심판을 청구할 수는 없다.
> ⓒ 대통령은 기본권의 '수범자'이지 기본권 주체로서 그 '소지자'가 아니므로 소속 정당을 위하여 정당활동을 할 수 있는 사인으로서의 지위는 인정되지 않는다.
> ⓔ 성질상 인간의 권리에 해당한다고 볼 수 있는 재판청구권에 관하여는 외국인의 기본권 주체성이 인정되지만, 불법체류 중인 외국인에게는 재판청구권에 관한 기본권 주체성이 인정되지 않는다.

① 없음
② ⊙
③ ⓒ, ⓒ
④ ⊙, ⓒ, ⓔ

해설
모두 옳지 않다.
⊙ [×] 법인도 법인의 목적과 사회적 기능에 비추어 볼 때 그 성질에 반하지 않는 범위 내에서 인격권의 한 내용인 사회적 신용이나 명예 등의 주체가 될 수 있고 법인이 이러한 사회적 신용이나 명예 유지 내지 법인격의 자유로운 발현을 위하여 의사결정이나 행동을 어떻게 할 것인지를 자율적으로 결정하는 것도 법인의 인격권의 한 내용을 이룬다고 할 것이다(헌재 2012.8.23, 2009헌가27).
ⓒ [×] 법인도 사단법인·재단법인 또는 영리법인·비영리법인을 가리지 아니하고 위 한계 내에서는 헌법상 보장된 기본권이 침해되었음을 이유로 헌법소원심판을 청구할 수 있다. 또한, 법인 아닌 사단·재단이라고 하더라도 대표자의 정함이 있고 독립된 사회적 조직체로서 활동하는 때에는 성질상 법인이 누릴 수 있는 기본권을 침해당하게 되면 그의 이름으로 헌법소원심판을 청구할 수 있다(헌재 1991.6.3, 90헌마56).
ⓒ [×] 공권력 작용이 넓은 의미의 국가 조직영역 내에서 공적 과제를 수행하는 주체의 권한 내지 직무영역을 제약하는 성격이 강한 경우에는 그 기본권 주체성이 부정될 것이지만, 그것이 일반 국민으로서 국가에 대하여 가지는 헌법상의 기본권을 제약하는 성격이 강한 경우에는 기본권 주체성을 인정할 수 있다(헌재 2008.1.17, 2007헌마700).
ⓔ [×] 불법체류외국인도 신체의 자유, 주거의 자유, 변호인의 조력을 받을 권리, 재판청구권 등은 성질상 인간의 권리로 외국인에게도 기본권 주체성이 인정된다(헌재 2012.8.23, 2008헌마430).

07 기본권의 주체에 대한 설명으로 옳지 않은 것은? (다툼이 있는 경우 헌법재판소 판례에 의함) 18. 입법고시 변형

① 지방자치단체는 기본권의 수범자일 뿐만 아니라, 기본권의 주체가 될 수 있다.
② 축협중앙회는 공법인성과 사법인성을 겸유한 특수한 법인으로서 기본권의 주체가 될 수 있다.
③ 일반적으로 외국인에게 보장되는 기본권으로는 인간의 존엄과 가치·행복추구권, 평등권, 자유권적 기본권, 청구권적 기본권 등을 들 수 있다.
④ 주민등록을 하지 못하는 국민에게 선거권을 인정하지 아니하고 부재자투표도 인정하지 않은 것은 선거권의 제한으로 헌법에 위배된다.

정답 | 04 ② 05 ① 06 ①

해설
① [×] 공권력의 행사자인 국가, 지방자치단체나 그 기관 또는 국가조직의 일부나 공법인은 기본권의 "수범자"이지 기본권의 주체가 아니고 오히려 국민의 기본권을 보호 내지 실현해야 할 '책임'과 '의무'를 지니고 있을 뿐이다. 그렇다면 이 사건에서 지방자치단체인 청구인은 기본권의 주체가 될 수 없고 따라서 청구인의 재산권 침해 여부는 더 나아가 살펴 볼 필요가 없다(헌재 2006.2.23, 2004헌바50).
② [○] 축협중앙회는 지역별·업종별 축협과 비교할 때, 회원의 임의탈퇴나 임의해산이 불가능한 점 등 그 공법인성이 상대적으로 크다고 할 것이지만, 이로써 공법인이라고 단정할 수는 없을 것이고, 이 역시 그 존립목적 및 설립형식에서의 자주적 성격에 비추어 사법인적 성격을 부인할 수 없으므로, 축협중앙회는 공법인성과 사법인성을 겸유한 특수한 법인으로서 이 사건에서 기본권의 주체가 될 수 있다(헌재 2000.6.1, 99헌마553).
③ [○] 일반적으로 성질상 외국인에게 보장되는 기본권으로는 인간의 존엄과 가치·행복추구권, 평등권, 자유권적 기본권, 청구권적 기본권, 환경권이나 건강권 등을 들 수 있으나, 생존권적 기본권과 참정권은 외국인에게는 원칙적으로 인정되지 않는다고 보고 있다.
④ [○] 주민등록이 되어 있는지 여부에 따라 선거인명부에 오를 자격을 결정하여 그에 따라 선거권 행사 여부가 결정되도록 함으로써 엄연히 대한민국의 국민임에도 불구하고 주민등록법상 주민등록을 할 수 없는 재외국민의 선거권 행사를 전면적으로 부정하고 있는 법은 보통선거의 원칙에 위반된다(헌재 2007.6.28, 2004헌마644).

08 기본권 주체에 대한 설명으로 가장 옳지 않은 것은?

16. 서울시 7급 변형

① 헌법재판소는 국가기관이나 공법인의 기본권주체성을 원칙적으로 부인하는 입장으로 국회노동위원회, 서울시의회, 직장의료보험조합, 농지개량조합에 대하여 기본권 주체성을 인정하지 않은 바 있다.
② 사회권적 기본권, 참정권 등 국가 내적 권리의 성격을 갖는 기본권은 외국인에는 인정되지 않는다.
③ 외국인의 기본권 주체성은 기본권의 성질에 따라 인정 여부가 결정되어야 하는바 공직선거법상 일정한 요건을 갖춘 외국인에게는 지방자치단체의 장에 대한 선거권이 인정되나, 주민투표법에 따른 투표의 경우에는 외국인에게 투표권이 인정되지 않는다.
④ 헌법 제31조 제4항이 규정하는 교육의 자주성 및 대학의 자율성은 대학에 부여된 헌법상 기본권인 대학의 자유권이므로, 국립대학도 이러한 대학의 자율권의 주체로서 헌법소원심판의 청구인능력이 인정된다.

해설
③ [×] 출입국관리 관계 법령에 따라 대한민국에 계속 거주할 수 있는 자격(체류자격변경허가 또는 체류기간연장허가를 통하여 계속 거주할 수 있는 경우를 포함한다)을 갖춘 외국인으로서 지방자치단체의 조례로 정한 사람(주민투표법 제5조 제1항)은 주민투표권이 있다.
① [○] 공권력의 행사자인 국가, 지방자치단체나 그 기관 또는 국가조직의 일부나 공법인은 기본권의 "수범자"이지 기본권의 주체가 아니고 오히려 국민의 기본권을 보호 내지 실현해야 할 '책임'과 '의무'를 지니고 있을 뿐이다. 그렇다면 이 사건에서 지방자치단체인 청구인은 기본권의 주체가 될 수 없고 따라서 청구인의 재산권 침해 여부는 더 나아가 살펴 볼 필요가 없다(헌재 2006.2.23, 2004헌바50). 예외적인 경우가 아니라면 공법인의 경우는 기본권의 주체성을 인정하지 않는다.
② [○] 기본권의 성질에 따라 외국인도 일정 범위에서 기본권의 주체가 될 수 있다. 원칙적으로 정치적 기본권은 국민주권의 원리에 따라 국민의 권리를 의미하므로 외국인에게는 인정되지 아니하며 사회적 기본권은 자국민의 인간다운 생활을 보장하기 위한 기본권을 의미한다는 점에서 외국인에게는 입법정책에 의하여 인정할 수는 있으나 헌법상 기본권으로는 원칙적으로 인정되지 않는다.
④ [○] 헌법 제31조 제4항이 규정하는 교육의 자주성 및 대학의 자율성은 헌법 제22조 제1항이 보장하는 학문의 자유의 확실한 보장을 위해 꼭 필요한 것으로서 대학에 부여된 헌법상 기본권인 대학의 자율권이므로, 국립대학인 청구인도 이러한 대학의 자율권의 주체로서 헌법소원심판의 청구인능력이 인정된다(헌재 2015.12.23, 2014헌마1149).

09 기본권의 주체성에 관한 설명으로 가장 옳지 <u>않은</u> 것은? (다툼이 있는 경우 헌법재판소 판례에 의함)

13. 법원직 9급 변형

① 상공회의소는 목적이나 설립, 관리 면에서 자주적인 단체로 사법인이라 할 것이므로 결사의 자유는 보장된다.
② 법인 아닌 사단은 대표자를 정함이 있고 독립된 사회적 조직체로서 활동하는 때에는 성질상 법인이 누릴 수 있는 기본권을 침해당하게 되면 그의 이름으로 헌법소원심판을 청구할 수 있다.
③ 사자에 대한 사회적 명예와 평가의 훼손은 사자와의 관계를 통하여 스스로의 인격상을 형성하고 명예를 지켜온 그들 후손의 인격권, 즉 유족의 명예 또는 유족의 사자에 대한 경애추모의 정을 침해한다.
④ 정당은 단순한 시민이나 국가기관이 아니고 국민의 정치적 의사를 형성하는 중개적 기관으로 국민의 권리인 재판청구권, 평등권, 재산권 등의 주체가 될 수 없다.

해설
④ [×] 정당도 재판청구권, 평등권, 재산권 등의 주체가 될 수 있다(헌재 1991.3.11, 91헌마21).
① [○] 상공회의소는 사업범위, 조직, 회계 등에 있어서 상공회의소법에 따른 규율을 받고 있는 특수성을 가지고 있으나, 기본적으로는 관할구역의 상공업계를 대표하여 그 권익을 대변하고 회원에게 기술 및 정보 등을 제공하여 회원의 경제적·사회적 지위를 높임으로써 상공업의 발전을 꾀함을 목적으로 하는 조직으로 목적이나 설립, 관리 면에서 자주적인 단체로 사법인이라고 할 것이므로 상공회의소와 관련해서도 결사의 자유는 보장된다고 할 것이다(헌재 2006.5.25, 2004헌가1).
② [○] 법인 아닌 사단은 대표자를 정함이 있고 독립된 사회적 조직체로서 활동하는 때에는 성질상 법인이 누릴 수 있는 기본권을 침해당하게 되면 그의 이름으로 헌법소원심판을 청구할 수 있다(헌재 1991.6.3, 90헌마56).
③ [○] 사자의 경우에도 인격적 가치에 대한 중대한 왜곡으로부터 보호되어야 하고, 사자에 대한 사회적 명예와 평가의 훼손은 사자와의 관계를 통하여 스스로의 인격상을 형성하고 명예를 지켜온 그들 후손의 인격권, 즉 유족의 명예 또는 유족의 사자에 대한 경애추모의 정을 침해한다(헌재 2010.10.28, 2007헌가23).

제2절 기본권의 효력

01 기본권의 효력에 관한 설명으로 옳지 않은 것은?   10. 국가직 7급

① 기본권의 경합은 한 사람의 기본권의 주체가 국가에 대하여 동시에 여러 기본권의 효력을 주장하는 경우이다.
② 기본권의 충돌은 복수의 기본권 주체의 기본권이 서로 충돌할 때 각자 국가에 대하여 대립되는 기본권의 효력을 주장하는 경우이다.
③ 기본권은 대국가적 효력뿐만 아니라 대사인적 효력을 가지는 경우도 있다.
④ 기본권의 경합과 기본권의 충돌의 문제는 기본권 해석의 문제이지 기본권 제한의 문제는 아니라고 할 수 있다.

해설
④ [×] 기본권의 경합과 충돌은 기본권의 해석을 통해 보호영역 안에 들어오는 것을 전제로 해서 논의하는 것이기에 해석의 문제라고 할 수 있다. 다만, 경합의 경우에도 그 기본권이 완벽하게 실현되지 못함으로써 제한의 문제가 생길 수 있고, 충돌의 경우에도 타인의 기본권에 대한 제약이 전제가 되므로 당연히 제한의 문제가 발생할 수 있다.
①② [O]

☑ 기본권의 경합과 충돌 비교

구분	기본권 경합	기본권 충돌
주체	단일	복수
기본권	복수	단일/복수
효력	대국가효	대사인효

③ [O] 오늘날 대사인효를 긍정하는 견해가 통설, 판례의 입장이다.

02 기본권 경합에 관한 설명으로 옳지 않은 것은? (다툼이 있는 경우에는 판례에 따름)   08. 국회직 8급 변형

① 공직을 직업으로 선택하는 경우에 있어서 직업선택의 자유는 공직취임권을 통해서 그 기본권의 보호를 받게 된다고 할 수 있다.
② 이라크전쟁을 반대하는 노동조합의 집회 개최에서 노동자의 노동3권과 집회의 자유는 진정한 기본권의 경합관계에 있지 않다.
③ 공무담임권과 같이 우선적으로 적용되는 개별 기본권이 존재하여 그 침해 여부를 판단하여도 그 다음에는 포괄적인 기본권인 행복추구권 침해 여부를 판단할 필요가 있다는 것이 일관된 헌법재판소의 입장이다.
④ 기본권의 직접적인 제3자적 효력을 주장하는 경우에도 모든 기본권이 예외 없이 사인 간의 법률관계에 직접 적용되어야 한다고 주장하지는 않고 있다.

해설
③ [×] 헌법재판소는 "행복추구권은 다른 기본권에 대한 보충적 기본권으로서의 성격을 지니므로, 공무담임권이라는 우선적으로 적용되는 기본권이 존재하여 그 침해 여부를 판단하는 이상, 행복추구권 침해 여부를 독자적으로 판단할 필요가 없다."라고 판시하였다(헌재 2000.12.14, 99헌마112).
① [O] 공무원직에 관한 한 공무담임권은 직업의 자유에 우선하여 적용되는 특별법적 규정이다.
② [O] 기본권 경합이란 하나의 기본권 주체가 국가에 대하여 하나의 동일한 사건에서 둘 또는 그 이상의 기본권을 동시에 주장하는 경우를 말한다. 노동3권과 집회의 자유는 진정한 기본권 경합관계에 있지 않은 유사경합이다.
④ [O] 직접적 효력설도 모든 기본권이 예외 없이 사인 간의 법률관계에 직접 적용된다고 주장하지는 않는다. 헌법의 명문규정상 또는 기본권의 성질상 사인 상호간의 관계에 직접 적용될 수 있는 기본권만이 직접적 효력을 갖는다는 것이다.

03 기본권의 충돌(상충)과 경합(경쟁)에 대한 설명으로 옳지 않은 것은? (다툼이 있는 경우 판례에 의함)

11. 국가직 7급

① 기본권의 충돌은 상이한 기본권 주체를 전제로 기본권의 갈등양상을, 기본권의 경합은 단일한 기본권 주체를 전제로 한 기본권의 갈등양상을 의미하는 차이점이 있지만, 기본권의 충돌과 경합은 모두 기본권의 효력에 관한 문제라는 점에서 공통점이 있다.
② 행복추구권과 개별 기본권이 경합하면 행복추구권은 대등적 의미를 가지므로, 다른 기본권 침해 여부와 별도로 행복추구권 침해 여부를 독자적으로 판단하여야 한다.
③ 기본권 충돌의 해결방법으로는 이익형량의 원칙, 규범조화의 원칙등을 들 수 있다.
④ 흡연권과 혐연권이 충돌한 경우 흡연권은 사생활의 자유를 실질적 핵으로 하는 기본권이고, 혐연권은 사생활의 자유뿐만 아니라 생명권에까지 연결되므로 혐연권이 상위의 기본권으로 보호되어야 한다.

해설
③ [O] 기본권 충돌의 해결방법은 크게 규범조화적 해석에 의한 것과 이익형량에 의한 것으로 나뉘며, 이에 내용으로는 최후수단억제, 대안식해결, 과잉금지원칙, 자유권 우선, 상위 기본권 우선, 인격권 우선 등이 있다.
① [O] 기본권의 경합은 대국가적 효력에 관한 문제이고, 기본권의 충돌은 대사인적 효력이 문제된다는 측면에서 모두 기본권 효력에 관한 문제이다.
② [×] 행복추구권은 다른 자유권에 의하여 보호되지 않는 자유영역을 그 보호범위로 하는 보충적 자유권이므로 국가가 다른 개별 자유권에 의하여 보호되지 않는 자유영역을 침해하는 경우 비로소 행복추구권은 독자적인 의미를 가진다(헌재 2009.9.24, 2006헌마1264).
④ [O] 흡연권은 사생활의 자유를 실질적 핵으로 하는 것이고 혐연권은 사생활의 자유뿐만 아니라 생명권에까지 연결되는 것이므로 혐연권이 흡연권보다 상위의 기본권이다(헌재 2004.8.26, 2003헌마457).

04 기본권 갈등에 관한 설명 중 가장 적절하지 않은 것은? (다툼이 있는 경우 판례에 의함)

22. 경찰승진 변형

① 기본권의 충돌은 상이한 복수의 기본권 주체를 전제로 한다.
② 기본권의 충돌은 충돌하는 기본권이 반드시 상이한 기본권이어야 하는 것은 아니다.
③ 상하의 위계질서가 있는 기본권끼리 충돌하는 경우에는 상위 기본권 우선의 원칙에 따라 하위 기본권이 제한될 수 있다.
④ 기본권의 경합이란 상이한 복수의 기본권 주체가 서로의 권익을 실현하기 위해 하나의 동일한 사건에서 국가에 대하여 서로 대립되는 기본권의 적용을 주장하는 경우를 말한다.

해설
④ [×] 기본권의 충돌이란 상이한 복수의 기본권 주체가 서로의 권익을 실현하기 위해 하나의 동일한 사건에서 국가에 대하여 서로 대립되는 기본권의 적용을 주장하는 경우를 말한다(헌재 2005.11.24, 2002헌바95 등). ▶ 즉, 경합이 아니라 충돌이다.
① [O] 기본권 충돌은 기본권 주체가 반드시 상이한 복수여야 한다.
② [O] 기본권 충돌의 경우 기본권은 대립하여야 하나, 반드시 상이한 기본권임을 요하지는 않는다.
③ [O] 상하의 위계질서가 있는 기본권끼리 충돌하는 경우에는 상위 기본권 우선의 원칙에 따라 하위 기본권이 제한될 수 있으므로, 흡연권은 혐연권을 침해하지 않는 한에서 인정되어야 한다(헌재 2004.8.26, 2003헌마457).

05 기본권의 충돌에 관한 설명 중 옳지 않은 것은?

06. 국회직 8급 변형

① 사인 간 기본권 충돌의 경우 입법자에 의한 규제와 개입은 개별 기본권 주체에 대한 기본권 제한의 방식으로 흔하게 나타나며, 노사관계의 경우에도 국가의 개입이 기본권을 침해하는지 여부가 문제될 수는 있으나, 사적 계약관계라는 이유로 국가가 개입할 수 없다고 볼 것은 아니다.
② 기본권 충돌의 해결방법으로서 과잉금지의 방법은 규범조화의 원칙을 구체화한 것이다.
③ 사원채용에서 합리적인 이유 없이 특정인을 자의적으로 배제하는 것은 진정한 의미의 기본권 충돌에 해당한다.
④ 헌법재판소에 의하면, 흡연자의 흡연권과 비흡연자의 혐연권은 각기 독자성을 갖는 기본권이므로 양자는 대등하게 인정된다.

해설

④ [×] 혐연권은 생명권에 근거한 상위 기본권이므로 흡연권과 혐연권이 충돌한 경우 상위 기본권 우선의 원칙에 따라 흡연권은 혐연권을 침해하지 않는 범위 내에서 인정된다고 하였다(헌재 2004.8.26, 2003헌마457).
① [○] 사인 간 기본권 충돌의 경우 입법자에 의한 규제와 개입은 개별 기본권 주체에 대한 기본권 제한의 방식으로 흔하게 나타나며, 노사관계의 경우도 마찬가지이다. 예컨대, 사용자와 근로자는 근로계약 체결단계에서부터 계약상 의무 위반에 이르기까지 근로기준법, 최저임금법 등 노동관계법령에 의한 국가적 개입을 받고 있으며, 이러한 국가의 개입이 기본권을 침해하는지 여부가 문제될 수는 있으나, 사적 계약관계라는 이유로 국가가 개입할 수 없다고 볼 것은 아니다(헌재 2022.5.26, 2012헌바66).
② [○] 이익형량의 원칙이란 복수의 기본권이 충돌하는 경우 그 효력의 우열을 결정하기 위해 기본권들의 법익을 비교하여 법익이 더 큰 기본권을 우선시하는 원칙이고, 과잉금지의 원칙이란 상충하는 기본권 모두에 일정한 제약을 가하여 기본권 모두의 효력을 양립시키되 기본권에 대한 제약은 최소한에 그쳐야 한다는 원칙이다. 따라서 이는 규범조화의 원칙을 구체화한 것으로 볼 수 있다.
③ [○] 이는 개인의 입장에서는 평등의 자유를 기업의 입장에서는 직업 수행의 자유를 주장할 수 있다. 따라서 진정한 의미의 기본권 충돌에 해당한다.

06 기본권의 충돌과 경합에 관한 설명 중 가장 적절하지 않은 것은? (다툼이 있는 경우 판례에 의함)

23. 경찰승진 변형

① 두 기본권이 서로 충돌하는 경우에는 헌법의 통일성을 유지하기 위하여 충돌하는 기본권 모두가 최대한으로 그 기능과 효력을 발할 수 있는 조화로운 방법이 모색되어야 한다.
② 교원의 교원단체 및 노동조합 가입 정보에 관해 그 "가입 현황(인원 수)"만을 공시정보로 규정한 것은 학부모 등 국민의 알 권리와 교원의 개인정보자기결정권이라는 두 기본권을 합리적으로 조화시킨 것이라 할 수 있으므로, 알 권리를 침해하지 않는다.
③ 기본권의 제3자적 효력은 기본권이 국가기관만이 아니라 사적 단체나 조직체 그리고 사인에 의해서도 침해될 수 있다는 현실적 문제에서 출발한 이론이다.
④ 음란물을 출판한 출판사의 등록을 취소하는 것이 출판사의 언론·출판의 자유, 직업선택의 자유, 재산권을 침해하는지 여부와 관련하여 우리 헌법재판소는 직업선택의 자유를 중심으로 위헌 여부를 판단하였다.

해설

④ [×] 이 사건에서는 제청신청인과 제청법원이 언론·출판의 자유의 침해를 주장하고 있고, 입법의 일차적 의도도 출판내용을 규율하고자 하는 데 있으며, 규제수단도 언론·출판의 자유를 더 제약하는 것으로 보이므로 언론·출판의 자유를 중심으로 해서 이 사건 법률조항이 그 헌법적 한계를 지키고 있는지를 판단하기로 한다(헌재 1998.4.30, 95헌가16).
① [○] 두 기본권이 서로 충돌하는 경우에는 헌법의 통일성을 유지하기 위하여 충돌하는 기본권 모두가 최대한으로 그 기능과 효력을 발할 수 있는 조화로운 방법이 모색되어야 한다(헌재 1991.9.16, 89헌마165).
② [○] 인터넷 게시판에 공개되는 '공시'의 특성상 그로 말미암아 발생할 교원의 개인정보자기결정권에 대한 중대한 침해의 가능성을 고려할 때, 이 사건 시행령 조항은 학부모 등 국민의 알 권리와 교원의 개인정보자기결정권이라는 두 기본권을 합리적으로 조화시킨 것이라 할 수 있으므로, 알 권리를 침해하지 않는다(헌재 2011.12.29, 2010헌마293).
③ [○] 오늘날 개인의 자유와 권리는 국가에 의해서만 침해되는 것이 아니라 사회적 세력이나 단체 또는 개인에 의해서도 침해되고, 또한 그 수가 점차 증가함에 따라 기본권을 보호해야 할 현실적 필요성, 즉 기본권의 대사인적 효력의 문제가 대두되었다.

제3절 기본권의 제한 및 한계

01 기본권 제한에 관한 설명 중 가장 적절하지 <u>않은</u> 것은? (다툼이 있는 경우 판례에 의함)   22. 경찰승진

① 법률유보의 원칙은 '법률에 의한' 규율만을 뜻하는 것이 아니라 '법률에 근거한' 규율을 요청하는 것이므로 기본권 제한의 형식이 반드시 법률의 형식일 필요는 없고 법률에 근거를 두면서 헌법 제75조가 요구하는 위임의 구체성과 명확성을 구비하기만 하면 위임입법에 의하여도 기본권 제한을 할 수 있다.

② 텔레비전방송수신료금액의 결정은 납부의무자의 범위 등과 함께 수신료에 관한 본질적인 중요한 사항이라고 보기 어려우므로 한국방송공사법 제36조 제1항이 국회의 결정이나 관여를 배제하고 한국방송공사로 하여금 수신료금액을 결정해서 문화관광부장관의 승인을 얻도록 하더라도 법률유보원칙에 위반되지 않는다.

③ 침해의 최소성의 관점에서, 입법자는 그가 의도하는 공익을 달성하기 위하여 우선 기본권을 보다 적게 제한하는 단계인 기본권 행사의 '방법'에 관한 규제로써 공익을 실현할 수 있는가를 시도하고 이러한 방법으로는 공익달성이 어렵다고 판단되는 경우에 비로소 그 다음 단계인 기본권 행사의 '여부'에 관한 규제를 선택해야 한다.

④ 특정규범이 개별사건법률에 해당한다 하여 곧바로 위헌을 뜻하는 것은 아니며, 비록 특정법률 또는 법률조항이 단지 하나의 사건만을 규율하려고 한다 하더라도 이러한 차별적 규율이 합리적인 이유로 정당화될 수 있는 경우에는 합헌적일 수 있다.

해설

② [×] 텔레비전방송수신료는 대다수 국민의 재산권 보장의 측면이나 한국방송공사에게 보장된 방송자유의 측면에서 국민의 기본권 실현에 관련된 영역에 속하고, 수신료금액의 결정은 납부의무자의 범위 등과 함께 수신료에 관한 본질적인 중요한 사항이므로 국회가 스스로 행하여야 하는 사항에 속하는 것임에도 불구하고 한국방송공사법 제36조 제1항에서 국회의 결정이나 관여를 배제한 채 한국방송공사로 하여금 수신료금액을 결정해서 문화관광부장관의 승인을 얻도록 한 것은 법률유보원칙에 위반된다(헌재 1999.5.27, 98헌바70).

① [O] 법률유보의 원칙은 '법률에 의한' 규율만을 뜻하는 것이 아니라 '법률에 근거한' 규율을 요청하는 것이므로 기본권 제한의 형식이 반드시 법률의 형식일 필요는 없고 법률에 근거를 두면서 헌법 제75조가 요구하는 위임의 구체성과 명확성을 구비하기만 하면 위임입법에 의하여도 기본권 제한을 할 수 있다 할 것이다(헌재 2005.2.24, 2003헌마289).

③ [O] 침해의 최소성의 관점에서, 입법자는 그가 의도하는 공익을 달성하기 위하여 우선 기본권을 보다 적게 제한하는 단계인 기본권 행사의 '방법'에 관한 규제로써 공익을 실현할 수 있는가를 시도하고 이러한 방법으로는 공익달성이 어렵다고 판단되는 경우에 비로소 그 다음 단계인 기본권 행사의 '여부'에 관한 규제를 선택해야 한다(헌재 1998.5.28, 96헌가5).

④ [O] 개별사건법률금지의 원칙이 법률제정에 있어서 입법자가 평등원칙을 준수할 것을 요구하는 것이기 때문에, 특정규범이 개별사건법률에 해당한다 하여 곧바로 위헌을 뜻하는 것은 아니다. 비록 특정법률 또는 법률조항이 단지 하나의 사건만을 규율하려고 한다 하더라도 이러한 차별적 규율이 합리적인 이유로 정당화될 수 있는 경우에는 합헌적일 수 있다. 따라서 개별사건법률의 위헌 여부는, 그 형식만으로 가려지는 것이 아니라, 나아가 평등의 원칙이 추구하는 실질적 내용이 정당한지 아닌지를 따져야 비로소 가려진다(헌재 1996.2.16, 96헌가2).

02 다음 중 기본권 제한에 관한 설명으로 틀린 것은? (통설, 판례에 의함)

08. 법원직 9급

① 헌법 제37조 제2항은 기본권 제한에 있어 일반적 법률유보를 규정한 조항이다.
② 기본권 제한은 원칙적으로 국회에서 제정한 형식적 의미의 법률에 의해서만 가능하다.
③ 과잉금지의 원칙은 국가작용의 한계를 명시하는 것인데 목적의 정당성, 방법의 적정성, 피해의 최소성, 법익의 균형성(보호하려는 공익이 침해되는 사익보다 더 커야 한다는 것으로서 그래야만 수인의 기대가능성이 있다는 것)을 의미하는 것으로서 그 어느 하나에라도 저촉되면 위헌이 된다는 헌법상의 원칙이다.
④ 침해의 최소성의 관점에서, 입법자는 그가 의도하는 공익을 달성하기 위하여 우선 기본권을 보다 적게 제한하는 단계인 기본권행사의 '여부'에 관한 규제로써 공익을 실현할 수 있는가를 시도하고 이러한 방법으로는 공익달성이 어렵다고 판단되는 경우에 비로소 그 다음 단계인 기본권행사의 '방법'에 관한 규제를 선택해야 한다.

해설

④ [×] 침해의 최소성의 관점에서, 입법자는 그가 의도하는 공익을 달성하기 위하여 우선 기본권을 보다 적게 제한하는 단계인 기본권행사의 '방법'에 관한 규제로써 공익을 실현할 수 있는가를 시도하고 이러한 방법으로는 공익달성이 어렵다고 판단되는 경우에 비로소 그 다음 단계인 기본권행사의 '여부'에 관한 규제를 선택해야 한다(헌재 1998.5.28, 96헌가5).
① [O] 헌법 제37조 제2항

> 헌법 제37조 ② 국민의 모든 자유와 권리는 국가안전보장, 질서유지 또는 공공복리를 위하여 필요한 경우에 한하여 법률로써 제한할 수 있으며, 제한하는 경우에도 자유와 권리의 본질적인 내용을 침해할 수 없다.

② [O] 기본권의 제한은 국회에서 제정한 형식적 의미의 법률로써 가능하다는 점이 원칙이다.
③ [O] 과잉금지원칙은 목적의 정당성, 방법의 적정성, 피해의 최소성, 법익의 균형성이 요구되는데 이 중 하나에라도 저촉되면 위헌이다.

03 기본권 제한에 관한 설명 중 가장 옳지 않은 것은? (다툼이 있는 경우 헌법재판소 결정례 및 대법원 판례에 의함)

10. 법원직 9급 변형

① 헌법 제37조 제2항에 의하면 국민의 기본권을 법률로써 제한하는 것이 가능하다고 하더라도 그 본질적인 내용을 침해할 수 없고 또한 과잉금지의 원칙에도 위배되어서는 아니 된다.
② 일정한 범죄에 대하여 어떠한 형벌을 과할 것인가를 정하는 것은 입법재량에 속하나, 여기에는 비례의 원칙이 준수되어야 한다.
③ 금융감독원의 직무범위를 규정한 조직규범은 법률유보원칙에서 말하는 법률의 근거가 될 수 있다.
④ 기본권을 제한하는 법률은 원칙적으로 일반성을 가져야 하지만, 합리적인 이유로 정당화되는 경우에는 개별사건법률뿐만 아니라 개인대상법률도 허용된다.

해설

③ [×] 금융기관의 임원이 문책경고를 받은 경우에는 법령에서 정한 바에 따라 일정기간 동안 임원선임의 자격제한을 받으므로 문책경고는 적어도 그 제한의 본질적 사항에 관한 한 법률에 근거가 있어야 하는데, 금융감독원의 직무범위를 규정한 조직규범은 법률유보원칙에서 말하는 법률의 근거가 될 수는 없다(대판 2005.2.17, 2003두14765).
① [O] 헌법 제37조 제2항

> 헌법 제37조 ② 국민의 모든 자유와 권리는 국가안전보장, 질서유지 또는 공공복리를 위하여 필요한 경우에 한하여 법률로써 제한할 수 있으며, 제한하는 경우에도 자유와 권리의 본질적인 내용을 침해할 수 없다.

② [O] 일정한 범죄에 대하여 어떠한 형벌을 과할 것인가를 정하는 것은 입법재량에 속하나, 여기에는 비례의 원칙이 준수되어야 한다(헌재 2004.6.24, 2003헌바53).

④ [O] 헌법은 처분적 법률로서 개인대상법률 또는 개별사건법률의 정의를 따로 두고 있지 않음은 물론, 처분적 법률의 제정을 금하는 명문의 규정도 두고 있지 않은바, 특정규범이 개인대상 또는 개별사건 법률에 해당한다고 하여 그것만으로 바로 헌법에 위반되는 것은 아니다. 따라서 연합뉴스사를 위한 심판대상조항의 차별적 규율이 합리적인 이유로 정당화되는 경우에는 이러한 처분적 법률도 허용된다(헌재 2005.6.30, 2003헌마841).

04 다음 중 헌법재판소가 비례의 원칙의 심사요건으로 직접 채용하고 있지 않은 것은?

14. 서울시 7급

① 사안의 직접 관련성
② 피해의 최소성
③ 법익 형량성
④ 방법의 적정성
⑤ 목적의 정당성

해설

① [×] 직접성은 비례원칙의 심사요건에 해당하지 않는다. 비례의 원칙은 목적의 정당성, 수단(방법)의 적정성, 침해(피해)의 최소성, 법익의 균형(형량)성이 그 요건에 해당한다.

05 기본권에 관한 다음 설명 중 가장 틀린 것은?

03. 법무사 변형

① 국가는 개인이 가지는 불가침의 기본적 인권을 확인하고 이를 보장할 의무를 진다.
② 국회의 동의를 얻은 조약은 국내법과 같은 효력을 가지지만 기본권을 제한할 수는 없다.
③ 기본권은 국가안전보장·질서유지 또는 공공복리를 위하여 필요한 경우에 한하여 법률로써 제한할 수 있다.
④ 헌법재판소는, 자연인에게 적용될 기본권 규정이더라도 성질상 법인이 누릴 수 있는 기본권은 법인에게도 적용하여야 하므로 법인도 위 한계 내에서는 기본권이 침해되었음을 이유로 헌법소원심판을 청구할 수 있다고 판시하였다.

해설

② [×] 국회의 동의를 얻은 조약은 법률과 효력이 같다. 따라서 이에 의한 기본권의 제한이 가능하다.
① [O] 헌법 제10조

> 헌법 제10조 모든 국민은 인간으로서의 존엄과 가치를 가지며, 행복을 추구할 권리를 가진다. 국가는 개인이 가지는 불가침의 기본적 인권을 확인하고 이를 보장할 의무를 진다.

③ [O] 헌법 제37조 제2항

> 헌법 제37조 ② 국민의 모든 자유와 권리는 국가안전보장·질서유지 또는 공공복리를 위하여 필요한 경우에 한하여 법률로써 제한할 수 있으며, 제한하는 경우에도 자유와 권리의 본질적인 내용을 침해할 수 없다.

④ [O] 자연인에게 적용될 기본권 규정이더라도 성질상 법인이 누릴 수 있는 기본권은 법인에게도 적용하여야 하므로 법인도 위 한계 내에서는 기본권이 침해되었음을 이유로 헌법소원심판을 청구할 수 있다(헌재 1991.6.3, 90헌마56).

정답 | 02 ④   03 ③   04 ①   05 ②

제4절 기본권의 침해 및 구제

01 다음 중 기본권 보장의무에 관한 헌법재판소 판결 내용으로 옳지 <u>않은</u> 것은? 13. 서울시 7급 변형

① 과소보호금지원칙에 의하면 입법부작위나 불완전한 입법에 의한 기본권 침해는 입법자의 보호의무에 대한 명백한 위반이 있는 경우에만 인정될 수 있다.
② 교통사고특례법 중 업무상 과실 또는 중대한 과실로 인한 교통사고로 말미암아 피해자로 하여금 상해를 입게 한 경우 공소를 제기할 수 없도록 한 부분은 과소보호금지원칙에 위반한 것이다.
③ 미국산 쇠고기수입의 위생조건에 관한 고시가 국민의 생명·신체의 안전을 보호하기에 전적으로 부적합하거나 매우 부족하여 그 보호의무를 명백히 위반한 것이라고 단정하기는 어렵다.
④ 헌법에는 질병으로부터 생명·신체의 보호 등 보건에 관하여 특별히 국가의 보호의무를 강조하는 규정이 마련되어 있다. 그러므로 국민의 생명·신체의 안전이 질병 등으로부터 위협받거나 받게 될 우려가 있는 경우 국가는 이를 보호하기에 필요한 적절하고 효율적인 입법·행정상의 조치를 취하여 그 침해의 위험을 방지하고 이를 유지할 포괄적인 의무를 진다.

해설

② [×] 형벌은 국가가 취할 수 있는 유효적절한 수많은 수단 중의 하나일 뿐이지, 결코 형벌까지 동원해야만 보호법익을 유효적절하게 보호할 수 있다는 의미의 최종적인 유일한 수단이 될 수는 없다 할 것이다. 따라서 이 사건 법률조항은 국가의 기본권 보호의무의 위반 여부에 관한 심사기준인 과소보호금지의 원칙에 위반한 것이라고 볼 수 없다(헌재 2009.2.26, 2005헌마764).
① [O] 과소보호금지원칙에 의하면 입법부작위나 불완전한 입법에 의한 기본권 침해는 입법자의 보호의무에 대한 명백한 위반이 있는 경우에만 인정될 수 있다.
③ [O] 이 사건 고시상의 보호조치가 완벽한 것은 아니라 할지라도, 앞서 본 기준과 내용에 비추어 쇠고기 소비자인 국민의 생명·신체의 안전을 보호하기에 전적으로 부적합하거나 매우 부족하여 그 보호의무를 명백히 위반한 것이라고 단정하기는 어렵다 할 것이다(헌재 2008.12.26, 2008헌마419).
④ [O] 헌법은 "모든 국민은 보건에 관하여 국가의 보호를 받는다."고 규정하여 질병으로부터 생명·신체의 보호 등 보건에 관하여 특별히 국가의 보호의무를 강조하고 있으므로(제36조 제3항), 국민의 생명·신체의 안전이 질병 등으로부터 위협받거나 받게 될 우려가 있는 경우 국가로서는 그 위험의 원인과 정도에 따라 사회·경제적인 여건 및 재정사정 등을 감안하여 국민의 생명·신체의 안전을 보호하기에 필요한 적절하고 효율적인 입법·행정상의 조치를 취하여 그 침해의 위험을 방지하고 이를 유지할 포괄적인 의무를 진다 할 것이다(헌재결 2008.12.26, 2008헌마419).

02 국가의 기본권 보호의무에 대한 설명으로 옳지 <u>않은</u> 것은? (다툼이 있는 경우 헌법재판소 판례에 의함) 17. 국가직 7급

① 원전 건설을 내용으로 하는 전원개발사업 실시계획에 대한 승인권한을 다른 전원개발과 마찬가지로 산업통상자원부장관에게 부여하고 있다 하더라도, 국가가 국민의 생명·신체의 안전을 보호하기 위하여 필요한 최소한의 보호조치를 취하지 아니한 것이라고 보기는 어렵다.
② 국가가 국민의 생명·신체의 안전에 대한 보호의무를 다하지 않았는지 여부를 헌법재판소가 심사할 때에는 이른바 '과소보호금지원칙'의 위반 여부를 기준으로 삼아, 국민의 생명·신체의 안전을 보호하기 위한 조치가 필요한 상황인데도 국가가 아무런 보호조치를 취하지 않았든지 아니면 취한 조치가 법익을 보호하기에 전적으로 부적합하거나 매우 불충분한 것임이 명백한 경우에 한하여, 국가의 보호의무의 위반을 확인하여야 한다.
③ 민법 제3조 및 제762조가 권리능력의 존재 여부를 출생시를 기준으로 확정하고 태아에 대해서는 살아서 출생할 것을 조건으로 손해배상청구권을 인정한다 할지라도, 이는 국가의 생명권 보호의무를 위반한 것이라 볼 수 없다.
④ 태평양전쟁 전후 강제동원된 자 중 '국외'로 강제동원된 자에 대해서만 의료지원금을 지급하도록 한 법률규정은, 국가가 국내 강제동원자들을 위하여 아무런 보호조치를 취하지 아니하였기 때문에, 이는 국민에 대한 국가의 기본권 보호의무에 위배된다.

해설

④ [×] 태평양전쟁 전후 강제동원된 자 중 국외 강제동원자에 대해서만 위로금을 지급하도록 규정하고 있는 구 국외강제동원자지원법 제2조 제1호 나목이 청구인의 기본권을 침해하거나 헌법에 위반되지 않는다(헌재 2012.7.26, 2011헌바352).
① [○] 이 사건 승인조항에서 원전 건설을 내용으로 하는 전원개발사업 실시계획에 대한 승인권한을 다른 전원개발과 마찬가지로 산업통상자원부장관에게 부여하고 있다 하더라도, 국가가 국민의 생명·신체의 안전을 보호하기 위하여 필요한 최소한의 보호조치를 취하지 아니한 것이라고 보기는 어렵다(헌재 2016.10.27, 2015헌바358).
② [○] 국가가 국민의 생명·신체의 안전에 대한 보호의무를 다하지 않았는지 여부를 헌법재판소가 심사할 때에는 국가가 이를 보호하기 위하여 적어도 적절하고 효율적인 최소한의 보호조치를 취하였는가 하는 이른바 '과소보호 금지원칙'의 위반 여부를 기준으로 삼아, 국민의 생명·신체의 안전을 보호하기 위한 조치가 필요한 상황인데도 국가가 아무런 보호조치를 취하지 않았든지 아니면 취한 조치가 법익을 보호하기에 전적으로 부적합하거나 매우 불충분한 것임이 명백한 경우에 한하여 국가의 보호의무의 위반을 확인하여야 한다(헌재 2008.12.26, 2008헌마419 등).
③ [○] 이 사건 법률조항들이 권리능력의 존재 여부를 출생시를 기준으로 확정하고 태아에 대해서는 살아서 출생할 것을 조건으로 손해배상청구권을 인정한다 할지라도 이러한 입법적 태도가 입법형성권의 한계를 명백히 일탈한 것으로 보기는 어려우므로 이 사건 법률조항들이 국가의 생명권 보호의무를 위반한 것이라 볼 수 없다(헌재 2008.7.31, 2004헌바81).
▶ 초창기 대부분 판례들은 기본권 보호의무를 잘 인정하지 않았다.

03 국가의 기본권 보호의무에 관한 설명으로 가장 적절하지 <u>않은</u> 것은? (다툼이 있는 경우 판례에 의함)

23. 경찰순경 1차 변형

① 선거운동을 위한 확성장치를 허용할 공익적 필요성이 인정된다고 하더라도 정온한 생활환경이 보장되어야 할 주거지역에서 사용시간과 사용지역에 따른 수인한도 내에서 확성장치의 최고출력 내지 소음 규제기준에 관한 규정을 두지 아니한 공직선거법 조항은 주거지역 거주자의 건강하고 쾌적한 환경에서 생활할 권리를 침해한다.
② 담배사업법은 담배성분의 표시나 경고문구의 표시, 담배광고의 제한 등 여러 규제들을 통하여 직접흡연으로부터 국민의 생명·신체의 안전을 보호하려고 노력하고 있어, 담배사업법이 국가의 보호의무에 관한 과소보호금지 원칙을 위반하여 흡연자의 생명·신체의 안전에 관한 권리를 침해하였다고 볼 수 없다.
③ 업무상 과실 또는 중대한 과실로 인한 교통사고로 말미암아 피해자로 하여금 상해에 이르게 하였으나 보험 등에 가입한 경우 운전자에 대한 공소를 제기할 수 없도록 한 구 교통사고처리 특례법 조항은 교통사고 피해자의 생명·신체의 안전에 관한 국가의 기본권 보호의무를 명백히 위반한 것이다.
④ 국가가 기본권 보호의무를 어떻게 실현할 것인지는 입법자의 책임범위에 속하는 것으로서 보호의무 이행을 위한 행위의 형식에 관하여도 폭넓은 형성의 자유가 인정되고, 반드시 법령에 의하여야 하는 것은 아니다.

해설

③ [×] 형벌은 국가가 취할 수 있는 유효적절한 수많은 수단 중의 하나일 뿐이지, 결코 형벌까지 동원해야만 보호법익을 유효적절하게 보호할 수 있다는 의미의 최종적인 유일한 수단이 될 수는 없다 할 것이다. 따라서 이 사건 법률조항은 국가의 기본권 보호의무의 위반 여부에 관한 심사기준인 과소보호금지의 원칙에 위반한 것이라고 볼 수 없다(헌재 2009.2.26, 2005헌마764).
① [○] 선거운동의 자유를 감안하여 선거운동을 위한 확성장치를 허용할 공익적 필요성이 인정된다고 하더라도 정온한 생활환경이 보장되어야 할 주거지역에서 출근 또는 등교 이전 및 퇴근 또는 하교 이후 시간대에 확성장치의 최고출력 내지 소음을 제한하는 등 사용시간과 사용지역에 따른 수인한도 내에서 확성장치의 최고출력 내지 소음 규제기준에 관한 규정을 두지 아니한 것은, 국민이 건강하고 쾌적하게 생활할 수 있도록 노력하여야 할 국가의 기본권 보호의무를 과소하게 이행한 것으로서, 청구인의 건강하고 쾌적한 환경에서 생활할 권리의 침해를 가져온다(헌재 2019.12.27, 2018헌마730).
② [○] 담배사업법은 담배성분의 표시나 경고문구의 표시, 담배광고의 제한 등 여러 규제들을 통하여 직접흡연으로부터 국민의 생명·신체의 안전을 보호하려고 노력하고 있다(헌재 2015.4.30, 2012헌마38).
④ [○] 여기서 국가가 기본권 보호의무를 이행함에 있어서는 그 행위의 형식에 관하여도 폭넓은 형성의 자유가 인정되고, 반드시 법령에 의하여 이행하여야 하는 것은 아니므로, 국가의 보호조치가 침해되는 기본권을 보호하는데 적절한지 여부를 판단함에 있어서는 이 사건 결정 선고 시까지 취해진 국가행위를 전체적으로 고려하여 판단하여야 한다(헌재 2016.10.27, 2012헌마121).

정답 | 01 ② 02 ④ 03 ③

04 국가의 기본권 보호의무에 관한 설명 중 가장 적절하지 않은 것은? (다툼이 있는 경우 판례에 의함)

22. 법학 경채

① 국가의 기본권 보호의무의 이행은 입법자의 입법을 통하여 비로소 구체화되는 것이고, 국가가 그 보호의무를 어떻게 어느 정도로 이행할 것인지는 원칙적으로 한 나라의 정치·경제·사회·문화적인 제반 여건과 재정 사정 등을 감안하여 입법정책적으로 판단하여야 하는 입법재량의 범위에 속하는 것이다.

② 국가의 보호의무를 입법자가 어떻게 실현하여야 할 것인가 하는 문제는 입법자의 책임범위에 속하나 헌법재판소는 국가가 국민의 법익 보호를 위하여 최대한의 보호조치를 취했는가를 기준으로 심사한다.

③ 무면허 의료행위를 일률적, 전면적으로 금지하고 이를 위반하는 경우에는 그 치료결과에 관계없이 형사처벌을 받게 하는 규제 방법은 헌법 제10조가 규정하는 인간으로서의 존엄과 가치를 보장하고 헌법 제36조 제3항이 규정하는 국민보건에 관한 국가의 보호의무를 다하고자 하는 것으로서, 국민의 생명권·건강권·보건권 및 그 신체활동의 자유 등을 보장하는 규정이지 이를 제한하거나 침해하는 규정이라고 할 수 없다.

④ 민법 제3조 및 제762조는 살아서 출생한 태아와는 달리 살아서 출생하지 못한 태아에 대해서는 손해배상청구권을 부정함으로써 후자에게 불리한 결과를 초래하고 있으나 이러한 결과는 사법관계에서 요구되는 법적 안정성의 요청이라는 법치국가이념에 의한 것으로 헌법적으로 정당화된다 할 것이므로 그와 같은 차별적 입법조치가 있다는 이유만으로 곧 국가가 기본권 보호를 위해 필요한 최소한의 입법적 조치를 다하지 않아 그로써 위헌적인 입법적 불비나 불완전한 입법상태가 초래된 것이라고 볼 수 없다.

해설

② [×] 일정한 경우 국가는 사인인 제3자에 의한 국민의 환경권 침해에 대해서도 적극적으로 기본권 보호조치를 취할 의무를 지나, 헌법재판소가 이를 심사할 때에는 국가가 국민의 기본권적 법익 보호를 위하여 적어도 적절하고 효율적인 최소한의 보호조치를 취했는가 하는 이른바 과소보호금지원칙의 위반 여부를 기준으로 삼아야 한다(헌재 2008.7.31, 2006헌마711).

① [O] 국가의 기본권 보호의무의 이행은 입법자의 입법을 통하여 비로소 구체화되는 것이고, 국가가 그 보호의무를 어떻게 어느 정도로 이행할 것인지는 원칙적으로 한 나라의 정치·경제·사회·문화적인 제반 여건과 재정 사정 등을 감안하여 입법정책적으로 판단하여야 하는 입법재량의 범위에 속하는 것이기 때문이다(헌재 1997.1.16, 90헌마110 등).

③ [O] 의료인이 아닌 자의 의료행위를 전면적으로 금지한 것은 매우 중대한 헌법적 법익인 국민의 생명권과 건강권을 보호하고 국민의 보건에 관한 국가의 보호의무(헌법 제36조 제3항)를 이행하기 위하여 적합한 조치로서, … 헌법에 위반되지 않는다(헌재 2002.12.18, 2001헌마370).

④ [O] 태아도 헌법상 생명권의 주체가 되며, 국가는 헌법 제10조에 따라 태아의 생명을 보호할 의무가 있다. 다만, 국가의 기본권보호의무로부터 태아의 출생 전에, 또한 태아가 살아서 출생할 것인가와는 무관하게, 태아를 위하여 민법상 일반적 권리능력까지도 인정하여야 한다는 헌법적 요청이 도출되지는 않는다(헌재 2008.7.31, 2004헌바81).

05 국가의 기본권 보호의무에 관한 설명 중 가장 적절하지 않은 것은? (다툼이 있는 경우 판례에 의함)

23. 경찰승진

① 국가가 국민의 법익을 보호하기 위하여 아무런 보호조치를 취하지 않았든지 아니면 취한 조치가 법익을 보호하기에 명백하게 부적합하거나 불충분한 경우에 한하여 국가의 보호의무의 위반을 확인할 수 있다.

② 선거운동을 위하여 확성장치를 허용하여야 할 공익적 필요성이 인정된다고 하더라도, 공직선거법이 주거지역에서의 최고출력내지 소음을 제한하는 등 대상지역에 따른 수인한도 내에서 공직선거운동에 사용되는 확성장치의 최고출력 내지 소음규제기준을 두고 있지 아니한 것은, 국민이 건강하고 쾌적하게 생활할 수 있는 양호한 주거환경을 유지하기 위하여 노력하여야 할 국가의 의무를 부과한 헌법 규정에 비추어 보면 국가의 기본권 보호의무를 과소하게 이행하고 있는 것이다.

③ 국가가 국민의 생명·신체의 안전에 대한 보호의무를 다하지 않았는지 여부를 헌법재판소가 심사할 때에는, 국가가 이를 보호하기 위한 최대한의 보호조치를 취하였는가 하는 이른바 '과잉금지원칙'의 위반 여부를 기준으로 삼아야 한다.

④ 국가에게 태아의 생명을 보호할 의무가 있다고 하더라도 생명의 연속적 발전과정에 대하여 생명이라는 공통요소만을 이유로 하여 언제나 동일한 법적 효과를 부여하여야 하는 것은 아니므로 국가가 생명을 보호하는 입법적 조치를 취함에 있어 인간생명의 발달단계에 따라 그 보호정도나 보호수단을 달리하는 것은 불가능하지 않다.

해설

③ [×] 일정한 경우 국가는 사인인 제3자에 의한 국민의 환경권 침해에 대해서도 적극적으로 기본권 보호조치를 취할 의무를 지나, 헌법재판소가 이를 심사할 때에는 국가가 국민의 기본권적 법익 보호를 위하여 적어도 적절하고 효율적인 최소한의 보호조치를 취했는가 하는 이른바 과소보호금지원칙의 위반 여부를 기준으로 삼아야 한다(헌재 2008.7.31, 2006헌마711).

① [○] 국가가 국민의 법익을 보호하기 위하여 아무런 보호조치를 취하지 않았든지 아니면 취한 조치가 법익을 보호하기에 명백하게 부적합하거나 불충분한 경우에 한하여 헌법재판소는 국가의 보호의무의 위반을 확인할 수 있을 뿐이다(헌재 2008.7.31, 2004헌바81).

② [○] 선거운동의 자유를 감안하여 선거운동을 위한 확성장치를 허용할 공익적 필요성이 인정된다고 하더라도 정온한 생활환경이 보장되어야 할 주거지역에서 출근 또는 등교 이전 및 퇴근 또는 하교 이후 시간대에 확성장치의 최고출력 내지 소음을 제한하는 등 사용시간과 사용지역에 따른 수인한도 내에서 확성장치의 최고출력 내지 소음 규제기준에 관한 규정을 두지 아니한 것은, 국민이 건강하고 쾌적하게 생활할 수 있도록 노력하여야 할 국가의 기본권 보호의무를 과소하게 이행한 것으로서, 청구인의 건강하고 쾌적한 환경에서 생활할 권리의 침해를 가져온다(헌재 2019.12.27, 2018헌마730).

④ [○] 생명의 전체적 과정에 대해 법질서가 언제나 동일한 법적 보호 내지 효과를 부여하고 있는 것은 아니다. 따라서 국가가 생명을 보호하는 입법적 조치를 취함에 있어 인간생명의 발달단계에 따라 그 보호정도나 보호수단을 달리하는 것은 불가능하지 않다(헌재 2019.4.11, 2017헌바127).

정답 | 04 ② 05 ③

06 국가인권위원회의 권한에 관한 다음 설명 중 옳은 것은?

① 국가인권위원회법의 적용범위는 대한민국 국적을 가진 자에 한한다.
② 국가인권위원회는 그 독립성을 보장하기 위하여 대통령 직속 국가기관으로 설치되어 있다.
③ 국가기관·지방자치단체 등에 의한 인권침해행위만이 조사대상이 되고, 사인에 의한 평등권 침해의 차별행위는 조사대상에 포함되지 아니한다.
④ 국가인권위원회법에서 말하는 '인권'이라 함은 헌법 및 법률에서 보장하거나 대한민국이 가입·비준한 국제인권조약 및 국제관습법에서 인정하는 인간으로서의 존엄과 가치 및 자유와 권리를 말한다.
⑤ 국가인권위원회의 조사대상에서 법원·헌법재판소의 재판을 제외하므로 동 위원회가 조사 또는 처리한 내용에 관하여 재판이 계속 중인 경우에는 법원의 담당재판부 또는 헌법재판소에 사실상 및 법률상의 사항에 관하여 의견을 제출할 수 없다.

해설

④ [○] "인권"이란 대한민국헌법 및 법률에서 보장하거나 대한민국이 가입·비준한 국제인권조약 및 국제관습법에서 인정하는 인간으로서의 존엄과 가치 및 자유와 권리를 말한다(국가인권위원회법 제2조 제1호).
① [×] 국가인권위원회법 제4조는 국가인권위원회법의 적용범위를 대한민국 국민과 대한민국 영역 안에 있는 외국인으로 규정하고 있다.

> **국가인권위원회법 제4조【적용범위】** 이 법은 대한민국 국민과 대한민국의 영역에 있는 외국인에 대하여 적용한다.

② [×] 국가인권위원회는 어디에도 소속되지 않는 독립기관이다.
③ [×] 국가나 공공단체에 의해 침해된 인권뿐만 아니라 단체나 사인에 의한 평등권 침해의 차별행위를 당한 경우에도 진정할 수 있다(국가인권위원회법 제30조 제1항).
⑤ [×] 국가인권위원회는 재판이 계속 중인 경우 법원 또는 헌법재판소의 요청이 있거나 필요하다고 인정하는 경우 의견을 제출할 수 있다(국가인권위원회법 제28조 제2항).

07 다음 중 국가인권위원회에 관한 설명으로 옳지 않은 것을 모두 고른 것은? (다툼이 있는 경우 헌법재판소 결정례에 의함)

11. 법원직 9급 변형

> 가. 국가인권위원회는 피해자의 진정이 없다면 인권침해나 차별행위에 대해 이를 직권으로 조사할 수 없다.
> 나. 국가인권위원회는 진정을 조사한 결과 인권침해가 있었다고 판단할 때 구제조치의 이행 및 시정명령을 할 수 있다.
> 다. 국가인권위원회는 성희롱에 대해서도 조사 및 구제대상에 포함시키고 있다.
> 라. 국가인권위원회가 진정에 대해 각하 또는 기각결정을 하면 이 결정은 헌법소원의 대상이 되고 헌법소원의 보충성 요건을 충족한다.

① 가, 라
② 나, 다
③ 다, 라
④ 가, 나, 라

해설

가, 나, 라가 옳지 않다.

가. [×] 국가인권위원회법 제30조 제3항

> 국가인권위원회법 제30조【위원회의 조사대상】③ 위원회는 제1항의 진정이 없는 경우에도 인권침해나 차별행위가 있다고 믿을 만한 상당한 근거가 있고 그 내용이 중대하다고 인정할 때에는 이를 직권으로 조사할 수 있다.

나. [×] 위원회가 진정을 조사한 결과 인권침해나 차별행위가 일어났다고 판단하는 때에는 피진정인, 그 소속기관·단체 또는 감독기관의 장에게 구제조치의 이행이나 법령·제도·정책·관행의 시정 또는 개선을 권고할 수 있다(국가인권위원회법 제44조 제1항).

다. [○] 국가인권위원회법 제2조 제3호 라목에서 성희롱행위를 "업무, 고용, 그 밖의 관계에서 공공기관의 종사자, 사용자 또는 근로자가 그 직무를 이용하여 또는 업무 등과 관련하여 성적 언동 등으로 성적 굴욕감 또는 혐오감을 느끼게 하거나 성적 언동 또는 그 밖의 요구 등에 따르지 아니한다는 이유로 고용상의 불이익을 주는 것을 말한다."라고 규정하고 있다.

라. [×] 이 사건 심판청구는 행정심판이나 행정소송 등의 사전 구제절차를 모두 거친 후 청구된 것이 아니므로 보충성 요건을 충족하지 못하였다(헌재 2015.3.26, 2013헌마214). 과거에는 보충성의 예외를 인정하였으나, 최근에 판례가 변경되었다.

해커스경찰
police.Hackers.com

제3편
기본권 각론

제1장 포괄적 기본권
제2장 자유권적 기본권
제3장 정치적 기본권
제4장 청구권적 기본권
제5장 사회권적 기본권
제6장 국민의 의무

제1장 | 포괄적 기본권

핵심 OX

01 헌법재판소는 행복추구권은 보충적 성격을 지닌 기본권에 불과한 것이 아니므로 같은 사항에 대하여 다른 주된 기본권의 침해를 판단하였다 하더라도 행복추구권의 침해 여부를 독자적으로 다시 판단하여야 한다는 입장을 취하고 있다. ( )

> **해설**
> [×] 행복추구권에 대한 헌법재판소의 판례입장은 사안에 대하여 직접 적용할 기본권 규정이 없는 경우에 보충적으로 적용해야 한다는 보충적 보장설을 취한다(헌재 2002.8.29, 2000헌가5).

02 헌법재판소는 행복추구권은 국민이 행복을 추구하기 위하여 필요한 급부를 국가에게 적극적으로 요구할 수 있는 것을 내용으로 하는 것이 아니라, 국민이 행복을 추구하기 위한 활동을 국가권력의 간섭 없이 자유롭게 할 수 있다는 포괄적인 의미의 자유권으로서의 성격을 가진다고 판시함으로써 이를 자유권으로 파악하고 있다. ( )

> **해설**
> [O] 헌재 2007.3.29, 2004헌마207. 학설의 경우에는 적극적 권리성을 긍정하나, 판례의 경우에는 적극적 권리성을 부정한다.

03 당사자의 동의 없이 초상사진을 언론매체에 게재하는 것은 인격권에 대한 침해이다. ( )

> **해설**
> [O] 공개된 장소에서 이루어졌다거나 민사소송의 증거를 수집할 목적으로 이루어졌다는 사유만으로 정당화되지 않는다. 일상생활을 본인 동의 없이 촬영한 행위는 초상권 및 사생활의 비밀과 자유를 침해하는 불법행위에 해당한다(대판 2006.10.13, 2004다16280).

04 불특정인과 성매매한 경우에만 처벌하고 특정인과 성매매한 경우에는 처벌하지 않는 성매매처벌법은 헌법상 평등권과 성적 자기결정권을 침해하여 헌법에 위반된다. ( )

> **해설**
> [×] 불특정인을 상대로 한 성매매와 특정인을 상대로 한 성매매는, 건전한 성풍속 및 성도덕에 미치는 영향, 제3자의 착취 문제 등에 있어 다르다고 할 것이므로, 불특정인에 대한 성매매만을 금지대상으로 규정하고 있는 것이 평등권을 침해한다고 볼 수도 없다(헌재 2016.3.31, 2013헌가2).

05 평화적 생존권은 헌법상 보장된 기본권이라고 할 수 없다. ( )

> **해설**
> [O] 평화적 생존권이란 이름으로 주장하고 있는 평화란 헌법의 이념 내지 목적으로서 추상적인 개념에 지나지 아니하고, 평화적 생존권은 이를 헌법에 열거되지 아니한 기본권으로서 특별히 새롭게 인정할 필요성이 있다거나 그 권리내용이 비교적 명확하여 구체적 권리로서의 실질에 부합한다고 보기 어려워 헌법상 보장된 기본권이라고 할 수 없다(헌재 2009.5.28, 2007헌마369).

06 자기결정권의 보호영역은 인격적 이익에 한한다고 보는 것이 현재 판례의 태도이다. ( )

> **해설**
> [×] 헌법재판소는 가치 있는 행동만 그 보호영역으로 하는 것은 아닌 것으로 위험한 생활방식으로 살아갈 권리도 포함된다고 보고 있다(헌재 2003.10.30, 2002헌마518).

07 일반적 행동자유권의 보호영역에는 개인의 생활방식과 취미에 관한 사항도 포함되며, 여기에는 위험한 스포츠를 즐길 권리와 같은 위험한 생활방식으로 살아갈 권리도 포함된다. ( )

> **해설**
> [O] 일반적 행동자유권의 보호영역에는 개인의 생활방식과 취미에 관한 사항도 포함되며, 여기에는 위험한 스포츠를 즐길 권리와 같은 위험한 생활방식으로 살아갈 권리도 포함된다(헌재 2003.10.30, 2002헌마518).

08 헌법 제10조로부터 도출되는 일반적 인격권에는 개인의 명예에 관한 권리도 포함되며, 사자(死者)에 대한 사회적 명예와 평가의 훼손은 사자와의 관계를 통하여 스스로의 인격상을 형성하고 명예를 지켜온 그 후손의 인격권을 제한한다. ( )

> **해설**
> [O] 사자의 경우도 명예 등에 한해서는 기본권 주체성을 가지며, 사자의 명예훼손은 후손의 인격권을 제한한다.

09 혼인빙자간음죄의 경우는 오늘날의 관점에서 볼 때 개인의 성적 자기결정권을 침해한다고 보아 판례는 위헌이라 판시하였다. ( )

> **해설**
> [O] 오늘날 시대에 뒤떨어진다는 이야기는 많이 나온다. 헌법재판소는 혼인을 빙자한 부녀자 간음행위는 피해 여성의 성적 자기결정권을 침해하는 것이 되어 위헌이라 판시하였다(헌재 2009.11.26, 2008헌바58).

10 담배제조자가 면세담배를 용도 외로 사용하는지 여부에 관하여 이를 관리하거나 감독할 수 있는 법적 권리나 의무는 존재하는 것으로 비록 공급받은 자가 용도 외로 사용하였다 하여도 이는 제조자의 연대책임을 물을 수 있는 근거가 된다. ( )

> **해설**
> [×] 담배제조자가 면세담배를 용도 외로 사용하는지 여부에 관하여 이를 관리하거나 감독할 수 있는 법적 권리나 의무는 존재하지 않는 것으로 자신의 통제권 내지 결정권이 미치지 않는 데 대하여까지 책임을 지게 하는 것은 자기책임의 원리에 부합한다고 보기 어렵다고 판시하였다(헌재 2004.6.24, 2002헌가27).

11 도로교통법상의 음주운전측정과 관련하여 불응하는 운전자를 형사처벌하는 것은 일반적인 행동자유권을 침해하는 것이다. ( )

> **해설**
> [×] 이 사건 법률조항에 의하여 일반적 행동이 자유가 제한될 수 있으나, 그 입법목적의 중대성, 음주측정의 불가피성, 국민에게 부과되는 부담의 정도, 처벌의 요건과 정도에 비추어 헌법 제37조 제2항의 과잉금지의 원칙에 어긋나는 것이라고 할 수 없으므로, 이 사건 법률조항은 헌법 제10조의 규정된 행복추구권에서 도출되는 일반적 행동의 자유를 침해하는 것이라고도 할 수 없다(헌재 1997.3.27, 96헌가11).

12 4층 이상의 건물에 대하여 강제로 화재보험에 가입하게 하는 것은 개인의 경제상의 자유와 창의의 존중을 기본으로 하는 헌법질서와 맞지 않는다. ( )

해설

[O] 4층 이상의 건물에 대해 획일적인 보험가입강제를 하는 것은 개인의 경제상의 자유와 창의의 존중을 기본으로 하는 경제질서와 과잉금지의 원칙에 합치되지 아니하여 헌법에 위반된다(헌재 1991.6.3, 89헌마204).

13 마약류 수용자에 대한 소변채취는 일반적 행동자유권을 침해하는바 위헌이 되었다. ( )

해설

[×] 징벌 등 제재처분 없이 자발적으로 소변을 받아 제출하도록 한 후, 3분 내의 짧은 시간에, 시약을 떨어뜨리는 간단한 방법으로 실시되므로, 대상자가 소변을 받아 제출하는 하기 싫은 일을 하여야 하고 자신의 신체의 배출물에 대한 자기결정권이 다소 제한된다고 하여도, 그것만으로는 소변채취의 목적 및 검사방법 등에 비추어 과잉금지의 원칙에 반한다고 할 수 없다(헌재 2006.7.27, 2005헌마277).

14 균형 있는 영화산업의 발전이라는 경제적 고려와 공동체의 이익을 위한 목적에서 비롯된 국산영화의무상영제가 공연장 경영자의 행복추구권을 침해한 것이라고 보기 어렵다. ( )

해설

[O] 헌법이 보장하는 행복추구권이 공동체의 이익과 무관하게 무제한의 경제적 이익의 도모를 보장하는 것이라고 볼 수 없으므로, 위와 같은 경제적 고려와 공동체의 이익을 위한 목적에서 비롯된 국산영화의무상영제가 공연장 경영자의 행복추구권을 침해한 것이라고 보기 어렵다(헌재 1995.7.21, 94헌마125).

15 옷을 전부 벗긴 상태에서 실시한 신체수색은 그 수단과 방법에 있어서 필요최소한의 범위를 명백하게 벗어난 조치로서 이로 말미암아 심한 모욕감과 수치심만을 안겨주었다고 인정하기에 충분하다. 따라서 이러한 과도한 신체수색은 그 수단과 방법에 있어서 필요한 최소한도의 범위를 벗어났을 뿐만 아니라, 이로 인하여 인간으로서의 기본적 품위를 유지할 수 없도록 하는 것으로서 수인하기 어려운 정도라고 보이므로 헌법 제10조의 인간의 존엄과 가치로부터 유래하는 인격권 및 제12조의 신체의 자유를 침해한 것이다. ( )

해설

[O] 옷을 전부 벗긴 상태에서 실시한 신체수색은 그 수단과 방법에 있어서 필요최소한의 범위를 명백하게 벗어난 조치로서 이로 말미암아 심한 모욕감과 수치심만을 안겨주었다고 인정하기에 충분하다. 따라서 이러한 과도한 신체수색은 그 수단과 방법에 있어서 필요한 최소한도의 범위를 벗어났을 뿐만 아니라, 이로 인하여 인간으로서의 기본적 품위를 유지할 수 없도록 하는 것으로서 수인하기 어려운 정도라고 보이므로 헌법 제10조의 인간의 존엄과 가치로부터 유래하는 인격권 및 제12조의 신체의 자유를 침해한 것이다(헌재 2002.7.18, 2000헌마327).

16 구치소에서의 항문 내 검사는 인격권을 침해하는바 위헌이 되었다. ( )

해설

[×] 다른 사람이 볼 수 없는 차단막이 쳐진 공간에서 같은 성별의 교도관과 1 대 1의 상황에서 짧은 시간 내에 손가락이나 도구를 사용하지 않고 시각적으로 항문의 내부를 보이게 한 후 검사를 마쳤고, 그 검사 전에는 검사를 하는 취지와 방법 등을 설명하면서 미리 소지한 반입금지품을 자진 제출하도록 하였으며(최소침해성), 청구인이 수인하여야 할 모욕감이나 수치심에 비하여 반입금지품을 차단함으로써 얻을 수 있는 수용자들의 생명과 신체의 안전, 구치소 내의 질서유지 등의 공익이 보다 크므로(법익 균형성), 과잉금지의 원칙에 위배되었다고 할 수 없다(헌재 2006.6.29, 2004헌마826).

17 교정시설에 수용할 때마다 알몸 상태의 수용자를 전자영상 검사기로 수용자의 항문 부위를 관찰하는 신체검사는 과잉금지원칙에 위배되어 인격권을 침해한다. ( )

> **해설**
> [×] 교정시설에 수용자를 수용할 때마다 알몸 상태의 수용자를 전자영상 검사기로 수용자의 항문 부위를 관찰하는 신체검사가 교정시설의 안전과 질서유지를 위하여 필요한 최소한도의 검사로서 과잉금지의 원칙에 위배되지 않는다(헌재 2011.5.26, 2010헌마775).

18 민사법정에 출석하는 수형자에게 운동화 착용을 불허하고 고무신을 신게 하였더라도 신발의 종류를 제한한 것에 불과하여 법익침해의 최소성 및 균형성을 충족한다. ( )

> **해설**
> [O] 민사법정에 출석하는 수형자에게 운동화 착용을 불허하고 고무신을 신게 한 이 사건 운동화착용불허행위는 시설 바깥으로의 외출이라는 기회를 이용한 도주를 예방하기 위한 것으로서 그 목적이 정당하고, 위와 같은 목적을 달성하기 위한 적합한 수단이라 할 것이다. 또한 신발의 종류를 제한하는 것에 불과하여 법익침해의 최소성과 균형성도 갖추었다 할 것이므로, 이 사건 운동화착용불허행위가 기본권 제한에 있어서의 과잉금지원칙에 반하여 청구인의 인격권과 행복추구권을 침해하였다고 볼 수 없다(헌재 2011.2.24, 2009헌마209).

19 미결수용자에게 시설 밖에서 재소자용 의류를 입게 하는 것은 무죄추정원칙에 반하고 인격권과 행복추구권, 공정한 재판을 받을 권리를 침해하는 것이다. ( )

> **해설**
> [O] 수사 및 재판단계에서 유죄가 확정되지 아니한 미결수용자에게 재소자용 의류를 입게 하는 것은 미결수용자로 하여금 모욕감이나 수치심을 느끼게 하고, 심리적인 위축으로 방어권을 제대로 행사할 수 없게 하여 실체적 진실의 발견을 저해할 우려가 있으므로, 도주 방지 등 어떠한 이유를 내세우더라도 그 제한은 정당화될 수 없어 헌법 제37조 제2항의 기본권 제한에서의 비례원칙에 위반되는 것으로서, 무죄추정의 원칙에 반하고 인간으로서의 존엄과 가치에서 유래하는 인격권과 행복추구권, 공정한 재판을 받을 권리를 침해하는 것이다(헌재 1999.5.27, 97헌마137 등).

20 도로교통법상 주취 중 운전금지규정을 3회 위반한 경우 운전면허를 필요적으로 취소하도록 규정한 것은 과잉금지원칙에 반하여 일반적 행동자유권을 침해하는 것이다. ( )

> **해설**
> [×] 주취 중 운전금지규정을 3회 위반한 경우 운전면허를 필요적으로 취소하도록 규정한 것은 과잉금지의 원칙에 반하여 직업의 자유 내지 일반적 행동의 자유를 침해하지 아니한다(헌재 2006.5.25, 2005헌바91).

21 긴급자동차를 제외한 이륜자동차와 원동기장치자전거에 대하여 고속도로 또는 자동차전용도로의 통행을 금지하고 있는 법률 규정은 일반적 행동의 자유를 침해하는 것이라 할 수 없다. ( )

> **해설**
> [O] 이 사건 법률조항은 이륜차의 구조적 특성에서 비롯되는 사고위험성과 사고결과의 중대성에 비추어 이륜차 운전자의 안전 및 고속도로 등 교통의 신속과 안전을 위하여 이륜차의 고속도로 등 통행을 금지하기 위한 것이므로 입법목적은 정당하다(헌재 2007.1.17, 2005헌마1111 등).

22 이미 출국 수속 과정에서 일반적인 보안검색을 마친 승객을 상대로, 촉수검색과 같은 추가적인 보안 검색 실시를 예정하고 있는 국가항공보안계획은 과잉금지원칙에 위반되지 않아 청구인의 인격권을 침해하지 않는다. ( )

> **해설**
> [O] 이미 출국 수속 과정에서 일반적인 보안검색을 마친 승객을 상대로, 촉수검색(patdown)과 같은 추가적인 보안 검색 실시를 예정하고 있는 국가항공보안계획은 과잉금지원칙에 위반되지 않아 청구인의 인격권을 침해하지 않는다(헌재 2018.2.22, 2016헌마780).

23 헌법 제11조 제1항의 평등의 원칙 및 평등권은 국민의 기본권 보장에 관한 최고원리임과 동시에 국민의 기본권 중의 기본권이다. ( )

해설
[O] 평등권은 국민의 기본권 보장에 관한 최고원리이며 인간의 존엄성 달성을 위한 수단적인 권리이다.

24 '법 앞의 평등'이라는 헌법원칙은 법을 집행·적용하는 정부와 법원뿐만 아니라 법을 제정하는 국회도 준수하여야 한다. ( )

해설
[O] 잘못된 법을 평등하게 적용해야 한다는 원리, 즉 법적용상의 평등이 아니라 제정시부터 평등해야 한다는 내용상의 평등을 의미한다.

25 헌법 제11조에서 규정한 평등원칙은 일체의 차별적 대우를 부정하는 절대적 평등이 아니라, 입법과 법의 적용에 있어서 합리적 근거 없는 차별을 하여서는 아니 된다는 상대적 평등을 뜻하고, 따라서 합리적 근거 있는 차별 내지 불평등은 평등원칙에 반하는 것이 아니다. ( )

해설
[O] 법 앞의 평등은 합리적 근거가 있는 차별은 가능한 상대적 평등설로 이해하여야 한다(통설·판례).

26 헌법재판소는 헌법 제11조 제1항에서의 '사회적 신분'이란 사회에서 장기간 점하는 지위로서 일정한 사회적 평가를 수반하는 것을 의미한다고 하면서 누범과 상습범에 대한 가중처벌의 합헌성을 인정하고 있다. ( )

해설
[O] 헌재 1995.2.23, 93헌바43. 이는 전 범죄로 인해 비난을 받았음에도 불구하고, 다시 한 번 범죄를 저질러 그 비난가치가 더 높아졌기 때문이다.

27 판례는 우리나라의 경우 남성을 차별할 때는 엄격한 심사기준을, 여성을 차별할 때는 완화된 심사기준을 적용하고 있다. ( )

해설
[×] 미국의 경우는 백인을 차별하든 흑인을 차별하든 상관없이 인종차별은 엄격한 비례심사를 적용하고 있으나 우리나라는 여성을 차별할 때는 엄격한 비례성 심사를 하지만 남성을 차별할 경우에는 완화된 심사를 하고 있다(헌재 2010.11.25, 2006헌마328).

28 국가유공자의 가족에 대한 가산점제도는 헌법적 명령이어서 완화된 심사가 적용되어 합헌으로 보아야 한다. ( )

해설
[×] 헌법 제32조 제6항의 폭넓은 해석은 필연적으로 일반 응시자의 공무담임의 기회를 제약하게 되는 결과가 될 수 있으므로 위 조항은 엄격하게 해석할 필요가 있다. … 명시적인 헌법적 근거 없이 국가유공자의 가족들에게 만점의 10%라는 높은 가산점을 부여하고 있는 바, 그러한 가산점 부여 대상자의 광범위성과 가산점 10%의 심각한 영향력과 차별효과를 고려할 때, 그러한 입법정책만으로 헌법상의 공정경쟁의 원리와 기회균등의 원칙을 훼손하는 것은 부적절하며, 국가유공자의 가족의 공직 취업기회를 위하여 매년 많은 일반 응시자들에게 불합격이라는 심각한 불이익을 입게 하는 것은 정당화될 수 없다. 이 사건 조항의 차별로 인한 불평등 효과는 입법목적과 그 달성수단간의 비례성을 현저히 초과하는 것이므로, 이 사건 조항은 청구인들과 같은 일반 공직시험 응시자들의 평등권을 침해한다(헌재 2006.2.23, 2004헌마675·981·1022 병합).

29 국가유공자가 국가기관이 실시하는 채용시험에 응시하는 경우 10%의 가산점을 주도록 하는 것은 평등권을 침해하지 않는다. ( )

> 해설
>
> [O] 가족의 경우에는 최근 판례가 변경되어 위헌으로 보고 있지만, 국가유공자 본인의 경우에는 여전히 합헌으로 보아야 한다(헌재 2001.2.22, 2000헌마25).

30 국가유공자에 대한 가산점제도의 평등위반 여부에 대한 심사기준은 엄격한 심사척도가 적용되어야 한다. ( )

> 해설
>
> [X] 국가유공자에 대한 가산점제도의 평등위반 여부에 대한 심사기준은 완화된 심사척도가 적용되어야 한다(헌재 2001.2.22, 2000헌마25).

31 대한민국 국민인 남자에 한하여 병역의무를 부과한 것이 평등권을 침해하는지 여부는 완화된 심사기준에 의하여 심사해야 한다. ( )

> 해설
>
> [O] 임신, 출산 등으로 인한 신체적 특성상 병력자원으로 투입하기에 부담이 큰 점 등에 비추어 남자만을 징병검사의 대상이 되는 병역의무자로 정한 것이 현저히 자의적인 차별취급이라 보기 어렵다(헌재 2010.11.25, 2006헌마328).

32 변호사, 세무사 등의 보수는 자율화하면서 공인중개업자에게는 법정수수료제도를 두는 것은 평등권을 침해하지 않는다. ( )

> 해설
>
> [O] 변호사 등의 업무와 부동산중개업무는 직역 및 처리업무의 성격에 있어서 판이하고, 그 수수료 내지 보수가 국민경제에 미치는 영향도 큰 차이가 있다. 뿐만 아니라 입법자는 합리적인 기준에 따라 능력이 허용하는 범위 내에서 법적 가치의 상향적인 구현을 위한 제도의 단계적 개선을 추진할 수 있는 길을 선택할 수 있는 것이므로 입법자가 전문직종의 보수자율화 시책에서 부동산중개업무를 제외함으로써 변호사 등의 경우와 달리 공인중개사의 경우, 법정수수료 제도를 존속시키고 있는 것 자체가 평등의 원칙에 반하지 않는 한, 법정수수료 제도의 실효성을 확보하기 위하여, 법정수수료를 초과하여 금품을 받은 자에게 행정상의 제재를 가하거나 형사처벌을 한다고 하여 변호사 등에 비하여 자의적인 차별을 가하는 것이라 할 수 없다(헌재 2002.6.27, 2000헌마642).

33 대학교원을 제외하고 교육공무원의 정년을 65세에서 62세로 단축한 교육공무원법 제47조 제1항은 합리적 근거에 기초한 것이므로, 초·중등교원의 평등권이 침해된다고 할 수 없다. ( )

> 해설
>
> [O] 교육공무원의 정년을 65세에서 62세로 단축하는 내용으로 개정된 교육공무원법 제47조 제1항은 젊고 활기찬 교육 분위기를 조성하여 교육력을 강화하며, 인건비 절감으로 교육여건을 개선한다는 데 있고, 이는 궁극적으로 공교육의 내실을 기하고 국민의 교육을 받을 권리를 실질적으로 보장한다는 의미를 지닌 것이고 … 일정기간의 유예기간을 두고 있으므로 신뢰보호원칙에 위배되지 않는다(헌재 2000.12.14, 99헌마112 등).

34 연합뉴스사를 국가기간뉴스통신사로 지정하고 이에 대하여 재정지원 등 여러 가지 혜택을 부여하는 것은 평등원칙에 위배되지 않는다. ( )

> 해설
>
> [O] 국가기간뉴스통신사로서 연합뉴스사의 인적·물적 기반 강화와 국제뉴스 정보시장에서의 경쟁력의 향상이라는 공익실현의 효과는 매우 크다고 할 것으로 심판대상조항은 과잉금지원칙에 위배된다고 할 수 없다(헌재 2005.6.30, 2003헌마841).

35 존·비속관계에 의한 가중처벌을 규정한 형법 제259조 제2항은 그 차별적 취급에 합리적 근거가 있어 평등원칙에 반하지 않는다. ( )

해설

[O] 이 사건 법률조항은 법에 의한 도덕의 강제가 아니라 패륜으로 인한 책임의 가중을 근거로 형을 가중하는 데 지나지 않는 것이다. … 그렇다면 이 사건 법률조항은 헌법상 평등의 원칙에 반한다고 할 수 없다(헌재 2002.3.28, 2000헌바53).

36 훈장 등의 영전은 이를 받은 자에게만 효력이 있고, 어떠한 특권도 이에 따르지 아니한다. ( )

해설

[O] 훈장 등의 영전은 이를 받은 자에게만 효력이 있고, 어떠한 특권도 이에 따르지 아니한다(헌법 제11조 제3항).

37 공직자윤리법 시행령에 경찰공무원 중 경사 이상의 계급에 해당하는 자를 재산등록의무자로 규정한 것은 평등권을 침해한다. ( )

해설

[×] 이 사건 시행령 조항은 경찰공무원에게 재산등록 의무를 부과함으로써 경찰공무원의 청렴성을 확보하고자 하는 것이므로 그 목적의 정당성과 수단의 적정성이 인정된다(헌재 2010.10.28, 2009헌마544).

38 국가를 상대로 하는 재산권 청구의 경우에는 가집행선고를 할 수 없도록 한 것은 위헌이다. ( )

해설

[O] 소송촉진 등에 관한 특례법 제6조 제1항 중 단서 부분은 재산권과 신속한 재판을 받을 권리의 보장에 있어서 합리적 이유 없이 소송당사자를 차별하여 국가를 우대하고 있는 것이므로 평등원칙에 위반된다(헌재 1989.1.25, 88헌가7).

기출문제

제1절 행복추구권

01 행복추구권에 관한 설명 중 가장 **틀린** 것은? 07. 법원직 9급

① 1980년 우리 헌법에 최초로 규정되었다.
② 헌법재판소는 독자적인 기본권으로 인정하고 있다.
③ 법률에 의한 제한은 불가능하다.
④ 헌법재판소는 결혼식 하객에게 음식물 접대를 금지하는 것은 행복추구권의 침해라고 하였다.

해설
③ [×] 우리 헌법에서는 규정상 제한이 불가능한 절대적 기본권은 존재하지 않는다. 따라서 행복추구권도 법률로 제한이 가능하다. 다만, 학설로는 절대적 기본권에 대해 논란이 있다.
① [O] 행복추구권은 1980년 제5공화국 헌법에 최초로 규정되었다.
② [O] 헌법 제10조의 행복추구권은 국민이 행복을 추구하기 위하여 필요한 급부를 국가에게 적극적으로 요구할 수 있는 것을 내용으로 하는 것이 아니라, 국민이 행복을 추구하기 위한 활동을 국가권력의 간섭 없이 자유롭게 할 수 있다는 포괄적인 의미의 자유권으로서의 성격을 가지므로 국민에 대한 일정한 보상금의 수급기준을 정하고 있는 이 사건 규정이 행복추구권을 침해한다고 할 수 없다(헌재 1995.7.21, 93헌가14).
④ [O] 이 사건 규정은 결국 죄형법정주의 명확성원칙을 위배하여 청구인의 행복추구권으로부터 도출되는 일반적 행동자유권을 침해하였다(헌재 1998.10.15, 98헌마168).

02 인격권 등과 관련된 헌법재판소의 판례와 일치하지 **않는** 것은? 12. 법원직 9급 변형

① 교정시설에 수용할 때마다 알몸 상태의 수용자를 전자영상 검사기로 수용자의 항문 부위를 관찰하는 신체검사는 과잉금지원칙에 위배되어 인격권을 침해한다.
② 민사법정에 출석하는 수형자에게 운동화 착용을 불허하고 고무신을 신게 하였더라도 신발의 종류를 제한한 것에 불과하여 법익침해의 최소성 및 균형성을 충족한다.
③ 일제강점하 반민족행위 진상규명에 관한 특별법 제2조 제9호에서 조선총독부 중추원 참의활동을 친일반민족행위의 하나로 규정한 것은 과잉금지원칙에 위배되지 않는다.
④ 사법경찰관이 보도자료 배포 직후 기자들의 취재 요청에 응하여 피의자가 경찰서 조사실에서 양손에 수갑을 찬 채 조사받는 모습을 촬영할 수 있도록 허용한 행위는 피의자의 인격권을 침해한다.

해설
① [×] 교정시설에 수용자를 수용할 때마다 알몸 상태의 수용자를 전자영상 검사기로 수용자의 항문 부위를 관찰하는 신체검사는 교정시설의 안전과 질서유지를 위하여 필요한 최소한도의 검사로서 과잉금지의 원칙에 위배되지 않는다(헌재 2011.5.26, 2010헌마775).
② [O] 민사법정에 출석하는 수형자에게 운동화 착용을 불허하고 고무신을 신게 한 이 사건 운동화착용불허행위는 시설 바깥으로의 외출이라는 기회를 이용한 도주를 예방하기 위한 것으로서 그 목적이 정당하고, 위와 같은 목적을 달성하기 위한 적합한 수단이라 할 것이다. 또한 신발의 종류를 제한하는 것에 불과하여 법익침해의 최소성과 균형성도 갖추었다 할 것이므로, 이 사건 운동화착용불허행위가 기본권 제한에 있어서의 과잉금지원칙에 반하여 청구인의 인격권과 행복추구권을 침해하였다고 볼 수 없다(헌재 2011.2.24, 2009헌마209).
③ [O] 친일반민족행위의 진상을 규명하여 정의로운 사회가 실현될 수 있도록 공동체의 윤리를 정립하고자 하는 공익의 중대성은 막대한 반면, 이 사건 법률조항으로 인해 제한되는 조사대상자 등의 인격권은 친일반민족행위에 관한 조사보고서와 사료가 공개됨으로 인한 것에 불과하므로, 법익 균형성의 원칙에도 반하지 않는다(헌재 2010.10.28, 2007헌가23).
④ [O] 사법경찰관이 보도자료 배포 직후 기자들의 취재 요청에 응하여 피의자가 경찰서 조사실에서 양손에 수갑을 찬 채 조사받는 모습을 촬영할 수 있도록 허용한 행위는 과잉금지원칙에 위반되어 청구인의 인격권을 침해하였다(헌재 2014.3.27, 2012헌마652).

정답 | 01 ③ 02 ①

03 헌법상 일반적 인격권에 대한 설명으로 가장 적절하지 않은 것은? (다툼이 있는 경우 헌법재판소 판례에 의함)

19. 경찰승진 변형

① 변호사에 대한 징계결정정보를 인터넷 홈페이지에 공개하도록 한 변호사법 조항과 징계결정정보의 공개범위와 시행방법을 정한 변호사법 시행령 조항은 청구인의 인격권을 침해하지 않는다.
② 성명은 개인의 정체성과 개별성을 나타내는 인격의 상징으로서 개인이 사회 속에서 자신의 생활영역을 형성하고 발현하는 기초가 되는 것이라 할 것이므로 자유로운 성의 사용 역시 헌법상 인격권으로부터 보호된다고 할 수 있다.
③ 이미 출국 수속 과정에서 일반적인 보안검색을 마친 승객을 상대로, 촉수검색(patdown)과 같은 추가적인 보안 검색 실시를 예정하고 있는 국가항공보안계획은 과잉금지원칙에 위반되지 않아 청구인의 인격권을 침해하지 않는다.
④ 상체승의 포승과 수갑을 채우고 별도의 포승으로 다른 수용자와 연승한 행위는 과잉금지원칙에 반하여 청구인의 인격권을 침해한다.

해설

④ [×] 이 사건에서 보호장비가 사용된 시간과 일반에 공개된 시간이 최소한도로 제한되었으며, 최근 그 동선이 일반에의 공개를 최소화하는 구조로 설계되는 추세에 있다. 교정사고의 예방 등을 통한 공익이 수형자가 입게 되는 자유 제한보다 훨씬 크므로, 이 사건 호송행위는 청구인의 인격권 내지 신체의 자유를 침해하지 아니한다(헌재 2014.5.29, 2013헌마280).
① [O] 변호사에 대한 징계결정정보를 인터넷 홈페이지에 공개하도록 한 변호사법 조항과 징계결정정보의 공개범위와 시행방법을 정한 변호사법 시행령 조항은 청구인의 인격권을 침해하지 않는다(헌재 2018.7.26, 2016헌마1029).
② [O] 성명은 개인의 정체성과 개별성을 나타내는 인격의 상징으로서 개인이 사회 속에서 자신의 생활영역을 형성하고 발현하는 기초가 되는 것이라 할 것이므로 자유로운 성의 사용 역시 헌법상 인격권으로부터 보호된다고 할 수 있다(헌재 2005.12.22, 2003헌가5).
③ [O] 이미 출국 수속 과정에서 일반적인 보안검색을 마친 승객을 상대로, 촉수검색(patdown)과 같은 추가적인 보안 검색 실시를 예정하고 있는 국가항공보안계획은 과잉금지원칙에 위반되지 않아 청구인의 인격권을 침해하지 않는다(헌재 2018.2.22, 2016헌마780).

04 인간의 존엄과 가치에 대한 헌법재판소의 결정으로 옳지 않은 것은?

15. 국회직 9급 변형

① 흡연자들이 자유롭게 흡연할 권리인 흡연권은 인간의 존엄과 행복추구권을 규정한 헌법 제10조와 사생활의 자유를 규정한 헌법 제17조에 의하여 뒷받침된다.
② 주방용오물분쇄기의 사용을 금지하는 환경부고시는 공공수역의 수질오염을 방지함으로써 달성되는 공익이 인정되어, 분쇄기를 이용하여 음식물 찌꺼기 등을 처리할 수 없으므로 행복추구권으로부터 도출되는 일반적 행동자유권을 침해하지 않는다.
③ 경찰서 유치장에 수용되는 과정에서 속옷을 내리게 하는 방법으로 한 신체수색행위는 헌법 제10조의 인간의 존엄과 가치로부터 유래하는 인격권 및 헌법 제12조의 신체의 자유를 침해하는 것이다.
④ 교통경찰관이 전(全) 차로를 가로막고 모든 운전자를 대상으로 무차별적으로 음주단속을 하는 것은 개인의 인간다운 생활을 할 권리 등의 기본권을 침해하는 것이다.

해설

④ [×] 도로를 차단하고서 불특정 다수인을 상대로 무차별적으로 음주단속을 하는 것이 그 자체로 위헌이라고 주장하고 있을 뿐, 이 사건 심판대상 행위와 관련하여 구체적 단속방법이나 과정에 과잉조치가 있었음을 전혀 다투고 있지 않다. 그렇다면 위 범위 내에서는 심판대상행위로 인한 청구인의 기본권 침해는 인정될 수 없다 할 것이다(헌재 2004.1.29, 2002헌마293).

① [O] 흡연자들이 자유롭게 흡연할 권리를 흡연권이라고 한다면, 이러한 흡연권은 인간의 존엄과 행복추구권을 규정한 헌법 제10조와 사생활의 자유를 규정한 헌법 제17조에 의하여 뒷받침된다(헌재 2004.8.26, 2003헌마457).

② [O] 음식물 찌꺼기 등이 하수도로 바로 배출되더라도 이를 적절히 처리할 수 있는 하수도 시설을 갖추는 등 주방용오물분쇄기의 판매와 사용을 허용할 수 있는 사회적 기반시설이 갖추어져 있다고 보기 어렵기 때문에 이는 청구인들의 일반적 행동자유권, 직업의 자유를 침해하지 않는다(헌재 2018.6.28, 2016헌마1151).

③ [O] 청구인들을 성남 남부경찰서 유치장에 수용하는 과정에서 청구인들로 하여금 경찰관에게 등을 보인 채 상의를 속옷과 함께 겨드랑이까지 올리고 하의를 속옷과 함께 무릎까지 내린 상태에서 3회에 걸쳐 앉았다 일어서게 하는 방법으로 실시한 신체수색은 헌법 제10조 및 제12조에 의하여 보장되는 청구인들의 인격권 및 신체의 자유를 침해한 것이므로 위헌임을 확인한다(헌재 2002.7.18, 2000헌마327).

05 인간의 존엄과 가치 및 행복추구권에 관한 설명 중 가장 적절하지 <u>않은</u> 것은? (다툼이 있는 경우 판례에 의함)

22. 경찰승진 변형

① 헌법 제10조로부터 도출되는 일반적 인격권에는 개인의 명예에 관한 권리도 당연히 포함되며, '명예'에는 사람이나 그 인격에 대한 '사회적 평가', 즉 객관적·외부적 가치평가뿐만 아니라 주관적·내면적인 명예감정도 포함된다.

② 헌법 제10조의 행복추구권은 국민이 행복을 추구하기 위하여 필요한 급부를 국가에게 적극적으로 요구할 수 있는 것을 내용으로 하는 것이 아니라, 국민이 행복을 추구하기 위한 활동을 국가권력의 간섭 없이 자유롭게 할 수 있다는 포괄적인 의미의 자유권으로서의 성격을 가진다.

③ 인수자가 없는 시체를 생전의 본인의 의사와는 무관하게 해부용 시체로 제공될 수 있도록 규정한 시체 해부 및 보존에 관한 법률의 조항은 시체의 처분에 대한 자기결정권을 침해한다.

④ 헌법 제10조는 개인의 인격권과 행복추구권을 보장하고 있고, 인격권과 행복추구권은 개인의 자기운명결정권을 전제로 하며, 이 자기운명결정권에는 성행위 여부와 그 상대방을 결정할 수 있는 성적 자기결정권이 포함되어 있다.

해설

① [×] 헌법 제10조로부터 도출되는 일반적 인격권에는 개인의 명예에 관한 권리도 포함될 수 있으나, '명예'는 사람이나 그 인격에 대한 '사회적 평가', 즉 객관적·외부적 가치평가를 말하는 것이지 단순히 주관적·내면적인 명예감정은 포함되지 않는다(헌재 2005.10.27, 2002헌마425).

② [O] 헌법 제10조의 행복추구권은 국민이 행복을 추구하기 위하여 필요한 급부를 국가에게 적극적으로 요구할 수 있는 것을 내용으로 하는 것이 아니라, 국민이 행복을 추구하기 위한 활동을 국가권력의 간섭 없이 자유롭게 할 수 있다는 포괄적(包括的)인 의미의 자유권으로서의 성격을 가지므로 국민에 대한 일정한 보상금의 수급기준을 정하고 있는 이 사건 규정이 행복추구권을 침해한다고 할 수 없다(헌재 1995.7.21, 93헌가14).

③ [O] 이 사건 법률조항은 청구인의 시체 처분에 대한 자기결정권을 침해한다(헌재 2015.11.26, 2012헌마940).

④ [O] 헌법 제10조는 "모든 국민은 인간으로서의 존엄과 가치를 가지며, 행복을 추구할 권리를 가진다. 국가는 개인이 가지는 불가침의 기본적 인권을 확인하고 이를 보장할 의무를 진다."라고 규정하여 모든 기본권을 보장의 종국적 목적(기본이념)이라 할 수 있는 인간의 본질이며 고유한 가치인 개인의 인격권과 행복추구권을 보장하고 있다. 그리고 개인의 인격권·행복추구권에는 개인의 자기운명결정권이 전제되는 것이고, 이 자기운명결정권에는 성행위 여부 및 그 상대방을 결정할 수 있는 성적 자기결정권이 또한 포함되어 있다(헌재 1990.9.10, 89헌마82).

정답 | 03 ④ 04 ④ 05 ①

06 헌법 제10조에 대한 설명으로 옳지 않은 것은? (다툼이 있는 경우 헌법재판소 판례에 의함)
18. 입법고시 변형

① 세월호피해지원에 관한 배상금을 수령하는 경우, 세월호 참사에 관하여 어떤 방법으로도 일체의 이의를 제기하지 않을 것을 서약하도록 하는 것은 일반적 행동의 자유를 침해한다.
② 서울광장으로의 통행제지행위는 일체의 집회를 금지하고 일반시민들의 통행조차 금지하는 것으로서 시민들의 일반적 행동자유권을 침해한다.
③ '카메라나 그 밖에 이와 유사한 기능을 갖춘 기계장치를 이용하여 성적 욕망 또는 수치심을 유발할 수 있는 다른 사람의 신체를 그 의사에 반하여 촬영한 자'를 처벌하는 것은 '자신의 신체를 함부로 촬영당하지 않을 자유' 등 인격권 보호를 목적으로 '몰래카메라'의 폐해를 방지하기 위한 것으로서, 일반적 행동자유권은 침해하지 않는다.
④ 사람은 자신의 의사에 반하여 신체적 특징에 관하여 함부로 촬영당하지 아니할 권리를 가지고 있지만, 범죄를 저지른 자에 대한 부분을 국민에게 널리 알릴 공공성이 있어, 기자들에게 경찰서 내에서 수갑을 차고 조사받는 모습을 촬영하도록 한 것은 피의자의 인격권을 침해하지 않는다.

해설
④ [×] 청구인은 기자들에게 청구인이 경찰서 내에서 수갑을 차고 얼굴을 드러낸 상태에서 조사받는 모습을 촬영할 수 있도록 허용한 것인바, 신원공개가 허용되는 예외사유가 없는 청구인에 대한 이러한 수사 장면의 공개 및 촬영은 이를 정당화할 만한 어떠한 공익 목적도 인정하기 어려우므로 촬영허용행위는 목적의 정당성 자체가 인정되지 아니한다. 피청구인이 언론사 기자들의 취재 요청에 응하여 청구인이 경찰서 내에서 양손에 수갑을 찬 채 조사받는 모습을 촬영할 수 있도록 허용한 행위는 청구인의 인격권을 침해하여 위헌임을 확인한다(헌재 2014.3.27, 2012헌마652).
① [○] 세월호피해지원법은 배상금 등의 지급 이후 효과나 의무에 관한 일반규정을 두거나 이에 관하여 범위를 정하여 하위 법규에 위임한 바가 없다. 이의제기금지조항은 기본권 제한의 법률유보원칙에 위반하여 법률의 근거 없이 대통령령으로 청구인들에게 세월호 참사와 관련된 일체의 이의제기 금지의무를 부담시킴으로써 일반적 행동의 자유를 침해한 것이다(헌재 2017.6.29, 2015헌마654).
② [○] 대규모의 불법·폭력 집회나 시위를 막아 시민들의 생명·신체와 재산을 보호한다는 공익은 중요한 것이지만, 당시의 상황에 비추어 볼 때 이러한 공익의 존재 여부나 그 실현 효과는 다소 가상적이고 추상적인 것이라고 볼 여지도 있고, 비교적 덜 제한적인 수단에 의하여도 상당 부분 달성될 수 있었던 것으로 보여 일반 시민들이 입은 실질적이고 현존하는 불이익에 비하여 결코 크다고 단정하기 어려우므로 법익의 균형성 요건도 충족하였다고 할 수 없다. 따라서 이 사건 통행제지행위는 과잉금지원칙을 위반하여 청구인들의 일반적 행동자유권을 침해한 것이다(헌재 2011.6.30, 2009헌마406).
③ [○] 심판대상조항으로 행위자는 구성요건의 엄격한 해석하에 일반적 행동자유권을 제한받는 데 반하여, 이를 통해 피해자 개인의 '함부로 촬영당하지 않을 자유'를 보호하고 사회일반의 건전한 성적 풍속 및 성도덕을 보호하며 공공의 혐오감과 불쾌감을 방지할 수 있으므로, 결국 보호하여야 할 공익이 더욱 크다고 할 수 있다. 따라서 심판대상조항이 과잉금지원칙에 위배되어 청구인의 일반적 행동자유권을 침해한다고 볼 수 없다(헌재 2017.6.29, 2015헌바243).

07 인간의 존엄과 가치 및 행복추구권에 대한 설명으로 옳지 않은 것은? (다툼이 있는 경우 판례에 의함)
19. 지방직 7급 변형

① 교정시설의 1인당 수용면적이 수형자의 인간으로서의 기본 욕구에 따른 생활조차 어렵게 할 만큼 지나치게 협소하다면, 이는 그 자체로 국가형벌권 행사의 한계를 넘어 수형자의 인간의 존엄과 가치를 침해하는 것이다.
② 행복추구권은 포괄적인 의미의 자유권으로서의 성격을 가지므로, 국민이 행복을 추구하기 위하여 필요한 급부를 국가에게 적극적으로 요구할 수 있는 것을 내용으로 하지 않는다.
③ 부모가 자녀의 이름을 지어주는 것은 자녀의 양육과 가족생활을 위하여 필수적인 것이고, 가족생활의 핵심적 요소라 할 수 있으므로, '부모가 자녀의 이름을 지을 자유'는 혼인과 가족생활을 보장하는 헌법 제36조 제1항과 행복추구권을 보장하는 헌법 제10조에 의하여 보호받는다.
④ 법무부훈령인 법무시설 기준규칙은 수용동의 조도 기준을 취침 전 200룩스 이상, 취침 후 60룩스 이하로 규정하고 있는데, 수용자의 도주나 자해 등을 막기 위해서 취침시간에도 최소한의 조명을 유지하는 것은 수용자의 숙면방해로 인하여 인간의 존엄과 가치를 침해한다.

해설

④ [×] 교정시설의 안전과 질서유지를 위해서는 수용거실 안에 일정한 수준의 조명을 유지할 필요가 있다. 수용자의 도주나 자해 등을 막기 위해서는 취침시간에도 최소한의 조명은 유지할 수밖에 없다(헌재 2018.8.30, 2017헌마440).
① [○] 교정시설의 1인당 수용면적이 수형자의 인간으로서 기본욕구에 따른 생활조차 어렵게 할 만큼 지나치게 협소하다면 이는 그 자체로 국가형벌권 행사의 한계를 넘어 수형자의 인간의 존엄과 가치를 침해하는 것이다(헌재 2016.12.29, 2013헌마142).
② [○] 헌법 제10조의 행복추구권은 국민이 행복을 추구하기 위하여 필요한 급부를 국가에게 적극적으로 요구할 수 있는 것을 내용으로 하는 것이 아니라, 국민이 행복을 추구하기 위한 활동을 국가권력의 간섭 없이 자유롭게 할 수 있다는 포괄적인 의미의 자유권으로서의 성격을 가지므로 국민에 대한 일정한 보상금의 수급기준을 정하고 있는 이 사건 규정이 행복추구권을 침해한다고 할 수 없다(헌재 1995.7.21, 93헌가14).
③ [○] 부모가 자녀의 이름을 지어주는 것은 자녀의 양육과 가족생활을 위하여 필수적인 것이고, 가족생활의 핵심적 요소라 할 수 있으므로, '부모가 자녀의 이름을 지을 자유'는 혼인과 가족생활을 보장하는 헌법 제36조 제1항과 행복추구권을 보장하는 헌법 제10조에 의하여 보호받는다(헌재 2016.7.28, 2015헌마964).

08 인간의 존엄과 가치에 관한 설명 중 가장 적절하지 않은 것은? (다툼이 있는 경우 판례에 의함)

22. 경찰순경 변형

① 장래 가족의 구성원이 될 태아의 성별 정보에 대한 접근을 국가로부터 방해받지 않을 부모의 권리는 행복추구권과 알 권리에서 보호된다.
② 수용자를 교정시설에 수용할 때마다 전자영상 검사기를 이용하여 수용자의 항문 부위에 대한 신체검사를 하는 것이 수용자의 인격권을 침해하는 것은 아니다.
③ 일반적 행동자유권의 보호영역에는 개인의 생활방식과 취미에 관한 사항도 포함된다.
④ 선거기사심의위원회가 불공정한 선거기사를 보도하였다고 인정한 언론사에 대하여 언론중재위원회를 통하여 사과문을 게재할 것을 명하도록 하는 공직선거법 조항 중 '사과문 게재' 부분과, 해당 언론사가 사과문 게재 명령을 지체 없이 이행하지 않을 경우 형사처벌하는 구 공직선거법 규정 중 해당 부분은 언론사의 인격권을 침해한다.

해설

① [×] 헌법 제10조로부터 도출되는 일반적 인격권에는 각 개인이 그 삶을 사적으로 형성할 수 있는 자율영역에 대한 보장이 포함되어 있음을 감안할 때, 장래 가족의 구성원이 될 태아의 성별 정보에 대한 접근을 국가로부터 방해받지 않을 부모의 권리는 이와 같은 일반적 인격권에 의하여 보호된다고 보아야 할 것인바, 이 사건 규정은 일반적 인격권으로부터 나오는 부모의 태아 성별 정보에 대한 접근을 방해받지 않을 권리를 제한하고 있다고 할 것이다(헌재 2008.7.31, 2004헌마1010 등).
▶ 행복추구권과 알 권리는 이 사안에서 관련 기본권이 아니다.
② [○] 이 사건 신체검사로 인하여 수용자가 느끼는 모욕감이나 수치심이 결코 작다고 할 수는 없지만, 흉기 기타 위험물이나 금지물품을 교정시설 내로 반입하는 것을 차단함으로써 수용자 및 교정시설 종사자들의 생명·신체의 안전과 교정시설 내의 질서를 유지한다는 공적인 이익이 훨씬 크다 할 것이므로, 법익의 균형성 요건 또한 충족된다. 이 사건 신체검사는 필요한 최소한도를 벗어나 과잉금지원칙에 위배되어 청구인의 인격권 내지 신체의 자유를 침해한다고 볼 수 없다(헌재 2011.5.26, 2010헌마775).
③ [○] 일반적 행동자유권은 모든 행위를 할 자유와 행위를 하지 않을 자유로 가치있는 행동만 그 보호영역으로 하는 것은 아닌 것으로, 그 보호영역에는 개인의 생활방식과 취미에 관한 사항도 포함되며, 여기에는 위험한 스포츠를 즐길 권리와 같은 위험한 생활방식으로 살아갈 권리도 포함된다(헌재 2003.10.30, 2002헌마518).
④ [○] 이 사건 법률조항들이 추구하는 목적, 즉 선거기사를 보도하는 언론사의 공적인 책임의식을 높임으로써 민주적이고 공정한 여론형성 등에 이바지한다는 공익이 중요하다는 점에는 이론의 여지가 없으나, 언론에 대한 신뢰가 무엇보다 중요한 언론사에 대하여 그 사회적 신용이나 명예를 저하시키고 인격의 자유로운 발현을 저해함에 따라 발생하는 인격권 침해의 정도는 이 사건 법률조항들이 달성하려는 공익에 비해 결코 작다고 할 수 없다. 결국 이 사건 법률조항들은 언론사의 인격권을 침해하여 헌법에 위반된다(헌재 2015.7.30, 2013헌가8).

정답 | 06 ④ 07 ④ 08 ①

09 일반적 행동자유권에 관한 설명으로 가장 적절하지 않은 것은? (다툼이 있는 경우 헌법재판소 판례에 의함)

24. 경찰순경 2차

① 일반적 행동자유권의 보호영역에는 가치 있는 행동만 포함된다.
② 일반적 행동자유권에는 적극적으로 자유롭게 행동을 하는 것은 물론 소극적으로 행동을 하지 않을 자유, 즉 부작위의 자유도 포함된다.
③ 무상 또는 일회적·일시적으로 가르치는 행위는 일반적 행동자유권에 속한다.
④ 행복추구권에는 일반적 행동자유권과 개성의 자유로운 발현권이 함축되어 있다.

해설

① [×] 일반적 행동자유권은 가치 있는 행동만 그 보호영역으로 하는 것은 아니다. 그 보호영역에는 개인의 생활방식과 취미에 관한 사항도 포함되며, 여기에는 위험한 스포츠를 즐길 권리와 같은 위험한 생활방식으로 살아갈 권리도 포함된다(헌재 2016.2.25, 2015헌가11). ▶ 전형적인 변형출제 문제이다.

② [O] 일반적 행동자유권에는 적극적으로 자유롭게 행동을 하는 것은 물론 소극적으로 행동을 하지 않을 자유, 즉 부작위의 자유도 포함된다(헌재 2021.8.31, 2020헌마12 등).

③ [O] 직업의 자유에 의하여 헌법상 보호되는 생활영역인 '직업'은 그 개념상 '어느 정도 지속적인 소득활동'을 그 요건으로 하므로, 무상 또는 일회적·일시적으로 가르치는 행위는 헌법 제15조의 직업의 자유에 의하여 보호되는 생활영역이 아니다. 이러한 성격과 형태의 가르치는 행위는 일반적 행동의 자유에 속하는 것으로서 헌법 제10조의 행복추구권에 의하여 보호된다(헌재 2000.4.27, 98헌가16 등).

④ [O] 헌법 제10조 전문은 "모든 국민은 인간으로서의 존엄과 가치를 가지며, 행복을 추구할 권리를 가진다."라고 규정하고 있다. 여기의 행복추구권 속에 함축된 일반적인 행동자유권과 개성의 자유로운 발현권은 국가안전보장, 질서유지 또는 공공복리에 반하지 않는 한 입법 기타 국정상 최대의 존중을 필요로 하는 것이라고 볼 것이다(헌재 1991.6.3, 89헌마204).

제2절 평등권

01 다음 중 헌법에서 직접 규정하고 있는 평등권의 제한이 아닌 것은? 04. 국회직 8급

① 현역 군인의 국무위원 임명 제한
② 국회의원의 면책특권
③ 군인에 대한 군사재판
④ 경찰공무원에 대한 국가배상청구권의 제한
⑤ 공무원의 정당가입 금지

해설

⑤ [×] 공직선거법 제9조 제1항

> **공직선거법 제9조 【공무원의 중립의무 등】** ① 공무원 기타 정치적 중립을 지켜야 하는 자는 선거에 대한 부당한 영향력의 행사 기타 선거결과에 영향을 미치는 행위를 하여서는 아니 된다.

① [○] 헌법 제87조 제4항

> **헌법 제87조** ④ 군인은 현역을 면한 후가 아니면 국무위원으로 임명될 수 없다.

② [○] 헌법 제45조

> **헌법 제45조** 국회의원은 국회에서 직무상 행한 발언과 표결에 관하여 국회 외에서 책임을 지지 아니한다.

③ [○] 헌법 제110조 제1항

> **헌법 제110조** ① 군사재판을 관할하기 위하여 특별법원으로서 군사법원을 둘 수 있다.

④ [○] 헌법 제29조 제2항

> **헌법 제29조** ② 군인·군무원·경찰공무원 기타 법률이 정하는 자가 전투·훈련 등 직무집행과 관련하여 받은 손해에 대하여는 법률이 정하는 보상 외에 국가 또는 공공단체에 공무원의 직무상 불법행위로 인한 배상은 청구할 수 없다.

02 다음 중 평등권에 대한 설명으로서 가장 옳지 않은 것은? (판례에 의함) 05. 법원직 9급 변형

① 사회적 특수계급의 제도는 인정되지 아니하며, 어떠한 형태로도 이를 창설할 수 없다.
② 국가를 상대로 하는 당사자소송의 경우에는 가집행선고를 할 수 없다고 규정한 행정소송법 제43조는 공법상 법률관계를 전제로 한다는 점에서 일반 사법상 법률관계와 달리 취급할 합리적 이유가 있으므로 평등원칙에 위배되지 아니한다.
③ 존·비속관계에 의한 가중처벌을 규정한 형법 제259조 제2항은 그 차별적 취급에 합리적 근거가 있어 평등원칙에 반하지 않는다.
④ 조세를 비롯한 공과금 부과에서의 평등원칙은, 공과금 납부 의무자가 법률에 의하여 법적인 평등 부담뿐만 아니라 사실적으로도 평등하게 부담을 받을 것을 요청한다.

정답 | 09 ① / 01 ⑤

해설

② [×] 가집행의 선고는 불필요한 상소권의 남용을 억제하고 신속한 권리실행을 하게 함으로써 국민의 재산권과 신속한 재판을 받을 권리를 보장하기 위한 제도이다. 보상금증액 청구라는 동일한 성격의 공법상 금전지급 청구소송임에도 피고가 누구인지에 따라 가집행 선고를 할 수 있는지 여부가 달라진다면 상대방 소송당사자인 원고로 하여금 불합리한 차별을 받도록 하는 결과가 된다. 따라서 평등의 원칙에 반한다(헌재 2022.2.24, 2020헌가12).

① [○] 사회적 특수계급의 제도는 인정되지 아니하며, 어떠한 형태로도 이를 창설할 수 없다(헌법 제11조 제2항).

③ [○] 이 사건 법률조항은 법에 의한 도덕의 강제가 아니라 패륜으로 인한 책임의 가중을 근거로 형을 가중하는 데 지나지 않는 것이다. 그렇다면 이 사건 법률조항은 헌법상 평등의 원칙에 반한다고 할 수 없다(헌재 2002.3.28, 2000헌바53).

④ [○] 조세를 비롯한 공과금의 부과에서의 평등원칙은 공과금 납부의무자가 법률에 의하여 법적 및 사실적으로 평등하게 부담을 받을 것을 요청한다(헌재 2016.12.29, 2015헌바199).

---

03 평등권에 대한 설명으로 옳은 것은? (다툼이 있는 경우 판례에 의함) _22. 5급 공채 변형_

① 헌법이 규정한 평등의 원칙은 국가가 언제 어디에서 어떤 계층을 대상으로 하여 기본권에 관한 상황이나 제도의 개선을 시작할 것인지를 선택하는 것을 방해하지는 않는다.

② 공직자 등을 수범자로 하고 부정청탁 및 금품 등 수수를 금지하는 법률규정은, 민간부문 중에서는 사립학교 관계자와 언론인만 '공직자 등'에 포함시켜 이들에게 공직자와 같은 의무를 부담시키고 있는데, 해당 규정은 자의적 차별규정이라 볼 수 있다.

③ 형벌체계에 있어서 법정형의 균형은 한치의 오차도 없이 반드시 실현되어야 하는 헌법상 절대원칙이므로, 특정한 범죄에 대한 형벌이 그 자체로서의 책임과 형벌의 비례원칙에 위반되지 않더라도 보호법익과 죄질이 유사한 범죄에 대한 형벌과 비교할 때 형벌체계상의 균형을 상실할 우려가 있는 경우에는 평등원칙에 반한다고 할 수 있다.

④ 근로자의 날을 법정유급휴일로 할 것인지에 있어서 공무원과 일반근로자를 다르게 취급할 이유가 없으므로 근로자의 날을 공무원의 법정유급휴일로 정하지 않은 것은 공무원과 일반근로자를 자의적으로 차별하는 것에 해당하여 평등권을 침해한다.

해설

① [○] 헌법 제11조 제1항이 규정하는 평등의 원칙은 국가가 언제 어디에서 어떤 계층을 대상으로 하여 기본권에 관한 상황이나 제도의 개선을 시작할 것인지를 선택하는 것을 방해하지는 아니한다. 그것이 허용되지 아니한다면, 모든 사항과 계층을 대상으로 하여 동시에 제도의 개선을 추진하는 예외적 경우를 제외하고는 어떠한 제도의 개선도 평등의 원칙 때문에 그 시행이 불가능하다는 결과에 이르게 되어 불합리할 뿐 아니라 평등의 원칙이 실현하고자 하는 가치와도 어긋나기 때문이다(헌재 2019.9.26, 2018헌마315).

② [×] 공직자 등을 수범자로 하고 부정청탁 및 금품 등 수수를 금지하는 법률규정은, 민간부문 중에서는 사립학교 관계자와 언론인만 '공직자 등'에 포함시켜 이들에게 공직자와 같은 의무를 부담시키고 있는데, 해당 규정이 사립학교 관계자와 언론인의 일반적 행동자유권 등을 침해하지 않는 이상, 민간부문 중 우선 이들만 '공직자 등'에 포함시킨 입법자의 결단이 자의적 차별이라 보기는 어렵다(헌재 2016.7.28, 2015헌마236).

③ [×] 형벌체계에 있어서 법정형의 균형은 한치의 오차도 없이 반드시 실현되어야 하는 헌법상 절대원칙은 아니다. 법정형의 종류와 범위를 정함에 있어서 당해 범죄의 보호법익과 죄질뿐만 아니라 범죄예방을 위한 형사정책적 사정 등도 모두 고려되어야 하므로, 보호법익과 죄질이 다르면 법정형의 내용이 다를 수 있고, 형사정책적 고려가 다르면 또 그에 따라 법정형의 내용이 달라질 수밖에 없다(헌재 2021.2.25, 2019헌바58).

④ [×] 심판대상조항이 근로자의 날을 공무원의 법정유급휴일에 해당하는 관공서 공휴일로 규정하지 않은 데에는 합리적인 이유가 있다 할 것이므로, 심판대상조항이 청구인들의 평등권을 침해한다고 볼 수 없다(헌재 2015.11.26, 2015헌마756).

04 헌법상 평등권 내지 평등원칙에 대한 설명으로 가장 적절하지 않은 것은? (다툼이 있는 경우 헌법재판소 판례에 의함)

19. 경찰승진

① 평등위반 여부를 심사함에 있어 엄격한 심사척도에 의할 것인지 완화된 심사척도에 의할 것인지는 입법자에게 인정되는 입법형성권의 정도에 따라 달라진다.
② 자의심사의 경우에는 차별을 정당화하는 합리적인 이유가 있는지만을 심사하기 때문에 그에 해당하는 비교대상 간의 사실상의 차이나 입법목적(차별목적)의 발견, 확인에 그친다.
③ 헌법에서 특별히 평등을 요구하고 있는 경우나 차별적 취급으로 인하여 관련 기본권에 중대한 제한을 초래하게 되는 경우에는 완화된 심사척도인 자의금지원칙이 적용된다.
④ 헌법상 평등원칙은 국가가 합리적인 기준에 따라 능력이 허용하는 범위 내에서 법적 가치의 상향적 구현을 위한 제도의 단계적인 개선을 추진할 수 있는 길을 선택할 수 있도록 한다.

해설

③ [×] 헌법재판소는 평등권의 침해 여부를 심사함에 있어, 헌법에서 특별히 평등을 요구하고 있는 경우와 차별적 취급으로 인하여 관련 기본권에 중대한 제한을 초래하게 되는 경우에는 차별취급의 목적과 수단 간에 비례관계가 성립하는지를 검토하는 엄격한 심사척도를 적용하고, 그렇지 않은 경우에는 차별을 정당화하는 합리적인 이유가 있는지, 즉 자의적인 차별이 존재하는지를 검토하는 완화된 심사척도를 적용한다(헌재 2012.8.23, 2010헌마197).
① [O] 평등위반 여부를 심사함에 있어 엄격한 심사척도에 의할 것인지 완화된 심사척도에 의할 것인지는 입법자에게 인정되는 입법형성권의 정도에 따라 달라진다(헌재 1999.12.23, 98헌마363).
② [O] 자의심사의 경우에는 차별을 정당화하는 합리적인 이유가 있는지만을 심사하기 때문에 그에 해당하는 비교대상 간의 사실상의 차이나 입법목적(차별목적)의 발견, 확인에 그친다(헌재 2003.1.30, 2001헌가4).
④ [O] 헌법상 평등원칙은 국가가 합리적인 기준에 따라 능력이 허용하는 범위 내에서 법적 가치의 상향적 구현을 위한 제도의 단계적인 개선을 추진할 수 있는 길을 선택할 수 있도록 한다(헌재 2005.9.29, 2004헌바53).

05 다음 평등권에 관한 설명 중 가장 옳지 않은 것은? (다툼이 있는 경우 판례에 의함)

24. 해양경찰

① 국가라 할지라도 국고작용으로 인한 민사관계에 있어서는 일반인과 같이 원칙적으로 대등하게 다루어져야 하며 국가라고 하여 우대하여야 할 헌법상의 근거가 없다.
② 공익신고자 보호법상 보상금의 의의와 목적을 고려하면 공익신고 유도 필요성에 차이가 있는 내부 공익신고자와 외부 공익신고자를 달리 취급하는 것은 합리성을 인정할 수 있다.
③ 근로자의 날을 법정유급휴일로 할 것인지에 있어서 공무원과 일반근로자를 다르게 취급할 이유가 없으므로 근로자의 날을 공무원의 법정유급휴일로 정하지 않은 것은 공무원과 일반근로자를 자의적으로 차별하는 것에 해당하여 평등권을 침해한다.
④ 초·중등학교 교원에 대하여는 정당가입을 금지하면서 대학교원에게는 허용하는 것은 기초적인 지식전달, 연구기능 등 직무의 본질이 서로 다른 점을 고려한 합리적 차별이므로 평등원칙에 반하지 아니한다.

정답 | 02 ② 03 ① 04 ③

해설

③ [×] 공무원과 일반근로자는 그 직무 성격의 차이로 인하여 근로조건을 정함에 있어서 그 방식이나 내용에 차이가 있다. 따라서 이는 평등권을 침해한다고 볼 수 없다(헌재 2015.5.28, 2013헌마343).
① [○] 헌법전문 및 헌법상의 평등의 원칙과 사유재산권의 보장은 그가 누구냐에 따라 차별대우가 있어서는 아니되고 비록 국가라 할지라도 국고작용으로 인한 민사(民事)관계에 있어서는 일반인과 같이 원칙적으로 대등하게 다루어져야 하며 국가라고 하여 우대하여야 할 헌법상의 근거가 없으며 이는 입법을 함에 있어서도 따라야 할 우리 헌법의 기본원리이다(헌재 1991.5.13, 89헌가97).
② [○] 내부 공익신고자는 조직 내에서 배신자라는 오명을 쓰기 쉬우며, 공익신고로 인하여 신분상·경제상 불이익을 받을 개연성이 높다. 이 때문에 보상금이라는 경제적 지원조치를 통해 내부 공익신고를 적극적으로 유도할 필요성이 인정된다. 반면, '내부 공익신고자가 아닌 공익신고자'(이하 '외부 공익신고자'라 한다)는 내부 공익신고자에 비해 상대적으로 신고의 정확성 및 타당성이 낮을 수밖에 없어 양자의 차별에는 합리적인 이유가 있다(헌재 2021.5.27, 2018헌바127).
④ [○] 현행 교육법령은, 초·중등학교의 교원, 즉 교사는 법령이 정하는 바에 따라 학생을 교육하는 자이고, 반면에 대학의 교원은 학생을 교육·지도하고 학문을 연구하되 학문연구만을 전담할 수 있다고 하여 양자의 직무를 달리 규정하고 있다. 이는 양자 간 직무의 본질이나 내용 그리고 근무태양이 다른 점을 고려할 때 합리적인 차별이라고 할 것이므로 청구인이 주장하듯 헌법상의 평등권을 침해한 것이라고 할 수 없다(헌재 2004.3.25, 2001헌마710).

---

06 평등권에 대한 설명으로 가장 옳지 않은 것은?   19. 서울시 7급 변형

① 국·공립학교의 채용시험에 국가유공자와 그 가족이 응시하는 경우 만점의 10%를 가산하도록 하는 것은 평등권을 침해한다.
② 입법자가 헌법 제11조 제1항의 평등원칙에 어느 정도로 구속되는가는 그 규율대상과 차별기준의 특성을 고려하여 구체적으로 결정된다.
③ 헌법재판소의 심사기준이 되는 행위규범으로서의 평등원칙은 단지 자의적인 입법의 금지기준만을 의미하는 것이 아니므로 헌법재판소는 입법자의 결정에서 차별을 정당화할 수 있는 합리적인 이유가 있는 경우에도 평등원칙의 위반을 선언해야 한다.
④ 우체국보험금 및 환급금 청구채권 전액에 대하여 무조건 압류를 금지함으로써 우체국보험 가입자의 채권자를 일반 인보험 가입자의 채권자에 비하여 불합리하게 차별취급하는 것은 평등원칙에 위배된다.

해설

③ [×] 평등원칙은 행위규범으로서 입법자에게, 객관적으로 같은 것은 같게 다른 것은 다르게, 규범의 대상을 실질적으로 평등하게 규율할 것을 요구하고 있다. 그러나 헌법재판소의 심사기준이 되는 통제규범으로서의 평등원칙은 단지 자의적인 입법의 금지 기준만을 의미하게 되므로 헌법재판소는 입법자의 결정에서 차별을 정당화할 수 있는 합리적인 이유를 찾아볼 수 없는 경우에만 평등원칙의 위반을 선언하게 된다. 즉, 헌법에 따른 입법자의 평등실현의무는 헌법재판소에 대하여는 단지 자의금지원칙으로 그 의미가 한정축소된다(헌재 1997.1.16, 90헌마110).
① [○] 국가유공자의 가족은 헌법상 가산점의 근거가 없다. 따라서 이 사건 조항의 차별로 인한 불평등 효과는 입법목적과 그 달성수단 간의 비례성을 현저히 초과하므로 일반 공직시험 응시자들의 평등권을 침해한다(헌재 2006.2.23, 2004헌마675).
② [○] 평등원칙은 입법자가 법률을 제정함에 있어서 법적 효과를 달리 부여하기 위하여 선택한 차별의 기준이 객관적으로 정당화될 수 없을 때에는 그 기준을 법적 차별의 근거로 삼는 것을 금지한다. 이때 입법자가 헌법 제11조 제1항의 평등원칙에 어느 정도로 구속되는가는 그 규율대상과 차별기준의 특성을 고려하여 구체적으로 결정된다(헌재 2000.8.31, 97헌가12).
④ [○] 우체국보험에 가입한다는 사정만으로, 일반 보험회사의 인보험에 가입한 경우와는 달리 그 수급권이 사망, 장해나 입원 등으로 인하여 발생한 것인지, 만기나 해약으로 발생한 것인지 등에 대한 구별조차 없이 그 전액에 대하여 무조건 압류를 금지하여 우체국보험 가입자를 보호함으로써 우체국보험 가입자의 채권자를 일반 인보험 가입자의 채권자에 비하여 불합리하게 차별취급하는 것이므로, 헌법 제11조 제1항의 평등원칙에 위반된다(헌재 2008.5.29, 2006헌바5).

07 평등권에 대한 설명으로 옳지 않은 것은? (다툼이 있는 경우 판례에 의함) 18. 5급 공채 변형

① 평등위반 여부를 심사함에 있어 엄격한 심사척도에 의할 것인지, 완화된 심사척도에 의할 것인지는 입법자에게 인정되는 입법형성권의 정도에 따라 달라진다.
② 여기서 법은 국회의결을 거친 형식적 의미의 법률에 한정되지 않고, 실질적 의미의 법도 포함한다.
③ 헌법은 차별금지 사유로 성별, 종교, 인종 또는 사회적 신분을 명시적으로 규정하고 있다.
④ 사회적 신분이란 사회에서 장기간 점하는 지위로서 일정한 사회적 평가를 수반하는 것을 의미한다 할 것이므로 전과자도 사회적 신분에 해당된다.

해설
③ [×] 모든 국민은 법 앞에 평등하다. 누구든지 성별·종교 또는 사회적 신분에 의하여 정치적·경제적·사회적·문화적 생활의 모든 영역에 있어서 차별을 받지 아니한다(헌법 제11조 제1항). 인종은 규정되어 있지 않으며, 국적의 경우도 규정되지 않는 경우로 자주 출제된다.
① [O] 평등위반 여부를 심사함에 있어 엄격한 심사척도에 의할 것인지, 완화된 심사척도에 의할 것인지는 입법자에게 인정되는 입법형성권의 정도에 따라 달라지게 될 것이다(헌재 1999.12.23, 98헌마363).
② [O] 여기서의 법은 모든 법규범을 의미하는 개념으로서 국회에서 제정된 형식적 의미의 법률뿐만 아니라 불문법, 명령, 규칙 등 모든 법을 의미하며 초실정법으로서의 자연법도 포함한다.
④ [O] 사회적 신분이란 사회에서 장기간 점하는 지위로서 일정한 사회적 평가를 수반하는 것을 의미한다 할 것이므로 전과자도 사회적 신분에 해당된다고 할 것이며 누범을 가중처벌하는 것이 전과자라는 사회적 신분을 이유로 차별대우를 하는 것이 되어 헌법상의 평등의 원칙에 위배되는 것이 아닌가 하는 의문이 생길 수 있으므로 이에 대하여 살펴본다(헌재 1995.2.23, 93헌바43).

08 평등권 및 평등원칙에 관한 설명 중 옳지 않은 것은? (다툼이 있는 경우 판례에 의함) 15. 서울시 7급 변형

① 평등의 원칙은 국가에 대하여 합리적 이유 없이 불평등한 대우를 하지 말 것과 평등한 대우를 할 것을 요구할 수 있는 근거가 된다.
② 일반 형사소송절차와 달리 소년심판절차에서 검사에게 상소권이 인정되지 않는 것은 객관적이고 합리적인 이유가 있어 피해자의 평등권을 침해한다고 볼 수 없다.
③ 대한민국 국민인 남자에 한하여 병역의무를 부과한 것이 평등권을 침해하는지 여부는 완화된 심사기준에 의하여 심사해야 한다.
④ 국가유공자와 그 가족에 대한 가산점제도에 있어서 국가유공자 가족의 경우는 평등권 침해 여부에 관하여 보다 완화된 기준을 적용한 비례심사가 필요하다.

해설
④ [×] 그 가족의 경우는 위에서 본 바와 같이 헌법 제32조 제6항이 가산점제도의 근거라고 볼 수 없으므로 그러한 완화된 심사는 부적절한 것이다(헌재 2006.2.23, 2004헌마675).
① [O] 평등의 원칙은 국가에 대하여 합리적 이유 없이 불평등한 대우를 하지 말 것과 평등한 대우를 할 것을 요구할 수 있는 근거가 된다(헌재 1989.1.25, 88헌가7).
② [O] 소년심판은 형사소송절차와는 달리 소년에 대한 후견적 입장에서 소년의 환경조정과 품행교정을 위한 보호처분을 하기 위한 심문절차이며, 보호처분을 함에 있어 범행의 내용도 참작하지만 주로 소년의 환경과 개인적 특성을 근거로 소년의 개선과 교화에 부합하는 처분을 부과하게 되므로 일반 형벌의 부과와는 차이가 있다. … 위와 같은 소년심판절차의 특수성을 감안하면, 차별대우를 정당화하는 객관적이고 합리적인 이유가 존재한다고 할 것이어서 이 사건 법률조항은 청구인의 평등권을 침해하지 않는다(헌재 2012.7.26, 2011헌마232).
③ [O] 임신, 출산 등으로 인한 신체적 특성상 병력자원으로 투입하기에 부담이 큰 점 등에 비추어 남자만을 징병검사의 대상이 되는 병역의무자로 정한 것이 현저히 자의적인 차별취급이라 보기 어렵다(헌재 2010.11.25, 2006헌마328).

정답 | 05 ③   06 ③   07 ③   08 ④

09 평등권에 대한 헌법재판소 결정으로 옳지 않은 것은?

15. 국가직 7급 변형

① 의사 또는 치과의사의 지도하에서만 의료기사가 업무를 할 수 있도록 규정하고, 한의사의 지도하에서는 의료기사인 물리치료사가 물리치료는 물론 한방물리치료를 할 수 없도록 하는 의료기사 등에 관한 법률의 조항은 평등권을 침해한다.
② 관광진흥개발기금 관리·운용업무에 종사토록 하기 위해 문화체육관광부장관이 채용한 민간 전문가에 대해 형법상 뇌물죄의 적용에 있어서 공무원으로 의제하는 관광진흥개발기금법 조항은 평등원칙에 위배되지 않는다.
③ 형법 조항과 똑같은 구성요건을 규정하면서 법정형만 상향조정한 특정범죄 가중처벌 등에 관한 법률 조항은 인간의 존엄성과 가치를 보장하는 헌법의 기본원리에 위배될 뿐만 아니라 그 내용에 있어서도 평등원칙에 위반된다.
④ 중등교사 임용시험에 있어서 동일 지역 사범대학을 졸업한 교원경력이 없는 자에게 가산점을 부여하는 법률규정은 평등권을 침해하지 않는다.

해설

① [×] 물리치료사가 의사, 치과의사의 지도하에 업무를 할 수 있도록 정한 구 의료기사 등에 관한 법률이 한의사의 평등권을 침해하지 않는다(헌재 2014.5.29, 2011헌마552).
② [O] 관광진흥개발기금 관리·운용업무에 종사토록 하기 위해 문화체육관광부장관에 의해 채용된 민간 전문가에 대해 형법상 뇌물죄의 적용에 있어서 공무원으로 의제하는 관광진흥개발기금법 제13조의 공무원 의제조항이 신체의 자유 등을 과도하게 제한하지 않고, 평등원칙에 위반되지 아니한다(헌재 2014.7.24, 2012헌바188).
③ [O] 형법조항과 똑같은 구성요건을 규정하면서 법정형만 상향 조정한 심판대상조항은 형사특별법으로서 갖추어야 할 형벌체계상의 정당성과 균형을 잃은 것이 명백하다. 따라서 심판대상조항은 인간의 존엄성과 가치를 보장하는 헌법의 기본원리에 위배될 뿐만 아니라 그 내용에 있어서도 평등원칙에 위반된다(헌재 2014.11.17, 2014헌바224·2014헌가11).
④ [O] 중등학교 임용시험에서 동일지역 사범대학을 졸업한 교원경력이 없는 자에게 가산점을 부여하는 것은 공무담임권이나 평등권을 침해한다고 보기 어렵다(헌재 2007.12.27, 2005헌가11).

10 평등권(평등원칙)에 관한 설명 중 가장 적절하지 <u>않은</u> 것은? (다툼이 있는 경우 판례에 의함) 23. 경찰승진 변형

① 헌법 제11조 제1항에서 정한 법 앞에서의 평등의 원칙은 본질적으로 같은 것은 같게, 본질적으로 다른 것은 다르게 취급할 것을 요구하는 것으로 일체의 차별적 대우를 부정하는 절대적 평등을 의미하는 것이 아니라 입법과 법의 적용에 있어서 합리적인 근거가 없는 차별을 배제하는 상대적 평등을 의미한다.
② 헌법재판소는 헌법이 특별히 평등을 요구하고 있는 경우와 차별적 취급으로 인하여 관련 기본권에 대한 중대한 제한을 초래하게 되는 경우에는 엄격한 심사척도인 비례성원칙에 따른 심사를 한다.
③ 체육시설의 설치·이용에 관한 법률 및 동 시행령에서 당구장 영업에 18세 미만자 출입금지표시 규정을 두어 영업의 대상 범위에 제한을 가하는 것은 평등의 원칙에 위반된다.
④ 헌법상 평등원칙의 규범적 의미는 '법 적용의 평등'을 의미하는 것이지, 입법자가 입법을 통해서 권리와 의무를 분배함에 있어서 적용할 가치평가의 기준을 정당화할 것을 요구하는 '법 제정의 평등'을 포함하는 것은 아니다.

해설

④ [×] 헌법 제11조 제1항의 규범적 의미는 이와 같은 '법 적용의 평등'에서 끝나지 않고, 더 나아가 입법자에 대해서도 그가 입법을 통해서 권리와 의무를 분배함에 있어서 적용할 가치평가의 기준을 정당화할 것을 요구하는 '법 제정의 평등'을 포함한다(헌재 2000.8.31, 97헌가12).
① [O] 헌법 제11조 제1항에서 정한 법 앞에서의 평등의 원칙은 본질적으로 같은 것은 같게, 본질적으로 다른 것은 다르게 취급할 것을 요구한다. 즉, 일체의 차별적 대우를 부정하는 절대적 평등을 의미하는 것이 아니라 입법과 법의 적용에 있어서 합리적인 근거가 없는 차별을 배제하는 상대적 평등을 뜻하고 따라서 합리적 근거가 있는 차별은 평등의 원칙에 반하는 것이 아니다(헌재 2009.11.26, 2008헌바12).
② [O] 평등원칙 위반 여부에 대한 심사척도는 입법자에게 인정되는 입법형성권의 정도에 따라 달라지게 될 것이나 헌법에서 특별히 평등을 요구하고 있는 경우와 차별적 취급으로 인하여 관련 기본권에 대한 중대한 제한을 초래하게 된다면 입법형성권은 축소되어 보다 엄격한 심사척도가 적용되어야 한다(헌재 2000.8.31, 97헌가12).
③ [O] 학교보건법 제6조 제1항 제13호 소정의 학교와 당구장의 거리를 엄격하게 유지함과 아울러 형법의 도박방조죄를 활용하거나, 청소년기본법 제7조 소정의 사회의 책임을 당구장경영자에게 강조하거나, 당구장의 시설환경을 획기적으로 개선한다거나, 학교의 교사나 선도위원들의 적정한 계도방법을 모색한다거나, 학교·직장의 당구부 또는 청소년 전용당구장을 설치함과 같은 적극적인 해결방안을 우선적으로 모색해 보는 것이 입법목적에 부응하는 것이라 할 것이며, 그러한 시도(試圖)조차 없이 무조건 18세 미만자의 출입을 봉쇄하는 규제방법은 합리적이라 하기가 어려운 것이다(헌재 1993.5.13, 92헌마80).

제2장 | 자유권적 기본권

제1절 인신의 자유

핵심 OX

01 형성 중의 생명인 태아도 헌법상 생명권의 주체가 된다. ( )

해설
[O] 태아의 생명과 건강에 대한 보호의 필요성이 대두되면서 생명권을 비롯한 일정한 기본권의 주체가 될 수 있다고 보는 것이 오늘날 일반적이다. 최근 판례에 따르면 기본권의 주체가 되기 위해서는 태아 중에서도 자궁에 착상 이후부터 인정된다고 볼 수 있다.

02 헌법 제37조 제2항은 국민의 모든 자유와 권리에 대한 제한을 규정하고 있어, 생명권 역시 헌법 제37조 제2항에 의한 일반적 법률유보의 대상이 될 수 있다. ( )

해설
[O] 헌법재판소는 사형제도에 대하여 합헌결정하면서 상대설에 입각해 판시한 바 있다. 또한 생명권 역시 법률유보의 대상으로 파악하고 있다(헌재 1996.11.28, 95헌바1).

03 최근 우리 대법원은 소극적 안락사가 문제되는 상황에서 환자의 사전의료지시가 없는 상태에서는 안락사가 불가능하다고 판시하였다. ( )

해설
[×] 환자에게 자기결정권을 행사할 수 있는 기회가 주어지더라도 연명치료의 중단을 선택하였을 것이라고 볼 수 있는 경우에는, 그 연명치료 중단에 관한 환자의 의사를 추정할 수 있다고 보았다[대판 2009.5.21, 2009다17417(전합)].

04 누구든지 체포 또는 구속을 당한 때에는 적부의 심사를 법원에 청구할 권리가 있다. ( )

해설
[O] 누구든지 체포 또는 구속을 당한 때에는 적부의 심사를 법원에 청구할 권리를 가진다(헌법 제12조 제6항).

05 헌법에는 구속된 피고인은 보석을 청구할 권리가 있다고 명시적으로 규정되어 있다. ( )

해설
[×] 보석제도는 현행 헌법에서는 규정하고 있지 않고 형사소송법 제97조에서 규정하고 있다.

06 검사조사실에 소환되어 피의자신문을 받을 때 포승으로 팔과 상반신을 묶고 양손에 수갑을 채운 상태에서 피의자조사를 받도록 한 것은 신체의 자유를 침해하는 것이다. ( )

> 해설
>
> [O] 검사조사실에 소환되어 피의자신문을 받을 때 포승으로 팔과 상반신을 묶고 양손에 수갑을 채운 상태에서 피의자조사를 받도록 한 것은 신체의 자유를 침해하는 것이다(헌재 2005.5.26, 2001헌마728).

07 금치처분을 받은 수형자에 대한 운동금지는 헌법에 위반된다. ( )

> 해설
>
> [O] 일체의 운동을 금지하는 것은 수형자의 신체적 건강뿐만 아니라 정신적 건강을 해칠 위험성이 현저히 높다. … 수형자의 헌법 제10조의 인간의 존엄과 가치 및 신체의 안전성이 훼손당하지 아니할 자유를 포함하는 제12조의 신체의 자유를 침해하는 정도에 이르렀다고 판단된다(헌재 2004.12.16, 2002헌마478).

08 죄형법정주의가 요구하는 명확성의 원칙은 적극적으로 범죄성립을 정하는 구성요건 규정에는 적용되지만, 위법성 조각사유와 같이 범죄의 성립을 부정하는 규정에 대하여는 적용되지 않는다. ( )

> 해설
>
> [×] 적극적으로 범죄 성립을 정하는 구성요건 규정은 아니라 하더라도 죄형법정주의가 요구하는 명확성 원칙의 적용이 완전히 배제된다고는 할 수 없다(헌재 2001.6.28, 99헌바31).

09 형벌 구성요건의 실질적 내용을 법률에서 직접 규정하지 아니하고 새마을금고의 정관에 위임한 것은 범죄와 형벌에 관하여는 입법부가 제정한 형식적 의미의 법률로써 정하여야 한다는 죄형법정주의 원칙에 위반된다. ( )

> 해설
>
> [O] 형벌 구성요건의 실질적 내용을 법률에서 직접 규정하지 아니하고 금고의 정관에 위임한 것은 범죄와 형벌에 관하여는 입법부가 제정한 형식적 의미의 "법률"로써 정하여야 한다는 죄형법정주의 원칙에 위반된다(헌재 2001.1.18, 99헌바112).

10 노동관계법의 벌칙규정에 '제31조 제1항의 규정에 의하여 체결된 단체협약에 위반한 자는 1천만원 이하의 벌금에 처한다.'라고 규정하여 형벌의 일종인 벌금형을 부과하고 있다면, 이는 죄형법정주의의 명확성의 원칙에 위배된다. ( )

> 해설
>
> [O] 구 노동조합법(1986.12.31. 법률 제3925호로 최종 개정되었다가 1996.12.31. 법률 제5244호로 공포된 노동조합 및 노동관계조정법의 시행으로 폐지된) 제46조의3은 그 구성요건을 "단체협약에 … 위반한 자"라고만 규정함으로써 범죄구성요건의 외피(外皮)만 설정하였을 뿐 구성요건의 실질적 내용을 직접 규정하지 아니하고 모두 단체협약에 위임하고 있어 죄형법정주의의 기본적 요청인 "법률"주의에 위배되고, 그 구성요건도 지나치게 애매하고 광범위하여 죄형법정주의의 명확성의 원칙에 위배된다(헌재 1998.3.26, 96헌가20).

11 "행정관청이 단체협약 중 위법한 내용에 대하여 노동위원회의 의결을 얻어 그 시정을 명한 경우에 그 명령(이하 '시정명령'이라 한다)에 위반한 행위"로서 범죄의 구성요건과 그에 대한 형벌을 법률에서 규정하고 있는 경우에는 죄형법정주의에 위반되지 않는다. ( )

> 해설
>
> [O] 이 사건 법률조항은 행정관청이 특정인에게 구체적 내용을 정하여 시정명령을 발한 것을 전제로 그 시정명령에 위반한 행위를 범죄의 구성요건으로 규정하고 있으므로, 죄형법정주의의 법률주의에 위반된다고 할 수 없다(헌재 2012.8.23, 2011헌가22).

12 보호감호처분은 실질적으로 형사적 제재의 한 태양이므로 소급입법에 의한 보호감호는 허용될 수 없다. (   )

> **해설**
> [O] 헌법재판소는 보호감호처분도 신체에 대한 박탈을 내용으로 하는 점에서 실질에 있어 형사적 제재의 한 태양이라고 볼 것이므로 소급입법에 의한 보호감호는 허용될 수 없다고 한다(헌재 1989.7.14, 88헌가5·8).

13 행위 당시의 판례에 의하면 처벌대상이 아니었던 행위를 판례의 변경에 따라 처벌하는 것은 죄형법정주의의 파생원칙인 형벌불소급의 원칙에 반한다. (   )

> **해설**
> [×] 행위 당시의 판례에 의하면 처벌대상이 되지 아니하는 것으로 해석되었던 행위를 판례의 변경에 따라 확인된 내용의 형법 조항에 근거하여 처벌한다고 하여 그것이 헌법상 평등의 원칙과 형벌불소급의 원칙에 반한다고 할 수는 없다(대판 1999.9.17, 97도3349).

14 명확성의 원칙은 기본적으로 최대한이 아닌 최소한의 명확성을 요구하는 것이라는 것이 헌법재판소의 입장이다. (   )

> **해설**
> [O] "모든 법규범의 문언을 순수하게 기술적 개념만으로 구성하는 것은 입법기술적으로 불가능하고 또 바람직하지도 않기 때문에 어느 정도 가치개념을 포함한 일반적, 규범적 개념을 사용하지 않을 수 없다. 따라서 명확성의 원칙이란 기본적으로 최대한이 아닌 최소한의 명확성을 요구하는 것이다. 그러므로 법문언이 해석을 통해서, 즉 법관의 보충적인 가치판단을 통해서 그 의미내용을 확인해낼 수 있고, 그러한 보충적 해석이 해석자의 개인적인 취향에 따라 좌우될 가능성이 없다면 명확성의 원칙에 반한다고 할 수 없다 할 것이다."(헌재 1998.4.30, 95헌가16)

15 방송통신위원회법 제21조 제4호 중 '건전한 통신윤리'라는 개념은 다소 추상적인 것이기는 하나, 전기통신회선을 이용하여 정보를 전달함에 있어 우리 사회가 요구하는 최소한의 질서 또는 도덕률을 의미한다. (   )

> **해설**
> [O] '건전한 통신윤리'라는 개념이 다소 추상적이기는 하나 우리 사회가 요구하는 최소한의 질서 또는 도덕률을 의미한다고 볼 수 있고, 정보통신영역의 광범위성과 빠른 변화속도 등을 감안할 때 함축적 표현이 불가피한 면도 있으므로, 명확성 원칙, 나아가 포괄위임입법금지원칙이나 과잉금지원칙에도 위배되지 않는다는 것이다(헌재 2012.2.23, 2011헌가13).

16 죄형법정주의의 파생원칙으로 관습형법의 금지, 형벌법규의 소급효 금지, 유추해석의 금지, 절대적·상대적 부정기형의 금지 등이 있다. (   )

> **해설**
> [×] 죄형법정주의의 파생원칙으로는 절대적 부정기형의 금지, 형벌법규소급효의 금지, 유추해석의 금지, 관습형법의 금지, 적정성의 원칙, 명확성의 원칙을 들 수 있다. 부정기형의 경우 절대적 부정기형만 금지되고 상대적 부정기형 등은 소년범 등에서 인정된다.

17 우리 형법에 의한 처벌시 외국에서 받은 형의 집행을 전혀 반영하지 아니할 수도 있도록 한 것은, 입법재량의 범위를 일탈하여 필요최소한의 범위를 넘어선 과도한 기본권 제한이라고 할 것이다. (   )

> **해설**
> [O] 우리 형법에 의한 처벌시 외국에서 받은 형의 집행을 전혀 반영하지 아니할 수도 있도록 한 것은, 입법재량의 범위를 일탈하여 필요최소한의 범위를 넘어선 과도한 기본권 제한이라고 할 것이다(헌재 2015.5.28, 2013헌바129).

18 일사부재리의 원칙은 거듭된 국가의 형벌권행사를 금지하는 것일 뿐이고, 거기에 일체의 제재나 불이익처분이 포함되는 것은 아니므로, 형벌과 보안처분의 병과, 행정질서벌 부과 후 형벌의 부과는 일사부재리의 원칙에 위배되지 않는다. ( )

해설
[O] 한번 판결이 확정되면 동일한 사건에 대해서는 다시 심판할 수 없다는 일사부재리의 원칙이 국가형벌권의 기속원리로 헌법상 선언된 것이 이중처벌금지의 원칙이다. 우리 헌법재판소는 형벌을 부과하면서 과태료나 과징금을 병과하거나 제재적 행정처분을 병과 또는 이행강제금을 병과하는 등에 대해서 이중처벌에 해당하지 않는다고 보고 있다.

19 이중처벌금지의 원칙에 있어서의 처벌은 범죄에 대한 국가의 형벌권 실행으로서의 과벌을 의미하는 것이고, 국가가 행하는 일체의 제재나 불이익처분이 모두 그에 포함된다고 볼 수 없다. ( )

해설
[O] 이중처벌금지의 원칙에 있어서의 처벌은 범죄에 대한 국가의 형벌권 실행으로서의 과벌을 의미하는 것이고, 국가가 행하는 일체의 제재나 불이익처분이 모두 그에 포함된다고 볼 수 없다(헌재 2003.6.26, 2002헌가14).

20 반국가행위자의 처벌에 관한 특별법상 친족의 재산까지 몰수하는 것은 헌법의 연좌제 금지에 위반된다. ( )

해설
[O] 친족의 재산까지도 반국가행위자의 재산이라고 검사가 적시하기만 하면 특조법 제7조 제7항에 의하여 증거조사 없이 몰수형이 선고되게 되어 있으므로, 헌법 제13조 제3항에서 금지한 연좌형이 될 소지도 크다. 따라서 특조법 제8조는 헌법 제13조 제3항에도 위반된다(헌재 1996.1.25, 95헌가5).

21 법률과 적법한 절차에 의하지 아니하고는 처벌·보안처분 또는 강제노역을 받지 아니한다. ( )

해설
[O] 모든 국민은 신체의 자유를 가진다. 누구든지 법률에 의하지 아니하고는 체포·구속·압수·수색 또는 심문을 받지 아니하며, 법률과 적법한 절차에 의하지 아니하고는 처벌·보안처분 또는 강제노역을 받지 아니한다(헌법 제12조 제1항).

22 미결구금은 실질적으로 자유형의 집행과 다를 바 없으므로 상소제기 후 상소취하시까지의 미결구금을 형기에 산입하지 아니하는 것은 적법절차에 위배된다. ( )

해설
[O] 피고인이 판결선고일에 상소를 포기하고, 검사가 상소를 포기하지 아니하고, 상소도 하지 아니하는 경우 검사도 즉시 상소를 포기한 경우와 비교하면 법원이 선고한 형의 집행기간이 7일이나 연장되게 된다. 이러한 결과는 소송의 한 당사자인 검사의 의사에 따라 실질적으로 법원이 선고한 형에 변경을 가져오게 되고, 피고인의 신체의 자유를 침해하게 된다(헌재 2000.7.20, 99헌가7).

23 적법절차의 원리는 행정절차에도 적용된다는 것이 헌법재판소의 판례이다. ( )

해설
[O] 적법절차에서 의미하는 법은 정의, 윤리 등을 포함하는 개념이며 적법절차는 입법, 사법, 행정의 모든 국가작용에 적용된다(헌재 1992.12.24, 92헌가8).

24 적법절차원칙은 단순히 입법권의 유보제한이라는 한정적인 의미에 그치는 것이 아니라 모든 국가작용을 지배하는 독자적인 헌법의 기본원리로서 해석되어야 할 원칙이다. ( )

> **해설**
> [O] 적법절차에서 의미하는 법은 정의, 윤리 등을 포함하는 개념이며 적법절차는 입법, 사법, 행정의 모든 국가작용에 적용된다(헌재 1992.12.24, 92헌가8).

25 현행범으로 체포된 피의자에 대하여 구속영장을 청구받은 지방법원판사는 피의자 또는 그 변호인, 법정대리인, 배우자, 직계친족, 형제자매, 호주, 가족이나 동거인 또는 고용주의 신청이 있을 때에만 피의자를 심문할 수 있다. ( )

> **해설**
> [×] 과거에는 영장실질심사가 임의, 즉 심문할 수 있었으나 오늘날에 영장실질심사는 필수로 바뀌어서 심문하여야만 한다.

26 우리 헌법이 추구하는 영장주의에서는 별건체포·구속이 허용된다. ( )

> **해설**
> [×] 별건체포나 별건구속을 우리나라에서는 허용하지 아니한다. 별건체포나 별건구속이 헌법 제12조 제3항의 위반 유무에 대해서 합헌설(일본최고법원 소화30년 4월 6일)과 위헌설이 대립되고 있으나, 우리나라에서는 위헌설이 지배적이다(민경식, 김철수, 권영성, 허영).

27 법원에서 무죄판결의 선고로 구속영장의 효력이 상실된 석방대상 피고인을 법정에서 즉시 석방하지 아니하고 피고인의 의사에 반하여 교도소로 연행하는 것은 영장주의에 위배된다고 판시하였다. ( )

> **해설**
> [O] 무죄 등 판결 선고 후 석방대상 피고인이 교도소에서 지급한 각종 지급품의 회수, 수용시의 휴대금품 또는 수용 중 영치된 금품의 반환 내지 환급문제 때문에 임의로 교도관과 교도소에 동행하는 것은 무방하나 피고인의 동의를 얻지 않고 의사에 반하여 교도소로 연행하는 것은 헌법 제12조의 규정에 비추어 도저히 허용될 수 없다(헌재 1997.12.24, 95헌마247).

28 법원이 직권으로 발부하는 영장과 수사기관의 청구에 의하여 발부하는 구속영장의 법적 성격은 같다. ( )

> **해설**
> [×] 법관이 직권으로 발부하는 영장은 헌법에 위반되지 않는다(헌재 1997.3.27, 96헌바28). 법관이 직권으로 발부하는 영장은 명령장의 성격이고 검사의 신청에 의하여 발부하는 영장은 허가장의 성격이다.

29 음주측정은 당사자의 자발적 협조가 필수적이어서 영장을 필요로 하는 강제처분이라 할 수 없다. ( )

> **해설**
> [O] 도로교통법 제41조 제2항에 규정된 음주측정은 성질상 강제될 수 있는 것이 아니며 궁극적으로 당사자의 자발적 협조가 필수적인 것이므로 이를 두고 법관의 영장을 필요로 하는 강제처분이라 할 수 없다. 따라서 이 사건 법률조항이 주취운전의 혐의자에게 영장 없는 음주측정에 응할 의무를 지우고 이에 불응한 사람을 처벌한다고 하더라도 헌법 제12조 제3항에 규정된 영장주의에 위배되지 아니한다(헌재 1997.3.27, 96헌가11).

30 구속적부심사제도는 영장발부에 대한 재심사의 기회를 부여하는 것이다. ( )

> **해설**
> [O] 체포·구속적부심제도는 법관이 발부한 영장에 대한 재심절차 내지 항고적 성격을 지닌다.

31 즉결심판에 있어서 피고인의 자백이 그에게 불리한 유일한 증거일 때에는 이를 유죄의 증거로 삼거나 이를 이유로 처벌할 수 없다. ( )

해설

[×] 정식재판에 있어서 피고인의 자백이 그에게 불리한 유일한 증거일 때에는 이를 유죄의 증거로 삼거나 이를 이유로 처벌할 수 없다(헌법 제12조 제7항). 따라서 정식재판이 아닌 즉결심판절차에서는 자백의 증명력 제한에 관한 위 규정의 효력이 미치지 아니한다.

32 공범자의 자백은 피고인의 자백과는 그 성질을 달리하므로 반드시 보강증거를 필요로 하는 것은 아니라고 함이 대법원 판례이다. ( )

해설

[O] 공범자의 자백은 증거능력은 있는 것으로 보나, 보강증거가 있어야 하는가의 여부는 오로지 법관의 자유심증에 달려 있다(대판 1963.7.25, 63도185).

33 모든 국민은 고문을 받지 아니하며, 형사상 자기에게 불리한 진술을 강요당하지 않는다. ( )

해설

[O] 모든 국민은 고문을 받지 아니하며, 형사상 자기에게 불리한 진술을 강요당하지 아니한다(헌법 제12조 제2항).

34 진술거부권의 경우 자신만 해당하고 자신의 근친자까지는 인정되지 않는다. ( )

해설

[O] 자기에게 불이익이 되는 경우에만 적용되고, 친구·친척들에게 불이익한 경우에는 묵비권은 적용되지 아니한다.

35 강요당하지 아니한다는 것은 사실상뿐만 아닌 법률로써도 진술을 강제할 수 없음을 의미한다. ( )

해설

[O] 진술거부권은 형사상 자기에게 불리한 내용의 진술을 강요당하지 아니하는 것이므로 고문 등 폭행에 의한 강요는 물론 법률로써도 진술을 강제할 수 없음을 의미한다.

36 진술거부권은 현재 피의자나 피고인으로서 수사 또는 공판절차에 계속 중인 자뿐만 아니라 장차 피의자나 피고인이 될 자에게도 보장되지만, 행정절차나 국회에서의 조사절차 등에서도 보장되는 것은 아니다. ( )

해설

[×] 진술거부권은 형사절차뿐 아니라 행정절차나 국회에서의 조사절차 등에서도 보장된다(헌재 1997.3.27, 96헌가11).

37 누구든지 체포 또는 구속을 당한 때에는 즉시 변호인의 조력을 받을 권리가 있다. ( )

해설

[O] 누구든지 체포 또는 구속을 당한 때에는 즉시 변호인의 조력을 받을 권리를 가진다. 다만, 형사피고인이 스스로 변호인을 구할 수 없을 때에는 법률이 정하는 바에 의하여 국가가 변호인을 붙인다(헌법 제12조 제4항).

38 변호인의 조력을 받을 권리의 내용 중 하나인 미결수용자의 변호인 접견권은 어떠한 경우에도 제한될 수 없다.
( )

> **해설**
> [×] 헌법재판소가 91헌마111결정에서 미결수용자와 변호인과의 접견에 대해 어떠한 명분으로도 제한할 수 없다고 한 것은 구속된 자와 변호인 간의 접견이 실제로 이루어지는 경우에 있어서의 '자유로운 접견', 즉 '대화내용에 대하여 비밀이 완전히 보장되고 어떠한 제한, 영향, 압력 또는 부당한 간섭 없이 자유롭게 대화할 수 있는 접견'을 제한할 수 없다는 것이지, 변호인과의 접견 자체에 대해 아무런 제한도 가할 수 없다는 것을 의미하는 것이 아니므로 미결수용자의 변호인 접견권 역시 국가안전보장·질서유지 또는 공공복리를 위해 필요한 경우에는 법률로써 제한될 수 있음은 당연하다(헌재 2011.5.26, 2009헌마341).

39 수형자인 청구인이 국선대리인인 변호사를 접견하는데 교도소장이 그 접견내용을 녹음, 기록한 행위는 청구인의 재판을 받을 권리를 침해하는 것이다.
( )

> **해설**
> [○] 수형자인 청구인이 헌법소원 사건의 국선대리인인 변호사를 접견함에 있어서 그 접견내용을 녹음, 기록한 피청구인의 행위는 청구인의 재판을 받을 권리를 침해한다(헌재 2013.9.26, 2011헌마398).

40 형사절차가 종료되어 교정시설에 수용 중인 수형자는 원칙적으로 변호인의 조력을 받을 권리의 주체가 될 수 없다.
( )

> **해설**
> [○] 변호인의 조력을 받을 권리는 원칙적으로 미결수용자에게만 인정이 되고 수형자에게는 인정이 되지 않는다. 다만, 수형자가 재심을 청구하는 경우에는 변호인의 조력을 받을 권리가 인정된다(헌재 1998.8.27, 96헌마398).

41 변호인의 수사기록 열람·등사에 대한 지나친 제한은 피고인에게 보장된 변호인의 조력을 받을 권리를 침해하는 것이다.
( )

> **해설**
> [○] 그렇다면 고소장과 피의자신문조서에 대한 열람 및 등사를 거부한 피청구인의 정보비공개결정은 청구인의 피구속자를 조력할 권리 및 알 권리를 침해하여 헌법에 위반된다고 할 것이다(헌재 2003.3.27, 2000헌마474).

42 미결수용자가 변호인의 조력을 받을 기회가 충분히 보장되었다고 인정될 수 있는 경우라도, 미결수용자 또는 그 상대방인 변호인이 원하는 특정 시점에 접견이 이루어지지 못한 경우에는 변호인의 조력을 받을 권리가 침해된 것이다.
( )

> **해설**
> [×] 변호인과의 접견 자체에 대해 아무런 제한도 가할 수 없다는 것을 의미하는 것이 아니므로 미결수용자의 변호인 접견권 역시 국가안전보장·질서유지 또는 공공복리를 위해 필요한 경우에는 법률로써 제한될 수 있음은 당연하다. 따라서 원하는 특정한 시점에 접견이 이루어지지 못한 것은 합헌이라고 판시하였다(헌재 2011.5.26, 2009헌마341).

43 법원은 피고인이 빈곤 그 밖의 사유로 변호인을 선임할 수 없는 경우에 피고인의 청구가 있는 때에는 변호인을 선정하여야 한다.
( )

> **해설**
> [○] 빈곤이나 그 밖의 사유로 변호인을 선임할 수 없을 때이다(이 경우는 피고인의 청구가 있는 때에 한함)(형사소송법 제33조 제2항).

44 변호인 자신의 구속된 피의자·피고인과의 접견교통권은 형사소송법에 의하여 보장되는 권리로서, 헌법상 권리라고 할 수 없다. ( )

해설
[×] 변호인이 되려는 청구인의 접견교통권을 침해한 것이고, 위 접견교통권은 헌법상 보장된 기본권에 해당하여 그 침해를 이유로 헌법소원심판을 청구할 수 있다는 취지로, 청구인의 심판청구를 인용하는 결정을 선고하였다(헌재 2019.2.28, 2015헌마1204).

45 국선변호인의 경우 형사피고인에게만 헌법상 기본권으로 인정하고 있다. ( )

해설
[O] 형사피고인이 스스로 변호인을 구할 수 없을 때에는 법률이 정하는 바에 의하여 국가가 변호인을 붙인다(헌법 제12조 제4항).

46 징벌혐의의 조사를 받고 있는 수형자가 변호인 아닌 자와 접견할 당시 교도관이 참여하여 대화내용을 기록하게 한 것은 수형자의 사생활의 비밀과 자유를 침해하지 않는다. ( )

해설
[O] 부산구치소장이 청구인과 배우자의 접견을 녹음하여 부산지방검찰청 검사장에게 그 접견녹음파일을 제공한 행위가 청구인의 기본권을 침해하지 않는다는 결정을 선고하였다(헌재 2012.12.27, 2010헌마153).

47 검찰수사관이 피의자신문에 참여한 변호인에게 피의자 후방에 앉으라고 요구한 행위는 변호인의 피의자신문참여권 행사에 어떠한 지장도 초래하지 않으므로 변호인의 변호권을 침해하지 아니한다. ( )

해설
[×] 검찰수사관인 피청구인이 피의자신문에 참여한 청구인에게 피의자 후방에 앉으라고 요구한 행위는 변호인인 청구인의 변호권을 침해한다(헌재 2017.11.30, 2016헌마503).

48 피의자 등이 가지는 '변호인이 되려는 자'의 조력을 받을 권리가 실질적으로 확보되기 위해서는 '변호인이 되려는 자'의 접견교통권 역시 헌법상 기본권으로서 보장되어야 한다. ( )

해설
[O] 변호인이 되려는 청구인의 접견교통권을 침해한 것이고, 위 접견교통권은 헌법상 보장된 기본권에 해당하여 그 침해를 이유로 헌법소원심판을 청구할 수 있다는 취지로, 청구인의 심판청구를 인용하는 결정을 선고하였다(헌재 2019.2.28, 2015헌마1204).

49 헌법명문규정상 변호인의 조력을 받을 권리 중 특히 국선변호인의 조력을 받을 권리는 피고인에게만 인정되는 것으로 해석함이 상당하다. ( )

해설
[O] 형사피고인이 스스로 변호인을 구할 수 없을 때에는 법률이 정하는 바에 의하여 국가가 변호인을 붙인다(헌법 제12조 제4항 단서).

기출문제

제1항 생명권

01 생명권에 대한 설명으로 가장 옳지 <u>않은</u> 것은?

18. 서울시 7급

① 헌법재판소는 원칙적으로 기본권이 형해화될 정도의 제한은 기본권의 본질적 내용을 침해한 것으로 본다. 그러나 생명권의 제한에 관하여 그 제한이 정당화될 수 있는 예외적인 경우에는 생명권의 박탈이 초래된다고 하더라도 곧바로 기본권의 본질적 내용을 침해하는 것이라고 볼 수 없다는 입장이다.

② 자연법적 권리로서의 생명권의 향유자는 내국인 및 외국인을 불문한다. 그러나 생명권의 본질에 비추어 법인이 아닌 자연인만이 그 주체가 될 수 있다.

③ 생명권에서 보호하고자 하는 생명은 모든 생명 있는 것을 의미하기 때문에 독자적인 생존가능성이 있는 생명에 한정시킬 필요는 없다. 따라서 생명권의 생명에는 태아도 포함되어야 한다.

④ 자기낙태죄 조항이 임신 초기의 낙태나 사회적·경제적 사유에 의한 낙태를 허용하고 있지 아니한 것이 임부의 자기결정권에 대한 과도한 제한이라고 보기 어려우므로, 자기낙태죄 조항은 헌법에 위반되지 아니한다.

해설

④ [×] 헌법재판소는 부녀가 약물·기타 방법으로 낙태한 때에는 형벌을 과하도록 한 형법 조항이 임신 초기의 낙태나 사회적 또는 경제적 사유에 의한 낙태를 허용하고 있지 아니한 점에서 임부의 자기결정권에 대한 과도한 제한이라고 보고 있다(헌재 2019.4.11, 2017헌바127).

① [O] 생명권의 경우, 다른 일반적인 기본권 제한의 구조와는 달리, 생명의 일부 박탈이라는 것을 상정할 수 없기 때문에 생명권에 대한 제한은 필연적으로 생명권의 완전한 박탈을 의미하게 되는바, 생명권의 제한이 정당화될 수 있는 예외적인 경우에는 생명권의 박탈이 초래된다 하더라도 곧바로 기본권의 본질적인 내용을 침해하는 것이라 볼 수는 없다(헌재 2010.2.25, 2008헌가23).

② [O] 생명·신체의 안전에 관한 것은 성질상 자연인에게만 인정되는 것이므로, 이와 관련하여 청구인과 같은 권리능력 없는 단체는 위와 같은 기본권의 행사에 있어 그 주체가 될 수 없다(헌재 2008.12.26, 2008헌마419). 즉, 법인은 성질상 생명·신체의 자유와 같은 권리는 향유할 수 없다.

③ [O] 모든 인간은 헌법상 생명권의 주체가 되며, 형성 중의 생명인 태아에게도 생명에 대한 권리가 인정되어야 한다. 따라서 태아도 헌법상 생명권의 주체가 되며, 국가는 헌법 제10조에 따라 태아의 생명을 보호할 의무가 있다(헌재 2008.7.31, 2004헌바81).

02 다음 중 옳지 않은 것은? (다툼이 있는 경우 헌법재판소 판례에 의함)

12. 법원직 9급

① 우리 헌법은 사형제도의 금지나 허용을 직접적으로 규정하고 있지 않다.
② 생명권은 헌법 제37조 제2항에 의한 일반적 법률유보의 대상이 아니다.
③ 사형제도는 최소침해성원칙에 어긋나지 아니한다.
④ 사형제도는 인간의 존엄과 가치를 규정한 헌법 제10조에 위배되지 아니한다.

해설

② [×] ③④ [○] 헌법은 절대적 기본권을 명문으로 인정하고 있지 아니하며, 헌법 제37조 제2항에서는 국민의 모든 자유와 권리는 국가안전보장·질서유지 또는 공공복리를 위하여 필요한 경우에 한하여 법률로써 제한할 수 있도록 규정하고 있어, 비록 생명이 이념적으로 절대적 가치를 지닌 것이라 하더라도 생명에 대한 법적 평가가 예외적으로 허용될 수 있다고 할 것이므로, 생명권 역시 헌법 제37조 제2항에 의한 일반적 법률유보의 대상이 될 수밖에 없다. 나아가 생명권의 경우, 다른 일반적인 기본권 제한의 구조와는 달리, 생명의 일부 박탈이라는 것을 상정할 수 없기 때문에 생명권에 대한 제한은 필연적으로 생명권의 완전한 박탈을 의미하게 되는바, 위와 같이 생명권의 제한이 정당화될 수 있는 예외적인 경우에는 생명권의 박탈이 초래된다 하더라도 곧바로 기본권의 본질적인 내용을 침해하는 것이라 볼 수는 없다(헌재 2010.2.25, 2008헌가23).

① [○] 헌법 제110조 제4항은 비상계엄하의 군사재판은 군인·군무원의 범죄 등의 경우에 한하여 단심으로 할 수 있되, 사형을 선고한 경우에는 그러하지 아니하다고 규정하고 있다. 이는 법률에 의하여 사형이 형벌로서 규정되고, 그 형벌조항의 적용으로 사형이 선고될 수 있음을 전제로 한 것으로서, 우리 헌법은 적어도 문언의 해석상 사형제도를 간접적으로나마 인정하고 있다고 할 것이다(헌재 2010.2.25, 2008헌가23). 헌법은 명시적으로 사형에 대해 규정하고 있지는 않다. 그러나 헌법 제110조에서 간접적으로 인정하고 있다.

정답 | 01 ④ 02 ②

제2항 신체의 자유

01 신체의 자유와 관련한 현행 헌법의 규정이 아닌 것은?

04. 법원직 9급

① 모든 국민은 고문을 받지 아니하며, 형사상 자기에게 불리한 진술을 강요당하지 않는다.
② 누구든지 체포 또는 구속을 당한 때에는 즉시 변호인의 조력을 받을 권리가 있다.
③ 누구든지 체포 또는 구속을 당한 때에는 적부의 심사를 법원에 청구할 권리가 있다.
④ 구속된 피고인은 보석을 청구할 권리가 있다.

해설

④ [×] 형사소송법 제94조. 즉, 헌법 규정이 아니다.

> **형사소송법 제94조 【보석의 청구】** 피고인, 피고인의 변호인·법정대리인·배우자·직계친족·형제자매·가족·동거인 또는 고용주는 법원에 구속된 피고인의 보석을 청구할 수 있다.

① [○] 헌법 제12조 제2항

> **헌법 제12조** ② 모든 국민은 고문을 받지 아니하며, 형사상 자기에게 불리한 진술을 강요당하지 아니한다.

② [○] 헌법 제12조 제4항

> **헌법 제12조** ④ 누구든지 체포 또는 구속을 당한 때에는 즉시 변호인의 조력을 받을 권리를 가진다. 다만, 형사피고인이 스스로 변호인을 구할 수 없을 때에는 법률이 정하는 바에 의하여 국가가 변호인을 붙인다.

③ [○] 헌법 제12조 제6항

> **헌법 제12조** ⑥ 누구든지 체포 또는 구속을 당한 때에는 적부의 심사를 법원에 청구할 권리를 가진다.

02 다음 중 현행 헌법에 규정되어 있지 않은 것은?

06. 법원직 9급

① 자백의 증거능력 제한
② 일사부재리의 원칙
③ 연좌제의 금지
④ 모든 형사사건에 대한 필요적 국선변호제도

해설

④ [×] 헌법 제12조 제4항 단서는 "형사피고인이 스스로 변호인을 구할 수 없을 때에는 법률이 정하는 바에 의하여 국가가 변호인을 붙인다."라고 하여, 국선변호인제도를 규정하고 있다. 국선변호인이란 피고인의 이익을 위하여 법원이 직권으로 선정하는 변호인을 말한다. 형사소송법상 법원이 직권으로 변호인을 선정해야 할 경우는 구속적부심사에 있어 구속된 피의자에게 변호인이 없는 때(형사소송법 제214조의2 제10항), 피고인이 구속된 때, 피고인이 미성년자인 때, 피고인이 70세 이상인 때, 피고인이 농아자인 때, 피고인이 심신장애의 의심이 있는 때, 피고인이 사형, 무기 또는 단기 3년 이상의 징역이나 금고에 해당하는 사건으로 기소된 때(형사소송법 제33조)이다.
① [○] 피고인의 자백이 고문·폭행·협박·구속의 부당한 장기화 또는 기망 기타의 방법에 의하여 자의로 진술된 것이 아니라고 인정될 때 또는 정식재판에 있어서 피고인의 자백이 그에게 불리한 유일한 증거일 때에는 이를 유죄의 증거로 삼거나 이를 이유로 처벌할 수 없다(헌법 제12조 제7항).
② [○] 모든 국민은 행위시의 법률에 의하여 범죄를 구성하지 아니하는 행위로 소추되지 아니하며, 동일한 범죄에 대하여 거듭 처벌받지 아니한다(헌법 제13조 제1항).
③ [○] 모든 국민은 자기의 행위가 아닌 친족의 행위로 인하여 불이익한 처우를 받지 아니한다(헌법 제13조 제3항).

03 신체의 자유에 관한 다음 내용 중 옳지 않은 것은? (다툼이 있는 경우 헌법재판소 결정례에 의함)

11. 법원직 9급

① 모든 국민은 신체의 자유를 가진다. 체포·구속·압수 또는 수색을 할 때에는 적법한 절차에 따라 검사의 신청에 의하여 법관이 발부한 영장을 제시하여야 한다. 다만, 현행 범인인 경우와 장기 3년 이상의 형에 해당하는 죄를 범한 경우에는 도피 또는 증거인멸의 염려가 없더라도 사후에 영장을 청구할 수 있다.
② 교도소 내 엄중격리대상자에 대한 동행계호행위는 신체의 자유 등을 침해하는 것이 아니다.
③ 상소제기 후의 미결구금일수 산입을 규정하면서 상소제기 후 상소취하까지의 구금일수 통산에 관하여는 규정하지 아니함으로써 이를 본형 산입의 대상에서 제외되도록 한 관련 형사소송법 규정은 신체의 자유를 지나치게 제한하는 것으로서 헌법에 위반된다.
④ 검사조사실에 소환되어 피의자신문을 받을 때 포승으로 팔과 상반신을 묶고 양손에 수갑을 채운 상태에서 피의자조사를 받도록 한 것은 신체의 자유를 침해하는 것이다.

해설

① [×] 헌법 제12조 제3항

> 헌법 제12조 ③ 체포·구속·압수 또는 수색을 할 때에는 적법한 절차에 따라 검사의 신청에 의하여 법관이 발부한 영장을 제시하여야 한다. 다만, 현행 범인인 경우와 장기 3년 이상의 형에 해당하는 죄를 범하고 도피 또는 증거인멸의 염려가 있을 때에는 사후에 영장을 청구할 수 있다.

② [O] 청구인들은 상습적으로 교정질서를 문란케 하는 등 교정사고의 위험성이 높은 엄중격리대상자들인바, 이들에 대한 계구사용행위, 동행계호행위 및 1인 운동장을 사용하게 하는 처우는 그 목적의 정당성 및 수단의 적정성이 인정되며, 필요한 경우에 한하여 부득이한 범위 내에서 실시되고 있다고 할 것이고, 이로 인하여 수형자가 입게 되는 자유 제한에 비하여 교정사고를 예방하고 교도소 내의 안전과 질서를 확보하는 공익이 더 크다고 할 것이다(헌재 2008.5.29, 2005헌마137).
③ [O] 법원이 선고한 형의 집행기간이 7일이나 연장되게 된다. 이러한 결과는 소송의 한 당사자인 검사의 의사에 따라 실질적으로 법원이 선고한 형에 변경을 가져오게 되고, 피고인의 신체의 자유를 침해하게 된다(헌재 2000.7.20, 99헌가7).
④ [O] 검사조사실에 소환되어 피의자신문을 받을 때 포승으로 팔과 상반신을 묶고 양손에 수갑을 채운 상태에서 피의자조사를 받도록 한 것은 신체의 자유를 침해하는 것이다(헌재 2005.5.26, 2001헌마728).

04 다음 중 인신의 자유에 관한 기술로 옳지 않은 것은? (다툼이 있을 경우 판례에 의함)

13. 서울시 7급

① 과태료는 형벌이라고 할 수 없기 때문에 죄형법정주의의 규율대상에 해당되지 아니한다.
② 법률과 적법한 절차에 의하지 아니하고는 처벌·보안처분 또는 강제노역을 받지 아니한다.
③ 현행범인을 체포한 때부터 48시간 이내를 사후영장의 청구 기간으로 정한 것은 헌법상 영장주의에 반하지 않는다.
④ 변호인 자신의 구속된 피의자·피고인과의 접견교통권은 형사소송법에 의하여 보장되는 권리가 아니라 헌법상 권리라고 할 수 있다.
⑤ 죄형법정주의가 요구하는 명확성의 원칙은 적극적으로 범죄성립을 정하는 구성요건 규정에는 적용되지만, 위법성조각사유와 같이 범죄의 성립을 부정하는 규정에 대하여는 적용되지 않는다.

정답 | 01 ④ 02 ④ 03 ①

해설

⑤ [×] 적극적으로 범죄 성립을 정하는 구성요건 규정은 아니라 하더라도 죄형법정주의가 요구하는 명확성원칙의 적용이 완전히 배제된다고는 할 수 없다(헌재 2001.6.28, 99헌바31).
① [O] 과태료는 행정상의 질서유지를 위한 행정질서벌에 해당할 뿐 형벌이라고 할 수 없어 죄형법정주의의 규율대상에 해당하지 아니한다(헌재 1994.6.30, 92헌바38).
② [O] 헌법 제12조 제1항

> 헌법 제12조 ① 모든 국민은 신체의 자유를 가진다. 누구든지 법률에 의하지 아니하고는 체포·구속·압수·수색 또는 심문을 받지 아니하며, 법률과 적법한 절차에 의하지 아니하고는 처벌·보안처분 또는 강제노역을 받지 아니한다.

③ [O] 헌재 2012.5.31, 2010헌마672
④ [O] 변호인 자신의 접견교통권도 헌법상의 권리라고 할 수 있다(헌재 2019.2.28, 2015헌마1204). 최근에 판례가 변경되었다.

---

05 죄형법정주의에 대한 설명으로 적절하지 않은 것을 모두 고른 것은? (다툼이 있는 경우 판례에 의함) 22. 경찰승진

㉠ 죄형법정주의는 범죄와 형벌이 법률로 정하여져야 함을 의미하는 것으로 이러한 죄형법정주의에서 파생되는 명확성의 원칙은 누구나 법률이 처벌하고자 하는 행위가 무엇이며, 그에 대한 형벌이 어떠한 것인지를 예견할 수 있어야 하나, 반드시 그에 따라 자신의 행위를 결정할 수 있도록 하는 구성요건의 명확성까지 요구하는 것은 아니다.
㉡ 형벌 구성요건의 실질적 내용을 법률에서 직접 규정하지 아니하고 새마을금고의 정관에 위임한 것은 범죄와 형벌에 관하여는 입법부가 제정한 형식적 의미의 법률로써 정하여야 한다는 죄형법정주의원칙에 위반된다.
㉢ 법정형의 폭이 지나치게 넓게 되면 자의적인 형벌권의 행사가 가능하게 되어 형벌체계상의 불균형을 초래할 수 있을 뿐만 아니라, 피고인이 구체적인 형의 예측이 현저하게 곤란해지고 죄질에 비하여 무거운 형에 처해질 위험에 직면하게 되므로 법정형의 폭이 지나치게 넓어서는 아니된다는 것은 죄형법정주의의 한 내포라고 할 수 있다.
㉣ 처벌을 규정하고 있는 법률조항이 구성요건이 되는 행위를 같은 법률조항에서 직접 규정하지 않고 다른 법률조항에서 이미 규정한 내용을 원용하였다거나 그 내용 중 일부를 괄호 안에 규정한 경우 그 사실만으로 명확성원칙에 위반된다.

① ㉠, ㉡
② ㉠, ㉣
③ ㉡, ㉢
④ ㉢, ㉣

해설

㉠, ㉣이 적절하지 않다.
㉠ [×] 죄형법정주의는 범죄와 형벌이 법률로 정하여져야 함을 의미하는 것으로 이러한 죄형법정주의에서 파생되는 명확성의 원칙은 누구나 법률이 처벌하고자 하는 행위가 무엇이며, 그에 대한 형벌이 어떠한 것인지를 예견할 수 있고, 그에 따라 자신의 행위를 결정할 수 있도록 구성요건이 명확할 것을 의미하는 것이다(헌재 2001.1.18, 99헌바112).
㉡ [O] 형벌 구성요건의 실질적 내용을 법률에서 직접 규정하지 아니하고 금고의 정관에 위임한 것은 범죄와 형벌에 관하여는 입법부가 제정한 형식적 의미의 "법률"로써 정하여야 한다는 죄형법정주의원칙에 위반된다(헌재 2001.1.18, 99헌바112).
㉢ [O] 형벌체계상의 균형의 상실은 가혹한 법정형의 설정뿐 아니라 지나치게 폭넓은 법정형의 설정에 의하여도 초래될 수 있을 것이다. 법정형의 폭이 지나치게 넓게 되면 자의적인 형벌권의 행사가 가능하게 되어 피고인으로서는 구체적인 형의 예측이 현저하게 곤란해질 뿐만 아니라, 죄질에 비하여 무거운 형에 처해질 위험성에 직면하게 된다고 할 수 있다. 따라서 법정형의 폭이 지나치게 넓어서는 아니된다는 것은 죄형법정주의의 한 내포라고도 할 수 있다(헌재 1997.9.25, 96헌가16).
㉣ [×] 처벌을 규정하고 있는 법률조항이 구성요건이 되는 행위를 같은 법률조항에서 직접 규정하지 않고 다른 법률조항에서 이미 규정한 내용을 원용하였다거나 그 내용 중 일부를 괄호 안에 규정하였다는 사실만으로 명확성원칙에 위반된다고 할 수는 없다(헌재 2010.3.25, 2009헌바121).

06 죄형법정주의의 명확성원칙에 대한 설명으로 옳지 않은 것은? (다툼이 있는 경우 판례에 의함) 22. 입법고시

① '여러 사람의 눈에 뜨이는 곳에서 공공연하게 알몸을 지나치게 내놓거나 가려야 할 곳을 내놓아 다른 사람에게 부끄러운 느낌이나 불쾌감을 준 사람'을 처벌하는 경범죄 처벌법 조항은 죄형법정주의의 명확성원칙에 위반되지 않는다.

② '운행 중인 자동차의 운전자를 폭행하거나 협박한 사람'을 처벌하는 특정범죄 가중처벌 등에 관한 법률 조항 가운데 '운행 중' 부분은 죄형법정주의의 명확성원칙에 위반되지 않는다.

③ 카메라 등을 이용하여 성적 욕망 또는 수치심을 유발할 수 있는 다른 사람의 신체를 촬영한 촬영물을 그 의사에 반하여 반포한 경우 등을 처벌하는 성폭력범죄의 처벌 등에 관한 특례법 조항은 죄형법정주의의 명확성원칙에 위반되지 않는다.

④ 응급의료에 관한 법률 조항 중 '누구든지 응급의료종사자의 응급환자에 대한 진료를 폭행, 협박, 위계, 위력, 그 밖의 방법으로 방해하여서는 아니된다.'는 부분 가운데 '그 밖의 방법' 부분은 죄형법정주의의 명확성원칙에 위반되지 않는다.

⑤ 도로교통법 조항 중 '자동차의 운전자는 고속도로 등에서 자동차의 고장 등 부득이한 사정이 있는 경우를 제외하고는 갓길로 통행하여서는 아니된다.' 부분 중 '부득이한 사정' 부분은 죄형법정주의의 명확성원칙에 위반되지 않는다.

해설

① [×] '여러 사람의 눈에 뜨이는 곳에서 공공연하게 알몸을 지나치게 내놓거나 가려야 할 곳을 내놓아 다른 사람에게 부끄러운 느낌이나 불쾌감을 준 사람'을 처벌하는 경범죄 처벌법 조항은 그 의미를 알기 어렵고 그 의미를 확정하기도 곤란하므로 명확성원칙에 위배된다(헌재 2016.11.24, 2016헌가3).

② [O] '운행 중'이란 '운행 중 또는 일시 주·정차 한 경우로서 운전자에 대한 폭행으로 인하여 운전자, 승객 또는 보행자 등의 안전을 위협할 수 있는 상황'을 의미한다고 해석될 수 있다(헌재 2017.11.30, 2015헌바336).

③ [O] '성적 욕망 또는 수치심을 유발할 수 있는 다른 사람의 신체'는 구체적, 개별적, 상대적으로 판단할 수밖에 없는 개념이고, 사회와 시대의 문화, 풍속 및 가치관의 변화에 따라 수시로 변화하는 개념이므로, 심판대상조항이 다소 개방적이거나 추상적인 표현을 사용하면서 그 의미를 법관의 보충적 해석에 맡긴 것은 어느 정도 불가피하다. 법원은 이에 대해 합리적인 해석기준을 제시하고 그 기준에 따라 심판대상조항의 해당 여부를 판단하고 있으므로, 법 집행기관이 심판대상조항을 자의적으로 해석할 염려가 있다고 보기도 어렵다. 따라서 심판대상조항은 죄형법정주의의 명확성원칙에 위배되지 아니한다(헌재 2017.6.29, 2015헌바243).

④ [O] 응급의료법의 입법 취지, 규정형식 및 문언의 내용을 종합하여 볼 때, 건전한 상식과 통상적인 법 감정을 가진 일반인이라면 구체적인 사건에서 어떠한 행위가 이 사건 금지조항의 '그 밖의 방법'에 의하여 규율되는지 충분히 예견할 수 있고, 이는 법관의 보충적 해석을 통하여 확정될 수 있는 개념이다. 따라서 이 사건 금지조항의 '그 밖의 방법' 부분은 죄형법정주의의 명확성의 원칙에 위반된다고 할 수 없다(헌재 2019.6.28, 2018헌바128).

⑤ [O] 금지조항이 규정한 '부득이한 사정'이란 사회통념상 차로의 통행을 기대하기 어려운 특별한 사정을 의미한다고 해석된다. 건전한 상식과 통상적인 법감정을 가진 수범자는 금지조항이 규정한 부득이한 사정이 어떠한 것인지 충분히 알 수 있고, 법관의 보충적인 해석을 통하여 그 의미가 확정될 수 있다. 그러므로 금지조항 중 '부득이한 사정' 부분은 죄형법정주의의 명확성원칙에 위배되지 않는다(헌재 2021.8.31, 2020헌바100).

정답 | 04 ⑤ 05 ② 06 ①

07 다음 중 신체의 자유에 관한 설명으로 가장 옳지 <u>않은</u> 것은? (다툼이 있는 경우 판례에 의함) _{22. 해양경찰}

① 헌법은 동일한 범죄에 대하여 거듭 처벌되지 않는다고 하고 있는데, 여기서 말하는 '처벌'은 국가가 행하는 일체의 제재나 불이익처분을 모두 포함하는 것이다.
② 체포 또는 구속을 당한 자의 가족 등 법률이 정하는 자에게는 그 이유와 일시·장소가 지체 없이 통지되어야 한다.
③ 체포·구속·압수 또는 수색을 할 때에는 적법한 절차에 따라 검사의 신청에 의하여 법관이 발부한 영장을 제시하여야 한다.
④ 모든 국민은 고문을 받지 아니하며, 형사상 자기에게 불리한 진술을 강요당하지 아니한다.

해설
① [×] 일사부재리의 원칙(이중처벌금지의 원칙)이란 실체 판결이 확정되어 판결의 기판력이 발생하면 그 후 동일한 사건에 대하여는 거듭 심판할 수 없다는 원칙을 의미한다. 여기서의 처벌은 국가가 행하는 일체의 불이익한 처분을 의미하는 것이 아니라 국가의 형벌권 실행으로서의 과벌만을 의미한다(헌재 1995.6.29. 91헌마50).
② [○] 헌법 제12조 제5항

> 헌법 제12조 ⑤ … 체포 또는 구속을 당한 자의 가족 등 법률이 정하는 자에게는 그 이유와 일시·장소가 지체 없이 통지되어야 한다.

③ [○] 헌법 제12조 제3항

> 헌법 제12조 ③ 체포·구속·압수 또는 수색을 할 때에는 적법한 절차에 따라 검사의 신청에 의하여 법관이 발부한 영장을 제시하여야 한다. …

④ [○] 헌법 제12조 제2항

> 헌법 제12조 ② 모든 국민은 고문을 받지 아니하며, 형사상 자기에게 불리한 진술을 강요당하지 아니한다.

---

08 다음 중 죄형법정주의에 관한 설명으로 가장 옳지 <u>않은</u> 것은? (다툼이 있는 경우 판례에 의함) _{22. 해양경찰 간부}

① 법규의 내용이 애매하거나 그 적용범위가 지나치게 광범위한 경우에는 헌법에 위반될 수 있다.
② 형식적 의미의 법률뿐만 아니라 명령·규칙에 의하여도 범죄와 형벌을 규정할 수 있다.
③ 누구든지 법률과 적법한 절차에 의하지 아니하고는 처벌·보안처분 또는 강제노역을 받지 아니한다.
④ 모든 국민은 행위시의 법률에 의하여 범죄를 구성하지 아니하는 행위로 소추되지 아니한다.

해설
② [×] 죄형법정주의는 무엇이 범죄이며 그에 대한 형벌이 어떠한 것인가를 국민의 대표로 구성된 입법부가 제정한 법률로써 정하여야 한다는 원칙이다(헌재 1994.6.30. 92헌바38).
▶ 부득이하게 위임할 경우에도 형벌의 종류 및 그 상한과 폭은 법률로 명백히 규정하여야 한다. 즉, 범죄와 형벌까지도 명령·규칙으로 규정할 수는 없다.
① [○] 법규의 내용이 애매하거나 그 적용범위가 지나치게 광범위하면 어떠한 경우에 법을 적용하여야 합헌적인 것이 될 수 있는지 법집행자에게도 불확실하고 애매하게 되어 어떠한 것이 범죄인가를 법제정기관인 입법자가 법률로 확정하는 것이 아니라 사실상 법운영당국이 재량으로 정하는 결과가 되어 법치주의에 위배되고 죄형법정주의에 저촉될 소지가 생겨나는 것이다(헌재 1992.2.25. 89헌가104).
③ [○] 헌법 제12조 제1항

> 헌법 제12조 ① … 법률과 적법한 절차에 의하지 아니하고는 처벌·보안처분 또는 강제노역을 받지 아니한다.

④ [○] 헌법 제13조 제1항

> 헌법 제13조 ① 모든 국민은 행위시의 법률에 의하여 범죄를 구성하지 아니하는 행위로 소추되지 아니하며, 동일한 범죄에 대하여 거듭 처벌받지 아니한다.

09 신체의 자유에 관한 설명 중 가장 적절하지 않은 것은? (다툼이 있는 경우 판례에 의함)

22. 경찰승진 변형

① 교도소 내 엄중격리대상자에 대하여 이동시 계구를 사용하고 교도관이 동행계호하는 행위 및 1인 운동장을 사용하게 하는 처우가 필요한 경우에 한하여 부득이한 범위 내에서 실시되고 있으므로 신체의 자유를 과도하게 제한하여 헌법을 위반한 것이라고 볼 수 없다.
② 죄형법정주의란 무엇이 범죄이며 그에 대한 형벌이 어떠한 것인가를 반드시 국민의 대표로 구성된 입법부가 제정한 법률로써 정하여야 한다는 원칙을 말하므로, 형사처벌요건을 입법부가 행정부에서 제정한 명령이나 규칙에 위임하는 것은 허용되지 않는다.
③ 행위 당시의 판례에 의하면 처벌대상이 되지 아니하는 것으로 해석되었던 행위를 판례의 변경에 따라 확인된 내용의 형법 조항에 근거하여 처벌한다고 하여 그것이 형벌불소급원칙에 위반된다고 할 수 없다.
④ 공범자의 자백은 피고인의 자백과는 그 성질을 달리하므로 반드시 보강증거를 필요로 하는 것은 아니라고 함이 대법원 판례이다.

해설

② [×] 죄형법정주의란 자유주의, 권력분립, 법치주의 및 국민주권의 원리에 입각한 것으로서, 무엇이 범죄이며 그에 대한 형벌이 어떠한 것인가를 반드시 국민의 대표로 구성된 입법부가 제정한 법률로써 정하여야 한다는 원칙을 말한다. 하지만 현대국가의 사회적 기능이 증대되고 사회현상이 복잡·다양화됨에 따라 모든 형사처벌요건을 입법부가 제정한 법률만으로 다 정할 수는 없기 때문에 합리적인 이유가 있으면 예외적으로 행정부에서 제정한 명령이나 규칙에 위임하는 것이 허용된다(헌재 2014.2.27, 2013헌바106).
① [O] 이 사건 실외운동 제한행위가 청구인들의 기본권을 부당하게 침해한다고 보기 어렵다(헌재 2008.5.29, 2005헌마137 등).
③ [O] 형사처벌의 근거가 되는 것은 법률이지 판례가 아니고, 형법 조항에 관한 판례의 변경은 그 법률조항의 내용을 확인하는 것에 지나지 아니하여 이로써 그 법률조항 자체가 변경된 것이라고 볼 수는 없으므로, 행위 당시의 판례에 의하면 처벌대상이 되지 아니하는 것으로 해석되었던 행위를 판례의 변경에 따라 확인된 내용의 형법 조항에 근거하여 처벌한다고 하여 그것이 헌법상 평등의 원칙과 형벌불소급의 원칙에 반한다고 할 수는 없다(대판 1999.9.17, 97도3349).
④ [O] 형사소송법 제310조의 피고인의 자백에는 공범인 공동피고인의 진술이 포함되지 아니하므로 공범인 공동피고인의 진술은 다른 공동피고인에 대한 범죄사실을 인정하는 데 있어서 증거로 쓸 수 있고 그에 대한 보강증거의 여부는 법관의 자유심증에 맡긴다(대판 1985.7.9, 85도951).

10 죄형법정주의에 관한 설명으로 가장 잘못된 것은?

07. 법원직 9급

① 죄형법정주의는 범죄의 구성요건과 형벌을 법률로 정해야 한다는 형식적인 요구뿐 아니라 그 구성요건의 명확성과 형벌비례성도 요구된다.
② 죄형법정주의의 파생원칙으로 관습형법의 금지, 형벌법규의 소급효금지, 유추해석의 금지, 절대적·상대적 부정기형의 금지 등이 있다.
③ 벌칙규정의 하위법규 등에의 위임은 절대적으로 금지되는 것이 아니라 모법(母法)이 처벌대상 행위의 구체적 기준을 제시하고 형의 종류 및 최고한도를 규정하는 것과 같이 구체적으로 범위를 정하여 위임하는 것은 허용된다고 본다.
④ 헌법재판소는, 죄형법정주의란 무엇이 범죄이며, 그에 대한 형벌이 어떠한 것인가에 관하여 이는 법률로써 정하여야 한다는 원칙인데, 과태료는 행정상의 질서 유지를 위한 행정질서벌에 해당할 뿐 형벌이라고 할 수 없다는 이유로 죄형법정주의의 규율대상에 해당하지 아니한다고 판시하였다.

정답 | 07 ① 08 ② 09 ②

해설

② [×] 죄형법정주의의 파생원칙으로 관습형법의 금지, 형벌법규의 소급효금지, 유추해석의 금지, 절대적 부정기형의 금지 등이 있다. 상대적 부정기형은 가능하다. 현재 소년법에서 시행되고 있다.
①③ [O] 하위법령에 위임할 경우에는 특히 긴급할 필요가 있거나 미리 법률로써 자세히 정할 수 없는 부득이한 사정이 있는 경우에 한하여 가능하며, 구성요건의 점에서는 처벌대상인 행위가 어떠한 것인지 이를 예측할 수 있을 정도로 구체적으로 정하고, 형벌의 점에서는 형벌의 종류 및 그 상한과 폭을 명확히 규정하여야 한다(헌재 1996.2.29, 94헌마213).
④ [O] 부동산소유권이전등기신청을 의무화하고 그 의무 위반에 대하여 과태료에 처할 수 있도록 규정하고 있는 부동산등기 특별조치법 제11조 제1항 본문 중 제2조 제1항에 관한 부분은 죄형법정주의의 규율대상에 해당하지 않는다(헌재 1998.5.28, 96헌바83).

11 보안처분에 관한 다음 설명 중 가장 옳지 않은 것은?   20. 법원직 9급

① 전자장치 부착명령은 범죄행위를 한 사람에 대한 응보를 주된 목적으로 그 책임을 추궁하는 사후적 처분인 형벌과 구별되는 비형벌적 보안처분으로서 소급효금지원칙이 적용되지 아니한다.
② 노역장유치란 벌금납입의 대체수단이자 납입강제기능을 갖는 벌금형의 집행방법이며, 벌금형에 대한 환형처분이라는 점에서 형벌과 구별된다. 따라서 노역장유치기간의 하한을 정한 것은 벌금형을 대체하는 집행방법을 강화한 것에 불과하며, 이를 소급적용한다고 하여 형벌불소급의 문제가 발생한다고 보기 어렵다.
③ 보안처분이라 하더라도 형벌적 성격이 강하여 신체의 자유를 박탈하거나 박탈에 준하는 정도로 신체의 자유를 제한하는 경우에는 소급입법금지원칙을 적용하는 것이 법치주의 및 죄형법정주의에 부합한다.
④ 디엔에이감식시료의 채취 행위 및 디엔에이신원확인정보의 수집, 수록, 검색, 회보라는 일련의 행위는 보안처분으로서의 성격을 지닌다.

해설

② [×] 노역장유치는 그 실질이 신체의 자유를 박탈하는 것으로서 징역형과 유사한 형벌적 성격을 가지고 있으므로 형벌불소급원칙의 적용대상이 된다. 노역장유치조항은 1억원 이상의 벌금형을 선고받는 자에 대하여 유치기간의 하한을 중하게 변경시킨 것이므로, 이 조항 시행 전에 행한 범죄행위에 대해서는 범죄행위 당시에 존재하였던 법률을 적용하여야 한다. 그런데 부칙조항은 노역장유치조항의 시행 전에 행해진 범죄행위에 대해서도 공소제기의 시기가 노역장유치조항의 시행 이후이면 이를 적용하도록 하고 있으므로, 이는 범죄행위 당시보다 불이익한 법률을 소급적용하도록 하는 것으로서 헌법상 형벌불소급원칙에 위반된다(헌재 2017.10.26, 2015헌바239 등).
① [O] 전자장치 부착명령은 전통적 의미의 형벌이 아닐 뿐 아니라, 성폭력범죄자의 성행교정과 재범방지를 도모하고 국민을 성폭력범죄로부터 보호한다고 하는 공익을 목적으로 하며, 전자장치의 부착을 통해서 피부착자의 행동 자체를 통제하는 것도 아니라는 점에서 이 사건 부칙조항이 적용되었을 때 처벌적인 효과를 나타낸다고 보기 어렵다. 그러므로 이 사건 부착명령은 범죄행위를 한 사람에 대한 응보를 주된 목적으로 그 책임을 추궁하는 사후적 처분인 형벌과 구별되는 비형벌적 보안처분으로서 소급효금지원칙이 적용되지 아니한다(헌재 2012.12.27, 2010헌가82 등).
③ [O] 보안처분의 범주가 넓고 그 모습이 다양한 이상, 보안처분에 속한다는 이유만으로 일률적으로 소급효금지원칙이 적용된다거나 그렇지 않다고 단정해서는 안 되고, 보안처분이라는 우회적인 방법으로 형벌불소급의 원칙을 유명무실하게 하는 것을 허용해서도 안 된다. 따라서 보안처분이라 하더라도 형벌적 성격이 강하여 신체의 자유를 박탈하거나 박탈에 준하는 정도로 신체의 자유를 제한하는 경우에는 소급효금지원칙을 적용하는 것이 법치주의 및 죄형법정주의에 부합한다(헌재 2012.12.27, 2010헌가82 등).
④ [O] 디엔에이감식시료의 채취 행위 및 디엔에이신원확인정보의 수집, 수록, 검색, 회보라는 일련의 행위는 수형인 등에게 심리적 압박에서 나오는 위하효과로 인한 범죄의 예방효과를 가진다는 점에서 행위자의 장래 위험성에 근거하여 범죄자의 개선을 통해 범죄를 예방하고 장래의 위험을 방지하여 사회를 보호하기 위해서 부과되는 보안처분으로서의 성격을 지닌다고 볼 수 있다(헌재 2014.8.28, 2011헌마28 등).

12 죄형법정주의원칙 또는 책임주의에 관한 다음 설명 중 가장 옳지 <u>않은</u> 것은? (다툼이 있는 경우 헌법재판소 결정에 의함)

17. 법원직 9급

① 건전한 상식과 통상적인 법감정을 가진 사람으로 하여금 그 적용대상자가 누구이며 구체적으로 어떠한 행위가 금지되고 있는지를 충분히 알 수 있도록 규정되어 있다면 죄형법정주의의 명확성원칙에 위배되지 않는다고 보아야 한다.

② 뇌물죄의 적용에 있어 공무원으로 의제되는 정부출연연구기관의 직원을 직접 법률에 열거하여 규정하지 않은 것은 포괄위임에 해당하여 죄형법정주의에 반한다.

③ 종업원 등의 무면허의료행위 사실이 인정되면 그 범죄행위에 가담 여부나 종업원 행위에 대한 감독의무위반 여부 등을 불문하고 영업주를 종업원과 같이 처벌하는 규정은 형벌에 관한 책임주의에 반한다.

④ 의사 아닌 자가 영리목적의 업으로 문신시술하는 것을 의료행위로 보아 금지하는 것은 명확성의 원칙에 위배된다고 할 수 없다.

해설

② [×] 정부출연연구기관의 조직과 업무에 따라서 그 직원에게 요구되는 청렴성의 요구는 정도를 달리할 수 있으며, 그 정도에 따라 뇌물죄의 적용에 있어 공무원으로 의제할지 여부를 결정하는 것이 바람직한데, 정부출연연구기관의 업무영역 및 조직상의 특성은 각 기관별로 상이하고, 유동적이므로 입법자가 국회제정의 형식적 법률에 비하여 더 탄력성이 있는 대통령령 등 위 법규에 의제 범위를 위임할 입법기술상의 필요성이 인정된다. 또한 이 사건 법률조항이 '간부직원 중 대통령령이 정하는 직원'과 같이 한정적으로 명시하고 있지 않다고 하더라도 그 규정형식상 '임원'과 같이 주요 업무에 종사하는 직원에 한정하여 규정될 것임을 충분히 예측할 수 있다. 따라서 이 사건 법률조항이 포괄위임에 해당되어 죄형법정주의 위반이라 볼 수는 없다(헌재 2006.11.30, 2004헌바86).

① [O] 이는 건전한 상식과 통상적인 법감정을 가진 일반인이라면 이 사건 처벌조항의 문언을 통하여 충분히 파악할 수 있는 내용이다(헌재 2016.12.29, 2016헌바153).

③ [O] 이 사건 법률조항은 개인이 고용한 종업원 등의 무면허의료행위 사실이 인정되면 종업원 등의 범죄행위에 대한 영업주의 가담 여부나 종업원 등의 행위를 감독할 주의의무의 위반 여부 등을 전혀 묻지 않고 곧바로 영업주인 개인을 종업원 등과 같이 처벌하도록 규정하고 있는바, 이는 아무런 비난받을 만한 행위를 한 바 없는 자에 대해서까지 다른 사람의 범죄행위를 이유로 처벌하는 것으로서 형벌에 관한 책임주의에 반하므로 헌법에 위반된다(헌재 2009.10.29, 2009헌가6).

④ [O] 의료법의 입법목적, 의료인의 사명에 관한 의료법상의 여러 규정, 의료행위의 개념에 관한 대법원판례 등을 종합하여 보면, 이 사건 법률조항들 중 '의료행위'는 사람의 생명, 신체 또는 일반 공중위생에 밀접하고 중대한 관계가 있는 행위로서 질병의 치료와 예방에 관한 행위는 물론, 의학상의 기능과 지식을 가진 의료인이 하지 아니하면 보건위생상 위해를 가져올 우려가 있는 일체의 행위라고 할 것이고, 이는 건전한 일반상식을 가진 자에 의하여 일의적으로 파악되기 어렵다거나 법관에 의한 적용단계에서 다의적으로 해석될 우려가 있다고 보기 어려우므로, 죄형법정주의의 명확성원칙에 위배된다고 할 수 없다(헌재 2007.4.26, 2003헌바71).

정답 | 10 ② 11 ② 12 ②

13 헌법상 신체의 자유에 대한 설명으로 가장 적절하지 <u>않은</u> 것은? (다툼이 있는 경우 헌법재판소 판례에 의함)

19. 경찰승진 변형

① 마약류사범인 수용자에게 마약류반응검사를 위하여 소변을 받아 제출하게 한 것은 과잉금지의 원칙에 위반되지 않는다.
② 보호의무자 2인의 동의와 정신건강의학과 전문의 1인의 진단으로 정신질환자에 대한 보호입원이 가능하도록 한 정신보건법 조항은 정신질환자를 신속·적정하게 치료하고, 정신질환자 본인과 사회의 안전을 지키기 위한 것이므로 신체의 자유를 침해하지 않는다.
③ 형사 법률에 저촉되는 행위 또는 규율 위반행위를 한 피보호감호자에 대하여 징벌처분을 내릴 수 있도록 한 구 사회보호법 조항은 과잉금지원칙에 위배되지 않아 청구인의 신체의 자유를 침해하지 않는다.
④ 전자장치(전자발찌) 부착명령은 형법불소급원칙이 적용되지 아니한다.

해설

② [×] 보호의무자 2인의 동의 및 정신과전문의 1인의 진단을 요건으로 정신질환자를 정신의료기관에 보호입원시켜 치료를 받도록 하는 것은, 목적의 정당성 및 수단의 적절성은 인정되나 입원의 필요성에 대한 판단에 있어 객관성과 공정성을 담보할 만한 장치를 두고 있지 않고, 보호입원 대상자의 의사 확인이나 부당한 강제입원에 대한 불복제도도 충분히 갖추고 있지 아니하여, 보호입원 대상자의 신체의 자유를 과도하게 제한하고 있어, 침해의 최소성에 반하므로 과잉금지원칙을 위반하여 신체의 자유를 침해한다(헌재 2016. 9.29, 2014헌가9).
① [○] 행형법 제17조의2(신체검사 등) 제1항이 이 사건 소변채취의 법률상 근거가 된다. 정기적으로 소변채취를 통하여 마약반응검사를 실시하는 것은 교정시설 내의 안전과 질서유지 및 교정목적에 기여하는 측면이 높다는 점에서 이 사건 소변채취는 과잉금지의 원칙에 위반되지 아니한다(헌재 2006.7.27, 2005헌마277).
③ [○] 형사 법률에 저촉되는 행위 또는 규율 위반행위를 한 피보호감호자에 대하여 징벌처분을 내릴 수 있도록 한 구 사회보호법 조항은 과잉금지원칙에 위배되지 않아 청구인의 신체의 자유를 침해하지 않는다(헌재 2016.5.26, 2015헌바378).
④ [○] 전자장치 부착명령은 전통적 의미의 형벌이 아닐 뿐 아니라, 성폭력범죄자의 성행교정과 재범방지를 도모하고 국민을 성폭력범죄로부터 보호한다고 하는 공익을 목적으로 하며, 전자장치의 부착을 통해서 피부착자의 행동 자체를 통제하는 것도 아니라는 점에서 자유를 박탈하는 구금 형식과는 구별되고 이 사건 부칙조항이 적용되었을 때 처벌적인 효과를 나타낸다고 보기 어렵다. 그러므로 이 사건 부착명령은 범죄행위를 한 사람에 대한 응보를 주된 목적으로 그 책임을 추궁하는 사후적 처분인 형벌과 구별되는 비형벌적 보안처분으로서 소급효금지원칙이 적용되지 아니한다(헌재 2012.12.27, 2010헌가82).

14 죄형법정주의와 일사부재리의 원칙에 관한 다음 설명 중 가장 옳지 <u>않은</u> 것은? (다툼이 있는 경우 헌법재판소 결정에 의함)

18. 법원직 9급 변형

① 집행유예의 취소시 부활되는 본형은 집행유예의 선고와 함께 선고되었던 것으로 판결이 확정된 동일한 사건에 대하여 다시 심판한 결과 부과되는 것이 아니므로 일사부재리의 원칙과 무관하다.
② 당국의 허가 없이 한 건축행위에 대해서 형사처벌을 가하고 이러한 위법건축물에 대한 시정명령에 응하지 않은 경우 다시 과태료를 부과한다고 해서 이것이 이중처벌의 원칙에 반하는 것은 아니다.
③ 누범이나 상습범을 가중처벌하는 것은 헌법의 일사부재리에 위반하는 것이 아니다.
④ '가정의례의 참뜻에 비추어 합리적인 범위 내'라는 소극적 범죄구성요건은 죄형법정주의의 명확성원칙을 위배하지 아니하였다.

해설

④ [×] 가정의례의 참뜻에 비추어 합리적인 범위 내라는 소극적 범죄구성요건은 죄형법정주의 명확성원칙을 위배하여 일반적 행동자유권을 침해하였다(헌재 1998.10.15, 98헌마168).
① [O] 집행유예의 취소시 부활되는 본형은 집행유예의 선고와 함께 선고되었던 것으로 판결이 확정된 동일한 사건에 대하여 다시 심판한 결과 부과되는 것이 아니므로 일사부재리의 원칙과 무관하다(헌재 2013.6.27, 2012헌바345).
② [O] 구 건축법 제54조 제1항에 의한 무허가건축행위에 대한 형사처벌과 동법 제56조2 제1항에 의한 과태료의 부과는 헌법 제13조 제1항이 금지하는 이중처벌에 해당한다고 할 수 없다(헌재 1994.6.30, 92헌바38).
③ [O] 누범을 가중처벌하는 것은 전범에 대한 형벌의 경고적 기능을 무시하고 다시 범죄를 저질렀다는 점에서 비난가능성이 많고, 누범이 증가하고 있다는 현실에서 사회방위, 범죄의 특별예방 및 일반예방이라는 형벌목적에 비추어 보아, 형법 제35조가 누범에 대하여 형을 가중한다고 해서 그것이 인간의 존엄성 존중이라는 헌법의 이념에 반하는 것도 아니며, 누범을 가중하여 처벌하는 것은 사회방위, 범죄의 특별예방 및 일반예방, 더 나아가 사회의 질서유지의 목적을 달성하기 위한 하나의 수단이기도 하는 것이므로 이는 합리적 근거 있는 차별이어서 헌법상의 평등의 원칙에 위배되지 아니한다(헌재 1995.2.23, 93헌바43).

15 이중처벌금지의 원칙에 대한 설명으로 가장 적절하지 않은 것은? (다툼이 있는 경우 헌법재판소 판례에 의함)

22. 경찰간부 변형

① 벌금형을 선고받는 자가 그 벌금을 납입하지 않은 때에 그 집행방법의 변경으로 하게 되는 노역장 유치는 이미 형벌을 받은 사건에 대해 또다시 형을 부과하는 것이 아니라, 단순한 형벌 집행 방법의 변경에 불과한 것이므로 헌법 제13조 제1항 후단의 이중처벌금지의 원칙에 위반되지 않는다.
② 사회보호법상의 보호감호와 형벌은 다 같이 신체의 자유를 박탈하는 수용처분이라는 점에서 서로 유사한 점이 있기는 하지만, 보호감호처분은 재범의 위험성이 있고 사회복귀를 촉진하고 사회를 보호하기 위한 보안처분으로서, 그 본질과 추구하는 목적 및 기능에 있어 형벌과는 다른 독자적 의의를 가진 처분이므로, 형벌과 보호감호를 서로 병과하여 선고한다고 해서 그것이 헌법 제13조 제1항 후단 소정의 거듭처벌금지의 원칙에 위배되지 아니한다.
③ 신상정보 공개·고지 명령은 형벌과는 목적이나 심사대상 등을 달리하는 보안처분에 해당하므로 동일한 범죄행위에 대하여 형벌이 부과된 이후 다시 신상정보 공개·고지 명령이 선고 및 집행된다고 하여 이중처벌금지의 원칙에 위반된다고 할 수 없다.
④ 헌법 제13조 제1항이 정한 이중처벌금지의 원칙은 동일한 범죄행위에 대하여 국가가 형벌권을 거듭 행사할 수 없도록 함으로써 국민의 신체의 자유를 보장하기 위한 것이므로, 국가가 행하는 일체의 제재나 불이익처분을 모두 그 처벌에 포함된다.

해설

④ [×] 일사부재리의 원칙(이중처벌금지의 원칙)이란 실체 판결이 확정되어 판결의 기판력이 발생하면 그 후 동일한 사건에 대하여는 거듭 심판할 수 없다는 원칙을 의미한다. 여기서의 처벌은 국가가 행하는 일체의 불이익한 처분을 의미하는 것이 아니라 국가의 형벌권 실행으로서의 과벌만을 의미한다(헌재 1995.6.29, 91헌마50).
① [O] 벌금형에 대한 노역장 유치는 이미 형벌을 받은 사건에 대해 또 다시 형을 부과하는 것이 아니라 단순한 형벌 집행 방법의 변경에 불과한 것이므로 이중처벌금지원칙과는 관련이 없다(헌재 2010.7.29, 2008헌바88).
② [O] 사회보호법상의 보호감호와 형벌은 다 같이 신체의 자유를 박탈하는 수용처분이라는 점에서 서로 유사한 점이 있기는 하지만, 보호감호처분은 재범의 위험성이 있고 사회복귀를 촉진하고 사회를 보호하기 위한 보안처분으로서, 그 본질과 추구하는 목적 및 기능에 있어 형벌과는 다른 독자적 의의를 가진 처분이므로, 형벌과 보호감호를 서로 병과하여 선고한다고 해서 그것이 헌법 제13조 제1항 후단 소정의 거듭처벌금지의 원칙에 위배되지 아니한다(헌재 1991.4.1, 89헌마17 등).
③ [O] 청소년 성매수자의 일반적 인격권과 사생활의 비밀의 자유가 제한되는 정도가 청소년 성보호라는 공익적 요청에 비해 크다고 할 수 없으므로 과잉금지의 원칙에 위배된다고 할 수 없다(헌재 2003.6.26, 2002헌가14). 판례는 이중처벌금지에도 위반되지 않는다고 보고 있다.

16 일사부재리원칙에 대한 설명으로 옳지 않은 것은? (다툼이 있는 경우 헌법재판소 판례에 의함) 18. 입법고시

① 헌법 제13조 제1항에서 말하는 '처벌'이란 국가가 행하는 일체의 제재나 불이익처분을 모두 포함한다.
② 이중처벌금지는 징계절차나 민사상 손해배상절차 또는 형법에 근거하지 않는 다른 절차가 개시되는 것을 금지하지 않는다.
③ 이중처벌금지의 원칙은 처벌 또는 제재가 '동일한 행위'를 대상으로 행해질 때에 적용될 수 있는 것이므로, 행위가 서로 다를 경우에는 이 원칙이 적용되지 않는다.
④ 이중처벌금지원칙이 적용되는 대상이 동일한 행위인지 여부는 기본적 사실관계가 동일한지 여부에 의하여 판단된다.
⑤ 무허가 건축행위에 대한 형사처벌 외에 위법건축물에 대한 시정명령의 이행을 강제하기 위하여 과태료나 이행강제금을 부과하는 것은 이중처벌에 해당하지 않는다.

해설
① [×] 헌법 제13조 제1항이 정한 "이중처벌금지의 원칙"은 동일한 범죄행위에 대하여 국가가 형벌권을 거듭 행사할 수 없도록 함으로써 국민의 기본권 특히 신체의 자유를 보장하기 위한 것이므로, 그 "처벌"은 원칙으로 범죄에 대한 국가의 형벌권 실행으로서의 과벌을 의미하는 것이고, 국가가 행하는 일체의 제재나 불이익처분을 모두 그에 포함된다고 할 수는 없다(헌재 1994.6.30, 92헌바38).
② [○] 어떤 행정처분에 제재와 억지의 성격·기능만이 있다고 하여도 이를 '국가형벌권의 행사'로서의 처벌이라고 볼 수 없다(헌재 2003.7.24, 2001헌가25). 따라서 징계절차나 민사상 손해배상절차는 이에 포함되지 않는다.
③ [○] 양자는 처벌 내지 제재대상이 되는 기본적 사실관계로서의 행위를 달리하는 것이다. 이중처벌에 해당한다고 할 수 없다(헌재 1994.6.30, 92헌바38). 따라서 동일한 행위가 아닌 경우 이는 이중처벌금지의 원칙이 적용되지 않는다.
④ [○] 이중처벌금지의 원칙은 처벌 또는 제재가 "동일한 행위"를 대상으로 행해질 때에 적용될 수 있는 것이고, 그 대상이 동일한 행위인지의 여부는 기본적 사실관계가 동일한지 여부에 의하여 가려야 할 것이다(헌재 1994.6.30, 92헌바38).
⑤ [○] 건축법 제78조에 의한 무허가 건축행위에 대한 형사처벌과 건축법 제83조 제1항에 의한 시정명령 위반에 대한 이행강제금의 부과는 그 처벌 내지 제재대상이 되는 기본적 사실관계로서의 행위를 달리하며, 또한 그 보호법익과 목적에서도 차이가 있으므로 헌법 제13조 제1항이 금지하는 이중처벌에 해당한다고 할 수 없다(헌재 2004.2.26, 2001헌바80 등).

17 이중처벌금지원칙에 대한 설명으로 잘못된 것은? (다툼이 있는 경우 판례에 의함) 10. 국가직 7급

① 부동산실명법이 명의신탁자 등에 대하여 형사처벌 이외에 과징금을 부과하는 것은 이중처벌에 해당하여 헌법에 위반된다고 보기는 어렵다.
② 청소년 성매수자에 대하여 형사처벌과 함께 그 신상을 공개하는 것은 이중처벌금지원칙에 위반된다.
③ 법무부령이 정하는 금액 이상의 추징금을 납부하지 아니한 자에게 출국을 금지할 수 있도록 한 것은 이중처벌금지원칙에 위배되지 않는다.
④ 공정거래위원회로 하여금 부당내부거래를 한 사업자에 대하여 그 매출액의 2% 범위 내에서 과징금을 부과할 수 있도록 한 것이 이중처벌금지원칙에 위반되지 않는다.

해설
② [×] 공개되는 신상과 범죄사실은 이미 공개재판에서 확정된 유죄판결의 일부로서, 개인의 신상 내지 사생활에 관한 새로운 내용이 아니고, 공익목적을 위하여 이를 공개하는 과정에서 부수적으로 수치심 등이 발생된다고 하여 이것을 기존의 형벌 외에 또 다른 형벌로서 수치형이나 명예형에 해당한다고 볼 수는 없다. 그렇다면, 신상공개제도는 헌법 제13조의 이중처벌금지원칙에 위배되지 않는다(헌재 2003.6.26, 2002헌가14).
① [○] 헌법 제13조 제1항에서 말하는 "처벌"은 원칙적으로 범죄에 대한 국가의 형벌권 실행으로서의 과벌을 의미하는 것이고, 국가가 행하는 일체의 제재나 불이익처분을 모두 그 "처벌"에 포함시킬 수는 없는 것이다(헌재 2001.5.31, 99헌가18).
③ [○] 법무부령이 정하는 금액 이상의 추징금을 납부하지 아니한 자에게 출국을 금지할 수 있도록 한 것은 이중처벌금지원칙에 위배되지 않는다(헌재 2004.10.28, 2003헌가18).
④ [○] 공정거래위원회로 하여금 부당내부거래를 한 사업자에 대하여 그 매출액의 2% 범위 내에서 과징금을 부과할 수 있도록 한 것이 이중처벌금지원칙에 위반되지 않는다(헌재 2003.7.24, 2001헌가25).

18 다음 이중처벌금지원칙에 관한 설명 중 가장 옳지 <u>않은</u> 것은? (다툼이 있는 경우 판례에 의함) 24. 해양경찰 간부

① 신상정보 공개·고지명령은 형벌과는 목적이나 심사대상 등을 달리하는 보안처분에 해당하므로 동일한 범죄행위에 대하여 형벌이 부과된 이후 다시 신상정보 공개·고지명령이 선고 및 집행된다고 하여 이중처벌금지원칙에 위반된다고 할 수 없다.
② 양도담보 채권자가 이전등기시 채권관계를 기재한 서면을 제출하지 않은 경우, 형사처벌 이외에 과징금을 부과하는 것은 범죄에 대하여 국가가 형벌권을 실행하는 '과벌'에 해당하지 않는다.
③ 일정한 성폭력범죄를 범한 사람에게 유죄판결을 선고하는 경우 성폭력 치료프로그램 이수명령을 병과하도록 한 것은 그 목적이 과거의 범죄행위에 대한 제재로서 대상자의 건전한 사회복귀 및 범죄예방과 사회보호에 있어 형벌과 본질적 차이가 나지 않는 보안처분에 해당하므로, 동일한 범죄행위에 대하여 형벌과 병과될 경우 이중처벌금지원칙에 위배된다.
④ 보호관찰이나 사회봉사 또는 수강을 조건으로 집행유예를 선고받은 자의 집행유예가 취소되는 경우 사회봉사 등 의무를 이행하였는지 여부와 관계없이 유예되었던 본형 전부를 집행하는 것은 이중처벌금지원칙에 위반되지 아니한다.

해설

③ [×] 이수명령은 형벌과 본질적 차이가 있는 보안처분에 해당하므로, 동일한 범죄행위에 대하여 형벌과 병과되더라도 이중처벌금지원칙에 위배된다고 할 수 없다(헌재 2016.12.29, 2016헌바153).
① [O] 이중처벌금지원칙은 판결이 확정되면 동일한 사건에 대해서는 다시 심판할 수 없다는 일사부재리원칙을 선언한 것으로서 국민의 신체의 자유를 보장하기 위한 것이다. 이러한 이중처벌은 처벌 또는 제재가 동일한 행위를 대상으로 거듭 행해질 때 발생하는 문제이다. 그런데 신상정보 공개·고지명령은 형벌과는 목적이나 심사대상 등을 달리하는 보안처분에 해당하므로 동일한 범죄행위에 대하여 형벌이 부과된 이후 다시 신상정보 공개·고지명령이 선고 및 집행된다고 하여 이중처벌금지의 원칙에 위반된다고 할 수 없다(헌재 2016.12.29, 2015헌바196).
② [O] 부동산실명법상의 의무위반에 대하여 처벌을 함과 동시에 과징금 또는 이행강제금을 부과하는 것이 바로 이중처벌에 해당하여 헌법에 위반된다고 보기는 어렵다 할 것이다(헌재 2001.5.31, 99헌가18).
④ [O] 집행유예의 취소 시 부활되는 본형은 집행유예의 선고와 함께 선고되었던 것으로 판결이 확정된 동일한 사건에 대하여 다시 심판한 결과 부과되는 것이 아니므로 일사부재리의 원칙과 무관하고, 사회봉사명령 또는 수강명령은 그 성격, 목적, 이행방식 등에서 형벌과 본질적 차이가 있어 이중처벌금지원칙에서 말하는 '처벌'이라 보기 어려우므로, 이 사건 법률조항은 이중처벌금지원칙에 위반되지 아니한다(헌재 2013.6.27, 2012헌바345).

19. 적법절차의 원리에 관한 다음 기술 중 옳은 것을 모두 고르면?

04. 국가직 7급 변형

> ㉠ 누구든지 법률과 적법한 절차에 의하지 아니하고는 처벌·보안처분 또는 강제노역을 받지 아니한다.
> ㉡ 미국헌법상의 적법절차의 원리는 절차적 적법절차뿐만 아니라 실체적 적법절차까지도 포함하고 있다.
> ㉢ 현행 헌법은 적법절차의 원리를 명문으로 규정하고 있지는 않으나 신체의 자유를 보장하는 당연한 내용으로 보는 것이 통설의 입장이다.
> ㉣ 적법절차의 원리는 행정절차에도 적용된다는 것이 헌법재판소의 판례이다.

① ㉠, ㉡, ㉢
② ㉠, ㉡, ㉣
③ ㉠, ㉢, ㉣
④ ㉡, ㉢, ㉣

해설
㉠, ㉡, ㉣이 옳다.
- ㉠ [O] 법률과 적법한 절차에 의하지 아니하고는 처벌·보안처분 또는 강제노역을 받지 아니한다(헌법 제12조 제1항).
- ㉡ [O] 미국연방헌법에 규정되어 있는 '적법절차의 원리'는 국가권력의 자의적 행사를 절차적인 측면에서 규제한다는 초기의 입장에서 실체적인 내용에 관한 것까지로 확대되었다.
- ㉢ [×] ㉣ [O] 헌법 제12조 제3항 본문은 동조 제1항과 함께 적법절차원리의 일반조항에 해당하는 것으로서, 형사절차상의 영역에 한정되지 않고 입법, 행정 등 국가의 모든 공권력의 작용에는 절차상의 적법성뿐만 아니라 법률의 구체적 내용도 합리성과 정당성을 갖춘 실체적인 적법성이 있어야 한다는 적법절차의 원칙을 헌법의 기본원리로 명시하고 있는 것이다(헌재 1992.12.24, 92헌가8).

20. 적법절차에 관한 설명으로 가장 잘못된 것은? (다툼이 있는 경우 통설과 헌법재판소 결정례에 의함)

10. 법원직 9급

① 헌법은 제12조 제1항의 처벌, 보안처분, 강제노역 등 및 제12조 제3항의 영장주의와 관련하여 각각 적법절차의 원칙을 규정하고 있으나, 이는 그 적용대상을 예시한 것에 불과하다고 보는 것이 통설적 견해이다.
② 적법절차의 원칙은 형식적인 절차뿐만 아니라 실체적 법률내용이 합리성과 정당성을 갖춘 것이어야 한다는 실질적 의미로까지 확장되어 있다.
③ 국회의 입법절차도 적법절차원리의 지배를 받는다.
④ 유죄판결이 확정되어 교정시설에 수용 중인 수형자가 변호인과 주고받은 서신을 검열한 행위는 변호인의 조력을 받을 권리를 침해한 것이다.

해설
- ④ [×] 형사절차가 종료되어 교정시설에 수용 중인 수형자는 원칙적으로 변호인의 조력을 받을 권리의 주체가 될 수 없다. 다만, 수형자의 경우에도 재심절차 등에는 변호인 선임을 위한 일반적인 교통·통신이 보장될 수도 있겠으나, 기록에 의하면 청구인은 교도소 내에서의 처우를 왜곡하여 외부인과 연계, 교도소 내의 질서를 해할 목적으로 변호사에게 이 사건 서신을 발송하려는 것이므로 이와 같은 경우에는 변호인의 조력을 받을 권리가 보장되는 경우에 해당한다고 할 수 없다(헌재 1998.8.27, 96헌마398).
- ① [O] 현행 헌법 제12조 제1항은 예시규정이라 보는 것이 통설이다.
- ② [O] 적법절차의 원칙은 형식적인 절차뿐만 아니라 실체적 법률내용이 합리성과 정당성을 갖춘 것이어야 한다는 실질적 의미로까지 확장되어 있다(헌재 1992.12.24, 92헌가8).
- ③ [O] 적법절차원리는 형사절차는 물론이고 입법절차, 행정처분, 사법절차 등 모든 국가작용을 지배하는 원리로서 기본권 제한과 관련되든 관련되지 아니하든 모든 국가작용에 적용된다(헌재 1989.9.8, 88헌가6).

21. 적법절차에 대한 설명으로 옳지 않은 것은? (다툼이 있는 경우 판례에 의함)

15. 국회직 9급 변형

① 헌법 제12조 제1항은 적법절차원칙의 일반조항이고 제12조 제3항의 적법절차원칙은 기본권 제한 정도가 가장 심한 형사상 강제처분의 영역에서 기본권을 더욱 강하게 보장하려는 의지를 담아 중복 규정된 것이다.
② 적법절차의 원칙은 모든 국가작용을 지배하는 독자적인 헌법의 기본원리로서 해석되어야 할 원칙이라는 점에서 입법권의 유보적 한계를 선언하는 과잉입법금지의 원칙과 구별된다.
③ 적법절차의 원리는 형사절차상의 제한된 범위 내에서만 적용되는 것이 아니라 국가작용으로서 기본권 제한과 관련되든 아니든 모든 입법작용 및 행정작용에도 광범위하게 적용된다.
④ 적법절차의 원리는 탄핵소추절차에는 직접 적용된다.

해설

④ [×] 국가기관이 국민과의 관계에서 공권력을 행사함에 있어서 준수해야 할 법원칙으로서 형성된 적법절차의 원칙을 국가기관에 대하여 헌법을 수호하고자 하는 탄핵소추절차에는 직접 적용할 수 없다고 할 것이다(헌재 2004.5.14, 2004헌나1).
① [○] 헌법 제12조 제1항은 적법절차 원칙의 일반조항이고, 제12조 제3항의 적법절차 원칙은 기본권 제한 정도가 가장 심한 형사상 강제처분의 영역에서 기본권을 더욱 강하게 보장하려는 의지를 담아 중복 규정된 것이라고 해석함이 상당하다(헌재 2012.6.27, 2011헌가36).
② [○] 적법절차의 원칙은 단순히 입법권의 유보제한이라는 한정적인 의미에 그치는 것이 아니라 모든 국가작용을 지배하는 독자적인 헌법의 기본원리로서 해석되어야 할 원칙이라는 점에서 입법권의 유보적 한계를 선언하는 과잉입법금지의 원칙과는 구별된다고 할 것이다(헌재 1992.12.24, 92헌가8).
③ [○] 적법절차의 원칙은 법률의 위헌여부에 관한 심사기준으로서 그 적용대상을 형사소송절차에 국한하지 않고 모든 국가작용 특히 입법작용 전반에 대하여 문제된 법률의 실체적 내용이 합리성과 정당성을 갖추고 있는지 여부를 판단하는 기준으로 적용되고 있음을 보여주고 있다(헌재 1992.12.24, 92헌가8).

22. 영장주의에 대한 다음 설명으로 가장 옳지 않은 것은?

16. 서울시 7급

① 헌법재판소에 따르면 행정상 즉시강제는 급박한 행정상 장해를 제거하기 위한 목적에 의한 것이지만, 국가가 개인에게 직접 신체나 재산에 실력을 행사하는 것이므로 원칙적으로 영장주의가 적용된다.
② 음주측정은 성질상 강제될 수 있는 것이 아니며 당사자의 자발적 협조가 필수적인 것이므로, 영장주의에 위배되지 않는다.
③ 마약류 사범인 수형자에게 마약류반응검사를 위하여 소변을 받아 제출하게 한 것은 영장주의의 원칙이 적용되지 않는다.
④ 긴급체포와 현행범체포의 경우 체포영장 없이 체포를 한 후 피의자를 구속하고자 할 때에는 체포한 때부터 48시간 이내에 구속영장을 청구하여야 한다.

해설

① [×] 행정상 즉시강제는 상대방의 임의이행을 기다릴 시간적 여유가 없을 때 하명 없이 바로 실력을 행사하는 것으로서, 그 본질상 급박성을 요건으로 하고 있어 법관의 영장을 기다려서는 그 목적을 달성할 수 없다고 할 것이므로, 원칙적으로 영장주의가 적용되지 않는다고 보아야 할 것이다(헌재 2002.10.31, 2000헌가12).

② [O] 당사자의 협력이 궁극적으로 불가피한 측정방법을 두고 강제처분이라고 할 수 없을 것이다. 이와 같이 이 사건 음주측정을 두고 영장을 필요로 하는 강제처분이라 할 수 없는 이상 이 사건 법률조항은 헌법 제12조 제3항의 영장주의에 위배되지 아니한다(헌재 1997.3.27, 96헌가11).

③ [O] 마약류 수용자에 대한 소변채취 사건에서 소변채취는 당사자의 협력이 불가피하므로 이를 두고 강제처분이라고 할 수 없다는 점에서 법관 영장 없이 실시되었다고 하여 헌법 제12조 제3항의 영장주의에 위배하였다고 할 수 없다(헌재 2006.7.27, 2005헌마277).

④ [O] 검사 또는 사법경찰관이 제200조의3의 규정에 의하여 피의자를 체포한 경우 피의자를 구속하고자 할 때에는 지체 없이 검사는 관할지방법원판사에게 구속영장을 청구하여야 하고, 사법경찰관은 검사에게 신청하여 검사의 청구로 관할지방법원판사에게 구속영장을 청구하여야 한다. 이 경우 구속영장은 피의자를 체포한 때부터 48시간 이내에 청구하여야 하며, 제200조의3 제3항에 따른 긴급체포서를 첨부하여야 한다(형사소송법 제200조의4).

23 신체의 자유에 대한 설명으로 옳지 않은 것은? (다툼이 있는 경우 판례에 의함) 22. 입법고시 변형

① 경찰서장이 최루액을 물에 혼합한 용액을 살수차를 이용하여 살수한 행위는 신체의 자유를 침해하는 것이다.
② 영장주의는 형사절차와 관련하여 체포·구속·압수·수색의 강제처분을 할 때 신분이 보장되는 법관이 발부한 영장에 의하지 않으면 안 된다는 원칙으로서 형사절차뿐만 아니라 징계절차에도 적용된다.
③ 강제퇴거명령을 받은 사람을 즉시 대한민국 밖으로 송환할 수 없으면 송환할 수 있을 때까지 보호시설에 수용하는 것은 퇴거명령을 받은 사람의 신체의 자유를 침해한다.
④ 보안처분이라 하더라도 형벌적 성격이 강하여 신체의 자유를 박탈하거나 박탈에 준하는 정도로 신체의 자유를 제한하는 경우에는 소급입법금지원칙이 적용된다.

해설

② [×] 영장주의란 형사절차와 관련하여 체포·구속·압수·수색의 강제처분을 할 때 신분이 보장되는 법관이 발부한 영장에 의하지 않으면 안 된다는 원칙으로 형사절차가 아닌 징계절차에도 그대로 적용된다고 볼 수 없다(헌재 2016.3.31, 2013헌바190). 다만, 최근 헌법재판소의 법정의견이 아닌 보충의견은 영장주의 위배로 위헌이라고 판시하였다(헌재 2020.9.24, 2017헌바157).

① [O] '경찰관 직무집행법'이나 이 사건 대통령령 등 법령의 구체적 위임 없이 혼합살수방법을 규정하고 있는 이 사건 지침은 법률유보원칙에 위배되고, 이 사건 지침만을 근거로 한 이 사건 혼합살수행위는 청구인들의 신체의 자유와 집회의 자유를 침해한 공권력 행사로 헌법에 위반된다(헌재 2018.5.31, 2015헌마476).

③ [O] 보호기간의 상한이 존재하지 아니한 것이 과잉금지원칙에 위배되며 보호의 개시나 연장 단계에서 공정하고 중립적인 기관에 의한 통제절차가 없고, 행정상 인신구속을 함에 있어 의견제출의 기회도 전혀 보장하고 있지 아니한 것이 적법절차원칙에 위배되어 피보호자의 신체의 자유를 침해한다(헌재 2023.3.23, 2020헌가1).

④ [O] 보안처분에 속한다는 이유만으로 일률적으로 소급입법금지원칙이 적용된다거나 그렇지 않다고 단정해서는 안 되고, 보안처분이라는 우회적인 방법으로 형벌불소급의 원칙을 유명무실하게 하는 것을 허용해서도 안 된다. 따라서 보안처분이라 하더라도 형벌적 성격이 강하여 신체의 자유를 박탈하거나 박탈에 준하는 정도로 신체의 자유를 제한하는 경우에는 소급입법금지원칙을 적용하는 것이 법치주의 및 죄형법정주의에 부합한다(헌재 2014.8.28, 2011헌마28 등).

24 헌법상 적법절차의 원칙에 대한 설명으로 가장 옳지 않은 것은?

16. 서울시 7급 변형

① 헌법 제12조 제1항의 적법절차원칙은 형사소송절차에 국한되지 않고 모든 국가작용 전반에 대하여 적용되므로, 전투경찰순경의 인신구금을 내용으로 하는 영창처분에 있어서도 적법절차원칙이 준수되어야 한다.
② 일정 기간 수사관서에 출석하지 않았다는 사유로 관세법 위반 압수물품을 별도의 재판이나 처분 없이 국고에 귀속시키도록 한 법률규정은 적법절차의 원칙에 위배된다.
③ 공판단계에서 피고인에 대하여 법관이 영장을 발부하는 경우에도 형식상 검사의 신청이 필요하며, 그렇지 아니한 경우에는 적법절차의 원칙에 위배된다.
④ 형사상 자기에게 불리한 진술이라면 진술거부권은 형사절차에 한정하지 않고 행정절차나 국회에서의 조사절차 등에서도 인정된다.

해설

③ [×] 제5차 개정헌법이 영장의 발부에 관하여 '검찰관의 신청'이라는 요건을 규정한 취지는 검찰의 다른 수사기관에 대한 수사지휘권을 확립시켜 종래 빈번히 야기되었던 검사 아닌 다른 수사기관의 영장신청에서 오는 인권유린의 폐해를 방지하고자 함에 있다고 할 것이고, 따라서 현행 헌법 제12조 제3항 중 '검사의 신청'이라는 부분의 취지도 모든 영장의 발부에 검사의 신청이 필요하다는 것이 아니라 수사단계에서 영장의 발부를 신청할 수 있는 자를 검사로 한정한 것으로 해석함이 타당하다(헌재 1997.3.27, 96헌바28 등).
① [○] 헌법 제12조 제1항의 적법절차원칙은 형사소송절차에 국한되지 않고 모든 국가작용 전반에 대하여 적용되므로, 전투경찰순경의 인신구금을 내용으로 하는 영창처분에 있어서도 적법절차원칙이 준수되어야 한다(헌재 2016.3.31, 2013헌바190).
② [○] 물품은 별도의 재판이나 처분 없이 국고에 귀속한다고 규정하고 있는 이 사건 법률조항은 재판이나 청문의 절차도 밟지 아니하고 압수한 물건에 대한 피의자의 재산권을 박탈하여 국고귀속시킴으로써 몰수형을 집행한 것과 같은 효과를 발생시키는 것은 적법절차의 원칙과 무죄추정의 원칙에 위반된다(헌재 1997.5.29, 96헌가17).
④ [○] 형사상 자기에게 불리한 진술이라면 진술거부권은 형사 절차에 한정하지 않고 행정절차나 국회에서의 조사절차 등에서도 인정된다(헌재 2015.9.24, 2012헌바410).

25 신체의 자유에 관한 설명 중 가장 적절하지 않은 것은? (다툼이 있는 경우 판례에 의함)

16. 서울시 7급 변형

① 행정상 즉시강제는 상대방의 임의이행을 기다릴 시간적 여유가 없을 때 하명 없이 바로 실력을 행사하는 것으로서 그 본질상 급박성을 요건으로 하고 있어 법관의 영장을 기다려서는 그 목적을 달성할 수 없다고 할 것이므로 영장주의가 적용되지 않는다.
② 모든 국민은 고문을 받지 아니하며, 형사상 자기에게 불리한 진술을 강요당하지 아니한다.
③ 음주운전 금지규정을 2회 이상 위반한 사람이 다시 이를 위반한 때에는 운전면허를 필요적으로 취소하도록 하였더라도 운전면허 취소처분은 이중처벌금지원칙에서 말하는 '처벌'로 보기 힘드므로 이중처벌금지원칙에 위배되었다고 볼 수 없다.
④ 미결수용자가 변호인의 조력을 받을 기회가 충분히 보장되었다고 인정될 수 있는 경우라도 미결수용자 또는 그 상대방인 변호인이 원하는 특정 시점에 접견이 이루어지지 못한 경우에는 변호인의 조력을 받을 권리가 침해된 것이다.

정답 | 22 ① 23 ② 24 ③

해설

④ [×] 그 시점을 전후한 변호인 접견의 상황이나 수사 또는 재판의 진행 과정에 비추어 미결수용자가 방어권을 행사하기 위해 변호인의 조력을 받을 기회가 충분히 보장되었다고 인정될 수 있는 경우에는, 비록 미결수용자 또는 그 상대방인 변호인이 원하는 특정 시점에는 접견이 이루어지지 못하였다 하더라도 변호인의 조력을 받을 권리가 침해되었다고 할 수 없다(헌재 2011.5.26, 2009헌마341).

① [O] 행정상 즉시강제는 상대방의 임의이행을 기다릴 시간적 여유가 없을 때 하명 없이 바로 실력을 행사하는 것으로서, 그 본질상 급박성을 요건으로 하고 있어 법관의 영장을 기다려서는 그 목적을 달성할 수 없다고 할 것이므로, 원칙적으로 영장주의가 적용되지 않는다고 보아야 할 것이다. 만일 어떤 법률조항이 영장주의를 배제할 만한 합리적인 이유가 없을 정도로 급박성이 인정되지 아니함에도 행정상 즉시강제를 인정하고 있다면, 이러한 법률조항은 이미 그 자체로 과잉금지의 원칙에 위반되는 것으로서 위헌이라고 할 것이다(헌재 2002.10.31, 2000헌가12).

② [O] 모든 국민은 고문을 받지 아니하며, 형사상 자기에게 불리한 진술을 강요당하지 아니한다(헌법 제12조 제2항).

③ [O] 운전면허 취소처분은 형법상에 규정된 형(刑)이 아니고, 그 절차도 일반 형사소송절차와는 다를 뿐만 아니라, 주취 중 운전금지라는 행정상 의무의 존재를 전제하면서 그 이행을 확보하기 위해 마련된 수단이라는 점에서 형벌과는 다른 목적과 기능을 가지고 있다고 할 것이므로, 운전면허 취소처분을 이중처벌금지원칙에서 말하는 "처벌"로 보기 어렵다. 따라서 주취 중 운전 금지규정을 2회 이상 위반한 사람이 다시 이를 위반한 때에는 운전면허를 필요적으로 취소하도록 규정하고 있는 이 사건 법률조항은 이중처벌금지원칙에 위반되지 아니한다(헌재 2010.3.25, 2009헌바83).

26 신체의 자유 및 적법절차에 대한 설명으로 옳지 않은 것은? (다툼이 있는 경우 판례에 의함) 20. 지방직 7급 변형

① 형벌법규는 문언에 따라 엄격하게 해석·적용하여야 하고 피고인에게 불리한 방향으로 지나치게 확장해석하거나 유추해석하여서는 아니되지만, 형벌법규의 해석에서도 법률문언의 통상적인 의미를 벗어나지 않는 한 그 법률의 입법취지와 목적, 입법연혁 등을 고려한 목적론적 해석이 배제되는 것은 아니다.

② 체포·구속·압수 또는 수색을 할 때에는 적법한 절차에 따라 검사의 신청에 의하여 법관이 발부한 영장을 제시하여야 한다.

③ 변호인의 조력을 받을 권리란 변호인과 신체구속을 당한 사람 사이의 충분한 접견교통을 허용함은 물론 교통내용에 대하여 비밀이 보장되고 부당한 간섭이 없어야 하는 것이며, 이러한 취지는 변호인과 미결수용자 사이의 서신에는 적용되지 않는다.

④ 헌법 제12조 제2항이 보장하는 진술거부권은 피고인 또는 피의자가 공판절차나 수사절차에서 법원 또는 수사기관의 신문에 대하여 형사상 자신에게 불리한 진술을 거부할 수 있는 권리이다.

해설

③ [×] 헌법 제12조 제4항 본문은 신체구속을 당한 사람에 대하여 변호인의 조력을 받을 권리를 규정하고 있는바, 이를 위하여서는 신체구속을 당한 사람에게 변호인과 사이의 충분한 접견교통을 허용함은 물론 교통내용에 대하여 비밀이 보장되고 부당한 간섭이 없어야 하는 것이며, 이러한 취지는 접견의 경우뿐만 아니라 변호인과 미결수용자 사이의 서신에도 적용되어 그 비밀이 보장되어야 할 것이다(헌재 1995.7.21, 92헌마144).

① [O] 형벌법규는 문언에 따라 엄격하게 해석·적용하여야 하고 피고인에게 불리한 방향으로 지나치게 확장해석하거나 유추해석하여서는 아니되지만, 형벌법규의 해석에서도 법률문언의 통상적인 의미를 벗어나지 않는 한 그 법률의 입법취지와 목적, 입법연혁 등을 고려한 목적론적 해석이 배제되는 것은 아니라고 할 것이다[대판 2002.2.21, 2001도2819(전합)].

② [O] 체포·구속·압수 또는 수색을 할 때에는 적법한 절차에 따라 검사의 신청에 의하여 법관이 발부한 영장을 제시하여야 한다. 다만, 현행범인인 경우와 장기 3년 이상의 형에 해당하는 죄를 범하고 도피 또는 증거인멸의 염려가 있을 때에는 사후에 영장을 청구할 수 있다(헌법 제12조 제3항).

④ [O] 헌법 제12조 제2항은 형사상 자기에게 불리한 진술이나 증언을 거부할 수 있는 진술거부권을 보장하고 있는바, 이는 피고인 또는 피의자가 공판절차나 수사절차에서 법원 또는 수사기관의 신문에 대하여 형사상 자신에게 불리한 진술을 거부할 수 있는 권리를 말하는 것이라 할 것이다(헌재 1998.7.16, 96헌바35).

27 영장주의에 관한 설명으로 가장 적절하지 않은 것은? (다툼이 있는 경우 판례에 의함) _{23. 경찰순경 1차}

① 헌법에서 규정된 영장신청권자로서의 검사는 검찰권을 행사하는 국가기관인 검사로서 공익의 대표자이자 수사단계에서의 인권 옹호기관으로서의 지위에서 그에 부합하는 직무를 수행하는 자를 의미하는 것이지 검찰청법상 검사만을 지칭하는 것은 아니다.
② 형의 집행 및 수용자의 처우에 관한 법률에 따라 미결수용자의 접견 내용을 녹음·녹화하는 것은 직접적으로 물리적 강제력을 수반하는 강제처분이 아니므로 영장주의가 적용되지 않는다.
③ 형사소송법 제199조 제2항 등에 따른 수사기관의 사실조회행위에 대하여 공사단체가 이에 응하거나 협조하여야 할 의무를 부담하는 것은 아니므로, 이러한 사실조회행위는 강제력이 개입되지 아니한 임의수사에 해당하고 이에 응하여 이루어진 정보제공행위에는 영장주의가 적용되지 않는다.
④ 국가보안법위반죄 등 일부 범죄 혐의자를 법관의 영장 없이 구속, 압수, 수색할 수 있도록 규정하고, 법관에 의한 사후영장제도도 마련하지 않은 구 인신구속 등에 관한 임시 특례법 조항은 국가비상사태에 준하는 상황에서 내려진 특별한 조치임을 감안하면 영장주의의 본질을 침해한다고 볼 수 없다.

해설
④ [×] 이 사건 법률조항은 수사기관이 법관에 의하여 발부된 영장 없이 일부 범죄 혐의자에 대하여 구속 등 강제처분을 할 수 있도록 규정하고 있을 뿐만 아니라, 그와 같이 영장 없이 이루어진 강제처분에 대하여 일정한 기간 내에 법관에 의한 사후영장을 발부받도록 하는 규정도 마련하지 아니함으로써, 수사기관이 법관에 의한 구체적 판단을 전혀 거치지 않고서도 임의로 불특정한 기간 동안 피의자에 대한 구속 등 강제처분을 할 수 있도록 하고 있는바, 이는 이 사건 법률조항의 입법목적과 그에 따른 입법자의 정책적 선택이 자의적이었는지 여부를 따질 필요도 없이 형식적으로 영장주의의 본질을 침해한다고 하지 않을 수 없다(헌재 2012.12.27, 2011헌가5).
① [○] 헌법상 영장신청권자로서의 검사가 검찰청법상 검사로 한정되는 것은 아니라 하더라도, 영장신청권자는 공익의 대표자이자 인권옹호기관으로서 법률전문가의 자격을 갖추어야 한다. 공수처검사는 법률전문가로써 자격을 가지고 있어 영장주의에 위배되지 않는다(헌재 2021.1.28, 2020헌마264).
② [○] 이 사건 녹음조항에 따라 접견내용을 녹음·녹화하는 것은 직접적으로 물리적 강제력을 수반하는 강제처분이 아니므로 영장주의가 적용되지 않아 영장주의에 위배된다고 할 수 없다(헌재 2016.11.24, 2014헌바401).
③ [○] 사실조회행위는 임의수사에 해당하므로 영장주의가 적용되지 않는다(헌재 2018.8.30, 2014헌마368).

28 신체의 자유에 대한 설명으로 옳지 않은 것은? (다툼이 있는 경우 헌법재판소 판례에 의함) _{18. 입법고시 변형}

① 음주운전 금지규정을 2회 이상 위반한 사람을 2년 이상 5년 이하의 징역이나 1천만원 이상 2천만원 이하의 벌금에 처하도록 한 구 도로교통법 조항은 보호법익에 미치는 위험 정도가 비교적 낮은 유형의 재범 음주운전행위도 일률적으로 그 법정형의 하한인 2년 이상의 징역 또는 1천만원 이상의 벌금을 기준으로 처벌하도록 하고 있어 책임과 형벌 간의 비례원칙에 위반된다.
② 적법절차원칙은 형사소송절차에 국한되지 않고 모든 국가작용 전반에 적용되는 것이므로 국민에게 부담을 주는 행정작용인 과징금부과절차에서도 준수되어야 한다.
③ 법무부장관이 형사사건으로 공소가 제기된 변호사에 대하여 판결이 확정될 때까지 업무정지를 명하도록 한 구 변호사법 제15조는 직업선택의 자유와 무죄추정의 원칙에 위배되지 않는다.
④ 판결선고 전 구금일수 중 일부만을 본형에 산입할 수 있도록 한 것은 무죄추정의 원칙 및 적법절차의 원칙에 반한다.

해설

③ [×] 변호사법 제15조는, 동 규정에 의하여 입히는 불이익이 죄가 없는 자에 준하는 취급이 아님은 말할 것도 없고, 직업선택의 자유를 제한함에 있어서, 제한을 위해 선택된 요건이 제도의 당위성이나 목적에 적합하지 않을 뿐 아니라 그 처분주체와 절차가 기본권 제한을 최소화하기 위한 수단을 따르지 아니하였으며 나아가 그 제한의 정도 또한 과잉하다 할 것으로서 헌법 제15조, 동 제27조 제4항에 위반된다(헌재 1990.11.19, 90헌가48).

① [O] 가중요건이 되는 과거 음주운전 금지규정 위반행위와 처벌대상이 되는 재범 음주운전 금지규정 위반행위 사이에 아무런 시간적 제한이 없고, 과거 위반행위가 형의 선고나 유죄의 확정판결을 받은 전과일 것을 요구하지도 않는다. 일률적으로 가중처벌하도록 하고 있으므로 형벌 본래의 기능에 필요한 정도를 현저히 일탈하는 과도한 법정형을 정한 것이다(헌재 2021.11.25, 2019헌바446).

② [O] 헌법재판소는 이 원칙이 형사소송절차에 국한되지 않고 모든 국가작용 전반에 대하여 적용된다고 밝힌 바 있으므로, 국민에게 부담을 주는 행정작용인 과징금 부과의 절차에 있어서도 적법절차원칙이 준수되어야 할 것이다(헌재 2003.7.24, 2001헌가25).

④ [O] 피고인이 판결선고일에 상소를 포기하고, 검사가 상소를 포기하지 아니하고, 상소도 하지 아니하는 경우 검사도 즉시 상소를 포기한 경우와 비교하면 법원이 선고한 형의 집행기간이 7일이나 연장되게 된다. 이러한 결과는 소송의 한 당사자인 검사의 의사에 따라 실질적으로 법원이 선고한 형에 변경을 가져오게 되고, 피고인의 신체의 자유를 침해하게 된다(헌재 2000.7.20, 99헌가7).

29 영장주의에 관한 설명 중 옳지 않은 것은? (다툼이 있는 경우 판례에 의함)

08. 국가직 7급 변형

① 법원이 직권으로 발부하는 영장과 수사기관의 청구에 의하여 발부하는 구속영장의 법적 성격은 같다.
② 수사단계가 아닌 공판단계에서 법관이 직권으로 영장을 발부하여 구속하는 경우에는 검사의 영장신청이 불필요하다.
③ 행정상 즉시강제의 경우 급박한 필요가 있고 공익이 우선하는 경우에는 영장 없이도 불법물을 수거·폐기할 수 있다.
④ 구속된 피의자가 적부심사청구권을 행사한 다음 검사가 전격기소를 한 경우, 법원은 적부심사를 통하여 석방 또는 기각결정을 할 수 있다.

해설

① [×] 법관이 직권으로 발부하는 영장은 명령장의 성격이고 수사기관의 신청에 의하여 발부하는 영장은 허가장의 성격이다(헌재 1997.3.27, 96헌바28).

② [O] 현행 헌법 제12조 제3항 중 "검사의 신청"이라는 부분의 취지도 모든 영장의 발부에 검사의 신청이 필요하다는 것이 아니라 수사단계에서 영장의 발부를 신청할 수 있는 자를 검사로 한정한 것으로 해석함이 타당하다(헌재 1997.3.27, 96헌바28).

③ [O] 행정상 즉시강제는 상대방의 임의이행을 기다릴 시간적 여유가 없을 때 하명 없이 바로 실력을 행사하는 것으로서, 그 본질상 급박성을 요건으로 하고 있어 법관의 영장을 기다려서는 그 목적을 달성할 수 없다고 할 것이므로, 원칙적으로 영장주의가 적용되지 않는다고 보아야 할 것이다(헌재 2002.10.31, 2000헌가12).

④ [O] 형사소송법 제214조의2 제4항

> **형사소송법 제214조의2【체포와 구속의 적부심사】** ④ 제1항의 청구를 받은 법원은 청구서가 접수된 때부터 48시간 이내에 체포 또는 구속된 피의자를 심문하고 수사관계서류와 증거물을 조사하여 그 청구가 이유 없다고 인정한 때에는 결정으로 이를 기각하고, 이유 있다고 인정한 때에는 결정으로 체포 또는 구속된 피의자의 석방을 명하여야 한다. 심사청구 후 피의자에 대하여 공소제기가 있는 경우에도 또한 같다.

30 다음 중 형사피의자 또는 형사피고인의 권리에 관한 설명으로서 옳지 않은 것은?

05. 법원직 9급 변형

① 진술거부권의 보호대상이 되는 진술이란 형사상 자신에게 불이익이 될 수 있는 진술이므로 범죄의 성립과 양형에서의 불리한 사실 등을 말하는 것이며, 그 진술내용이 자기의 형사책임에 관련되는 것일 것을 전제로 한다.
② 체포·구속·압수 또는 수색을 할 때에는 어떠한 경우에라도 적법한 절차에 따라 검사의 신청에 의하여 법관이 발부한 영장을 제시하여야 한다.
③ 누구든지 체포 또는 구속을 당한 때에는 즉시 변호인의 조력을 받을 권리를 가진다.
④ 정식재판에 있어서 피고인의 자백이 그에게 불리한 유일한 증거일 때에는 이를 유죄의 증거로 삼거나 이를 이유로 처벌할 수 없다.

해설

② [×] 다만, 현행 범인인 경우와 장기 3년 이상의 형에 해당하는 죄를 범하고 도피 또는 증거인멸의 염려가 있을 때에는 사후에 영장을 청구할 수 있다(헌법 제12조 제3항 단서).
① [O] 진술거부권에 있어서의 진술이란 형사상 자신에게 불이익이 될 수 있는 진술이므로 범죄의 성립과 양형에서의 불리한 사실 등을 말하는 것이고, 그 진술내용이 자기의 형사책임에 관련되는 것일 것을 전제로 한다(헌재 2014.9.25, 2013헌마11).
③ [O] 헌법 제12조 제4항

> **헌법 제12조** ④ 누구든지 체포 또는 구속을 당한 때에는 즉시 변호인의 조력을 받을 권리를 가진다. 다만, 형사피고인이 스스로 변호인을 구할 수 없을 때에는 법률이 정하는 바에 의하여 국가가 변호인을 붙인다.

④ [O] 헌법 제12조 제7항

> **헌법 제12조** ⑦ 피고인의 자백이 고문·폭행·협박·구속의 부당한 장기화 또는 기망 기타의 방법에 의하여 자의로 진술된 것이 아니라고 인정될 때 또는 정식재판에 있어서 피고인의 자백이 그에게 불리한 유일한 증거일 때에는 이를 유죄의 증거로 삼거나 이를 이유로 처벌할 수 없다.

31 헌법상의 무죄추정의 원칙에 관한 설명으로 옳지 않은 것은?

10. 국가직 7급 변형

① 무죄추정의 원칙은 제8차 개정헌법에서 신설되었다.
② 무죄추정의 원칙은 우리나라에서는 제5공화국 헌법에서 신설된 후, 현행 헌법에서는 공소제기된 형사피고인에 적용되는 것으로 규정되어 있지만, 형사피의자에 대한 무죄추정 역시 인정된다는 것이 판례의 입장이다.
③ 무죄추정의 원칙은 비록 기소된 피고인이라고 할지라도 유죄로 확정되기 전에는 죄가 없는 자로 취급되어야 하며, 유죄인 것을 전제로 한 어떤 불이익도 입혀서는 안 되며, 불가피하게 불이익을 입힌 경우에도 필요한 최소한도에 그쳐야 한다는 것이 판례의 입장이다.
④ 유죄에 관한 입증이 없으면 '의심스러울 때에는 피고인의 이익'의 원칙에 따라 무죄가 선고되어야 하므로, 유죄의 입증책임은 국가, 즉 검사에게 있다는 의미에서 무죄추정의 원칙은 수사절차에서만 적용된다는 것이 판례의 입장이다.

해설

④ [×] 무죄추정의 원칙은 수사과정에서만 적용되는 원칙이 아니라 판결 자체와 판결 형성의 과정에서도 준수되어야 할 원칙이다. 그리고 여기에서 유죄의 확정판결은 실형을 선고하는 판결을 의미한다. 따라서 형식적 재판에는 무죄추정이 그대로 유지된다(헌재 1990.11.19, 90헌가48).

① [○] 무죄추정은 헌법 제27조 제4항에서 보장하는 원칙으로 프랑스의 인권선언과 세계인권선언에서 명문화되었으며, 우리나라는 제8차 개정헌법에서 신설되었다.

②③ [○] 무죄추정의 원칙이란 공소의 제기가 없는 피의자는 물론이고, 공소가 제기된 피고인이라도 유죄의 확정판결이 있기까지는 원칙적으로 죄가 없는 자에 준하여 취급하여야 하고 불이익을 입어서는 안 된다는 원칙을 말한다. 불이익을 입힌다 하여도 필요한 최소한도에 그치도록 비례의 원칙이 존중되어야 하며, 여기의 불이익에는 형사절차상의 처분에 의한 불이익뿐만 아니라 그 밖의 기본권 제한과 같은 처분에 의한 불이익도 입혀서는 아니 된다는 의미도 포함된다고 할 것이다(헌재 1990.11.19, 90헌가48).

32 무죄추정의 원칙과 관련한 다음 설명 중 가장 옳지 않은 것은?

14. 법원직 9급 변형

① 1980년 제8차 개정헌법은 형사피고인의 무죄추정원칙을 처음으로 명문화하였다.
② 무죄추정의 원칙상 금지되는 '불이익'이란 '범죄사실의 인정 또는 유죄를 전제로 그에 대하여 법률적·사실적 측면에서 유형·무형의 차별취급을 가하는 유죄인정의 효과로서의 불이익'을 뜻한다.
③ 무죄추정의 원칙은 형사절차 내에서 원칙으로 형사절차 이외의 기타 일반 법생활 영역에서의 기본권 제한과 같은 경우에는 적용되지 않는다.
④ 수형자로 하여금 형사재판 출석시 아무런 예외 없이 사복착용을 금지하는 것은 무죄추정원칙에 위배될 소지가 크나, 민사재판의 당사자로 출석시 사복착용 불허로 인하여 공정한 재판을 받을 권리가 침해되는 것은 아니다.

해설

③ [×] 무죄추정의 원칙은 수사과정에서만 적용되는 원칙이 아니라 판결 자체와 판결 형성의 과정에서도 준수되어야 할 원칙이다. 또한 일반 법생활 영역에서의 기본권 제한과 같은 경우에도 적용된다(헌재 2010.9.2, 2010헌마418).

① [○] 형사피고인은 유죄의 판결이 확정될 때까지는 무죄로 추정된다(제8차 개정헌법 제26조 제4항).

② [○] 무죄추정의 원칙상 금지되는 '불이익'이란 '범죄사실의 인정 또는 유죄를 전제로 그에 대하여 법률적·사실적 측면에서 유형·무형의 차별취급을 가하는 유죄인정의 효과로서의 불이익'을 뜻한다(헌재 2010.9.2, 2010헌마418).

④ [○] 재판과 관련하여 미결수용자의 지위임에도 이미 유죄의 확정판결을 받은 수형자와 같은 외관을 형성하게 함으로써 재판부나 검사 등 소송관계자들에게 유죄의 선입견을 줄 수 있는 등 무죄추정의 원칙에 위배될 소지가 크다. 다만, 최근에 민사법정의 경우에는 재소자용 의류 착용이 헌법에 위반되지 않는다고 판시하였다(헌재 2015.12.23, 2013헌마712).

33 수용자의 기본권에 관한 설명 중 옳지 않은 것은? (다툼이 있는 경우 판례에 의함)

15. 서울시 7급 변형

① 유죄판결이 확정되어 교정시설에 수용 중인 수형자에게도 헌법 제12조의 변호인의 조력을 받을 권리가 인정된다.
② 수용자가 변호사와 접견하는 경우에도 접촉차단시설이 설치된 접견실에서만 접견하도록 하는 것은 수용자의 재판청구권을 침해한다.
③ 수용자를 교정시설에 수용할 때마다 전자영상 검사기를 이용하여 수용자의 항문 부위에 대한 신체검사를 하는 것이 수용자의 인격권을 침해하는 것은 아니다.
④ 징벌혐의의 조사를 받고 있는 수형자가 변호인 아닌 자와 접견할 당시 교도관이 참여하여 대화내용을 기록하게 한 것은 수형자의 사생활의 비밀과 자유를 침해하지 않는다.

해설
① [×] 형사절차가 종료되어 교정시설에 수용 중인 수형자는 원칙적으로 변호인의 조력을 받을 권리의 주체가 될 수 없다(헌재 1998. 8.27, 96헌마398).
② [○] 미결수용자의 변호인 접견이 아닌 한 수용자의 접견은 원칙적으로 접촉차단시설이 설치된 장소에서 하도록 하고 규정하고 있는 형의 집행 및 수용자의 처우에 관한 법률 시행령 제58조 제4항이 변호사로부터 효율적인 재판준비 도움을 받는 것을 방해하여 수용자의 재판청구권을 침해하므로 헌법에 위반된다(헌재 2013.8.29, 2011헌마122).
③ [○] 이 사건 신체검사로 인하여 수용자가 느끼는 모욕감이나 수치심이 결코 작다고 할 수는 없지만, 흉기 기타 위험물이나 금지물품을 교정시설 내로 반입하는 것을 차단함으로써 수용자 및 교정시설 종사자들의 생명·신체의 안전과 교정시설 내의 질서를 유지한다는 공적인 이익이 훨씬 크다 할 것이므로, 법익의 균형성 요건 또한 충족된다. 이 사건 신체검사는 필요한 최소한도를 벗어나 과잉금지원칙에 위배되어 청구인의 인격권 내지 신체의 자유를 침해한다고 볼 수 없다(헌재 2011.5.26, 2010헌마775).
④ [○] 부산구치소장이 청구인과 배우자의 접견을 녹음하여 부산지방검찰청 검사장에게 그 접견녹음파일을 제공한 행위가 청구인의 기본권을 침해하지 않는다는 결정을 선고하였다(헌재 2012.12.27, 2010헌마153).

34 변호인의 조력을 받을 권리에 관한 설명으로 가장 옳지 않은 것은? 13. 법원직 9급 변형

① 변호인의 조력을 받을 권리의 내용 중 하나인 미결수용자의 변호인접견권은 어떠한 경우에도 제한될 수 없다.
② 변호인의 수사기록 열람·등사에 대한 지나친 제한은 피고인에게 보장된 변호인의 조력을 받을 권리를 침해하는 것이다.
③ 난민인정심사불회부 결정을 받은 후 인천국제공항 송환 대기실에 행정절차상 구속된 외국인의 변호인 접견신청을 인천공항출입국·외국인청장이 거부한 행위는 변호인의 조력을 받을 권리를 침해한 것이다.
④ 피고인의 신속·공정한 재판을 받을 권리 및 변호인의 조력을 받을 권리는 헌법이 보장하고 있는 기본권이다.

해설
① [×] 헌법재판소가 91헌마111 결정에서 미결수용자와 변호인과의 접견에 대해 어떠한 명분으로도 제한할 수 없다고 한 것은 구속된 자와 변호인 간의 접견이 실제로 이루어지는 경우에 있어서의 '자유로운 접견', 즉 '대화내용에 대하여 비밀이 완전히 보장되고 어떠한 제한, 영향, 압력 또는 부당한 간섭 없이 자유롭게 대화할 수 있는 접견'을 제한할 수 없다는 것이지, 변호인과의 접견 자체에 대해 아무런 제한도 가할 수 없다는 것을 의미하는 것이 아니므로 미결수용자의 변호인 접견권 역시 국가안전보장·질서유지 또는 공공복리를 위해 필요한 경우에는 법률로써 제한될 수 있음은 당연하다(헌재 2011.5.26, 2009헌마341).
② [○] 그렇다면 고소장과 피의자신문조서에 대한 열람 및 등사를 거부한 피청구인의 정보비공개결정은 청구인의 피구속자를 조력할 권리 및 알 권리를 침해하여 헌법에 위반된다고 할 것이다(헌재 2003.3.27, 2000헌마474).
③ [○] 이 사건 변호인 접견신청 거부는 국가안전보장이나 질서유지, 공공복리를 위해 필요한 기본권 제한 조치로 볼 수도 없다. 이 사건 변호인 접견신청 거부는 청구인의 변호인의 조력을 받을 권리를 침해하므로 헌법에 위반된다(헌재 2018.5.31, 2014헌마346).
④ [○] 변호인과 상담하고 조언을 구할 권리는 변호인의 조력을 받을 권리의 내용 중 구체적인 입법형성이 필요한 다른 절차적 권리의 필수적인 전제요건으로서 변호인의 조력을 받을 권리 그 자체에서 막바로 도출되는 것이다(헌재 2004.9.23, 2000헌마138).

정답 | 31 ④ 32 ③ 33 ① 34 ①

35 변호인의 조력을 받을 권리에 대한 설명으로 옳지 <u>않은</u> 것은? (다툼이 있는 경우 판례에 의함) 19. 지방직 7급

① 피의자·피고인의 구속 여부를 불문하고 변호인과 상담하고 조언을 구할 권리는 변호인의 조력을 받을 권리의 내용 중 구체적인 입법형성이 필요한 다른 절차적 권리의 필수적인 전제요건으로서 변호인의 조력을 받을 권리 그 자체에서 막바로 도출되는 것이다.
② 검찰수사관이 피의자신문에 참여한 변호인에게 피의자 후방에 앉으라고 요구한 행위는 변호인의 피의자신문참여권 행사에 어떠한 지장도 초래하지 않으므로 변호인의 변호권을 침해하지 아니한다.
③ 형사절차가 종료되어 교정시설에 수용 중인 수형자나 미결수용자가 형사사건의 변호인이 아닌 민사재판, 행정재판, 헌법재판 등에서 변호사와 접견할 경우에는 원칙적으로 변호인의 조력을 받을 권리의 주체가 될 수 없다.
④ 우리 헌법은 변호인의 조력을 받을 권리가 불구속 피의자, 피고인 모두에게 포괄적으로 인정되는지 여부에 관하여 명시적으로 규율하고 있지는 않지만, 불구속 피의자의 경우에도 변호인의 조력을 받을 권리는 우리 헌법에 나타난 법치국가원리, 적법절차원칙에서 인정되는 당연한 내용이다.

해설
② [×] 검찰수사관인 피청구인이 피의자신문에 참여한 청구인에게 피의자 후방에 앉으라고 요구한 행위는 변호인인 청구인의 변호권을 침해한다(헌재 2017.11.30, 2016헌마503).
① [○] 변호인과 상담하고 조언을 구할 권리는 변호인의 조력을 받을 권리의 내용 중 구체적인 입법형성이 필요한 다른 절차적 권리의 필수적인 전제요건으로서 변호인의 조력을 받을 권리 그 자체에서 막바로 도출되는 것이다(헌재 2004.9.23, 2000헌마138).
③ [○] 형사절차가 종료되어 교정시설에 수용 중인 수형자는 원칙적으로 변호인의 조력을 받을 권리의 주체가 될 수 없다. 다만, 수형자의 경우에도 재심절차 등에는 변호인 선임을 위한 일반적인 교통·통신이 보장될 수도 있다(헌재 1998.8.27, 96헌마398).
④ [○] 우리 헌법은 변호인의 조력을 받을 권리가 불구속 피의자·피고인 모두에게 포괄적으로 인정되는지 여부에 관하여 명시적으로 규율하고 있지는 않지만, 불구속 피의자의 경우에도 변호인의 조력을 받을 권리는 우리 헌법에 나타난 법치국가원리, 적법절차원칙에서 인정되는 당연한 내용이고, 헌법 제12조 제4항도 이를 전제로 특히 신체구속을 당한 사람에 대하여 변호인의 조력을 받을 권리의 중요성을 강조하기 위하여 별도로 명시하고 있다(헌재 2004.9.23, 2000헌마138).

36 변호인의 조력을 받을 권리에 관한 설명 중 가장 적절하지 <u>않은</u> 것은? (다툼이 있는 경우 판례에 의함) 22. 경찰순경 2차

① 변호인의 조력을 받을 권리란 국가권력의 일방적인 형벌권 행사에 대항하여 자신에게 부여된 헌법상·소송법상 권리를 효율적이고 독립적으로 행사하기 위하여 변호인의 도움을 얻을 피의자 및 피고인의 권리를 말한다.
② 교정시설 내 수용자와 변호사 사이의 접견교통권의 보장은 헌법상 보장되는 재판청구권의 한 내용 또는 그로부터 파생되는 권리로 볼 수 있다.
③ 변호인접견실에 CCTV를 설치하여 교도관이 그 CCTV를 통해 미결수용자와 변호인 간의 접견을 관찰한 행위는 변호인의 조력을 받을 권리를 침해한다.
④ '변호인이 되려는 자'의 접견교통권은 피의자 등을 조력하기 위한 핵심적인 부분으로서, 피의자 등이 가지는 헌법상의 기본권인 '변호인이 되려는 자'와의 접견교통권과 표리의 관계에 있으므로 피의자 등이 가지는 '변호인이 되려는 자'의 조력을 받을 권리가 실질적으로 확보되기 위해서는 '변호인이 되려는 자'의 접견교통권 역시 헌법상 기본권으로서 보장되어야 한다.

해설

③ [×] 이 사건의 CCTV 관찰행위는 그 목적을 달성하기 위하여 필요한 범위 내의 제한으로 침해의 최소성을 갖추었다. CCTV 관찰행위로 침해되는 법익은 변호인접견 내용의 비밀이 폭로될 수 있다는 막연한 추측과 감시받고 있다는 심리적인 불안 내지 위축으로 법익의 침해가 현실적이고 구체화되어 있다고 보기 어려운 반면, 이를 통하여 구치소 내의 수용질서 및 규율을 유지하고 교정사고를 방지하고자 하는 것은 교정시설의 운영에 꼭 필요하고 중요한 공익이므로, 법익의 균형성도 갖추었다. 따라서 이 사건의 CCTV 관찰행위가 청구인의 변호인의 조력을 받을 권리를 침해한다고 할 수 없다(헌재 2016.4.28, 2015헌마243).

① [O] 변호인의 조력을 받을 권리란 국가권력의 일방적인 형벌권 행사에 대항하여 자신에게 부여된 헌법상, 소송법상의 권리를 효율적이고 독립적으로 행사하기 위하여 변호인의 도움을 얻을 피의자·피고인의 권리를 의미한다(헌재 2004.9.23, 2000헌마138).

② [O] 수용자와 변호사 사이의 접견교통권의 보장은 헌법상 보장되는 재판청구권의 한 내용 또는 그로부터 파생되는 권리로 볼 수 있다(헌재 2013.8.29, 2011헌마122).

④ [O] '체포되어 구속영장이 청구된 피의자를 신문하는 과정에서 변호사인 청구인이 위 피의자 가족의 의뢰를 받아 접견신청을 하였음에도 검사가 이를 허용하기 위한 조치를 취하지 않은 것은, 변호인이 되려는 청구인의 접견교통권을 침해한 것이고, 위 접견교통권은 헌법상 보장된 기본권에 해당하여 그 침해를 이유로 헌법소원심판을 청구할 수 있다.'는 취지로, 청구인의 심판청구를 인용하는 결정을 선고하였다(헌재 2019.2.28, 2015헌마1204).

37 다음 중 가장 옳지 않은 것은? 14. 법원직 9급

① 법률과 적법한 절차에 의하는 경우에는 처벌·보안처분뿐만 아니라 강제노역도 받을 수 있다.
② 미결수용자가 변호인의 조력을 받을 기회가 충분히 보장되었다고 인정될 수 있는 경우라도, 미결수용자 또는 그 상대방인 변호인이 원하는 특정 시점에 접견이 이루어지지 못한 경우에는 변호인의 조력을 받을 권리가 침해된 것이다.
③ 법원은 피고인이 빈곤 그 밖의 사유로 변호인을 선임할 수 없는 경우에 피고인의 청구가 있는 때에는 변호인을 선정하여야 한다.
④ 헌법상 명문의 규정은 없지만, 불구속 피의자의 경우에도 변호인의 조력을 받을 권리를 가진다.

해설

② [×] 변호인과의 접견 자체에 대해 아무런 제한도 가할 수 없다는 것을 의미하는 것이 아니므로 미결수용자의 변호인 접견권 역시 국가안전보장·질서유지 또는 공공복리를 위해 필요한 경우에는 법률로써 제한될 수 있음은 당연하다. 따라서 원하는 특정한 시점에 접견이 이루어지지 못한 것은 합헌이라고 판시하였다(헌재 2011.5.26, 2009헌마341).

① [O] 헌법 제12조 제1항

> **헌법 제12조** ① 모든 국민은 신체의 자유를 가진다. 누구든지 법률에 의하지 아니하고는 체포·구속·압수·수색 또는 심문을 받지 아니하며, 법률과 적법한 절차에 의하지 아니하고는 처벌·보안처분 또는 강제노역을 받지 아니한다.

③ [O] 형사소송법 제33조 제2항

> **형사소송법 제33조 【국선변호인】** ② 법원은 피고인이 빈곤이나 그 밖의 사유로 변호인을 선임할 수 없는 경우에 피고인이 청구하면 변호인을 선정하여야 한다.

④ [O] 누구든지 체포 또는 구속을 당한 때에는 즉시 변호인의 조력을 받을 권리를 가진다(헌법 제12조 제4항). 불구속의 경우 명문규정은 없으나 법치국가원리, 적법절차원칙에서 당연히 인정되는 권리이다(헌재 2004.9.23, 2000헌마138).

정답 | 35 ② 36 ③ 37 ②

38 수형자의 기본권 제한에 관한 헌법재판소의 결정 내용과 합치되지 않는 것은?

09. 국회직 8급 변형

① 수용자가 국가기관에 서신을 발송할 경우에 교도소장의 허가를 받도록 하는 것은 통신비밀의 자유의 본질적 내용을 침해하지 아니한다.
② 금치처분을 받은 수형자에 대하여 금치기간 중 운동을 금지하는 행형법 시행령 조항은 수형자의 인간의 존엄과 가치·신체의 자유 등을 침해하지 아니한다.
③ 금치처분을 받은 자에 대하여 집필의 목적과 내용, 교화 또는 처우상 필요한 경우 여부 등을 묻지 않고 예외 없이 일체의 집필행위를 금지하는 것은 과잉금지의 원칙에 반한다.
④ 무죄의 판결선고 후 석방대상 피고인의 의사에 반하여 그를 교도소로 연행하는 것은 신체의 자유를 침해한다고 함이 헌법재판소의 입장이다.

해설

② [×] 금치처분을 받은 수형자에 대한 절대적인 운동의 금지는 징벌의 목적을 고려하더라도 그 수단과 방법에 있어서 필요 최소한도의 범위를 벗어난 것으로 판단된다(헌재 2004.12.16, 2002헌마478).
① [O] 수용자의 서신에 대한 검열은 국가안전보장·질서유지 또는 공공복리라는 정당한 목적을 위하여 부득이할 뿐만 아니라 유효적절한 방법에 의한 최소한의 제한이며, 통신비밀의 자유의 본질적 내용을 침해하는 것이 아니어서 헌법에 위반된다고 할 수 없다(헌재 2001.11.29, 99헌마713).
③ [O] 교화 또는 처우상 필요한 경우까지도 예외 없이 일체의 집필행위를 금지하고 있음은 입법목적 달성을 위한 필요최소한의 제한이라는 한계를 벗어난 것으로서 과잉금지의 원칙에 위반된다(헌재 2005.2.24, 2003헌마289).
④ [O] 교도관이 석방절차를 밟는다는 이유로 법정에 있는 석방대상 피고인을 그의 의사에 반하여 교도소로 다시 연행하는 것은 어떠한 이유를 내세운다고 할지라도 헌법상의 정당성을 갖는다고 볼 수 없는 것이다(헌재 1997.12.24, 95헌마247).

정답 | 38 ②

제2절 사생활의 자유

핵심 OX

01 법인이나 사자(死者)도 원칙적으로 사생활의 비밀과 자유의 주체가 될 수 있다. ( )

해설
[×] 법인이나 사자(死者)는 사생활의 비밀과 자유의 주체로 인정되지 아니한다.

02 선거운동 과정에서 자신의 인격권이나 명예권을 보호하기 위하여 대외적으로 해명을 하는 행위는 사생활의 자유에 의하여 보호되는 범주를 벗어난 행위라고 볼 것이다. ( )

해설
[○] 헌재 2001.8.30, 99헌바92

03 개인정보자기결정권의 보호대상이 되는 개인정보는 개인의 내밀한 영역에 속하는 정보에 국한되며, 공적 생활에서 형성되었거나 이미 공개된 개인정보는 포함되지 않는다. ( )

해설
[×] 보호되는 개인정보란 꼭 비밀에 한정되는 것이 아니다. 다른 정보와 쉽게 결합하여 본인을 알아볼 수 있는 식별정보이다. 이는 공개된 정보까지도 포함한다(헌재 2005.5.26, 99헌마513).

04 아동·청소년 대상 성범죄자에 대하여 신상정보 등록 후 1년마다 새로 촬영한 사진을 관할경찰관서에 제출하도록 하고 이에 위반하는 경우 형벌로 제재를 가하는 것은 기본권의 최소침해성원칙에 반한다. ( )

해설
[×] 아동·청소년대상 성범죄자에 대하여 신상정보 등록 후 1년마다 새로 촬영한 사진을 관할경찰관서의 장에게 제출하도록 규정한 구 아동·청소년의 성보호에 관한 법률 제34조 제2항 단서 중 '사진' 부분과 사진제출의무 위반에 대하여 형사처벌을 하도록 규정한 제52조 제5항 제2호 중 '변경정보인 사진' 부분에 대하여 헌법에 위반되지 아니한다(헌재 2015.7.30, 2014헌바257).

05 질병은 병역처분에 있어서 고려되는 본질적 요소이므로 4급 이상 공무원들의 병역 면제사유인 질병명을 관보와 인터넷을 통해 공개하도록 하는 것은 해당 공무원들의 사생활의 비밀과 자유를 침해하지 않는다. ( )

해설
[×] 이 사건 법률조항이 공적 관심의 정도가 약한 4급 이상의 공무원들까지 대상으로 삼아 모든 질병명을 아무런 예외 없이 공개토록 한 것은 입법목적 실현에 치중한 나머지 사생활 보호의 헌법적 요청을 현저히 무시한 것이고, 이로 인하여 청구인들을 비롯한 해당 공무원들의 헌법 제17조가 보장하는 기본권인 사생활의 비밀과 자유를 침해하는 것이다(헌재 2007.5.31, 2005헌마1139).

06 전과기록은 내밀한 사적 영역에 근접하는 민감한 개인정보에 해당하여 그에 관한 사생활의 비밀과 자유는 중대한 공적 이익을 달성하기 위한 불가피한 수단이라고 인정될 때에 한하여 제한이 허용되어야 하므로, 공직선거에 후보자로 등록하려는 자가 제출하여야 하는 '금고 이상의 형의 범죄경력'에 이미 실효된 형까지 포함시키는 법률조항은 공직선거후보자의 사생활의 비밀과 자유를 과도하게 제한하는 것이어서 과잉금지원칙에 반한다. ( )

해설

[×] 금고 이상의 범죄경력에 실효된 형을 포함시키는 이유는 선거권자가 공직후보자의 자질과 적격성을 판단할 수 있도록 하기 위한 점, 전과기록은 통상 공개재판에서 이루어진 국가의 사법작용의 결과라는 점, 전과기록의 범위와 공개시기 등이 한정되어 있는 점 등을 종합하면, 이 사건 법률조항은 피해최소성의 원칙에 반한다고 볼 수 없고, 공익적 목적을 위하여 공직선거 후보자의 사생활의 비밀과 자유를 한정적으로 제한하는 것이어서 법익균형성의 원칙도 충족한다. 따라서 이 사건 법률조항은 청구인들의 사생활의 비밀과 자유를 침해한다고 볼 수 없다(헌재 2008.4.24, 2006헌마402 등).

07 개인정보자기결정권은 자기에 관한 정보가 언제 누구에게 어느 범위까지 알려지고 또 이용되도록 할 것인지를 그 정보주체가 스스로 결정할 수 있는 권리이다. ( )

해설

[O] 정의 개념으로 옳은 지문이다.

08 개인정보자기결정권의 보호대상이 되는 개인정보는 반드시 개인의 내밀한 영역이나 사사(私事)의 영역에 속하는 정보에 국한되지 않는다. ( )

해설

[O] 개인정보자기결정권의 보호대상이 되는 개인정보는 반드시 개인의 내밀한 영역이나 사사(私事)의 영역에 속하는 정보에 국한되지 않고 공적 생활에서 형성되었거나 이미 공개된 개인정보까지 포함한다(헌재 2010.2.25, 2008헌마324).

09 시장, 군수 또는 구청장이 개인의 지문정보를 수집하고, 경찰청장이 이를 보관·전산화하여 범죄수사목적에 이용하는 지문날인제도가 과잉금지의 원칙에 위배하여 청구인들의 개인정보자기결정을 침해하였다고 볼 수 없다. ( )

해설

[O] 이 사건 지문날인제도로 인하여 정보주체가 현실적으로 입게 되는 불이익에 비하여 경찰청장이 보관·전산화하고 있는 지문정보를 범죄수사 활동, 대형사건·사고나 변사자가 발생한 경우의 신원확인, 타인의 인적사항 도용 방지 등 각종 신원확인의 목적을 위하여 이용함으로써 달성할 수 있게 되는 공익이 더 크다고 보아야 할 것이므로, 이 사건 지문날인제도는 과잉금지의 원칙에 위배되지 아니한다(헌재 2005.5.26, 99헌마513).

10 개인정보자기결정권의 보호대상이 되는 개인정보는 개인의 인격주체성을 특징짓는 사항으로서 그 개인의 동일성을 식별할 수 있게 하는 정보이다. ( )

해설

[O]
> **개인정보 보호법 제2조【정의】** 이 법에서 사용하는 용어의 뜻은 다음과 같다.
> 1. "개인정보"란 살아 있는 개인에 관한 정보로서 다음 각 목의 어느 하나에 해당하는 정보를 말한다.
>   가. 성명, 주민등록번호 및 영상 등을 통하여 개인을 알아볼 수 있는 정보
>   나. 해당 정보만으로는 특정 개인을 알아볼 수 없더라도 다른 정보와 쉽게 결합하여 알아볼 수 있는 정보. 이 경우 쉽게 결합할 수 있는지 여부는 다른 정보의 입수 가능성 등 개인을 알아보는 데 소요되는 시간, 비용, 기술 등을 합리적으로 고려하여야 한다.

11 개인정보자기결정권의 보호대상이 되는 개인정보는 공적 생활에서 형성되었거나 이미 공개된 개인정보는 포함되지 아니한다. ( )

해설

[×] 개인정보자기결정권의 보호대상이 되는 개인정보는 반드시 개인의 내밀한 영역이나 사사(私事)의 영역에 속하는 정보에 국한되지 않고 공적 생활에서 형성되었거나 이미 공개된 개인정보까지 포함한다(헌재 2010.2.25, 2008헌마324).

12 영상정보처리기기는 임의로 조작은 가능하나, 다른 곳을 비추어서는 아니 되며, 녹음기능은 가능하다. ( )

해설

[×] 개인정보 보호법 제25조【고정형 영상정보처리기기의 설치·운영 제한】⑤ 고정형 영상정보처리기기운영자는 고정형 영상정보처리기기의 설치 목적과 다른 목적으로 고정형 영상정보처리기기를 임의로 조작하거나 다른 곳을 비춰서는 아니 되며, 녹음기능은 사용할 수 없다. <2024.3.15. 시행>

13 영유아보육법은 CCTV 열람의 활용 목적을 제한하고 있고, 어린이집 원장은 열람시간 지정 등을 통해 보육활동에 지장이 없도록 보호자의 열람 요청에 적절히 대응할 수 있으므로 동법의 CCTV 열람조항으로 보육교사의 개인정보자기결정권이 필요 이상으로 과도하게 제한된다고 볼 수 없다. ( )

해설

[○] 어린이집에 폐쇄회로 텔레비전(CCTV) 설치를 원칙적으로 의무화하고, 보호자의 CCTV 영상정보 열람 요청 및 어린이집 참관에 대해 정한 영유아보육법 조항들이 어린이집 원장이나 보육교사 등의 기본권을 침해하지 아니한다(헌재 2017.12.28, 2015헌마994).

14 통신매체이용음란죄로 유죄판결이 확정된 사람을 일률적으로 신상정보 등록대상자가 되도록 하는 것은 침해의 최소성에 위배되어 개인정보자기결정권을 침해한다. ( )

해설

[○] 통신매체이용음란죄로 유죄판결이 확정된 자는 신상정보 등록대상자가 된다고 규정한 조항은 목적의 정당성 및 수단의 적합성은 인정되나, 통신매체이용음란죄로 유죄의 확정판결을 받은 자에 대하여 개별 행위 유형에 따른 죄질 및 재범의 위험성을 고려하지 않고 모두 신상정보 등록대상자가 되도록 하여 개인정보자기결정권을 침해하여 헌법에 위반된다(헌재 2016.3.31, 2015헌마688).

15 개인정보 보호위원회는 행정안전부 소속이다. ( )

해설

[×] 개인정보 보호법 제7조【개인정보 보호위원회】① 개인정보 보호에 관한 사무를 독립적으로 수행하기 위하여 국무총리 소속으로 개인정보 보호위원회(이하 "보호위원회"라 한다)를 둔다.

16 공적 인물의 경우에는 그 사생활이 공개될지라도 통상인에 비하여 수인이 요구되는 정도가 높다. ( )

해설

[○] 공적 인물의 경우에는 그 사생활이 공개될지라도 통상인에 비하여 수인이 요구되는 정도가 높다(헌재 1999.6.24, 97헌마265).

17 헌법재판소는 열 손가락 지문날인제도에 대하여 과잉금지원칙 위반으로 개인정보자기결정권을 침해한다고 결정하였다. ( )

> **해설**
> [×] 지문날인제도는 과잉금지원칙에 위배되지 아니한다(헌재 2005.5.26, 99헌마513).

18 운전자의 좌석안전띠 착용 의무는 사생활의 비밀과 자유를 침해한다. ( )

> **해설**
> [×] 운전할 때 운전자가 좌석안전띠를 착용할 의무는 청구인의 사생활의 비밀과 자유를 침해하는 것이라 할 수 없다(헌재 2003.10.30, 2002헌마518).

19 4급 이상 공무원들의 병역 면제사유인 질병명을 관보와 인터넷을 통해 공개하도록 하는 관련 법률 규정은 공적 관심의 정도가 약한 4급 이상의 공무원들까지 대상으로 삼아 모든 질병명을 아무런 예외 없이 공개토록 한 것으로서 청구인들을 비롯한 해당 공무원들의 사생활의 비밀과 자유를 침해하는 것이다. ( )

> **해설**
> [○] 공적 관심의 정도가 약한 4급 이상의 공무원들까지 대상으로 삼아 모든 질병명을 아무런 예외 없이 공개토록 한 것은 입법목적 실현에 치중한 나머지 사생활 보호의 헌법적 요청을 현저히 무시한 것이고, 이로 인하여 청구인들을 비롯한 해당 공무원들의 헌법 제17조가 보장하는 기본권인 사생활의 비밀과 자유를 침해하는 것이다(헌재 2007.5.31, 2005헌마1139).

20 사적인 공간은 주택만을 의미하며, 호텔의 객실, 학교, 대학의 연구실, 회사, 강의실, 화실, 실험실 등은 주거의 사적인 개념에 포함시킬 수 없다. ( )

> **해설**
> [×] 모두가 주거의 개념에 해당한다(통설). 또한 주거공간과 밀접한 관련이 있는 기능이 있는 주거공간으로 활용되는 경우에는 부속된 마당, 정원, 텃밭, 차고, 헛간 등도 포함된다.
>
> | 주거 ○ | 주거 × |
> |---|---|
> | • 대학강의실·연구실 | • 주소 |
> | • 호텔·여관 | • 영업 중인 음식점 |
> | • 주거이동차량, 선박 | • 백화점, 상점, 서점 |

21 간통목적의 주거에 들어간 경우 처의 승낙을 얻어 들어간 경우라면 이 경우는 주거침입죄가 성립하지 않는다. ( )

> **해설**
> [○] 남편의 부재 중 간통의 목적하에 들어간 경우 주거의 사실상 평온상태를 해할 수 있는 행위태양으로 들어간 것이 아니어서 주거에 침입한 것으로 볼 수 없다(대판 2021.9.9, 2020도12630).

22 계약기간 만료 후 임차인이 퇴거하지 않을 경우에는 임대인이 주거의 자유의 주체가 된다. ( )

> **해설**
> [×] 계약만료가 된 경우라 할지라도 정식적인 법적 절차를 밟아 임차인이 퇴거하기 전까지는 임차인이 주거권자이다.

23 국내에서 거주·이전의 자유는 북한지역까지를 헌법적으로 포함하는 개념이다. ( )

해설
[×] 국내에서 거주·이전의 자유는 북한지역까지를 포함하지는 않는다. 따라서 북한지역은 자유롭게 왕래할 수 없다.

24 국적변경의 자유는 대한민국 사람에게는 인정된다. 이 경우 국적변경에는 무국적의 자유까지 포함하는 개념이다. ( )

해설
[×] 국적변경이라 해도 무국적의 자유까지 포함하는 개념은 아니다.

25 외국인인 개인이 특정한 국가의 국적을 선택할 권리가 자연권으로 또는 우리 헌법상 당연히 인정된다고는 할 수 없다. ( )

해설
[○] 일반적으로 외국인인 개인이 특정한 국가의 국적을 선택할 권리가 자연권으로서 또는 우리 헌법상 당연히 인정된다고는 할 수 없다고 할 것이다(헌재 2006.3.30, 2003헌마806).

26 거주·이전의 자유는 출국의 자유를 포함한다. ( )

해설
[○] 거주·이전의 자유는 입국과 출국의 자유를 포함한다. 출국의 자유는 외국인에게도 인정된다.

27 외국인에게도 입국의 자유가 인정된다. ( )

해설
[×] 헌법 제14조 규정에 의해서 모든 국민은 거주·이전의 자유를 가진다. 거주·이전의 자유는 모든 국민이 자기가 원하는 장소에 주소나 거소를 정하여 이전하거나 의사에 반하여 거주지를 이전당하지 아니할 자유를 의미한다. 거주·이전의 자유 주체는 원칙적으로 내국인과 법인이며 외국인은 인정되지 아니한다. 그러므로 외국인의 입국자유는 보호받지 못한다.

28 엽서의 경우도 통신의 자유의 범위에 포함된다. ( )

해설
[○] 통신의 자유는 통신의 비밀 불가침을 그 내용으로 하는데, 통신의 불가침은 열람금지, 청취 및 녹음 금지, 공개금지가 그 내용이다. 봉함된 신서뿐만 아니라 봉함되지 않은 신서인 엽서나 전보에 관해서도 그 문서뿐만 아니라 발신인과 수신인의 성명과 주소, 발신횟수 등을 제3자에게 누설하는 것이 금지된다.

29 타인 간의 대화의 녹음 또는 청취금지는 3인 간의 대화에 있어서 그중 한 사람이 대화를 녹음하는 경우도 포함된다. ( )

해설
[×] 이는 대화에 원래부터 참여하지 않는 제3자가 그 대화를 하는 타인들 간의 발언을 녹음해서는 아니 된다는 취지이다.

30 통신제한조치기간의 연장을 허가함에 있어 총연장기간이나 총연장횟수에 제한을 두고 있지 않은 통신비밀보호법 조항은 통신의 자유를 침해한다. ( )

> **해설**
> [O] 통신제한조치의 총연장기간이나 총연장횟수를 제한하지 않고 계속해서 통신제한조치가 연장될 수 있도록 한 이 사건 법률조항은 과잉금지원칙에 위반하여 청구인의 통신의 비밀을 침해하였다고 할 것이다(헌재 2010.12.28, 2009헌가30).

31 감청설비를 제조 · 수입 · 판매 · 배포 · 소지 · 사용하고자 하는 자는 과학기술정보통신부장관의 인가를 받아야 한다. ( )

> **해설**
> [O] 감청설비를 제조 · 수입 · 판매 · 배포 · 소지 · 사용하거나 이를 위한 광고를 하고자 하는 자는 과학기술정보통신부장관 인가를 받아야 한다. 다만, 국가기관의 경우에는 그러하지 아니하다(통신비밀보호법 제10조 제1항).

32 통신비밀보호법은, 불법감청에 의하여 지득 또는 채록된 전기통신의 내용은 재판절차에서 증거로 사용될 수 없음을 명문으로 규정하고 있다. ( )

> **해설**
> [O] 제3조의 규정에 위반하여, 불법검열에 의하여 취득한 우편물이나 그 내용 및 불법감청에 의하여 지득 또는 채록된 전기통신의 내용은 재판 또는 징계절차에서 증거로 사용할 수 없다(통신비밀보호법 제4조).

기출문제

01 사생활의 비밀과 자유에 대한 설명으로 옳지 않은 것은? (다툼이 있는 경우 판례에 의함) 15. 지방직 7급 변형

① 사생활의 자유는 사회공동체의 일반적인 생활규범의 범위 내에서 사생활을 자유롭게 형성해 나가고 그 설계 및 내용에 대해서 외부로부터 간섭을 받지 아니할 권리라고 할 수 있다.
② 일반 국민의 알 권리와 무관하게 국가기관이 평소의 동향을 감시할 목적으로 개인의 정보를 비밀리에 수집한 경우 그 대상자가 공적 인물이라는 이유만으로 면책되지 않는다.
③ 인터넷언론사의 공개된 게시판·대화방에서 스스로의 의사에 의하여 정당·후보자에 대한 지지·반대의 글을 게시하는 행위는 양심의 자유나 사생활 비밀의 자유에 의하여 보호되는 영역이라고 할 수 없다.
④ 선거운동과정에서 자신의 인격권이나 명예권을 보호하기 위하여 대외적으로 해명을 하는 행위도 사생활의 자유에 의하여 보호되는 범주에 속한다.

해설

④ [×] 자신의 인격권이나 명예권을 보호하기 위하여 대외적으로 해명을 하는 행위는 표현의 자유에 속하는 영역이라고 할 수 있을 뿐 이미 사생활의 자유에 의하여 보호되는 범주를 벗어난 행위라고 볼 것이므로, 위 청구인의 사생활의 자유가 침해된다고는 볼 수 없다 (헌재 2001.8.30, 99헌바92 등).
① [○] 헌법 제17조에서 보장하고 있으며 일반적인 정의규정이다.
② [○] 일반 국민의 알 권리와 무관하게 국가기관이 평소의 동향을 감시할 목적으로 개인의 정보를 비밀리에 수집한 경우 그 대상자가 공적 인물이라는 이유만으로 면책되지 않는다(대판 1998.7.24, 96다42789).
③ [○] 인터넷언론사의 공개된 게시판·대화방에서 스스로의 의사에 의하여 정당·후보자에 대한 지지·반대의 글을 게시하는 행위가 양심의 자유나 사생활 비밀의 자유에 의하여 보호되는 영역이라고 할 수 없다(헌재 2010.2.25, 2008헌마324).

02 사생활의 비밀과 자유에 대한 설명으로 옳지 않은 것은? (다툼이 있는 경우 판례에 의함) 22. 5급 공채 변형

① 사생활의 비밀은 국가가 사생활 영역을 들여다보는 것에 대한 보호를 제공하는 기본권이며, 사생활의 자유는 국가가 사생활의 자유로운 형성을 방해하거나 금지하는 것에 대한 보호를 의미한다.
② 인터넷회선 감청은 타인과의 관계를 전제로 하는 개인의 사적 영역을 보호하려는 헌법 제18조의 통신의 비밀과 자유 외에 헌법 제17조 사생활의 비밀과 자유도 제한한다.
③ 공직자의 자질·도덕성·청렴성에 관한 사실이 개인적인 사생활에 관한 것이라면, 순수한 사생활의 영역에 있다고 보아야 할 것이므로 공적인 관심 사안에 해당할 수 없다.
④ '전자발찌'로 불리는 '위치추적 전자장치'의 부착명령을 규정한 특정 범죄자에 대한 위치추적 전자장치 부착 등에 관한 법률 조항은 피부착자의 개인정보자기결정권을 제한할 뿐만 아니라 피부착자의 위치와 이동경로를 실시간으로 파악하여 24시간 감시할 수 있도록 하고 있으므로 피부착자의 사생활의 비밀과 자유를 제한한다.

해설

③ [×] 공직자의 공무집행과 직접적인 관련이 없는 개인적인 사생활에 관한 사실이라도 일정한 경우 공적인 관심 사안에 해당할 수 있다. 공직자의 자질·도덕성·청렴성에 관한 사실은 그 내용이 개인적인 사생활에 관한 것이라 할지라도 순수한 사생활의 영역에 있다고 보기 어렵다(헌재 2013.12.26, 2009헌마747).
① [○] 사생활의 비밀은 국가가 사생활 영역을 들여다보는 것에 대한 보호를 제공하는 기본권이며, 사생활의 자유는 국가가 사생활의 자유로운 형성을 방해하거나 금지하는 것에 대한 보호를 의미한다(헌재 2003.10.30, 2002헌마518).
② [○] 인터넷회선 감청은 타인과의 관계를 전제로 하는 개인의 사적 영역을 보호하려는 헌법 제18조의 통신의 비밀과 자유 외에 헌법 제17조의 사생활의 비밀과 자유도 제한하게 된다(헌재 2018.8.30, 2016헌마263).
④ [○] 전자감시 부착명령에 의하여 제한받는 피부착자의 기본권은 사생활의 비밀과 자유, 개인정보자기결정권 및 인격권이다(헌재 2012.12.27, 2010헌가82 등).

정답 | 01 ④ 02 ③

03 사생활의 비밀과 자유에 대한 설명으로 옳지 않은 것은? (다툼이 있는 경우 판례에 의함) 17. 서울시 7급 변형

① 미결수용자와 변호인 아닌 자와의 접견시 그 대화내용을 녹음·녹화할 수 있도록 한 것은 미결수용자의 사생활의 비밀과 자유를 침해한다.
② 금융감독원의 4급 이상 직원에 대하여 공직자윤리법상 재산등록의무를 부과하는 것은 금융감독원의 4급 이상 직원의 사생활의 비밀의 자유를 침해하지 않는다.
③ 구치소장이 수용자의 거실에 폐쇄회로 텔레비전을 설치하여 계호한 행위는 수용자의 사생활의 비밀 및 자유를 침해하지 않는다.
④ 존속상해치사죄와 같은 범죄행위는 헌법상 보호되는 사생활의 영역에 속한다고 볼 수 없을 뿐만 아니라, 가중처벌하는 것이 사생활의 자유를 침해하는 것은 아니다.

해설
① [×] 미결수용자와 변호인 아닌 자와의 접견시 그 대화내용을 녹음·녹화할 수 있도록 한 것은 사생활의 비밀과 자유 및 통신의 비밀을 침해하지 아니한다(헌재 2016.11.24, 2014헌바401).
② [○] 금융감독원의 4급 이상 직원에 대하여 공직자윤리법상 재산등록의무를 부과하는 것은 사생활의 비밀과 자유를 침해하지 아니한다(헌재 2014.6.26, 2012헌마331).
③ [○] 구치소장이 수용자의 거실에 폐쇄회로 텔레비전을 설치하여 계호한 행위는 과잉금지원칙을 위배하여 사생활의 비밀 및 자유를 침해하였다고는 볼 수 없다(헌재 2011.9.29, 2010헌마413).
④ [○] 존속상해치사죄와 같은 범죄행위가 헌법상 보호되는 사생활의 영역에 속한다고 볼 수 없을 뿐만 아니라, 이 사건 법률조항의 입법목적이 정당하고 그 형의 가중에 합리적 이유가 있으며 직계존속이 아닌 통상인에 대한 상해치사죄도 형사상 처벌되고 있는 이상, 그 가중처벌에 의하여 가족관계상 비속의 사생활이 왜곡된다거나 존속에 대한 효의 강요나 개인 윤리문제에의 개입 등 외부로부터 부당한 간섭이 있는 것이라고는 말할 수 없으므로, 이 사건 법률조항은 헌법 제17조의 사생활의 자유를 침해하지 아니한다(헌재 2002.3.28, 2000헌바53).

04 개인정보자기결정권에 관한 설명 중 가장 적절하지 않은 것은? (다툼이 있는 경우 판례에 의함) 22. 경찰승진

① 성폭력범죄의 처벌 등에 관한 특례법상 공중밀집장소에서의 추행죄로 유죄판결이 확정된 자를 신상정보 등록대상자로 규정한 부분은 해당 신상정보 등록대상자의 개인정보자기결정권을 침해하지 않는다.
② 소년에 대한 수사경력자료의 삭제와 보존기간에 대하여 규정하면서 법원에서 불처분결정된 소년부송치 사건에 대하여 규정하지 않은 구 형의 실효 등에 관한 법률의 규정은 과잉금지원칙을 위반하여 소년부송치 후 불처분결정을 받은 자의 개인정보자기결정권을 침해한다.
③ 법무부장관은 변호사시험 합격자가 결정되면 즉시 명단을 공고하여야 한다고 규정한 변호사시험법 규정 중 '명단 공고' 부분은 변호사시험 응시자들의 개인정보자기결정권을 침해한다.
④ 개인정보에 관한 인격권 보호에 의하여 얻을 수 있는 이익과 정보처리 행위로 얻을 수 있는 이익, 즉 정보처리자의 '알 권리'와 이를 기반으로 한 정보수용자의 '알 권리' 및 표현의 자유, 정보처리자의 영업의 자유, 사회 전체의 경제적 효율성 등의 가치를 구체적으로 비교 형량하여 어느 쪽 이익이 더 우월한 것으로 평가할 수 있는지에 따라 정보처리 행위의 최종적인 위법성 여부를 판단하여야 한다.

해설

③ [×] 심판대상조항의 입법목적은 공공성을 지닌 전문직인 변호사에 관한 정보를 널리 공개하여 법률서비스 수요자가 필요한 정보를 얻는 데 도움을 주고, 변호사시험 관리 업무의 공정성과 투명성을 간접적으로 담보하는 데 있다. 심판대상조항은 법무부장관이 시험 관리 업무를 위하여 수집한 응시자의 개인정보 중 합격자의 성명을 공개하도록 하는 데 그치므로, 청구인들의 개인정보자기결정권이 제한되는 범위와 정도는 매우 제한적이다(헌재 2020.3.26, 2018헌마77 등).

① [O] 심판대상조항은 공중밀집장소추행죄로 유죄판결이 확정되면 이들을 모두 등록대상자가 되도록 함으로써 그 관리의 기초를 마련하기 위한 것이다. 그러므로 관리의 기초가 되는 등록대상 여부를 결정함에 있어 대상 성범죄로 인한 유죄판결 이외에 반드시 재범의 위험성을 고려해야 한다고 보기는 어렵다(헌재 2020.6.25, 2019헌마699).

② [O] 법원에서 불처분결정된 소년부송치 사건에 대한 수사경력자료의 보존기간과 삭제에 대한 규정을 두지 않은 이 사건 구법 조항은 과잉금지원칙을 위반하여 소년부송치 후 불처분결정을 받은 자의 개인정보자기결정권을 침해한다(헌재 2021.6.24, 2018헌가2).

④ [O] 정보처리자에게 영리 목적이 있었다는 사정만으로 곧바로 그 정보처리 행위를 위법하다고 할 수는 없다(대판 2016.8.17, 2014다235080).

---

05 사생활의 비밀의 자유와 개인정보자기결정권에 대한 설명으로 가장 옳지 <u>않은</u> 것은? 18. 서울시 7급 변형

① '혐의 없음'의 불기소 처분 등에 관한 수사경력자료의 수입 및 보존은 당사자의 개인정보자기결정권을 침해하지 않는다.
② 사생활의 비밀과 자유에 관한 권리를 보장하기 위하여 '개인정보 보호법'이 제정되어 시행되고 있다.
③ 4급 이상 공무원들의 병역 면제사유인 질병명을 관보와 인터넷을 통해 공개하도록 하는 것은 '부정한 병역면탈의 방지'와 '병역의무의 자진이행에 기여'라는 입법목적을 달성하기 위한 것으로서 사생활의 비밀과 자유를 침해하는 것이 아니다.
④ 공직선거에 후보자로 등록하려는 자가 제출하여야 하는 '금고 이상의 형의 범죄경력'에 이미 실효된 형까지 포함시키는 법률 규정은 공직선거후보자의 사생활의 비밀과 자유를 침해하지 않는다.

해설

③ [×] 이 사건 법률조항이 공적 관심의 정도가 약한 4급 이상의 공무원들까지 대상으로 삼아 모든 질병명을 아무런 예외 없이 공개토록 한 것은 입법목적 실현에 치중한 나머지 사생활 보호의 헌법적 요청을 현저히 무시한 것이고, 이로 인하여 청구인들을 비롯한 해당 공무원들의 헌법 제17조가 보장하는 기본권인 사생활의 비밀과 자유를 침해하는 것이다(헌재 2007.5.31, 2005헌마1139).

① [O] 검사의 '혐의없음' 불기소처분 등에 관한 수사경력자료의 보존 및 보존기간을 정한 것은 과잉금지의 원칙에 위반하여 청구인의 개인정보자기결정권을 침해한다고 볼 수 없다(헌재 2009.10.29, 2008헌마257).

② [O] 개인정보 보호법은 2011년에 제정되었다.

④ [O] 공직선거에 후보자로 등록하려는 자가 제출하여야 하는 '금고 이상의 형의 범죄경력'에 이미 실효된 형까지 포함시키는 법률 규정은 공직선거후보자의 사생활의 비밀과 자유를 침해하지 않는다(헌재 2008.4.24, 2006헌마402).

정답 | 03 ① 04 ③ 05 ③

06 개인정보자기결정권에 대한 설명으로 옳지 않은 것은? (다툼이 있는 경우 판례에 의함)

18. 국가직 7급 변형

① '각급학교 교원의 교원단체 및 교원노조 가입현황 실명자료'를 인터넷을 통하여 일반 대중에게 공개하는 국회의원의 행위는 해당 교원들의 개인정보자기결정권을 침해한다.
② 구치소장이 검사의 요청에 따라 미결수용자와 그 배우자의 접견녹음파일을 미결수용자의 동의 없이 제공하더라도, 이러한 제공행위는 형사사법의 실체적 진실을 발견하고 이를 통해 형사사법의 적정한 수행을 도모하기 위한 것으로 미결수용자의 개인정보자기결정권을 침해하는 것은 아니다.
③ 아동·청소년대상 성폭력범죄를 저지른 자에 대한 신상정보고지제도는 성범죄자가 거주하는 읍·면·동에 사는 지역주민 중 아동·청소년 자녀를 둔 가구 및 교육기관의 장 등을 상대로 이루어져, 고지대상자와 그 가족을 경계하고 외면하도록 하므로 고지대상자와 그 가족의 개인정보자기결정권을 침해한다.
④ 영유아보육법은 CCTV 열람의 활용 목적을 제한하고 있고, 어린이집 원장은 열람시간 지정 등을 통해 보육활동에 지장이 없도록 보호자의 열람 요청에 적절히 대응할 수 있으므로 동법의 CCTV 열람조항으로 보육교사의 개인정보자기결정권이 필요 이상으로 과도하게 제한된다고 볼 수 없다.

해설

③ [×] 아동·청소년대상 성폭력범죄자에 대한 신상정보 공개하고 신상정보를 고지하도록 규정한 것은, 인격권, 개인정보자기결정권을 침해한다고 볼 수 없다(헌재 2016.5.26, 2014헌바164).
① [O] 국회의원인 甲 등이 '각급학교 교원의 교원단체 및 교원노조 가입현황 실명자료'를 인터넷을 통하여 공개한 사안에서, 위 정보는 개인정보자기결정권의 보호대상이 되는 개인정보에 해당하므로 이를 일반 대중에게 공개하는 행위는 해당 교원들의 개인정보자기결정권과 전국교직원노동조합의 존속, 유지, 발전에 관한 권리를 침해하는 것이다(대판 2014.7.24, 2012다49933).
② [O] 부산구치소장이 청구인과 배우자의 접견을 녹음하여 부산지방검찰청 검사장에게 그 접견녹음파일을 제공한 행위가 청구인의 기본권을 침해하지 않는다는 결정을 선고하였다(헌재 2012.12.27, 2010헌마153).
④ [O] 어린이집에 폐쇄회로 텔레비전(CCTV) 설치를 원칙적으로 의무화하고, 보호자의 CCTV 영상정보 열람 요청 및 어린이집 참관에 대해 정한 영유아보육법 조항들이 어린이집 원장이나 보육교사 등의 기본권을 침해하지 아니한다(헌재 2017.12.28, 2015헌마994).

07 사생활의 비밀과 자유에 관한 내용으로 가장 옳지 않은 것은?

13. 법원직 9급 변형

① 사생활의 비밀과 자유의 보호대상으로는 개인의 내밀한 내용의 비밀을 유지할 권리, 개인이 자신의 사생활의 불가침을 보장받을 수 있는 권리, 개인의 양심영역이나 성적 영역과 같은 내밀한 영역에 대한 보호, 인격적인 감정세계의 존중의 권리와 정신적인 내면생활이 침해받지 아니할 권리 등이 있다.
② 대법원은 헌법 제17조는 개인의 사생활 활동이 타인으로부터 침해되거나 사생활이 함부로 공개되지 아니할 소극적인 권리를 보장하는 것에 국한되고, 자신에 대한 정보를 자율적으로 통제할 수 있는 적극적인 권리까지 보장하는 것은 아니라고 판시한 바 있다.
③ 보험회사직원이 보험회사를 상대로 손해배상청구소송을 제기한 교통사고 피해자들의 장해 정도에 관한 증거자료를 수집할 목적으로 피해자들의 일상생활을 촬영한 행위는 불법이다.
④ 시장, 군수 또는 구청장이 개인의 지문정보를 수집하고, 경찰청장이 이를 보관·전산화하여 범죄수사목적에 이용하는 지문날인제도가 과잉금지의 원칙에 위배하여 청구인들의 개인정보자기결정을 침해하였다고 볼 수 없다.

해설

② [×] 헌법 제17조는 "모든 국민은 사생활의 비밀과 자유를 침해받지 아니한다."라고 규정하고 있는바, 이들 헌법 규정은 개인의 사생활 활동이 타인으로부터 침해되거나 사생활이 함부로 공개되지 아니할 소극적인 권리는 물론, 오늘날 고도로 정보화된 현대사회에서 자신에 대한 정보를 자율적으로 통제할 수 있는 적극적인 권리까지도 보장하려는 데에 그 취지가 있는 것으로 해석된다(대판 1998. 7.24, 96다42789).

① [○] 사생활의 비밀과 자유의 보호대상으로는 개인의 내밀한 내용의 비밀을 유지할 권리, 개인이 자신의 사생활의 불가침을 보장받을 수 있는 권리, 개인의 양심영역이나 성적영역과 같은 내밀한 영역에 대한 보호, 인격적인 감정세계의 존중의 권리와 정신적인 내면생활이 침해받지 아니할 권리 등이 있다(헌재 2003.10.30, 2002헌마518).

③ [○] 공개된 장소에서 이루어졌다거나 민사소송의 증거를 수집할 목적으로 이루어졌다는 사유만으로 정당화되지 않는다. 일상생활을 본인 동의 없이 촬영한 행위는 초상권 및 사생활의 비밀과 자유를 침해하는 불법행위에 해당한다(대판 2006.10.13, 2004다16280).

④ [○] 이 사건 지문날인제도로 인하여 정보주체가 현실적으로 입게 되는 불이익에 비하여 경찰청장이 보관·전산화하고 있는 지문정보를 범죄수사 활동, 대형사건·사고나 변사자가 발생한 경우의 신원확인, 타인의 인적사항 도용 방지 등 각종 신원확인의 목적을 위하여 이용함으로써 달성할 수 있게 되는 공익이 더 크다고 보아야 할 것이므로, 이 사건 지문날인제도는 과잉금지의 원칙에 위배되지 아니한다(헌재 2005.5.26, 99헌마513).

---

08 사생활의 비밀과 자유에 관한 설명으로 옳은 것은? (다툼이 있는 경우 판례에 따름) 08. 국회직 8급 변형

① 헌법 제17조의 사생활의 비밀과 자유는 공적인 영역의 활동을 보호하고 있다.
② 공판정의 진술인은 자기의 말을 누가 녹음할 것인지와 녹음된 자기의 음성이 재생된 것인지 여부 및 누가 재생할 것인지 여부에 관하여 스스로 결정할 권리를 가지지 못한다.
③ 변호사에게 전년도에 처리한 수임사건의 건수 및 수임액을 소속 지방변호사회에 보고하도록 규정하고 있는 변호사법 관련 규정은 해당 당사자의 사생활의 비밀과 자유를 침해한다.
④ 헌법재판소는 개인정보자기결정권의 헌법적 근거를 인간의 존엄과 가치, 행복추구권에서 도출되는 일반적 인격권 및 사생활의 비밀과 자유에서 찾고 있다.

해설

④ [○] 인간의 존엄과 가치, 행복추구권을 규정한 헌법 제10조 제1문에서 도출되는 일반적 인격권 및 헌법 제17조의 사생활의 비밀과 자유에 의하여 보장되는 개인정보자기결정권은 자신에 관한 정보가 언제 누구에게 어느 범위까지 알려지고 또 이용되도록 할 것인지를 그 정보주체가 스스로 결정할 수 있는 권리이다(헌재 2005.7.21, 2003헌마282).

① [×] 사생활 비밀의 자유는 소극적으로는 인격적 존재로서의 인간이 사생활의 내용·명예·신용 등을 침해받지 아니하고, 적극적으로는 자신이 원하는 자유로운 사생활과 사적 활동을 영위할 수 있는 것을 의미한다.

② [×] 피고인이나 변호인에 의한 공판정에서의 녹취는 진술인의 인격권 또는 사생활의 비밀과 자유에 대한 침해를 수반하고, 실체적 진실 발견 등 다른 법익과 충돌할 개연성이 있으므로, 녹취를 금지해야 할 필요성이 녹취를 허용함으로써 달성하고자 하는 이익보다 큰 경우에는 녹취를 금지 또는 제한함이 타당하다. 따라서 검사, 피고인 또는 변호인이 법정에서 속기 또는 녹취를 하고자 할 때에는 미리 법원의 허가를 받아야 한다고 규정하는 형사소송규칙 제40조는 헌법에 위반된다고 단정할 수 없다(헌재 1995.12.28, 91헌마114).

③ [×] 변호사에게 전년도에 처리한 수임사건의 건수 및 수임액을 소속 지방변호사회에 보고하도록 규정하고 있는 변호사법 관련 규정은 해당 당사자의 사생활의 비밀과 자유를 침해한다고 볼 수 없다(헌재 2009.10.29, 2007헌마667).

정답 | 06 ③ 07 ② 08 ④

09 개인정보자기결정권에 관한 설명 중 옳지 않은 것은? (다툼이 있는 경우 헌법재판소 판례에 의함)

12. 법원직 9급 변형

① 불법감청에 의하여 지득 또는 채록된 전기통신의 내용은 재판 또는 징계절차에서 증거로 사용할 수 없다.
② 개인정보자기결정권의 보호대상이 되는 개인정보는 개인의 인격주체성을 특징짓는 사항으로서 그 개인의 동일성을 식별할 수 있게 하는 정보이다.
③ 개인정보자기결정권의 보호대상이 되는 개인정보는 공적 생활에서 형성되었거나 이미 공개된 개인정보는 포함되지 아니한다.
④ 개인정보를 대상으로 한 조사, 수집, 보관, 처리, 이용 등의 행위는 모두 원칙적으로 개인정보자기결정권에 대한 제한에 해당한다.

해설

③ [×] 개인정보자기결정권의 보호대상이 되는 개인정보는 반드시 개인의 내밀한 영역이나 사사(私事)의 영역에 속하는 정보에 국한되지 않고 공적 생활에서 형성되었거나 이미 공개된 개인정보까지 포함한다(헌재 2010.2.25, 2008헌마324).
① [O] 제3조의 규정에 위반하여, 불법검열에 의하여 취득한 우편물이나 그 내용 및 불법감청에 의하여 지득 또는 채록된 전기통신의 내용은 재판 또는 징계절차에서 증거로 사용할 수 없다(통신비밀보호법 제4조).
② [O] 개인정보 보호법 제2조 제1호

> 개인정보 보호법 제2조 【정의】 이 법에서 사용하는 용어의 뜻은 다음과 같다.
> 1. "개인정보"란 살아 있는 개인에 관한 정보로서 다음 각 목의 어느 하나에 해당하는 정보를 말한다.
>   가. 성명, 주민등록번호 및 영상 등을 통하여 개인을 알아볼 수 있는 정보
>   나. 해당 정보만으로는 특정 개인을 알아볼 수 없더라도 다른 정보와 쉽게 결합하여 알아볼 수 있는 정보. 이 경우 쉽게 결합할 수 있는지 여부는 다른 정보의 입수 가능성 등 개인을 알아보는 데 소요되는 시간, 비용, 기술 등을 합리적으로 고려하여야 한다.

④ [O] 제한은 기본권을 완벽하게 실현하지 못하게 하는 것을 의미한다. 따라서 이는 제한에 해당한다.

10 다음 중 사생활의 비밀과 자유에 대한 설명으로 옳지 않은 것은? (다툼이 있는 경우 헌법재판소 판례에 의함)

16. 국회직 9급 변형

① 존속상해치사죄를 가중처벌하는 것이 사생활의 자유를 침해하는 것은 아니다.
② 대법원은 헌법 제17조는 개인의 사생활 활동이 타인으로부터 침해되거나 사생활이 함부로 공개되지 아니할 소극적인 권리를 보장하는 것에 국한되고, 자신에 대한 정보를 자율적으로 통제할 수 있는 적극적인 권리까지 보장하는 것은 아니라고 판시한 바 있다.
③ 통신매체이용음란죄로 유죄판결이 확정된 자는 신상정보 등록대상자가 된다고 규정한 성폭력범죄의 처벌 등에 관한 특례법 제42조 제1항 중 "제13조의 범죄로 유죄판결이 확정된 자는 신상정보 등록대상자가 된다."는 부분은 청구인의 개인정보자기결정권을 침해한다.
④ 국정감사는 개인의 사생활을 침해하여서는 아니 된다.

해설

② [×] 헌법 규정은 개인의 사생활 활동이 타인으로부터 침해되거나 사생활이 함부로 공개되지 아니할 소극적인 권리는 물론, 오늘날 고도로 정보화된 현대사회에서 자신에 대한 정보를 자율적으로 통제할 수 있는 적극적인 권리까지도 보장하려는 데에 그 취지가 있는 것으로 해석된다(대판 1998.7.24, 96다42789).

① [O] 존속상해치사죄와 같은 범죄행위가 헌법상 보호되는 사생활의 영역에 속한다고 볼 수 없을 뿐만 아니라, 이 사건 법률 조항은 헌법 제17조의 사생활의 자유를 침해하지 아니한다(헌재 2002.3.28, 2000헌바53).

③ [O] 통신매체이용음란죄로 유죄판결이 확정된 자는 신상정보등록대상자가 된다고 규정한 조항은 목적의 정당성 및 수단의 적합성은 인정되나, 통신매체이용음란죄로 유죄의 확정판결을 받은 자에 대하여 개별 행위 유형에 따른 죄질 및 재범의 위험성을 고려하지 않고 모두 신상정보 등록대상자가 되도록 하여 개인정보자기결정권을 침해하여 헌법에 위반된다(헌재 2016.3.31, 2015헌마688).

④ [O] 감사 또는 조사는 개인의 사생활을 침해하거나 계속 중인 재판 또는 수사 중인 사건의 소추에 관여할 목적으로 행사되어서는 아니 된다(국정감사 및 조사에 관한 법률 제8조).

11 개인정보자기결정권에 대한 설명으로 가장 적절하지 않은 것은? (다툼이 있는 경우 헌법재판소 판례에 의함)

19. 경정승진 변형

① 주민등록번호 변경에 관한 규정을 두지 않는 주민등록법 관련 조항은 주민등록번호 불법 유출 등을 원인으로 자신의 주민등록번호를 변경하고자 하는 사람들의 개인정보자기결정권을 침해하고 있다.

② 국민건강보험공단이 서울용산경찰서장에게 청구인들의 요양급여내역을 제공한 행위는 검거 목적에 필요한 최소한의 정보에 해당하는 '급여일자와 요양기관명'만을 제공하였기 때문에, 과잉금지원칙에 위배되지 않아 청구인들의 개인정보자기결정권을 침해하지 않는다.

③ 가축전염병의 발생 예방 및 확산 방지를 위해 축산관계시설 출입차량에 차량무선인식장치를 설치하여 이동경로를 파악할 수 있도록 한 구 가축전염병예방법 조항은 축산관계시설에 출입하는 청구인들의 개인정보자기결정권을 침해하지 않는다.

④ 이 사건 법률 시행 당시 디엔에이감식시료 채취 대상범죄로 이미 징역이나 금고 이상의 실형을 선고받아 그 형이 확정되어 수용 중인 사람에게 디엔에이감식시료 채취 및 디엔에이확인정보의 수집·이용에 있어서 디엔에이신원확인정보의 이용 및 보호에 관한 법률을 적용할 수 있도록 규정한 동 법률 부칙 조항은 개인정보자기결정권을 과도하게 침해하지 않는다.

해설

② [×] 수사기관은 이미 소재를 파악한 상태였거나 다른 수단으로 충분히 파악할 수 있었으므로 민감정보인 요양급여정보가 수사기관에 제공되어 중대한 불이익을 받게 되었다. 따라서 이는 개인정보자기결정권을 침해하였다(헌재 2018.8.30, 2014헌마368).

① [O] 주민등록번호 변경에 관한 규정을 두고 있지 않은 심판대상조항은 과잉금지원칙에 위배되어 개인정보자기결정권을 침해한다(헌재 2015.12.23, 2013헌바68).

③ [O] 가축전염병의 발생 예방 및 확산 방지를 위해 축산관계시설 출입차량에 차량무선인식장치를 설치하여 이동경로를 파악할 수 있도록 한 구 가축전염병예방법 조항은 축산관계시설에 출입하는 청구인들의 개인정보자기결정권을 침해하지 않는다(헌재 2015.4.30, 2013헌마81).

④ [O] 이 사건 법률 시행 당시 디엔에이감식시료 채취 대상범죄로 이미 징역이나 금고 이상의 실형을 선고받아 그 형이 확정되어 수용 중인 사람에게 디엔에이감식시료 채취 및 디엔에이확인정보의 수집·이용에 있어서 디엔에이신원확인정보의 이용 및 보호에 관한 법률을 적용할 수 있도록 규정한 동 법률 부칙 조항은 개인정보자기결정권을 과도하게 침해하지 않는다(헌재 2014.8.28, 2011헌마28 등).

12 개인정보 보호에 대한 설명으로 옳지 <u>않은</u> 것은? (다툼이 있는 경우 판례에 의함) 19. 5급 공채 변형

① 개인정보란 살아 있는 개인에 관한 정보로서 성명, 주민등록번호 및 영상 등을 통하여 개인을 알아볼 수 있는 정보(해당 정보만으로는 특정 개인을 알아볼 수 없더라도 다른 정보와 쉽게 결합하여 알아볼 수 있는 것을 포함한다)를 말한다.
② 정보주체는 자신의 개인정보 처리로 인하여 발생한 피해를 신속하고 공정한 절차에 따라 구제받을 권리를 가진다.
③ 개인정보처리자는 정보주체가 필요한 최소한의 정보 외의 개인정보 수집에 동의하지 아니한다는 이유로 정보주체에게 재화 또는 서비스의 제공을 거부하여서는 아니 된다.
④ 국민건강보험공단이 피의자의 급여일자와 요양기관명에 관한 정보를 수사기관에 제공하는 것은, 당해 정보가 개인의 건강에 관한 것이기는 하나 개인의 건강 상태에 관한 막연하고 추상적인 정보에 불과하여 보호의 필요성이 높지 않을 뿐만 아니라, 검거목적에 필요한 최소한의 정보를 제공한 것으로써 그의 개인정보자기결정권을 침해하지 아니한다.

해설

④ [×] 수사기관은 이미 소재를 파악한 상태였거나 다른 수단으로 충분히 파악할 수 있었으므로 민감정보인 요양급여정보가 수사기관에 제공되어 중대한 불이익을 받게 되었다. 따라서 이는 개인정보자기결정권을 침해하였다(헌재 2018.8.30, 2014헌마368).
① [○] "개인정보"란 살아 있는 개인에 관한 정보로서 성명, 주민등록번호 및 영상 등을 통하여 개인을 알아볼 수 있는 정보(해당 정보만으로는 특정 개인을 알아볼 수 없더라도 다른 정보와 쉽게 결합하여 알아볼 수 있는 것을 포함한다)를 말한다(개인정보 보호법 제2조 제1호).
② [○] 개인정보 보호법 제4조 제5호

> 개인정보 보호법 제4조 【정보주체의 권리】 정보주체는 자신의 개인정보 처리와 관련하여 다음 각 호의 권리를 가진다.
> 5. 개인정보의 처리로 인하여 발생한 피해를 신속하고 공정한 절차에 따라 구제받을 권리

③ [○] 개인정보처리자는 정보주체가 필요한 최소한의 정보 외의 개인정보 수집에 동의하지 아니한다는 이유로 정보주체에게 재화 또는 서비스의 제공을 거부하여서는 아니 된다(개인정보 보호법 제16조 제3항).

13 사생활의 비밀과 자유에 관한 설명 중 가장 적절하지 <u>않은</u> 것은? (다툼이 있는 경우 판례에 의함) 16. 경찰승진 변형

① 통신의 자유를 기본권으로서 보장하는 것은 사적 영역에 속하는 개인 간의 의사소통을 사생활의 일부로서 보장하겠다는 취지에서 비롯된 것이다.
② 아동·청소년 대상 성범죄자에 대하여 신상정보 등록 후 1년마다 새로 촬영한 사진을 관할경찰서에 제출하도록 하고 이에 위반하는 경우 형벌로 제재를 가하는 것은 기본권의 최소침해성원칙에 반한다.
③ 개인정보자기결정권이란 자신에 관한 정보의 공개와 유통을 스스로 결정하고 통제할 수 있는 권리를 말하며, 이때 '자신에 관한 정보'는 그 자체가 꼭 비밀성이 있는 정보일 필요는 없다.
④ 범죄의 경중·재범의 위험성 여부를 불문하고 모든 신상정보 등록대상자의 등록정보를 20년 동안 보존·관리하도록 한 성폭력범죄의 처벌 등에 관한 특례법 관련 규정은 신상정보 등록대상자의 개인정보자기결정권을 침해한다.

해설

② [×] 아동·청소년대상 성범죄자에 대하여 신상정보 등록 후 1년마다 새로 촬영한 사진을 관할경찰관서의 장에게 제출하도록 규정한 구 아동·청소년의 성보호에 관한 법률 제34조 제2항 단서 중 '사진' 부분과 사진제출의무 위반에 대하여 형사처벌을 하도록 규정한 제52조 제5항 제2호 중 '변경정보인 사진' 부분에 대하여 헌법에 위반되지 아니한다(헌재 2015.7.30, 2014헌바257).

① [O] 통신의 자유를 기본권으로서 보장하는 것은 사적 영역에 속하는 개인 간의 의사소통을 사생활의 일부로서 보장하겠다는 취지에서 비롯된 것이라 할 것이다(헌재 2001.3.21, 2000헌바25).

③ [O] 개인정보자기결정권은 자신에 관한 정보가 언제 누구에게 어느 범위까지 알려지고 또 이용되도록 할 것인지를 그 정보주체가 스스로 결정할 수 있는 권리이다. 즉, 정보주체가 개인정보의 공개와 이용에 관하여 스스로 결정할 권리를 말한다. 개인정보자기결정권의 보호대상이 되는 개인정보는 개인의 신체, 신념, 사회적 지위, 신분 등과 같이 개인의 인격주체성을 특징짓는 사항으로서 그 개인의 동일성을 식별할 수 있게 하는 일체의 정보라고 할 수 있고, 반드시 개인의 내밀한 영역이나 사사(私事)의 영역에 속하는 정보에 국한되지 않고 공적 생활에서 형성되었거나 이미 공개된 개인정보까지 포함한다(헌재 2005.7.21, 2003헌마282).

④ [O] 성폭력범죄의 처벌 등에 관한 특례법 위반(카메라 등 이용촬영, 카메라 등 이용촬영미수)죄로 유죄가 확정된 자는 신상정보 등록대상자가 되도록 규정한 '성폭력범죄의 처벌 등에 관한 특례법' 제42조 제1항 중 관련 부분은 헌법에 위반되지 않고, 등록대상자의 등록정보를 20년 동안 보존·관리하도록 규정한 같은 법률 제45조 제1항은 헌법에 합치되지 않는다(헌재 2015.7.30, 2014헌마340).

14 거주·이전의 자유에 대한 설명으로 옳은 것은? (다툼이 있는 경우 판례에 의함) 19. 국가직 7급 변형

① 구 특정 범죄자에 대한 위치추적 전자장치 부착 등에 관한 법률에 의하여 성폭력범죄를 2회 이상 범하여 습벽이 인정되고 재범의 위험성이 있는 자에게 검사의 청구에 따라 법원이 10년의 범위 내에서 위치추적 전자장치를 부착할 수 있도록 하는 것은 피부착자의 사생활의 비밀과 자유 및 개인정보자기결정권을 침해한다.

② 거주·이전의 자유에는 국내에서의 거주·이전의 자유와 귀국의 자유가 포함되나 국외 이주의 자유와 해외여행의 자유는 포함되지 않는다.

③ 법인이 과밀억제권역 내에 본점의 사업용 부동산으로 건축물을 신축하여 이를 취득하는 경우, 취득세를 중과세하는 구 지방세법 조항은 법인의 영업의 자유를 제한하는 것으로서 법인의 거주·이전의 자유를 제한하는 것은 아니다.

④ 거주·이전의 자유는 국가의 간섭 없이 자유롭게 거주와 체류지를 정할 수 있는 자유로서 대한민국 국적을 이탈할 수 있는 '국적변경의 자유'도 그 내용에 포섭된다.

해설

④ [O] 거주·이전의 자유는 국적변경의 자유를 포함한다는 것이 통설이고 세계인권선언도 이를 규정하고 있다. 다만, 국적이탈의 자유가 무국적의 자유까지 보장하는 것은 아니다(헌재 2006.3.30, 2003헌마806).

① [×] 성폭력범죄를 2회 이상 범하여 그 습벽이 인정된 때에 해당하고 성폭력범죄를 다시 범할 위험성이 인정되는 자에 대해 검사의 청구와 법원의 판결로 3년 이상 20년 이하의 기간 동안 전자장치 부착을 명할 수 있도록 한 구 '특정 범죄자에 대한 위치추적 전자장치 부착 등에 관한 법률'이 피부착자의 개인정보자기결정권 등 기본권을 침해하지 않는다(헌재 2012.12.27, 2011헌바89).

② [×] 거주·이전의 자유에는 국외 이주의 자유와 해외여행의 자유도 포함된다(헌재 2008.6.26, 2007헌마1366).

③ [×] 이 사건 법률조항은 수도권에 인구 및 경제·산업시설이 밀집되어 발생하는 문제를 해결하고 국토의 균형 있는 발전을 도모하기 위하여 법인이 과밀억제권역 내에 본점의 사업용 부동산으로 건축물을 신축·증축하여 이를 취득하는 경우 취득세를 중과세하는 조항으로서, 구법과 달리 인구유입과 경제력 집중의 효과가 뚜렷한 건물의 신축, 증축 그리고 부속토지의 취득만을 그 적용대상으로 한정하여 부당하게 중과세할 소지를 제거하였다. 최근 대법원 판결도 구체적인 사건에서 인구유입이나 경제력집중 효과에 관한 판단을 전적으로 배제한 것으로는 보기 어렵다. 따라서 이 사건 법률조항은 거주·이전의 자유와 영업의 자유를 침해하지 아니한다(헌재 2014.7.24, 2012헌바408). ▶ 제한과 침해를 구별해야 한다. 제한은 하지만 침해하지는 않는다.

정답 | 12 ④ 13 ② 14 ④

15 거주·이전의 자유에 대한 설명으로 가장 적절하지 <u>않은</u> 것은? (다툼이 있는 경우 헌법재판소 판례에 의함)

24. 경찰간부

① 법무부령이 정하는 금액 이상의 추징금을 납부하지 아니한 자에게 출국을 금지할 수 있도록 한 출입국관리법 조항은 단순히 금액을 기준으로 기본적인 인간의 권리를 제한하는 것으로 추징금 미납자의 출국의 자유를 침해한다.

② 복수국적자가 외국에 주소가 있는 경우에만 국적이탈을 신고할 수 있도록 하는 국적법 조항은 기회주의적 국적이탈을 방지하기 위한 것으로, 복수국적자의 국적이탈의 자유를 침해하지 아니한다.

③ 병역준비역에 대하여 27세를 초과하지 않는 범위에서 단기 국외여행을 허가하도록 한 구 '병역의무자 국외여행 업무처리 규정'은 27세가 넘은 병역준비역의 거주·이전의 자유를 침해하지 않는다.

④ 여행금지국가로 고시된 사정을 알면서도 허가를 받지 않고 여행금지국가를 방문하는 등의 행위를 1년 이하의 징역 또는 1천만원 이하의 벌금에 처하도록 규정하고 있는 여권법 조항은 그 처벌수준이 비교적 경미하므로 국민의 거주·이전의 자유를 침해하지 않는다.

해설

① [×] 출국금지의 대상이 되는 추징금은 2,000만원으로 규정하여 출국의 자유를 제한할 수 있도록 하고 있으며, … 합헌적 근거 법조항에 따라 시행되는 제도라 할 것이다(헌재 2004.10.28, 2003헌가18).

② [○] 외국에 생활근거 없이 주로 국내에서 생활하며 대한민국과 유대관계를 형성한 자가 단지 법률상 외국 국적을 지니고 있다는 사정을 빌미로 기회주의적 국적을 이탈하려는 행위를 제한하기 위한 것으로 헌법에 위반되지 아니한다(헌재 2023.2.23, 2020헌바603).

③ [○] 예외적인 경우가 아니라면 27세까지만 징집연기가 가능하다. 징집연기가 가능한 범위에서 국외여행의 자유를 최대한 보장하기 위함이다. 따라서 청구인의 거주·이전의 자유를 침해하지 않는다(헌재 2023.2.23, 2019헌마1157).

④ [○] 국외 위난상황으로부터 국민의 생명·신체나 재산을 보호하고 국외 위난상황으로 인해 국가·사회에 미칠 수 있는 파급 효과를 사전에 예방하는 것이다. 이와 같은 이 사건 처벌조항의 입법목적은 정당하고, 이 사건 처벌조항은 이에 적합한 수단이다(헌재 2020.2.27, 2016헌마945).

▶ 따라서 거주·이전의 자유를 침해하지 아니한다.

16 주거의 자유에 대한 설명으로 옳지 <u>않은</u> 것은? (다툼이 있는 경우 판례에 의함)

19. 5급 공채

① 헌법 제16조가 보장하는 주거의 자유는 개방되지 않은 사적 공간인 주거를 공권력이나 제3자에 의해 침해당하지 않도록 함으로써 국민의 사생활영역을 보호하기 위한 권리이다.

② 헌법 제16조에서 영장주의에 대한 예외를 마련하고 있지 않으므로 주거에 대한 압수나 수색에 있어 영장주의가 예외 없이 반드시 관철되어야 함을 의미하는 것이다.

③ 주거의 자유와 관련한 영장주의는 1962년 제5차 헌법개정에서 처음으로 헌법에 명시되었다.

④ 출입국관리법에 의한 보호에 있어서 용의자에 대한 긴급보호를 위해 그의 주거에 들어간 것이라면 그 긴급보호가 적법한 이상 주거의 자유를 침해한 것으로 볼 수 없다.

해설

② [×] 심판대상조항은 체포영장을 발부받아 피의자를 체포하는 경우에 '필요한 때'에는 영장 없이 타인의 주거 등 내에서 피의자 수사를 할 수 있다고 규정함으로써, 별도로 영장을 발부받기 어려운 긴급한 사정이 있는지 여부를 구별하지 아니하고 피의자가 소재할 개연성이 있으면 영장 없이 타인의 주거 등을 수색할 수 있도록 허용하고 있다. 이는 체포영장이 발부된 피의자가 타인의 주거 등에 소재할 개연성은 인정되나, 수색에 앞서 영장을 발부받기 어려운 긴급한 사정이 인정되지 않는 경우에도 영장 없이 피의자 수색을 할 수 있다는 것이므로, 위에서 본 헌법 제16조의 영장주의 예외 요건을 벗어난다(헌재 2018.4.26, 2015헌바370).

① [○] 헌법 제16조가 보장하는 주거의 자유는 개방되지 않은 사적 공간인 주거를 공권력이나 제3자에 의해 침해당하지 않도록 함으로써 국민의 사생활영역을 보호하기 위한 권리이므로, 주거용 건축물의 사용·수익관계를 정하고 있는 이 사건 법률조항이 주거의 자유를 제한한다고 볼 수도 없다(헌재 2014.7.24, 2012헌마662).

③ [○] 주거의 자유와 관련한 영장주의는 제5차 개정에서 신설되었다.

④ [○] 출입국관리법에 의한 보호에 있어서 용의자에 대한 긴급보호를 위해 그의 주거에 들어간 것이라면 그 긴급보호가 적법한 이상 주거의 자유를 침해한 것으로 볼 수 없으므로 청구인에 대한 긴급보호가 적법한 이상 그 긴급보호 과정에서 청구인의 주거에 들어갔다고 하더라도 주거의 자유를 침해하였다고 볼 수 없다(헌재 2012.8.23, 2008헌마430).

17 다음은 주거에 관한 설명이다. 옳지 않은 것을 모두 고른 것은?

예상문제

가. 대학강의실의 경우도 주거에 해당한다.
나. 3인 간의 대화에서 그중 한 사람이 대화를 녹음하는 것은 주거의 자유에서 보호되는 것이 아니라 통신의 비밀에서 보호되는 것으로 통신비밀보호법상 처벌대상이라고 판례는 보고 있다.
다. 외부인이 공동거주자의 일부가 부재중에 주거 내에 현재하는 거주자의 현실적인 승낙을 받아 통상적인 출입방법에 따라 공동주거에 들어갔으나 부재중인 다른 거주자의 추정적 의사에 반하는 경우, 주거침입죄가 성립하지 않는다.
라. 여관이나 호텔의 객실은 투숙객이 주거의 자유의 주체가 된다.
마. 행위자가 범죄 등을 목적으로 음식점에 들어갔거나 실제 출입 목적을 알았더라면 출입을 승낙하지 않았을 것이라는 사정이 인정된다면 주거침입죄가 성립한다.
바. 계약기간 만료 후 임차인이 퇴거하지 않을 경우에는 임대인이 주거의 자유의 주체가 된다.

① 나, 마
② 다, 라
③ 가, 나, 마
④ 나, 마, 바
⑤ 라, 마, 바

해설

나, 마, 바가 옳지 않다.

가. [○] 대학강의실도 주거침입죄가 보호하는 주거에 해당한다. 일반적으로 대학교의 강의실은 그 대학 당국에 의하여 관리되면서 그 관리업무나 강의와 관련되는 사람에 한하여 출입이 허용되는 건조물이지 널리 일반인에게 개방되어 누구나 자유롭게 출입할 수 있는 곳은 아니다(대판 1992.9.25, 92도1520).

나. [×] 3인 간 대화에 있어서 그중 한 사람이 그 대화를 녹음하는 경우에 다른 두 사람의 발언은 그 녹음자에 대한 관계에서 타인의 대화라고 할 수 없으므로 이와 같은 녹음행위는 통신비밀보호법 제3조 제1항에 위배된다고 볼 수 없다(대판 2006.10.12, 2006도4981).

다. [○] 외부인이 공동거주자의 일부가 부재중에 주거 내에 현재하는 거주자의 현실적인 승낙을 받아 통상적인 출입방법에 따라 공동주거에 들어갔으나 부재중인 다른 거주자의 추정적 의사에 반하는 경우, 주거침입죄가 성립하지 않는다[대판 2021.9.9, 2020도12630 (전합)].

라. [○] 여관이나 호텔에서의 주거의 자유의 주체는 그 소유주가 아니라 현실적으로 거주하고 있는 입주자나 투숙객이다.

마. [×] 일반인의 출입이 허용된 음식점에 영업주의 승낙을 받아 통상적인 출입방법으로 들어갔다면 특별한 사정이 없는 한 침입행위에 해당하지 않고, 설령 행위자가 범죄 등을 목적으로 음식점에 들어갔거나 실제 출입 목적을 알았더라면 출입을 승낙하지 않았을 것이라는 사정이 인정되더라도 그러한 사정만으로는 사실상의 평온 상태가 침해되었다고 볼 수 없으므로 주거침입죄가 성립하지 않는다[대판 2022.3.24, 2017도18272(전합)].

바. [×] 임대차의 종료 이후에도 사실상의 점유자가 주거의 자유의 주체로 인정되며, 임대인이 법에 정해진 절차에 의하지 않고 그 건물에 침입한 경우 주거침입죄가 성립한다(대판 1987.11.10, 87도1760).

18 통신의 자유에 대한 설명으로 옳지 <u>않은</u> 것은? (다툼이 있는 경우 판례에 의함) 16. 국가직 7급

① 미결수용자가 교정시설 내에서 규율 위반행위를 이유로 금치처분을 받은 경우 금치기간 중 서신수수·접견·전화통화를 제한하는 것은 통신의 자유를 침해하지 아니한다.
② 국가기관의 감청설비 보유·사용에 대한 관리와 통제를 위한 법적·제도적 장치가 마련되어 있을지라도, 국가기관이 인가 없이 감청설비를 보유·사용할 수 있다는 사실만 가지고 바로 국가기관에 의한 통신비밀 침해행위를 예상할 수 있으므로 국가기관이 감청설비의 보유 및 사용에 있어서 주무장관의 인가를 받지 않아도 된다는 것은 통신의 자유를 침해한다.
③ 신병훈련소에서 교육훈련을 받는 동안 신병의 전화사용을 통제하는 육군 신병교육지침서는 통신의 자유를 필요한 정도를 넘어 과도하게 제한하고 있는 것은 아니다.
④ 수사기관이 아닌 사인이 공개되지 아니한 타인 간의 대화를 비밀녹음한 녹음테이프에 대한 검증조서의 증거능력은 인정되지 않는다.

해설

② [×] 이 사건 법률조항에서 사인이 감청설비를 제조·수입·판매 등을 하기 위해서는 정보통신부장관의 인가를 받도록 규정한 것은 사인에 의한 통신비밀 침해행위를 사전에 예방하기 위한 것이다. 그리고 국가기관의 감청설비 보유·사유에 대한 관리와 통제를 위한 법적·제도적 장치가 마련되어 있으므로 통신의 자유를 침해한다고 볼 수는 없다(헌재 2001.3.21, 2000헌바25). 즉, 국가기관은 감청에 대한 통제가 따로 존재하니 사인의 감청에 대해서만 국가의 통제는 통신의 자유를 침해하지 아니한다.
① [○] 미결수용자가 교정시설 내에서 규율 위반행위를 이유로 금치처분을 받은 경우 금치기간 중 서신수수·접견·전화통화를 제한하는 것은 통신의 자유를 침해하지 아니한다(헌재 2016.4.28, 2012헌마549).
③ [○] 이 사건 지침은 신병교육기간 동안 신병들의 전화사용을 통제하고 있으므로 헌법 제18조가 보장하는 통신의 자유를 제한하고 있다. 다만, 이는 신병들을 군인으로 육성하고 교육훈련과 병영생활에 조속히 적응시키기 위한 것으로 과도하게 제한하는 것이라고 보기 어렵다(헌재 2010.10.28, 2007헌마890).
④ [○] 수사기관이 아닌 사인이 공개되지 아니한 타인 간의 대화를 비밀녹음한 녹음테이프에 대한 검증조서의 증거능력은 인정되지 않는다(대판 2001.10.9, 2001도3106).

19 통신의 자유에 대한 설명으로 가장 적절하지 않은 것은? (다툼이 있는 경우 판례에 의함) 17. 경찰승진 변형

① 3인 간의 대화에 있어서 그중 한 사람이 그 대화를 녹음하는 경우에 다른 두 사람의 발언은 그 녹음자에 대한 관계에서 타인 간의 대화라고 할 수 없으므로 이를 녹음한 행위는 공개되지 아니한 타인 간의 대화를 녹음 또는 청취하지 못한다고 규정한 통신비밀보호법 제3조 제1항에 위배되지 않는다.

② 긴급조치 제1호는 유신헌법을 부정하거나 반대하고 폐지를 주장하는 행위 중 실제로 국가의 안전보장과 공공의 안녕질서에 대한 심각하고 중대한 위협이 명백하고 현존하는 경우 이외에도, 국가긴급권의 발동이 필요한 상황과는 전혀 무관하게 헌법과 관련하여 자신의 견해를 단순하게 표명하는 행위까지 모두 처벌하고 처벌의 대상이 되는 행위를 구체적으로 특정할 수 없으므로 표현의 자유를 침해한다.

③ 헌법 제18조로 보장되는 기본권인 통신의 자유란 통신수단을 자유로이 이용하여 의사소통할 권리이다. '통신수단의 자유로운 이용'이라 하더라도 자신의 인적 사항을 누구에게도 밝히지 않는 상태로 통신수단을 이용할 자유, 즉 통신수단의 익명성 보장은 포함된다고 볼 수 없다.

④ 헌법 제18조에서 그 비밀을 보호하는 '통신'의 일반적인 속성으로는 '당사자 간의 동의', '비공개성', '당사자의 특정성' 등을 들 수 있다.

해설

③ [×] 헌법 제18조로 보장되는 기본권인 통신의 자유란 통신수단을 자유로이 이용하여 의사소통할 권리이다. '통신수단의 자유로운 이용'에는 자신의 인적 사항을 누구에게도 밝히지 않는 상태로 통신수단을 이용할 자유, 즉 통신수단의 익명성 보장도 포함된다(헌재 2019.9.26, 2017헌마1209).

① [O] 통신비밀보호법 제3조 제1항이 "공개되지 아니한 타인 간의 대화를 녹음 또는 청취하지 못한다."고 정한 것은, 대화에 원래부터 참여하지 않는 제3자가 그 대화를 하는 타인들 간의 발언을 녹음해서는 아니 된다는 취지이다. 3인 간의 대화에 있어서 그중 한 사람이 그 대화를 녹음하는 경우에 다른 두 사람의 발언은 그 녹음자에 대한 관계에서 '타인 간의 대화'라고 할 수 없으므로 이와 같은 녹음행위가 통신비밀보호법 제3조 제1항에 위배된다고 볼 수는 없다(대판 2006.10.12, 2006도4981).

② [O] 긴급조치 제1호는 유신헌법을 부정하거나 반대하고 폐지를 주장하는 행위 중 실제로 국가의 안전보장과 공공의 안녕질서에 대한 심각하고 중대한 위협이 명백하고 현존하는 경우 이외에도, 국가긴급권의 발동이 필요한 상황과는 전혀 무관하게 헌법과 관련하여 자신의 견해를 단순하게 표명하는 모든 행위까지 처벌하고, 처벌의 대상이 되는 행위를 전혀 구체적으로 특정할 수 없으므로, 이는 표현의 자유 제한의 한계를 일탈한 것이다(헌재 2013.3.21, 2010헌바70).

④ [O] 따라서 상대방이 불특정 다수인인 경우에는 통신의 자유가 아닌 표현의 자유에서 보호하며, 통신의 자유는 상대방이 특정된 경우를 말한다.

제3절 정신적 자유권

핵심 OX

01 헌법 제19조에서 보호하는 양심은 개인의 구체적인 양심을 말하며, 막연하고 추상적인 양심을 말하는 것이 아니다. ( )

해설
[O] 헌법 제19조에서 보호하는 양심은 개인의 구체적인 양심을 말하며, 막연하고 추상적인 양심을 말하는 것이 아니다(헌재 2002.4.25, 98헌마425).

02 양심의 자유 중 양심형성의 자유는 내심에 머무르는 한, 절대적으로 보호되는 기본권이다. ( )

해설
[O] 양심형성의 자유와 양심상 결정의 자유는 내심에 머무르는 한 절대적 자유라고 보고 있다(헌재 1998.7.16, 96헌바35).

03 양심적 결정을 외부로 표현하고 실현할 수 있는 권리인 양심실현의 자유는 법률에 의하여 제한될 수 있는 상대적 자유이다. ( )

해설
[O] 양심실현의 경우에는 일정한 제약이 불가피하다고 본다(헌재 1997.11.27, 92헌바28).

04 헌법상 보호되는 양심은 어떤 일의 옳고 그름을 판단함에 있어서 그렇게 행동하지 아니하고는 자신의 인격적인 존재가치가 허물어지고 말 것이라는 강력하고 진지한 마음의 소리로서 절박하고 구체적인 양심을 말한다. ( )

해설
[O] 헌법상 보호되는 양심은 어떤 일의 옳고 그름을 판단함에 있어서 그렇게 행동하지 아니하고는 자신의 인격적인 존재가치가 허물어지고 말 것이라는 강력하고 진지한 마음의 소리로서 절박하고 구체적인 양심을 말한다(헌재 2004.8.26, 2002헌가1).

05 사업자단체의 독점규제 및 공정거래법 위반행위가 있을 때 공정거래위원회가 당해 사업자단체에 대하여 법위반사실의 공표를 명할 수 있도록 한 위 법의 관계규정은 양심의 자유를 침해한다. ( )

해설
[×] 사업자단체의 독점규제 및 공정거래법 위반행위가 있을 때 공정거래위원회가 당해 사업자단체에 대하여 법위반사실의 공표명령을 하는 것은 무죄추정권에 위배된다(헌재 2001.1.31, 2001헌바43). 해당 판례에서 헌법재판소는 법위반사실의 공표명령은 양심의 자유는 침해하지 않는다고 판시하였다. ▶ 양심은 침해하지 않으나, 진술거부권, 무죄추정, 일반적 행동자유권은 침해하였다.

06 부작위에 의한 양심실현의 자유는 타인의 기본권이나 다른 헌법적 질서와 저촉되는 경우 헌법 제37조 제2항에 의하여 제한될 수 있는 상대적 자유이다. ( )

해설
[O] 부작위에 의한 양심실현의 자유는 타인의 기본권이나 다른 헌법적 질서와 저촉되는 경우 헌법 제37조 제2항에 의하여 제한될 수 있는 상대적 자유이다(헌재 1998.7.16, 96헌바35).

07 국가보안법 위반의 수형자에 대하여 가석방을 결정하기 전에 준법서약서를 제출하게 하고, 이를 거절하면 가석방에서 제외하더라도 이는 양심의 자유를 침해하는 것이 아니다. ( )

해설

[O] 내용상 단순히 국법질서나 헌법체제를 준수하겠다는 취지의 서약을 할 것을 요구하는 이 사건 준법서약은 국민이 부담하는 일반적 의무를 장래를 향하여 확인하는 것에 불과하며, 어떠한 가정적 혹은 실제적 상황하에서 특정의 사유(思惟)를 하거나 특별한 행동을 할 것을 새로이 요구하는 것이 아니다. 따라서 이 사건 준법서약은 어떤 구체적이거나 적극적인 내용을 담지 않은 채 단순한 헌법적 의무의 확인·서약에 불과하다 할 것이어서 양심의 영역을 건드리는 것이 아니다(헌재 2002.4.25, 98헌마425).

08 사죄광고의 강제는 양심의 자유를 침해하는 것이다. ( )

해설

[O] 사죄광고의 강제는 양심표명의 강제인 동시에 인간의 존엄과 가치를 침해하는 것으로 헌법에 정면으로 위배된다. 헌법재판소는 "민법 제764조의 명예회복의 적당한 처분에 사죄광고를 포함시켜 법원의 판결로 사죄광고를 명하는 것은 양심의 자유를 침해한 것"이라고 판시한 바 있다(헌재 1991.4.1, 89헌마160).

09 병역의 종류에 양심적 병역거부자에 대한 대체복무제를 규정하지 아니한 것은 헌법에 위반된다. ( )

해설

[O] 양심적 병역거부자에 대한 대체복무제를 규정하지 아니한 병역종류조항이 과잉금지원칙을 위반하여 양심적 병역거부자의 양심의 자유를 침해한다(헌재 2018.6.28, 2011헌바379).

10 음주운전을 방지하기 위하여 경찰이 강제로 음주 여부를 측정하는 것은 선악에 대한 윤리적 결정을 강제하는 것이 아니어서 양심의 자유를 침해하는 것이 아니다. ( )

해설

[O] 음주운전을 방지하기 위하여 경찰이 강제로 음주 여부를 측정하는 것은 선악에 대한 윤리적 결정을 강제하는 것이 아니어서 양심의 자유를 침해하는 것이 아니다(헌재 1997.3.27, 96헌가11).

11 무신앙의 자유도 인정된다. ( )

해설

[O] 종교의 자유가 인정된다고 하여도 모두에게 종교를 강요하는 것은 아니다. 당연히 무신앙의 자유도 인정된다.

12 국립학교에 교과과목으로 기독교의 예배시간을 둘 수 있다. ( )

해설

[×] 국가는 특정의 종교교육이나 종교적 활동을 하여서는 안 된다. 따라서 국·공립학교에서는 일반적 종교교육은 허용되나 특정한 종교교육을 실시하는 것은 금지된다.

13 국가는 엄격한 정교분리의 원칙을 준수해야 하는바 국·공립학교에서는 일반적인 종교교육을 하는 것도 금지된다고 본다. ( )

해설

[×] 특정 종교교육이 아닌 일반적인 종교교육인 경우는 가능하다.

14 A대학교가 학칙, 학칙시행세칙 및 채플이수에 관한 내규를 통해 대학채플을 6학기 이상 의무적으로 이수하여야 졸업을 인정한다고 규정하고 채플방식을 기도와 찬송 등 교회의 예배형식으로 진행함으로써 재학생들의 종교의 자유를 침해하고 있음에도 불구하고, 이에 대해 교육인적자원부가 제재를 하지 아니한 부작위는 재학생들의 기본권을 침해한 것이다. ( )

해설
[×] 교육인적자원부장관에게 교육관계 법령 위반이라고 인정되는 학칙이나 학교에 대하여 시정을 요구할 것인지, 시정 또는 변경을 명할 것인지에 대하여 결정할 재량권을 주고 있는 것이다. … 이 사건에서 피청구인은 위 대법원 판례를 근거로 하여 시정명령을 하지 않고 있는바, 이 사건에서 피청구인이 재량권을 남용하였다거나 달리 그러한 시정 또는 변경명령을 행해야 할 법적 의무가 존재한다고 볼 만한 사정이 없다(헌재 2007.3.13, 2007헌마214 참조).

15 사립대학에서 채플수업은 참석만을 졸업요건으로 하는바 이는 종교의 자유에 반하여 위헌무효의 학칙으로 볼 수 없다. ( )

해설
[O] 기독교 재단이 설립한 사립대학이 학칙으로 대학예배의 6학기 참석을 졸업요건으로 정한 경우, 위 대학교의 대학예배는 목사에 의한 예배뿐만 아니라 강연이나 드라마 등 다양한 형식을 취하고 있고 학생들에 대하여도 예배시간의 참석만을 졸업의 요건으로 할 뿐 그 태도나 성과 등을 평가하지는 않는 사실 등에 비추어 볼 때, 위 대학교의 예배는 복음 전도나 종교인 양성에 직접적인 목표가 있는 것이 아니고 신앙을 가지지 않을 자유를 침해하지 않는 범위 내에서 학생들에게 종교교육을 함으로써 진리·사랑에 기초한 보편적 교양인을 양성하는 데 목표를 두고 있다고 할 것이므로, 대학예배에의 6학기 참석을 졸업요건으로 정한 위 대학교의 학칙은 헌법상 종교의 자유에 반하는 위헌무효의 학칙이 아니다(대판 1998.11.10, 96다37268).

16 범죄인에게 은신처를 마련해주고 도피자금을 제공하는 것은 종교인으로서의 직무로 인한 행위가 아니므로 정당행위로 볼 수 없다. ( )

해설
[O] 성직자는 초법규적 존재가 아니며, 성직자의 직무상 행위가 사회상규에 반하지 아니한다 하여 그에 적법성이 부여되는 것은 그것이 성직자의 행위이기 때문이 아니라 그 직무로 인한 행위에 정당성·적법성이 인정되기 때문이라고 하여 유죄를 선고하였다(대판 1983.3.8, 82도3248).

17 상업적 광고표현은 표현의 자유의 보호를 받는 대상이 된다. ( )

해설
[O] "음주전후" 또는 "숙취해소"라는 표시는 식품판매를 위한 상업적 광고표현에 해당한다고 할 것인데, 상업적 광고표현 또한 표현의 자유의 보호를 받는 대상이 되므로 이 사건 규정은 표현의 자유를 제한하는 것이기도 하다(헌재 2000.3.30, 99헌마143).

18 '일단 표출되면 그 해악이 처음부터 해소될 수 없거나 또는 너무나 심대한 해악을 지닌 음란표현'도 헌법 제21조가 규정하는 언론·출판의 자유의 보호영역에 해당한다. ( )

해설
[O] '일단 표출되면 그 해악이 처음부터 해소될 수 없거나 또는 너무나 심대한 해악을 지닌 음란표현'도 헌법 제21조가 규정하는 언론·출판의 자유의 보호영역에 해당한다(헌재 2009.5.28, 2006헌바109 등).

19 의사표현·전파의 자유에 있어서 의사표현 또는 전파의 매개체는 어떠한 형태이건 가능하며 그 제한이 없다.
(　　)

> **해설**
>
> [O] 매개체에는 아무런 제한이 없는바 이에는 음란물이나 게임물도 의사표현의 매개체가 될 수 있다고 판시한 바 있다. 또한 상업적 광고표현 역시 표현의 자유의 보호를 받는 대상이 된다(헌재 2009.5.28, 2006헌바109 등).

20 '자유로운' 표명과 전파의 자유에는 자신의 신원을 누구에게도 밝히지 아니한 채 익명 또는 가명으로 자신의 사상이나 견해를 표명하고 전파할 익명표현의 자유까지도 그 보호영역에 포함된다고 할 수는 없다.　(　　)

> **해설**
>
> [×] 헌법 제21조에서 보장하고 있는 표현의 자유는, 전통적으로는 사상 또는 의견의 자유로운 표명(발표의 자유)과 그것을 전파할 자유(전달의 자유)를 의미하는 것으로서, 이러한 '자유로운' 표명과 전파의 자유에는 자신의 신원을 누구에게도 밝히지 아니한 채 익명 또는 가명으로 자신의 사상이나 견해를 표명하고 전파할 익명표현의 자유도 그 보호영역에 포함된다고 할 것이다(헌재 2010.2.25, 2008헌마324 등).

21 게임물의 경우 의사표현의 매개체가 된다.　(　　)

> **해설**
>
> [O] 게임물의 경우 의사표현의 매개체가 된다(헌재 2002.2.28, 99헌바117).

22 언론·출판은 불특정 다수인에 대한 표현행위라는 점에서 개인 간의 통신과 구별된다.　(　　)

> **해설**
>
> [O] 따라서 상대방이 특정된 경우에 관련 기본권은 통신의 자유이며, 상대방이 불특정 다수인인 경우에는 언론·출판의 자유이다.

23 헌법재판소는 알 권리의 근거를 제21조의 표현의 자유 규정에서 구하는 입장이다.　(　　)

> **해설**
>
> [O] 알 권리는 표현의 자유와 표리일체의 관계에 있으며 따라서 이러한 알 권리는 표현의 자유에 당연히 포함되는 것으로 보아야 한다(헌재 1991.5.13, 90헌마133).

24 알 권리의 본질에 대해서 학설이 대립하나 판례는 추상적 권리로 파악하고 있다.　(　　)

> **해설**
>
> [×] 판례는 알 권리에 대해서 법률이 제정되어 있지 않다고 하더라도 불가능한 것은 아니고 헌법 제21조에 의해 직접 보장될 수 있다고 하여 구체적 권리성을 인정하고 있다(헌재 1991.5.13, 90헌마133).

25 정부에 대한 국민의 일반적 정보공개를 구할 권리는 추상적 권리로서, 이를 구체화하는 법률의 제정이 없으면 헌법 제21조에서 직접 보장된다고 할 수는 없다.　(　　)

> **해설**
>
> [×] 정부에 대한 국민의 일반적 정보공개를 구할 권리는 알 권리로서 헌법에서 직접 규정하고 있지 않으나 헌법상 당연히 인정된다. 따라서 이를 구체화하는 법률의 제정이 없더라도 헌법 제21조에서 직접 보장된다고 할 수 있다(헌재 1991.5.13, 90헌마133 참조).

26 정보공개위원회는 대통령 소속이다. ( )

　해설
　[×] 다음 각 호의 사항을 심의·조정하기 위하여 행정안전부장관 소속으로 정보공개위원회를 둔다(공공기관의 정보공개에 관한 법률 제22조).

27 정보공개청구권은 구술로 가능하다. ( )

　해설
　[○] 정보의 공개를 청구하는 자(이하 "청구인"이라 한다)는 해당 정보를 보유하거나 관리하고 있는 공공기관에 다음 각 호의 사항을 적은 정보공개 청구서를 제출하거나 말로써 정보의 공개를 청구할 수 있다(공공기관의 정보공개에 관한 법률 제10조 제1항).

28 사법시험 제2차 시험의 답안지 열람과 관련하여 답안지와 채점결과 모두 공개해야 한다고 판례는 판시하고 있다. ( )

　해설
　[×] 채점결과의 열람에 대해서는 공개할 경우 논술형 시험의 시험업무에 현저한 지장을 초래할 우려가 있음을 인정하여 열람거부를 적법하다고 판단하였다(대판 2003.3.14, 2000두6114).

29 정정보도는 허위를 전제로 하지만 반론보도는 허위를 전제로 하지 않는다. ( )

　해설
　[○] 언론중재 및 피해구제 등에 관한 법률 제14조에 '사실적 주장에 관한 언론보도등이 진실하지 아니함으로 인하여 피해를 입은' 경우라고 정정보도의 요건을 명시하고 있다.

30 정정보도를 가처분 방식으로 하는 것은 헌법에 위반된다. ( )

　해설
　[○] 정정보도 청구를 위와 같이 가처분 절차에 따라 소명만으로 인용될 수 있게 하는 것은 언론사에게 충분한 방어의 기회를 보장하지 않음으로써 공정한 재판을 받을 권리를 침해한다(헌재 2006.6.29, 2005헌마165 등).

31 신문사가 방송을 겸영하지 못하게 하는 것은 헌법에 위반된다. ( )

　해설
　[×] 일간신문의 뉴스통신과 방송사업 겸영 규율은 고도의 정책적 판단으로 입법자의 미디어 정책적 판단에 맡겨져 있어 잘못된 것으로 볼 수 없다(헌재 2006.6.29, 2005헌마165). 다만, 판례가 합헌이라 결정하였음에도 불구하고 현재는 신문사가 방송을 겸영할 수 있도록 미디어법은 개정되었다.

32 신문사업자를 일반사업자에 비하여 더 쉽게 시장지배적 사업자로 추정되도록 하고 있는 것은 합리적이다. ( )

　해설
　[×] 불공정행위의 산물이라고 보거나 불공정행위를 초래할 위험성이 특별히 크다고 볼만한 사정이 없는데도 신문사업자를 일반사업자에 비하여 더 쉽게 시장지배적 사업자로 추정되도록 하고 있는 점 등이 모두 불합리하다(헌재 2006.6.29, 2005헌마165).

33 외국음반을 국내에서 제작하고자 하는 경우 영상물등급위원회의 추천을 받도록 하는 것은 언론·출판에 대한 사전검열에 해당하여 헌법에 위반된다. ( )

> **해설**
> [O] 외국음반을 국내에서 제작하고자 하는 경우 영상물등급위원회의 추천을 받도록 하는 것은 언론·출판에 대한 사전검열에 해당하여 헌법에 위반된다(헌재 2006.10.26, 2005헌가14).

34 건강기능식품의 허위·과장 광고 등에 사전적인 제재를 가하는 것은 헌법에 위반되는 검열에 해당한다. ( )

> **해설**
> [O] 헌법상 사전검열은 표현의 자유 보호대상이면 예외 없이 금지되므로, 건강기능식품의 기능성 광고는 인체의 구조 및 기능에 대하여 보건용도에 유용한 효과를 준다는 기능성 등에 관한 정보를 널리 알려 해당 건강기능식품의 소비를 촉진시키기 위한 상업광고이지만, 헌법 제21조 제1항의 표현의 자유의 보호 대상이 됨과 동시에 같은 조 제2항의 사전검열 금지 대상도 된다(헌재 2018.6.28, 2016헌가8).

35 사법부가 사법절차에 의하여 심리·결정하는 방영금지가처분은 헌법에서 금지하는 사전검열에 해당하므로 위헌이다. ( )

> **해설**
> [×] 헌법재판소는 "방송금지가처분사건에서 민사집행법에 의한 방송금지가처분은 행정권에 의한 사전심사나 금지처분이 아니라 개별당사자의 분쟁에 관하여 사법부가 사법절차에 의하여 심리·결정하는 것으로 사전검열은 아니다."라고 판시하였다(헌재 2001.8.30, 2000헌바36).

36 발행된 정기간행물 2부를 공보처에 납본하는 제도는 사전검열이라고 볼 수 없다. ( )

> **해설**
> [O] 발행된 정기간행물 2부를 공보처에 납본하는 제도는 사전검열이 아니다(헌재 1992.6.26, 90헌바26).

37 '제한상영가' 등급의 영화를 '상영 및 광고·선전에 있어서 일정한 제한이 필요한 영화'라고 규정하고 있는 법률규정은, '제한상영가' 등급의 영화란 영화의 내용이 지나치게 선정적, 폭력적, 또는 비윤리적이어서 청소년에게는 물론 일반적인 정서를 가진 성인에게조차 혐오감을 주거나 악영향을 끼치는 영화로 해석될 수 있으므로 명확성원칙에 위반되지 않는다. ( )

> **해설**
> [×] 영진법 제21조 제3항 제5호는 '제한상영가' 등급의 영화를 '상영 및 광고·선전에 있어서 일정한 제한이 필요한 영화'라고 정의하고 있는데, 이 규정은 제한상영가 등급의 영화가 어떤 영화인지를 말해주기보다는 제한상영가 등급을 받은 영화가 사후에 어떠한 법률적 제한을 받는지를 기술하고 있으므로, 제한상영가 영화가 어떤 영화인지 이 규정만 가지고는 도대체 짐작하기가 쉽지 않다(헌재 2008.7.31, 2007헌가4).

38 공익을 해할 목적으로 공연히 허위의 통신을 한 자를 형사처벌하는 것은 명확성의 원칙에 위배된다. ( )

> **해설**
> [O] 동어반복이라고 할 수 있을 정도로 구체화되어 있지 아니하며 공익이라는 개념은 매우 추상적이어서 명확성의 원칙에 위배된다(헌재 2010.12.28, 2008헌바157 등).

39 언론·출판은 타인의 명예나 권리 또는 공중도덕이나 사회윤리를 침해하여서는 안 된다. ( )

> **해설**
> [O] 언론·출판은 타인의 명예나 권리 또는 공중도덕이나 사회윤리를 침해하여서는 아니 된다. 언론·출판이 타인의 명예나 권리를 침해한 때에는 피해자는 이에 대한 피해의 배상을 청구할 수 있다(헌법 제21조 제4항).

40 인터넷게시판을 설치·운영하는 정보통신서비스 제공자에게 본인확인조치의무를 부과하는 법률규정은 과잉금지원칙에 위배하여 인터넷게시판 이용자의 표현의 자유를 침해한다. ( )

해설

[O] 인터넷게시판 운영자에게 게시판 이용자에 대한 본인확인조치를 하도록 하여 게시판 이용자가 본인확인절차를 거치지 아니하면 인터넷게시판에 정보를 게시할 수 없도록 하는 본인확인제는 아래와 같이 목적달성에 필요한 범위를 넘는 과도한 제한을 하는 것으로서 침해의 최소성이 인정되지 않는다(헌재 2012.8.23, 2010헌마47).

41 공공의 안녕질서 또는 미풍양속은 그 모호성·추상성·포괄성 때문에 표현의 자유를 제한하는 기준으로 적절하지 아니하다. ( )

해설

[O] 전기통신사업법 제53조는 "공공의 안녕질서 또는 미풍양속을 해하는"이라는 불온통신의 개념을 전제로 하여 규제를 가하는 것으로서 불온통신 개념의 모호성, 추상성, 포괄성으로 말미암아 필연적으로 규제되지 않아야 할 표현까지 다 함께 규제하게 되어 과잉금지원칙에 어긋난다(헌재 2002.6.27, 99헌마480).

42 집단적 시위는 이동하는 집회로서 집회의 개념에 포함된다는 것이 헌법재판소의 입장이다. ( )

해설

[O] 집단적 시위는 이동하는 집회로서 집회의 개념에 포함된다는 것이 헌법재판소의 입장이다(헌재 1992.1.28, 89헌가8).

43 집회에서 목적은 내적인 유대 관계로 충분하다는 것이 판례의 입장이다. ( )

해설

[O] 우리 헌법재판소는 "그 공동의 목적은 내적인 유대 관계로 족하다고 할 것이다."라고 판시하고 있다(헌재 2009.5.28, 2007헌바22). 따라서 이는 최광의설로 평가받고 있다.

44 우리 헌법상 집회의 자유에 의하여 오로지 평화적 또는 비폭력적 집회만 보호되는 것은 아니며, 집회에서의 폭력행위나 불법행위도 용인될 수 있다. ( )

해설

[×] 우리 헌법이 보호하는 집회는 오로지 평화적 또는 비폭력적 집회이며 폭력집회는 절대적으로 금지된다.

45 이른바 1인 시위는 집회 및 시위에 관한 법률의 적용요건인 다수인에 해당하지 않으므로, 업무방해죄를 구성함은 별론으로 하고 집회 및 시위에 관한 법률에 의한 규제를 받지 않는다. ( )

해설

[O] 집회는 다수인을 전제로 하고 있다. 다수인은 최소 2인 이상을 의미하는 것으로 1인 시위의 경우에는 집회 및 시위에 관한 법률의 적용을 받지 아니한다.

46 집회의 자유는 다른 법익의 보호를 위하여 정당화되지 않는 한, 집회장소를 항의의 대상으로부터 분리시키는 것을 금지한다. ( )

해설

[O] 누구나 '어떤 장소에서' 자신이 계획한 집회를 할 것인가를 원칙적으로 자유롭게 결정할 수 있어야만 집회의 자유가 비로소 효과적으로 보장되는 것이다(헌재 2003.10.30, 2000헌바67 등).

47 집회장소가 바로 집회의 목적과 효과에 대하여 중요한 의미를 가지기 때문에, 누구나 '어떤 장소에서' 자신이 계획한 집회를 할 것인가를 원칙적으로 자유롭게 결정할 수 있어야만 집회의 자유가 비로소 효과적으로 보장되는 것이다. ( )

해설
[O] 집회의 목적, 내용과 집회의 장소는 일반적으로 밀접한 내적인 연관관계에 있기 때문에, 집회의 장소에 대한 선택이 집회의 성과를 결정짓는 경우가 적지 않다. 집회장소가 바로 집회의 목적과 효과에 대하여 중요한 의미를 가지기 때문에, 누구나 '어떤 장소에서' 자신이 계획한 집회를 할 것인가를 원칙적으로 자유롭게 결정할 수 있어야만 집회의 자유가 비로소 효과적으로 보장되는 것이다. 따라서 집회의 자유는 다른 법익의 보호를 위하여 정당화되지 않는 한, 집회장소를 항의의 대상으로부터 분리시키는 것을 금지한다(헌재 2003.10.30, 2000헌바67·2000헌바83 병합).

48 헌법재판소의 결정에 따라 해산된 정당의 목적을 달성하기 위한 집회나 시위는 금지된다. ( )

해설
[O]
> 집회 및 시위에 관한 법률 제5조【집회 및 시위의 금지】① 누구든지 다음 각 호의 어느 하나에 해당하는 집회나 시위를 주최하여서는 아니 된다.
> 1. 헌법재판소의 결정에 따라 해산된 정당의 목적을 달성하기 위한 집회 또는 시위

49 일몰시간 후부터 같은 날 24시까지의 옥외집회 또는 시위의 경우, 특별히 공공의 질서 내지 법적 평화를 침해할 위험성이 크다고 할 수 없으므로 그와 같은 옥외집회 또는 시위를 원칙적으로 금지하는 것은 과잉금지원칙에 위반됨이 명백하다. ( )

해설
[O] 이미 보편화된 야간의 일상적인 생활의 범주에 속하는 '해가 진 후부터 같은 날 24시까지의 시위'에 적용하는 한 헌법에 위반된다(헌재 2014.3.27, 2010헌가2).

50 공법상의 결사도 결사의 자유의 보호대상이 된다. ( )

해설
[X] 공법상의 결사는 자발적인 모임이 아니어서 결사의 자유에서 보호하지 않는다.

51 결사의 자유의 주체는 자연인에 한정된다. ( )

해설
[X] 법인도 결사의 자유의 주체가 될 수 있다. 다만, 공법인은 그렇지 아니하다.

52 축협법상의 축협은 사법인으로 이를 복수로 설립하는 것을 금지하는 것은 위헌이다. ( )

해설
[O] 이 사건 심판대상 조항은 양축인이 자주적으로 협동조합을 설립하여 그들의 권익을 보호할 수 없게 함으로써 양축인의 결사의 자유, 직업수행의 자유의 본질적인 내용을 침해하고 있다(헌재 1996.4.25, 92헌바47).

53 교수의 자유와 교육의 자유는 구별된다. ( )

해설
[O] 교육의 자유는 학문의 자유의 보호영역이 아니라 교육에 관한 기본권(헌법 제31조)의 보호영역에 속한다(헌재 2003.9.25, 2001헌마814 등).

54 교수나 연구소의 연구원뿐만 아니라 모든 국민이 학문의 자유의 주체가 된다. ( )

해설
[O] 학문의 자유의 향유 주체는 대학의 교수나 연구원뿐만 아니라, 모든 국민과 외국인이다. 또한 대학 이외의 연구단체도 주체가 될 수 있다.

55 헌법재판소는 대학의 주체에 관하여, 대학이 자치의 주체일 수 있으나 사안에 따라 교수, 교수회 모두가 단독, 또는 중첩적으로 주체가 될 수 있다고 본다. ( )

해설
[O] 헌법재판소는 대학의 자율성은 헌법 제22조 제1항이 보장하고 있는 학문의 자유의 확실한 보장수단으로 꼭 필요한 것으로서 대학에게 부여된 헌법상의 기본권으로 보고 있다(헌재 1992.10.1, 92헌마68 등). 그러나 대학의 자치의 주체를 기본적으로 대학으로 본다고 하더라도 교수나 교수회의 주체성이 부정된다고 볼 수는 없고, 가령 학문의 자유를 침해하는 대학의 장에 대한 관계에서는 교수나 교수회가 주체가 될 수 있고, 또한 국가에 의한 침해에 있어서는 대학 자체 외에도 대학 전구성원이 자율성을 갖는 경우도 있을 것이므로 문제되는 경우에 따라서 대학, 교수, 교수회 모두가 단독, 혹은 중첩적으로 주체가 될 수 있다고 보아야 할 것이다(헌재 2006.4.27, 2005헌마1047 등).

56 대학의 자율은 대학시설의 관리·운영만이 아니라 학사관리 등 전반적인 것이라야 하므로 연구와 교육의 내용, 그 방법과 그 대상, 교과과정의 편성, 학생의 선발, 학생의 전형도 자율의 범위에 속해야 하고 따라서 입학시험제도도 자주적으로 마련될 수 있어야 하는 것뿐만 아니라 원칙적으로 당해 대학 자체의 계속적 존립에까지 미친다. ( )

해설
[×] 대학의 계속적 존립에까지 미치지는 않는다. 대학의 자율성은 그 보호영역이 원칙적으로 당해 대학 자체의 계속적 존립에까지 미치는 것은 아니다. 즉, 이러한 자율성은 법률의 목적에 의해서 세무대학이 수행해야 할 과제의 범위 내에서만 인정되는 것으로서, 세무대학의 설립과 폐교가 국가의 합리적인 고도의 정책적 결단 그 자체에 의존하고 있는 이상 이 사건 폐지법에 의해서 세무대학을 폐교한다고 해서 세무대학의 자율성이 침해되는 것은 아니다(헌재 2001.2.22, 99헌마613).

57 국립대학 교수는 대학총장 후보자 선출에 참여할 권리가 있고 이 권리는 대학의 자치의 본질적인 내용에 포함된다고 할 것이므로 결국 헌법상의 기본권으로 인정할 수 있다. ( )

해설
[O] 청구인들에게 대학총장 후보자 선출에 참여할 권리가 있고 이 권리는 대학의 자치의 본질적인 내용에 포함된다고 할 것이므로 결국 헌법상의 기본권으로 인정할 수 있다. 그러나 사립대학 교수들의 총장선임권과 관련해서는 다툴 확인의 이익이 없다고 보았다(헌재 2006.4.27, 2005헌마1047 등).

58 공적인 학교제도를 보장하여야 할 책무를 진 국가는 일정한 범위 안에서 사립학교의 운영을 감독·통제할 권한과 책임을 진다. ( )

해설

[O] 사립학교는 그 설립의 자유와 운영의 자율성을 보장할 필요가 있으나, 문제가 생기지 않도록 국가는 이를 감독·통제할 권한과 책임을 진다(헌재 2012.2.23, 2011헌바14).

59 교육의 자주성이나 대학의 자율성은 헌법이 보장하고 있는 학문의 자유의 확실한 보장수단으로 꼭 필요한 것으로서 대학에게 부여된 헌법상 기본권이다. ( )

해설

[O] '1994학년도 신입생 선발입시안에 대한 헌법소원'에서 '헌법 제31조 제4항이 규정하여 보장하고 있는 대학의 자율성은 대학에게 부여된 헌법상의 기본권'이라고 본다고 판시하였다(헌재 1992.10.1, 92헌마68).

60 예술의 자유는 자기목적적인 기본권인바 법인의 경우 예술의 자유의 주체가 될 수 없다는 것이 통설적 견해이다. ( )

해설

[×] 법인에게 예술의 자유의 주체성을 인정할 것인가에 관해 다툼이 있다. 법인에게도 주체성을 긍정하자는 유력한 견해(계희열)에 따르면, 교향악단 등의 법인은 물론 공법인(국립극장)도 그 주체가 된다고 한다.

61 예술출판자의 경우는 예술창작에 해당하지 않는바 예술의 자유에서 보호되지 않는다. ( )

해설

[×] 예술표현의 자유는 창작한 예술품을 일반대중에게 전시, 공연, 보급할 수 있는 자유이다. 예술품보급의 자유와 관련해서 예술품보급을 목적으로 하는 예술출판자 등도 이러한 의미에서 예술의 자유의 보호를 받는다(헌재 1993.5.13, 91헌바17).

기출문제

제1항 양심의 자유 및 종교의 자유

01 양심의 자유에 관한 설명으로 가장 적절하지 <u>않은</u> 것은? (다툼이 있는 경우 판례에 의함) 16. 경찰승진

① 국가의 법질서나 사회의 도덕률과 갈등을 일으키는 양심은 현실적으로 이러한 법질서나 도덕률에서 벗어나려는 소수의 양심이다. 따라서 종교관·세계관 등에 관계없이, 모든 내용의 양심상 결정이 양심의 자유에 의해 보장된다.
② 공정거래위원회가 독점규제 및 공정거래에 관한 법률 위반행위를 한 사업자단체에 대하여 법위반사실의 공표를 명할 수 있도록 한 법률 규정은 양심의 자유를 침해한다고 볼 수 없다.
③ 헌법 제19조에서 보호하는 양심은 개인의 구체적인 양심을 말하며, 막연하고 추상적인 양심을 말하는 것이 아니다.
④ 음주운전을 방지하기 위하여 경찰이 강제로 음주 여부를 측정하는 것은 선악에 대한 윤리적 결정을 강제하는 것이어서 양심의 자유를 침해한다.

해설

④ [×] 음주측정요구와 그 거부는 양심의 자유의 보호영역에 포괄되지 아니하므로 이 사건 법률조항을 두고 헌법 제19조에서 보장하는 양심의 자유를 침해하는 것이라고 할 수 없다(헌재 1997.3.27, 96헌가11).
① [○] 국가의 법질서나 사회의 도덕률과 갈등을 일으키는 양심은 현실적으로 이러한 법질서나 도덕률에서 벗어나려는 소수의 양심이다. 따라서 종교관·세계관 등에 관계없이, 모든 내용의 양심상 결정이 양심의 자유에 의해 보장된다(헌재 2001.8.30, 99헌바92).
② [○] 이러한 법률판단의 문제는 개인의 인격형성과는 무관하며, 대화와 토론을 통하여 가장 합리적인 것으로 그 내용이 동화되거나 수렴될 수 있는 포용성을 가지는 분야에 속한다고 할 것이므로 헌법 제19조에 의하여 보장되는 양심의 영역에 포함되지 아니한다(헌재 2002.1.31, 2001헌바43).
③ [○] 헌법 제19조에서 보호하는 양심은 개인의 구체적인 양심을 말하며, 막연하고 추상적인 양심을 말하는 것이 아니다(헌재 2004.8.26, 2002헌가1).

02 양심의 자유에 관한 설명으로 옳지 <u>않은</u> 것은? (다툼이 있는 경우 헌법재판소 판례에 의함) 22. 소방간부

① 단순한 사실관계의 확인과 같이 가치적·윤리적 판단이 개입될 여지가 없는 경우는 물론, 법률해석에 관하여 여러 견해가 갈리는 경우처럼 다소의 가치관련성을 가진다고 하더라도 개인의 인격 형성과는 관계가 없는 사사로운 사유나 의견 등은 양심의 자유의 보호대상이 아니다.
② 양심은 그 대상이나 내용 또는 동기에 의하여 판단될 수 없지만, 양심상의 결정이 이성적·합리적인지, 타당한지 또는 법질서나 사회규범, 도덕률과 일치하는지 여부는 양심의 존재를 판단하는 기준이 된다.
③ 열 손가락 지문날인의 의무를 부과하는 주민등록법 시행령 조항은 국가가 개인의 윤리적 판단에 개입한다거나 그 윤리적 판단을 표명하도록 강제하는 것이라고 할 수 없으므로 양심의 자유를 침해하는 것이 아니다.
④ 운전 중의 운전자에게 좌석안전띠 착용 의무를 부과하는 것은 운전자의 양심의 자유를 침해하는 것이라 할 수 없다.

해설

② [×] 양심은 그 대상이나 내용 또는 동기에 의하여 판단될 수 없으며, 특히 양심상의 결정이 이성적·합리적인가, 타당한가 또는 법질서나 사회규범·도덕률과 일치하는가 하는 관점은 양심의 존재를 판단하는 기준이 될 수 없다(헌재 2018.6.28, 2011헌바379 등).

① [O] 단순한 사실관계의 확인과 같이 가치적·윤리적 판단이 개입될 여지가 없는 경우는 물론, 법률해석에 관하여 여러 견해가 갈리는 경우처럼 다소의 가치관련성을 가진다고 하더라도 개인의 인격형성과는 관계가 없는 사사로운 사유나 의견 등은 그 보호대상이 아니다(헌재 2002.1.31, 2001헌바43).

③ [O] 지문을 날인할 것인지 여부의 결정이 선악의 기준에 따른 개인의 진지한 윤리적 결정에 해당한다고 보기는 어려워, 열 손가락 지문날인의 의무를 부과하는 이 사건 시행령 조항에 대하여 국가가 개인의 윤리적 판단에 개입한다거나 그 윤리적 판단을 표명하도록 강제하는 것으로 볼 여지는 없다고 할 것이므로, 이 사건 시행령 조항에 의한 양심의 자유의 침해가능성 또한 없는 것으로 보인다(헌재 2005.5.26, 99헌마513 등).

④ [O] 제재를 받지 않기 위하여 어쩔 수 없이 좌석안전띠를 매었다 하여 청구인이 내면적으로 구축한 인간양심이 왜곡·굴절되고 청구인의 인격적인 존재가치가 허물어진다고 할 수는 없어 양심의 자유의 보호영역에 속하지 아니하므로, 운전 중 운전자가 좌석안전띠를 착용할 의무는 청구인의 양심의 자유를 침해하는 것이라 할 수 없다(헌재 2003.10.30, 2002헌마518).

03 양심의 자유와 관련하여 헌법재판소의 결정례와 <u>다른</u> 것은? 08. 법원직 9급 변형

① 양심의 자유는 인간으로서의 존엄성 유지와 개인의 자유로운 인격발현을 위해 개인의 윤리적 정체성을 보장하는 기능을 담당한다.
② 사죄광고의 강제는 양심의 자유를 침해하는 것이다.
③ 국가보안법 위반 및 집회 및 시위에 관한 법률 위반 수형자의 가석방 결정시 제출하도록 한 가석방 심의 등에 관한 규칙 제14조의 준법서약은 양심의 영역을 침범하는 것이다.
④ 양심상의 이유로 병역의무의 이행을 거부하는 경우 그 대체복무제를 규정하지 아니한 병역종류조항은 양심의 자유를 침해한다.

해설

③ [×] 내용상 단순히 국법질서나 헌법체제를 준수하겠다는 취지의 서약을 할 것을 요구하는 이 사건 준법서약은 국민이 부담하는 일반적 의무를 장래를 향하여 확인하는 것에 불과하며, 어떠한 가정적 혹은 실제적 상황하에서 특정의 사유를 하거나 특별한 행동을 할 것을 새로이 요구하는 것이 아니다. 따라서 이 사건 준법서약은 어떤 구체적이거나 적극적인 내용을 담지 않은 채 단순한 헌법적 의무의 확인·서약에 불과하다 할 것이어서 양심의 영역을 건드리는 것이 아니다(헌재 2002.4.25, 98헌마425·99헌마170 등).

① [O] 양심의 자유는 인간으로서의 존엄성 유지와 개인의 자유로운 인격발현을 위해 개인의 윤리적 정체성을 보장하는 기능을 담당한다(헌재 2002.4.25, 98헌마425 등).

② [O] 사죄광고의 위헌성 여부가 문제된다. 사죄광고는 인간의 본심에 반하여 선악의 판단을 외부에 표현시켜 마음에도 없는 사죄표시를 판결로 명하는 것으로 이는 양심의 자유에 반한다. 헌법재판소는 법원이 판결로서 사죄광고의 게재를 명하는 것은 양심의 자유를 침해하는 것으로 위헌이라고 하였다(헌재 1991.4.1, 89헌마160).

④ [O] 병역의 종류를 현역, 예비역, 보충역, 병역준비역, 전시근로역의 다섯 가지로 한정하여 규정하고 양심적 병역거부자에 대한 대체복무제를 규정하지 아니한 병역종류조항이 과잉금지원칙을 위반하여 양심적 병역거부자의 양심의 자유를 침해한다(헌재 2018.6.28, 2011헌바379).

정답 | 01 ④ 02 ② 03 ③

04 양심의 자유에 관한 설명으로 가장 적절한 것은? (다툼이 있는 경우 헌법재판소 판례에 의함) 24. 경찰순경 2차

① 헌법상 보호되는 양심은 어떤 일의 옳고 그름을 판단할 때 그렇게 행동하지 아니하고는 자신의 인격적인 존재가치가 허물어지고 말 것이라는 강력하고 진지한 마음의 소리로서 절박하고 추상적인 양심을 말한다.
② 양심은 그 대상이나 내용 또는 동기에 따라서 판단될 수 있고, 특히 양심상 결정이 이성적·합리적인가, 타당한가 또는 법질서나 사회규범·도덕률과 일치하는가 하는 관점은 양심의 존재를 판단하는 기준이 될 수 있다.
③ 양심은 민주적 다수의 사고나 가치관과 일치하는 것이 아니라, 개인적 현상으로서 지극히 주관적인 것이다.
④ 국가는 국민의 기본권을 확인하고 보장할 의무가 있으므로, 어떤 사람이 양심적 병역거부를 주장하면 그 사람이 자신의 '양심'을 외부로 표명하여 증명하여야 하는 것이 아니라, 국가가 그 사람의 병역거부가 양심에 따른 것인지를 확인하여야 한다.

해설

③ [O] '양심'은 민주적 다수의 사고나 가치관과 일치하는 것이 아니라, 개인적 현상으로서 지극히 주관적인 것이다(헌재 2018.6.28, 2011헌바379 등).
① [×] 헌법상 보호되는 양심은 어떤 일의 옳고 그름을 판단함에 있어서 그렇게 행동하지 아니하고는 자신의 인격적인 존재가치가 허물어지고 말 것이라는 강력하고 진지한 마음의 소리로서 절박하고 구체적인 양심을 말한다(헌재 2018.6.28, 2011헌바379 등).
② [×] 양심은 그 대상이나 내용 또는 동기에 의하여 판단될 수 없으며, 특히 양심상의 결정이 이성적·합리적인가, 타당한가 또는 법질서나 사회규범·도덕률과 일치하는가 하는 관점은 양심의 존재를 판단하는 기준이 될 수 없다(헌재 2018.6.28, 2011헌바379 등).
④ [×] 특정한 내적인 확신 또는 신념이 양심으로 형성된 이상 그 내용 여하를 떠나 양심의 자유에 의해 보호되는 양심이 될 수 있으므로, 헌법상 양심의 자유에 의해 보호받는 '양심'으로 인정할 것인지의 판단은 그것이 깊고, 확고하며, 진실된 것인지 여부에 따르게 된다. 그리하여 양심적 병역거부를 주장하는 사람은 자신의 '양심'을 외부로 표명하여 증명할 최소한의 의무를 진다(헌재 2018.6.28, 2011헌바379 등).

05 양심의 자유에 관한 설명 중 가장 적절하지 않은 것은? (다툼이 있는 경우 판례에 의함) 15. 경찰승진

① 양심의 자유 중 양심형성의 자유는 내심에 머무르는 한 절대적으로 보호되는 기본권이다.
② 양심적 결정을 외부로 표현하고 실현할 수 있는 권리인 양심실현의 자유는 법률에 의하여 제한될 수 있는 상대적 자유다.
③ 양심의 자유는 윤리적 판단을 국가권력에 의하여 외부에 표명하도록 강제받지 아니할 자유를 포함하지 않는다.
④ 양심적 병역거부자에 대하여 3년 이하의 징역이라는 형사처벌을 가하는 법률조항은 양심의 자유를 침해하지 않는다.

해설

③ [×] 헌법 제19조에서 말하는 양심이란 세계관·인생관·주의·신조 등은 물론 이에 이르지 아니하여도 보다 널리 개인의 인격형성에 관계되는 내심에 있어서의 가치적·윤리적 판단도 포함된다. 그러므로 양심의 자유에는 널리 사물의 시시비비나 선악과 같은 윤리적 판단에 국가가 개입해서는 아니되는 내심적 자유는 물론, 이와 같은 윤리적 판단을 국가권력에 의하여 외부에 표명하도록 강제받지 아니할 자유까지 포괄한다(헌재 1998.7.16, 96헌바35).
①② [O] 헌법 제19조가 보호하고 있는 양심의 자유는 양심형성의 자유와 양심적 결정의 자유를 포함하는 내심적 자유(forum internum)뿐만 아니라, 양심적 결정을 외부로 표현하고 실현할 수 있는 양심실현의 자유(forum externum)를 포함한다고 할 수 있다. 내심적 자유, 즉 양심형성의 자유와 양심적 결정의 자유는 내심에 머무르는 한 절대적 자유라고 할 수 있지만, 양심실현의 자유는 타인의 기본권이나 다른 헌법적 질서와 저촉되는 경우 헌법 제37조 제2항에 따라 국가안전보장·질서유지 또는 공공복리를 위하여 법률에 의하여 제한될 수 있는 상대적 자유라고 할 수 있다(헌재 1998.7.16, 96헌바35).
④ [O] 처벌조항은 정당한 사유 없이 병역의무를 거부하는 병역기피자를 처벌하는 조항으로서, 과잉금지원칙을 위반하여 양심적 병역거부자의 양심의 자유를 침해한다고 볼 수는 없다(헌재 2018.6.28, 2011헌바379). ▶ 정말 주의하여야 한다. 종류조항에 대체복무가 들어가 있지 않은 것은 헌법에 위반되지만, 처벌조항의 경우는 합헌이다.

06 양심의 자유에 대한 설명으로 옳지 않은 것은? (다툼이 있는 경우 판례에 의함)

19. 국가직 7급 변형

① 양심의 자유의 '양심'은 민주적 다수의 사고나 가치관과 일치하는 것이 아니라, 개인적 현상으로서 지극히 주관적인 것이다.
② 내심에 머무르는 양심형성의 자유도 법질서에 위배되거나 타인의 권리를 침해할 수 있기 때문에 법률에 의하여 제한될 수 있다.
③ 보안관찰법상의 보안관찰처분은 보안관찰처분대상자의 내심의 작용을 문제 삼는 것이 아니라, 보안관찰처분대상자가 보안관찰해당범죄를 다시 저지를 위험성이 내심의 영역을 벗어나 외부에 표출되는 경우에 재범의 방지를 위하여 내려지는 특별예방적 목적의 처분이므로, 보안관찰처분 근거 규정에 의한 보안관찰처분이 양심의 자유를 침해한다고 할 수 없다.
④ 인터넷언론사의 공개된 게시판·대화방에서 스스로의 의사에 의하여 정당·후보자에 대한 지지·반대의 글을 게시하는 행위가 양심의 자유나 사생활 비밀의 자유에 의하여 보호되는 영역이라고 할 수 없다.

해설

② [×] 양심의 자유 중 양심형성의 자유는 내심에 머무르는 한, 절대적으로 보호되는 기본권이라 할 수 있는 반면, 양심적 결정을 외부로 표현하고 실현할 수 있는 권리인 양심실현의 자유는 법질서에 위배되거나 타인의 권리를 침해할 수 있기 때문에 법률에 의하여 제한될 수 있다(헌재 2018.6.28, 2011헌바379 등).
① [○] '양심의 자유'가 보장하고자 하는 '양심'은 민주적 다수의 사고나 가치관과 일치하는 것이 아니라, 개인적 현상으로서 지극히 주관적인 것이다(헌재 2004.8.26, 2002헌가1).
③ [○] 보안관찰법상의 보안관찰처분은 보안관찰처분대상자의 내심의 작용을 문제 삼는 것이 아니라, 보안관찰처분대상자가 보안관찰해당범죄를 다시 저지를 위험성이 내심의 영역을 벗어나 외부에 표출되는 경우에 재범의 방지를 위하여 내려지는 특별예방적 목적의 처분이므로, 보안관찰처분 근거 규정에 의한 보안관찰처분이 양심의 자유를 침해한다고 할 수 없다(헌재 2003.6.26, 2001헌가17).
④ [○] 인터넷언론사의 공개된 게시판·대화방에서 스스로의 의사에 의하여 정당·후보자에 대한 지지·반대의 글을 게시하는 행위가 양심의 자유나 사생활 비밀의 자유에 의하여 보호되는 영역이라고 할 수 없다(헌재 2010.2.25, 2008헌마324).

07 종교의 자유에 대한 설명으로 옳지 않은 것은? (다툼이 있는 경우 판례에 의함)

18. 지방직 7급

① 종교의 자유에 관한 헌법 제20조 제1항은 표현의 자유에 관한 헌법 제21조 제1항에 대하여 특별규정의 성격을 갖는다 할 것이므로 종교적 목적을 위한 언론·출판의 경우에는 그 밖의 일반적인 언론·출판에 비하여 고도의 보장을 받게 된다.
② 종교의 자유에는 종교전파의 자유가 포함되며, 종교전파의 자유는 국민에게 그가 선택한 임의의 장소에서 자유롭게 행사할 수 있는 권리까지 보장한다.
③ 종립학교의 학교법인이 국·공립학교의 경우와는 달리 종교교육을 할 자유와 운영의 자유를 가진다고 하더라도, 그 종립학교가 공교육체계에 편입되어 있는 이상 원칙적으로 학생의 종교의 자유, 교육을 받을 권리를 고려한 대책을 마련하는 등의 조치를 취하는 속에서 그러한 자유를 누린다.
④ 신앙의 자유는 신과 피안 또는 내세에 대한 인간의 내적 확신에 대한 자유를 말하는 것으로서, 이러한 신앙의 자유는 그 자체가 내심의 자유의 핵심이기 때문에 법률로써도 이를 침해할 수 없다.

정답 | 04 ③ 05 ③ 06 ②

해설

② [×] 종교전파의 자유는 국민에게 그가 선택한 임의의 장소에서 자유롭게 행사할 수 있는 권리까지 보장한다고 할 수 없으며, 그 임의의 장소가 대한민국의 주권이 미치지 아니하는 지역 나아가 국가에 의한 국민의 생명·신체 및 재산의 보호가 강력히 요구되는 해외 위난지역인 경우에는 더욱 그러하다(헌재 2008.6.26, 2007헌마1366).

① [O] 종교의 자유에 관한 헌법 제20조 제1항은 표현의 자유에 관한 헌법 제21조 제1항에 대하여 특별규정의 성격을 갖는다 할 것이므로 종교적 목적을 위한 언론·출판의 경우에는 그 밖의 일반적인 언론·출판에 비하여 고도의 보장을 받게 된다(대판 2007.4.26, 2006다87903).

③ [O] 종립학교의 학교법인이 국·공립학교의 경우와는 달리 종교교육을 할 자유와 운영의 자유를 가진다고 하더라도, 그 종립학교가 공교육체계에 편입되어 있는 이상 원칙적으로 학생의 종교의 자유, 교육을 받을 권리를 고려한 대책을 마련하는 등의 조치를 취하는 속에서 그러한 자유를 누린다[대판 2010.4.22, 2008다38288(전합)].

④ [O] 신앙의 자유는 신과 피안 또는 내세에 대한 인간의 내적 확신에 대한 자유를 말하는 것으로서, 이러한 신앙의 자유는 그 자체가 내심의 자유의 핵심이기 때문에 법률로써도 이를 침해할 수 없다(헌재 2016.6.30, 2015헌바46).

---

08 종교의 자유에 관한 설명 중 가장 옳은 것은? 　　　　　　　　　　　　　　18. 서울시 7급 변형

① 사제(司祭)가 범죄인에게 적극적으로 은신처를 마련하여 주고 도피자금을 제공하는 경우 형사상의 책임을 지지 않는다는 것이 대법원 판례이다.

② 종교단체가 운영하는 학교 형태 혹은 학원 형태의 교육기관도 예외 없이 학교설립인가 혹은 학원설립등록을 받도록 규정하고 있는 교육법 제85조 제1항 및 학원설립·운영에 관한 법률 제6조는 정교분리의 원칙에 위배된다고 함이 헌법재판소 판례이다.

③ 사법시험을 일요일에 실시하는 것은 종교의 자유를 침해하는 것이라고 함이 헌법재판소 판례이다.

④ 육군훈련소장이 훈련병에게 개신교, 불교, 천주교, 원불교 종교행사 중 하나에 참석하도록 한 것은 국가가 종교를 군사력 강화라는 목적을 달성하기 위한 수단으로 전락시키거나, 반대로 종교단체가 군대라는 국가권력에 개입하여 선교행위를 하는 등 영향력을 행사할 수 있는 기회를 제공하므로, 국가와 종교의 밀접한 결합을 초래한다는 점에서 헌법상 정교분리원칙에 위배된다.

해설

④ [O] 피청구인이 청구인들로 하여금 개신교, 천주교, 불교, 원불교 4개 종교의 종교행사 중 하나에 참석하도록 한 것은 그 자체로 종교적 행위의 외적 강제에 해당한다. 이는 피청구인이 위 4개 종교를 승인하고 장려한 것이자, 여타 종교 또는 무종교보다 이러한 4개 종교 중 하나를 가지는 것을 선호한다는 점을 표현한 것이라고 보여질 수 있으므로 국가의 종교에 대한 중립성을 위반하여 특정 종교를 우대하는 것이다. 또한, 이 사건 종교행사 참석조치는 국가가 종교를, 군사력 강화라는 목적을 달성하기 위한 수단으로 전락시키거나, 반대로 종교단체가 군대라는 국가권력에 개입하여 선교행위를 하는 등 영향력을 행사할 수 있는 기회를 제공하므로, 국가와 종교의 밀접한 결합을 초래한다는 점에서 정교분리원칙에 위배된다(헌재 2022.11.24, 2019헌마941).

① [×] 성직자라 하여 초법규적인 존재일 수는 없으며 성직자의 직무상 행위가 사회상규에 반하지 아니한다 하여 그에 적법성이 부여되는 것은 그것이 성직자의 행위이기 때문이 아니라 그 직무로 인한 행위에 정당, 적법성을 인정하기 때문인바, 사제가 죄지은 자를 능동적으로 고발하지 않는 것에 그치지 아니하고 은신처 마련, 도피자금 제공 등 범인을 적극적으로 은닉·도피케 하는 행위는 사제의 정당한 직무에 속하는 것이라고 할 수 없다(대판 1983.3.8, 82도3248).

② [×] 학교나 학원설립에 인가나 등록주의를 취했다고 하여 감독청의 지도·감독하에서만 성직자와 종교지도자를 양성하라고 하는 것이 되거나, 정부가 성직자양성을 직접 관장하는 것이 된다고 할 수 없고, 또 특정 종교를 우대하는 것도 아니므로 이는 더 나아가 살펴 볼 필요도 없이 헌법 제20조 제2항이 정한 국교금지 내지 정교분리의 원칙을 위반한 것이라 할 수 없다(헌재 2000.3.30, 99헌바14).

③ [×] 청구인은 자신의 신앙적 의무를 지키기 위하여 사법시험 응시를 포기하고 예배행사에 참여하였다는 것이므로 사법시험 시행일을 일요일로 정한 피청구인의 처분이 직접적으로 청구인의 종교의 자유를 침해하였다고 보기는 어렵다(헌재 2001.9.27, 2000헌마159).

제2항 언론·출판의 자유

01 언론·출판·집회·결사와 관련하여 현행 헌법이 취하고 있는 태도라고 할 수 <u>없는</u> 것은? 04. 법원직 9급

① 모든 국민은 언론·출판의 자유와 집회·결사의 자유를 가진다.
② 언론·출판에 대한 허가나 검열은 어떠한 경우에도 인정되지 않지만, 집회·결사에 대한 허가는 특별한 경우 인정될 수 있다.
③ 통신·방송의 시설기준은 법률로 정한다.
④ 언론·출판은 타인의 명예나 권리 또는 공중도덕이나 사회윤리를 침해하여서는 안 된다.

해설

② [×] 헌법 제21조 제2항

> 헌법 제21조 ② 언론·출판에 대한 허가나 검열과 집회·결사에 대한 허가는 인정되지 아니한다.

① [O] 헌법 제21조 제1항

> 헌법 제21조 ① 모든 국민은 언론·출판의 자유와 집회·결사의 자유를 가진다.

③ [O] 헌법 제21조 제3항

> 헌법 제21조 ③ 통신·방송의 시설기준과 신문의 기능을 보장하기 위하여 필요한 사항은 법률로 정한다.

④ [O] 헌법 제21조 제4항

> 헌법 제21조 ④ 언론·출판은 타인의 명예나 권리 또는 공중도덕이나 사회윤리를 침해하여서는 아니 된다.

02 언론·출판의 자유에 관한 설명으로 옳은 것은? (다툼이 있는 경우 판례에 따름) 08. 국회직 8급 변형

① 광고물도 사상·지식·정보 등을 불특정다수인에게 전파하는 것으로서 그 내용이 공익을 포함하는 때에는 언론·출판의 자유에 의한 보호를 받는 대상이 된다.
② 군사기밀은 국가이익에 따라 판단되어야 하므로 그 결정권은 정부가 형식적인 표지에 의해 기밀로 지정한 것에 따른다.
③ 헌법재판소는 언론기업의 뉴스통신겸영을 금지하는 법률조항에 대하여 언론기관설립의 자유를 제한하는 것이어서 헌법에 위반된다고 보았다.
④ 사법부가 사법절차에 의하여 심리·결정하는 방영금지가처분은 헌법에서 금지하는 사전검열에 해당하므로 위헌이다.

해설

① [O] 헌법재판소는 광고물도 사상·지식·정보를 불특정다수인에게 전파하는 것으로 언론·출판의 자유의 보호대상으로 본 바 있다(헌재 2002.12.18, 2000헌마764).
② [×] 신 국가보안법 제4조 제1항 제2호의 '가'목과 '나'목에 공통적인 "국가기밀"의 의미는, 결국 일반인에게 알려지지 아니한 것으로서 그 내용이 누설되는 경우 국가의 안전에 명백한 위험을 초래한다고 볼 만큼의 실질가치를 지닌 사실, 물건 또는 지식이라고 한정해석해야 한다(헌재 1997.1.16, 92헌바6 등).
③ [×] 일간신문이 뉴스통신이나 일정한 방송사업을 겸영하는 것을 금지하고 있다. 신문법 제15조 제2항은 신문의 다양성을 보장하기 위하여 필요한 한도 내에서 그 규제의 대상과 정도를 선별하여 제한적으로 규제하고 있다고 볼 수 있다. 규제 대상을 일간신문으로 한정하고 있고, 겸영에 해당하지 않는 행위, 즉 하나의 일간신문법인이 복수의 일간신문을 발행하는 것 등은 허용되며, 종합편성이나 보도전문편성이 아니어서 신문의 기능과 중복될 염려가 없는 방송채널사용사업이나 종합유선방송사업, 위성방송사업 등을 겸영하는 것도 가능하다. 그러므로 신문법 제15조 제2항은 헌법에 위반되지 아니한다(헌재 2006.6.29, 2005헌마165).
④ [×] 민사집행법에 의한 방송금지가처분은 행정권에 의한 사전심사나 금지처분이 아니라 개별당사자의 분쟁에 관하여 사법부가 사법절차에 의하여 심리·결정하는 것으로 사전검열은 아니다(헌재 2001.8.30, 2000헌바36).

03 표현의 자유에 관한 설명 중 가장 적절하지 <u>않은</u> 것은? (다툼이 있는 경우 판례에 의함) 22. 경찰승진 변형

① 알 권리는 국민이 일반적으로 정보에 접근하고 수집·처리함에 있어서 국가권력의 방해를 받지 않음을 보장하는 자유권적 효력에 한정된다.
② 상업광고 규제에 관한 비례의 원칙 심사에 있어서는 사상이나 지식에 관한 정치적·시민적 표현행위에 비하여 그 심사의 정도가 완화된다.
③ 개인의 외적 명예에 관한 인격권 보호의 필요성, 일단 훼손되면 완전한 회복이 사실상 불가능하다는 보호법익의 특성, 사회적으로 명예가 중시되나 명예훼손으로 인한 피해는 더 커지고 있는 우리 사회의 특수성, 명예훼손죄의 비범죄화에 관한 국민적 공감대의 부족 등을 종합적으로 고려하면, 공연히 사실을 적시하여 다른 사람의 명예를 훼손하는 행위를 금지하고 위반시 형사처벌하도록 정하고 있다고 하여 바로 과도한 제한이라 단언하기 어렵다.
④ 신문보도의 명예훼손적 표현의 피해자가 공적 인물인지 아니면 사인인지, 그 표현이 공적인 관심 사안에 관한 것인지 순수한 사적인 영역에 속하는 사안인지의 여부에 따라 헌법적 심사기준에는 차이가 있어야 한다.

해설

① [×] 정보에의 접근·수집·처리의 자유, '알 권리'는 표현의 자유와 표리일체의 관계에 있으며, 자유권적 성질과 청구권적 성질을 공유하는 것이다(헌재 1991.5.13, 90헌마133).
② [O] 우리 재판소는, 상업광고는 표현의 자유의 보호영역에 속하지만 사상이나 지식에 관한 정치적·시민적 표현행위와는 차이가 있고, 한편 직업수행의 자유의 보호영역에 속하지만 인격발현과 개성신장에 미치는 효과가 중대한 것은 아니므로, 상업광고 규제에 관한 비례의 원칙 심사에 있어서 '피해의 최소성' 원칙은 같은 목적을 달성하기 위하여 달리 덜 제약적인 수단이 없을 것인지, 혹은 입법목적을 달성하기 위하여 필요한 최소한의 제한인지를 심사하기보다는 '입법목적을 달성하기 위하여 필요한 범위 내의 것인지'를 심사하는 정도로 완화하는 것이 상당하다고 판시한 바 있다(헌재 2005.10.27, 2003헌가3).
③ [O] 공연히 사실을 적시하여 다른 사람의 명예를 훼손하는 행위를 금지하고 위반시 형사처벌하도록 정하고 있다고 하여 바로 과도한 제한이라 단언하기 어렵다(헌재 2021.2.25, 2017헌마1113 등).
④ [O] 신문보도의 명예훼손적 표현의 피해자가 공적 인물인지 아니면 사인인지, 그 표현이 공적인 관심 사안에 관한 것인지 순수한 사적인 영역에 속하는 사안인지의 여부에 따라 헌법적 심사기준에는 차이가 있어야 한다(헌재 1999.6.24, 97헌마265).

04 표현의 자유에 관한 설명 중 가장 적절한 것은? (다툼이 있는 경우 판례에 의함)

22. 경찰순경

① '익명표현'은 표현의 자유를 행사하는 하나의 방법으로서 그 자체로 규제되어야 하는 것은 아니고, 부정적 효과가 발생하는 것이 예상되는 경우에 한하여 규제될 필요가 있다.
② 헌법 제21조 제4항 전문은 "언론·출판은 타인의 명예나 권리 또는 공중도덕이나 사회윤리를 침해하여서는 아니 된다."라고 규정하고 있는바, 이는 헌법상 표현의 자유의 보호영역에 대한 한계를 설정한 것이라고 보아야 한다.
③ '음란표현'은 헌법상 언론·출판의 자유의 보호영역 밖에 있다고 보아야 한다.
④ 인터넷언론사에 대하여 선거일 전 90일부터 선거일까지 후보자 명의의 칼럼이나 저술을 게재하는 보도를 제한하는 구 인터넷 선거보도 심의기준 등에 관한 규정은 인터넷 선거보도의 공정성과 선거의 공정성을 확보하려는 것이므로 후보자인 청구인의 표현의 자유를 침해하지 않는다.

해설

① [O] 심판대상조항의 입법목적은 앞서 본 바와 같이 정당이나 후보자에 대한 인신공격과 흑색선전으로 인한 사회경제적 손실과 부작용을 방지하고 선거의 공정성을 확보하기 위한 것이므로, 익명표현이 허용될 경우 발생할 수 있는 부정적 효과를 막기 위하여 그 필요성을 인정할 수는 있다(헌재 2021.1.28, 2018헌마456 등).
② [×] 헌법 제21조 제4항은 '언론·출판은 타인의 명예나 권리 또는 공중도덕이나 사회윤리를 침해하여서는 아니된다.'고 규정하고 있으나, 이는 표현의 자유에 따르는 책임과 의무를 강조하는 동시에 표현의 자유에 대한 제한의 요건을 명시한 규정으로 볼 것이고, 헌법상 표현의 자유에서 보호영역의 한계를 설정한 것이라고 볼 수 없다(헌재 2009.5.28, 2006헌바109 등).
③ [×] '청소년이용음란물' 역시 의사형성적 작용을 하는 의사의 표현·전파의 형식 중 하나임이 분명하므로 언론·출판의 자유에 의하여 보호되는 의사표현의 매개체라는 점에는 의문의 여지가 없다(헌재 2009.5.28, 2006헌바109 등).
④ [×] 인터넷언론사가 선거일 전 90일부터 선거일까지 후보자명의의 칼럼이나 저술을 게재하는 보도를 할 수 없도록 한 것은 필요 이상으로 표현의 자유를 제한하여 헌법에 위반된다(헌재 2019.11.28, 2016헌마90).

05 다음 설명 중 가장 잘못된 것은? (판례에 의함)

05. 법원직 9급

① 언론·출판의 자유는 현대 자유민주주의의 존립과 발전에 필수불가결한 기본권이며 이를 최대한도로 보장하는 것은 자유민주주의 헌법의 기본원리의 하나이다.
② 헌법 제37조 제2항이 국민의 자유와 권리는 국가안전보장·질서유지 또는 공공복리를 위하여 필요한 경우에 한하여 법률로써 제한할 수 있도록 규정하고 있으므로 법률에 의하여 '사전검열'을 수단으로 언론·출판의 자유를 제한하는 것도 허용된다.
③ 정보를 수집하고 처리할 수 있는 권리를 말하는 알 권리는 언론·출판의 자유의 한 내용으로 마땅히 보장되어야 하는 것이다.
④ 우리 헌법은 언론·출판이 타인의 명예나 권리를 침해한 때에는 피해자는 이에 대한 피해의 배상을 청구할 수 있다고 명문으로 규정하고 있다.

해설

② [×] 헌법 제21조 제2항에 "언론·출판에 대한 허가나 검열과 집회·결사에 대한 허가는 인정되지 아니한다."라고 규정하고 있으므로 국가안전보장·질서유지 또는 공공복리를 위하여 사전검열을 수단으로 하여 언론·출판의 자유를 제한할 수 없다.
① [O] 헌재 2010.7.29, 2006헌마75
③ [O] 정보를 수집하고 처리할 수 있는 권리를 말하는 알 권리는 언론·출판의 자유의 한 내용으로 마땅히 보장되어야 하는 것이다(헌재 1991.5.13, 90헌마133).
④ [O] 언론·출판은 타인의 명예나 권리 또는 공중도덕이나 사회윤리를 침해하여서는 아니 된다. 언론·출판이 타인의 명예나 권리를 침해한 때에는 피해자는 이에 대한 피해의 배상을 청구할 수 있다(헌법 제21조 제4항).

정답 | 02 ① 03 ① 04 ① 05 ②

06 표현의 자유 및 언론·출판의 자유에 대한 설명으로 가장 적절하지 않은 것은? (다툼이 있는 경우 판례에 의함)

18. 경찰승진 변형

① 정보통신망 이용촉진 및 정보보호 등에 관한 법률 제74조 제1항 제3호 중 '제44조의7 제1항 제3호를 위반하여 공포심이나 불안감을 유발하는 문언을 반복적으로 상대방에게 도달하게 한 자' 부분은 표현의 자유를 침해하지 않는다.
② 인터넷게시판을 설치·운영하는 정보통신서비스 제공자에게 본인확인조치의무를 부과하여 게시판 이용자로 하여금 본인확인절차를 거쳐야만 게시판을 이용할 수 있도록 하는 정보통신망 이용촉진 및 정보보호 등에 관한 법률 조항은 과잉금지원칙에 위배하여 인터넷게시판 이용자의 표현의 자유 및 인터넷게시판을 운영하는 정보통신서비스제공자의 언론의 자유를 침해한다.
③ 언론·출판의 자유에는 사상 내지 의견의 자유로운 표명과 전파의 자유가 포함되고 전파의 자유에는 보급의 자유가 포함된다.
④ 지역농협 이사 선거의 경우 전화·컴퓨터통신을 이용한 지지 호소의 선거운동방법을 금지하고, 이를 위반한 자를 처벌하는 구 농협협동조합법 조항은 해당 선거 후보자의 표현의 자유를 침해하지 않는다.

해설

④ [×] 지역농협 이사 선거의 경우 전화(문자메시지를 포함한다)·컴퓨터통신(전자우편을 포함한다)을 이용한 지지 호소의 선거운동방법을 금지하고, 이를 위반한 자를 처벌하는 구 농업협동조합법 제50조 제4항 및 농업협동조합법 제50조 제4항이 청구인들의 결사의 자유, 표현의 자유를 침해한다(헌재 2016.11.24, 2015헌바62).
① [O] '정보통신망 이용촉진 및 정보보호 등에 관한 법률'(2008.6.13. 법률 제9119호로 개정된 것) 제74조 제1항 제3호 중 '제44조의7 제1항 제3호를 위반하여 공포심이나 불안감을 유발하는 문언을 반복적으로 상대방에게 도달하게 한 자' 부분 및 제44조의7 제1항 제3호 중 '공포심이나 불안감을 유발하는 문언을 반복적으로 상대방에게 도달하도록 하는 내용의 정보' 부분이 표현의 자유를 침해하지 아니한다(헌재 2016.12.29, 2014헌바434).
② [O] 인터넷게시판 운영자에게 게시판 이용자에 대한 본인확인조치를 하도록 하여 게시판 이용자가 본인확인절차를 거치지 아니하면 인터넷게시판에 정보를 게시할 수 없도록 하는 본인확인제는 아래와 같이 목적달성에 필요한 범위를 넘는 과도한 제한을 하는 것으로서 침해의 최소성이 인정되지 않는다(헌재 2012.8.23, 2010헌마47).
③ [O] 언론·출판의 자유에는 사상 내지 의견의 자유로운 표명과 전파의 자유가 포함되고 전파의 자유에는 보급(普及)의 자유가 포함된다(헌재 1992.11.12, 89헌마88).

07 다음 표현의 자유에 관한 설명 중 가장 옳은 것은? (다툼이 있는 경우 판례에 의함)

24. 해양경찰 간부

① '익명표현'은 표현의 자유를 행사하는 하나의 방법으로서 그 자체로 규제되어야 하는 것은 아니고, 부정적 효과가 발생하는 것이 예상되는 경우에 한하여 규제될 필요가 있다.
② 누구든지 선거일 전 180일부터 선거일까지 선거에 영향을 미치게 하기 위해 화환을 설치하는 것을 금지하는 공직선거법 규정은 정치적 표현의 자유를 침해한다고 볼 수 없다.
③ 초·중등학교 교육공무원이 정치단체의 결성에 관여하거나 이에 가입하는 행위를 금지한 국가공무원법 조항 중 '그 밖의 정치단체'에 관한 부분은 정치적 표현의 자유를 침해하지 않는다.
④ '음란표현'은 헌법상 언론·출판의 자유의 보호영역 밖에 있다고 보아야 한다.

해설
① [O] '익명표현'은 표현의 자유를 행사하는 하나의 방법으로서 그 자체로 규제되어야 하는 것은 아니고, 부정적 효과가 발생하는 것이 예상되는 경우에 한하여 규제될 필요가 있다(헌재 2021.1.28, 2018헌마456).
② [×] 목적 달성에 필요한 범위를 넘어 장기간(선거일 전 180일부터) 동안 선거에 영향을 미치게 하기 위한 화환의 설치를 금지하는 것으로, 과잉금지원칙에 위반되어 정치적 표현의 자유를 침해한다(헌재 2023.6.29, 2023헌가12).
③ [×] 국가공무원법조항 중 '그 밖의 정치단체'에 관한 부분은 어떤 단체에 가입하는가에 관한 집단적 형태의 '표현의 내용'에 근거한 규제이므로, 더욱 규제되는 표현의 개념을 명확하게 규정할 것이 요구된다. 그럼에도 위 조항은 '그 밖의 정치단체'라는 불명확한 개념을 사용하여, 수범자에 대한 위축효과와 법 집행 공무원의 자의적 판단 위험을 야기하고 있다. 위 조항이 명확성원칙에 위배되어 나머지 청구인들의 정치적 표현의 자유, 결사의 자유를 침해하여 헌법에 위반되는 점이 분명한 이상, 과잉금지원칙에 위배되는지 여부에 대하여는 더 나아가 판단하지 않는다(헌재 2020.4.23, 2018헌마551).
④ [×] 음란표현은 헌법 제21조가 규정하는 언론·출판의 자유의 보호영역 내에 있다고 볼 것이다(헌재 2009.5.28, 2006헌바109).

08 표현의 자유에 관한 설명으로 가장 옳지 않은 것은?
19. 서울시 7급 변형

① '법관이 그 품위를 손상하거나 법원의 위신을 실추시킨 경우'를 징계사유로 하는 법률규정은 '품위 손상', '위신 실추'와 같은 추상적인 용어를 사용하여 그 적용 범위가 지나치게 광범위하거나 포괄적이어서 법관의 표현의 자유를 과도하게 제한한다고 볼 수 있다.
② 일반적으로 표현의 자유는 정보의 전달 또는 전파와 관련지어 생각되므로 구체적인 전달이나 전파의 상대방이 없는 집필의 단계를 표현의 자유의 보호영역에 포함시킬 것인지 의문이 있을 수 있으나, 집필은 문자를 통한 모든 의사표현의 기본 전제가 된다는 점에서 당연히 표현의 자유의 보호영역에 속해 있다고 보아야 한다.
③ 민주사회에서 표현의 자유가 수행하는 역할과 기능에 비추어 볼 때 불명확한 규범에 의한 규제는 헌법상 보호받는 표현에 대한 위축적 효과를 수반하므로 표현의 자유를 규제하는 법률은 표현에 위축적 효과가 미치지 않도록 규제되는 행위의 개념을 세밀하고 명확하게 규정할 것이 헌법적으로 요구된다.
④ 새마을금고의 임원선거와 관련하여 법률에서 정하고 있는 방법 외의 방법으로 선거운동을 할 수 없도록 하고 이를 위반한 경우 형사처벌하도록 정하고 있는 새마을금고법 규정은 표현의 자유를 침해하지 않는다.

해설
① [×] 구 법관징계법 제2조 제2호가 '품위 손상', '위신 실추'와 같은 추상적인 용어를 사용하고 있기는 하나, 수범자인 법관이 구체적으로 어떠한 행위가 이에 해당하는지를 충분히 예측할 수 없을 정도로 그 적용범위가 모호하다거나 불분명하다고 할 수 없다(헌재 2012.2.23, 2009헌바34).
② [O] 일반적으로 표현의 자유는 정보의 전달 또는 전파와 관련지어 생각되므로 구체적인 전달이나 전파의 상대방이 없는 집필의 단계를 표현의 자유의 보호영역에 포함시킬 것인지 의문이 있을 수 있으나, 집필은 문자를 통한 모든 의사표현의 기본 전제가 된다는 점에서 당연히 표현의 자유의 보호영역에 속해 있다고 보아야 한다(헌재 2005.2.24, 2003헌마289).
③ [O] 민주사회에서 표현의 자유가 수행하는 역할과 기능에 비추어 볼 때 불명확한 규범에 의한 규제는 헌법상 보호받는 표현에 대한 위축적 효과를 수반하므로 표현의 자유를 규제하는 법률은 표현에 위축적 효과가 미치지 않도록 규제되는 행위의 개념을 세밀하고 명확하게 규정할 것이 헌법적으로 요구된다(헌재 2016.2.25, 2013헌바105).
④ [O] 이처럼 심판대상조항이 선거운동의 방법을 엄격하게 제한하고 있기는 하나, 허용되는 방법을 통해서도 충분히 후보자가 자신의 능력이나 자질, 공약 등을 알릴 수 있는 기회가 보장되어 있는 이상, 심판대상조항은 필요하고도 합리적인 제한에 해당하여 침해의 최소성 원칙에 반하지 아니한다(헌재 2018.2.22, 2016헌바364).

정답 | 06 ④ 07 ① 08 ①

09 언론·출판의 자유에 관한 설명으로 옳지 않은 것은? (다툼이 있는 경우 판례에 의함) 15. 서울시 7급

① 개인의 표현행위에 대한 국가의 규제는, 표현내용에 대하여는 원칙적으로 중대한 공익의 실현을 위하여 불가피한 경우에 한하여 엄격한 요건하에서 허용되는 반면, 표현내용과 무관하게 표현의 방법을 규제하는 것은 합리적인 공익상의 이유로 폭넓은 제한이 가능하다.
② 음란이란 인간존엄 내지 인간성을 왜곡하는 노골적이고 적나라한 성표현으로서 오로지 성적 흥미에만 호소할 뿐 전체적으로 보아 하등의 문학적, 예술적, 과학적 또는 정치적 가치를 지니지 않은 것으로서 언론·출판의 자유의 보호영역에 속하지 않는 반면, 저속은 이러한 정도에 이르지 않는 성표현 등을 의미하는 것으로서 헌법적인 보호영역 안에 있다.
③ 검열금지의 원칙은 모든 형태의 사전적인 규제를 금지하는 것이 아니고 단지 의사표현의 발표 여부가 오로지 행정권의 허가에 달려 있는 사전심사만을 금지하는 것을 뜻하며 사후적인 사법적 규제를 금지하지 않는다.
④ 음반은 학문적 연구결과를 발표하는 수단이 되기도 하고, 예술표현의 수단이 되기도 하므로 그 제작 및 판매·배포는 언론·출판의 자유에 의하여 뿐만 아니라 학문·예술의 자유를 규정하고 있는 헌법 제22조 제1항에 의하여도 보장을 받는다.

해설

② [×] '청소년이용음란물' 역시 의사형성적 작용을 하는 의사의 표현전파의 형식 중 하나임이 분명하므로 언론·출판의 자유에 의하여 보호되는 의사표현의 매개체라는 점에는 의문의 여지가 없다(헌재 2009.5.28, 2006헌바109 등).
① [O] 헌법재판소는 광고물도 사상·지식·정보를 불특정다수인에게 전파하는 것으로 언론·출판의 자유의 보호대상으로 본 바 있다(헌재 2002.12.18, 2000헌마764).
③ [O] 검열은 ㉠ 허가를 받기 위한 표현물의 제출의무, ㉡ 행정권이 주체가 된 사전심사절차, ㉢ 허가를 받지 아니한 의사표현의 금지, ㉣ 심사절차를 관철할 수 있는 강제수단 등의 요건을 갖춘 경우만 이에 해당하는 것이다(헌재 1996.10.4, 93헌가13). 따라서 사후적인 사법적 규제를 금지하지 않는다.
④ [O] 음반은 학문적 연구결과를 발표하는 수단이 되기도 하고, 예술표현의 수단이 되기도 하므로 그 제작 및 판매·배포는 언론·출판의 자유에 의하여 뿐만 아니라 학문·예술의 자유를 규정하고 있는 헌법 제22조 제1항에 의하여도 보장을 받는다(헌재 1993.5.13, 91헌바17).

10 표현의 자유, 언론·출판의 자유에 관한 다음 설명 중 가장 옳지 않은 것은? (다툼이 있는 경우 헌법재판소 판례에 의함) 13. 법원직 9급 변형

① 헌법 제21조에서 보장하고 있는 표현의 자유는, 전통적으로는 사상 또는 의견의 자유로운 표명(발표의 자유)과 그것을 전파할 자유(전달의 자유)를 의미하는 것으로서, 개인이 인간으로서의 존엄과 가치를 유지하고 행복을 추구하며 국민주권을 실현하는 데 필수불가결한 것이고, 종교의 자유, 양심의 자유, 학문과 예술의 자유 등의 정신적인 자유를 외부적으로 표현하는 자유이다.
② '자유로운' 표명과 전파의 자유에는 자신의 신원을 누구에게도 밝히지 아니한 채 익명 또는 가명으로 자신의 사상이나 견해를 표명하고 전파할 익명표현의 자유까지도 그 보호영역에 포함된다고 할 수는 없다.
③ 헌법 제21조 제1항은 모든 국민은 언론·출판의 자유를 가진다고 규정하여 언론·출판의 자유를 보장하고 있는바, 의사표현의 자유는 바로 언론·출판의 자유에 속한다. 따라서 의사표현의 매개체를 의사표현을 위한 수단이라고 전제할 때, 이러한 의사표현의 매개체는 헌법 제21조 제1항이 보장하고 있는 언론·출판의 자유의 보호대상이 된다고 할 것이다.
④ 헌법 제21조 제2항의 검열금지조항은 절대적 금지를 의미하므로 국가안전보장·질서유지·공공복리를 위하여 필요한 경우라도 사전검열이 허용되지 않는다.

해설

② [×] 헌법 제21조에서 보장하고 있는 표현의 자유는, 전통적으로는 사상 또는 의견의 자유로운 표명(발표의 자유)과 그것을 전파할 자유(전달의 자유)를 의미하는 것으로서, 이러한 '자유로운' 표명과 전파의 자유에는 자신의 신원을 누구에게도 밝히지 아니한 채 익명 또는 가명으로 자신의 사상이나 견해를 표명하고 전파할 익명표현의 자유도 그 보호영역에 포함된다고 할 것이다(헌재 2010.2.25, 2008헌마324 등).

① [○] 헌법 제21조에서 보장하고 있는 표현의 자유는, 전통적으로는 사상 또는 의견의 자유로운 표명(발표의 자유)과 그것을 전파할 자유(전달의 자유)를 의미하는 것으로서, 개인이 인간으로서의 존엄과 가치를 유지하고 행복을 추구하며 국민주권을 실현하는 데 필수불가결한 것이고, 종교의 자유, 양심의 자유, 학문과 예술의 자유 등의 정신적인 자유를 외부적으로 표현하는 자유이다(헌재 2009.5.28, 2006헌바109 등).

③ [○] 헌법 제21조 제1항은 모든 국민은 언론·출판의 자유를 가진다고 규정하여 언론·출판의 자유를 보장하고 있는바, 의사표현의 자유는 바로 언론·출판의 자유에 속한다. 따라서 의사표현의 매개체를 의사표현을 위한 수단이라고 전제할 때, 이러한 의사표현의 매개체는 헌법 제21조 제1항이 보장하고 있는 언론·출판의 자유의 보호대상이 된다고 할 것이다(헌재 1993.5.13, 91헌바17).

④ [○] 헌법 제21조 제2항이 언론·출판에 대한 검열금지를 규정한 것은 비록 헌법 제37조 제2항이 국민의 자유와 권리를 국가안전보장·질서유지 또는 공공복리를 위하여 필요한 경우에 한하여 법률로써 제한할 수 있도록 규정하고 있다고 할지라도 언론·출판의 자유에 대하여는 검열을 수단으로 한 제한만은 법률로써도 허용되지 아니 한다는 것을 밝힌 것이다(헌재 1996.10.31, 94헌가6).

11 표현의 자유 및 그 대상자의 명예보호에 관한 대법원 판례의 입장이라고 보기 어려운 것은? 04. 법원직 9급

① 표현의 자유와 명예보호 사이의 한계를 설정함에 있어 그 표현이 공적인 관심사안에 관한 것인지 순수한 사적인 영역에 속하는 사안에 관한 것인지를 구분하여 전자의 경우에는 언론의 자유에 대한 제한을 보다 완화하여야 한다.
② 어떤 표현이 타인의 명예를 훼손하더라도 그 목적이 오로지 공공의 이익을 위한 것일 때에는 위법성이 조각될 수 있으며, 이 경우 행위자의 주요한 목적이나 동기가 공공의 이익을 위한 것이라면 부수적으로 사익적 목적이나 동기가 내포되어 있더라도 무방하다.
③ 일간신문사 기자가 타 신문사와 기사 내용과 피의자에 대한 구속영장 사본을 열람하였다면 위 기자가 기사 내용의 진실성을 담보하기 위하여 필요한 취재를 다한 것으로 볼 수 있다.
④ 집단표시에 의한 명예훼손은 원칙적으로 구성원 개개인에 대한 명예훼손이 된다고 보기 어렵지만 특별한 사정이 있는 경우에는 개별 구성원에 대한 명예훼손이 성립할 여지가 있다.

해설

③ [×] 특단의 사정이 없는 한 일간신문사 기자가 타 신문사의 기사 내용과 피의자에 대한 구속영장 사본만을 열람한 것만으로는 위 기자가 기사 내용의 진실성을 담보하기 위하여 필요한 취재를 다한 것이라고 할 수 없으므로, 일간신문에 있어서의 보도의 신속성이란 공익적인 요소를 고려한다고 하더라도, 이러한 기사를 게재한 것이 피의자에 대한 명예훼손행위의 위법성을 조각하게 할 정도에 이른 것이라고 볼 수 없다(대판 2002.5.10, 2000다50213).

① [○] 표현의 자유와 명예보호 사이의 한계를 설정함에 있어 그 표현이 공적인 관심사안에 관한 것인지 순수한 사적인 영역에 속하는 사안에 관한 것인지를 구분하여 전자의 경우에는 언론의 자유에 대한 제한을 보다 완화하여야 한다(대판 2002.1.22, 2000다37524·37531).

② [○] 어떤 표현이 타인의 명예를 훼손하더라도 그 목적이 오로지 공공의 이익을 위한 것일 때에는 위법성이 조각될 수 있으며, 이 경우 행위자의 주요한 목적이나 동기가 공공의 이익을 위한 것이라면 부수적으로 사익적 목적이나 동기가 내포되어 있더라도 무방하다(대판 2002.1.22, 2000다37524·3753).

④ [○] 집단표시에 의한 명예훼손은 그러한 방송 등이 그 집단에 속한 특정인에 대한 것이라고는 해석되기 힘들고 집단표시에 의한 비난이 개별구성원에 이르러서는 비난의 정도가 희석되어 구성원의 사회적 평가에 영향을 미칠 정도에 이르지 않으므로 구성원 개개인에 대한 명예훼손은 성립되지 않는다고 봄이 원칙이지만, 예외적으로 구성원 개개인에 대하여 방송하는 것으로 여겨질 정도로 구성원 수가 적거나 방송 등 당시의 주위 정황 등으로 보아 집단 내 개별구성원을 지칭하는 것으로 여겨질 수 있는 때에는 집단 내 개별구성원이 피해자로서 특정된다고 보아야 한다고 판시하였다(대판 2003.9.2, 2002다63558).

정답 | 09 ② 10 ② 11 ③

12 언론·출판의 자유에 대한 헌법재판소 결정의 내용으로 옳지 <u>않은</u> 것은? 02. 국가직 7급 변형

① 정보에의 접근·수집·처리의 자유, 즉 "알 권리"는 헌법 제21조에 의해 보장되는 표현의 자유와 표리일체의 관계에 있다.
② 미결수용자가 구독하는 신문의 일부 기사를 삭제하는 교도소장의 행위는 기본권을 과잉제한하는 것이다.
③ 발행된 정기간행물 2부를 공보처에 납본하는 제도는 사전검열이라고 볼 수 없다.
④ 민사소송법상의 가처분조항에 방영금지가처분을 포함시켜 가처분에 의한 방영금지를 허용하는 것은 헌법상 사전검열 금지원칙에 위배되지 않는다.

해설
② [×] 교화상 조직범죄 등 수용자 관련 범죄기사에 대한 신문기사 삭제행위는 구치소 내 질서유지와 보안을 위해 필요한 것이므로 알 권리의 침해가 아니라고 하였다(헌재 1998.10.29, 98헌마4).
① [○] "알 권리"는 표현의 자유와 표리일체의 관계에 있으며 자유권적 성질과 청구권적 성질을 공유하는 것이다(헌재 1991.5.13, 90헌마133).
③ [○] 발행된 정기간행물 2부를 공보처에 납본하는 제도는 출간 이후의 통제제도이므로 검열이 아니다(헌재 1992.6.26, 90헌바26).
④ [○] 민사소송법에 의한 방영금지가처분을 허용하는 것은 행정권에 의한 사전심사나 금지처분이 아니라 개별 당사자 간의 분쟁에 관하여 사법부가 사법절차에 의하여 심리, 결정하는 것이어서 헌법에서 금지하는 사전검열에 해당하지 아니한다(헌재 2001.8.30, 2000헌바36).

13 검열과 관련한 우리나라 헌법재판소 판례의 내용에 부합하지 <u>않는</u> 것은? 01. 법원행시

① 사법절차에 의한 영화상영의 금지조치(예컨대 명예훼손이나 저작권 침해를 이유로 한 가처분 등)나 그 효과에 있어서는 실질적으로 동일한 형벌규정(음란, 명예훼손 등)의 위반으로 인한 압수는 헌법상의 검열금지의 원칙에 위반되지 아니한다.
② 영화의 상영으로 인한 실정법 위반의 가능성을 사전에 막고, 청소년 등에 대한 상영이 부적절한 경우 이를 유통단계에서 효과적으로 관리할 수 있도록 미리 등급을 심사하는 것은 사전검열이 아니고, 설사 등급심사를 받지 아니한 영화의 상영을 금지하고 이에 위반할 때에 행정적 제재를 가하는 경우(예컨대, 영화진흥법 제21조의 상영등급 분류)에도 검열에는 해당하지 아니한다.
③ 일정한 지역·장소 및 물건에 광고물 또는 게시시설을 표시하거나 설치하는 경우에 그 광고물 등의 종류·모양·크기·색깔, 표시 또는 설치의 방법 및 기간 등을 규제하는 옥외광고물 등 관리법 제3조는 사전검열에 해당되지 아니한다.
④ 검열금지의 원칙은 모든 형태의 사전적인 규제를 금지하는 것이 아니고 단지 의사표현의 발표 여부가 오로지 행정권의 허가에 달려 있는 사전심사만을 금지하는 것을 뜻하므로, 법률에 근거한 사전허가나 검열은 가능하다.
⑤ 구 영화법에서 영화의 제작을 업으로 하고자 하는 자에게 등록의무를 부과하는 것은 표현의 자유의 내용을 간섭하기 위한 것이 아니라 단순히 주무행정관청의 기본 업무인 행정상의 절차와 행정업무상 필요한 사항을 등록하게 하고 이를 규제하기 위하여 그 위반행위에 대한 벌칙 규정을 두고 있는 데 불과한 것이므로, 그 규제입법 자체를 위헌이라고 할 수 없다.

해설

④ [×] 헌법 제21조 제2항이 언론·출판에 대한 검열금지를 규정한 것은 비록 헌법 제37조 제2항이 국민의 자유와 권리를 국가안전보장, 질서유지 또는 공공복리를 위하여 필요한 경우에 한하여 법률로써 제한할 수 있도록 규정하고 있다고 할지라도 언론·출판에 대하여는 검열을 수단으로 한 제한만은 법률로써도 허용되지 아니한다는 것을 밝힌 것이다(헌재 1996.10.4, 93헌가13 등).

① [○] 사법절차에 의한 영화상영의 금지조치(예컨대 명예훼손이나 저작권 침해를 이유로 한 가처분 등)나 그 효과에 있어서는 실질적으로 동일한 형벌규정(음란, 명예훼손 등)의 위반으로 인한 압수는 헌법상의 검열금지의 원칙에 위반되지 아니한다(헌재 2001.8.30, 2000헌바36).

② [○] 영화의 상영으로 인한 실정법 위반의 가능성을 사전에 막고, 청소년 등에 대한 상영이 부적절한 경우 이를 유통단계에서 효과적으로 관리할 수 있도록 미리 등급을 심사하는 것은 사전검열이 아니고, 설사 등급심사를 받지 아니한 영화의 상영을 금지하고 이에 위반할 때에 행정적 제재를 가하는 경우(예컨대, 영화진흥법 제21조의 상영등급 분류)에도 검열에는 해당하지 아니한다(헌재 2007.10.4, 2004헌바36).

③ [○] 옥외광고물설치허가제는 설치장소, 크기, 모양, 색깔 등에 대한 통제이지 광고내용통제가 아니므로 검열이 아니다(헌재 1998.2.27, 96헌바2).

⑤ [○] 구 영화법에서 영화의 제작을 업으로 하고자 하는 자에게 등록의무를 부과하는 것은 표현의 자유의 내용을 간섭하기 위한 것이 아니라 단순히 주무행정관청의 기본 업무인 행정상의 절차와 행정업무상 필요한 사항을 등록하게 하고 이를 규제하기 위하여 그 위반행위에 대한 벌칙 규정을 두고 있는 데 불과한 것이므로, 그 규제입법 자체를 위헌이라고 할 수 없다(헌재 1996.8.29, 94헌바15).

14 표현의 자유에 대한 설명으로 가장 옳지 않은 것은?

19. 서울시 7급 변형

① 상업광고에 대한 규제에 의한 표현의 자유의 제한은 헌법 제37조 제2항에서 도출되는 비례의 원칙을 준수하여야 하지만, 상업광고는 사상이나 지식에 관한 정치적, 시민적 표현행위와는 차이가 있고, 인격발현과 개성신장에 미치는 효과가 중대한 것은 아니므로, 비례의 원칙 심사에 있어서 '피해의 최소성' 원칙은 '입법목적을 달성하기 위하여 필요한 범위 내의 것인지'를 심사하는 정도로 완화된다.

② 대한민국 또는 헌법상 국가기관에 대하여 모욕, 비방, 사실 왜곡, 허위사실 유포 또는 기타 방법으로 대한민국의 안전, 이익 또는 위신을 해하거나 해할 우려가 있는 표현에 대하여 형사처벌하도록 하는 것은 과잉금지원칙에 위배되어 해당 표현을 한 자의 표현의 자유를 침해한다.

③ 의료기기에 대한 광고는 표현의 자유의 보호를 받는 대상이 되지만, 사상이나 지식에 관한 정치적, 시민적 표현행위와는 달리 인격발현과 개성신장에 미치는 효과가 중대하지 아니하므로, 사전검열금지원칙의 적용대상에서 제외된다.

④ 국가공무원 복무규정 제8조의2 제2항 등은 "공무원이 직무를 수행할 때 정치적 주장을 표시 또는 상징하는 복장을 하거나 관련 물품을 착용해서는 아니된다."라고 규정하고 있는바, 정치적 주장을 표시·상징하는 복장 등 관련 물품을 착용하는 행위는 복장 등 비언어적인 방법을 통해 정치적 의사표현을 행하는 것이라 할 수 있다.

해설

③ [×] 현행 헌법상 사전검열은 표현의 자유 보호대상이면 예외 없이 금지된다. 의료기기에 대한 광고는 의료기기의 성능이나 효능 및 효과 또는 그 원리 등에 관한 정보를 널리 알려 해당 의료기기의 소비를 촉진시키기 위한 상업광고로서 헌법 제21조 제1항의 표현의 자유의 보호대상이 됨과 동시에 같은 조 제2항의 사전검열금지원칙의 적용대상이 된다(헌재 2020.8.28, 2017헌가35 등).

① [○] 입법목적을 달성하기 위하여 필요한 최소한의 제한인지를 심사하기보다는 '입법목적을 달성하기 위하여 필요한 범위 내의 것인지'를 심사하는 정도로 완화되는 것이 상당하다(헌재 2005.10.27, 2003헌가3).

② [○] 의미내용이 불명확할 뿐만 아니라, 적용범위가 지나치게 광범위하여 헌법에 위반된다(헌재 2015.10.21, 2013헌가20).

④ [○] 이 사건 국가공무원 복무규정 제8조의2 제2항 등은 "공무원이 직무를 수행할 때 정치적 주장을 표시 또는 상징하는 복장을 하거나 관련 물품을 착용해서는 아니 된다."라고 규정하고 있는바, 정치적 주장을 표시·상징하는 복장 등 관련 물품을 착용하는 행위는 복장 등 비언어적인 방법을 통해 정치적 의사표현을 행하는 것이라 할 수 있으므로, 이 사건 국가공무원 복무규정 제8조의2 제2항 등 역시 공무원의 정치적 표현의 자유를 제한하는 규정이라 할 것이다(헌재 2012.5.31, 2009헌마705 등).

정답 | 12 ② 13 ④ 14 ③

15 표현의 자유에 대한 설명으로 옳지 않은 것은? (다툼이 있는 경우 판례에 의함)

20. 지방직 7급 변형

① 의료광고의 심의기관이 행정기관인가 여부는 기관의 형식에 의하기보다는 그 실질에 따라 판단되어야 하며, 민간심의기구가 심의를 담당하는 경우에도 행정권의 개입 때문에 자율성이 보장되지 않는다면 헌법이 금지하는 행정기관에 의한 사전검열에 해당하게 될 것이다.

② '공익을 해할 목적'의 허위의 통신을 금지하는 전기통신기본법 규정에서의 '공익'은 형벌조항의 구성요건으로서 구체적인 표지를 정하고 있는 것이 아니며, 그 의미가 불명확하고 추상적인 것이어서 명확성의 원칙에 위배된다.

③ 신문 등의 진흥에 관한 법률의 등록조항은 인터넷신문의 명칭, 발행인과 편집인의 인적사항 등 인터넷신문의 외형적이고 객관적 사항을 제한적으로 등록하도록 하고 있는바, 이는 인터넷신문에 대한 인적 요건의 규제 및 확인에 관한 것으로 인터넷신문의 내용을 심사·선별하여 사전에 통제하기 위한 규정으로 사전허가금지원칙에 위배된다.

④ 헌법상 사전검열은 표현의 자유 보호대상이면 예외 없이 금지되므로, 건강기능식품의 기능성 광고는 인체의 구조 및 기능에 대하여 보건용도에 유용한 효과를 준다는 기능성 등에 관한 정보를 널리 알려 해당 건강기능식품의 소비를 촉진시키기 위한 상업광고이지만, 헌법 제21조 제1항의 표현의 자유의 보호 대상이 됨과 동시에 같은 조 제2항의 사전검열 금지대상도 된다.

해설

③ [×] 인터넷신문에 대한 인적 요건의 규제 및 확인에 관한 것으로, 인터넷신문의 내용을 심사·선별하여 사전에 통제하기 위한 규정이 아님이 명백하다. 따라서 등록조항은 사전허가금지원칙에도 위배되지 않는다(헌재 2016.10.27, 2015헌마1206 등).

① [○] 의료광고의 심의기관이 행정기관인가 여부는 기관의 형식에 의하기보다는 그 실질에 따라 판단되어야 한다. 따라서 검열을 행정기관이 아닌 독립적인 위원회에서 행한다고 하더라도, 행정권이 주체가 되어 검열절차를 형성하고 검열기관의 구성에 지속적인 영향을 미칠 수 있는 경우라면 실질적으로 그 검열기관은 행정기관이라고 보아야 한다. 민간심의기구가 심의를 담당하는 경우에도 행정권이 개입하여 그 사전심의에 자율성이 보장되지 않는다면 이 역시 행정기관의 사전검열에 해당하게 될 것이다(헌재 2015.12.23, 2015헌바75).

② [○] 이 사건 법률조항은 "공익을 해할 목적"의 허위의 통신을 금지하는바, 여기서의 "공익"은 형벌조항의 구성요건으로서 구체적인 표지를 정하고 있는 것이 아니라, 헌법상 기본권 제한에 필요한 최소한의 요건 또는 헌법상 언론·출판의 자유의 한계를 그대로 법률에 옮겨 놓은 것에 불과할 정도로 그 의미가 불명확하고 추상적이다. 따라서, 표현의 자유에서 요구하는 명확성의 요청 및 죄형법정주의의 명확성원칙에 위배하여 헌법에 위반된다(헌재 2010.12.28, 2008헌바157 등).

④ [○] 건강기능식품법상 기능성 광고의 심의주체는 행정기관인 식약처장이며, 법상 언제든지 위탁을 철회하고 직접 심의업무를 담당할 수 있다. 심의기관의 장이 위원을 위촉하려면 식약처장의 승인을 받아야 하고, 식약처장이 일정한 경우 해당 위원을 해촉할 수도 있다. 그리고 위원의 수와 구성 비율, 위원의 자격과 임기, 위원장과 부위원장의 위촉 방식 등 심의위원회의 구성에 관하여 총리령으로 규율하는 등으로 법령을 통해 행정권이 표시·광고심의위원회의 구성에 개입하고 지속적으로 영향을 미칠 가능성이 존재하는 이상 그 구성에 자율성이 보장되어 있다고 볼 수 없다(헌재 2018.6.28, 2016헌가8).

16 언론의 자유에 대한 설명으로 옳지 않은 것은? (다툼이 있는 경우 판례에 의함) 　　18. 지방직 7급 변형

① 사실적 주장에 관한 언론보도등이 진실하지 아니함으로 인하여 피해를 입은 자는 해당 언론보도등이 있음을 안 날부터 3개월 이내에 언론사, 인터넷뉴스 서비스사업자 및 인터넷멀티미디어 방송사업자에게 그 언론보도등의 내용에 관한 정정보도를 청구할 수 있으나, 해당 언론보도등이 있은 후 6개월이 지났을 때에는 그러하지 아니하다.
② 언론으로부터 피해를 입은 사람은 언론중재 및 피해구제 등에 관한 법률에 따라 인터넷신문을 상대로 정정보도청구, 반론보도청구, 추후보도청구를 할 수 있고, 형사상 명예훼손죄로 고소할 수도 있으나, 민사상 손해배상청구를 할 수는 없다.
③ 사실적 주장에 관한 언론보도등으로 인하여 피해를 입은 자는 그 보도 내용에 관한 반론보도를 언론사등에 청구할 수 있으며, 반론보도의 청구에는 언론사등의 고의·과실이나 위법성을 필요로 하지 아니하며, 보도 내용의 진실 여부와 상관없이 그 청구를 할 수 있다.
④ 군사기밀의 범위는 국민의 표현의 자유 내지 알 권리의 대상영역을 최대한 넓혀줄 수 있도록 필요한 최소한도에 한정되어야 할 것인바, 구 군사기밀보호법 제6조 등은 군사상의 기밀이 비공지의 사실로서 적법절차에 따라 군사기밀로서의 표지를 갖추고 그 누설이 국가의 안전보장에 명백한 위험을 초래한다고 볼만큼의 실질가치를 지닌 것으로 인정되는 경우에 한하여 적용된다 할 것이므로 이러한 해석하에 헌법에 위반되지 아니한다.

해설
② [×] 언론등의 고의 또는 과실로 인한 위법행위로 인하여 재산상 손해를 입거나 인격권 침해 또는 그 밖의 정신적 고통을 받은 자는 그 손해에 대한 배상을 언론사등에 청구할 수 있다(언론중재 및 피해구제 등에 관한 법률 제30조).
① [○] 사실적 주장에 관한 언론보도등이 진실하지 아니함으로 인하여 피해를 입은 자(이하 "피해자"라 한다)는 해당 언론보도등이 있음을 안 날부터 3개월 이내에 언론, 인터넷뉴스 서비스사업자 및 인터넷멀티미디어 방송사업자(이하 "언론사등"이라 한다)에게 그 언론보도등의 내용에 관한 정정보도를 청구할 수 있다. 다만, 해당 언론보도등이 있은 후 6개월이 지났을 때에는 그러하지 아니하다(언론중재 및 피해구제 등에 관한 법률 제14조 제1항).
③ [○] 사실적 주장에 관한 언론보도등으로 인하여 피해를 입은 자는 그 보도 내용에 관한 반론보도를 언론사등에 청구할 수 있다. 제1항의 청구에는 언론사등의 고의·과실이나 위법성을 필요로 하지 아니하며, 보도 내용의 진실 여부와 상관없이 그 청구를 할 수 있다(언론중재 및 피해구제 등에 관한 법률 제16조 제1항·제2항).
④ [○] "국가기밀"의 의미는, 결국 일반인에게 알려지지 아니한 것으로서 그 내용이 누설되는 경우 국가의 안전에 명백한 위험을 초래한다고 볼 만큼의 실질가치를 지닌 사실, 물건 또는 지식이라고 한정 해석해야 한다(헌재 1997.1.16, 92헌바6 등).

정답 | 15 ③ 16 ②

17 언론·출판의 자유에 대한 설명으로 가장 옳지 않은 것은?

19. 서울시 7급 변형

① 금치기간 중 30일의 기간 내에서만 신문 열람을 금지하는 조치는 미결수용자의 알 권리를 침해하지 않는다.
② 외국음반을 국내에서 제작하고자 하는 때에 영상물등급위원회의 추천을 받도록 하는 것은 헌법에 위배된다.
③ 반론보도청구권은 원보도를 진실에 부합되게 시정보도해 줄 것을 요구하는 권리이므로 원보도의 내용이 허위일 것을 조건으로 한다.
④ 검열은 언론의 내용에 대한 허용될 수 없는 사전적 제한이라는 점에서 헌법 제21조 제2항 전단의 "허가"와 "검열"은 본질적으로 같은 것이라고 할 것이다.

해설
③ [×]

> 언론중재 및 피해구제 등에 관한 법률 제16조 【반론보도청구권】 ① 사실적 주장에 관한 언론보도등으로 인하여 피해를 입은 자는 그 보도 내용에 관한 반론보도를 언론사등에 청구할 수 있다. ② 제1항의 청구에는 언론사등의 고의·과실이나 위법성을 필요로 하지 아니하며, 보도 내용의 진실 여부와 상관없이 그 청구를 할 수 있다.

① [○] 신문 및 도서열람제한 조항은 최장 30일의 기간 내에서만 신문이나 도서의 열람을 금지하고 열람을 금지하는 대상에 수용시설 내 비치된 도서는 포함시키지 않고 있으므로 위 조항들이 청구인의 알 권리를 과도하게 제한한다고 보기 어렵다(헌재 2016.4.28, 2012헌마549).
② [○] 영상물등급위원회는 실질적으로 행정기관인 검열기관에 해당하고, 이에 의한 등급분류보류는 비디오물 유통 이전에 그 내용을 심사하여 허가받지 아니한 것의 발표를 금지하는 제도, 즉 검열에 해당되므로 헌법에 위반된다(헌재 2008.10.30, 2004헌가18).
④ [○] "허가"와 "검열"은 본질적으로 같은 것이라고 할 것이며 위와 같은 요건에 해당되는 허가·검열은 헌법적으로 허용될 수 없다(헌재 2001.5.31, 2000헌바43).

18. 표현의 자유와 알 권리에 관한 설명 중 가장 적절하지 않은 것은? (다툼이 있는 경우 판례에 의함)

16. 경찰승진 변형

① 여론조사 실시행위에 대한 신고의무를 부과하고 있는 공직선거법 조항은 여론조사결과의 보도나 공표행위를 규제하는 것이 아니라 여론조사의 실시행위에 대한 신고의무를 부과하는 것으로, 허가받지 아니한 것의 발표를 금지하는 헌법 제21조 제2항의 사전검열과 관련이 있다고 볼 수 없으므로 검열금지원칙에 위반되지 아니한다.

② 국민의 알 권리의 내용에는 자신의 권익보호와 직접 관련이 있는 정보의 공개를 청구할 수 있는 개별적 정보공개청구권만이 포함되고, 일반 국민 누구나 국가에 대하여 보유·관리하고 있는 정보의 공개를 청구할 수 있는 일반적 정보공개청구권은 포함되지 않는다.

③ 한의사 국가시험의 문제와 정답을 공개하지 아니할 수 있도록 한 것은 과잉금지원칙에 위반하여 알 권리를 침해한다고 볼 수 없다.

④ 변호인에게 고소장과 피의자신문조서에 대한 열람 및 등사를 거부한 경찰서장의 정보비공개결정은 변호인의 피구속자를 조력할 권리 및 알 권리를 침해한다.

해설

② [×] 헌법재판소는 알 권리의 핵심은 국민의 알 권리의 내용에는 자신의 권익보호와 직접 관련이 있는 정보의 공개를 청구할 수 있는 개별적 정보공개청구권은 물론이고, 국민의 정부에 대한 일반적 정보공개청구권이라고 하였다(헌재 1989.9.4, 88헌마22).

① [O] 여론조사 실시행위에 대한 신고의무를 부과하고 있는 공직선거법 조항은 여론조사결과의 보도나 공표행위를 규제하는 것이 아니라 여론조사의 실시행위에 대한 신고의무를 부과하는 것으로, 허가받지 아니한 것의 발표를 금지하는 헌법 제21조 제2항의 사전검열과 관련이 있다고 볼 수 없으므로 검열금지원칙에 위반되지 아니한다(헌재 2015.4.30, 2014헌마360).

③ [O] 기출 시험문제와 그에 대한 정답 등을 일률적으로 공개할 경우 기출문제와 동일한 문제는 물론 이와 유사하거나 변형된 문제도 다시 출제할 수 없다. 따라서 이 사건 법률조항은 과잉금지원칙에 위반하여 정보공개청구권 및 알 권리를 침해한다고 볼 수 없다(헌재 2009.9.24, 2007헌바107).

④ [O] 변호인에게 고소장과 피의자신문조서에 대한 열람 및 등사를 거부한 경찰서장의 정보비공개결정은 변호인의 피구속자를 조력할 권리 및 알 권리를 침해한다(헌재 1994.12.29, 92헌바31).

제3항 집회·결사의 자유

01 집회의 자유에 관한 설명으로 옳지 <u>않은</u> 것은? (다툼이 있는 경우 헌법재판소 판례에 의함) _{22. 소방간부 변형}

① 집회의 자유는 다수의 의견을 국정에 반영하는 창구로서 그 중요성을 더해 가고 있다는 점에서 다수의 보호를 위한 중요한 기본권이다.
② 집회의 자유는 표현의 자유와 더불어 민주적 공동체가 기능하기 위하여 불가결한 근본요소에 속하며, 집단적 의견표명의 자유로서 민주국가에서 정치의사형성에 참여할 수 있는 기회를 제공한다.
③ 집회의 자유는 사회·정치현상에 대한 불만과 비판을 공개적으로 표출케 함으로써 정치적 불만이 있는 자를 사회에 통합하고 정치적 안정에 기여하는 기능을 한다.
④ 집회의 자유는 개인의 인격발현의 요소이자 민주주의를 구성하는 요소라는 이중적 헌법적 기능을 가지고 있으며, 개인의 자기결정과 인격발현에 기여하는 기본권이다.

해설
① [×] 집회의 자유는 집권세력에 대한 정치적 반대의사를 공동으로 표명하는 효과적인 수단으로서 현대사회에서 언론매체에 접근할 수 없는 소수집단에게 그들의 권익과 주장을 옹호하기 위한 적절한 수단을 제공한다는 점에서, 소수의견을 국정에 반영하는 창구로서 그 중요성을 더해 가고 있다. 이러한 의미에서 집회의 자유는 소수의 보호를 위한 중요한 기본권인 것이다(헌재 2003.10.30, 2000헌바67 등).
② [O] 집회를 통하여 국민들이 자신의 의견과 주장을 집단적으로 표명함으로써 여론의 형성에 영향을 미친다는 점에서, 집회의 자유는 표현의 자유와 더불어 민주적 공동체가 기능하기 위하여 불가결한 근본요소에 속한다. 집회의 자유는 집단적 의견표명의 자유로서 민주국가에서 정치의사형성에 참여할 수 있는 기회를 제공한다(헌재 2003.10.30, 2000헌바67 등).
③ [O] 집회의 자유는 사회·정치현상에 대한 불만과 비판을 공개적으로 표출케 함으로써 정치적 불만이 있는 자를 사회에 통합하고 정치적 안정에 기여하는 기능을 한다(헌재 2003.10.30, 2000헌바67 등).
④ [O] 집회의 자유는 개인의 인격발현의 요소이자 민주주의를 구성하는 요소라는 이중적 헌법적 기능을 가지고 있다. 인간의 존엄성과 자유로운 인격발현을 최고의 가치로 삼는 우리 헌법질서 내에서 집회의 자유도 다른 모든 기본권과 마찬가지로 일차적으로는 개인의 자기결정과 인격발현에 기여하는 기본권이다(헌재 2003.10.30, 2000헌바67 등).

02 집회의 자유에 관한 설명으로 가장 적절하지 <u>않은</u> 것은? (다툼이 있는 경우 판례에 의함) _{23. 경찰순경 1차}

① 누구나 '어떤 장소에서' 자신이 계획한 집회를 할 것인가를 원칙적으로 자유롭게 결정할 수 있어야만 집회의 자유가 비로소 효과적으로 보장되는 것이므로, 집회의 자유는 다른 법익의 보호를 위하여 정당화되지 않는 한, 집회장소를 항의의 대상으로부터 분리시키는 것을 금지한다.
② 일반적으로 집회는 일정한 장소를 전제로 하여 특정 목적을 가진 다수인이 일시적으로 회합하는 것을 말하는 것으로 일컬어지고 있고, 그 공동의 목적은 '내적인 유대관계'로 족하다.
③ 집단적인 폭행·협박·손괴·방화 등으로 공공의 안녕질서에 직접적인 위험을 가할 것이 명백한 집회 또는 시위의 주최를 금지하는 구 집회 및 시위에 관한 법률 조항은 집회의 자유를 침해하지 아니한다.
④ 경찰이 신고범위를 벗어난 동안에만 집회참가자들을 촬영한다 할지라도, 집회참가자에 대한 촬영 행위는 집회참가자들에게 심리적 부담으로 작용하여 집회의 자유를 전체적으로 위축시키는 결과를 가져올 수 있으므로 집회의 자유를 침해한다.

해설

④ [×] 미신고 옥외집회·시위 또는 신고범위를 넘는 집회·시위에서 단순 참가자들에 대한 경찰의 촬영행위는 비록 그들의 행위가 불법행위로 되지 않는다 하더라도 주최자에 대한 집시법 위반에 대한 증거를 확보하는 과정에서 불가피하게 이루어지는 측면이 있다. 이러한 촬영행위에 의하여 수집된 자료는 주최자의 집시법 위반에 대한 직접·간접의 증거가 될 수 있을 뿐만 아니라 그 집회 및 시위의 규모·태양·방법 등에 대한 것으로서 양형자료가 될 수 있다. 따라서 이 사건에서 피청구인이 신고범위를 벗어난 동안에만 집회참가자들을 촬영한 행위가 과잉금지원칙을 위반하여 집회참가자인 청구인들의 일반적 인격권, 개인정보자기결정권 및 집회의 자유를 침해한다고 볼 수 없다(헌재 2018.8.30, 2014헌마843).

① [O] 집회장소가 바로 집회의 목적과 효과에 대하여 중요한 의미를 가지기 때문에, 누구나 '어떤 장소에서' 자신이 계획한 집회를 할 것인가를 원칙적으로 자유롭게 결정할 수 있어야만 집회의 자유가 비로소 효과적으로 보장되는 것이다. 따라서 집회의 자유는 다른 법익의 보호를 위하여 정당화되지 않는 한, 집회장소를 항의의 대상으로부터 분리시키는 것을 금지한다(헌재 2003.10.30, 2000헌바67 등).

② [O] 일반적으로 집회는, 일정한 장소를 전제로 하여 특정 목적을 가진 다수인이 일시적으로 회합하는 것을 말하는 것으로 일컬어지고 있고, 그 공동의 목적은 내적인 유대관계로 족하다(헌재 2009.5.28, 2007헌바22).

③ [O] 집단적인 폭행·협박 등이 발생한 집회 또는 시위를 해산시키고 질서를 회복시키는 데는 일반적으로 상당한 시간과 경찰력이 동원되고, 그 과정에서 공공의 안녕질서나 참가자나 제3자의 신체와 재산의 안전 등이 중대하게 침해되거나 위협받을 수밖에 없으므로, 그와 같은 집회 또는 시위의 주최를 절대적으로 금지하는 것은 공공의 안녕질서를 유지하고, 집회 또는 시위의 참가자나 이에 참가하지 않은 제3자의 생명·신체·재산의 안전 등 기본권을 보호하기 위한 것으로서 정당한 목적달성을 위한 적합한 수단이며, 목적달성에 필요한 정도를 넘은 과도한 제한이 된다고 보기 어렵다(헌재 2010.4.29, 2008헌바118).

03 집회의 자유에 대한 설명으로 옳지 않은 것은? (다툼이 있는 경우 판례에 의함) 　　20. 5급 공채

① 헌법 제21조 제2항의 '허가'는 '행정청이 주체가 되어 집회의 허용 여부를 사전에 결정하는 것'으로서 행정청에 의한 사전허가는 헌법상 금지되지만, 입법자가 법률로써 일반적으로 집회를 제한하는 것은 헌법상 '사전허가금지'에 해당하지 않는다.

② 국회의사당의 경계지점으로부터 100m 이내의 장소에서 옥외집회를 금지하는 것은 국회의 기능이나 역할에 비추어 볼 때 집회의 자유를 침해하는 것이 아니다.

③ 집회·시위 등 현장에서 집회·시위 참가자에 대한 사진이나 영상촬영 등의 행위는 집회·시위 참가자들에게 심리적 부담으로 작용하여 여론형성 및 민주적 토론절차에 영향을 주고 집회의 자유를 전체적으로 위축시키는 결과를 가져올 수 있으므로 집회의 자유를 제한한다.

④ 집회 및 시위에 관한 법률에서 옥외집회란 천장이 없거나 사방이 폐쇄되지 아니한 장소에서 여는 집회를 말한다.

해설

② [×] 심판대상조항은 국회의 헌법적 기능을 무력화시키거나 저해할 우려가 있는 집회를 금지하는 데 머무르지 않고, 그 밖의 평화적이고 정당한 집회까지 전면적으로 제한함으로써 구체적인 상황을 고려하여 상충하는 법익 간의 조화를 이루려는 노력을 전혀 기울이지 않고 있다. 심판대상조항으로 달성하려는 공익이 제한되는 집회의 자유 정도보다 크다고 단정할 수는 없다고 할 것이므로 심판대상조항은 법익의 균형성 원칙에도 위배된다(헌재 2018.5.31, 2013헌바322 등).

① [O] 헌법 제21조 제2항의 '허가'는 '행정청이 주체가 되어 집회의 허용 여부를 사전에 결정하는 것'으로서 행정청에 의한 사전허가는 헌법상 금지되지만, 입법자가 법률로써 일반적으로 집회를 제한하는 것은 헌법상 '사전허가금지'에 해당하지 않는다(헌재 2014.4.24, 2011헌가29).

③ [O] 집회·시위 등 현장에서 집회·시위 참가자에 대한 사진이나 영상촬영 등의 행위는 집회·시위 참가자들에게 심리적 부담으로 작용하여 여론형성 및 민주적 토론절차에 영향을 주고 집회의 자유를 전체적으로 위축시키는 결과를 가져올 수 있으므로 집회의 자유를 제한한다고 할 수 있다(헌재 2018.8.30, 2014헌마843).

④ [O] "옥외집회"란 천장이 없거나 사방이 폐쇄되지 아니한 장소에서 여는 집회를 말한다(집회 및 시위에 관한 법률 제2조 제1호).

정답 | 01 ① 　 02 ④ 　 03 ②

04 집회의 자유에 대한 설명으로 가장 적절하지 않은 것은? (다툼이 있는 경우 헌법재판소 판례에 의함)

22. 경찰간부

① 집회 및 시위에 관한 법률에서 옥외집회나 시위가 사전신고한 범위를 뚜렷이 벗어나 신고제도의 목적달성을 심히 곤란하게 하고, 그로 인하여 질서를 유지할 수 없게 된 경우에 공공의 안녕질서 유지 및 회복을 위해 해산명령을 할 수 있도록 규정한 것은 청구인들의 집회의 자유를 침해한다고 볼 수 없다.

② 집회장소가 바로 집회의 목적과 효과에 대하여 중요한 의미를 가지기 때문에, 누구나 '어떤 장소'에서 자신이 계획한 집회를 할 것인가를 원칙적으로 자유롭게 결정할 수 있어야만 집회의 자유가 비로소 효과적으로 보장되는 것이다.

③ 집회나 시위 해산을 위한 살수차 사용은 집회의 자유 및 신체의 자유에 대한 중대한 제한을 초래하므로 살수차 사용요건이나 기준은 법률에 근거를 두어야 하고, 살수차와 같은 위해성 경찰장비는 본래의 사용방법에 따라 지정된 용도로 사용되어야 하며 다른 용도나 방법으로 사용하기 위해서는 반드시 법령에 근거가 있어야 한다.

④ 대한민국을 방문하는 외국의 국가 원수를 경호하기 위하여 지정된 경호구역 안에서 서울종로경찰서장이 안전 활동의 일환으로 청구인들의 삼보일배행진을 제지한 행위 등은 과잉금지원칙을 위반하여 청구인들의 집회의 자유 등을 침해한다.

해설

④ [×] 이 사건 공권력행사로 인해 제한된 사익은 집회 또는 시위의 자유 일부에 대한 제한으로서 국가 간 신뢰를 공고히 하고 발전적인 외교관계를 맺으려는 공익이 위 제한되는 사익보다 덜 중요하다고 할 수 없다. 따라서 이 사건 공권력 행사는 과잉금지원칙을 위반하여 청구인들의 집회의 자유 등을 침해하였다고 할 수 없다(헌재 2021.10.28, 2019헌마1091).

① [○] 신고 범위를 뚜렷이 벗어난 집회·시위로 인하여 질서를 유지할 수 없어 해산을 명령하였음에도 불구하고 불응한 경우에만 처벌하도록 하고 있어 과잉금지원칙을 위반하여 집회의 자유를 침해한다고 볼 수 없다(헌재 2016.9.29, 2015헌바309).

② [○] 이와 같이 집회장소가 바로 집회의 목적과 효과에 대하여 중요한 의미를 가지기 때문에, 누구나 '어떤 장소에서' 자신이 계획한 집회를 할 것인가를 원칙적으로 자유롭게 결정할 수 있어야만 집회의 자유가 비로소 효과적으로 보장되는 것이다(헌재 2003.10.30, 2000헌바67 등).

③ [○] 집회나 시위 해산을 위한 살수차 사용은 집회의 자유 및 신체의 자유에 대한 중대한 제한을 초래하므로 살수차 사용요건이나 기준은 법률에 근거를 두어야 하고, 살수차와 같은 위해성 경찰장비는 본래의 사용방법에 따라 지정된 용도로 사용되어야 하며 다른 용도나 방법으로 사용하기 위해서는 반드시 법령에 근거가 있어야 한다(헌재 2018.5.31, 2015헌마476).

05 집회의 자유에 대한 설명으로 옳지 않은 것은? (다툼이 있는 경우 판례에 의함)

16. 국가직 7급

① 집회란 다수인이 일정한 장소에서 공동목적을 가지고 회합하는 일시적인 결합체를 의미하기 때문에 2인이 모인 집회는 집회 및 시위에 관한 법률의 규제대상이 되지 않는다.

② 일몰시간 후부터 같은 날 24시까지의 옥외집회 또는 시위의 경우, 특별히 공공의 질서 내지 법적 평화를 침해할 위험성이 크다고 할 수 없으므로 그와 같은 옥외집회 또는 시위를 원칙적으로 금지하는 것은 과잉금지원칙에 위반됨이 명백하다.

③ 헌법 제21조 제2항에 의하여 금지되는 '허가'는 '행정청이 주체가 되어 집회의 허용 여부를 사전에 결정하는 것'으로 법률적 제한이 실질적으로 행정청의 허가 없는 옥외집회를 불가능하게 하는 것이라면 헌법상 금지되는 사전허가제에 해당하지만, 그에 이르지 아니하는 한 헌법 제21조 제2항에 반하는 것은 아니다.

④ 동시에 접수된 두 개의 옥외집회 신고서에 대하여 관할 경찰관서장이 적법한 절차에 따라 접수 순위를 확정하려는 노력을 하지 않고, 폭력사태 발생이 우려되고 상호 충돌을 피한다는 이유로 모두 반려하는 것은 집회의 자유를 침해하는 것이다.

해설

① [×] 사실 기존 책에 결사의 자유와 비교하기 위해서 3인으로 되어 있는 경우가 많으나, 최근 판례(대법원)가 이미 2인으로 밝힌 적이 있다. 판례는 2인이 모인 집회도 집시법의 규제 대상이 된다고 보아야 한다고 판시하였다(대판 2012.5.24, 2010도11381).
② [○] 이미 보편화된 야간의 일상적인 생활의 범주에 속하는 '해가 진 후부터 같은 날 24시까지의 시위'에 적용하는 한 헌법에 위반된다(헌재 2014.3.27, 2010헌가2).
③ [○] 헌법 제21조 제2항에 의하여 금지되는 '허가'는 '행정청이 주체가 되어 집회의 허용 여부를 사전에 결정하는 것'으로 법률적 제한이 실질적으로 행정청의 허가 없는 옥외집회를 불가능하게 하는 것이라면 헌법상 금지되는 사전허가제에 해당하지만, 그에 이르지 아니하는 한 헌법 제21조 제2항에 반하는 것은 아니다(헌재 2014.4.24, 2011헌가29).
④ [○] 동시에 접수된 두 개의 옥외집회 신고서에 대하여 관할 경찰관서장이 적법한 절차에 따라 접수 순위를 확정하려는 노력을 하지 않고, 폭력사태 발생이 우려되고 상호 충돌을 피한다는 이유로 모두 반려하는 것은 집회의 자유를 침해하는 것이다(헌재 2008.5.29, 2007헌마712).

06 집회의 자유에 대한 설명으로 옳지 않은 것은? (다툼이 있는 경우 판례에 의함)

22. 5급 공채 변형

① 집회 및 시위에 관한 법률상의 '시위'는 반드시 '일반인이 자유로이 통행할 수 있는 장소'에서 이루어져야 한다거나 '행진' 등 장소 이동을 동반해야만 성립하는 것은 아니다.
② 집회의 자유는 민주국가에서 사회·정치현상에 대한 불만과 비판을 공개적으로 표출케 함으로써 정치적 불만이 있는 자를 사회에 통합하고 정치적 안정에 기여하는 기능을 하는 중요한 수단이기 때문에, 평화적 수단을 이용한 의견의 표명뿐만 아니라 폭력을 사용한 의견의 강요 역시 헌법적으로 보호된다.
③ 집회는 특별한 상징적 의미나 집회와 특별한 연관성을 갖는 장소에서 이루어져야 의견표명이 효과적으로 이루어질 수 있으므로 집회 장소를 선택할 자유는 집회의 자유의 실질적 부분을 형성한다.
④ 일반적으로 집회는 일정한 장소를 전제로 하여 특정 목적을 가진 다수인이 일시적으로 회합하는 것을 말하는 것으로 그 공동의 목적은 '내적인 유대관계'로 족하고, 건전한 상식과 통상적인 법 감정을 가진 사람이면 집회 및 시위에 관한 법률상 '집회'가 무엇을 의미하는지를 추론할 수 있으므로 '집회'의 개념이 불명확하다고 볼 수 없다.

해설

② [×] 평화적 수단을 이용한 의견의 표명은 헌법적으로 보호되지만, 폭력을 사용한 의견의 강요는 헌법적으로 보호되지 않는다(헌재 2003.10.30, 2000헌바67 등).
① [○] 집시법상의 시위는 반드시 '일반인이 자유로이 통행할 수 있는 장소'에서 이루어져야 한다거나 '행진' 등 장소 이동을 동반해야만 성립하는 것은 아니다(헌재 2014.3.27, 2010헌가2 등).
③ [○] 집회는 특별한 상징적 의미 또는 집회와 특별한 연관성을 가지는 장소, 예를 들면 집회를 통해 반대하고자 하는 대상물이 위치하거나 집회의 계기를 제공한 사건이 발생한 장소 등에서 이루어져야 의견표명이 효과적으로 이루어질 수 있다. 집회 장소의 선택은 집회의 성과를 결정하는 주요 요인이 된다. 따라서 집회 장소를 선택할 자유는 집회의 자유의 실질적 부분을 형성한다(헌재 2018.7.26, 2018헌바137).
④ [○] 일반적으로 집회는, 일정한 장소를 전제로 하여 특정 목적을 가진 다수인이 일시적으로 회합하는 것을 말하는 것으로 일컬어지고 있고, 그 공동의 목적은 내적인 유대관계로 족하다(헌재 2009.5.28, 2007헌바22).

정답 | 04 ④ 05 ① 06 ②

07 집회의 자유에 대한 설명으로 옳은 것은? (다툼이 있는 경우 헌법재판소 판례에 의함) 11. 지방직 7급 변형

① 옥외집회의 자유를 제한함에 있어서 야간옥외집회를 시간적으로 또는 공간적·장소적으로 더 세분화하여 규제하는 것이 사실상 어렵고 특히 필요한 야간옥외집회의 경우에는 일정한 조건하에서 허용되므로, 야간옥외집회를 일반적으로 금지하고 예외적으로 허용하는 것은 침해의 최소성 및 법익균형성원칙에 위배되지 않는다.
② 각급 법원 인근이나 외교기관 경계지점으로부터 100m 이내의 장소에서의 옥외집회나 시위를 예외 없이 절대적으로 금지하더라도 이는 추상적 위험의 발생을 근거로 금지하는 불가피한 수단이므로 침해의 최소성을 갖추었다.
③ 국무총리 공관 인근에서 국무총리를 대상으로 하지 아니하는 옥외집회·시위를 금지하고 위반시 처벌하는 것은 집회의 자유를 침해하지 않는다.
④ 옥외집회 또는 시위를 주최하고자 하는 자는 신고서를 옥외집회나 시위를 시작하기 720시간 전부터 48시간 전에 관할 경찰서장에게 제출하여야 한다.

해설

④ [O] 집회 및 시위에 관한 법률 제6조 제1항

> 집회 및 시위에 관한 법률 제6조 【옥외집회 및 시위의 신고 등】① 옥외집회나 시위를 주최하려는 자는 그에 관한 다음 각 호의 사항 모두를 적은 신고서를 옥외집회나 시위를 시작하기 720시간 전부터 48시간 전에 관할 경찰서장에게 제출하여야 한다.

① [×] 집회 및 시위에 관한 법률 제10조 중 '옥외집회'에 관한 부분은 과잉금지원칙에 위배하여 집회의 자유를 침해하는 것으로 헌법에 위반되고, 이를 구성요건으로 하는 집회 및 시위에 관한 법률 제23조 제1호의 해당 부분 역시 헌법에 위반된다(헌재 2009.9.24, 2008헌가25).
② [×] 판례는 외교기관이나 각급 법원의 경우 예외 없이 100m 이내의 장소에서 옥외집회나 시위를 전면적으로 금지하는 것은 헌법에 위반된다고 보았다(헌재 2003.10.30, 2000헌바67 등).
③ [×] 국무총리 공관의 기능과 안녕을 직접 저해할 가능성이 거의 없는 '소규모 옥외집회·시위'의 경우 국무총리에게 물리적인 압력이나 위해를 가할 가능성 또는 국무총리 공관의 출입이나 안전에 위협을 가할 위험성은 일반적으로 낮다. 이러한 소규모 옥외집회·시위가 일반 대중의 합세로 인하여 대규모 집회·시위로 확대될 우려나 폭력집회·시위로 변질될 위험이 없는 때에는 그 집회·시위의 금지를 정당화할 수 있는 헌법적 근거를 발견하기 어렵다. 이 사건 금지장소 조항은 그 입법목적을 달성하는 데 필요한 최소한도의 범위를 넘어, 규제가 불필요하거나 또는 예외적으로 허용하는 것이 가능한 집회까지도 이를 일률적·전면적으로 금지하고 있다고 할 것이므로 침해의 최소성 원칙에 위배된다(헌재 2018.6.28, 2015헌가28 등).

08 집회 및 결사의 자유에 대한 설명으로 가장 적절하지 않은 것은? (다툼이 있는 경우 판례에 의함) 18. 경찰승진

① 일몰시간 후부터 같은 날 24시까지의 시위의 경우, 특별히 공공의 질서 내지 법적 평화를 침해할 위험성이 크다고 할 수 없으므로 그와 같은 시위를 일률적으로 금지하는 것은 과잉금지원칙에 위반된다.
② 집회의 자유는 집회참가자에 대한 검문의 방법으로 시간을 지연시킴으로써 집회장소에 접근하는 것을 방해하는 등 집회의 자유행사에 영향을 미치는 모든 조치를 금지한다.
③ 안마사들로 하여금 의무적으로 대한안마사협회의 회원이 되어 정관을 준수하도록 하는 의료법 조항은 안마사들의 결사의 자유를 침해하지 않는다.
④ 미신고 옥외집회는 불법집회이므로 관할경찰관서장은 언제나 해산명령을 내릴 수 있으며, 이에 불응하는 경우에는 처벌할 수 있다고 보아야 한다.

해설

④ [×] 신고를 하지 아니하였다는 이유만으로 옥외집회 또는 시위를 헌법의 보호 범위를 벗어나 개최가 허용되지 않는 집회 내지 시위라고 단정할 수 없다. 따라서 집회 및 시위에 관한 법률(이하 '집시법'이라고 한다) 제20조 제1항 제2호가 미신고 옥외집회 또는 시위를 해산명령 대상으로 하면서 별도의 해산 요건을 정하고 있지 않더라도, 그 옥외집회 또는 시위로 인하여 타인의 법익이나 공공의 안녕질서에 대한 직접적인 위험이 명백하게 초래된 경우에 한하여 위 조항에 기하여 해산을 명할 수 있고, 이러한 요건을 갖춘 해산명령에 불응하는 경우에만 집시법 제24조 제5호에 의하여 처벌할 수 있다고 보아야 한다[대판 2012.4.19, 2010도6388(전합)].

① [O] 이미 보편화된 야간의 일상적인 생활의 범주에 속하는 '해가 진 후부터 같은 날 24시까지의 시위'에 적용하는 한 헌법에 위반된다(헌재 2014.3.27, 2010헌가2).

② [O] 집회의 자유는 집회참가자에 대한 검문의 방법으로 시간을 지연시킴으로써 집회장소에 접근하는 것을 방해하는 등 집회의 자유행사에 영향을 미치는 모든 조치를 금지한다(헌재 2003.10.30, 2000헌바67).

③ [O] 안마사들로 하여금 의무적으로 대한안마사협회의 회원이 되어 정관을 준수하도록 하는 의료법 조항은 안마사들의 결사의 자유를 침해하지 않는다(헌재 2008.10.30, 2006헌가15).

09 집회 및 결사의 자유에 대한 설명으로 가장 적절한 것은? (다툼이 있는 경우 판례에 의함)   17. 경찰승진 변형

① 옥외집회나 시위가 사전신고한 범위를 뚜렷이 벗어나 질서를 유지할 수 없게 된 경우, 이에 대한 해산명령에 불응하는 자를 형사처벌하는 집회 및 시위에 관한 법률 규정은 집회의 자유를 침해한다.

② 외교기관 인근의 옥외집회·시위를 원칙적으로 금지하면서도 외교기관의 기능을 침해할 우려가 없는 예외적인 경우에는 허용하고 있다면 집회의 자유를 침해하는 것은 아니다.

③ 헌법 제21조 제1항에 의해 보호되는 결사의 개념에는 공공목적에 의해 구성원의 자격이 정해진 특수단체나 공법상의 결사도 포함된다.

④ 입법자가 법률로써 일반적으로 집회를 제한하는 것도 원칙적으로 헌법 제21조 제2항에서 금지하는 '사전허가'에 해당한다.

해설

② [O] 외교기관 인근의 옥외집회·시위를 원칙적으로 금지하면서도 외교기관의 기능을 침해할 우려가 없는 예외적인 경우에는 허용하고 있다면 집회의 자유를 침해하는 것은 아니다(헌재 2010.10.28, 2010헌마111).

① [×] 집시법 제20조 제1항 제2호가 미신고 옥외집회 또는 시위를 해산명령의 대상으로 하면서 별도의 해산 요건을 정하고 있지 않더라도, 그 옥외집회 또는 시위로 인하여 타인의 법익이나 공공의 안녕질서에 대한 직접적인 위험이 명백하게 초래된 경우에 한하여 위 조항에 기하여 해산을 명할 수 있고, 이러한 요건을 갖춘 해산명령에 불응하는 경우에만 집시법 제24조 제5호에 의하여 처벌할 수 있다고 보아야 한다(대판 2012.4.19, 2010도6388).

③ [×] 결사 개념에 공법상의 결사(헌재 1996.4.2, 92헌바47)나 법이 특별한 공공목적에 의하여 구성원의 자격을 정하고 있는 특수단체의 조직활동(헌재 1994.2.24, 92헌바43)은 해당되지 않는다(헌재 2002.9.19, 2000헌바84).

④ [×] 헌법 제21조 제2항의 '허가'는 '행정청이 주체가 되어 집회의 허용 여부를 사전에 결정하는 것'으로서 행정청에 의한 사전허가는 헌법상 금지되지만, 입법자가 법률로써 일반적으로 집회를 제한하는 것은 헌법상 '사전허가금지'에 해당하지 않는다(헌재 2014.4.24, 2011헌가29).

정답 | 07 ④ 08 ④ 09 ②

10 집회의 자유에 대한 설명으로 옳지 않은 것은? (다툼이 있는 경우 판례에 의함)

18. 지방직 7급 변형

① 대통령 관저의 경계 지점으로부터 100미터 이내의 장소에서는 옥외집회 또는 시위를 금지한 구 집회 및 시위에 관한 법률 조항은, 대통령 관저 인근 일대를 광범위하게 집회금지장소로 설정함으로써 집회가 금지될 필요가 없는 장소까지도 집회금지장소에 포함되게 하므로 집회의 자유를 침해한다.
② 집회의 자유에는 집회를 통하여 형성된 의사를 집단적으로 표현하는 데 그치고, 이를 통하여 불특정 다수인의 의사에 영향을 줄 자유까지를 포함하지는 않는다.
③ 옥외집회에 대한 사전신고는 행정관청에 집회에 관한 구체적인 정보를 제공함으로써 공공질서의 유지에 협력하도록 하는 데에 그 의의가 있는 것이지 집회의 허가를 구하는 신청으로 변질되어서는 아니 되므로, 신고를 하지 아니하였다는 이유만으로 그 옥외집회 또는 시위를 헌법의 보호 범위를 벗어나 개최가 허용되지 않는 집회 내지 시위라고 단정할 수 없다.
④ 표현의 자유는 국민 개인적인 차원에서는 자유로운 인격발현의 수단임과 동시에 합리적이고 건설적인 의사형성 및 진리발견의 수단이 되며, 국가와 사회적인 차원에서는 민주주의 국가와 사회의 존립과 발전에 필수불가결한 기본권이다.

해설

② [×] 집회의 자유는 집회를 통하여 형성된 의사를 집단적으로 표현하고 이를 통하여 불특정 다수인의 의사에 영향을 줄 자유를 포함한다(헌재 2016.9.29, 2014헌가3).
① [O] 심판대상조항은 대통령 관저 인근 일대를 광범위하게 집회금지장소로 설정함으로써, 집회가 금지될 필요가 없는 장소까지도 집회금지장소에 포함되게 한다(헌재 2022.12.22, 2018헌바48 등).
▶ 역시 예외를 두지 않아 헌법에 위반된다.
③ [O] 신고를 하지 아니하였다는 이유만으로 옥외집회 또는 시위를 헌법의 보호 범위를 벗어나 개최가 허용되지 않는 집회 내지 시위라고 단정할 수 없다. 따라서 집회 및 시위에 관한 법률(이하 '집시법'이라고 한다) 제20조 제1항 제2호가 미신고 옥외집회 또는 시위를 해산명령 대상으로 하면서 별도의 해산 요건을 정하고 있지 않더라도, 그 옥외집회 또는 시위로 인하여 타인의 법익이나 공공의 안녕질서에 대한 직접적인 위험이 명백하게 초래된 경우에 한하여 위 조항에 기하여 해산을 명할 수 있고, 이러한 요건을 갖춘 해산명령에 불응하는 경우에만 집시법 제24조 제5호에 의하여 처벌할 수 있다고 보아야 한다(대판 2012.4.19, 2010도6388).
④ [O] 표현의 자유는 국민 개인적인 차원에서는 자유로운 인격발현의 수단임과 동시에 합리적이고 건설적인 의사형성 및 진리발견의 수단이 되며, 국가와 사회적인 차원에서는 민주주의 국가와 사회의 존립과 발전에 필수불가결한 기본권이다. 자유로운 논쟁과 의견의 경합은 민주적 의사형성을 가능하게 한다는 점에서, 표현의 자유는 민주주의를 구성하는 본질적 요소이다(헌재 2023.9.26, 2020헌마1724 등).

제4항 학문과 예술의 자유

01 대학의 자유에 관한 설명으로 옳지 않은 것은? (다툼이 있는 경우 판례에 의함) 10. 국가직 7급

① 대학의 자율성은 헌법 제22조 제1항에서 보장하는 학문의 자유의 확실한 보장수단으로서 반드시 필요한 대학의 헌법상 기본권이다.
② 대학은 학생의 선발과 전형방법, 성적의 평가, 상벌 등을 스스로 정할 수 있다.
③ 헌법재판소는 교수의 재임용을 절차적 보장이 없더라도 임용권자의 의사에 맡긴 것은 위헌이 아니라고 본다.
④ 대학의 자유에는 대학이 계속적으로 존속하는 것은 포함되지 않는다.

해설

③ [×] 교수의 기간임용제 자체가 헌법에 위반되는 것은 아니나, 객관적인 기준의 재임용거부 사유와 재임용에서 탈락하게 되는 교원이 자신의 입장을 진술할 수 있는 기회 그리고 재임용거부를 사전에 통지하는 규정 등이 없으며, 나아가 재임용이 거부되었을 경우 사후에 그에 대해 다툴 수 있는 제도적 장치를 전혀 마련하지 않고 있는 이 사건 법률조항은, 현대사회에서 대학교육이 갖는 중요한 기능과 그 교육을 담당하고 있는 대학교원의 신분의 부당한 박탈에 대한 최소한의 보호요청에 비추어 볼 때 헌법 제31조 제6항에서 정하고 있는 교원지위법정주의에 위반된다고 볼 수밖에 없다(헌재 2003.2.27, 2000헌바26).
① [O] 교육의 자주성이나 대학의 자율성은 헌법 제22조 제1항·제2항이 보장하고 있는 학문의 자유의 확실한 보장수단으로 꼭 필요한 것으로서 이는 대학에게 부여된 헌법상의 기본권이다(헌재 1992.10.1, 92헌마68 등).
② [O] '대학의 자유'는 대학의 자치를 그 본질로 하는 것인데, '대학의 자유'의 실효성을 높이기 위해서 필요한 대학자치의 영역은 대학인사·대학학사·대학질서·대학재정 등 대학운영에 관한 모든 분야를 망라한다.
④ [O] 국립대학인 세무대학은 공법인으로서 사립대학과 마찬가지로 대학의 자율권이라는 기본권의 보호를 받으므로, 세무대학은 국가의 간섭 없이 인사·학사·시설·재정 등 대학과 관련된 사항들을 자주적으로 결정하고 운영할 자유를 갖는다. 그러나 대학의 자율성은 그 보호영역이 원칙적으로 당해 대학 자체의 계속적 존립에까지 미치는 것은 아니다(헌재 2001.2.22, 99헌마613).

02 학문의 자유에 대한 헌법재판소의 판시내용에 관한 다음 설명 중 가장 옳지 않은 것은? 15. 법무사 변형

① 학문의 자유라 함은 진리를 탐구하는 자유를 의미하는데, 그것은 단순히 진리탐구의 자유에 그치지 않고 탐구한 결과에 대한 발표의 자유 내지 가르치는 자유 등을 포함한다.
② 국립대학 교원의 성과연봉제는 학문의 자유를 침해하지 않는다.
③ 이사회와 재경위원회에 일정 비율 이상의 외부인사를 포함하는 내용 등을 담고 있는 구 국립대학법인 서울대학교 설립·운영에 관한 법률규정의 이른바 '외부인사 참여 조항'은 대학의 자율의 본질적인 부분을 침해하였다.
④ 경찰대학의 입학 연령을 21세 미만으로 제한하고 있는 경찰대학의 학사운영에 관한 규정이 학문의 자유를 침해하는 것은 아니다.

해설

③ [×] 이사회와 재경위원회에 외부인사를 일정 비율 이상 포함시키도록 한 것은 다양한 이해관계자의 참여를 통해 개방적인 의사결정을 보장하고, 외부의 환경 변화에 민감하게 반응함과 동시에 외부의 감시와 견제를 통해 대학의 투명한 운영을 보장하기 위한 것으로 그 정당성이 인정된다(헌재 2014.4.24, 2011헌마612).
① [O] 헌법 제22조에 의해서 보호되는 학문의 자유는 진리를 탐구하는 자유를 의미하는바, 단순한 진리탐구에 그치지 않고 탐구한 결과에 대한 발표의 자유 내지 가르치는 자유 등을 포함한다(헌재 2001.2.22, 99헌마613).
② [O] 국립대학 교원의 성과연봉 지급에 대하여 규정한 공무원보수규정은 학문의 자유를 침해한다고 볼 수 없다(헌재 2013.11.28, 2011헌마282).
④ [O] 경찰대학의 입학 연령을 21세 미만으로 제한하고 있는 것이 경찰대학에 진학하여서 연구할 자유를 침해하고 있거나 병역의무이행 그 자체를 이유로 불이익을 부과하고 있는 것이 아니므로 청구인의 학문의 자유와 병역의무이행으로 인한 불이익 처우 금지 등을 침해하였다고 볼 수 없다(헌재 2009.7.30, 207헌마991).

정답 | 10 ② / 01 ③ 02 ③

03 대학의 자치 및 자율성에 대한 설명으로 옳지 않은 것은? (다툼이 있는 경우 판례에 의함) 16. 지방직 7급 변형

① 헌법 제31조 제4항이 규정하는 교육의 자주성 및 대학의 자율성은 헌법 제22조 제1항이 보장하는 학문의 자유의 확실한 보장을 위해 꼭 필요한 것으로서 대학에 부여된 헌법상 기본권인 대학의 자율권이므로, 국립대학인 청구인도 이러한 대학의 자율권의 주체로서 헌법소원심판의 청구인능력이 인정된다.
② 대학의 장이 단과대학장을 보할 때 그 대상자의 추천을 받거나 선출의 절차를 거치지 아니하고, 해당 단과대학 소속 교수 또는 부교수 중에서 직접 지명하도록 하고 있는 것은 대학의 자율성을 침해하는 것이다.
③ 대학의 자율의 구체적인 내용은 법률이 정하는 바에 의하여 보장되며, 국가는 헌법 제31조 제6항에 따라 학교제도에 관한 전반적인 형성권과 규율권을 부여받는데, 규율의 정도는 그 시대와 각급 학교의 사정에 따라 다를 수밖에 없다.
④ 교수의 자유와 교육의 자유는 구별된다.

해설

② [×] 단과대학은 대학을 구성하는 하나의 조직·기관일 뿐이고, 단과대학장은 그 지위와 권한 및 중요도에서 대학의 장과 구별된다. 또한 대학의 장을 구성원들의 참여에 따라 자율적으로 선출한 이상, 하나의 보직에 불과한 단과대학장의 선출에 다시 한 번 대학교수들이 참여할 권리가 대학의 자율에서 당연히 도출된다고 보기 어렵다. 따라서 단과대학장의 선출에 참여할 권리는 대학의 자율에 포함된다고 볼 수 없어, 이 사건심판대상 조항에 의해 대학의 자율성이 침해될 가능성이 인정되지 아니한다(헌재 2014.1.28, 2011헌마239).
① [O] 국립대학인 서울대학교는 다른 국가기관 내지 행정기관과는 달리 공권력의 행사자의 지위와 함께 기본권의 주체라는 점도 중요하게 다루어져야 한다(헌재 1992.10.1, 92헌마68 등).
③ [O] 대학의 자율의 구체적인 내용은 법률이 정하는 바에 의하여 보장되며, 국가는 헌법 제31조 제6항에 따라 학교제도에 관한 전반적인 형성권과 규율권을 부여받는데, 규율의 정도는 그 시대와 각급 학교의 사정에 따라 다를 수밖에 없다(헌재 2006.4.27, 2005헌마1047 등).
④ [O] 교수는 진리의 탐구과정이며 교육은 지식을 전달하는 것으로 서로 구별된다.

04 학문과 예술의 자유에 대한 설명으로 옳지 <u>않은</u> 것은? (다툼이 있는 경우 판례에 의함)   17. 국회직 8급

① 대학교수가 반국가단체로서의 북한의 활동을 찬양·고무·선전 또는 이에 동조할 목적 아래 '한국전쟁과 민족통일'이란 논문을 제작·반포하거나 발표한 것은 헌법이 보장하는 학문의 자유의 범위 안에 있지 않다.
② 초·중·고교 교사는 수업의 자유를 내세워 헌법과 법률이 지향하는 자유민주적 기본질서를 침해할 수 없다.
③ 대학의 자치에 있어서 대학 전 구성원이 자율성을 갖지만, 대학·교수회·교수 모두가 단독 혹은 중첩적으로 주체가 될 수는 없다.
④ 학교정화구역 내에서의 극장시설 및 영업을 일반적으로 금지하는 구 학교보건법 제6조 제1항은 표현·예술의 자유의 중요성을 간과하고 학교교육의 보호만을 과도하게 강조하였다.
⑤ 사립학교 교원이 선거범죄로 100만원 이상의 벌금형을 선고받아 그 형이 확정되면 당연퇴직되도록 규정한 것은 교수의 자유를 침해하지 않는다.

해설

③ [×] 대학의 자치의 주체를 기본적으로 대학으로 본다고 하더라도 교수나 교수회의 주체성이 부정된다고 볼 수는 없고, 가령 학문의 자유를 침해하는 대학의 장에 대한 관계에서는 교수나 교수회가 주체가 될 수 있고, 또한 국가에 의한 침해에 있어서는 대학 자체 외에도 대학 전 구성원이 자율성을 갖는 경우도 있을 것이므로 문제되는 경우에 따라서 대학, 교수, 교수회 모두가 단독 혹은 중첩적으로 주체가 될 수 있다(헌재 2006.4.27, 2005헌마1047 등).
① [O] 대학교수인 피고인이 제작·반포한 '한국전쟁과 민족통일'이라는 제목의 논문 및 피고인이 작성한 강연 자료, 기고문 등의 이적표현물에 대하여, 그 반포·게재된 경위 및 피고인의 사회단체 활동 내용 등에 비추어 피고인이 절대적으로 누릴 수 있는 연구의 자유의 영역을 벗어나 헌법이 보장하는 학문의 자유의 범위 내에 있지 않다(대판 2010.12.9, 2007도10121).
② [O] 수업의 자유는 두텁게 보호되어야 합당하겠지만 그것은 대학에서는 교수의 자유와 완전히 동일할 수는 없을 것이며 대학에서는 교수의 자유가 더욱 보장되어야 하는 반면, 초·중·고교에서의 수업의 자유는 제약이 있을 수 있다고 봐야 할 것이다(헌재 1992.11.12, 89헌마88).
④ [O] 이 사건 법률조항은 위 직업의 자유의 침해 여부에서 이미 살펴본 바와 마찬가지로 극장운영자의 표현의 자유 및 예술의 자유를 필요한 이상으로 과도하게 침해하고 있다(헌재 2004.5.27, 2003헌가1 등).
⑤ [O] 이 사건 법률조항은 선거범죄를 범하여 형사처벌을 받은 교원에 대하여 일정한 신분상 불이익을 가하는 규정일 뿐 청구인의 연구·활동 내용이나 그러한 내용을 전달하는 방식을 규율하는 것은 아니므로 청구인의 교수의 자유를 침해하지 아니한다(헌재 2008.4.24, 2005헌마857).

제4절 경제적 자유권

핵심 OX

01 헌법재판소는 강제집행권은 국가통치권의 한 작용으로 헌법상 보호되는 재산권에 속하지 않는다고 하였다. ( )

> **해설**
> [O] 강제집행은 채권자의 신청에 의하여 국가의 집행기관이 채권자를 위하여 채무명의에 표시된 사법상의 이행청구권을 국가권력에 의하여 강제적으로 실현하는 법적 절차를 지칭하는 것이다. 강제집행권은 국가가 보유하는 통치권의 한 작용으로서 민사사법권에 속하는 것이고, 채권자인 청구인들은 국가에 대하여 강제집행권의 발동을 구하는 공법상의 권능인 강제집행청구권만을 보유하고 있을 따름으로서 청구인들이 강제집행권을 침해받았다고 주장하는 권리는 헌법 제23조 제3항 소정의 재산권에 해당되지 아니한다(헌재 1998.5.28, 96헌마44).

02 사회부조와 같이 수급자의 자기기여 없이 국가가 일방적으로 주는 급부를 내용으로 하는 공법상의 권리도 헌법상의 재산권 보장 대상이다. ( )

> **해설**
> [×] 자기기여가 없는 권리는 헌법상 재산권 보장의 대상이 안 된다.

03 재산권은 사적 유용성 및 그에 대한 원칙적인 처분권을 내포하는 재산가치 있는 구체적인 권리이므로, 구체적 권리가 아닌 영리획득의 기회나 기업활동의 사실적·법적 여건은 재산권 보장의 대상이 아니다. ( )

> **해설**
> [O] 재산권은 사적 유용성 및 그에 대한 원칙적인 처분권을 내포하는 재산가치 있는 구체적인 권리이므로, 구체적 권리가 아닌 영리획득의 기회나 기업활동의 사실적·법적 여건은 재산권 보장의 대상이 아니다(헌재 1996.8.29, 95헌바36).

04 자신의 토지를 장래 건축이나 개발목적으로 사용할 수 있으리라는 기대가능성이나 신뢰 및 이에 따른 지가상승의 기회는 원칙적으로 재산권의 보호범위에 속하지 않는다. ( )

> **해설**
> [O] 자신의 토지를 장래 건축이나 개발목적으로 사용할 수 있으리라는 기대가능성이나 신뢰 및 이에 따른 지가상승의 기회는 원칙적으로 재산권의 보호범위에 속하지 않는다(헌재 1998.12.24, 89헌마214).

05 약사의 한약조제권은 헌법상 재산권으로 보장받을 수 있다. ( )

> **해설**
> [×] 약사의 한약조제권은 위 헌법조항들이 말하는 재산권의 범위에 속하지 아니한다 할 것이므로 위 한약조제권이 재산권임을 전제로 소급입법에 의한 재산권 침해라고 주장하는 청구인의 주장은 이유가 없다고 할 것이다(헌재 1997.11.27, 97헌바10).

06 개인택시면허는 경제적 가치가 있는 사법상의 권리로서 헌법에 의하여 보호되는 재산권에 해당되지는 아니한다. ( )

해설

[×] 개인택시의 공급과잉을 억제할 필요가 있고, 개인택시면허의 양도 및 상속에 따르는 프리미엄의 획득·유지는 면허처분에 의하여 직접적으로 부여되는 이익이 아니며, 개인택시면허는 공법상의 권리로서 행정목적상의 한계를 가진다. 따라서 이 사건 시행령 조항이 법률의 위임을 받아 개인택시면허의 양도 및 상속을 제한하는 것을 두고 법률유보원칙에 위배되거나 입법형성권의 한계를 벗어나 청구인들의 재산권을 침해하는 것으로 볼 수 없다(헌재 2012.3.29, 2010헌마443 등).

07 재산권 행사의 대상이 되는 객체가 지닌 사회적인 연관성과 사회적 기능이 크면 클수록 입법자에 의한 보다 더 광범위한 제한이 허용될 수 있다. ( )

해설

[○] 재산권의 사회적 구속성은 재산권의 주체에 대하여 일정한 보상 없이 특정한 범위 내에서 적절한 제한조치를 할 수 있다는 것을 말한다.

08 개발제한구역지정 당시의 상태대로 토지를 사용·수익·처분할 수 있는 이상, 구역지정에 따른 단순한 토지이용의 제한은 원칙적으로 재산권에 내재하는 사회적 제약의 범주를 넘지 않는다. ( )

해설

[○] 개발제한구역지정 당시의 상태대로 토지를 사용·수익·처분할 수 있는 이상, 구역지정에 따른 단순한 토지이용의 제한은 원칙적으로 재산권에 내재하는 사회적 제약의 범주를 넘지 않는다(헌재 1998.12.24, 89헌마214 등).

09 헌법재판소는 도시개발제한구역내의 토지를 제한구역 지정 후에 종래의 목적대로만 계속 사용할 수 있을 뿐 다른 용도로 사용할 수 없는 경우에 대하여 재산권 침해를 인정하였다. ( )

해설

[×] 도시의 무질서한 확산을 방지하고 도시주변의 자연환경을 보전하여 도시민의 건전한 생활환경을 확보하기 위하여 도시의 개발을 제한할 필요가 있으므로 개발제한구역지정으로 인한 토지재산권의 제한은 그 목적의 정당성이 인정되고, 개발제한구역 내에서 그 구역지정의 목적에 위배되는 건축물의 건축, 공작물의 설치 등을 원칙적으로 그리고 전면적으로 금지하는 것은 위와 같은 개발제한구역의 입법목적을 달성하는데 기여하므로 수단의 적정성도 인정되며, 개발제한구역 내의 토지에 대한 선별적, 부분적, 예외적 이용제한의 수단만을 선택하여서는 목적의 효율적인 달성을 기대하기 어려우므로 전면적인 규제수단은 입법목적을 달성하기 위해 필요한 최소한의 조치인 것으로 인정된다(헌재 2004.2.26, 2001헌바80).

10 공공필요에 의한 재산권의 제한은 정당한 보상을 지급하여야 한다. ( )

해설

[○] 헌법 제23조 제3항 정당한 보상이라는 것을 주의할 필요가 있을 것이다. 과거에 상당보상이나 이익형량에 의한 보상이 아니라 현행 헌법은 정당보상이라는 것에 주의할 필요가 있다. 헌법재판소는 "헌법 제23조 제3항이 규정하는 정당한 보상이란 원칙적으로 피수용자의 객관적인 재산가치를 완전하게 보상하는 것이어야 한다는 완전보상을 의미하며 …"라고 판시하고 있다(헌재 1990.6.25, 89헌마107).

11 토지수용시에 개발이익이 포함되지 아니한 공시지가를 기준으로 보상하는 것은 위헌이다. ( )

해설

[×] 공시지가의 기준시점에 관한 토지수용법 제46조 제3항은 시점보정의 기준이 되는 공시지가에 개발이익이 포함되는 것을 방지하기 위한 것으로서 개발이익이 배제된 손실보상액을 산정하는 적정한 수단에 해당되므로, 토지수용법 제46조 제2항 제1호, 제3항과 지가공시 및 토지 등의 평가에 관한 법률 제10조 제1항 제1호는 헌법 제23조 제3항(정당한 보상), 제11조 제1항(평등원칙)에 위반되지 아니한다(헌재 1999.12.23, 98헌바13·9, 99헌바25 병합 - 토지수용법 제46조 제2항 등 위헌소원).

12 이주대책은 헌법 제23조 제3항에 규정된 정당한 보상에 포함되지 않는다. ( )

> 해설
> [O] 이주대책은 헌법 제23조 제3항에 규정된 정당한 보상에 포함되는 것이라기보다는 이에 부가하여 이주자들에게 종전의 생활 상태를 회복시키기 위한 생활보상의 일환으로서 국가의 정책적인 배려에 의하여 마련된 제도라고 볼 것이다(헌재 2006.2.23, 2004헌마19).

13 헌법재판소는 법원공탁금의 이자를 연 1%로 규정한 대법원 규칙에 대하여 재산권 침해를 인정하였다. ( )

> 해설
> [×] 국가로서는 어떠한 명목으로든 국민으로부터 금원(金員)을 수령하여 보관하는 경우에 있어서 이를 선량한 관리자로서 보관하여야 할 의무가 있다고 할 것이나, 이자는 금전의 보관만으로 당연히 발생하는 것이 아니고 당사자 사이의 특별한 약정이 있거나 법률에 특별한 규정이 있는 경우에 한하여 발생하는 것이다. 현행 공탁금이자도 공탁법의 규정에 의하여 입법정책적 차원에서 발생되는 것이며 법원도 현재의 은행예금 제도하에서 최선의 관리를 하고 있다 할 것인바, 그 밖에 공탁수수료가 징수되지 않고 있는 점, 공탁제도가 원래 공탁자의 이익을 위한 제도이지 국가가 공탁자에게 무조건 공탁을 강요하는 것이 아니라는 점 등을 고려할 때 현재의 대법원의 공탁금 관리방법이 공탁자 또는 공탁금수령자의 재산권을 침해하는 것이라 할 수 없다(헌재 1995.2.23, 90헌마214).

14 일반 불법행위에 대한 과실책임주의의 예외로서 경과실로 인한 실화의 경우 실화피해자의 손해배상청구권을 전면 부정하는 것은 그의 재산권을 침해하는 것이다. ( )

> 해설
> [O] 경과실로 인한 화재의 경우에 실화자의 책임을 전부 부정하고 그 손실을 전부 피해자에게 부담시키는 것은 실화피해자의 손해배상청구권을 입법목적상 필요한 최소한도를 벗어나 지나치게 많이 제한하는 것이다(헌재 2007.8.30, 2004헌가25).

15 성매매에 제공되는 사실을 알면서 건물을 제공하는 행위를 한 자를 처벌하는 것은 집창촌에서 건물을 소유하거나 그 관리권한을 가지고 있는 자의 재산권을 침해한다. ( )

> 해설
> [×] 집창촌이 아닌 지역에서 다른 목적의 임대가 가능함에도 불구하고 성매매에 제공되는 사실을 알면서 건물을 제공하는 행위는 법으로 금지하는 성매매 및 성매매알선을 용이하게 하고 그로 인한 재산상의 이익을 취득하는 것이므로 이를 규제함으로써 보호하고자 하는 공익이 성매매에 제공되는 사실을 알면서 건물을 제공할 수 없는 건물 소유자들의 불이익에 비하여 크다고 할 것이다(헌재 2006.6.29, 2005헌마1167).

16 구 문화재보호법이 건설공사 과정에서 매장문화재의 발굴로 인하여 문화재훼손 위험을 야기한 사업시행자에게 원칙적으로 발굴경비를 부담시키는 것은 사업시행자의 재산권을 침해한다. ( )

> 해설
> [×] 구 문화재보호법 제44조 제4항 제2문은 건설공사 과정에서 매장문화재의 발굴로 인하여 문화재 훼손 위험을 야기한 사업시행자에게 원칙적으로 발굴경비를 문화재를 보호하는 것이어서 입법목적의 정당성, 방법의 적절성이 인정된다. 대통령령으로 정하는 경우에는 예외적으로 국가 등이 발굴조사비용을 부담할 수 있는 완화규정을 두고 있어 최소침해성원칙, 법익균형성원칙에도 반하지 아니하므로 과잉금지원칙에 위배되어 위헌이라고 볼 수 없다(헌재 2010.10.28, 2008헌바74).

17 택지소유상한에 관한 법률은 택지소유의 경위나 목적에 관계없이 일률적으로 소유상한을 적용하는 것으로 이는 재산권의 과도한 침해라고 볼 수 있다. ( )

해설

[O] 토지투기와 지가상승을 억제하고 택지를 실수요자에게 공급하기 위하여 택지소유 상한제도의 도입이 불가피하였다고 하더라도, 택지소유의 경위나 그 목적에 관계없이 법 시행 이전부터 택지를 소유하고 있는 개인에 대하여 일률적으로 소유상한을 적용하는 것은 입법목적을 달성하기 위하여 필요한 정도를 넘는 과도한 침해이자 신뢰보호의 원칙 및 평등원칙에 위반된다고 할 것이다(헌재 1999.4.29, 94헌바37).

18 민간기업에 의한 토지수용을 허용하는 것은 헌법에 위반되지 않는다. ( )

해설

[O] 헌법 제23조 제3항은 정당한 보상을 전제로 하여 재산권의 수용 등에 관한 가능성을 규정하고 있지만, 재산권 수용의 주체를 한정하지 않고 있다. 위 헌법조항의 핵심은 당해 수용이 공공필요에 부합하는가, 정당한 보상이 지급되고 있는가 여부 등에 있는 것이지, 그 수용의 주체가 국가인지 민간기업인지 여부에 달려 있다고 볼 수 없다(헌재 2009.9.24, 2007헌바114).

19 문화재 발굴비용을 사업시행자가 부담하게 하는 것은 헌법에 위반되지 않는다. ( )

해설

[O] 발굴경비를 부담시킴으로써, 각종 개발행위로 인한 무분별한 문화재 발굴로부터 매장문화재를 보호하고자 하는 취지로 헌법에 위반되지 않는다(헌재 2010.10.28, 2008헌바74).

20 경과실의 범죄행위로 인한 보험급여까지 정지한 것은 헌법에 위반된다. ( )

해설

[O] 경과실에 의한 범죄가 우발적인 것이어서 보험사고의 우연성 요건에 반하지 않는다는 점에 비추어, 이것은 보험의 본질에 어긋나는 과도한 제한이 되어 헌법상 보장된 재산권을 침해한다(헌재 2003.12.18, 2002헌바1).

21 부동산 실명법 위반시 일률적으로 부동산 평가액의 100분의 30에 달하는 고율의 과징금을 부과하도록 한 것은 과잉금지의 원칙에 반한다. ( )

해설

[O] 일률적으로 부동산 평가액의 100분의 30에 달하는 고율의 과징금을 부과하도록 한 것은 법익균형성을 잃은 과잉의 제재로서 과잉금지의 원칙에 반한다(헌재 2001.5.31, 99헌가18).

22 일반 금융기관의 예금과 달리 상호신용금고의 예금채권만을 우선변제하는 것은 특별히 보호해야 할 필요성이 있기 때문에 합헌이다. ( )

해설

[×] 98년부터 상호신용금고의 예금채권자도 은행의 예금채권자와 똑같이 예금자보호법에 의한 보호를 받게 되었다. 따라서 더 이상 일반 금융기관의 예금과 달리 상호신용금고의 예금채권만을 우선변제권으로써 특별히 보호해야 할 필요성이 있다고 보기 어렵다(헌재 2006.11.30, 2003헌가14).

23 개인택시의 양도 및 상속제한은 합헌이다. ( )

해설

[O] 개인택시의 공급과잉을 억제할 필요가 있고, 개인택시면허의 양도 및 상속에 따르는 프리미엄의 획득·유지는 면허처분에 의하여 직접적으로 부여되는 이익이 아니며, 개인택시면허는 공법상의 권리로서 행정목적상의 한계를 가진다. 따라서 이 사건 시행령 조항이 법률의 위임을 받아 개인택시면허의 양도 및 상속을 제한하는 것을 두고 법률유보원칙에 위배되거나 입법형성권의 한계를 벗어나 청구인들의 재산권을 침해하는 것으로 볼 수 없다(헌재 2012.3.29, 2010헌마443 등).

24 공공필요는 공공복리보다 넓은 개념이다. ( )

> 해설
> [×] '공공필요'의 요건 중 공익성은 추상적인 공익 일반 또는 국가의 이익 이상의 중대한 공익을 요구하므로 기본권 일반의 제한사유인 '공공복리'보다 좁게 보는 것이 타당하다.

25 수질개선 부담금은 지하물자원 보호를 이유로 합헌이다. ( )

> 해설
> [○] 지하수자원 보전 및 먹는 물 수질개선이라는 입법목적 달성을 위한 적정한 방법이라고 인정된다(헌재 1998.12.24, 98헌가1).

26 영화상영관 입장권 부과금은 헌법에 위반되는 특별부담금이다. ( )

> 해설
> [×] 특정 공적 과제의 수행을 위하여 영화상영관을 이용하는 관람객이라는 특정 부류의 사람들에게만 일률적으로 부과한다. 따라서 헌법에 위반되지 않는다(헌재 2008.11.27, 2007헌마860).

27 수분양자가 아닌 개발사업자를 부과대상으로 하는 학교용지 부담금에 관한 학교용지 확보 등에 관한 특례법 관련 조항은 교육의 기회를 균등하게 보장해야 한다는 공익과 개발사업자의 재산적 이익이라는 사익을 적절히 형량하고 있으므로 개발 사업자의 재산권을 과도하게 침해하지 아니한다. ( )

> 해설
> [○] 수분양자가 아닌 개발사업자를 부과대상으로 하는 학교용지 부담금에 관한 학교용지 확보 등에 관한 특례법 관련 조항은 교육의 기회를 균등하게 보장해야 한다는 공익과 개발사업자의 재산적 이익이라는 사익을 적절히 형량하고 있으므로 개발사업자의 재산권을 과도하게 침해하지 아니한다(헌재 2008.9.25, 2007헌가1).

28 직업의 자유에서의 직업이란 생활의 기본적 수요를 충족시키기 위한 계속적인 소득활동을 의미하며 그러한 내용의 활동인 한 그 종류나 성질을 불문한다. ( )

> 해설
> [○] 헌법상 직업은 개방적인 개념으로서 생활의 기본적 수요를 충족하기 위한 계속적인 활동인 한, 그 종류나 성질을 불문한다. 예컨대 예술가의 작품활동은 취미가 아닌 한, 그것이 생활수단을 얻는 데 기여하면 헌법상 보호되는 직업으로 본다(헌재 2005.7.21, 2005헌가30).

29 헌법 제15조의 직업선택의 자유에는 직업결정의 자유, 직업수행의 자유, 전직의 자유 등이 모두 포함된다. ( )

> 해설
> [○] 헌법 제15조의 직업선택의 자유에는 직업결정의 자유, 직업수행의 자유, 전직의 자유 등이 모두 포함된다(헌재 2002.11.28, 2001헌바50).

30 법인은 기본권의 성질에 따라 그 주체가 될 수 있으므로 직업수행의 자유의 주체가 된다. ( )

> 해설
> [○] 직업선택의 자유는 직업에 관한 종합적이고 포괄적인 것으로, 국민과 법인이 향유의 주체이며 외국인은 제한적으로 인정된다. 그러나, 공법인은 직업선택의 보장적 지위에 있기 때문에 인정되지 아니한다.

31 직업결정의 자유에 비하여 직업수행의 자유는 더욱 넓은 법률상 규제가 가능하다. ( )

해설
[O] 직업결정의 자유란 국가나 사회로부터 간섭을 받지 아니하고, 자기가 원하는 직업을 자유로이 선택할 수 있는 것을 말한다. 직업수행의 자유란 자기가 결정한 직업의 개업·계속·폐업 등을 할 수 있는 자유를 말한다. 헌법재판소는 "직업결정의 자유나 전직(轉職)의 자유에 비하여 직업수행의 자유(직업종사)는 더욱 넓은 법률상 규제가 가능하다."라고 판시하고 있다(헌재 1997.11.27, 97헌바10).

32 자도소주구입명령제도는 열악한 전통주를 보호한다는 의미에서 합헌이다. ( )

해설
[×] 열악한 전통주를 보호한다는 의미에서 합헌인 것은 자도탁주이며, 자도소주는 경쟁을 막고 독점을 시키는 것으로 위헌이다(헌재 1999.7.22, 98헌가5).

33 터키탕(증기탕) 업소에서 이성의 입욕보조자를 둘 수 없도록 한 것은 직업의 자유를 침해한 것이다. ( )

해설
[×] 터키탕에 이성의 입욕보조자를 둘 수 없도록 제한한 공중위생법 시행규칙은 터키탕 영업에 종사하는 자들의 재산권이나 직업의 자유를 본질적으로 침해한 것이 아니다(헌재 1998.2.27, 97헌마64).

34 변호사에게 변리사의 자격을 부여하는 것은 합헌이다. ( )

해설
[O] 변리사시험은 지적재산권에 관련된 법률을 주요 시험과목으로 하고 있는데 변호사는 법률사무 전반을 다루는 대표적인 직역인 점, 변리사의 업무는 지적재산권 분야에 있어 특허청 및 법원에 대한 사항의 대리가 주요한 부분을 이루고 있는데 권리·의무에 관한 법률사항의 대리는 변호사의 주요 업무인 점 등을 고려하면 변리사법 제3조 제1항 제2호가 변호사에게 변리사의 자격을 부여하는 것이 합리적인 이유 없이 변호사와 변리사시험의 일반 응시자인 청구인들을 차별한다고 보기 어려우므로 위 조항은 청구인들의 평등권을 침해하지 아니한다(헌재 2010.2.25, 2007헌마956).

35 시각장애인에 대한 복지정책이 미흡한 현실에서 안마사가 장애인이 선택할 수 있는 거의 유일한 직업이라는 점, 시각장애인은 역사적으로 교육, 고용 등 일상생활에서 차별을 받아온 소수자로서 실질적인 평등을 구현하기 위해서 이들을 우대하는 조치를 취할 필요가 있는 점 등에 비추어 시각장애인에 대해서만 안마사 자격인정을 받을 수 있도록 한 법률조항은 기본권 제한의 최소침해성원칙에 반하지 아니한다. ( )

해설
[O] 안마업을 시각장애인에게 독점시키는 이 사건 법률조항으로 말미암아 일반국민의 직업선택의 자유가 제한되는 것은 사실이지만, 안마업은 시각장애인이 정상적으로 영위할 수 있는 거의 유일한 직업이라는 점에서 시각장애인 안마사제도는 시각장애인의 생존권 보장을 위한 불가피한 선택으로 볼 수밖에 없다. … 이 사건 법률조항이 비시각장애인을 시각장애인에 비하여 비례의 원칙에 반하여 차별하는 것이라고 할 수 없을 뿐 아니라, 비시각장애인의 직업선택의 자유를 과도하게 침해하여 헌법에 위반된다고 보기도 어렵다(헌재 2008.10.30, 2006헌마1098 등).

36 경비업자로 하여금 겸영금지를 시킨 것은 헌법에 위반된다. ( )

해설
[O] 먼저 "경비업체의 전문화"라는 관점에서 보면, 현대의 첨단기술을 바탕으로 한 소위 디지털시대에 있어서 경비업은 단순한 경비 자체만으로는 '전문화'를 이룰 수 없고 오히려 경비장비의 제조·설비·판매업이나 네트워크를 통한 정보산업, 시설물 유지관리, 나아가 경비원 교육업 등을 포함하는 '토탈서비스(total service)'를 절실히 요구하고 있는 추세이므로, 이 법에서 규정하고 있는 좁은 의미의 경비업만을 영위하도록 법에서 강제하는 수단으로는 오히려 영세한 경비업체의 난립을 방치하는 역효과를 가져올 수도 있다(헌재 2002.4.25, 2001헌마614).

37 학교급식을 직영방식으로 전환시킨 것은 헌법에 위반된다. ( )

해설

[×] 학교급식의 운영방식을 직영방식으로 전환하여, 위생·안전관리 강화 등을 통한 양질의 학교급식이 제공되도록 함으로써 성장기 학생들의 건강증진을 도모하기 위한 것이다(헌재 2008.2.28, 2006헌마1028).

38 각궁에 대한 공인요건으로 최고가격에 대한 기준을 설정한 것은 헌법에 위반되지 않는다. ( )

해설

[O] 대한궁도협회가 궁도경기용품인 궁시(弓矢)에 대한 검정 및 공인제도를 실시하면서 각궁(角弓)에 대한 공인요건으로 최고가격에 관한 기준을 설정한 것은, 각궁 등 제조업자의 직업선택의 자유를 과도하게 제한하여 시장경제의 기본질서에 반한다고 할 수 없다(대판 2009.10.15, 2008다85345).

39 PC방 전체를 금연구역으로 지정하고 부칙조항을 통해 공포 후 2년이 경과한 날부터 시행하도록 유예한 국민건강증진법은 신뢰보호원칙에 위반되지 아니한다. ( )

해설

[O] 다수인이 이용하는 PC방과 같은 공중이용시설 전체를 금연구역으로 지정함으로써 청소년을 비롯한 비흡연자의 간접흡연을 방지하고 혐연권을 보장하여 국민 건강을 증진시키기 위해 개정된 이 사건 금연구역조항의 입법목적은 정당하며, PC방 시설 전체에 대해 금연구역 지정의무를 부과한 것은 이러한 입법목적을 달성하기 위한 효과적이고 적절한 방법이다(헌재 2013.6.27, 2011헌마315).

40 벌금형이 확정되기만 하면 일률적으로 학원등록을 실효시키는 것은 헌법에 위반된다. ( )

해설

[O] 사회통념상 벌금형을 선고받은 피고인의 불법 및 책임의 정도가 중하다거나 그에 대한 사회적 비난가능성이 높다고 보기 어려워, 입법자로서는 등록의 효력상실사유로서 벌금형 판결을 받은 학원법 위반 범죄를 포괄하여 규정할 것이 아니라, 범죄의 유형, 내용 등으로 그 범위를 가급적 한정하여 규정해야 함에도 불구하고, 벌금형이 확정되기만 하면 일률적으로 등록을 상실하도록 규정하고 있는 이 사건 효력상실조항은 지나친 제재라 할 것이다(헌재 2014.1.28, 2011헌바252).

41 국제결혼중개업의 등록요건으로 1억원 이상의 자본금을 요구하는 것은 헌법에 위반되지 않는다. ( )

해설

[O] 국제결혼이 증가함에 따라 영세하고 비전문적인 국제결혼중개업자의 난립으로 인한 소비자 피해사례가 증가하였는바, 전문성과 책임성 있는 국제결혼중개업자를 육성할 필요에 따른 것으로 헌법에 위반되지 아니한다(헌재 2014.3.27, 2102헌마745).

42 청년고용할당제는 청년실업해소를 통한 지속적인 경제성장과 사회 안정을 위한 것으로 헌법에 위반되지 않는다. ( )

해설

[O] 청년할당제가 추구하는 청년실업해소를 통한 지속적인 경제성장과 사회 안정은 매우 중요한 공익이며 청년할당제는 위와 같은 공익을 달성하는 데 기여하는 반면, 35세 이상 지원자들이 공공기관 취업기회에서 청년할당제시행 때문에 새로이 불이익을 받을 가능성은 현실적으로 크다고 볼 수 없어 법익균형성 원칙에도 위반된다고 볼 수 없다. 이 사건 청년할당제도는 청구인들의 평등권, 공공기관 취업의 자유를 침해하여 헌법에 위반된다고 볼 수 없다(헌재 2014.8.26, 2013헌마553).

43 단란주점에 미성년자의 출입을 제한하고 미성년자에 대한 주류제공을 금지하는 것은 직업수행의 자유를 과잉제한하는 것이 아니며, 따라서 헌법에 위반되지 않는다. ( )

해설

[O] 단란주점에 미성년자의 출입을 제한하고 미성년자에 대한 주류제공을 금지하는 것은 직업수행의 자유를 과잉제한하는 것이 아니며, 따라서 헌법에 위반되지 않는다(헌재 1999.9.16, 96헌마39).

44 구 의료보험법과 국민건강보험법상의 요양기관 강제지정제는 의료인의 직업행사의 자유를 침해하는 것이다. ( )

해설

[×] 요양기관 강제지정제가 입법목적을 달성할 수 있는 유효한 수단 중에서 가장 국민의 기본권을 적게 침해하는 수단에 해당하는가 하는 문제가 제기된다. 입법자가 강제지정제를 채택한 것은 첫째, 의료보험의 시행은 인간의 존엄성실현과 인간다운 생활의 보장을 위하여 헌법상 부여된 국가의 사회보장의무의 일환으로서 이를 위한 모든 현실적 여건이 성숙될 때까지 미루어질 수 없는 중요한 과제라는 규범적 인식, 둘째, 우리의 의료기관 중 공공의료기관이 약 10여%에 불과하기 때문에 민간의료기관을 의료보험체계에 강제로 동원하는 것이 의료보험의 시행을 위해서는 불가피하다는 현실적 인식에 기초하고 있는 것으로 보인다. 더욱이 국가는 이미 1977년 계약지정제를 일시적으로 도입한 바 있는데, 그 당시 지역적·진료부문별 의료공백이 크게 발생하였으며 지정수가제 등을 이유로 다수의 의료인이 요양기관으로의 지정을 거부하는 등 부정적인 경험을 하였는바, 이러한 '현실화된' 우려가 강제지정제로 전환하는 직접적인 계기로서, 그리고 현재의 상황이 당시의 상황과 근본적으로 달라진 것이 없다는 판단이 제도 유지의 근거로 각 작용한 것으로 보인다. 이러한 관점 등을 고려할 때, 입법자가 계약지정제를 취하는 경우 의료보장이란 공익을 실현할 수 없다는 현실 판단이 잘못되었다고 할 수 없으므로, 강제지정제를 택한 것은 최소침해의 원칙에 위반되지 않는다(헌재 2002.10.31, 99헌바76).

45 학교운영위원회는 필수적 설치이든 임의적 설치이든 합헌이다. ( )

해설

[O] 여러 번 기출되었던 문제이다. 임의적 설치이든 필수적 설치이든 이는 입법 재량으로 볼 수 있는 것이다. 헌법재판소는 국·공립학교와는 달리 사립학교의 학교운영위원회의 설치를 임의적인 사항으로 하는 것이 학부모의 교육참여권을 침해하는지에 관하여 헌법재판소는 입법자의 입법형성영역인 정책문제에 속하는 것이라 하여 합헌결정하였다(헌재 1995.3.25, 97헌마130).

46 약사들로 구성된 법인의 약국개설을 금지하는 것은, 구성원 전원이 약사인 법인 및 그러한 법인을 구성하여 약국업을 운영하려고 하는 약사 개인들의 직업의 자유를 침해하는 것이다. ( )

해설

[O] 약사들로 구성된 법인의 약국개설을 금지하는 것은, 구성원 전원이 약사인 법인 및 그러한 법인을 구성하여 약국업을 운영하려고 하는 약사 개인들의 직업의 자유를 침해하는 것이다(헌재 2002.9.19, 2000헌바84).

47 일반학원의 강사라는 직업의 자격기준으로서 대학 졸업 이상의 학력을 갖추도록 요구하는 것은 직업의 자유를 침해하는 것이 아니다. ( )

해설

[O] 일반학원강사의 자격기준으로 대학 졸업 이상의 학력을 갖추도록 요구하는 것에 대해서 자격미달의 강사가 가져올 부실교육 등의 폐단을 미연에 방지하기 위한 것으로 보아 합헌결정하였다(헌재 2003.9.25, 2002헌마519).

48 직업의 자유에 '해당 직업에 합당한 보수를 받을 권리'까지 포함되어 있다고 보기는 어렵다. ( )

해설
[O] 직업의 자유에 '해당 직업에 합당한 보수를 받을 권리'까지 포함되어 있다고 보기 어려우므로 이 사건 법령조항이 청구인이 원하는 수준보다 적은 봉급월액을 규정하고 있다고 하여 이로 인해 청구인의 직업선택이나 직업수행의 자유가 침해되었다고 할 수 없다(헌재 2008.12.26, 2007헌마444).

49 허가받은 지역 밖에서의 이송업의 영업을 금지하고 처벌하는 응급의료에 관한 법률 규정은 응급환자이송업체 사이의 자유경쟁을 막아 헌법상 경제질서에 위배된다. ( )

해설
[×] 심판대상조항은 이송업자의 영업범위를 허가받은 지역 안으로 한정하여 구급차 등이 신속하게 출동할 수 있도록 하고, 차고지가 위치한 허가지역에서 상시 구급차 등이 정비될 수 있도록 하는 한편, 지역사정에 밝은 이송업자가 해당 지역에서의 이송을 담당하도록 함으로써, 응급의료의 질을 높임과 동시에 응급이송자원이 지역 간에 적절하게 분배·관리될 수 있도록 하여 국민건강을 증진하고 지역 주민의 편의를 도모하기 위한 것이다(헌재 2018.2.22, 2016헌바100).

50 부정등록한 건설업 등록의 경우 필요적으로 말소하는 것은 헌법에 위반된다. ( )

해설
[×] 판례는 부정등록을 방지하여 건설업 등록제도의 근간을 유지해야 한다는 취지로 합헌결정하였다(헌재 2004.7.15, 2003헌바35).

51 자동차를 훔친 경우 필요적으로 운전면허를 취소시키는 것은 헌법에 위반된다. ( )

해설
[O] 판례는 자동차를 훔친 경우 제반 사정에 대한 고려가 전혀 없는 상황으로 헌법에 위반된다고 보았다(헌재 2017.5.25, 2016헌가6).

52 승객성범죄의 경우 택시운전면허를 취소시킨 것은 헌법에 위반된다. ( )

해설
[×] 택시를 이용하는 국민을 성범죄 등으로부터 보호하고, 여객운송서비스 이용에 대한 불안감을 해소하며, 도로교통에 관한 공공의 안전을 확보하기 위한 것으로 헌법에 위반되지 아니한다(헌재 2018.5.31, 2016헌바14).

53 소비자기본권은 60년대 이후 강조되고 있는 현대적인 기본권이다. ( )

해설
[O] 소비자기본권은 1962년 미국의 케네디 대통령이 의회에 보낸 소비자 권리에 관한 특별교서에서 유래된 것이다.

54 우리 헌법에는 소비자기본권에 관한 근거규정이 있다. ( )

해설
[O] 우리 헌법의 소비자 권리의 헌법상 근거를 헌법 제10조의 인간존중 및 행복추구권, 헌법 제124조의 소비자 보호운동을 들 수 있다. 다만, 명시적으로 소비자의 권리를 규정하고 있지는 않다. 이는 주의하여야 할 것이다.

55 소비자기본권은 대국가적 효력을 가짐에는 의문이 없으나, 대사인적 효력은 갖지 않는다고 봄이 타당하다.
( )

해설
[×] 우리 헌법은 제124조에서 소비자보호에 대해 명시적으로 규정하고 있으며 소비자의 권리는 대사인적 효력을 가진다. 단, 헌법 제124조는 소비자의 권리를 규정한 것이 아니라는 것에 주의한다.

56 소비자불매운동은 모든 경우에 있어서 그 정당성이 인정될 수는 없고, 헌법이나 법률의 규정에 비추어 정당하다고 평가되는 범위에 해당하는 경우에만 형사책임이나 민사책임이 면제된다.
( )

해설
[○] 집단적으로 이루어진 소비자불매운동 중 정당한 헌법적 허용한계를 벗어나 타인의 업무를 방해하는 결과를 가져오기에 충분한 집단적 행위를 처벌하는 이 사건 법률조항들은 소비자보호운동을 보장하는 헌법의 취지에 반하지 않는다(헌재 2011.12.29, 2010헌바54).

기출문제

제1항 재산권

01 재산권에 대한 설명으로 가장 옳은 것은? 16. 서울시 7급

① 도로 등 영조물 주변 일정 범위에서 관할 관청 또는 소유자 등의 허가나 승낙하에서만 광업권자의 채굴행위를 허용하는 것은 광업권자의 재산권을 침해하지 아니한다.
② 건축허가를 받은 자가 1년 이내에 공사에 착수하지 아니한 경우 건축허가를 필수적으로 취소하도록 규정한 것은 건축주의 재산권을 침해한다.
③ 교원의 정년을 단축하여 계속 재직하면서 재화를 획득할 수 있는 기회를 박탈하는 것은 재산권 침해이다.
④ 성매매에 제공되는 사실을 알면서 건물을 제공하는 행위를 한 자를 처벌하는 것은 집창촌에서 건물을 소유하거나 그 관리권한을 가지고 있는 자의 재산권을 침해한다.

해설

① [O] 철도·도로·수도 등 영조물과 일정 거리(50m) 이내의 장소에서 관청의 허가 없이 광물을 채굴하지 못하게 하는 것은 재산권 침해가 아니다(헌재 2014.2.27, 2010헌바483).
② [×] 건축주로 하여금 건축허가 이후 1년 이내에 공사에 필요한 제반 준비를 하여 착공하도록 유도하는 한편, 공사에 착수하지 않고 1년이 지난 후에 계속 건축을 원하는 경우에는 새로운 시점에서의 허가요건을 갖추어 다시 건축허가를 받도록 함으로써 수단의 적합성도 인정된다(헌재 2010.2.25, 2009헌바70).
③ [×] 교원의 정년단축으로 기존 교원이 입는 경제적 불이익은 계속 재직하면서 재화를 획득할 수 있는 기회를 박탈당한다는 것인데 이러한 경제적 기회는 재산권보장의 대상이 아니라는 것이 우리 재판소의 판례이다(헌재 2000.12.14, 99헌마112).
④ [×] 집창촌에서 건물을 소유하거나 그 관리권한을 가지고 있는 자의 기본권 제한은 헌법 제37조 제2항의 기본권 제한의 한계를 일탈하였다고 볼 수 없다(헌재 2006.6.29, 2005헌마1167).

02 다음 중 재산권과 관련하여 옳지 않은 것은? 05. 법무사 변형

① 재산권은 사적유용성 및 그에 대한 원칙적 처분권을 내포하는 재산가치 있는 구체적 권리이므로 구체적인 권리가 아닌 단순한 이익이나 재화의 획득에 관한 기회 등은 재산권보장의 대상이 아니다.
② 상속권은 헌법상 보장되는 재산권의 객체가 아니다.
③ 헌법재판소는 구 국토이용관리법(2002.2.4. 폐지)상 토지거래허가제는 위헌이 아니라고 결정하였다.
④ 의료급여수급권은 공공부조의 일종으로서 순수하게 사회정책적 목적에서 주어지는 권리이므로 개인의 노력과 금전적 기여를 통하여 취득되는 재산권의 보호대상에 포함된다고 보기 어렵다.

해설

② [×] 상속권도 당연히 헌법상 보호받는 재산권이다.
① [O] 헌법 제23조 제1항에 의하여 보호되는 재산권은 사적(私的) 유용성 및 그에 대한 원칙적 처분권을 내포하는 재산가치 있는 구체적 권리라 할 것이고, 단순한 이익이나 재화의 획득에 관한 기회 등은 재산권보장의 대상이 되지 아니한다(헌재 1999.4.29, 96헌바55).
③ [O] 토지거래허가제는 사유재산제도의 부정이라 보기는 어렵고, 다만 그 제한의 한 형태라고 봐야 할 것이므로 재산권의 본질적인 침해라고는 할 수 없는 것이다(헌재 1989.12.22, 88헌가13).
④ [O] 의료급여수급권은 공공부조의 일종으로서 순수하게 사회정책적 목적에서 주어지는 권리이므로 개인의 노력과 금전적 기여를 통하여 취득되는 재산권의 보호대상에 포함된다고 보기 어렵다(헌재 2009.9.24, 2007헌마1092).

03 재산권에 대한 설명으로 옳지 않은 것은? (다툼이 있는 경우 판례에 의함) 22. 입법고시

① 개인택시면허는 자신의 노력으로 혹은 금전적 대가를 치르고 얻은 재산권이라고 할 수 있다.
② 공무원의 보수청구권이 법령에 의하여 구체적 내용이 형성되기 전이라면 공무원이 국가 또는 지방자치단체에 대하여 어느 수준의 보수를 청구할 수 있는 권리는 단순한 기대이익에 불과하여 재산권의 내용에 포함된다고 볼 수 없다.
③ 일본국에 의하여 광범위하게 자행된 반인도적 범죄행위에 대하여 일본군위안부 피해자들이 일본에 대하여 가지는 배상청구권은 헌법상 보장되는 재산권이 아니다.
④ 우편법에 규정된 우편물의 지연배달에 따른 손해배상청구권은 헌법이 보장하는 재산권의 내용에 포함되는 권리이다.
⑤ 가축전염병 예방법상의 살처분은 가축의 전염병이 전파가능성과 위해성이 매우 커서 타인의 생명, 신체나 재산에 중대한 침해를 가할 우려가 있는 경우 이를 막기 위해 취해지는 조치로서 가축 소유자가 수인해야 하는 사회적 제약의 범위에 속한다.

해설

③ [×] 일본국에 의하여 광범위하게 자행된 반인도적 범죄행위에 대하여 일본군위안부 피해자들이 일본에 대하여 가지는 배상청구권은 헌법상 보장되는 재산권일 뿐만 아니라, 그 배상청구권의 실현은 무자비하고 지속적으로 침해된 인간으로서의 존엄과 가치 및 신체의 자유를 사후적으로 회복한다는 의미를 가지는 것이므로 피청구인의 부작위로 인하여 침해되는 기본권이 매우 중대하다(헌재 2011.8.30, 2006헌마788).
① [O] 개인택시운송사업자는 장기간의 모범적인 택시운전에 대한 보상의 차원에서 개인택시면허를 취득하였거나, 고액의 프리미엄을 지급하고 개인택시면허를 양수한 사람들이므로 개인택시면허는 자신의 노력으로 혹은 금전적 대가를 치르고 얻은 재산권이라고 할 수 있다(헌재 2012.3.29, 2010헌마443).
② [O] 공무원의 보수청구권은, 법률 및 법률의 위임을 받은 하위법령에 의해 그 구체적 내용이 형성되면 재산적 가치가 있는 공법상의 권리가 되어 재산권의 내용에 포함되지만, 법령에 의하여 구체적 내용이 형성되기 전의 권리, 즉 공무원이 국가 또는 지방자치단체에 대하여 어느 수준의 보수를 청구할 수 있는 권리는 단순한 기대이익에 불과하여 재산권의 내용에 포함된다고 볼 수 없다(헌재 2008.12.26, 2007헌마444).
④ [O] 우편물의 수취인인 청구인은 우편물의 지연배달에 따른 손해배상청구권을 갖게 되는바, 이는 헌법이 보장하는 재산권의 내용에 포함되는 권리라 할 것이고, 심판대상조항은 위 손해배상청구권의 범위를 제한하는 것이므로 그에 따른 재산권 제한이 발생한다(헌재 2013.6.27, 2012헌마426).
⑤ [O] 살처분은 가축의 전염병이 전파가능성과 위해성이 매우 커서 타인의 생명, 신체나 재산에 중대한 침해를 가할 우려가 있는 경우 이를 막기 위해 취해지는 조치로서, 가축 소유자가 수인해야 하는 사회적 제약의 범위에 속한다(헌재 2014.4.24, 2013헌바110).

정답 | 01 ① 02 ② 03 ③

04 재산권에 관한 설명으로 가장 적절하지 않은 것은? (다툼이 있는 경우 판례에 의함) _{13. 법원직 9급 변형}

① 수용된 토지가 당해 공익사업에 필요 없게 되거나 이용되지 아니하였을 경우에 피수용자가 그 토지소유권을 회복할 수 있는 권리, 즉 환매권은 헌법이 보장하는 재산권의 내용에 포함되는 권리이다.
② 구 문화재보호법이 건설공사 과정에서 매장문화재의 발굴로 인하여 문화재훼손 위험을 야기한 사업시행자에게 원칙적으로 발굴경비를 부담시키는 것은 사업시행자의 재산권을 침해한다.
③ 재산권 보장은 상속을 포함하는 것이므로 생전증여에 의한 처분도 재산권의 보호를 받는다.
④ 종래 보수연동제에 의하여 연금액의 조정을 받아오던 기존의 연금수급자에게 법률개정을 통해 물가연동제에 의한 연금액조정방식을 적용하도록 하는 것은 헌법에 위배되지 않는다.

해설

② [×] 사업시행자가 발굴조사비용 액수를 고려하여 더 이상 사업시행에 나아가지 아니할 선택권이 유보되어 있는 점, 대통령령으로 정하는 예외적인 경우에는 국가 등이 발굴조사비용을 부담할 수 있는 점 및 유실물법에 의한 보상금을 지급토록 하는 규정을 두고 있는 점 등에 비추어 최소침해성원칙, 법익균형성 원칙에 위반되지 않으므로 재산권을 침해하지 않는다(헌재 2010.10.28, 2008헌바74).
① [O] 수용의 목적인 공공사업이 수행되지 아니하거나 또는 수용된 재산이 당해 공공사업에 필요 없게 되거나 이용되지 아니하게 되었다면 수용의 헌법상 정당성과 공공사업자에 의한 재산권 취득의 근거가 장래를 향하여 소멸한다. 따라서 환매권은 재산권의 내용에 포함되는 권리이다(헌재 1994.2.24, 92헌가15 등).
③ [O] 우리 헌법의 재산권 보장은 사유재산의 처분과 그 상속을 포함하는 것인바, 유언자가 생전에 최종적으로 자신의 재산권에 대하여 처분할 수 있는 법적 가능성을 의미하는 유언의 자유는 생전증여에 의한 처분과 마찬가지로 헌법상 재산권의 보호를 받는다(헌재 2008.3.27, 2006헌바82).
④ [O] 물가연동제에 의한 이 사건 조정규정이 신설된 것은 연금지출의 증가폭을 줄여 재정악화를 해결하고자 하기 위한 것이다. 연금재정의 파탄을 막고 공무원연금제도를 건실하게 유지하는 것은 긴급하고도 대단히 중요한 공익이므로 위 법률조항이 헌법상 신뢰보호의 원칙에 위배된다고는 볼 수 없다(헌재 2005.6.30, 2004헌바42).

05 헌법 제23조가 보장하는 재산권의 개념에 포함되는 것은? (다툼이 있는 경우 판례에 의함) _{10. 국가직 7급}

① 의료보험수급권
② 약사의 한약조제권
③ 의료보험조합의 적립금
④ 지방세수입의 감소분

해설

① [O] 의료보험수급권은 의료보험법상 재산권의 보장을 받는 공법상의 권리이다(헌재 2000.6.29, 99헌마289).
② [×] 약사에게 인정된 한약조제권은 헌법조항들이 말하는 재산권의 범위에 속하지 아니한다(헌재 1997.11.27, 97헌바10).
③ [×] 의료보험조합의 적립금은 헌법 제23조에 의하여 보장되는 재산권의 보호대상이라고 볼 수 없다.
④ [×] 지방세수입의 경우는 국가의 재정에 관한 것으로 개인의 재산권으로 볼 수 없다.

06 재산권에 대한 설명으로 옳지 않은 것은? (다툼이 있는 경우 판례에 의함)　　　10. 국가직 7급 변형

① 교도소에 수용된 때에는 국민건강보험급여를 정지하도록 하는 것은 재산권을 침해하는 것이다.
② 개발제한구역으로 인한 지가의 하락은 토지소유자가 감수해야 하는 사회적 제약의 범주에 속하는 것이다.
③ 토지재산권은 그 강한 사회성 내지는 공공성으로 말미암아 다른 재산권에 비하여 보다 강한 제한과 의무가 부과될 수 있다.
④ 재산권은 민법상의 소유권·물권·채권은 물론 특별법상의 권리인 광업권·어업권·수렵권 그리고 공법상의 권리인 환매권·퇴직연금수급권·퇴직급여청구권 등도 포함된다.

해설

① [×] 건강보험수급권과 같이 공법상의 권리가 헌법상의 재산권으로 보호받기 위해서는 국가의 일방적인 급부에 의한 것이 아니라 수급자의 상당한 자기기여를 전제로 한다. 그런데 국민건강보험은 개인의 보험료와 국가의 재정으로 운영되고 이 사건규정의 적용에 의하여 청구인들과 같은 수용자에게 보험급여가 정지되는 경우 동시에 보험료 납부의무도 면제된다. 그렇다면 수급자의 자기기여가 없는 상태이므로 이 사건 규정에 의하여 건강보험수급권이 정지되더라도 이를 사회보장수급권(인간다운 생활을 할 권리)으로 다툴 수 있음은 별론으로 하고 재산권 침해로 다툴 수는 없다고 할 것이다(헌재 2005.2.24, 2003헌마31 등).
② [O] 개발제한구역의 지정으로 인한 개발가능성의 소멸과 그에 따른 지가의 하락이나 지가상승률의 상대적 감소는 토지소유자가 감수해야 하는 사회적 제약의 범주에 속하는 것으로 보아야 한다. 자신의 토지를 장래에 건축이나 개발목적으로 사용할 수 있으리라는 기대가능성이나 신뢰 및 이에 따른 지가상승의 기회는 원칙적으로 재산권의 보호범위에 속하지 않는다. 구역지정 당시의 상태대로 토지를 사용·수익·처분할 수 있는 이상, 구역지정에 따른 단순한 토지이용의 제한은 원칙적으로 재산권에 내재하는 사회적 제약의 범주를 넘지 않는다(헌재 1998.12.24, 89헌마214 등).
③ [O] 토지의 개발이나 건축은 합헌적 법률로 정한 재산권의 내용과 한계 내에서만 가능한 것일 뿐만 아니라 토지재산권의 강한 사회성 내지는 공공성으로 말미암아 이에 대하여는 다른 재산권에 비하여 보다 강한 제한과 의무가 부과될 수 있다. 그러나, 그렇다고 하더라도 토지재산권에 대한 제한입법 역시 다른 기본권을 제한하는 입법과 마찬가지로 과잉금지의 원칙(비례의 원칙)을 준수해야 하고, 재산권의 본질적 내용인 사용·수익권과 처분권을 부인해서는 아니 된다(헌재 1998.12.24, 89헌마214 등).
④ [O] 헌법상 재산권은 경제적 가치가 있는 모든 공법상·사법상의 권리를 말한다(헌재 2002.8.29, 2000헌가5 등).

07 재산권에 대한 설명으로 옳지 <u>않은</u> 것은? (다툼이 있는 경우 판례에 의함)   18. 5급 공채 변형

① 재산권의 행사는 공공복리에 적합하도록 하여야 하며, 국가안전보장·질서유지·공공복리를 위하여 제한될 수 있다.
② 공공필요에 의한 재산권의 수용·사용 또는 제한 및 그에 대한 보상은 법률로써 하되, 상당한 보상을 지급하여야 한다.
③ 재산권 보장은 주관적 공권의 보장인 동시에 그 재산권이 존재하는 특정한 공동체의 사유재산제도의 보장인 점에서, 사유재산권이나 사유재산제도를 부인하면 재산권 침해가 된다.
④ 헌법상 보장하고 있는 재산권은 경제적 가치가 있는 모든 공법상·사법상의 권리를 뜻한다.

해설

② [×] 상당한 보상이 아니라 정당한 보상이다.

> 헌법 제23조 ③ 공공필요에 의한 재산권의 수용·사용 또는 제한 및 그에 대한 보상은 법률로써 하되, 정당한 보상을 지급하여야 한다.

① [O] 헌법 제23조 제2항은 재산권의 행사는 공공복리에 적합하도록 하여야 한다고 규정하고 있으며, 또 헌법 제37조 제2항은 기본권 제한에 관한 일반적 법률유보를 두어 국가안전보장·질서유지 또는 공공복리를 위하여 필요한 경우에 법률로써 기본권을 제한할 수 있으며 다만, 그 본질적인 내용을 침해할 수 없도록 규정하고 있다. 따라서 공공의 이익을 위한 재산권의 제한 가능성을 비교적 폭넓게 인정하고 있다 할 것이다(헌재 1996.3.28, 95헌바47).
③ [O] 재산권의 구체적 모습은 재산권의 내용과 한계를 정하는 법률에 의하여 형성된다. 물론 헌법이 보장하는 재산권의 내용과 한계를 정하는 법률은 재산권을 제한한다는 의미가 아니라 재산권을 형성한다는 의미를 갖는다. 이러한 재산권의 내용과 한계를 정하는 법률의 경우에도 사유재산제도나 사유재산을 부인하는 것은 재산권 보장규정의 침해를 의미하고, 결코 재산권 형성적 법률유보라는 이유로 정당화될 수 없다(헌재 1993.7.29, 92헌바20).
④ [O] 헌법이 재산권을 보장하는 것은 모든 국민이 자유롭고 자기 스스로 책임을 지는 삶을 영위하기 위한 전제로서의 재산권의 보장이다. 그러므로 헌법이 보장하고 있는 재산권은 경제적 가치가 있는 모든 공법상·사법상의 권리를 뜻하고, 그 재산가액의 다과를 불문한다. 또 이 재산권의 보장은 재산권의 자유로운 처분의 보장까지 포함한 것이다(헌재 1992.6.26, 90헌바26).

08 재산권에 대한 설명으로 옳지 <u>않은</u> 것은? (다툼이 있는 경우 판례에 의함)   20. 입법고시 변형

① 일반적인 물건에 대한 재산권 행사에 비하여 동물에 대한 재산권 행사는 사회적 연관성과 사회적 기능이 매우 크다 할 것이므로 이를 제한하는 경우 입법재량의 범위를 폭넓게 인정함이 타당하다.
② 공무원 퇴직연금수급권은 국가의 재정상황, 국민 전체의 소득 및 생활수준 기타 여러 가지 사회·경제적인 여건 등을 종합하여 합리적인 수준에서 결정할 수 있는 광범위한 입법형성의 재량이 인정되기 때문에 법적 요건을 갖춘 후 발생하는 공무원 퇴직연금수급권은 경제적·재산적 가치가 있는 공법상의 권리로서 헌법 제23조 제1항이 보장하고 있는 재산권에 포함된다.
③ 별거나 가출 등으로 실질적인 혼인관계가 존재하지 아니하여 연금 형성에 기여가 없는 이혼배우자에 대해서 법률혼 기간을 기준으로 분할연금 수급권을 인정하는 것은 재산권을 침해하지 않는다.
④ 개발제한구역 지정으로 인하여 토지를 종래의 목적으로도 사용할 수 없거나 또는 더 이상 법적으로 허용된 토지이용의 방법이 없기 때문에 실질적으로 토지의 사용·수익의 길이 없는 경우에는 토지소유자가 수인해야 하는 사회적 제약의 한계를 넘는 것으로 보아야 한다.

해설

③ [×] 별거나 가출 등으로 실질적인 혼인관계가 존재하지 아니하여 연금 형성에 기여가 없는 이혼배우자에 대해서까지 법률혼 기간을 기준으로 분할연금 수급권을 인정하는 국민연금법 제64조 제1항은 재산권을 침해한다(헌재 2016.12.29, 2015헌바182).

① [○] 일반적인 물건에 대한 재산권 행사에 비하여 동물에 대한 재산권 행사는 사회적 연관성과 사회적 기능이 매우 크다 할 것이므로 이를 제한하는 경우 입법재량의 범위를 폭넓게 인정함이 타당하다. 그러므로 이 사건 법률조항이 과잉금지원칙을 위반하여 재산권을 침해하는지 여부를 살펴보되 심사기준을 완화하여 적용함이 상당하다(헌재 2013.10.24, 2012헌바431).

② [○] 공무원 퇴직연금수급권은 국가의 재정상황, 국민 전체의 소득 및 생활수준 기타 여러 가지 사회·경제적인 여건 등을 종합하여 합리적인 수준에서 결정할 수 있는 광범위한 입법형성의 재량이 인정되기 때문에 법정요건을 갖춘 후 발생하는 공무원 퇴직연금수급권만이 경제적·재산적 가치가 있는 공법상의 권리로서 헌법 제23조 제1항이 보장하고 있는 재산권에 포함되는 것이다(헌재 2012.8.23, 2010헌바425).

④ [○] 개발제한구역 지정으로 인하여 토지를 종래의 목적으로도 사용할 수 없거나 또는 더 이상 법적으로 허용된 토지이용의 방법이 없기 때문에 실질적으로 토지의 사용·수익의 길이 없는 경우에는 토지소유자가 수인해야 하는 사회적 제약의 한계를 넘는 것으로 보아야 한다(헌재 1998.12.24, 89헌마214).

09 재산권에 대한 헌법재판소 결정으로 옳지 않은 것은?

15. 국가직 7급 변형

① 종전의 관행어업권자들에게 구 수산업법 시행일부터 2년 이내에 어업권원부에 등록을 하도록 하고 그 기간 내에 등록하지 아니한 경우 관행어업권을 소멸하게 하는 것은 지나친 재산권의 제한에 해당하지 아니한다.

② 금융위원회위원장이 2019.12.16. 시중 은행을 상대로 투기지역·투기과열지구 내 초고가 아파트(시가 15억원 초과)에 대한 주택구입용 주택담보대출을 2019.12.17.부터 금지한 조치는 투기적 대출수요뿐 아니라 실수요자의 경우에도 예외 없이 대출을 금지한 점 등을 고려할 때, 해당 주택담보대출을 받고자 하는 청구인의 재산권을 침해한다.

③ 수분양자가 아닌 개발사업자를 부과대상으로 하는 학교용지 부담금에 관한 학교용지 확보 등에 관한 특례법 관련 조항은 교육의 기회를 균등하게 보장해야 한다는 공익과 개발사업자의 재산적 이익이라는 사익을 적절히 형량하고 있으므로 개발사업자의 재산권을 과도하게 침해하지 아니한다.

④ 수분양자가 아닌 개발사업자를 부과대상으로 하는 학교용지 부담금에 관한 학교용지 확보 등에 관한 특례법 관련 조항은 교육의 기회를 균등하게 보장해야 한다는 공익과 개발사업자의 재산적 이익이라는 사익을 적절히 형량하고 있으므로 개발사업자의 재산권을 과도하게 침해하지 아니한다.

해설

② [×] 이 사건 조치는 전반적인 주택시장 안정화를 도모함과 동시에 금융기관의 대출 건전성 관리 차원에서 부동산 부문으로의 과도한 자금흐름을 개선하기 위한 것으로 목적이 정당하다. 또한 초고가 주택에 대한 주택담보대출 금지는 수요 억제를 통해 주택 가격 상승 완화에 기여할 것이므로 수단도 적합하다(헌재 2023.3.23, 2019헌마1399).

① [○] 종전의 관행어업권자들에게 구 수산업법 시행일부터 2년 이내에 어업권원부에 등록을 하도록 하고 그 기간 내에 등록하지 아니한 경우 관행어업권을 소멸하게 하는 것은 지나친 재산권의 제한에 해당하지 아니한다(헌재 1999.7.22, 97헌바76).

③ [○] 수분양자가 아닌 개발사업자를 부과대상으로 하는 학교용지 부담금에 관한 학교용지 확보 등에 관한 특례법 관련 조항은 교육의 기회를 균등하게 보장해야 한다는 공익과 개발사업자의 재산적 이익이라는 사익을 적절히 형량하고 있으므로 개발사업자의 재산권을 과도하게 침해하지 아니한다(헌재 2008.9.25, 2007헌가1).

④ [○] 수분양자가 아닌 개발사업자를 부과대상으로 하는 학교용지 부담금에 관한 학교용지 확보 등에 관한 특례법 관련 조항은 교육의 기회를 균등하게 보장해야 한다는 공익과 개발사업자의 재산적 이익이라는 사익을 적절히 형량하고 있으므로 개발사업자의 재산권을 과도하게 침해하지 아니한다(헌재 2008.9.25, 2007헌가1).

정답 | 07 ② 08 ③ 09 ②

10 다음 중 현행 헌법상 재산권 보장 관련 설명으로 가장 옳지 <u>않은</u> 것은?

22. 해양경찰 간부 변형

① 공공필요에 의한 재산권의 제한에는 공용수용, 공용사용, 공용제한이 있다.
② 모든 국민은 소급입법에 의하여 재산권을 박탈당하지 않는다.
③ 재산권의 내용과 한계는 법률 또는 대통령령으로 규정한다.
④ 재산권의 행사는 공공복리에 적합하도록 하여야 한다.

해설

③ [×] 헌법 제23조 제1항

> 헌법 제23조 ① 모든 국민의 재산권은 보장된다. 그 내용과 한계는 법률로 정한다.

① [○] 헌법 제23조 제3항

> 헌법 제23조 ③ 공공필요에 의한 재산권의 수용·사용 또는 제한 및 그에 대한 보상은 법률로써 하되, 정당한 보상을 지급하여야 한다.

② [○] 헌법 제13조 제2항

> 헌법 제13조 ② 모든 국민은 소급입법에 의하여 참정권의 제한을 받거나 재산권을 박탈당하지 아니한다.

④ [○] 헌법 제23조 제2항

> 헌법 제23조 ② 재산권의 행사는 공공복리에 적합하도록 하여야 한다.

---

11 재산권의 공용수용(공용침해)에 관한 다음 설명 중 가장 옳지 <u>않은</u> 것은? (다툼이 있는 경우 헌법재판소 결정에 의함)

17. 법원직 9급

① 공익사업의 시행으로 지가가 상승하여 발생하는 개발이익을 배제하고 손실보상액을 산정한다 하여 헌법이 규정한 정당보상의 원리에 어긋난다고 볼 수 없다.
② 헌법 제23조 제3항이 규정하는 '정당한 보상'이란 원칙적으로 피수용재산의 객관적인 가치를 완전하게 보상하는 것이어야 한다는 완전보상을 의미한다.
③ 공용수용으로 생업의 근거를 상실한 자에 대하여 상업용지 또는 상가분양권 등을 공급하는 생활대책은 헌법 제23조 제3항에 규정된 정당한 보상에 포함되므로 생활대책 수립 여부는 입법자의 입법정책적 재량의 영역에 속하지 아니한다.
④ 수용의 주체가 민간기업이라는 것 자체만으로 공공필요성을 갖추지 못한 것으로 볼 수는 없다.

해설

③ [×] 생활대책은 헌법 제23조 제3항에 규정된 정당한 보상에 포함되는 것이라기보다는 생활보상의 일환으로서 국가의 정책적인 배려에 의하여 마련된 제도이므로, 그 실시 여부는 입법자의 입법정책적 재량의 영역에 속한다(헌재 2013.7.25, 2012헌바71).
① [○] 공익사업의 시행으로 지가가 상승하여 발생하는 개발이익을 배제하고 손실보상액을 산정한다 하여 헌법이 규정한 정당보상의 원리에 어긋난다고 볼 수 없다(헌재 1990.6.25, 89헌마107).
② [○] 헌법 제23조 제3항이 규정하는 '정당한 보상'이란 원칙적으로 피수용재산의 객관적인 가치를 완전하게 보상하는 것이어야 한다는 완전보상을 의미한다(헌재 2013.12.26, 2011헌바162).
④ [○] 헌법 제23조 제3항은 정당한 보상을 전제로 하여 재산권의 수용 등에 관한 가능성을 규정하고 있지만, 재산권 수용의 주체를 한정하지 않고 있다. 위 헌법조항의 핵심은 당해 수용이 공공필요에 부합하는가, 정당한 보상이 지급되고 있는가 여부 등에 있는 것이지, 그 수용의 주체가 국가인지 민간기업인지 여부에 달려 있다고 볼 수 없다(헌재 2009.9.24, 2007헌바114).

제2항 직업의 자유

01 직업선택의 자유에 관한 설명으로 옳지 <u>않은</u> 것은?

10. 국가직 7급 변형

① 헌법재판소는 직업의 선택 혹은 직업의 수행의 자유는 주관적 공권의 성격이 두드러진 것이긴 하나, 사회적 시장경제질서라는 객관적 법질서의 구성요소이기도 하다고 판시하였다.
② 헌법재판소는 경쟁의 자유는 기본권 주체가 직업의 자유를 실제로 행사하는 데에서 나오는 결과이므로 당연히 직업의 자유에서 보장된다고 판시하였다.
③ 단계이론에 의하면 직업선택의 자유에 대한 제한이 불가피한 경우 먼저 제1단계로 직업종사의 자유를 제한하고, 그에 의하여 그 목적을 달성할 수 없는 경우 제2단계로 객관적 사유에 의하여 직업결정의 자유를 제한하고, 그에 의하여도 그 목적을 달성할 수 없는 경우 제3단계로 주관적 사유에 의하여 직업결정의 자유를 제한하여야 한다.
④ 직업의 자유를 제한함에 있어, 당사자의 능력이나 자격과 상관없는 객관적 사유에 의한 직업선택의 자유의 제한은 월등하게 중요한 공익을 위하여 명백하고 확실한 위험을 방지하기 위한 경우에만 정당화될 수 있다.

해설

③ [×] 헌법재판소도 "직업결정의 자유나 전직의 자유에 비하여 직업수행의 자유에 대하여는 상대적으로 더욱 넓은 법률상의 규제가 가능하다고 할 것이다."라고 하면서 단계이론을 수용하였다(헌재 1997.11.27, 97헌바10).
  ▶ 단계이론에서 제1단계는 직업수행의 자유를, 제2단계는 주관적 사유에 의한 직업결정의 자유를, 제3단계는 객관적 사유에 의한 직업결정의 자유를 제한한다. 즉, 지문은 제2단계와 제3단계가 반대로 되어 있다.
① [○] 헌재 1997.4.24, 95헌가273
② [○] 직업의 자유는 경쟁의 자유도 당연히 포함한다(헌재 1997.4.24, 95헌마90).
④ [○] 당사자의 능력이나 자격과 상관없는 객관적 사유에 의한 제한은 월등하게 중요한 공익을 위하여 명백하고 확실한 위험을 방지하기 위한 경우에만 정당화될 수 있고, 따라서 헌법재판소가 이 사건을 심사함에 있어서는 헌법 제37조 제2항이 요구하는바 과잉금지의 원칙, 즉 엄격한 비례의 원칙이 그 심사척도가 된다(헌재 2002.4.25, 2001헌마614).

정답 | 10 ③ 11 ③ / 01 ③

02 직업의 자유에 대한 설명으로 옳지 <u>않은</u> 것은? (다툼이 있는 경우 헌법재판소 판례에 의함)   13. 국가직 7급

① 약사들로 구성된 법인의 약국개설을 금지하는 것은, 구성원 전원이 약사인 법인 및 그러한 법인을 구성하여 약국업을 운영하려고 하는 약사 개인들의 직업의 자유를 침해하는 것이다.
② 헌법 제15조의 직업선택의 자유에는 직업결정의 자유, 직업수행의 자유, 전직의 자유 등이 모두 포함된다.
③ 입법자가 변리사제도를 형성하면서 변리사의 업무범위에 특허 침해소송의 소송대리를 포함하지 않은 것은 변리사의 직업의 자유를 침해하는 것이다.
④ 일반 학원의 강사라는 직업의 자격기준으로서 대학 졸업 이상의 학력을 갖추도록 요구하는 것은 직업의 자유를 침해하는 것이 아니다.

해설

③ [×] 변호사는 공공성을 지닌 법률전문직이므로(변호사법 제1조 및 제2조), 특허침해사건 소송대리에 대한 전문성, 공정성 및 신뢰성을 확보하여 소송당사자의 권익을 보호하기 위해 변호사에게만 특허침해소송의 소송대리를 허용하는 것은 그 합리성이 인정되며 입법재량의 범위 내라고 할 수 있다. 그러므로 이 사건 법률조항이 특허침해소송을 변리사가 예외적으로 소송대리를 할 수 있도록 허용된 범위에 포함시키지 아니한 것은 청구인들의 직업의 자유를 침해하지 아니한다(헌재 2012.8.23, 2010헌마740).
① [〇] 변호사, 공인회계사 등 여타 전문직과 의약품제조업자 등 약사법의 규율을 받는 다른 직종들에 대하여는 법인을 구성하여 업무를 수행할 수 있도록 하면서, 약사에게만 합리적 이유 없이 이를 금지하는 것은 헌법상의 평등권을 침해하는 것이다(헌재 2002.9.19, 2000헌바84).
② [〇] 헌법 제15조의 직업선택의 자유에는 직업결정의 자유, 직업수행의 자유, 전직의 자유 등이 모두 포함된다(헌재 2002.11.28, 2001헌바50).
④ [〇] 일반 학원강사의 자격기준으로 대학 졸업 이상의 학력을 갖추도록 요구하는 것에 대해서 자격미달의 강사가 가져올 부실교육 등의 폐단을 미연에 방지하기 위한 것으로 보아 합헌결정하였다(헌재 2003.9.25, 2002헌마519).

03 헌법상 직업의 자유에 대한 설명으로 가장 적절하지 <u>않은</u> 것은? (다툼이 있는 경우 헌법재판소 판례에 의함)   19. 경찰승진

① 직장선택의 자유는 국민의 권리로 보아야 하므로, 외국인은 직장선택의 자유를 향유할 수 없다.
② 직업결정의 자유나 전직의 자유에 비하여 직업수행의 자유에 대하여는 상대적으로 더욱 넓은 법률상의 규제가 가능하다.
③ 직업선택의 자유에는 자신이 원하는 직업 내지 직종에 종사하는 데 필요한 전문지식을 습득하기 위한 직업교육장을 임의로 선택할 수 있는 '직업교육장 선택의 자유'도 포함된다.
④ 직업의 자유에 '해당 직업에 합당한 보수를 받을 권리'까지 포함되지 않는다.

해설

① [×] 직업의 자유 중 이 사건에서 문제되는 직장선택의 자유는 인간의 존엄과 가치 및 행복추구권과도 밀접한 관련을 가지는 만큼 단순히 국민의 권리가 아닌 인간의 권리로 보아야 할 것이므로 외국인도 제한적으로라도 직장선택의 자유를 향유할 수 있다고 보아야 한다(헌재 2011.9.29, 2007헌마1083 등).
② [〇] 직업결정의 자유나 전직(轉職)의 자유에 비하여 직업수행의 자유(직업종사)는 더욱 넓은 법률상 규제가 가능하다(헌재 1997.11.27, 97헌바10).
③ [〇] 직업선택의 자유에는 자신이 원하는 직업 내지 직종에 종사하는 데 필요한 전문지식을 습득하기 위한 직업교육장을 임의로 선택할 수 있는 '직업교육장 선택의 자유'도 포함된다(헌재 2009.2.26, 2007헌마1262).
④ [〇] 직업의 자유에 '해당 직업에 합당한 보수를 받을 권리'까지 포함되어 있다고 보기 어려우므로 이 사건 법령조항이 청구인이 원하는 수준보다 적은 봉급월액을 규정하고 있다고 하여 이로 인해 청구인의 직업선택이나 직업수행의 자유가 침해되었다고 할 수 없다(헌재 2008.12.26, 2007헌마444).

04 직업의 자유에 관한 설명으로 가장 적절하지 않은 것은? (다툼이 있는 경우 판례에 의함) 24. 경찰순경 1차

① 의료인이 아닌 자의 문신시술업을 금지하고 처벌하는 의료법 조항은 문신시술자에 대하여 의료인 자격까지 요구하지 않고도, 시술자의 자격, 위생적인 문신시술 환경, 문신시술 절차 및 방법 등에 관한 규제를 통하여도 안전한 문신시술을 보장할 수 있다는 점에서 과잉금지원칙에 위배되어 문신시술을 업으로 삼고자 하는 청구인의 직업선택의 자유를 침해한다.

② 직업선택의 자유와 직업수행의 자유는 기본권의 주체에 대한 제한의 효과가 다르기 때문에 제한에 있어 적용되는 기준 또한 다르며, 특히 직업수행의 자유에 대한 제한의 경우 인격발현에 대한 침해의 효과가 일반적으로 직업선택 그 자체에 대한 제한에 비하여 작기 때문에, 그에 대한 제한은 보다 폭넓게 허용된다.

③ 교육부장관이 학교법인 ○○학당에게 한 법학전문대학원 설치인가 중 여성만을 입학자격요건으로 하는 입학전형계획을 인정한 부분은 남성인 청구인의 직업선택의 자유를 제한한다.

④ 성매매는 성판매자의 입장에서 생활의 기본적 수요를 충족하기 위한 소득활동에 해당함을 부인할 수 없으므로, 성매매를 한 자를 형사처벌 하도록 규정한 성매매알선 등 행위의 처벌에 관한 법률 조항은 성판매자의 직업선택의 자유를 제한하고 있다.

해설

① [×] 문신시술은, 바늘을 이용하여 피부의 완전성을 침해하는 방식으로 색소를 주입하는 것으로, 감염과 염료 주입으로 인한 부작용 등 위험을 수반한다. 이러한 시술 방식으로 인한 잠재적 위험성은 피시술자뿐 아니라 공중위생에 영향을 미칠 우려가 있고, 문신시술을 이용한 반영구화장의 경우라고 하여 반드시 감소된다고 볼 수도 없다. 심판대상조항은 의료인만이 문신시술을 할 수 있도록 하여 그 안전성을 담보하고 있다(헌재 2022.3.31, 2017헌마1343 등).
▶ 즉, 직업의 자유를 침해하지 않는다.

② [O] 직업선택의 자유와 직업수행의 자유는 기본권의 주체에 대한 제한의 효과가 다르기 때문에 제한에 있어 적용되는 기준 또한 다르며, 특히 직업수행의 자유에 대한 제한의 경우 인격발현에 대한 침해의 효과가 일반적으로 직업선택 그 자체에 대한 제한에 비하여 작기 때문에, 그에 대한 제한은 보다 폭넓게 허용된다(헌재 2009.6.25, 2007헌마451).

③ [O] 교육부장관의 이 사건 인가처분은 학교법인 이화학당이 법학전문대학원 설치인가를 받기 위해 제출한 입학전형계획을 그대로 인정함으로써 남성인 청구인의 직업선택의 자유를 제한하고 있다(헌재 2013.5.30, 2009헌마514).

④ [O] 성매매는 그것이 가지는 사회적 유해성과는 별개로 성판매자의 입장에서 생활의 기본적 수요를 충족하기 위한 소득활동에 해당함을 부인할 수 없다 할 것이므로, 심판대상조항은 성판매자의 직업선택의 자유도 제한하고 있다(헌재 2016.3.31, 2013헌가2).

05 직업의 자유에 대한 설명으로 옳은 것은? (다툼이 있는 경우 판례에 의함)   15. 서울시 7급 변형

① 계속성과 생활수단성을 개념표지로 하는 직업의 개념에 비추어 보면 학업 수행이 본업인 대학생의 경우 방학기간을 이용하여 또는 휴학 중에 학비 등을 벌기 위해 학원강사로서 일하는 행위는 일시적인 소득활동으로서 직업의 자유의 보호영역에 속하지 않는다.
② 외국인근로자의 사업장 이동을 3회로 제한하는 것은 직업의 자유를 침해하지 않는다.
③ 소주판매업자에게 자도소주구입을 강제하는 자도소주구입명령제도는 독과점을 방지하고, 중소기업을 보호한다는 공익적 목적달성을 위한 적합한 수단이므로 소주판매업자의 직업의 자유를 침해하지 않는다.
④ 대통령령으로 정하는 공공기관 및 공기업으로 하여금 매년 정원의 100분의 3 이상씩 34세 이하의 청년 미취업자를 채용하도록 한 이른바 '청년할당제'는 35세 이상 미취업자들의 평등권, 직업선택의 자유를 침해한다.

해설
② [O] 외국인고용법은 일정한 사유가 있는 경우에 3년의 체류기간 동안 3회까지 사업장을 변경할 수 있도록 하고 대통령령이 정하는 부득이한 사유가 있는 경우에는 추가로 사업장변경이 가능하도록 하고 있으므로 이 사건 법률조항이 입법자의 재량의 범위를 넘어 명백히 불합리하다고 할 수는 없다(헌재 2011.9.29, 2007헌마1083 등).
① [×] '직업'의 개념에 비추어 보면 비록 학업 수행이 청구인과 같은 대학생의 본업이라 하더라도 방학기간을 이용하여 또는 휴학 중에 학비 등을 벌기 위해 학원강사로서 일하는 행위는 어느 정도 계속성을 띤 소득활동으로서 직업의 자유의 보호영역에 속한다고 봄이 상당하다(헌재 2003.9.25, 2002헌마519).
③ [×] 구입명령제도는 소주판매업자의 직업의 자유는 물론 소주제조업자의 경쟁 및 기업의 자유, 즉 직업의 자유와 소비자의 행복추구권에서 파생된 자기결정권을 지나치게 침해하는 위헌적인 규정이다(헌재 1996.12.26, 96헌가18).
④ [×] 청년할당제가 추구하는 청년실업해소를 통한 지속적인 경제성장과 사회 안정은 매우 중요한 공익이며 청년할당제는 위와 같은 공익을 달성하는 데 기여하는 반면, 35세 이상 지원자들이 공공기관 취업기회에서 청년할당제 시행 때문에 새로이 불이익을 받을 가능성은 현실적으로 크다고 볼 수 없어 법익균형성 원칙에도 위반된다고 볼 수 없다. 이 사건 청년할당제도는 청구인들의 평등권, 공공기관 취업의 자유를 침해하여 헌법에 위반된다고 볼 수 없다(헌재 2014.8.26, 2013헌마553).

06 직업의 자유에 대한 설명으로 옳지 않은 것은? (다툼이 있는 경우 판례에 의함)   20. 5급 공채

① 직업의 자유는 영업의 자유와 기업의 자유를 포함하고, 이러한 영업 및 기업의 자유를 근거로 원칙적으로 누구나가 자유롭게 경쟁에 참여할 수 있다.
② 직업의 자유는 직장선택의 자유를 포함하며, 직장선택의 자유는 원하는 직장을 제공하여 줄 것을 청구하거나 한번 선택한 직장의 존속보호를 청구할 권리를 보장하는 것이다.
③ 공무담임권은 국가 등에게 능력주의를 존중하는 공정한 공직자 선발을 요구할 수 있는 권리라는 점에서 직업선택의 자유보다는 그 기본권의 효과가 현실적·구체적이므로, 공직을 직업으로 선택하는 경우에 있어서 직업선택의 자유는 공무담임권을 통해서 그 기본권보호를 받게 된다.
④ 복수면허 의료인에게 양방이든 한방이든 하나의 의료기관만을 개설하도록 하는 것은 복수면허 의료인들의 직업의 자유를 침해한다.

해설

② [×] 근로의 권리는 사회적 기본권으로서, 국가에 대하여 직접 일자리(직장)를 청구하거나 일자리에 갈음하는 생계비의 지급청구권을 의미하는 것이 아니라, 고용증진을 위한 사회적·경제적 정책을 요구할 수 있는 권리에 그친다. 근로의 권리를 직접적인 일자리 청구권으로 이해하는 것은 사회주의적 통제경제를 배제하고, 사기업 주체의 경제상의 자유를 보장하는 우리 헌법의 경제질서 내지 기본권 규정들과 조화될 수 없다. 마찬가지 이유로 근로의 권리로부터 국가에 대한 직접적인 직장존속청구권을 도출할 수도 없다. 단지 사용자의 처분에 따른 직장상실에 대하여 최소한의 보호를 제공하여야 할 의무를 국가에 지우는 것이다(헌재 2002.11.28, 2001헌바50).

① [○] 직업의 자유는 영업의 자유와 기업의 자유를 포함하고, 이러한 영업 및 기업의 자유를 근거로 원칙적으로 누구나가 자유롭게 경쟁에 참여할 수 있다. 경쟁의 자유는 기본권의 주체가 직업의 자유를 실제로 행사하는 데에서 나오는 결과이므로 당연히 직업의 자유에 의하여 보장되고, 다른 기업과의 경쟁에서 국가의 간섭이나 방해를 받지 않고 기업활동을 할 수 있는 자유를 의미한다(헌재 1996.12.26, 96헌가18).

③ [○] 공무담임권은 국가 등에게 능력주의를 존중하는 공정한 공직자 선발을 요구할 수 있는 권리라는 점에서 직업선택의 자유보다는 그 기본권의 효과가 현실적·구체적이므로, 공직을 직업으로 선택하는 경우에 있어서 직업선택의 자유는 공무담임권을 통해서 그 기본권보호를 받게 된다고 할 수 있으므로 공무담임권을 침해하는지 여부를 심사하는 이상 이와 별도로 직업선택의 자유 침해 여부를 심사할 필요는 없다(헌재 2006.3.30, 2005헌마598).

④ [○] 상대적으로 쌍방 의료행위에 대한 지식과 능력이 우수한 사람들에 대하여 어느 한쪽의 의료기관의 개설만을 허용하고 나머지를 금지하는 이 사건 법률 조항은 그 제한의 목적과 수단이 정당하고 적절하다고 보기도 어렵다. … 이 사건 법률조항은 청구인들과 같은 복수면허 의료인에게 양방이든 한방이든 하나의 의료기관만을 개설하도록 하는 규범으로 작용한다는 점에서 과잉금지원칙에 반하여 청구인들의 직업의 자유를 침해한다(헌재 2007.12.27, 2004헌마1021).

07 직업의 자유에 대한 설명으로 옳지 않은 것은? (다툼이 있는 경우 헌법재판소 판례에 의함) 17. 입법고시 변형

① 경쟁의 자유는 기본권의 주체가 직업의 자유를 실제로 행사하는 데에서 나오는 결과이므로 당연히 직업의 자유에 의하여 보장되고, 다른 기업과의 경쟁에서 국가의 간섭이나 방해를 받지 않고 기업활동을 할 수 있는 자유를 의미한다.

② 개인이 다수의 직업을 선택하여 동시에 행사하는 겸직의 자유는 직업의 자유에 포함된다.

③ 헌법 제15조에서 보장하는 '직업'이란 생활의 기본적 수요를 충족시키기 위하여 행하는 계속적인 소득활동을 의미하는바, 성매매는 그것이 가지는 사회적 유해성과는 별개로 성판매자의 입장에서 생활의 기본적 수요를 충족하기 위한 소득활동에 해당함은 부인할 수 없으므로, 성매매를 한 자를 형사처벌하는 성매매알선등 행위의 처벌에 관한 법률 조항은 성판매자의 직업선택의 자유를 제한한다.

④ 입원환자에 대하여 의약분업의 예외를 인정하면서도 의사로 하여금 조제를 직접 담당하도록 한 것은 직업수행의 자유를 침해한다.

해설

④ [×] 입원환자에 대하여 의약분업의 예외를 인정하면서도 의사로 하여금 조제를 직접 담당하도록 한 것은 직업수행의 자유를 침해하지 아니한다(헌재 2015.7.30, 2013헌바422).

① [○] 직업의 자유는 영업의 자유와 기업의 자유를 포함하고, 이러한 영업 및 기업의 자유를 근거로 원칙적으로 누구나가 자유롭게 경쟁에 참여할 수 있다. 경쟁의 자유는 기본권의 주체가 직업의 자유를 실제로 행사하는 데에서 나오는 결과이므로 당연히 직업의 자유에 의하여 보장되고, 다른 기업과의 경쟁에서 국가의 간섭이나 방해를 받지 않고 기업활동을 할 수 있는 자유를 의미한다(헌재 1996.12.26, 96헌가18).

② [○] 헌법 제15조는 모든 국민은 직업선택의 자유를 가진다고 규정하고 있는데 그 뜻은 누구든지 자기가 선택한 직업에 종사하여 이를 영위하고 언제든지 임의로 그것을 바꿀 수 있는 자유와 여러 개의 직업을 선택하여 동시에 함께 행사할 수 있는 자유, 즉 겸직의 자유도 가질 수 있다는 것이다(헌재 1997.4.24, 95헌마90).

③ [○] 헌법 제15조에서 보장하는 '직업'이란 생활의 기본적 수요를 충족시키기 위하여 행하는 계속적인 소득활동을 의미하고, 성매매는 그것이 가지는 사회적 유해성과는 별개로 성판매자의 입장에서 생활의 기본적 수요를 충족하기 위한 소득활동에 해당함을 부인할 수 없다 할 것이므로, 심판대상조항은 성판매자의 직업선택의 자유도 제한하고 있다. … 심판대상조항은 개인의 성적 자기결정권, 사생활의 비밀과 자유, 직업선택의 자유를 침해하지 아니한다(헌재 2016.3.31, 2013헌가2).

정답 | 05 ② 06 ② 07 ④

08 직업의 자유에 대한 설명으로 옳지 않은 것은? (다툼이 있는 경우 판례에 의함)   20. 지방직 7급 변형

① 전문과목을 표시한 치과의원은 그 표시한 전문과목에 해당하는 환자만을 진료하여야 한다고 규정한 의료법 제77조 제3항은 과잉금지원칙을 위배하여 치과전문의인 청구인들의 직업수행의 자유를 침해한다.
② 법인의 임원이 학원의 설립·운영 및 과외교습에 관한 법률을 위반하여 벌금형을 선고받은 경우, 법인의 등록이 효력을 잃도록 규정하는 것은 과잉금지원칙을 위배하여 법인의 직업수행의 자유를 침해한다.
③ 보건복지부장관이 치과전문의자격시험제도를 실시할 수 있도록 시행규칙을 마련하지 아니한 행정입법부작위는 전공의수련과정을 마친 청구인들의 직업의 자유를 침해한 것이다.
④ 변호사시험의 응시기회를 법학전문대학원의 석사학위 취득자의 경우 석사학위를 취득한 달의 말일부터 또는 석사학위 취득 예정자의 경우 그 예정기간 내 시행된 시험일부터 5년 내에 5회로 제한한 변호사시험법 규정은 응시기회의 획일적 제한으로 청구인들의 직업선택의 자유를 침해한다.

해설

④ [×] 장기간의 시험 준비로 인력 낭비가 문제되었던 사법시험의 폐해를 극복하고 교육을 통하여 법조인을 양성한다는 법학전문대학원의 도입취지를 살리기 위하여 응시기회에 제한을 두어 시험 합격률을 일정 비율로 유지하고, 법학전문대학원의 교육이 끝난 때로부터 일정기간 동안만 시험에 응시할 수 있게 한 것은 정당한 입법목적을 달성하기 위한 적합한 수단이다(헌재 2016.9.29, 2016헌마47).
① [O] 적정한 치과 의료전달체계의 정립을 위해서는 치과일반의와 치과전문의 간의 역할 분담과 상호 협력을 적절하게 구축할 수 있는 근본적인 제도적 해결책을 마련하는 것이 필요하며, 1차 의료기관의 전문과목 표시에 대한 불이익을 주어 치과전문의들의 2차 의료기관 종사를 억지로 유도하는 것은 바람직한 해결방안이 될 수 없다(헌재 2015.5.28, 2013헌마799).
② [O] 법인의 임원이 학원의 설립·운영 및 과외교습에 관한 법률을 위반하여 벌금형을 선고받은 경우, 법인의 등록이 효력을 잃도록 규정하는 것은 과잉금지원칙을 위배하여 법인의 직업수행의 자유를 침해한다(헌재 2015.5.28, 2012헌마653).
③ [O] 보건복지부장관이 치과전문의자격시험제도를 실시할 수 있도록 시행규칙을 마련하지 아니한 행정입법부작위는 전공의수련과정을 마친 청구인들의 직업의 자유를 침해한 것이다(헌재 1998.7.16, 96헌마246).
▶ 직업의 자유, 행복추구권, 평등권은 침해하지만, 학문의 자유, 재산권, 보건권은 침해하지 않는다.

09 직업선택의 자유와 관련된 헌법재판소의 판시내용으로 가장 적절하지 않은 것은?   15. 경찰승진

① 안경사의 안경제조행위 및 그 전제가 되는 도수측정행위를 허용하는 것은 안과의사의 의료권과 직업선택의 자유를 침해하는 것이 아니다.
② 초·중·고등학교 등 학교환경위생정화구역 안에서 노래연습장의 설치를 제한하는 것은 직업선택의 자유에 대한 과도한 침해이다.
③ 건설업자가 명의대여행위를 한 경우 그 건설업 등록을 필요적으로 말소하도록 규정한 것은 직업수행의 자유 및 재산권을 침해한다고 할 수 없다.
④ 청소년의 보호를 위하여 담배자판기설치의 제한은 반드시 필요하다고 할 것이고 이로 인하여 담배소매인의 직업수행의 자유가 다소 제한되더라도 법익형량의 원리상 감수되어야 할 것이다.

해설

② [×] 학생들이 자주 출입하고 학교에서 바라보이는 학교환경위생정화구역 안에서 노래연습장 시설을 금지하면, 변별력과 의지력이 미약한 초·중등교육법상 각 학교(같은 법 제2조 제1호의 유치원은 제외한다)의 학생들을 노래연습장이 갖는 오락적인 유혹으로부터 차단하는 효과가 상당히 크다고 할 것이고, 학교환경위생정화위원회의 심의를 거쳐 학습과 학교보건위생에 나쁜 영향을 주지 않는다고 인정하는 경우에는 위 학교환경위생정화구역 중 상대정화구역 안에서의 노래연습장 시설은 허용되므로, 학교보건법 소정의 학교환경위생정화구역 안에서 노래연습장의 시설·영업을 금지하는 이 사건 시행령에 의한 직업행사 자유의 제한은 그 입법목적 달성을 위하여 필요한 정도를 넘어 과도하게 제한하는 것이라고 할 수 없다(헌재 1999.7.22, 98헌마480).
① [O] 안경사에게 한정된 범위 내의 시력검사를 허용하고 있는 심판대상규정이 안과의사의 전문적인 의료영역을 정면으로 침해하는 것이라고 할 수는 없고, 나아가 그 규정이 청구인의 직업선택(수행)의 자유를 침해하는 것이라고도 보기 어렵다(헌재 1993.11.25, 92헌마87).

③ [○] 유기적 일체로서의 건설공사의 특성으로 말미암아 경미한 부분의 명의대여행위라도 건축물 전체의 부실로 이어진다는 점을 고려할 때 이로 인해 명의대여행위를 한 건설업자가 더 이상 건설업을 영위하지 못하는 등 손해를 입는다고 하더라도 이를 두고 침해되는 사익이 더 중대하다고 할 수는 없으므로 청구인의 직업수행의 자유 및 재산권을 침해한다고 할 수 없다(헌재 2001.3.21, 2000헌바27).

④ [○] 자동판매기를 통한 담배판매는 구입자가 누구인지를 분별하는 것이 곤란하여 청소년의 담배구입을 막기 어렵고, 청소년이 쉽게 볼 수 있는 장소에 설치됨으로써 청소년에 대한 흡연유발효과도 매우 크다고 아니할 수 없으므로, 청소년의 보호를 위하여 자판기설치의 제한은 반드시 필요하다고 할 것이고, 이로 인하여 담배소매인의 직업수행의 자유가 다소 제한되더라도 법익형량의 원리상 감수되어야 할 것이다(헌재 1995.4.20, 92헌마264).

10 직업의 자유에 관한 설명으로 옳지 않은 것은? (다툼이 있는 경우 헌법재판소 판례에 의함) 22. 소방간부 변형

① 생활수단성과 관련하여서는 단순한 여가활동이나 취미활동은 직업의 개념에 포함되지 않으나 겸업이나 부업은 삶의 수요를 충족하기에 적합하므로 직업에 해당한다.

② 금고 이상의 실형을 선고받고 그 집행이 종료된 날부터 3년이 경과되지 않은 경우 중개사무소 개설등록을 취소하도록 한 공인중개사법 조항은 직업선택의 자유를 침해하지 않는다.

③ 이미 국내에서 치과의사면허를 취득하고 외국의 의료기관에서 치과전문의 과정을 이수한 사람들에게 국내에서 전문의 과정을 다시 이수할 것을 요구하는 것은 치과의사의 직업수행의 자유를 침해한다.

④ 안경사 면허를 가진 자연인에게만 안경업소의 개설을 할 수 있도록 한 것은 법인의 직업의 자유를 침해한다.

해설

④ [×] 안경의 잘못된 조제로 인한 분쟁 발생시 법인과 고용된 안경사간의 책임 소재가 불분명해지는 문제도 발생할 수 있고, 법인 안경업소가 무면허자를 고용하는 등의 행위를 사전에 차단하기 어렵다. 사후적 단속·구제로는 국민보건상 부작용을 미연에 방지할 수 없다(헌재 2021.6.24, 2017헌가31). 따라서 직업의 자유를 침해하지 않는다.

① [○] 직업의 개념표지들은 개방적 성질을 지녀 엄격하게 해석할 필요는 없는바, '계속성'과 관련하여서는 주관적으로 활동의 주체가 어느 정도 계속적으로 해당 소득활동을 영위할 의사가 있고, 객관적으로도 그러한 활동이 계속성을 띨 수 있으면 족하다고 해석되므로 휴가기간 중에 하는 일, 수습직으로서의 활동 따위도 이에 포함된다고 볼 것이고, 또 '생활수단성'과 관련하여서는 단순한 여가활동이나 취미활동은 직업의 개념에 포함되지 않으나 겸업이나 부업은 삶의 수요를 충족하기에 적합하므로 직업에 해당한다고 말할 수 있다(헌재 2003.9.25, 2002헌마519).

② [○] 공인중개업은 국민의 재산권에 큰 영향을 미치므로 업무의 공정성과 신뢰를 확보할 필요성이 큰 반면, 심판대상조항으로 인하여 중개사무소 개설등록이 취소된다 하더라도 공인중개사 자격까지 취소되는 것이 아니어서 3년이 경과한 후에는 다시 중개사무소를 열 수 있다. 따라서 심판대상조항은 과잉금지원칙에 반하여 직업선택의 자유를 침해하지 아니한다(헌재 2019.2.28, 2016헌바467).

③ [○] 이미 국내에서 치과의사면허를 취득하고 외국의 의료기관에서 치과전문의 과정을 이수한 사람들에게 다시 국내에서 전문의 과정을 다시 이수할 것을 요구하는 것은 지나친 부담을 지우는 것이므로, 심판대상조항은 침해의 최소성원칙에 위배되고 법익의 균형성도 충족하지 못한다. 따라서 심판대상조항은 과잉금지원칙에 위배되어 청구인들의 직업수행의 자유를 침해한다(헌재 2015.9.24, 2013헌마197).

11 직업의 자유에 대한 설명으로 옳지 않은 것은? (다툼이 있는 경우 판례에 의함) 20. 입법고시 변형

① 국가기술자격증을 다른 자로부터 빌려 건설업의 등록기준을 충족시킨 경우 그 건설업 등록을 필요적으로 말소하도록 한 법률규정은 건설업자의 직업의 자유를 침해하지 않는다.
② 택시운전 자격을 취득한 사람이 강제추행 등 성범죄를 범하여 금고 이상의 형의 집행유예를 선고받은 경우 그 자격을 취소하도록 하는 것은 직업의 자유를 침해한다.
③ 변호인선임서 등을 공공기관에 제출할 때 소속 지방변호사회를 경유하도록 한 법률규정은 변호사의 직업수행의 자유를 침해하지 않는다.
④ 현금영수증 의무발행업종 사업자로 하여금 건당 10만원 이상의 현금거래시 현금영수증을 의무발급하도록 하고 위반시 과태료를 부과하는 것은 직업의 자유를 침해하지 않는다.

해설

② [×] 운전면허를 받은 사람이 자동차 등을 이용하여 살인 또는 강간 등의 범죄행위를 한 때 운전면허를 취소하도록 규정한 도로교통법은 직업의 자유를 침해한 것이다(헌재 2015.5.28, 2013헌가6). 반면 택시운전의 경우 강간 등의 범죄행위를 한 때 면허를 취소하도록 한 것은 헌법에 위반되지 않는다(헌재 2018.5.31, 2016헌바14).
① [○] 법이 정하는 등록요건인 기술능력을 충족하지 못하게 된 자가 타인의 국가기술자격증을 빌려 건설업 등록을 유지하는 행위는 이러한 등록제도의 취지를 형해화하는 것이고, 그 결과 건설공사의 적정한 시공과 시설물의 안전에 위험을 야기하여 국민의 생명·재산에 돌이킬 수 없는 손해를 초래할 수 있기 때문에, 임의적 등록말소만으로 이러한 위험을 방지하기에 충분하다고 단정하기 어렵다(헌재 2016.12.29, 2015헌바429). 따라서 필요적 말소제도는 헌법에 위반되지 아니한다.
③ [○] 이는 사건수임비리의 근절 및 사건수임 투명화라는 입법목적을 위한 것이었다. 이 사건 결정은, 변호사는 기본적 인권을 옹호하고 사회정의를 실현함을 사명으로 하는 자로서 법률전문가로서의 능력뿐만 아니라 공공성 및 고도의 사회적 책임과 직업윤리가 강조되는 직업임을 고려할 때, 변호사법 제29조의 경유제도는 변호사의 직업수행의 자유 및 평등권을 침해하지 아니함을 선언한 사건이다(헌재 2013.5.30, 2011헌마131).
④ [○] 변호사, 의사, 일반교습학원 운영자 등 고액 현금거래가 많은 업종의 사업자에 대하여 과세표준을 양성화하여 세금탈루를 방지하기 위한 것이므로, 직업수행의 자유 등을 침해하지 않는다(헌재 2017.5.25, 2017헌바57).

12 직업의 자유에 대한 설명으로 옳지 않은 것은? (다툼이 있는 경우 판례에 의함) 18. 국가직 7급

① 제조업의 직접생산공정업무를 근로자파견의 대상 업무에서 제외하는 법률조항은 근로자 파견을 허용하되 파견기간을 제한하는 방법도 고려해 볼 수 있으므로 제조업의 직접생산공정업무에 관하여 근로자파견의 역무를 제공받고자 하는 사업주의 직업수행의 자유를 침해한다.
② 세무사 자격 보유 변호사가 세무사로서 세무조정업무를 일체 수행할 수 없도록 한 규정은 이들에게 세무사 자격을 부여한 의미를 상실시키는 것일 뿐만 아니라 세무사 자격에 기한 직업선택의 자유를 지나치게 제한하는 것으로 헌법에 위반된다.
③ 청원경찰이 저지른 범죄의 종류나 내용을 불문하고 범죄행위로 금고 이상의 형의 선고유예를 받게 되면 당연히 퇴직되도록 규정한 것은 이를 통해 달성하려는 공익의 비중에도 불구하고 청원경찰의 직업의 자유를 과도하게 제한하고 있어 헌법에 위반된다.
④ 아동학대 관련 범죄전력자가 아동 관련 기관인 체육시설 등을 운영하거나 학교에 취업하는 것을 형이 확정된 때부터 형의 집행이 종료되거나 집행을 받지 아니하기로 확정된 후 10년까지의 기간 동안 제한하는 것은 직업의 자유를 침해한다.

해설

① [×] 제조업의 직접생산공정업무에 관하여 근로자파견의 역무를 제공받고자 하는 사업주의 직업수행의 자유를 침해한다고 볼 수 없다(헌재 2017.12.28, 2016헌바346).
② [○] 과거 변호사 자격을 취득하고 세무사의 자격이 자동으로 인정되었던 자들에게 세무조정업무 등 일체를 할 수 없도록 한 것은 변호사들의 직업선택의 자유를 침해한다(헌재 2018.4.26, 2015헌가19).
③ [○] 청원경찰이 저지른 범죄의 종류나 내용을 불문하고 범죄행위로 금고 이상의 형의 선고유예를 받게 되면 당연히 퇴직되도록 규정한 것은 이를 통해 달성하려는 공익의 비중에도 불구하고 청원경찰의 직업의 자유를 과도하게 제한하고 있어 헌법에 위반된다(헌재 2018.1.25, 2017헌가26).
④ [○] 아동학대 관련 범죄전력자가 아동 관련 기관인 체육시설 등을 운영하거나 학교에 취업하는 것을 형이 확정된 때부터 형의 집행이 종료되거나 집행을 받지 아니하기로 확정된 후 10년까지의 기간 동안 제한하는 것은 직업의 자유를 침해한다(헌재 2018.6.28, 2017헌마130).

---

13 직업의 자유에 대한 설명 중 가장 옳지 않은 것은? (다툼이 있을 경우 판례에 의함) 08. 법원직 9급 변형

① 직업의 자유에서의 직업이란 생활의 기본적 수요를 충족시키기 위한 계속적인 소득활동을 의미하며 그러한 내용의 활동인 한 그 종류나 성질을 불문한다.
② 법인은 기본권의 성질에 따라 그 주체가 될 수 있으므로 직업수행의 자유의 주체가 된다.
③ 유치원 주변 학교환경위생 정화구역에서 성관련 청소년유해물건을 제작·생산·유통하는 청소년유해업소를 예외 없이 금지하는 학교보건법은 직업의 자유를 침해한 것이다.
④ 단란주점에 미성년자의 출입을 제한하고 미성년자에 대한 주류제공을 금지하는 것은 직업수행의 자유를 과잉제한하는 것이 아니며, 따라서 헌법에 위반되지 않는다.

해설

③ [×] 유치원 주변의 학교환경위생 정화구역 내에서 성기구 등 청소년유해물건을 취급하는 청소년유해업소 시설이나 그 영업을 예외 없이 금지하는 구 학교보건법 제6조 제1항 제19호가 헌법상 포괄위임금지 원칙 및 죄형법정주의 명확성 원칙에 위반되지 않고, 이는 유아 단계의 청소년의 보호 및 건전한 성장을 위하여 필요·적절하고 제한구역도 200m에 불과하여 관련 업소를 운영하는 자의 직업의 자유 등 기본권을 침해하지 않으므로 헌법에 위반되지 않는다(헌재 2013.6.27, 2011헌바8).
① [○] 다만, 학설에서는 공공무해성도 그 요건으로 포함시키고 있다(헌재 1992.5.13, 92헌마80).
② [○] 법인도 직업의 자유의 일환인 영업의 자유에서는 주체가 된다.
④ [○] 주점을 경영하는 자에게 19세 미만의 청소년에게 술을 파는 것을 금지하는 것에 대해서 "이들이 무절제한 음주를 할 경우 학업성취 및 직업 등에의 적응 그리고 심신의 건전한 성장과 발전에 중대한 지장을 받을 위험이 매우 크다."라고 판시하였다(헌재 2001.1.18, 99헌마555).

정답 | 11 ② 12 ① 13 ③

14 직업의 자유에 대한 단계이론의 관점에서 볼 때 제한의 강도가 가장 <u>약한</u> 것은?   18. 서울시 7급

① 시각장애인에 대하여만 안마사 자격 인정을 받을 수 있도록 하는 것
② 대학 졸업 이상의 학력 소지자에게만 학원강사가 될 수 있도록 하는 것
③ 학교교과 교습학원의 교습시간을 05:00부터 22:00까지로 제한하는 것
④ 경비업을 전문으로 하는 별개의 법인을 설립하지 않는 한 경비업과 그 밖의 업종을 겸영하지 못하도록 하는 것

해설

③ [O] 직업의 자유에서 단계이론은 1단계(직업행사)에서 2단계, 2단계(주관적 결정)에서 3단계(객관적 결정)로 갈수록 제한의 강도가 강한 것으로 본다. 따라서 가장 약한 것은 1단계이다(헌재 2016.5.26, 2014헌마374).
① [×] 3단계(헌재 2008.10.30, 2006헌마1098)
② [×] 2단계(헌재 2003.9.25, 2002헌마519)
④ [×] 3단계(헌재 2002.4.25, 2001헌마614)

15 헌법재판소의 결정에 의할 때, '직업의 자유'에 대한 제한유형 가운데 합헌성 판단에서 가장 엄격한 기준이 적용된 경우는?   05. 국가직 7급

① 경비업의 경영에 있어 별개 전문법인의 설립강제
② 대통령령이 정하는 유사석유제품의 생산, 판매에 대한 처벌
③ 부동산중개업에 있어 법정수수료의 강제
④ 의료보험법 소정의 의료기관 강제지정제

해설

① [O] 이 경우 판례는 3단계 기준으로 판단하였다(헌재 2002.4.25, 2001헌마614).
② [×] 유사석유 판매를 제한하는 것이므로 1단계 제한이다(헌재 2001.12.20, 2001헌가6 등).
③ [×] 법정수수료는 수수료 액수의 제한으로서, 1단계 제한이다(헌재 2002.6.27, 2000헌마642 등).
④ [×] 의료활동을 할 수 있으나, 다만 의료보험의 규제를 받게 되므로 1단계 제한이다(헌재 2002.10.31, 99헌바76 등).

16 자격제와 직업의 자유에 대한 설명으로 가장 적절하지 <u>않은</u> 것은? (다툼이 있는 경우 헌법재판소 판례에 의함)

22. 경찰간부

① 의료인이 아닌 자의 무면허의료행위를 일률적·전면적으로 금지한 구 의료법 조항은 국민의 생명권과 건강권을 보호하고 국민의 보건에 관한 국가의 보호의무를 이행하기 위한 조치로서, 이러한 기본권의 제한은 비례의 원칙에 부합한다.

② 세무 관련 분야에서 전문성이 인정되는 자격증을 소지한 자를 7급 세무직 공무원 공개경쟁채용시험에서 우대하는 것은 업무상 전문성을 강화하고 자격증 소지 여부가 시험에서 우대를 고려할 객관적 근거가 되며, 가산점제도가 자격증 없는 자들의 응시기회 자체를 제한한다고 보기 어려우므로 과잉금지원칙에 반하지 않는다.

③ 법학전문대학원 입학자 중 법학 외의 분야 및 당해 법학전문대학원이 설치된 대학 외의 대학에서 학사학위를 취득한 자가 차지하는 비율이 입학자의 3분의 1 이상이 되도록 규정한 법학전문대학원 설치·운영에 관한 법률 조항은 직업의 자유를 침해하지 않는다.

④ 특정 직업분야에 관한 자격제도를 만들면서 그 자격요건을 어떻게 설정할 것인가는 그 입법재량의 폭이 좁다 할 것이므로 과잉금지원칙을 적용함에 있어서 다른 방법으로 직업선택의 자유를 제한하는 경우에 비해 보다 엄격한 심사가 필요하다.

해설

④ [×] 과잉금지의 원칙을 적용함에 있어서도, 어떠한 직업분야에 관한 자격제도를 만들면서 그 자격요건을 어떻게 설정할 것인가에 관하여는 국가에게 폭넓은 입법재량권이 부여되어 있는 것이므로 다른 방법으로 직업선택의 자유를 제한하는 경우에 비하여 보다 유연하고 탄력적인 심사가 필요하다 할 것이다(헌재 2003.9.25, 2002헌마519).

① [O] 의료인이 아닌 자의 의료행위를 전면적으로 금지한 것은 매우 중대한 헌법적 법익인 국민의 생명권과 건강권을 보호하고 국민의 보건에 관한 국가의 보호의무(헌법 제36조 제3항)를 이행하기 위하여 적합한 조치로서, … 헌법에 위반되지 않는다(헌재 2002.12.18, 2001헌마370).

② [O] 세무직 국가공무원의 업무상 전문성 강화라는 공익과 함께, 위와 같은 가산점 제도가 1993.12.31. 이후 유지되어 온 점, 자격증 없는 자들의 응시기회 자체가 박탈되거나 제한되는 것이 아닌 점, 가산점 부여를 위해서는 일정한 요건을 갖추도록 하고 있는 점 등을 고려하면 법익균형성이 인정된다(헌재 2020.6.25, 2017헌마1178).

③ [O] 로스쿨제도의 도입을 통하여 추구하는 입법목적은, 현행 법조인 양성제도가 가지고 있는 문제를 해결하여 다양한 학문적 배경을 가진 학위 소지자를 대상으로 전문적인 법률이론 및 실무에 관한 교육을 실시함으로써 다양하고 경쟁력 있는 우수한 법조인을 많이 양성하는 것이라고 할 것이다. … 청구인들의 직업선택의 자유를 침해하지 아니한다(헌재 2009.2.26, 2007헌마1262).

제3항 소비자의 권리

01 소비자의 권리에 관한 설명 중 옳지 않은 것은?

03. 국가직 7급 변형

① 의료인이 치료효과를 보장하는 등 소비자를 현혹할 우려가 있는 내용의 광고를 한 경우 형사처벌하도록 규정한 의료법 조항은 의료인의 직업수행의 자유를 침해한다고 볼 수 없다.
② 우리 헌법에는 소비자기본권에 관한 근거규정이 있다.
③ 소비자기본권은 제3세대 인권으로서 연대권적인 성질을 갖는다.
④ 소비자기본권은 대국가적 효력을 가짐에는 의문이 없으나, 대사인적 효력은 갖지 않는다고 봄이 타당하다.

해설

④ [×] 소비자의 권리야말로 대표적인 대사인효의 문제이다. 주로 사인인 기업과 소비자인 국민 간의 관계에서 문제가 되기 때문이다.
① [O] '소비자를 현혹할 우려가 있는 내용의 광고'란 의료소비자를 혼란스럽게 하고 합리적인 선택을 방해할 것으로 걱정되는 광고를 의미하는 것으로 해석할 수 있다(헌재 2014.9.25, 2013헌바28).
② [O] 우리 헌법에는 소비자기본권에 관한 근거규정으로서, 헌법 제10조의 인간의 존엄과 가치, 행복추구권, 헌법 제124조의 소비자보호운동이 있다.
③ [O] 소비자기본권은 제3세대 인권으로서의 연대적인 성질을 가지며 그 주체는 자연인과 법인을 들 수 있다.

정답 | 01 ④

제3장 | 정치적 기본권

핵심 OX

01 대통령은 헌법 제72조상의 국민투표부의권을 행사하여 헌법을 개정할 수 있다. ( )

해설

[×] 헌법개정은 헌법 제128조에서 제130조 규정에 의거하여 개정할 수 있을 뿐 헌법 제72조로 헌법을 개정할 수는 없다.

02 헌법 제72조의 "대통령은 필요하다고 인정할 때에는 외교·국방·통일 기타 국가안위에 관한 중요정책을 국민투표에 붙일 수 있다."라는 규정은 대통령에게 국민투표의 실시 여부, 시기, 구체적 부의사항, 설문내용 등을 결정할 수 있는 임의적인 국민투표발의권을 독점적으로 부여하고 있다. ( )

해설

[O] 헌법 제72조는 "대통령은 필요하다고 인정할 때에는 외교·국방·통일 기타 국가안위에 관한 중요정책을 국민투표에 붙일 수 있다."라고 규정하여 대통령에게 국민투표 부의권을 부여하고 있다. 헌법 제72조는 대통령에게 국민투표의 실시 여부, 시기, 구체적 부의사항, 설문내용 등을 결정할 수 있는 임의적인 국민투표발의권을 독점적으로 부여함으로써, 대통령이 단순히 특정 정책에 대한 국민의 의사를 확인하는 것을 넘어서 자신의 정책에 대한 추가적인 정당성을 확보하거나 정치적 입지를 강화하는 등, 국민투표를 정치적 무기화하고 정치적으로 남용할 수 있는 위험성을 안고 있다. 이러한 점을 고려할 때, 대통령의 부의권을 부여하는 헌법 제72조는 가능하면 대통령에 의한 국민투표의 정치적 남용을 방지할 수 있도록 엄격하고 축소적으로 해석되어야 한다(헌재 2004.5.14, 2004헌나1).

03 우리나라 제7차 개정헌법(1972)에서는 대통령이 제안한 헌법개정안은 국회의결 없이 국민투표만으로 개정하도록 규정하였다. ( )

해설

[O]
> **제4공화국 헌법(1972) 제126조** ① 대통령이 제안한 헌법개정안은 20일 이상의 기간을 공고하여야 하며, 공고된 날로부터 60일 이내에 국민투표에 붙여야 한다.
> ② 국민투표에 붙여진 헌법개정안은 국회의원 선거권자 과반수의 투표와 투표자 과반수의 찬성을 얻어 헌법개정이 확정된다.

04 헌법재판소는 대통령은 헌법상 국민에게 자신에 대한 신임을 국민투표의 형식으로 물을 수는 없지만 특정정책을 국민투표에 붙이면서 이에 자신의 신임을 결부시키는 대통령의 행위는 허용된다고 판시하였다. ( )

해설

[×] 특정정책을 국민투표에 붙이면서 이에 자신의 신임을 결부시키는 대통령의 행위도 위헌적인 행위로서 헌법적으로 허용되지 않는다(헌재 2004.5.14, 2004헌나1). 헌법재판소는 "국민투표는 직접민주주의를 실현하기 위한 수단으로서 '사안에 대한 결정', 즉 특정한 국가정책이나 법안을 그 대상으로 한다. 따라서 국민투표의 본질상 '대표자에 대한 신임'은 국민투표의 대상이 될 수 없으며, 우리 헌법에서 대표자의 선출과 그에 대한 신임은 단지 선거의 형태로써 이루어져야 한다. 대통령이 자신에 대한 재신임을 국민투표의 형태로 묻고자 하는 것은 헌법 제72조에 의하여 부여받은 국민투표부의권을 위헌적으로 행사하는 경우에 해당하는 것으로, 국민투표제도를 자신의 정치적 입지를 강화하기 위한 정치적 도구로 남용해서는 안 된다는 헌법적 의무를 위반한 것이다. 물론, 대통령이 위헌적인 재신임 국민투표를 단지 제안만 하였을 뿐 강행하지는 않았으나, 헌법상 허용되지 않는 재신임 국민투표를 국민들에게 제안한 것은 그 자체로서 헌법 제72조에 반하는 것으로 헌법을 실현하고 수호해야 할 대통령의 의무를 위반한 것이다."라고 판시하였다.

05 대통령이 자신에 대한 재신임을 국민투표의 형태로 묻고자 하는 것은 국민투표제도를 자신의 정치적 입지를 강화하기 위한 정치적 도구로 남용해서는 안 된다는 헌법적 의무를 위반한 것이다. ( )

> **해설**
> [O] 대통령이 자신에 대한 재신임을 국민투표의 형태로 묻고자 하는 것은 국민투표제도를 자신의 정치적 입지를 강화하기 위한 정치적 도구로 남용해서는 안 된다는 헌법적 의무를 위반한 것이다(헌재 2004.5.14, 2004헌나1).

06 헌법 제72조는 국민투표의 대상을 외교·국방·통일 기타 국가안위에 관한 중요정책이라고 규정하고 있는바, 이때 국민투표의 대상인 중요정책에는 대통령에 대한 신임이 포함된다. ( )

> **해설**
> [X] 헌법 제72조의 국민투표의 대상인 '중요정책'에는 대통령에 대한 '국민의 신임'이 포함되지 않는다(헌재 2004.5.14, 2004헌나1).

07 국민투표의 효력에 관하여 이의가 있는 투표인은 투표인 10만인 이상의 찬성을 얻어 중앙선거관리위원회 위원장을 피고로 하여 투표일로부터 20일 이내에 대법원에 제소할 수 있다. ( )

> **해설**
> [O] 국민투표의 효력에 관하여 이의가 있는 투표인은 투표인 10만인 이상의 찬성을 얻어 중앙선거관리위원회 위원장을 피고로 하여 투표일로부터 20일 이내에 대법원에 제소할 수 있다(국민투표법 제92조).

08 수도는 국회와 행정을 통할하며 국가를 대표하는 대통령의 소재지가 있는 곳이다. ( )

> **해설**
> [O] 국회와 행정을 통할하며 국가를 대표하는 대통령의 소재지가 있는 곳이라 판시하였다. 따라서 대법원이나 국무총리 소재지는 이에 해당하지 않는다(헌재 2004.10.21, 2004헌마554 등).

09 관습헌법도 헌법의 일부로서 성문헌법의 경우와 동일한 효력을 가지기 때문에 그 법규범은 헌법개정의 방법에 의하여만 개정될 수 있다. ( )

> **해설**
> [O] 대법원과 달리 헌법재판소는 관습헌법의 대등적 효력을 긍정한다. 관습헌법도 성문헌법과 마찬가지로 주권자인 국민의 헌법적 결단의 의사의 표현이며 성문헌법과 동등한 효력을 가진다(헌재 2004.10.21, 2004헌마554 등 - 신행정수도 판례).

10 국민투표일의 공고는 국민투표일 전 20일까지 공고하여야 한다. ( )

> **해설**
> [X] 국민투표일의 경우는 20일이 아니라 18일 전까지이다. 이는 헌법개정과 혼돈하면 안 될 것이다(국민투표법 제49조 참조).

11 정당은 자율적 조직으로서의 성격과 민주주의원리에 기속되는 공적 기능을 수행하는 정치단체로서의 성격을 함께 갖고 있다. ( )

> **해설**
> [O] 정당의 기본개념으로 옳은 지문이다. 다만, 공적 기능을 수행한다고 하여 공법인은 아니며 법인격 없는 사단이다.

12 제2차 개헌에서 정당에 관한 규정이 신설되었다. ( )

해설
[×] 정당규정은 제2차 개헌이 아니라 제2공화국 제3차 개헌 때 신설되었다.

13 제3공화국은 정당국가적 경향이 강해서 무소속으로는 국회의원 출마가 금지되었다. ( )

해설
[○] 제3공화국 때는 무소속으로 출마가 금지되었으나, 제4공화국 때에는 완화되어 무소속 출마가 허용되었다.

14 정당은 법률이 정하는 바에 의하여 국가의 보호를 받으며, 국가는 법률이 정하는 바에 의하여 정당운영에 필요한 자금을 보조할 수 있다. ( )

해설
[○] 정당은 법률이 정하는 바에 의하여 국가의 보호를 받으며, 국가는 법률이 정하는 바에 의하여 정당운영에 필요한 자금을 보조할 수 있다(헌법 제8조 제3항).

15 정당설립에 관한 허가제는 위헌이다. ( )

해설
[○] 정당은 중앙당이 중앙선거관리위원회에 등록함으로써 성립한다(정당법 제4조). 정당설립은 정당설립의 자유를 보장하기 위해서 등록제를 채택하고 있다. 따라서 정당설립 허가제는 금지된다.

16 정당설립의 자유는 헌법 제8조 제1항 전단에 규정되어 있지만, 국민 개인과 정당의 기본권이다. ( )

해설
[○] 정당설립의 자유는 비록 헌법 제8조 제1항 전단에 규정되어 있지만 국민 개인과 정당의 '기본권'이라 할 수 있고, 당연히 이를 근거로 하여 헌법소원심판을 청구할 수 있다(헌재 2006.3.30, 2004헌마246).

17 정당은 국민의 정치적 의사형성에 참여하는 데 필요한 조직을 가져야 한다. ( )

해설
[○] 정당은 그 목적·조직과 활동이 민주적이어야 하며, 국민의 정치적 의사형성에 참여하는 데 필요한 조직을 가져야 한다(헌법 제8조 제2항).

18 정당은 적어도 그 소유재산의 귀속관계에 있어서는 법인격 없는 사단으로 보아야 한다. ( )

해설
[○] 정당의 재산귀속관계에 대한 사건에서 헌법재판소는 정당을 법인격 없는 사단으로 판시한 바 있다(헌재 1993.7.29, 92헌마262).

19 공천이 헌법과 정당법에 반하거나, 정당의 내부 규정에 반하는 경우 사법심사의 대상이 된다. ( )

해설
[○] 피신청인의 공천은 헌법과 정당법에 위배되며, 지구당 당원의 민주적인 절차에 관한 권리를 침해하는 것으로 효력을 인정할 수 없다(서울민사지법 2000.3.24, 2000카합489).

20 정당은 중앙당이 중앙선거관리위원회에 등록함으로써 성립한다. ( )

해설

[O] **정당법 제4조【성립】** ① 정당은 중앙당이 중앙선거관리위원회에 등록함으로써 성립한다.
② 제1항의 등록에는 제17조(법정시·도당수) 및 제18조(시·도당의 법정당원수)의 요건을 구비하여야 한다.

21 당내경선제도는 전략공천이 필요한 경우도 있기 때문에 필수적 제도는 아니다. ( )

해설

[O] 공직선거법 제57조의2 제2항에 의할 때 당내경선을 실시하는 경우 경선후보자로서 당해 정당의 후보자로 선출되지 아니한 자는 당해 선거의 같은 선거구에서는 후보자로 등록될 수 없다고 규정하여 당내경선은 필수적 제도가 아닌 임의적 제도로 규정하고 있다.

22 정당은 수도에 소재하는 중앙당과 특별시·광역시·도에 각각 소재하는 시·도당(이하 "시·도당"이라 한다)으로 구성하는데 정당은 5 이상의 시·도당을 가져야 하고 시·도당은 2천인 이상의 당원을 가져야 한다. ( )

해설

[×] 시·도당은 1천인 이상의 당원을 가져야 한다(정당법 제18조 제1항).

23 정당의 조직 중 기존의 지구당과 당연락소를 강제적으로 폐지하고 이후 지구당을 설립하거나 당연락소를 설치하는 것을 금지하는 규정은, 정당조직의 자유 및 정당활동의 자유를 제한하는 것으로서 정당의 자유의 본질적 내용을 침해한다. ( )

해설

[×] 우리나라 정당정치의 현실을 볼 때, 고비용 저효율의 병폐는 지구당이라는 정당조직에 너무나 뿌리 깊게 고착화되어 양자를 분리할 수 없을 정도의 구조적인 문제로 되어버렸기 때문에 지구당을 폐지하지 않고 위와 같은 보다 완화된 방법만을 채용하여서는 이러한 문제점을 해결할 수 없다는 것이 이 사건 법률조항을 입법할 당시의 우리나라 정당정치 현실에 대한 입법자의 진단이고, 이러한 진단은 그 타당성을 인정할 수 있다(헌재 2004.12.16, 2004헌마456).

24 선거관리위원회의 심사는 형식적인 심사인바, 요건을 구비하면 등록시켜야 한다. ( )

해설

[O] 실질적인 심사는 헌법재판소가 하기 때문에 군주제를 지향하더라도 요건을 구비하면 등록시켜야 한다.

25 정당설립의 자유가 인정되는 이상 자진해산도 당연히 인정된다. ( )

해설

[O] 정당법 제45조는 정당의 자진해산에 대해 규정하고 있다.

26 위헌정당해산의 정당은 원칙적으로 등록을 필한 기성정당을 의미한다. ( )

해설

[O] 정당성립의 시기는 중앙당이 중앙선거관리위원회에 등록을 필한 때이다. 따라서 강제해산의 대상이 되는 정당은 원칙적으로 정당으로서 등록을 필한 기성정당에 한한다.

27 위헌정당의 해산을 명하는 비상상황에서는 국회의원의 국민 대표성은 부득이 희생될 수밖에 없으므로 해산결정된 정당 소속 국회의원의 의원직 상실은 위헌정당해산 심판제도의 본질로부터 인정되는 효력이다. ( )

   해설
   [O] 위헌정당의 해산을 명하는 비상상황에서는 국회의원의 국민 대표성은 부득이 희생될 수밖에 없으므로 해산결정된 정당 소속 국회의원의 의원직 상실은 위헌정당해산 심판제도의 본질로부터 인정되는 효력이다(헌재 2014.12.19, 2013헌다1).

28 민주적 기본질서 위배란 민주적 기본질서에 대한 단순한 위반이나 저촉을 의미하는 것이 아니라 정당의 목적이나 활동이 민주적 기본질서에 대한 실질적 해악을 끼칠 수 있는 추상적·구체적 위험성을 초래하는 경우를 가리킨다. ( )

   해설
   [×] 헌법 제8조 제4항은 정당해산심판의 사유를 "정당의 목적이나 활동이 민주적 기본질서에 위배될 때"로 규정하고 있는데, 여기서 말하는 민주적 기본질서의 '위배'란, 민주적 기본질서에 대한 단순한 위반이나 저촉을 의미하는 것이 아니라, 민주사회의 불가결한 요소인 정당의 존립을 제약해야 할 만큼 그 정당의 목적이나 활동이 우리 사회의 민주적 기본질서에 대하여 실질적인 해악을 끼칠 수 있는 구체적 위험성을 초래하는 경우를 가리킨다(헌재 2014.12.19, 2013헌다1).

29 우리 헌법에는 정당의 해산에 대한 제소권자로 대통령이라고 되어 있다. ( )

   해설
   [×] 정당의 목적이나 활동이 민주적 기본질서에 위배될 때에는 정부는 헌법재판소에 그 해산을 제소할 수 있고, 정당은 헌법재판소의 심판에 의하여 해산된다(헌법 제8조 제4항).

30 대법원은 1959년 진보당(進步黨) 사건에서 그 정강정책이 사실상 계획경제를 지향하고 있다는 이유로 헌법상의 위헌정당해산제도에 따라 해산판결을 내린 바 있다. ( )

   해설
   [×] 진보당이 위헌정당해산된 것이 아니다. 또한, 대법원이 아닌 공보처장의 행정처분으로 해체되었다.

31 위헌정당으로 해산된 정당의 경우에 잔여재산의 경우 당헌에 의한다. ( )

   해설
   [×] 헌법재판소의 결정에 의해 해산된 정당의 잔여재산은 국고에 귀속한다(정당법 제48조 제2항).

32 등록이 선거관리위원회에 의하여 취소된 경우에 법원 제소는 불가능하다. ( )

   해설
   [×] 선거관리위원회에 의해 등록이 취소된 경우에는 법원 제소가 가능하나, 헌법재판소에 의하여 강제해산된 정당은 제소가 불가능하다. 따라서 틀린 지문이다.

33 누구든지 하나 또는 둘 이상의 후원회의 회원이 될 수 있다. ( )

   해설
   [O] 누구든지 자유의사로 하나 또는 둘 이상의 후원회의 회원이 될 수 있다(정치자금법 제8조 제1항).

34 정당 후원회를 금지함으로써 정당에 대한 재정적 후원을 전면적으로 금지하는 것은 국민의 정치적 표현의 자유를 침해한다. ( )

> **해설**
> [O] 정당제 민주주의하에서 정당에 대한 재정적 후원이 전면적으로 금지됨으로써 정당이 스스로 재정을 충당하고자 하는 정당활동의 자유와 국민의 정치적 표현의 자유가 제한되는 불이익은 더욱 크다(헌재 2015.12.23, 2013헌바168).

35 단체의 경우는 정치자금의 기탁을 금지하고 있다. ( )

> **해설**
> [O] 종전에는 개인뿐만 아니라 법인 또는 단체도 정치자금을 선거관리위원회에 기탁할 수 있었으나, 2004.3. 개정된 정치자금법에서는 법인 또는 단체의 정치자금 기탁을 금지하고 있다.

36 외국인은 정치자금을 기부할 수 없지만 국내·외의 법인 또는 단체는 정치자금을 기부할 수 있다. ( )

> **해설**
> [×] 정치자금법 제31조【기부의 제한】① 외국인, 국내·외의 법인 또는 단체는 정치자금을 기부할 수 없다.

37 국회의원 비례대표 후보자 명단을 확정하기 위한 당내 경선에는 직접·평등·비밀 투표 등 일반적인 선거원칙이 그대로 적용되고 대리투표는 허용되지 않는다. ( )

> **해설**
> [O] 국회의원 비례대표 후보자 명단을 확정하기 위한 당내 경선에는 직접·평등·비밀 투표 등 일반적인 선거원칙이 그대로 적용되고 대리투표는 허용되지 않는다(대판 2013.11.28, 2013도5117).

38 주민등록법상 주민등록을 할 수 없는 재외국민의 선거권 행사를 전면적으로 부정하고 있는 것은 재외국민의 선거권과 평등권을 침해하고 보통선거원칙에 위배된다. ( )

> **해설**
> [O] 주민등록이 되어 있는지 여부에 따라 선거인명부에 오를 자격을 결정하여 그에 따라 선거권 행사 여부가 결정되도록 함으로써, 주민등록법상 주민등록을 할 수 없는 재외국민의 선거권 행사를 전면적으로 부정하고 있는 법 제37조 제1항은 그에 대한 정당한 목적을 찾기 어려우므로 헌법 제37조 제2항에 위반하여 재외국민의 선거권과 평등권을 침해하고 보통선거원칙에 위배된다(헌재 2007.6.28, 2004헌마644).

39 출입국관리법 제10조의 규정에 따른 영주의 체류자격 취득일 후 3년이 경과한 18세 이상의 외국인으로서 일정한 요건을 갖춘 자는 그 구역에서 선거하는 지방자치단체의 의회의원 및 장의 선거권이 있다. ( )

> **해설**
> [O] 공직선거법 제15조【선거권】② 18세 이상으로서 제37조 제1항에 따른 선거인명부작성기준일 현재 다음 각 호의 어느 하나에 해당하는 사람은 그 구역에서 선거하는 지방자치단체의 의회의원 및 장의 선거권이 있다.
> 3. 출입국관리법 제10조에 따른 영주의 체류자격 취득일 후 3년이 경과한 외국인으로서 같은 법 제34조에 따라 해당 지방자치단체의 외국인등록대장에 올라 있는 사람

40 범죄자가 저지른 범죄의 경중을 전혀 고려하지 않고 수형자와 집행유예자 모두의 선거권을 제한하더라도 헌법에 위반되는 것은 아니다. ( )

> **해설**
> [×] 범죄자의 선거권을 제한할 필요가 있다 하더라도 그가 저지른 범죄의 경중을 전혀 고려하지 않고 수형자와 집행유예자 모두의 선거권을 제한하는 것은 침해의 최소성원칙에 어긋난다(헌재 2014.1.28, 2012헌마409).

41 집행유예자의 경우와 달리 수형자는 그 범행의 불법성이 크다고 보아 그들에 대해 격리된 기간 동안 통치조직의 구성과 공동체의 나아갈 방향을 결정짓는 선거권을 정지시키는 것은 입법목적의 달성에 필요한 정도를 벗어난 과도한 것이 아니다. ( )

> **해설**
> [×] 구체적인 범죄의 종류나 내용 및 불법성의 정도 등과 관계없이 일률적으로 선거권을 제한하여야 할 필요성이 있다고 보기는 어렵다. 범죄자가 저지른 범죄의 경중을 전혀 고려하지 않고 수형자와 집행유예자 모두의 선거권을 제한하는 것은 침해의 최소성원칙에 어긋난다. 특히 집행유예자는 집행유예 선고가 실효되거나 취소되지 않는 한 교정시설에 구금되지 않고 일반인과 동일한 사회생활을 하고 있으므로, 그들의 선거권을 제한해야 할 필요성이 크지 않다. 따라서 심판대상조항은 청구인들의 선거권을 침해하고, 보통선거원칙에 위반하여 집행유예자와 수형자를 차별취급하는 것이므로 평등원칙에도 어긋난다(헌재 2014.1.28, 2012헌마409).

42 선거권 연령을 선거일 현재 19세 이상으로 정한 것은 헌법에 위반되지 않는다. ( )

> **해설**
> [○] 일상생활에 있어서도 현실적으로 부모나 교사 등 보호자에게 의존할 수밖에 없는 상황이므로 독자적인 정치적 판단을 할 수 있을 정도로 정신적·신체적 자율성을 충분히 갖추었다고 보기 어렵다고 보고, 선거권 연령을 19세 이상으로 정한 것이다(헌재 2013.7.25, 2012헌마174).

43 서울시장이 관악구의 국회의원으로 출마하기 위해서는 선거일 전 120일까지 그 직에서 사퇴하여야 한다. ( )

> **해설**
> [○] 같은 관할구역인 경우에는 120일 전까지 사퇴하여야 하며, 다른 관할구역인 경우에는 90일 전까지 사퇴하여야 한다. 사안의 경우 관악구는 서울시 안에 있는 같은 관할구역으로 선거일 전 120일까지 그 직에서 사퇴하여야 한다(공직선거법 제53조).

44 선거법상 요구되는 기탁금이 지나치게 고액이면, 실질적으로 선거가 재력을 요건으로 하게 되는 결과를 초래하므로 보통선거의 원칙에 반한다. ( )

> **해설**
> [○] 선거법상 요구되는 기탁금이 지나치게 고액이면, 실질적으로 선거가 재력을 요건으로 하게 되는 결과를 초래하므로 보통선거의 원칙에 반한다(헌재 2001.7.19, 2000헌마91 등 병합).

45 헌법은 기본적으로 선거공영제를 채택하고 있지만 기탁금제도 자체가 헌법에 위반되는 것은 아니다. ( )

> **해설**
> [○] 기탁금 액수가 너무 과하지만 않다면 기탁제도 자체가 헌법에 위반되지는 않는다.

46 헌법재판소결정에 의하면 대통령선거에서 선거비용의 상당부분을 후보자에게 부담시키고 있음에도 불구하고 후보자에게 5억원의 기탁금을 납부하도록 하는 것은 헌법에 합치하지 않는다. ( )

> **해설**
> [O] 이 사건 조항이 설정한 5억원의 기탁금은 대통령선거에서 후보자 난립을 방지하기 위한 입법목적의 달성수단으로서는 개인에게 현저하게 과다한 부담을 초래하며, 이는 고액 재산의 다과에 의하여 공무담임권 행사기회를 비합리적으로 차별하므로, 입법자에게 허용된 재량의 범위를 넘어선 것이다(헌재 2008.11.27, 2007헌마1024).

47 비례대표국회의원에 입후보하기 위하여 기탁금으로 1,500만원을 납부하도록 한 규정은 그 액수가 고액이라 거대정당에게 일방적으로 유리하고, 다양해진 국민의 목소리를 제대로 대표하지 못하여 사표를 양산하는 다수대표제의 단점을 보완하기 위하여 도입된 비례대표제의 취지에도 반하는 것이다. ( )

> **해설**
> [O] 선거의 혼탁이나 과열을 초래할 여지가 지역구국회의원선거보다 훨씬 적다고 볼 수 있음에도 지역구국회의원선거에서의 기탁금과 동일한 고액의 기탁금을 설정하고 있다. 이는 후보자 추천의 진지성과 선거관리의 효율성 확보 등의 입법목적을 달성하기 위해 필요한 최소한의 액수보다 지나치게 과다한 액수라 하지 않을 수 없다(헌재 2016.12.29, 2015헌마1160).

48 예비후보자에게 일정액의 기탁금을 납부하게 하고 후보자등록을 하지 않으면 기탁금을 반환받지 못하도록 하는 법률조항은 청구인의 재산권을 침해하지 아니한다. ( )

> **해설**
> [O] 예비후보자에게 일정액의 기탁금을 납부하게 하고 후보자등록을 하지 않으면 기탁금을 반환받지 못하도록 하는 법률조항은 청구인의 재산권을 침해하지 아니한다(헌재 2010.12.28, 2010헌마79).

49 평등선거원칙이란 모든 선거인이 1표씩을 가지는 투표의 수적 평등을 의미하지, 모든 선거인의 투표가치를 평등한 것이 되게 하는 투표의 결과가치 내지 성과가치의 평등까지 요구하는 것은 아니다. ( )

> **해설**
> [X] 오늘날에는 모든 국민들이 1표씩을 가지기 때문에 투표의 결과가치 내지 성과가치의 평등이 중시되고 있다. 따라서 이를 실현하기 위한 선거구 획정이 중요하다(헌재 2001.10.25, 2000헌마92).

50 국회의원지역선거구 구역표 중 인구편차 상하 33⅓%의 기준을 넘어서는 선거구에 관한 부분은 지나친 투표가치의 불평등을 야기하여 위 선거구가 속한 지역에 주민등록을 마친 청구인들의 선거권과 평등권을 침해한다. ( )

> **해설**
> [O] 현재의 시점에서 헌법이 허용하는 인구편차의 기준을 인구편차 상하 33⅓%를 넘어서지 않는 것으로 봄이 타당하다. 따라서 심판대상 선거구 구역표 중 인구편차 상하 33⅓%의 기준을 넘어서는 선거구에 관한 부분은 위 선거구가 속한 지역에 주민등록을 마친 청구인들의 선거권 및 평등권을 침해한다(헌재 2014.10.30, 2012헌마192).

51 선거구 획정에 있어서 고려되는 투표가치의 평등에 있어 가장 중요한 요소는 인구비례의 원칙이다. ( )

> **해설**
> [O] 선거구 획정에 있어 가장 중요한 요소는 인구비례이다. 다만, 인구비례만이 유일한 기준이 아니라 지세, 교통편, 역사적·전통적 일체감, 행정구역을 고려하여 선거구를 획정해야 하므로 선거구 간에 인구차이가 발생할 수밖에 없다(헌재 2001.10.25, 2000헌마92).

52 자치구·시·군의회의원선거구획정에서 헌법상 허용되는 인구편차의 기준을 상하 50%(인구비례 3 : 1)에서 상하 33⅓%의 기준으로 변경하였다. ( )

> **해설**
> [×] 인구편차 상하 33⅓%(인구비례 2 : 1)의 기준을 적용할 경우 자치구·시·군의원의 지역대표성과 각 분야에 있어서의 지역 간 불균형 등 2차적 요소를 충분히 고려하기 어려운 반면, 인구편차 상하 50%(인구비례 3 : 1)를 기준으로 하는 방안은 2차적 요소를 보다 폭넓게 고려할 수 있다.

53 헌법재판소 판례에 따르면 선거구획정시 특단의 불가피한 사정이 없는 한 인접지역이 1개의 선거구를 구성하도록 함이 상당하다. ( )

> **해설**
> [O] 인접지역이 아닌 지역을 1개의 선거구로 구성하는 경우에는 '특별한 사정이 없는 한' 입법재량의 범위를 일탈한 자의적인 선거구 획정으로서 헌법에 위반된다(헌재 1995.12.27, 95헌마224).

54 국회의원지역선거구의 공정한 획정을 위하여 중앙선거관리위원회에 국회의원 선거구획정위원회를 둔다. ( )

> **해설**
> [O] 국회의원선거구획정위원회는 중앙선거관리위원회에 두되, 직무에 관하여 독립의 지위를 가진다(공직선거법 제24조 제2항).

55 1인 1표제를 채택하여 유권자에게 별도의 정당투표를 인정하지 않고 지역구국회의원 총선거에서 얻은 득표비율에 따라 비례대표의석을 배분하는 방식은 평등선거의 원칙에 반한다고 볼 수 없다. ( )

> **해설**
> [×] 현행 1인 1표제하에서의 비례대표의석배분방식에서, 지역구후보자에 대한 투표는 지역구의원의 선출에 기여함과 아울러 그가 속한 정당의 비례대표의원의 선출에도 기여하는 2중의 가치를 지니게 되는데 반하여, 무소속후보자에 대한 투표는 그 무소속후보자의 선출에만 기여할 뿐 비례대표의원의 선출에는 전혀 기여하지 못하므로 투표가치의 불평등이 발생하는바, 자신이 지지하는 정당이 자신의 지역구에 후보자를 추천하지 않아 어쩔 수 없이 무소속후보자에게 투표하는 유권자들로서는 자신의 의사에 반하여 투표가치의 불평등을 강요당하게 되는바, 이는 합리적 이유 없이 무소속 후보자에게 투표하는 유권자를 차별하는 것이라 할 것이므로 평등선거의 원칙에 위배된다(헌재 2001.7.19, 2000헌마91 등).

56 최근 법개정으로 출구조사는 300m에서 100m로 다시 50m로 제한되었다. ( )

> **해설**
> [O] 출구조사에 대해서는 2000.2.16. 공선법 개정으로 500m에서 300m로 거리제한을 완화했는데, 다시 2004.3. 공선법 개정으로 300m에서 50m로 제한거리를 단축하였다(공직선거법 제241조 제1항).

57 여론조사 결과의 공표금지는 선거일 전 6일부터 선거일의 투표마감시각까지이다. ( )

> **해설**
> [O] 누구든지 선거일 전 6일부터 선거일의 투표마감시각까지 선거에 관하여 정당에 대한 지지도나 당선인을 예상하게 하는 여론조사(모의투표나 인기투표에 의한 경우를 포함한다)의 경위와 그 결과를 공표하거나 인용하여 보도할 수 없다(공직선거법 제108조 제1항).

58 투표일에 실제로 투표권을 행사할지 말지를 자유롭게 결정할 수 있어야 한다는 것이 비밀선거원칙의 핵심내용이다. ( )

> **해설**
> [×] 위 내용은 자유선거의 원칙 내용이다. 자유선거의 원칙에는 '선거의 내용'에 대한 선거인의 자유로운 결정과 '선거의 가부'에 대한 선거인의 자유로운 결정이 포함되어 있다. 비밀선거는 공개선거에 대응하는 것으로 선거인이 누구에게 투표하였는가를 제3자가 알지 못하게 하는 선거원칙이다.

59 대통령선거는 임기만료에 의한 선거의 경우 그 임기만료일 전 70일 이후 첫 번째 목요일이다. ( )

> **해설**
> [×] 대통령선거는 임기만료에 의한 선거일 경우 그 임기만료일 전 70일 이후 첫 번째 수요일이다(공직선거법 제34조 제1항 제1호).

60 국회의원 선거기간이 14일인 것은 유권자가 후보자를 판단하기에 부족한 시간으로 볼 수 없다. ( )

> **해설**
> [O] 이 사건 공직선거법 규정상 선거기간이 14일로 단축되어 선거운동기간이 종전에 비하여 3일 단축되었으나, 선거일 전 120일부터 예비후보자로 등록할 수 있는 예비후보자 및 후보자등록기간 중의 후보자에 대한 공직선거법 제60조의3에 의한 선거운동의 허용, 후보자 및 후보자가 되려는 자의 인터넷을 통한 선거운동의 허용 등 선거운동기간의 제한을 받지 않는 선거운동방법이 다양화된 점을 고려한다면, 위 기간이 유권자인 선거구민으로서 각 후보자의 인물, 정견, 신념 등을 파악하기에 부족한 기간이라고 단정할 수 없다(헌재 2005.2.3, 2004헌마216).

61 기초의원선거의 후보자가 정당 표방을 금지하게 하는 것은 헌법에 위반되지 않는다. ( )

> **해설**
> [×] 후보자가 정당의 지지·추천을 받는지 여부를 유권자들이 알았다고 하여 이것이 곧 지방분권 및 지방의 자율성 저해를 가져올 것이라고 보기에는 그 인과관계가 지나치게 막연하다. 기초의회의원선거뿐만 아니라 광역의회의원선거, 광역자치단체장선거 및 기초자치단체장선거에서도 함께 통용될 수 있다. 그러므로 위 조항은 아무런 합리적 이유 없이 유독 기초의회의원 후보자만을 다른 지방선거의 후보자에 비해 불리하게 차별하고 있으므로 평등원칙에 위배된다(헌재 2003.1.30, 2001헌가4).

62 언론인의 선거운동을 금지하고, 이를 위반한 경우 처벌하도록 규정한 공직선거법 관련 조항 부분은 선거운동의 자유를 침해한다. ( )

> **해설**
> [O] 언론인의 선거 개입을 금지하여 선거의 공정성·형평성을 확보하고자 한다면, 일정 범위의 언론인을 대상으로 언론매체를 통한 활동의 측면에서 발생 가능한 문제점을 규제하는 것으로써 충분히 그 목적을 달성할 수 있다. 그런데 심판대상조항들은 해당 언론인의 범위가 지나치게 광범위하고, 이미 법에서 그러한 측면에서 발생할 수 있는 폐해를 시정하기 위한 조항들을 충분히 규정하고 있어 침해의 최소성 원칙에 위반된다(헌재 2016.6.30, 2013헌가1).

63 헌법재판소는 당선운동은 낙선운동을 항상 포함하게 되고, 후보자를 위한 낙선운동이나 제3자가 행하는 낙선운동은 본질적으로 동일하다고 보아 제3자편의 선거운동을 금지한 것은 국민의 정치적 자유에 대한 본질적 침해가 아니라 하여 합헌으로 결정하였다. ( )

해설

[O] 객관적으로 구별해내기 어려운 당선의 목적 유무라는 주관적 사유로 양자의 규제를 달리 한다면 공직선거 및 선거부정방지법의 적용에 큰 어려움을 초래하여 이 법의 목적을 사실상 달성하기 어렵게 할 것이다. 또한 당선의 목적유무라는 것은 객관적으로 명백하게 판정하기 어려운 기준인데 이에 따라 차별적 규제를 한다면, 일부 후보자들이 제3자편의 낙선운동을 상대 후보자를 비방하는 데 암묵적으로 악용할 우려가 있다. 나아가 이러한 불분명한 기준의 도입은 단속기관의 자의가 개입할 여지를 열어주어 선거의 공정을 해할 우려도 있다. 따라서 특정후보자를 당선시킬 목적의 유무에 관계없이, 당선되지 못하게 하기 위한 행위 일체를 선거운동으로 규정하여 이를 규제하는 것은 불가피한 조치로서 그 목적의 정당성과 방법의 적정성이 인정된다(헌재 2001.8.30, 2000헌마121).

64 국민건강보험공단의 상근직원에 대해 선거운동을 금지시키는 것은 선거운동자유의 원칙에 반하여 판례는 위헌으로 보았다. ( )

해설

[×] 이 경우 건강보험가입자와 그 피부양자에 대한 막대한 정보를 유출하여 전국적 규모의 방대한 조직과 함께 선거에 이용할 가능성이 크다고 보아 합헌적으로 보았다(헌재 2004.4.29, 2002헌마467).

65 정보통신망을 이용하여 인터넷 홈페이지 또는 그 게시판·대화방 등에 글이나 동영상 등 정보를 게시하거나 전자우편을 전송하는 방법을 금지하는 것은 헌법에 위반된다. ( )

해설

[O] 이 사건 법률조항 중 '기타 이와 유사한 것'에 '정보통신망을 이용하여 인터넷 홈페이지 또는 그 게시판·대화방 등에 글이나 동영상 등 정보(UCC)를 게시하거나 전자우편을 전송하는 방법'이 포함되는 것으로 해석하여 이를 금지하고 처벌하는 것은 과잉금지원칙에 위배하여 청구인들의 선거운동의 자유 내지 정치적 표현의 자유를 침해한다(헌재 2011.12.29, 2007헌마1001).

66 기부의 권유·요구에 대한 과태료를 그 가액의 50배로 한정하는 것은 헌법에 위반된다. ( )

해설

[O] 이 사건 심판대상조항은 그 의무위반행위에 대하여 부과되는 과태료의 기준 및 액수가 책임원칙에 부합되지 않게 획일적일 뿐만 아니라 지나치게 과중하여 입법목적을 달성함에 필요한 정도를 일탈함으로써 과잉금지원칙에 위반된다(헌재 2009.3.26, 2007헌가22).

67 예비후보자의 배우자가 함께 다니는 사람 중에서 지정한 자도 선거운동을 위하여 명함교부 및 지지 호소를 할 수 있도록 한 공직선거법 관련 조항 중 '배우자' 관련 부분이 배우자가 없는 예비후보자의 평등권을 침해하는 것은 아니다. ( )

해설

[×] 배우자가 그와 함께 다니는 사람 중에서 지정한 1명까지 보태어 명함을 교부하고 지지를 호소할 수 있도록 함으로써 배우자 유무에 따른 차별효과를 지나치게 커지게 한다(헌재 2013.11.28, 2012헌가10).

68 공무원이 선거운동의 기획행위를 하는 모든 경우를 금지하는 것은 공무원의 정치적 중립성에서 나오는 공익이 정치적 표현의 자유보다 크기 때문에 헌법에 위반되지 아니한다. ( )

해설

[×] 공무원의 지위를 이용하지 아니한 행위에까지 적용되는 한 기본권을 침해하여 헌법에 위반된다(헌재 2008.5.29, 2006헌마1096).

69 새마을금고의 임원선거와 관련하여 법률에서 정하고 있는 방법 외의 방법으로 선거운동을 할 수 없도록 하고 이를 위반한 경우 형사처벌하도록 정하고 있는 새마을금고법 규정은 표현의 자유를 침해하지 않는다. （　）

해설
[O] 새마을금고의 임원선거와 관련하여 법률에서 정하고 있는 방법 외의 방법으로 선거운동을 할 수 없도록 하고 이를 위반한 경우 형사처벌하도록 정하고 있는 새마을금고법 규정은 표현의 자유를 침해하지 않는다(헌재 2018.2.22, 2016헌바364).

70 국민 전체에 대한 공무원에서의 공무원은 전체 공무원을 의미하나, 직업공무원제도에서의 공무원은 보통 경력직 공무원만을 의미한다. （　）

해설
[O] 헌법 제7조 제2항이 적용되는 공무원은 신분이 보장되고 정치적 중립이 요구되는 경력직 공무원에 국한되며 특수경력직 공무원과 경력직공무원 중 1급 공무원은 해당되지 않는다(국가공무원법 제68조).

71 경찰공무원이 자격정지 이상의 형의 선고유예를 받은 경우 당연퇴직하도록 규정하고 있는 구 경찰공무원법 제21조 중 제7조 제2항 제5호는 헌법 제25조의 공무담임권을 침해하여 위헌이다. （　）

해설
[O] 경찰공무원이 자격정지 이상의 형의 선고유예를 받은 경우 공무원직에서 당연퇴직하도록 규정하고 있는 이 사건 법률조항은 자격정지 이상의 선고유예 판결을 받은 모든 범죄를 포괄하여 규정하고 있을 뿐만 아니라 심지어 오늘날 누구에게나 위험이 상존하는 교통사고 관련범죄 등 과실범의 경우마저 당연퇴직의 사유에서 제외하지 않고 있으므로 최소침해성의 원칙에 반한다. 또한, 오늘날 사회국가 원리에 입각한 공직제도의 중요성이 강조되면서 개개 공무원의 공무담임권 보장의 중요성은 더욱 큰 의미를 가지고 있다. 일단 공무원으로 채용된 공무원을 퇴직시키는 것은 공무원이 장기간 쌓은 지위를 박탈해 버리는 것이므로 같은 입법목적을 위한 것이라고 하여도 당연퇴직 사유를 임용결격사유와 동일하게 취급하는 것은 타당하다고 할 수 없다. 따라서 이 사건 법률조항은 헌법 제25조의 공무담임권을 침해한 위헌 법률이다(헌재 2004.9.23, 2004헌가12).

72 동장을 별정직공무원으로 규정하여 신분보장을 하지 않은 지방공무원법은 헌법에 위반되지 아니한다. （　）

해설
[O] 직업공무원제도는 헌법이 보장하는 제도적 보장 중의 하나임이 분명하므로 입법자는 직업공무원제도에 관하여 '최소한 보장'의 원칙의 한계 안에서 폭넓은 입법형성의 자유를 가진다. 따라서 입법자가 동장의 임용의 방법이나 직무의 특성 등을 고려하여 이 사건 법률조항에서 동장의 공직상의 신분을 지방공무원법상 신분보장의 적용을 받지 아니하는 별정직공무원의 범주에 넣었다 하여 바로 그 법률조항 부분을 위헌이라고 할 수는 없다(헌재 1997.4.24, 95헌바48).

73 직업공무원제도가 적용되는 공무원은 협의의 공무원을 말하며 정치적 공무원이라든가 임시적 공무원은 포함되지 않는 것이다. （　）

해설
[O] 우리나라는 직업공무원제도를 채택하고 있는데, 여기서 말하는 공무원은 국가 또는 공공단체와 근로관계를 맺고 이른바 공법상 특별권력관계 내지 특별행정법관계 아래 공무를 담당하는 것을 직업으로 하는 협의의 공무원을 말하며 정치적 공무원이라든가 임시적 공무원은 포함되지 않는 것이다(헌재 1989.12.18, 89헌마32).

74 직업공무원제도하에서의 공무원은 국가 또는 공공단체와 근로관계를 맺고, 공무를 담당하는 것을 직업으로 하는 자로서 선거직 공직자를 포함한 광의의 공무원을 말한다. ( )

해설
[×] 우리나라는 직업공무원제도를 채택하고 있는데, 여기서 말하는 공무원은 국가 또는 공공단체와 근로관계를 맺고 이른바 공법상 특별권력관계 내지 특별행정법관계 아래 공무를 담당하는 것을 직업으로 하는 협의의 공무원을 말하며 정치적 공무원이라든가 임시적 공무원은 포함되지 않는 것이다(헌재 1989.12.18, 89헌마32).

75 공무원임용을 위한 면접전형에 있어서 임용신청자의 능력이나 적격성 등에 관한 판단은 오로지 면접위원의 자유재량에 속한다. ( )

해설
[O] 공무원임용을 위한 면접전형에 있어서 임용신청자의 능력이나 적격성 등에 관한 판단은 오로지 면접위원의 고도의 교양과 학식, 경험에 기초한 자율적 판단에 의존하는 것으로서 오로지 면접위원의 자유재량에 속한다(헌재 1997.11.28, 97누11911).

76 공무담임권은 모든 국민이 현실적으로 공무원의 직무를 담당할 수 있는 권리를 보장한다. ( )

해설
[×] 헌법 제25조는 모든 국민에게 공무담임권을 보장하고 있는바, 이는 국민이 공무담임에 관한 자의적이지 않고 평등한 기회를 보장받음을 의미하는 것이지, 모든 국민이 현실적으로 국가나 공공단체의 직무를 담당할 수 있다고 하는 의미가 아니다(헌재 2004.11.25, 2002헌마749).

77 형사사건으로 기소된 국가공무원을 필요적 직위해제한 구 국가공무원법 제73조의2 제1항 단서는 위헌으로 판단되었다. ( )

해설
[O] 형사사건으로 기소되기만 하면 그가 국가공무원법 제33조 제1항 제3호 내지 제6호에 해당하는 유죄판결을 받을 고도의 개연성이 있는가의 여부에 무관하게 경우에 따라서는 벌금형이나 무죄가 선고될 가능성이 큰 사건인 경우에 대해서까지도 당해 공무원에게 일률적으로 직위해제처분을 하지 않을 수 없도록 한 이 사건 규정은 헌법 제37조 제2항의 비례의 원칙에 위반되어 직업의 자유를 과도하게 침해하고 헌법 제27조 제4항의 무죄추정의 원칙에도 위반된다(헌재 1998.5.28, 96헌가12).

78 공무담임권은 원하는 경우에 언제나 공직에 취임할 수 있는 현실적 권리를 보장하는 것이 아니라, 공무담임의 기회보장적 성격을 갖는 것이다. ( )

해설
[O] 현실적인 권리라기보다는 기회보장적인 성격이 강하다고 볼 수 있다(헌재 2003.8.21, 2001헌마687 등).

79 공무담임권의 보호영역에는 공직취임 기회의 자의적인 배제뿐 아니라 공무원 신분의 부당한 박탈이나 권한의 부당한 정지도 포함된다. ( )

해설
[O] 공무담임권의 보호영역에는 공직취임의 기회의 자의적인 배제뿐 아니라, 공무원 신분의 부당한 박탈까지 포함되는 것이라고 할 것이다(헌재 2002.8.29, 2001헌마788 등).

80 공무원이 특정의 장소에서 근무하는 것 또는 특정의 보직을 받아 근무하는 것을 포함하는 일종의 공무수행의 자유도 그 보호영역에 포함된다. ( )

> **해설**
> [×] 공무원이 특정의 장소에서 근무하는 것 또는 특정의 보직을 받아 근무하는 것을 포함하는 일종의 '공무수행의 자유'까지 그 보호영역에 포함된다고 보기는 어렵다(헌재 2008.6.26, 2005헌마1275).

81 헌법 제7조에서 보장하는 직업공무원제도의 기본적 요소에 능력주의가 포함되는 점에 비추어 헌법 제25조의 공무담임권 조항은 모든 국민이 누구나 그 능력과 적성에 따라 공직에 취임할 수 있는 균등한 기회를 보장함을 내용으로 한다고 할 것이다. ( )

> **해설**
> [○] 공직취임은 누구나 그 능력과 적성에 따라야 하는바 이와 상관없는 성별, 종교, 사회적 신분 등에 의한 차별은 허용되지 아니한다(헌재 1999.12.23, 98헌마363).

82 헌법재판소는 공무원임용시험령 제16조 중 5급 공개 경쟁채용시험의 응시연령 상한을 32세까지로 한 부분이 응시자의 공무담임권을 침해하지 않는다고 결정하였다. ( )

> **해설**
> [×] 이 사건 시행령 조항이 5급 공채시험 응시연령의 상한을 '32세까지'로 제한하고 있는 것은 기본권 제한을 최소한도에 그치도록 요구하는 헌법 제37조 제2항에 부합된다고 보기 어렵다(헌재 2008.5.29, 2007헌마1105).

83 승진가능성이라는 것은 공직신분의 유지나 업무수행과 같은 법적 지위에 직접 영향을 미치는 것이 아니고 간접적, 사실적 또는 경제적 이해관계에 영향을 미치는 것에 불과하여 공무담임권의 보호영역에 포함된다고 보기는 어렵다. ( )

> **해설**
> [○] 승진가능성이라는 것은 청구인들의 공직신분의 유지나 업무수행과 같은 법적 지위에 직접 영향을 미치는 것이 아니고 간접적, 사실적 또는 경제적 이해관계에 영향을 미치는 것에 불과하여 공무담임권의 보호영역에 포함된다고 보기는 어렵다(헌재 2010.3.25, 2009헌마538).

기출문제

제1절 직접참정권

01 참정권에 관한 설명으로 옳지 않은 것은?

06. 국가직 7급 변형

① 현행 헌법은 법률이 정하는 바에 따른 선거권과 공무담임권 및 국가안위에 관한 중요정책과 헌법개정에 대한 국민투표권을 헌법상의 참정권으로 보장하고 있다.
② 현행법상 18세 이상의 국민은 대통령 선거 및 국회의원 선거권을 가진다.
③ 국민투표는 선거와 달리 국민이 직접 국가의 정치에 참여하는 절차이므로, 국민투표권은 대한민국 국민의 자격이 있는 사람에게 반드시 인정되어야 하는 권리이다.
④ 헌법 제72조의 국가안위에 관한 중요정책을 국민투표 대상에 헌법개정안을 포함시킬 수 있다.

해설

④ [×] 헌법개정은 국회의 의결을 전제로 하는 것으로 국회의 의결을 거치지 아니하고 헌법 제72조의 국민투표로 헌법을 개정하는 것은 헌법 제130조 제2항에 명백히 위반된다.
① [O] 헌법 제72조와 제130조에 규정되어 있다.

> **헌법 제72조** 대통령은 필요하다고 인정할 때에는 외교·국방·통일 기타 국가안위에 관한 중요정책을 국민투표에 붙일 수 있다.
> **제130조** ① 국회는 헌법개정안이 공고된 날로부터 60일 이내에 의결하여야 하며, 국회의 의결은 재적의원 3분의 2 이상의 찬성을 얻어야 한다.
> ② 헌법개정안은 국회가 의결한 후 30일 이내에 국민투표에 붙여 국회의원선거권자 과반수의 투표와 투표자 과반수의 찬성을 얻어야 한다.
> ③ 헌법개정안이 제2항의 찬성을 얻은 때에는 헌법개정은 확정되며, 대통령은 즉시 이를 공포하여야 한다.

② [O] 헌법에서는 선거권 연령을 정확하게 규정하고 있지 않으나, 공직선거법에서는 선거권을 18세로 규정하고 있다(공직선거법 제15조 제1항).
③ [O] 국민의 본질적 지위에서 도출되는 국민투표권을 추상적 위험 내지 선거기술상의 사유로 배제하는 것은 헌법이 부여한 참정권을 사실상 박탈한 것과 다름없다. 따라서 국민투표법 조항은 재외선거인인 나머지 청구인들의 국민투표권을 침해한다(헌재 2014.7.26, 2009헌마256).

02 국민투표에 관한 다음 설명 중 가장 옳지 않은 것은? (다툼이 있는 경우 헌법재판소 결정에 의함)

18. 서울시 7급

① 헌법 제72조의 국민투표권은 대통령이 어떠한 정책을 국민투표에 부의한 경우에 비로소 행사가 가능한 기본권이라 할 수 있다.
② 헌법개정안에 대한 국민투표제를 처음 도입한 것은 제3공화국(1962년) 헌법이다.
③ 대법원은 국민투표에 관하여 국민투표법 또는 국민투표법에 의하여 발하는 명령에 위반하는 사실이 있는 경우라도 국민투표의 결과에 영향을 미쳤다고 인정하는 때에 한하여 국민투표 무효의 판결을 하여야 하며, 국민투표의 일부의 무효를 판결할 수는 없다.
④ 국민투표의 효력에 관하여 이의가 있는 투표인은 투표인 10만인 이상의 찬성을 얻어 중앙선거관리위원회 위원장을 피고로 하여 투표일로부터 20일 이내에 대법원에 제소할 수 있다.

정답 | 01 ④

해설

③ [×] 국민투표법 제93조

> **국민투표법 제93조【국민투표무효의 판결】** 대법원은 제92조(국민투표무효의 소송)의 규정에 의한 소송에 있어서 국민투표에 관하여 이 법 또는 이 법에 의하여 발하는 명령에 위반하는 사실이 있는 경우라도 국민투표의 결과에 영향이 미쳤다고 인정하는 때에 한하여 국민투표의 전부 또는 일부의 무효를 판결한다.

① [O] 헌법 제72조의 국민투표권은 대통령이 어떠한 정책을 국민투표에 부의한 경우에 비로소 행사가 가능한 기본권이라 할 수 있다(헌재 2005.11.24, 2005헌마579).
② [O] 국민투표가 최초로 규정된 것은 제2차 개헌이며, 헌법개정에 대한 필수적 국민투표가 최초로 규정된 것은 1962년 제5차 개헌이다.
④ [O] 국민투표법 제92조

> **국민투표법 제92조【국민투표무효의 소송】** 국민투표의 효력에 관하여 이의가 있는 투표인은 투표인 10만인 이상의 찬성을 얻어 중앙선거관리위원회위원장을 피고로 하여 투표일로부터 20일 이내에 대법원에 제소할 수 있다.

03 국민투표권에 대한 설명으로 가장 적절하지 <u>않은</u> 것은? (다툼이 있는 경우 판례에 의함) 17. 경찰승진

① 신행정수도 후속대책을 위한 연기·공주지역 행정중심복합도시 건설을 위한 특별법이 수도를 분할하는 국가정책을 집행하는 내용을 가지고 있고 대통령이 이를 추진하고 집행하기 이전에 그에 관한 국민투표를 실시하지 아니하였다면 국민투표권이 행사될 수 있는 계기인 대통령의 중요정책 국민투표 부의가 행해지지 않았다고 하더라도 청구인들의 국민투표권이 행사될 수 있을 정도로 구체화되었다고 할 수 있으므로 그 침해의 가능성이 인정된다.
② 대통령이 국민투표를 정치적 무기화하고 정치적으로 남용할 수 있는 위험성이 있다는 점을 고려하면, 국민투표부의권의 헌법 제72조는 대통령에 의한 국민투표의 정치적 남용을 방지할 수 있도록 엄격하고 축소적으로 해석되어야 한다.
③ 국민투표는 선거와 달리 국민이 직접 국가의 정치에 참여하는 절차이므로, 국민투표권은 대한민국 국민의 자격이 있는 사람에게 반드시 인정되어야 하는 권리이다.
④ 헌법의 개정은 반드시 국민투표를 거쳐야 하므로 국민은 헌법개정에 관하여 찬반투표로 그 의견을 표명할 권리를 가지는데, 헌법개정사항인 수도의 이전을 헌법개정의 절차를 밟지 아니하고 단지 단순 법률의 형태로 실현시킨 것은 헌법 제130조에 따라 헌법개정에 있어서 국민이 가지는 참정권적 기본권인 국민투표권을 침해한다.

해설

① [×] 신행정수도 후속대책을 위한 연기·공주지역 행정중심복합도시 건설을 위한 특별법이 설사 수도를 분할하는 국가정책을 집행하는 내용을 가지고 있고 대통령이 이를 추진하고 집행하기 이전에 그에 관한 국민투표를 실시하지 아니하였다고 하더라도 국민투표권이 행사될 수 있는 계기인 대통령의 중요정책 국민투표 부의가 행해지지 않은 이상 청구인들의 국민투표권이 행사될 수 있을 정도로 구체화되었다고 할 수 없으므로 그 침해의 가능성은 인정되지 않는다(헌재 2005.11.24, 2005헌마579).
② [O] 대통령이 국민투표를 정치적 무기화하고 정치적으로 남용할 수 있는 위험성이 있다는 점을 고려하면, 국민투표부의권의 헌법 제72조는 대통령에 의한 국민투표의 정치적 남용을 방지할 수 있도록 엄격하고 축소적으로 해석되어야 한다(헌재 2004.5.14, 2004헌나1).
③ [O] 국민투표는 선거와 달리 국민이 직접 국가의 정치에 참여하는 절차이므로, 국민투표권은 대한민국 국민의 자격이 있는 사람에게 반드시 인정되어야 하는 권리이다(헌재 2014.7.24, 2009헌마256). 따라서 재외국민에게 국민투표권을 인정하지 아니하면 이는 위헌이다.
④ [O] 헌법의 개정은 반드시 국민투표를 거쳐야 하므로 국민은 헌법개정에 관하여 찬반투표로 그 의견을 표명할 권리를 가지는데, 헌법개정사항인 수도의 이전을 헌법개정의 절차를 밟지 아니하고 단지 단순 법률의 형태로 실현시킨 것은 헌법 제130조에 따라 헌법개정에 있어서 국민이 가지는 참정권적 기본권인 국민투표권을 침해한다(헌재 2004.10.21, 2004헌마554).

04 관습헌법에 관한 설명 중 가장 적절하지 않은 것은? (다툼이 있는 경우 판례에 의함)

22. 경찰승진

① 우리나라는 성문헌법을 가진 나라로서 기본적으로 우리 헌법전이 헌법의 법원(法源)이 된다.
② 성문헌법이라고 하여도 그 속에 모든 헌법사항을 빠짐없이 완전히 규율하는 것은 불가능하고 또한 헌법은 국가의 기본법으로서 간결성과 함축성을 추구하기 때문에 형식적 헌법전에는 기재되지 아니한 사항이라도 이를 불문헌법 내지 관습헌법으로 인정할 소지가 있다.
③ 관습헌법도 성문헌법과 마찬가지로 주권자인 국민의 헌법적 결단의 의사 표현이나, 성문헌법과 동등한 효력을 가진다고 볼 수는 없고, 보충적으로 효력을 가진다고 보아야 한다.
④ 헌법 제1조 제2항에 따라 국민이 대한민국의 주권자이며, 국민은 최고의 헌법제정권력이기 때문에 성문헌법의 제·개정에 참여할 뿐만 아니라 헌법전에 포함되지 아니한 헌법사항을 필요에 따라 관습의 형태로 직접 형성할 수 있다.

해설

③ [×] 관습헌법도 성문헌법과 마찬가지로 주권자인 국민의 헌법적 결단의 의사의 표현이며 성문헌법과 동등한 효력을 가진다고 보아야 한다(헌재 2004.10.21, 2004헌마554).
① [O] 우리나라는 성문헌법을 가진 나라로서 기본적으로 우리 헌법전(憲法典)이 헌법의 법원(法源)이 된다(헌재 2004.10.21, 2004헌마554).
② [O] 형식적 헌법전에는 기재되지 아니한 사항이라도 이를 불문헌법(不文憲法) 내지 관습헌법으로 인정할 소지가 있다(헌재 2004.10.21, 2004헌마554).
④ [O] 헌법 제1조 제2항은 '대한민국의 주권은 국민에게 있고, 모든 권력은 국민으로부터 나온다.'고 규정한다. 이와 같이 국민이 대한민국의 주권자이며, 국민은 최고의 헌법제정권력이기 때문에 성문헌법의 제·개정에 참여할 뿐만 아니라 헌법전에 포함되지 아니한 헌법사항을 필요에 따라 관습의 형태로 직접 형성할 수 있다(헌재 2004.10.21, 2004헌마554).

05 국민투표권에 대한 설명으로 가장 적절하지 않은 것은? (다툼이 있는 경우 헌법재판소 판례에 의함)

24. 경찰간부

① 국민투표권이란 국민이 국가의 특정 사안에 대해 직접 결정권을 행사하는 권리로서, 각종 선거에서의 선거권 및 피선거권과 더불어 국민의 참정권의 한 내용을 이루는 헌법상 기본권이다.
② 헌법 제130조 제2항에 의한 헌법개정에 관한 국민투표는 대통령 또는 국회가 제안하고 국회의 의결을 거쳐 확정된 헌법개정안에 대하여 주권자인 국민이 최종적으로 그 승인 여부를 결정하는 절차이다.
③ 대의기관의 선출주체가 곧 대의기관의 의사결정에 대한 승인주체가 되는 것은 당연한 논리적 귀결이지만, 국민투표권자의 범위가 대통령선거권자·국회의원선거권자의 범위와 일치되어야 하는 것은 아니다.
④ 국민투표법 조항이 국회의원선거권자인 재외선거인에게 국민투표권을 인정하지 않은 것은 국회의원선거권자의 헌법개정안 국민투표참여를 전제하고 있는 헌법 제130조 제2항의 취지에 부합하지 않는다.

해설

③ [×] 대의기관의 선출주체가 곧 대의기관의 의사결정에 대한 승인주체가 되는 것은 당연한 논리적 귀결이므로, 국민투표권자의 범위는 대통령선거권자·국회의원선거권자와 일치되어야 한다(헌재 2014.7.24, 2009헌마256 등).
① [O] 국민투표권이란 국가의 특정 사안에 대해 국민투표라는 형식을 통해 국민이 직접 결정권을 행사하는 권리로서, 각종 선거에서의 선거권 및 피선거권과 더불어 국민의 참정권의 한 내용을 이루는 헌법상 기본권이다(헌재 2007.6.28, 2004헌마644 등).
② [O] 헌법 제130조 제2항에 의한 헌법개정에 관한 국민투표는 대통령 또는 국회가 제안하고 국회의 의결을 거쳐 확정된 헌법개정안에 대하여 주권자인 국민이 최종적으로 그 승인 여부를 결정하는 절차이다(헌재 2007.6.28, 2004헌마644 등).
④ [O] 국민투표법조항이 국회의원선거권자인 재외선거인에게 국민투표권을 인정하지 않은 것은 국회의원선거권자의 헌법개정안 국민투표 참여를 전제하고 있는 헌법 제130조 제2항의 취지에도 부합하지 않는다(헌재 2014.7.24, 2009헌마256 등).

정답 | 02 ③ 03 ① 04 ③ 05 ③

06 국민투표권에 대한 설명으로 옳지 않은 것은? (다툼이 있는 경우 판례에 의함)

19. 국가직 7급 변형

① 정당법상의 당원의 자격이 없는 자는 국민투표에 관한 운동을 할 수 없다.
② 출입국관리 관계 법령에 따라 대한민국에 계속 거주할 수 있는 자격을 갖춘 외국인으로서 지방자치단체의 조례로 정한 사람은 국민투표권을 가진다.
③ 헌법상 직접민주주의에 따른 참정권으로 헌법개정안에 대한 국민투표권과, 외교·국방·통일 기타 국가안위에 관한 중요정책에 대한 국민투표권이 규정되어 있는데 전자는 필수적이고 후자는 대통령의 재량으로 이뤄진다.
④ 특정의 국가정책에 대하여 다수의 국민들이 국민투표를 원하고 있음에도 불구하고 대통령이 이러한 희망과는 달리 국민투표에 회부하지 아니한다고 하여도 이를 헌법에 위반된다고 할 수 없고, 국민에게 특정의 국가정책에 관하여 국민투표에 회부할 것을 요구할 권리가 인정된다고 할 수도 없다.

해설

② [×] 주민투표법 제5조 제1항 제2호에 의하면 출입국관리 관계 법령에 따라 대한민국에 계속 거주할 수 있는 자격(체류자격변경허가 또는 체류기간연장허가를 통하여 계속 거주할 수 있는 경우를 포함한다)을 갖춘 외국인으로서 지방자치단체의 조례로 정한 사람은 주민투표권을 가진다. 즉, 국민투표권은 가지지 못한다.
① [○] 국민투표법 제28조 제1항

> 국민투표법 제28조 【운동을 할 수 없는 자】 ① 정당법상의 당원의 자격이 없는 자는 운동을 할 수 없다.

③ [○] 헌법 제72조의 중요정책에 대한 국민투표 부의제는 대통령의 임의적 국민투표제이지만, 헌법 제130조의 헌법개정안에 대한 국민투표제는 필요적 국민투표제이다.
④ [○] 헌법 제72조의 중요정책에 관한 국민투표는 대통령의 전권으로 재량에 속한다.

07 헌법의 제·개정에 대한 설명으로 가장 적절하지 <u>않은</u> 것은? (다툼이 있는 경우 헌법재판소 판례에 의함)

24. 경찰간부

① 우리 헌법의 각 개별규정 가운데 무엇이 헌법제정규정이고 무엇이 헌법개정규정인지를 구분하는 것이 가능하지 아니할 뿐 아니라, 각 개별규정에 그 효력상의 차이를 인정하여야 할 형식적인 이유를 찾을 수 없다.

② 성문헌법의 개정은 헌법의 조문이나 문구의 명시적이고 직접적인 변경을 내용으로 하는 헌법개정안의 제출에 의하여야 하고, 하위규범인 법률의 형식으로 일반적인 입법절차에 의하여 개정될 수는 없다.

③ 대법원은 헌법개정에 관한 국민투표에 관하여 국민투표법 또는 국민투표법에 의하여 발하는 명령에 위반하는 사실이 있는 경우라도 국민투표의 결과에 영향이 미쳤다고 인정하는 때에 한하여 국민투표 무효의 판결을 하여야 하며, 국민투표의 일부의 무효를 판결할 수는 없다.

④ 헌법개정에 관한 국민투표의 효력에 관하여 이의가 있는 투표인은 투표인 10만인 이상의 찬성을 얻어 중앙선거관리위원회위원장을 피고로 하여 투표일로부터 20일 이내에 대법원에 제소할 수 있다.

해설

③ [×] 대법원은 제92조의 규정에 의한 소송에 있어서 국민투표에 관하여 이 법 또는 이 법에 의하여 발하는 명령에 위반하는 사실이 있는 경우라도 국민투표의 결과에 영향이 미쳤다고 인정하는 때에 한하여 국민투표의 전부 또는 일부의 무효를 판결한다(국민투표법 제93조).

① [O] 우리 헌법의 각 개별규정 가운데 무엇이 헌법제정규정이고 무엇이 헌법개정규정인지를 구분하는 것이 가능하지 아니할 뿐 아니라, 각 개별규정에 그 효력상의 차이를 인정하여야 할 형식적인 이유를 찾을 수 없다(헌재 1995.12.28, 95헌바3).
▶ 이미 여러 번 기출되었다.

② [O] 성문헌법의 개정은 헌법의 조문이나 문구의 명시적이고 직접적인 변경을 내용으로 하는 헌법개정안의 제출에 의하여야 하고, 하위규범인 법률의 형식으로, 일반적인 입법절차에 의하여 개정될 수는 없다(헌재 2013.11.28, 2012헌마166).

④ [O] 국민투표의 효력에 관하여 이의가 있는 투표인은 투표인 10만인 이상의 찬성을 얻어 중앙선거관리위원회위원장을 피고로 하여 투표일로부터 20일 이내에 대법원에 제소할 수 있다(국민투표법 제92조).

제2절 정당제도

01 정당제도에 관한 설명으로 가장 적절하지 않은 것은? (다툼이 있는 경우 판례에 의함) 23. 경찰순경 2차

① 정당의 명칭은 그 정당의 정책과 정치적 신념을 나타내는 대표적인 표지에 해당하므로, 정당설립의 자유는 자신들이 원하는 명칭을 사용하여 정당을 설립하거나 정당활동을 할 자유도 포함한다.
② 정당의 중앙당과 지구당과의 복합적 구조에 비추어 정당의 지구당은 단순한 중앙당의 하부조직이 아니라 어느 정도의 독자성을 가진 단체로서 법인격 없는 사단에 해당한다.
③ 정당의 목적이나 활동이 민주적 기본질서에 위배될 때에는 법원은 헌법재판소에 그 해산을 제소할 수 있고, 정당은 헌법재판소의 심판에 의하여 해산된다.
④ 대한민국 국민이 아닌 자는 정당의 당원이 될 수 없으며, 누구든지 2 이상의 정당의 당원이 되지 못한다.

해설

③ [×] 정당의 목적이나 활동이 민주적 기본질서에 위배될 때에는 정부는 헌법재판소에 그 해산을 제소할 수 있고, 정당은 헌법재판소의 심판에 의하여 해산된다(헌법 제8조 제4항).
① [○] 정당의 명칭은 그 정당의 정책과 정치적 신념을 나타내는 대표적인 표지에 해당하므로, 정당설립의 자유는 자신들이 원하는 명칭을 사용하여 정당을 설립하거나 정당활동을 할 자유도 포함한다(헌재 2014.1.28, 2012헌가19).
② [○] 정당의 법적 지위는 적어도 그 소유재산의 귀속관계에 있어서는 법인격 없는 사단(社團)으로 보아야 하고, 중앙당과 지구당과의 복합적 구조에 비추어 정당의 지구당은 단순한 중앙당의 하부조직이 아니라 어느 정도의 독자성을 가진 단체로서 역시 법인격 없는 사단에 해당한다고 보아야 할 것이다(헌재 1993.7.29, 92헌마262).
④ [○] 외국인은 정당의 당원이 될 수 없으며, 복수 당적 보유가 허용될 경우 정당 간의 부당한 간섭이 발생하거나 정당의 정체성이 약화될 수 있고, 그 결과 정당이 국민의 정치적 의사형성에 참여하고 필요한 조직을 갖추어야 한다는 헌법적 과제를 효과적으로 수행하지 못하게 될 우려가 있다(헌재 2022.3.31, 2020헌마1729). 따라서 복수당적 금지는 합헌이다.

02 다음 설명 중 현행 정당법에 의할 때 타당하지 않은 것은? 04. 국회직 8급

① 정당은 중앙당이 중앙선거관리위원회에 등록함으로써 성립한다.
② 정당은 수도에 소재하는 중앙당과 국회의원 지역선거구를 단위로 하는 지구당으로 구성한다.
③ 정당이 공직선거 후보자를 추천하기 위한 당내 경선을 실시하는 경우 후보자로 등재된 자로서 당해 정당의 공직선거 후보자로 선출되지 않은 자는 원칙적으로 당해 공직선거에서 후보자로 등록될 수 없다.
④ 정당은 비례대표 전국선거구 국회의원 후보자 중 50% 이상을 여성으로 추천하여야 한다.

해설

② [×] 지구당이 아닌 시·도당으로 구성한다.

> **정당법 제3조【구성】** 정당은 수도에 소재하는 중앙당과 특별시·광역시·도에 각각 소재하는 시·도당(이하 '시·도당'이라 한다)으로 구성한다.

① [○] 정당법 제4조 제1항

> **정당법 제4조【성립】** ① 정당은 중앙당이 중앙선거관리위원회에 등록함으로써 성립한다.

③ [○] 공직선거법 제57조의2 제2항

> **공직선거법 제57조의2【당내경선의 실시】** ② 정당이 당내경선을 실시하는 경우 경선후보자로서 당해 정당의 후보자로 선출되지 아니한 자는 당해 선거의 같은 선거구에서는 후보자로 등록될 수 없다. 다만, 후보자로 선출된 자가 사퇴·사망·피선거권 상실 또는 당적의 이탈·변경 등으로 그 자격을 상실한 때에는 그러하지 아니하다.

④ [○] 공직선거법 제47조 제3항

> **공직선거법 제47조【정당의 후보자 추천】** ③ 정당이 비례대표국회의원선거 및 비례대표지방의회의원선거에 후보자를 추천하는 때에는 그 후보자 중 100분의 50 이상을 여성으로 추천하되, 그 후보자 명부의 순위의 매 홀수에는 여성을 추천하여야 한다.

03 정당제도에 대한 설명으로 옳지 <u>않은</u> 것은? (다툼이 있는 경우 판례에 의함)   22. 5급 공채 변형

① 정당의 설립은 자유이나 복수정당제는 헌법상 바로 보장되는 것이며, 구체적인 법률의 규정이 존재하여야 비로소 보장되는 것은 아니다.
② 공직선거법상 법원의 판결에 의하여 선거일 현재 선거권이 정지된 18세 국민이라도 정당법에 따른 정당의 발기인은 될 수 있다.
③ 정당설립의 자유는 개인이 정당 일반 또는 특정 정당에 가입하지 아니할 자유, 가입했던 정당으로부터 탈퇴할 자유 등 소극적 자유도 포함한다.
④ 정당이 최근 4년간 임기만료에 의한 국회의원선거 또는 임기만료에 의한 지방자치단체의 장선거나 시·도의회의원선거에 참여하지 아니한 때에는 당해 선거관리위원회는 그 등록을 취소한다.

해설

② [×] 16세 이상의 국민은 공무원 그 밖에 그 신분을 이유로 정당가입이나 정치활동을 금지하는 다른 법령의 규정에 불구하고 누구든지 정당의 발기인 및 당원이 될 수 있다(정당법 제22조 제1항). 다만, 공직선거법상 선거권이 없는 사람은 그러하지 아니한다.
① [O] 헌법 제8조는 제1항에서 "정당의 설립은 자유이며, 복수정당제는 보장된다."고 규정하여 국민 누구나가 원칙적으로 국가의 간섭을 받지 아니하고 정당을 설립할 권리를 국민의 기본권으로 보장하면서, 아울러 정당설립의 자유를 보장한 것의 당연한 법적 산물인 복수정당제를 제도적으로 보장하고 있다(헌재 2006.3.30, 2004헌마246).
③ [O] 정당설립의 자유는 개인이 정당 일반 또는 특정 정당에 가입하지 아니할 자유, 가입했던 정당으로부터 탈퇴할 자유 등 소극적 자유도 포함한다(헌재 2006.3.30, 2004헌마246).
④ [O] 정당법 제44조 제1항

> **정당법 제44조【등록의 취소】** ① 정당이 다음 각 호의 어느 하나에 해당하는 때에는 당해 선거관리위원회는 그 등록을 취소한다.
> 2. 최근 4년간 임기만료에 의한 국회의원선거 또는 임기만료에 의한 지방자치단체의 장선거나 시·도의회의원선거에 참여하지 아니한 때

정답 | 01 ③ 02 ② 03 ②

04 정당에 대한 설명으로 옳지 않은 것은? (다툼이 있는 경우 헌법재판소판례에 의함)

13. 국가직 7급 변형

① "정당은 그 목적·조직과 활동이 민주적이어야 하며, 국민의 정치적 의사형성에 참여하는 데 필요한 조직을 가져야 한다."는 규정은, 정당의 자유에 대한 한계로 작용하는 한도에서 정당의 자유의 구체적인 내용을 제시한다고는 할 수 있으나, 정당의 자유의 헌법적 근거를 제공하는 근거규범은 아니다.
② 정당의 조직 중 기존의 지구당과 당연락소를 강제적으로 폐지하고 이후 지구당을 설립하거나 당연락소를 설치하는 것을 금지하는 규정은, 정당조직의 자유 및 정당활동의 자유를 제한하는 것으로서 정당의 자유의 본질적 내용을 침해한다.
③ 헌법재판소의 결정에 의하여 해산된 정당의 명칭과 같은 명칭은 정당의 명칭으로 다시 사용하지 못하며, 헌법재판소의 해산 결정에 의하여 해산된 정당의 잔여재산은 국고에 귀속된다.
④ 외국인인 사립대학의 교원은 정당의 발기인이나 당원이 될 수 없다.

해설

② [×] 우리나라 정당정치의 현실을 볼 때, 고비용 저효율의 병폐는 지구당이라는 정당조직에 너무나 뿌리 깊게 고착화되어 양자를 분리할 수 없을 정도의 구조적인 문제로 되어버렸기 때문에 지구당을 폐지하지 않고 위와 같은 보다 완화된 방법만을 채용하여서는 이러한 문제점을 해결할 수 없다는 것이 이 사건 법률조항을 입법할 당시의 우리나라 정당정치 현실에 대한 입법자의 진단이고, 이러한 진단은 그 타당성을 인정할 수 있다(헌재 2004.12.16, 2004헌마456).

① [O] "정당은 그 목적·조직과 활동이 민주적이어야 하며, 국민의 정치적 의사형성에 참여하는 데 필요한 조직을 가져야 한다."는 규정은, 정당의 자유에 대한 한계로 작용하는 한도에서 정당의 자유의 구체적인 내용을 제시한다고는 할 수 있으나, 정당의 자유의 헌법적 근거를 제공하는 근거규범은 아니다(헌재 2006.3.30, 2004헌마246).

③ [O] 정당법 제41조 제2항, 제48조 제2항

> 정당법 제41조 【유사명칭 등의 사용금지】 ② 헌법재판소의 결정에 의하여 해산된 정당의 명칭과 같은 명칭은 정당의 명칭으로 다시 사용하지 못한다.
> 제48조 【해산된 경우 등의 잔여재산 처분】 ② 제1항의 규정에 의하여 처분되지 아니한 정당의 잔여재산 및 헌법재판소의 해산 결정에 의하여 해산된 정당의 잔여재산은 국고에 귀속한다.

④ [O] 정당법 제22조 제2항

> 정당법 제22조 【발기인 및 당원의 자격】 ② 대한민국 국민이 아닌 자는 당원이 될 수 없다.

05 정당제도에 관한 설명 중 옳은 것을 모두 고른 것은? (다툼이 있는 경우 판례에 의함)

23. 경찰승진 변형

㉠ 헌법 제8조 제4항의 민주적 기본질서 개념은 그 외연이 확장될수록 정당해산결정의 가능성은 확대되고 이와 동시에 정당활동의 자유는 축소될 것이므로 최대한 엄격하고 협소한 의미로 이해해야 한다.
㉡ 정당으로 하여금 후원회를 지정하여 둘 수 없도록 하는 것은 정당의 정당활동의 자유와 국민의 정치적 표현의 자유를 침해하는 것이다.
㉢ 정당의 목적이나 활동이 민주적 기본질서에 위배될 때에는 국회는 헌법재판소에 그 해산을 제소할 수 있고, 정당은 헌법재판소의 심판에 의하여 해산된다.
㉣ 정당설립의 자유는 등록된 정당에게만 인정되는 기본권이므로 등록이 취소되어 권리능력 없는 사단의 실체만을 가지고 있는 정당에게는 인정되지 않는다.

① ㉠, ㉡
② ㉠, ㉣
③ ㉡, ㉢
④ ㉢, ㉣

해설

㉠, ㉡이 옳다.

㉠ [○] 헌법 제8조 제4항의 민주적 기본질서 개념은 정당해산결정의 가능성과 긴밀히 결부되어 있다. 이 민주적 기본질서의 외연이 확장될수록 정당해산결정의 가능성은 확대되고, 이와 동시에 정당활동의 자유는 축소될 것이다. 민주사회에서 정당의 자유가 지니는 중대한 함의나 정당해산심판제도의 남용가능성 등을 감안한다면, 헌법 제8조 제4항의 민주적 기본질서는 최대한 엄격하고 협소한 의미로 이해해야 한다. 따라서 민주적 기본질서를 현행 헌법이 채택한 민주주의의 구체적 모습과 동일하게 보아서는 안 된다(헌재 2014.12.19, 2013헌다1).

㉡ [○] 정당제 민주주의하에서 정당에 대한 재정적 후원이 전면적으로 금지됨으로써 정당이 스스로 재정을 충당하고자 하는 정당활동의 자유와 국민의 정치적 표현의 자유에 대한 제한이 매우 크다고 할 것이므로, 이 사건 법률조항은 정당의 정당활동의 자유와 국민의 정치적 표현의 자유를 침해한다(헌재 2015.12.23, 2013헌바168).

㉢ [×] 헌법 제8조 제4항에 따르면, 국회가 아니라 정부다.

> 헌법 제8조 ④ 정당의 목적이나 활동이 민주적 기본질서에 위배될 때에는 정부는 헌법재판소에 그 해산을 제소할 수 있고, 정당은 헌법재판소의 심판에 의하여 해산된다.

㉣ [×] 정당설립의 자유는 그 성질상 등록된 정당에게만 인정되는 기본권이 아니라 청구인과 같이 등록정당은 아니지만 권리능력 없는 사단의 실체를 가지고 있는 정당에게도 인정되는 기본권이라 할 수 있다(헌재 2006.3.30, 2004헌마246).

06 정당에 대한 설명으로 가장 적절하지 <u>않은</u> 것은? (다툼이 있는 경우 헌법재판소 판례에 의함)   19. 경찰승진 변형

① 헌법 제8조 제1항이 명시하는 정당설립의 자유는 설립할 정당의 조직형태를 어떠한 내용으로 할 것인가에 관한 정당조직 선택의 자유 및 그와 같이 선택된 조직을 결성할 자유를 포괄하는 '정당조직의 자유'를 포함한다.
② 헌법 제8조 제1항 전단은 단지 정당설립의 자유만을 명시적으로 규정하고 있지만 정당의 설립만이 보장될 뿐 설립된 정당이 언제든지 해산될 수 있거나 정당의 활동이 임의로 제한될 수 있다면 정당설립의 자유는 사실상 아무런 의미가 없게 되므로, 정당설립의 자유는 당연히 정당존속의 자유와 정당활동의 자유를 포함하는 것이다.
③ 국회의원선거에 참여하여 의석을 얻지 못하고 유효투표총수의 100분의 2 이상을 득표하지 못한 정당에 대해 그 등록을 취소하도록 한 정당법상의 정당등록취소조항은 정당설립의 자유를 침해하지 않는다.
④ 정당의 목적이나 활동이 민주적 기본질서에 위배될 때에는 정부는 헌법재판소에 그 해산을 제소할 수 있고, 정당은 헌법재판소의 심판에 의하여 해산된다.

해설

③ [×] 일정기간 동안 공직선거에 참여할 기회를 수 회 부여하고 그 결과에 따라 등록취소 여부를 결정하는 등 덜 기본권 제한적인 방법을 상정할 수 있고, 정당법에서 법정의 등록요건을 갖추지 못하게 된 정당이나 일정 기간 국회의원선거 등에 참여하지 아니한 정당의 등록을 취소하도록 하는 등 입법목적을 실현할 수 있는 다른 법적 장치도 마련되어 있으므로, 정당등록취소조항은 침해의 최소성 요건을 갖추지 못하였다(헌재 2014.1.28, 2012헌마431).
① [O] 헌법 제8조 제1항은 정당활동의 자유도 보장하고 있기 때문에 위 조항은 결국 정당설립의 자유, 정당조직의 자유, 정당활동의 자유 등을 포괄하는 정당의 자유를 보장하고 있다(헌재 2004.12.16, 2004헌마456).
② [O] 헌법 제8조 제1항 전단의 정당설립의 자유는 정당설립의 자유만이 아니라 정당활동의 자유를 포함한다. 구체적으로 정당의 자유는 개개인의 자유로운 정당설립 및 정당가입의 자유, 조직형식 내지 법형식 선택의 자유를 포함한다(헌재 2014.4.24, 2012헌마287).
④ [O] 정당의 목적이나 활동이 민주적 기본질서에 위배될 때에는 정부는 헌법재판소에 그 해산을 제소할 수 있고, 정당은 헌법재판소의 심판에 의하여 해산된다(헌법 제8조 제4항).

07 정당해산심판제도에 대한 설명으로 옳은 것은? (다툼이 있는 경우 판례에 의함)   19. 5급 공채 변형

① 헌법재판소가 정당해산의 결정을 하는 때에는 재판관 과반수의 찬성을 요한다.
② 정당해산결정이 선고되면, 대체정당의 결성이 금지되나 동일한 당명을 사용하는 것은 가능하다.
③ 헌법재판소의 결정으로 정당이 해산될 경우에 정당의 기속성이 강한 비례대표 국회의원은 의원직을 상실하나, 국민이 직접 선출한 지역구 국회의원은 의원직을 상실하지 않는다.
④ 정당이 등록취소되거나 자진해산한 때에는 그 잔여재산은 당헌이 정하는 바에 따라 처분한다

해설

④ [O] 정당이 제44조(등록의 취소) 제1항의 규정에 의하여 등록이 취소되거나 제45조(자진해산)의 규정에 의하여 자진해산한 때에는 그 잔여재산은 당헌이 정하는 바에 따라 처분한다(정당법 제48조 제1항).
① [×] 헌법재판소에서 법률의 위헌결정, 탄핵의 결정, 정당해산의 결정 또는 헌법소원에 관한 인용결정을 할 때에는 재판관 6인 이상의 찬성이 있어야 한다(헌법 제113조 제1항).
② [×] 동일한 당명을 사용하지 못한다.

> **정당법 제40조 【대체정당의 금지】** 정당이 헌법재판소의 결정으로 해산된 때에는 해산된 정당의 강령(또는 기본정책)과 동일하거나 유사한 것으로 정당을 창당하지 못한다.
> **제41조 【유사명칭 등의 사용금지】** ② 헌법재판소의 결정에 의하여 해산된 정당의 명칭과 같은 명칭은 정당의 명칭으로 다시 사용하지 못한다.

③ [×] 정당해산제도의 취지 등에 비추어 볼 때 헌법재판소의 정당해산결정이 있는 경우 그 정당 소속 국회의원의 의원직은 당선 방식을 불문하고 모두 상실되어야 한다(헌재 2014.12.19, 2013헌다1).

08. 정당에 관한 다음 설명 중 가장 옳지 않은 것은?

06. 법원직 9급 변형

① 정당은 헌법재판소의 심판에 의하여 해산되는 경우를 제외하고는 강제해산 당하지 아니한다.
② 헌법재판소에서 정당의 해산을 명하는 결정을 선고하면 정당해산은 확정된다.
③ 헌법재판소의 해산결정에 의하여 해산된 정당의 잔여재산은 당헌이 정하는 바에 따라 처분하되, 나머지가 있을 경우에는 국고에 귀속한다.
④ 정당이 그 소속 국회의원을 제명하기 위해서는 당헌이 정하는 절차를 거치는 외에 그 소속 국회의원 전원의 2분의 1 이상의 찬성이 있어야 한다.

해설

③ [×] 정당이 정당법 제44조(등록의 취소) 제1항의 규정에 의하여 등록이 취소되거나 정당법 제45조(자진해산)의 규정에 의하여 자진해산한 때에는 그 잔여재산은 당헌이 정하는 바에 따라 처분한다. 정당법 제48조 제1항의 규정에 의하여 처분되지 아니한 정당의 잔여재산 및 헌법재판소의 해산결정에 의하여 해산된 정당의 잔여재산은 국고에 귀속한다(정당법 제48조 제1항·제2항).
① [O] 정당의 목적이나 활동이 민주적 기본질서에 위배될 때에는 정부는 헌법재판소에 그 해산을 제소할 수 있고, 정당은 헌법재판소의 심판에 의하여 해산된다(헌법 제8조 제4항).
② [O] 정당해산의 결정에는 9인의 재판관 중 6인 이상의 찬성이 있어야 한다(헌법 제113조 제1항). 정당해산심판에는 헌법재판소법에 특별한 규정이 있는 경우를 제외하고는 민사소송에 관한 법령을 준용한다(헌법재판소법 제40조). 이 경우 헌법재판소의 해산결정에는 창설적 효력이 있다.
④ [O] 정당법 제33조

> 정당법 제33조【정당소속 국회의원의 제명】정당이 그 소속 국회의원을 제명하기 위해서는 당헌이 정하는 절차를 거치는 외에 그 소속 국회의원 전원의 2분의 1 이상의 찬성이 있어야 한다.

09. 정당해산심판에 대한 설명으로 옳지 않은 것은? (다툼이 있는 경우 판례에 의함)

15. 국회직 9급 변형

① 정당이 헌법재판소의 결정으로 해산된 때에는 해산된 정당의 강령(또는 기본정책)과 동일하거나 유사한 것으로 정당을 창당하지 못한다.
② 헌법재판소의 해산결정의 통지나 중앙당 또는 그 창당준비위원회의 시·도당 창당승인의 취소통지가 있는 때에는 당해 선거관리위원회는 그 정당의 등록을 말소하고 지체 없이 그 뜻을 공고하여야 한다.
③ 정당의 해산을 명하는 헌법재판소의 결정은 중앙선거관리위원회가 정당법에 따라 집행한다.
④ 해산된 정당과 유사한 강령을 가진 정당의 창설은 금지된다.
⑤ 기초의회의원 후보자에 한정하여 정당표명을 금지한 것은 지방자치의 제도적 보장을 위하여 불가결한 것으로 평등 원칙에 위반되지 않는다.

해설

⑤ [×] 아무런 합리적 이유 없이 유독 기초의회의원 후보자만을 다른 지방선거의 후보자에 비해 불리하게 차별하고 있으므로 평등원칙에 위배된다(헌재 2003.1.30, 2001헌가4).
① [O] 정당이 헌법재판소의 결정으로 해산된 때에는 해산된 정당의 강령(또는 기본정책)과 동일하거나 유사한 것으로 정당을 창당하지 못한다(정당법 제40조).
② [O] 제45조(자진해산)의 신고가 있거나 헌법재판소의 해산결정의 통지나 중앙당 또는 그 창당준비위원회의 시·도당 창당승인의 취소통지가 있는 때에는 당해 선거관리위원회는 그 정당의 등록을 말소하고 지체 없이 그 뜻을 공고하여야 한다(정당법 제47조).
③ [O] 정당의 해산을 명하는 헌법재판소의 결정은 중앙선거관리위원회가 정당법에 따라 집행한다(헌법재판소법 제60조).
④ [O] 정당이 헌법재판소의 결정으로 해산된 때에는 해산된 정당의 강령(또는 기본정책)과 동일하거나 유사한 것으로 정당을 창당하지 못한다(정당법 제40조).

정답 | 06 ③ 07 ④ 08 ③ 09 ⑤

10 정당에 대한 설명으로 옳지 않은 것은? (다툼이 있는 경우 헌법재판소 판례에 의함) 17. 입법고시 변형

① 헌법의 정당해산심판제도는 방어적 민주주의 이념이 구체화된 제도다.
② 정당의 발기인과 당원이 될 수 있는 자격은 동일하며, 대한민국 국민이 아닌 자도 당원이 될 수 있다.
③ 정당의 활동이란 정당 기관의 행위나 주요 정당관계자, 당원 등의 행위로서 그 정당에게 귀속시킬 수 있는 활동 일반을 의미한다.
④ 정당으로 등록되기에 필요한 요건으로서 5개 이상의 시·도당 및 각 시·도당마다 1,000명 이상의 당원을 갖출 것을 요구하는 것은 국민의 정당설립의 자유를 어느 정도 제한하는 것은 사실이나, 이는 헌법적으로 정당화 가능한 합리적인 제한이다.

해설
② [×] 정당법 제22조에 따라 발기인과 당원이 될 수 있는 자격은 동일하며, 대한민국 국민이 아닌 자는 당원이 될 수 없다.
① [O] 어떠한 정당을 엄격한 요건아래 위헌정당으로 판단하여 해산을 명하는 것은 헌법을 수호한다는 방어적 민주주의 관점에서 비롯되는 것이고, 이러한 비상상황에서는 국회의원의 국민대표성은 부득이 희생될 수밖에 없다(헌재 2014.12.19, 2013헌다1).
③ [O] '정당의 활동'이란, 정당 기관의 행위나 주요 정당관계자, 당원 등의 행위로서 그 정당에게 귀속시킬 수 있는 활동 일반을 의미한다(헌재 2014.12.19, 2013헌다1).
④ [O] 이 사건 법률조항이 비록 정당으로 등록되기에 필요한 요건으로서 5개 이상의 시·도당 및 각 시·도당마다 1,000명 이상의 당원을 갖출 것을 요구하고 있기 때문에 국민의 정당설립의 자유에 어느 정도 제한을 가하는 점이 있는 것은 사실이나, 이러한 제한은 "상당한 기간 또는 계속해서", "상당한 지역에서" 국민의 정치적 의사형성 과정에 참여해야 한다는 헌법상 정당의 개념표지를 구현하기 위한 합리적인 제한이라고 할 것이므로, 그러한 제한은 헌법적으로 정당화된다고 할 것이다(헌재 2006.3.30, 2004헌마246).

11 정당제도에 관한 다음의 기술 중 옳지 않은 것은? (다툼이 있는 경우 헌법재판소 결정례 및 대법원 판례에 의함) 11. 법원직 9급

① '경찰청장은 퇴직일로부터 2년 이내에는 정당의 발기인이 되거나 당원이 될 수 없다.'고 규정하고 있는 법률조항은 정당설립 및 가입의 자유를 침해하는 위헌적인 조항이다.
② '정당의 설립은 자유이며 복수정당제는 보장된다.'고 규정하고 있는 헌법조항은 정당설립의 자유 외에도 정당조직의 자유와 정당활동의 자유를 모두 보장하고 있다.
③ 정당은 법인격 없는 사적 결사체에 불과하기 때문에 국가가 정당의 운영에 필요한 자금을 보조하는 것은 헌법상 허용되기 어렵고, 다만 선거공영제에 따라 선거경비를 보조한다.
④ 정당의 목적이나 활동이 의회제도와 선거제도를 부정하는 것인 때에는 정부는 헌법재판소에 그 해산을 제소할 수 있고, 그 정당은 헌법재판소의 심판에 의하여 해산될 수 있다.

해설
③ [×] 헌법 제8조 제3항

> 헌법 제8조 ③ 정당은 법률이 정하는 바에 의하여 국가의 보호를 받으며, 국가는 법률이 정하는 바에 의하여 정당운영에 필요한 자금을 보조할 수 있다.

① [O] 이 사건 법률조항은 정당의 자유를 제한함에 있어서 갖추어야 할 적합성의 엄격한 요건을 충족시키지 못한 것으로 판단되므로 이 사건 법률조항은 정당설립 및 가입의 자유를 침해하는 조항이다(헌재 1999.12.23, 99헌마135).
② [O] "정당의 설립은 자유이며 복수정당제는 보장된다."라고 규정하고 있는 헌법조항은 정당설립의 자유 외에도 정당조직의 자유와 정당활동의 자유를 모두 보장하고 있다(헌재 2004.12.16, 2004헌마456).
④ [O] 헌법 제8조 제4항

> 헌법 제8조 ④ 정당의 목적이나 활동이 민주적 기본질서에 위배될 때에는 정부는 헌법재판소에 그 해산을 제소할 수 있고, 정당은 헌법재판소의 심판에 의하여 해산된다.

12 정당에 대한 설명으로 옳은 것은? (다툼이 있는 경우 판례에 의함) *19. 지방직 7급 변형*

① 정당해산제도의 취지 등에 비추어 볼 때 헌법재판소의 정당해산결정이 있는 경우 그 정당 소속 국회의원의 의원직은 당선 방식을 불문하고 모두 상실되어야 한다.
② 정당에 국고보조금을 배분함에 있어 교섭단체의 구성 여부에 따라 차등을 두는 것은 평등원칙에 위배된다.
③ 정당제 민주주의하에서 정당에 대한 재정적 후원이 전면적으로 금지되더라도 정당이 스스로 재정을 충당하고자 하는 정당활동의 자유와 국민의 정치적 표현의 자유에 대한 제한이 크지 아니하므로, 이를 규정한 법률조항은 정당의 정당활동의 자유와 국민의 정치적 표현의 자유를 침해하지 않는다.
④ 당비는 정당의 당헌·당규 등에 의하여 정당의 당원이 부담하는 금전으로서 유가증권이나 그 밖의 물건을 제외한다.

해설

① [O] 헌법재판소의 해산결정으로 해산되는 정당 소속 국회의원의 의원직 상실은 위헌정당해산 제도의 본질로부터 인정되는 기본적 효력이다(헌재 2014.12.19, 2013헌다1).
② [×] 교섭단체의 구성 여부에 따라 보조금의 배분규모에 차이가 있더라도 그러한 차등정도는 각 정당 간의 경쟁 상태를 현저하게 변경시킬 정도로 합리성을 결여한 차별이라고 보기 어렵다(헌재 2006.7.27, 2004헌마655).
③ [×] 정당제 민주주의하에서 정당에 대한 재정적 후원이 전면적으로 금지됨으로써 정당이 스스로 재정을 충당하고자 하는 정당활동의 자유와 국민의 정치적 표현의 자유가 제한되는 불이익은 더욱 크다(헌재 2015.12.23, 2013헌바168).
④ [×] 정치자금법 제3조 제3호

> **정치자금법 제3조 【정의】** 이 법에서 사용하는 용어의 정의는 다음과 같다.
> 3. "당비"라 함은 명목여하에 불구하고 정당의 당헌·당규 등에 의하여 정당의 당원이 부담하는 금전이나 유가증권 그 밖의 물건을 말한다.

13 정당해산에 관한 설명으로 옳은 것은? (다툼이 있는 경우 판례에 의함)

23. 소방간부 변형

① 헌법 제8조 제4항은 정당해산심판의 사유를 "정당의 목적이나 활동이 민주적 기본질서에 위배될 때"로 규정하고 있는데, 여기서 말하는 민주적 기본질서의 '위배'란, 민주적 기본질서에 대한 단순한 위반이나 저촉을 의미하는 것이다.

② 헌법재판소의 해산결정으로 정당이 해산되는 경우에 그 정당 소속 국회의원이 의원직을 상실하는지에 대하여 명문의 규정은 없으나 정당해산제도의 취지 등에 비추어 볼 때 헌법재판소의 정당해산결정이 있는 경우 그 정당 소속 국회의원의 의원직은 당선 방식을 불문하고 모두 상실되지 않는다.

③ 위헌정당해산이 결정되면 위헌정당에 소속하고 있는 의원 중 비례대표국회의원은 당연히 그 직을 상실하지만 지역구국회의원은 별도의 심사를 거쳐서 그 의원직을 상실한다.

④ 공직선거법 제192조 제4항은 소속 정당이 헌법재판소의 정당해산결정에 따라 해산된 경우 비례대표 지방의회의원의 퇴직을 규정하는 조항이라고 할 수 없어 헌법재판소의 위헌정당해산결정에 따라 해산된 정당 소속 비례대표 지방의회의원은 비례대표 지방의회의원의 지위를 상실하지 않는다.

해설

④ [O] 엄격한 요건 아래 위헌정당으로 판단하여 정당해산을 명하는 것은 헌법을 수호한다는 방어적 민주주의 관점에서 비롯된 것이므로, 이러한 비상상황에서는 국회의원의 국민 대표성은 부득이 희생될 수밖에 없다. 헌법재판소의 해산결정으로 해산되는 정당 소속 국회의원의 의원직 상실은 위헌정당해산제도의 본질로부터 인정되는 기본적 효력이다(헌재 2014.12.19, 2013헌다1).
▶ 지방의원의 경우는 별도로 언급이 없었다. 따라서 지위를 상실하지 않는다.

① [×] 헌법 제8조 제4항은 정당해산심판의 사유를 "정당의 목적이나 활동이 민주적 기본질서에 위배될 때"로 규정하고 있는데, 여기서 말하는 민주적 기본질서의 '위배'란, 민주적 기본질서에 대한 단순한 위반이나 저촉을 의미하는 것이 아니라, 민주사회의 불가결한 요소인 정당의 존립을 제약해야 할 만큼 그 정당의 목적이나 활동이 우리 사회의 민주적 기본질서에 대하여 실질적인 해악을 끼칠 수 있는 구체적 위험성을 초래하는 경우를 가리킨다(헌재 2014.12.19, 2013헌다1).

② [×] 헌법재판소의 해산결정으로 해산되는 정당 소속 국회의원의 의원직 상실은 정당해산심판제도의 본질로부터 인정되는 기본적 효력으로 봄이 상당하므로, 이에 관하여 명문의 규정이 있는지 여부는 고려의 대상이 되지 아니하고, 그 국회의원이 지역구에서 당선되었는지, 비례대표로 당선되었는지에 따라 아무런 차이가 없이, 정당해산결정으로 인하여 신분유지의 헌법적인 정당성을 잃으므로 그 의원직은 상실되어야 한다(헌재 2014.12.19, 2013헌다1).

③ [×] 정당해산제도의 취지 등에 비추어 볼 때 헌법재판소의 정당해산결정이 있는 경우 그 정당 소속 국회의원의 의원직은 당선 방식을 불문하고 모두 상실되어야 한다(헌재 2014.12.19, 2013헌다1).
▶ 즉, 별도의 심사를 거치지 아니한다.

14 정당 또는 정당해산심판에 관한 설명 중 옳지 않은 것은? (다툼이 있는 경우 판례에 의함) 15. 서울시 7급 변형

① 위헌정당의 해산을 명하는 비상상황에서는 국회의원의 국민 대표성은 부득이 희생될 수밖에 없으므로 해산결정된 정당 소속 국회의원의 의원직 상실은 위헌정당해산심판제도의 본질로부터 인정되는 효력이다.
② 민주적 기본질서를 부정하지 않는 한 정당은 다양한 스펙트럼의 이념적 지향을 자유롭게 추구할 수 있다.
③ 민주적 기본질서 위배란 민주적 기본질서에 대한 단순한 위반이나 저촉을 의미하는 것이 아니라 정당의 목적이나 활동이 민주적 기본질서에 대한 실질적 해악을 끼칠 수 있는 추상적·구체적 위험성을 초래하는 경우를 가리킨다.
④ 헌법에서 채택하고 있는 사회국가의 원리는 자유민주적 기본질서의 범위 내에서 이루어져야 하고, 국민 개인의 자유와 창의를 보완하는 범위 내에서 이루어지는 내재적 한계를 지니고 있다.

해설

③ [×] 헌법 제8조 제4항은 정당해산심판의 사유를 "정당의 목적이나 활동이 민주적 기본질서에 위배될 때"로 규정하고 있는데, 여기서 말하는 민주적 기본질서의 '위배'란, 민주적 기본질서에 대한 단순한 위반이나 저촉을 의미하는 것이 아니라, 민주사회의 불가결한 요소인 정당의 존립을 제약해야 할 만큼 그 정당의 목적이나 활동이 우리 사회의 민주적 기본질서에 대하여 실질적인 해악을 끼칠 수 있는 구체적 위험성을 초래하는 경우를 가리킨다(헌재 2014.12.19, 2013헌다1).
① [○] 헌법재판소의 해산결정으로 해산되는 정당 소속 국회의원의 의원직 상실은 정당해산심판제도의 본질로부터 인정되는 기본적 효력으로 봄이 상당하므로, 이에 관하여 명문의 규정이 있는지 여부는 고려의 대상이 되지 아니하고, 그 국회의원이 지역구에서 당선되었는지, 비례대표로 당선되었는지에 따라 아무런 차이가 없이, 정당해산결정으로 인하여 신분유지의 헌법적인 정당성을 잃으므로 그 의원직은 상실되어야 한다(헌재 2014.12.19, 2013헌다1).
② [○] 민주적 기본질서를 부정하지 않는 한 정당은 다양한 스펙트럼의 이념적 지향을 자유롭게 추구할 수 있다(헌재 2014.12.19, 2013헌다1).
④ [○] 사회국가의 원리는 자유민주적 기본질서의 범위 내에서 이루어져야 하고, 국민 개인의 자유와 창의를 보완하는 범위 내에서 이루어지는 내재적 한계를 지니고 있다.

제3절 선거제도

01 선거권을 가지고 선거일 전 30일 현재 확정된 재외선거인명부에 올라 있는 재외국민 甲이 미국에 거주하면서 행사할 수 있는 참정권만을 모두 고른 것은? (단, 다른 조건은 고려하지 않으며, 다툼이 있는 경우 판례에 의함)

16. 국가직 7급

<보기>
ㄱ. 대통령선거권
ㄴ. 임기만료에 따른 비례대표 국회의원선거권
ㄷ. 임기만료에 따른 비례대표 지방의회의원선거권
ㄹ. 국회의원 재·보궐선거권

① ㄱ
② ㄱ, ㄴ
③ ㄱ, ㄹ
④ ㄴ, ㄷ

해설
甲이 행사할 수 있는 참정권은 ㄱ, ㄴ이다.
외국에 거주하는 재외국민은 현재 대통령선거와 임기만료에 따른 비례대표 국회의원선거에서 투표를 할 수 있다. 따라서 국내거주를 하지 않는 경우 지방선거나 지역구 국회의원선거는 할 수 없다(공직선거법 제218조의5, 제218조의8, 제218조의13). ▶ 국내거소가 있는 경우 재외국민도 지방참정권을 보유한다.

02 선거제도에 관한 설명 중 가장 적절하지 않은 것은? (다툼이 있는 경우 판례에 의함)

22. 경찰순경 변형

① 선거구 획정에 있어서 인구비례 원칙에 의한 투표가치의 평등은 헌법적 요청으로서 다른 요소에 비해 기본적이고 일차적인 기준이다.
② 공직선거법상 선거일 현재 1년 이상의 징역 또는 금고의 형의 선고를 받고 그 집행이 종료되지 아니하거나 그 집행을 받지 아니하기로 확정되지 아니한 사람 및 그 형의 집행유예를 선고받고 유예기간 중에 있는 사람은 선거권이 없다.
③ 지방자치단체의 장 선거권을 지방의회의원 선거권, 나아가 국회의원 선거권 및 대통령 선거권과 구별하여 하나는 법률상의 권리로, 나머지는 헌법상의 권리로 이원화하는 것은 허용될 수 없으므로 지방자치단체의 장 선거권 역시 다른 선거권과 마찬가지로 헌법 제24조에 의해 보호되는 기본권으로 인정하여야 한다.
④ 방송광고, 후보자 등의 방송연설, 방송시설주관 후보자연설의 방송, 선거방송토론위원회 주관 대담·토론회의 방송에서 한국 수화언어 또는 자막의 방영을 재량사항으로 규정한 공직선거법 조항이 자의적으로 비청각장애인과 청각장애인인 청구인을 달리 취급하여 청구인의 평등권을 침해한다고 보기는 어렵다.

해설
② [×] 1년 이상의 징역 또는 금고의 형의 선고를 받고 그 집행이 종료되지 아니하거나 그 집행을 받지 아니하기로 확정되지 아니한 사람. 다만, 그 형의 집행유예를 선고받고 유예기간 중에 있는 사람은 제외한다(공직선거법 제18조 제1항 제2호).
① [O] 선거구 획정에 있어서 인구비례의 원칙에 의한 투표가치의 평등은 헌법적 요청으로서 다른 요소에 비하여 기본적이고 일차적인 기준이므로, 입법자로서는 인구편차의 허용한계를 최대한 엄격하게 설정함으로써 투표가치의 평등을 관철하기 위한 최대한의 노력을 기울여야 한다(헌재 2009.3.26, 2006헌마14).
③ [O] 지방자치단체의 장 선거권 역시 다른 선거권과 마찬가지로 헌법 제24조에 의해 보호되는 기본권으로 인정하여야 한다(헌재 2016.10.27, 2014헌마797).
④ [O] 선거방송에서 수화방송 등을 의무사항으로 규정하지 아니한 것은 방송사업자 등의 시설장비나 기술수준 등에서 비롯되는 불가피한 사유로 적시에 실시할 수 없을 수도 있기 때문이다(헌재 2009.5.28, 2006헌마285).

03 선거제도에 대한 설명으로 가장 옳은 것은?

19. 서울시 7급 변형

① 선거구 간 인구편차의 허용한계와 관련하여, 광역의회의원선거는 시·도 선거구의 평균인구수를 기준으로 상하 60%의 인구편차(인구비례 4:1)가 허용한계이다.
② 비례대표국회의원 당선인이 공직선거법 제264조(당선인의 선거범죄로 인한 당선무효)의 규정에 의하여 당선이 무효로 된 때 비례대표국회의원 후보자명부상의 차순위 후보자의 승계를 부인하는 것은 과잉금지원칙에 위배하여 청구인들의 공무담임권을 침해한다.
③ 비례대표제를 채택하더라도 직접선거의 원칙이 의원의 선출뿐만 아니라 정당의 비례적인 의석확보까지 선거권자의 투표에 의하여 직접 결정될 것을 요구하지는 않는다.
④ 공직선거법상 선거일 현재 40세 이상의 국민은 대통령의 피선거권이 있고, 20세 이상의 국민은 국회의원의 피선거권이 있다.

해설

② [O] 그로 인하여 궐원된 의석의 승계를 인정하지 아니함으로써 결과적으로 그 정당에 비례대표국회의원의석을 할당받도록 한 선거권자들의 정치적 의사표명을 무시하고 왜곡하는 결과를 초래한다는 점에서 헌법의 기본원리인 대의제 민주주의 원리에 부합하지 않는다고 할 것이다. 심판대상조항이 정하고 있는 승계의 예외사유는, 그로 인하여 불이익을 입게 되는 소속 정당이나 후보자명부상의 차순위 후보자의 귀책사유에서 비롯된 것이 아니라 당선인의 선거범죄에서 비롯된 것이라는 점에서 자기책임의 범위를 벗어나는 제재라고 할 것이다(헌재 2009.10.29, 2009헌마350).
① [×] 현재의 시점에서 자치구·시·군의원 선거구 획정과 관련하여 헌법이 허용하는 인구편차의 기준을 인구편차 상하 50%(인구비례 3:1)로 변경하는 것이 타당하다(헌재 2018.6.28, 2014헌마166).
③ [×] 비례대표제란 선거인 스스로가 직접 대의기관을 선출하는 것을 뜻한다. 비례대표제의 경우에는 의원의 선출뿐만 아니라 의석확보도 선거권자의 투표에서 직접 결정될 것을 포함한다.
④ [×] 공직선거법 제16조 제2항

> **공직선거법 제16조【피선거권】** ② 18세 이상의 국민은 국회의원의 피선거권이 있다.

04 선거제도에 관한 다음 설명 중 가장 옳지 <u>않은</u> 것은?

13. 법원직 9급 변형

① 출입국관리법 제10조의 규정에 따른 영주의 체류자격 취득일 후 3년이 경과한 18세 이상의 외국인으로서 일정한 요건을 갖춘 자는 그 구역에서 선거하는 지방자치단체의 의회의원 및 장의 선거권이 있다.
② 재외선거인에게 선거를 실시할 때마다 재외선거인 등록신청을 하도록 한 재외선거인 등록신청조항은 재외선거인의 선거권을 침해한다.
③ 선거운동은 원칙적으로 선거기간개시일로부터 선거 전일까지 한하여 할 수 있지만 문자메세지를 전송하는 방법으로 선거운동을 하는 경우에는 그러지 아니하다.
④ 10개월의 징역형을 선고받고 그 집행이 종료되지 아니한 사람도 선거권은 존재한다.

해설

② [×] 재외선거인 등록신청조항이 재외선거권자로 하여금 선거를 실시할 때마다 재외선거인 등록신청을 하도록 규정한 것이 재외선거인의 선거권을 침해한다고 볼 수 없다(헌재 2014.7.24, 2009헌마256).
① [O] 공직선거법 제15조 제2항 제3호

> **공직선거법 제15조【선거권】** ② 18세 이상으로서 제37조 제1항에 따른 선거인명부작성기준일 현재 다음 각 호의 어느 하나에 해당하는 사람은 그 구역에서 선거하는 지방자치단체의 의회의원 및 장의 선거권이 있다.
> 3. 출입국관리법 제10조에 따른 영주의 체류자격 취득일 후 3년이 경과한 외국인으로서 같은 법 제34조에 따라 해당 지방자치단체의 외국인등록대장에 올라 있는 사람

③ [O] 공직선거법 제59조 제2호

> **공직선거법 제59조【선거운동기간】** 선거운동은 선거기간개시일부터 선거일 전일까지에 한하여 할 수 있다. 다만, 다음 각 호의 어느 하나에 해당하는 경우에는 그러지 아니하다.
> 2. 문자메시지를 전송하는 방법으로 선거운동을 하는 경우

④ [O] 공직선거법 제18조 제1항 제2호에 따르면, 징역 10개월인 경우에는 1년 미만인 수형자로 선거권이 존재한다.

> **공직선거법 제18조【선거권이 없는 자】** ① 선거일 현재 다음에 해당하는 사람은 선거권이 없다.
> 2. 1년 이상의 징역 또는 금고의 형의 선고를 받고 그 집행이 종료되지 아니하거나 그 집행을 받지 아니하기로 확정되지 아니한 사람. 다만, 그 형의 집행유예를 선고받고 유예기간 중에 있는 사람은 제외한다.

05 선거권 및 선거원칙에 대한 설명으로 옳은 것은? (다툼이 있는 경우 판례에 의함)

14. 국가직 7급 변형

① 부재자 투표시 투표개시시간을 일과시간 이내인 오전 10시부터 오후 4시까지로 정한 것은 투표관리의 효율성을 도모하고 행정부담을 줄이기 위한 목적의 정당성이 인정되므로 헌법에 위반되지 않는다.
② 평등선거원칙이라 함은 모든 선거인이 1표씩을 가지는 투표의 수적 평등을 의미하지, 모든 선거인의 투표가치를 평등한 것이 되게 하는 투표의 결과가치 내지 성과가치의 평등까지 요구하는 것은 아니다.
③ 지역농협은 공법인으로 볼 여지가 있으나, 지역농협의 조합장 선거에서 조합장을 선출하거나 조합장으로 선출될 권리, 조합장 선거에서 선거운동을 하는 것은 헌법에 의하여 보호되는 선거권의 범위에 포함되지 않는다.
④ 자유선거원칙은 선거의 전 과정에 요구되는 선거권자의 의사형성의 자유와 의사실현의 자유를 말하는바, 구체적으로는 투표의 자유, 입후보의 자유만을 의미할 뿐이지 선거운동의 자유까지 의미하는 것은 아니다.

해설

③ [O] 사법인적 성격을 지니는 농협·축협의 조합장 선거에서 조합장을 선출하거나 선거운동을 하는 것은 헌법에 의하여 보호되는 선거권의 범위에 포함되지 않는다(헌재 2012.2.23, 2011헌바154).
  ▶ 이는 결사의 자유의 보호범위에 속한다.
① [×] 일과시간에 학업이나 직장업무를 하여야 하는 부재자투표자는 투표개시시간을 일과시간 이내인 오전 10시부터로 정하고 있는 이 사건 투표시간조항으로 인하여 일과시간 이전에 투표소에 가서 투표할 수 없게 되어 사실상 선거권을 행사할 수 없게 되는 중대한 제한을 받는다. 그렇다면 이 사건 투표시간조항 중 투표개시시간 부분은 수단의 적정성, 법익균형성을 갖추지 못하므로 과잉금지원칙에 위배하여 청구인의 선거권과 평등권을 침해하는 것이다(헌재 2012.2.23, 2010헌마601).
② [×] 오늘날에는 모든 국민들이 1표씩을 가지기 때문에 투표의 결과가치 내지 성과가치의 평등이 중시되고 있다. 따라서 이를 실현하기 위한 선거구 획정이 중요하다(헌재 2001.10.25, 2000헌마92).
④ [×] 자유선거의 원칙은 입후보의 자유뿐만 아니라 선거운동의 자유까지 의미한다.

06 다음 중 선거에 관한 설명으로 옳지 않은 것은?

04. 법원직 9급 변형

① 피선거권의 요건으로 과도한 공탁금의 요구나 지나치게 많은 추천자 서명을 요구하는 것은 보통선거의 원칙에 반한다.
② 우리 헌법은 자유선거의 원칙에 관하여 명문의 규정을 두고 있지 않지만 일반적으로 헌법에 내재하는 당연한 선거원칙으로 해석하고 있다.
③ 헌법재판소는 국회의원의 경우 최대선거구와 최소선거구 간의 유권자비율이 2:1을 넘는 경우 위헌이라는 입장이다.
④ 선거범죄로 당선이 무효로 되는 경우에 이미 보전받은 선거비용뿐만 아니라 반환받은 기탁금 전액까지 반환하도록 하는 것은 지나친 제재라고 볼 수 있다.

해설

④ [×] 선거범죄로 일정한 정도 이상의 형을 선고받은 당선자에 대하여 이미 반환·보전받은 기탁금과 선거비용을 다시 반환하도록 하는 경제적 제재를 가하는 것은 선거범죄를 억제하려는 입법목적의 달성을 위한 적절한 수단이 될 수 있다(헌재 2011.4.28, 2010헌바232).
① [O] 피선거권의 요건으로 과도한 공탁금의 요구나 지나치게 많은 추천자 서명을 요구하는 것은 보통선거의 원칙에 반한다(헌재 2001.7.19, 2000헌마91·112·134).
② [O] 자유선거에 관한 명문의 규정은 없으나, 일반론적으로 내재된 선거의 원칙이라고 한다.
③ [O] 현재의 시점에서 헌법이 허용하는 인구편차의 기준을 인구편차 상하 33⅓%를 넘어서지 않는 것으로 봄이 타당하다. 따라서 심판대상 선거구구역표 중 인구편차 상하 33⅓%의 기준을 넘어서는 선거구에 관한 부분은 위 선거구가 속한 지역에 주민등록을 마친 청구인들의 선거권 및 평등권을 침해한다(헌재 2014.10.30, 2012헌마192).
  ▶ 즉, 최소인구수를 기준으로 할 때 최대인구수가 2배를 넘어가면 위헌이다.

정답 | 04 ② 05 ③ 06 ④

07 재외국민의 선거권에 대한 설명으로 옳지 않은 것은? (다툼이 있는 경우 판례에 의함)   18. 국회직 9급 변형

① 주민등록법상 주민등록을 할 수 없는 재외국민의 선거권 행사를 전면적으로 부정하고 있는 법 제37조 제1항은 어떠한 정당한 목적도 찾기 어려우므로 헌법 제37조 제2항에 위반하여 재외국민의 선거권과 평등권을 침해하고 보통선거원칙에도 위반된다.
② 입법자가 재외선거인을 위하여 인터넷투표방법이나 우편투표방법을 채택하지 아니하고 원칙적으로 공관에 설치된 재외투표소에 직접 방문하여 투표하는 방법을 채택하는 것은 현저히 불합리하거나 불공정하다고 할 수 없다.
③ 공직선거법상 재외선거인의 임기만료 지역구국회의원 선거권을 인정하지 않는 것은 재외선거인의 선거권을 침해하거나 보통선거원칙에 위배된다.
④ 주권자인 국민의 지위에 아무런 영향을 미칠 수 없는 주민등록 여부만을 기준으로 하여, 주민등록을 할 수 없는 재외국민의 국민투표권 행사를 전면적으로 배제하고 있는 국민투표법 관련 조항은 재외국민의 국민투표권을 침해한다.

해설

③ [×] 지역구국회의원은 국민의 대표임과 동시에 소속지역구의 이해관계를 대변하는 역할을 하고 있다. 전국을 단위로 선거를 실시하는 대통령선거와 비례대표국회의원선거에 투표하기 위해서는 국민이라는 자격만으로 충분한 데 반해, 특정한 지역구의 국회의원선거에 투표하기 위해서는 '해당 지역과의 관련성'이 인정되어야 한다. 주민등록과 국내거소신고를 기준으로 지역구국회의원 선거권을 인정하는 것은 해당 국민의 지역적 관련성을 확인하는 합리적인 방법이다. 따라서 선거권 조항과 재외선거인 등록신청 조항이 재외선거인의 임기만료 지역구국회의원 선거권을 인정하지 않은 것이 재외선거인의 선거권을 침해하거나 보통선거원칙에 위배된다고 볼 수 없다(헌재 2014.7.24, 2009헌마256 등).
① [O] 주민등록이 되어 있는지 여부에 따라 선거인명부에 오를 자격을 결정하여 그에 따라 선거권 행사 여부가 결정되도록 함으로써 엄연히 대한민국의 국민임에도 불구하고 주민등록법상 주민등록을 할 수 없는 재외국민의 선거권 행사를 전면적으로 부정하고 있는 법 제37조 제1항은 어떠한 정당한 목적도 찾기 어려우므로 헌법 제37조 제2항에 위반하여 재외국민의 선거권과 평등권을 침해하고 보통선거원칙에도 위반된다(헌재 2007.6.28, 2004헌마644 등).
② [O] 입법자가 선거 공정성 확보의 측면, 투표용지 배송 등 선거기술적인 측면, 비용 대비 효율성의 측면을 종합적으로 고려하여, 인터넷투표방법이나 우편투표방법을 채택하지 아니하고 원칙적으로 공관에 설치된 재외투표소에 직접 방문하여 투표하는 방법을 채택한 것이 현저히 불공정하고 불합리하다고 볼 수는 없으므로, 재외선거 투표절차조항은 재외선거인의 선거권을 침해하지 아니한다(헌재 2014.7.24, 2009헌마256 등).
④ [O] 국민투표는 국가의 중요정책이나 헌법개정안에 대해 주권자로서의 국민이 그 승인 여부를 결정하는 절차인데, 주권자인 국민의 지위에 아무런 영향을 미칠 수 없는 주민등록 여부만을 기준으로 하여, 주민등록을 할 수 없는 재외국민의 국민투표권 행사를 전면적으로 배제하고 있는 국민투표법 제14조 제1항은 앞서 본 국정선거권의 제한에 대한 판단에서와 동일한 이유에서 청구인들의 국민투표권을 침해한다(헌재 2007.6.28, 2004헌마644 등).

08 선거권과 선거제도에 관한 설명 중 가장 적절한 것은? (다툼이 있는 경우 판례에 의함)   22. 경찰승진 변형

① 선거범으로서 100만원 이상의 벌금형의 선고를 받고 그 형이 확정된 후 5년을 경과하지 아니한 자 또는 형의 집행유예의 선고를 받고 그 형이 확정된 후 10년을 경과하지 아니한 자에게 선거권을 부여하지 않는 공직선거법 조항은 선거권을 침해하지 않는다.
② 선거권의 제한은 불가피하게 요청되는 개별적·구체적 사유가 존재함이 명백할 경우 정당화될 수 있으며, 막연하고 추상적인 위험이나 국가의 노력에 의해 극복될 수 없는 기술상의 어려움이나 장애 등을 사유로도 그 제한이 정당화될 수 있다.
③ 주민등록법상 주민등록을 할 수 없는 재외국민의 대통령 선거권 행사를 전면 부정하는 것은 헌법에 위배되지 않는다.
④ 민주주의 국가에서 국민주권과 대의제 민주주의의 실현수단으로서 선거권이 갖는 중요성으로 인해 입법자는 선거권을 최대한 보장하는 방향으로 입법을 하여야 하는 반면, 헌법재판소가 선거권을 제한하는 법률의 합헌성을 심사하는 경우 그 심사 강도는 완화하여야 한다.

해설

① [O] 선거범으로서 100만원 이상의 벌금형의 선고를 받고 그 형이 확정된 후 5년을 경과하지 아니한 자 또는 형의 집행유예의 선고를 받고 그 형이 확정된 후 10년을 경과하지 아니한 자에게 선거권을 부여하지 않는 공직선거법 조항은 선거권을 침해하지 않는다(헌재 2008.1.17, 2004헌마41).

② [×] 선거권의 제한은 불가피하게 요청되는 개별적·구체적 사유가 존재함이 명백할 경우에만 정당화될 수 있고, 막연하고 추상적인 위험이나 국가의 노력에 의해 극복될 수 있는 기술상의 어려움이나 장애 등을 사유로 그 제한이 정당화될 수 없다(헌재 2007.6.28, 2004헌마644 등).

③ [×] 주민등록이 되어 있는지 여부에 따라 선거인명부에 오를 자격을 결정하여 그에 따라 선거권 행사 여부가 결정되도록 함으로써 엄연히 대한민국의 국민임에도 불구하고 주민등록법상 주민등록을 할 수 없는 재외국민의 선거권 행사를 전면적으로 부정하고 있는 법 제37조 제1항은 어떠한 정당한 목적도 찾기 어려우므로 헌법 제37조 제2항에 위반하여 재외국민의 선거권과 평등권을 침해하고 보통선거원칙에도 위반된다(헌재 2007.6.28, 2004헌마644 등).

④ [×] 민주주의 국가에서 국민주권과 대의제 민주주의의 실현수단으로서 선거권이 갖는 중요성으로 인해 한편으로 입법자는 선거권을 최대한 보장하는 방향으로 입법을 하여야 하며, 또 다른 한편에서 선거권을 제한하는 법률의 합헌성을 심사하는 경우에는 그 심사의 강도도 엄격하여야 한다(헌재 2007.6.28, 2004헌마644 등).

09 선거와 관련된 다음의 설명 중 가장 타당하지 아니한 것은? (헌법재판소 판례에 의함)   07. 법원직 9급

① 과열선거운동의 폐해를 방지하고 공정한 선거운동을 실현하기 위하여 선거운동기간에 일정한 제약을 두는 것은 위헌이 아니다.

② 선거관련 법률에서 저조한 투표율에도 불구하고 유효투표의 다수만 얻으면 당선인으로 될 수 있도록 규정하였다 하더라도 선거의 대표성의 본질을 침해하고 국민주권주의에 위반한다고 볼 수 없다.

③ 선거관계법의 일부 조항이 사후 위헌으로 선언되면 그 조항을 적용하여 실시된 선거의 정치적·민주적 정당성은 상실된다.

④ 선거운동의 기회균등원칙은 절대적이고도 획일적인 평등 내지 기회균등을 요구하는 것이 아니라 합리적 근거 없는 자의적 차별 내지 차등만을 금지하는 것이다.

해설

③ [×] 선거관계법이 일부 조항이 위헌으로 선언된다하여 개개의 투표까지 위헌이라고 한다면 그 사회적인 혼란이 심각하다는 문제점이 있으며 이로 인해 민주적 정당성이 상실된다고 보기는 어려울 것이다(헌재 1994.7.29, 93헌가4 등).

① [O] 과열선거운동의 폐해를 방지하고 공정한 선거운동을 실현하기 위하여 선거운동기간에 일정한 제약을 두는 것은 위헌이 아니다(헌재결 2005.2.3, 2004헌마216).

② [O] 선거관련 법률에서 저조한 투표율에도 불구하고 유효투표의 다수만 얻으면 당선인으로 될 수 있도록 규정하였다 하더라도 선거의 대표성의 본질을 침해하고 국민주권주의에 위반한다고 볼 수 없다(헌재 2003.11.27, 2003헌마259).

④ [O] 선거운동의 기회균등원칙은 절대적이고도 획일적인 평등 내지 기회균등을 요구하는 것이 아니라 합리적 근거 없는 자의적 차별 내지 차등만을 금지하는 것이다(헌재 2019.9.26, 2018헌마128).

정답 | 07 ③   08 ①   09 ③

10 선거운동에 대한 설명으로 옳은 것은? (다툼이 있는 경우 판례에 의함) 14. 국가직 7급

① 정당제도의 헌법적 기능을 고려하면 무소속 후보자와 정당소속 후보자 간의 합리적이고 상대적인 차별은 가능하나 정당후보자에게 별도로 정당연설회를 할 수 있도록 하는 것은 위헌이다.
② 예비후보자의 배우자가 함께 다니는 사람 중에서 지정한 자도 선거운동을 위하여 명함교부 및 지지호소를 할 수 있도록 한 공직선거법 관련 조항 중 '배우자' 관련 부분이 배우자가 없는 예비후보자의 평등권을 침해하는 것은 아니다.
③ 공무원이 선거운동의 기획행위를 하는 모든 경우를 금지하는 것은 공무원의 정치적 중립성에서 나오는 공익이 정치적 표현의 자유보다 크기 때문에 헌법에 위반되지 아니한다.
④ 지방의회의원선거에서 선거권을 갖는 외국인은 누구라도 해당 선거에서 선거운동을 할 수 없다.

해설

① [O] 구 국회의원선거법 제55조의3이 정당추천후보자에게 무소속후보자보다 더 많은 연설회를 가질 수 있도록 하고 연설회의 개최시기 등에 있어서 우월적 지위를 준 것은 결국 무소속후보자와 정당추천후보자에게 선거연설을 허용하는 기회 등의 등가성을 비교하여 볼 때 선거의 당락에 영향을 줄 수 있을 정도의 심히 불평등한 것이다(헌재 1992.3.13, 92헌마37 등).
② [×] 배우자가 그와 함께 다니는 사람 중에서 지정한 1명까지 보태어 명함을 교부하고 지지를 호소할 수 있도록 함으로써 배우자 유무에 따른 차별효과를 지나치게 커지게 한다(헌재 2013.11.28, 2011헌마267).
③ [×] 공무원의 지위를 이용하지 아니한 행위에까지 적용되는 한 기본권을 침해하여 헌법에 위반된다(헌재 2008.5.29, 2006헌마1096).
④ [×] 공직선거법 제60조 제1항 제1호

> **공직선거법 제60조【선거운동을 할 수 없는 자】** ① 다음 각 호의 어느 하나에 해당하는 사람은 선거운동을 할 수 없다. 다만, 제1호에 해당하는 사람이 예비후보자·후보자의 배우자인 경우와 제4호부터 제8호까지의 규정에 해당하는 사람이 예비후보자·후보자의 배우자이거나 후보자의 직계존비속인 경우에는 그러하지 아니하다.
> 1. 대한민국 국민이 아닌 자. 다만, 제15조 제2항 제3호에 따른 외국인이 해당 선거에서 선거운동을 하는 경우에는 그러하지 아니하다.

11 선거제도에 관한 설명이다. 옳지 않은 것은? (다툼이 있는 경우 헌법재판소 결정례 및 대법원 판례에 의함)

10. 법원직 9급

① 평등선거는 사회적 신분, 재산, 교양 등에 의한 차별 없이 일정 연령에 달한 모든 자에게 원칙적으로 선거권을 인정하여야 한다는 원칙이다.
② 직접선거는 의원의 선거가 일반 유권자에 의하여 직접 행하여지는 경우를 말하는 것으로, 일반 유권자가 특정 수의 중간선거인을 선정하고 이 중간선거인이 대표자를 선거하는 간접선거와 반대되는 개념이다.
③ 1인 1표제하의 비례대표 의석배분방식에 대해서는 헌법에 위반된다는 헌법재판소의 결정이 있다.
④ 투표용지에 표시되는 기호의 게재순위를 후보자등록마감일 현재 국회에서 다수의석을 가지고 있는 정당의 추천을 받은 후보자, 그렇지 않은 정당 추천 후보자, 무소속 후보자순으로 하는 것은 소수의석 정당이나 무소속 후보자 등을 차별하는 것이나, 헌법상의 정당제도 보호취지를 고려할 때 평등권 등 기본권을 침해하지 않는다.

해설
① [×] 보통선거는 모든 국민은 누구나 선거권과 피선거권을 가진다는 원칙을 말한다. 평등선거는 누구나 선거권을 갖는다는 의미에 한정되지 않고 누구나 그 가치까지도 평등해야 한다는 의미를 가지며 선거구 획정의 문제도 바로 평등선거와 관련이 있다. 따라서 지문은 보통선거에 관한 지문이다.
② [○] 직접선거에 관한 옳은 지문이다.
③ [○] 현행 제도는 정당명부에 대한 투표가 따로 없으므로 유권자들에게 비례대표의원에 대한 직접적인 결정권이 전혀 없는 것이나 마찬가지이다. 정당명부에 대한 직접적인 투표가 인정되지 않기 때문에 비례대표의원의 선출에 있어서는 유권자의 투표행위가 아니라 정당의 명부작성행위가 최종적·결정적 의의를 지니게 된다. 따라서 현행 비례대표 의석배분방식은 선거권자들의 투표행위로써 정당의 의석배분, 즉 비례대표국회의원의 선출을 직접, 결정적으로 좌우할 수 없으므로 직접선거의 원칙에 위배된다고 할 것이다(헌재 2001. 7.10, 2000헌마91).
④ [○] 후보자기호 결정에 관한 현행의 정당·의석우선제도는 다수의석을 가진 정당후보자에게 유리하고 소수의석을 가진 정당이나 의석이 없는 정당후보자 및 무소속후보자에게는 상대적으로 불리하여 차별이 있다고 할 것이나, 정당후보자에게 무소속후보자보다 우선순위의 기호를 부여하는 것은 정당제도의 존재 의의에 비추어 그 목적이 정당할 뿐만 아니라, 당적유무, 의석순, 정당명 또는 후보자성명의 "가, 나, 다" 순 등 합리적 기준에 의하고 있으므로 평등권을 침해한다고 할 수 없다(헌재 1996.3.28, 96헌마9).

제4절 직업공무원제도 및 공무담임권

01 직업공무원제도에 대한 설명으로 옳지 <u>않은</u> 것은? (다툼이 있는 경우 판례에 의함)   11. 국가직 7급

① 지방자치단체의 직제폐지로 인한 지방공무원의 직권면직규정은 합리적인 면직기준을 구체적으로 정함과 동시에 그 공정성을 담보할 수 있는 절차를 마련하는 경우 직업공무원제도를 위반하고 있다고는 볼 수 없다.
② 직업공무원제도하에서의 공무원은 국가 또는 공공단체와 근로관계를 맺고, 공무를 담당하는 것을 직업으로 하는 자로서 선거직 공직자를 포함한 광의의 공무원을 말한다.
③ 공무원도 각종 노무의 대가로 얻는 수입에 의존하여 생활하는 사람이라는 점에서는 통상적인 의미의 근로자적인 성격을 지니고 있다.
④ 헌법재판소는 조직의 변경과 관련이 없음은 물론 소속공무원의 귀책사유의 유무라든가 다른 공무원과의 관계에서 형평성이나 합리적 근거 등을 제시하지 아니한 채 임명권자의 후임자 임명이라는 처분에 의하여 그 직을 상실하게 하는 것은 직업공무원제도의 본질적 내용을 침해하는 것이라고 보았다.

해설

② [×] 우리나라는 직업공무원제도를 채택하고 있는데, 여기서 말하는 공무원은 국가 또는 공공단체와 근로관계를 맺고 이른바 공법상 특별권력관계 내지 특별행정법관계 아래 공무를 담당하는 것을 직업으로 하는 협의의 공무원을 말하며 정치적 공무원이라든가 임시직 공무원은 포함되지 않는 것이다(헌재 1989.12.18, 89헌마32).
① [O] 임용권자는 인사위원회의 의견을 듣도록 하고 있고, 면직기준으로 임용형태·업무실적·직무수행능력·징계처분사실 등을 고려하도록 하고 있으며, 면직기준을 정하거나 면직대상을 결정함에 있어서 반드시 인사위원회의 의결을 거치도록 하고 있는바, 이는 합리적인 면직기준을 구체적으로 정함과 동시에 그 공정성을 담보할 수 있는 절차를 마련하고 있는 것이라 볼 수 있다. 그렇다면 이 사건 규정이 직제가 폐지된 경우 직권면직을 할 수 있도록 규정하고 있다고 하더라도 이것이 직업공무원제도를 위반하고 있다고는 볼 수 없다(헌재 2004.11.25, 2002헌바8).
③ [O] 공무원은 그 임용주체가 궁극에는 주권자인 국민 또는 주민이기 때문에 국민전체에 대하여 봉사하고 책임을 져야 하는 특별한 지위에 있고, 그가 담당한 업무가 국가 또는 공공단체의 공공적인 일이어서 특히 그 직무를 수행함에 있어서 공공성·공정성·성실성 및 중립성 등이 요구되기 때문에 일반 근로자와는 달리 특별한 근무관계에 있는 사람이다(헌재 1992.4.28, 90헌바27).
④ [O] 구 국가보위입법회의법 부칙 제4항 후단은 합리적 이유 없이 임명권자의 후임자 임명처분으로 공무원직을 상실하도록 함으로써 직업공무원제를 침해하였으므로 구 헌법 제6조 제2항, 헌법 제7조 제2항에 위반된다(헌재 1989.12.18, 89헌마32).

02 공무원제도에 관한 설명으로 가장 옳지 <u>않은</u> 것은? (다툼이 있는 경우 헌법재판소 판례에 의함)   13. 법원직 9급 변형

① 국·공립학교 채용시험의 동점자처리에서 국가유공자 등 및 그 유족·가족에게 우선권을 주도록 하고 있는 국가유공자 등 예우 및 지원에 관한 법률의 해당 조항에 의하여 일반응시자들은 국·공립학교 채용시험의 동점자처리에서 불이익을 당하며, 이는 일반 응시자들의 공무담임권을 침해한다.
② 직업공무원의 경우에는 능력에 따라 임용될 수 있는 균등한 기회가 보장되어야 하며, 직무수행능력과 무관하게 예컨대 성별·종교·사회적 신분·출신지역 등을 기준으로 선발하는 것은 원칙적으로 자의적인 차별로서 국민의 공직취임권을 침해하는 것이 된다.
③ 경찰청 내에 일반직공무원의 정원이 증가하여 승진 경쟁이 치열해졌다 하더라도 그러한 불이익은 승진 기회 내지 승진 확률이 축소되는 사실상의 불이익에 불과할 뿐이므로 공무담임권 침해 문제가 생길 여지는 없다.
④ 국민이 공무원으로 임용된 경우에 있어서 그가 정년까지 근무할 수 있는 권리는 헌법의 공무원 신분보장규정에 의하여 보호되는 기득권으로서 그 침해 내지 제한은 신뢰보호의 원칙에 위배되지 않는 범위 내에서만 가능하다 할 것이다.

해설

① [×] 국·공립학교 채용시험의 동점자처리에서 국가유공자 및 그 가족에게 우선권을 부여하는 것은 평등권을 침해하지 않는다(헌재 2006.6.29, 2005헌마44).
② [O] 능력주의의 예외는 국가유공자 등 헌법규정이 있을 때에만 해당하며, 그 외에는 균등한 기회가 보장되어야 한다.
③ [O] 승진가능성이라는 것은 청구인들의 공직신분의 유지나 업무수행과 같은 법적 지위에 직접 영향을 미치는 것이 아니고 간접적, 사실적 또는 경제적 이해관계에 영향을 미치는 것에 불과하여 공무담임권의 보호영역에 포함된다고 보기는 어렵다(헌재 2010.3.25, 2009헌마538).
④ [O] 국민이 공무원으로 임용된 경우에 있어서 그가 정년까지 근무할 수 있는 권리는 헌법의 공무원 신분보장규정에 의하여 보호되는 기득권으로서 그 침해 내지 제한은 신뢰보호의 원칙에 위배되지 않는 범위 내에서만 가능하다고 할 것이고, 이 원칙에 위배되는 것은 입법형성권의 한계를 벗어난 위헌적인 것이라 할 것이다(헌재 1994.4.28, 91헌바15).

03 공무원제도에 대한 설명으로 옳지 않은 것은? (다툼이 있는 경우 판례에 의함)

12. 국가직 7급

① 명예퇴직공무원이 재직 중의 사유로 금고 이상의 형을 받은 때에는 명예퇴직수당을 필요적으로 환수하도록 한 것은 재산권을 침해한다.
② 공무원이 금고 이상의 형에 대한 집행유예를 받은 것을 당연퇴직사유로 정하는 것은 헌법에 위반되지 않는다.
③ 선거에서의 공무원의 정치적 중립의무는 국회의원이나 지방의회의원에게는 요구되지 않지만 대통령에게는 요구된다.
④ 공무원노동조합의 설립 최소단위를 '행정부'로 규정하여 노동부만의 노동조합 결성을 제한한 것은 단결권 및 평등권을 침해하지 않는다.

해설

① [×] 명예퇴직공무원이 재직 중의 사유로 금고 이상의 형을 받은 때에는 명예퇴직수당을 필요적 환수토록 한 국가공무원법 제74조의2 제3항 제1호가 재산권을 침해하는 것이라 할 수 없다(헌재 2010.11.25, 2010헌바93).
② [O] 공무원이 금고 이상의 형에 대한 집행유예를 받은 것을 당연퇴직사유로 정하는 것은 헌법에 위반되지 않는다(헌재 1997.11.27, 95헌바14).
③ [O] 선거에서의 공무원의 정치적 중립의무는 국회의원이나 지방의회의원에게는 요구되지 않지만 대통령에게는 요구된다(헌재 2004.5.14, 2004헌나1).
④ [O] 조합활동 및 단체교섭체계의 효율화를 위하여 근무조건이 결정되는 단위별로 공무원노동조합을 결성하도록 노동조합 설립의 최소단위를 규정한 것으로서 입법목적에 합리성이 인정되고, 공무원노동조합의 형태로서 최소단위만을 제한할 뿐이어서, 각 부·처 단위의 공무원들은 행정부 공무원노동조합 또는 전국단위 공무원노동조합에 가입할 수 있을 뿐만 아니라, 행정부·처별로 설치된 지부 등은 각 부·처 장관이 관리하거나 결정할 권한을 가진 사항에 대하여 해당 장관과의 교섭이 가능하여 그 제한의 정도가 과하다고 보기 어렵다(헌재 2008.12.26, 2006헌마518).

정답 | 01 ② 02 ① 03 ①

04 최근 헌법재판소 판례에 관한 설명으로 가장 적절하지 않은 것은? *15. 경찰승진*

① 아동·청소년 대상 성폭력범죄를 저지른 자에 대하여 신상정보를 공개하도록 하는 구 아동·청소년의 성보호에 관한 법률 제38조 제1항 본문 제1호가 인격권 및 개인정보자기결정권을 침해하는 것은 아니다.
② 학교폭력 가해학생이 특별교육을 이수할 경우 해당 학생의 보호자도 함께 특별교육을 받도록 한 학교폭력예방 및 대책에 관한 법률 제17조 제9항이 가해학생 보호자의 일반적 행동자유권을 침해하는 것은 아니다.
③ 공무원이 금품수수를 한 경우 직무관련성 유무 등과 상관없이 징계시효기간을 일률적으로 3년으로 정한 구 국가공무원법 규정은 직무관련성 여부에 따라 위법성의 정도에 큰 차이가 있음에도 불구하고 동일한 징계시효를 적용하는 것이어서 평등권을 침해하는 위헌 규정이다.
④ 수사경력자료는 보존기간이 지나면 삭제하도록 하면서도 범죄경력자료의 삭제에 대해 규정하지 않은 형의 실효 등에 관한 법률 조항은 차별의 합리적인 이유가 있으므로 평등권을 침해하지 않는다.

해설

③ [×] 공무원이 '금품수수'를 한 경우 직무관련성 유무 등과 상관없이 징계시효기간을 일률적으로 3년으로 정한 것은 징계가 가능한 기간을 늘려 징계의 실효성을 제고하고 이를 통해 금품수수 관련 비위의 발생을 억제함으로써 공무원의 청렴의무 강화와 공직기강의 확립에 기여하려는 것으로서 여기에는 합리적 이유가 있다고 할 것이다. 따라서 이 사건 법률조항은 평등권을 침해하지 아니한다(헌재 2012.6.27, 2011헌바226).
① [○] 아동·청소년 대상 성폭력 범죄를 저지른 사람에 대하여 신상정보를 공개하도록 한 것은 아동·청소년의 성을 보호하고 사회방위를 도모하기 위한 것으로서 목적의 정당성 및 수단의 적합성이 인정된다. 한편, 심판대상조항에 따른 신상정보 공개제도는, 그 공개대상이나 공개기간이 제한적이고, 법관이 '특별한 사정' 등을 고려하여 공개 여부를 판단하도록 되어 있으며, 공개로 인한 피해를 최소화하는 장치도 마련되어 있으므로 침해의 최소성이 인정되고, 이를 통하여 달성하고자 하는 '아동·청소년의 성보호'라는 목적이 침해되는 사익에 비하여 매우 중요한 공익에 해당하므로 법익의 균형성도 인정된다. 따라서 심판대상조항은 과잉금지원칙을 위반하여 청구인들의 인격권, 개인정보자기결정권을 침해한다고 볼 수 없다(헌재 2013.10.24, 2011헌바106).
② [○] 학교폭력예방법에서 가해학생과 함께 그 보호자도 특별교육을 이수하도록 의무화한 것은 교육의 주체인 보호자의 참여를 통해 학교폭력 문제를 보다 근본적으로 해결하기 위한 것이다. 가해학생이 학교폭력에 이르게 된 원인을 발견하여 이를 근본적으로 치유하기 위해서는 가족 공동체의 일원으로서 가해학생과 밀접 불가분의 유기적 관계를 형성하고 있는 보호자의 교육 참여가 요구된다. 따라서 특별교육이수규정이 가해학생 보호자의 일반적 행동자유권을 침해한다고 볼 수 없다(헌재 2013.10.24, 2012헌마832).
④ [○] 수사경력자료와 범죄경력자료는 어떤 범죄의 혐의를 받았느냐를 불문하고 그 처리 결과를 달리하는 경우로서 자료 보존의 목적과 필요성에 차이가 있다. 따라서 이를 이유로 자료의 삭제가능성에 대해 달리 규정하는 데에는 차별의 합리적 이유가 있으므로 수사경력자료는 보존기간이 지나면 삭제하도록 하면서도 범죄경력자료의 삭제에 대해 규정하지 않은 이 사건 수사경력자료 정리조항은 청구인의 평등권을 침해하지 아니한다(헌재 2012.7.26, 2010헌마446).

05 공무담임권에 관한 설명 중 가장 적절하지 않은 것은? (다툼이 있는 경우 판례에 의함)

16. 경찰승진

① 순경 공채시험 응시연령의 상한을 '30세 이하'로 규정하고 있는 것은 합리적이라고 볼 수 없으므로 침해의 최소성원칙에 위배되어 공무담임권을 침해한다.
② 수뢰죄를 범하여 금고 이상의 형의 선고유예를 받은 국가공무원을 당연퇴직하도록 한 국가공무원법 조항은 과잉금지원칙에 반하여 공무담임권을 침해한다.
③ 공무담임권의 보호영역에는 공직취임의 자의적인 배제뿐 아니라, 공무원 신분의 부당한 박탈이나 권한 또는 직무의 부당한 정지도 포함된다.
④ 정당의 내부경선에 참여할 권리는 헌법이 보장하는 공무담임권의 내용에 포함되지 아니하므로, 정당이 당내경선을 실시하지 않는 것이 공무담임권을 침해하는 것은 아니다.

해설

② [×] 공무원 직무수행에 대한 국민의 신뢰, 직무의 정상적 운영 확보, 공무원범죄의 예방, 공직사회의 질서 유지를 위한 것으로서 목적이 정당하고, 형법 제129조 제1항의 수뢰죄로 금고 이상 형의 선고유예를 받은 국가공무원을 당연퇴직하도록 하는 것은 적절한 수단에 해당한다(헌재 2013.7.25, 2012헌바409).
① [○] 획일적으로 30세까지는 순경과 소방사 등의 직무수행에 필요한 최소한도의 자격요건을 갖추고, 30세가 넘으면 그러한 자격요건을 상실한다고 보기 어렵고, 이 점은 순경을 특별채용하는 경우 응시연령을 40세 이하로 제한하고 있고, 소방사·지방소방사와 마찬가지로 화재현장업무 등을 담당하는 소방교·지방소방교의 경우 특채시험의 응시연령을 35세 이하로 제한하고 있는 점만 보아도 분명하다. 따라서 이 사건 심판대상조항들이 순경 공채시험 등의 응시연령의 상한을 '30세 이하'로 제한하는 것이 합리적이라고 볼 수 없어 침해의 최소성원칙에 위배된다(헌재 2012.5.31, 2010헌마278).
③ [○] 공무담임권의 보호영역에는 공직취임의 자의적인 배제뿐 아니라, 공무원 신분의 부당한 박탈이나 권한 또는 직무의 부당한 정지도 포함된다(헌재 2002.8.29, 2001헌마788 등).
④ [○] 정당의 내부경선에 참여할 권리는 헌법이 보장하는 공무담임권의 내용에 포함되지 아니하므로, 정당이 당내경선을 실시하지 않는 것이 공무담임권을 침해하는 것은 아니다(헌재 2014.11.27, 2013헌마814).

06 공무담임권에 관한 다음 설명 중 가장 옳지 않은 것은?

19. 법원직 9급

① 현행 헌법은 공무담임권을 명시적으로 규정하고 있다.
② 공무담임권은 국민이 국가나 공공단체의 구성원으로서 직무를 담당할 수 있는 권리를 뜻하고, 여기서 직무를 담당한다는 것은 공무담임에 관하여 능력과 적성에 따라 평등한 기회를 보장받는 것을 의미한다.
③ 공무담임권은 공직취임의 기회균등을 요구하지만, 취임한 뒤 승진할 때에도 균등한 기회 제공을 요구하지는 않는다.
④ 선출직 공무원의 공무담임권은 선거를 전제로 하는 대의제의 원리에 의하여 발생하는 것이므로 공직의 취임이나 상실에 관련된 어떠한 법률조항이 대의제의 본질에 반한다면 이는 공무담임권도 침해하는 것이라고 볼 수 있다.

해설

③ [×] 공무담임권은 공직취임의 기회균등뿐만 아니라 취임한 뒤 승진할 때에도 균등한 기회 제공을 요구한다(헌재 2018.7.26, 2017헌마1183).
① [○] 모든 국민은 법률이 정하는 바에 의하여 공무담임권을 가진다(헌법 제25조).
② [○] 공무담임권은 국민이 국가나 공공단체의 구성원으로서 직무를 담당할 수 있는 권리를 뜻하고, 여기서 직무를 담당한다는 것은 공무담임에 관하여 능력과 적성에 따라 평등한 기회를 보장받는 것을 의미한다(헌재 1999.12.23, 98헌마363).
④ [○] 선출직 공무원의 공무담임권은 선거를 전제로 하는 대의제의 원리에 의하여 발생하는 것이므로 공직의 취임이나 상실에 관련된 어떠한 법률조항이 대의제의 본질에 반한다면 이는 공무담임권도 침해하는 것이라고 볼 수 있다(헌재 2009.3.26, 2007헌마843).

정답 | 04 ③ 05 ② 06 ③

07 공무담임권에 대한 설명으로 옳지 않은 것은? (다툼이 있는 경우 판례에 의함)
19. 5급 공채

① 지방자치단체의 장이 금고 이상의 형을 선고받고 그 형이 확정되지 아니한 경우 부단체장이 그 권한을 대행하도록 규정한 지방자치법 조항은 지방자치단체장의 공무담임권을 침해한다.
② 5급 공개경쟁채용시험 응시연령의 상한을 32세까지로 제한하고 있는 것은 기본권 제한을 최소한도에 그치도록 요구하는 헌법 제37조 제2항에 부합된다고 보기 어렵다.
③ 공무담임권의 보호영역에는 공직취임기회의 자의적인 배제뿐만 아니라 공무원 신분의 부당한 박탈이나 권한의 부당한 정지, 승진시험의 응시제한이나 이를 통한 승진기회의 보장 등이 포함된다.
④ 공무담임권은 각종 선거에 입후보하여 당선될 수 있는 피선거권과 공직에 임명될 수 있는 공직취임권을 포괄하는 권리이다.

해설

③ [×] '승진시험의 응시제한'이나 이를 통한 승진기회의 보장 문제는 공직신분의 유지나 업무수행에는 영향을 주지 않는 단순한 내부 승진인사에 관한 문제에 불과하여 공무담임권의 보호영역에 포함된다고 보기는 어렵다고 할 것이다(헌재 2010.3.25, 2009헌마538).
① [O] 이 사건 법률조항은 '금고 이상의 형이 선고되었다'는 사실 자체에 주민의 신뢰가 훼손되고 자치단체장으로서 직무의 전념성이 해쳐질 것이라는 부정적 의미를 부여한 후, 그러한 판결이 선고되었다는 사실만을 유일한 요건으로 하여, 형이 확정될 때까지의 불확정한 기간 동안 자치단체장으로서의 직무를 정지시키는 불이익을 가하고 있으며, 그와 같이 불이익을 가함에 있어 필요최소한에 그치도록 엄격한 요건을 설정하지도 않았으므로, 위 무죄추정의 원칙에 위배된다(헌재 2010.9.2, 2010헌마418).
② [O] 32세까지는 5급 공무원의 직무수행에 필요한 최소한도의 자격요건을 갖추고, 32세가 넘으면 그러한 자격요건을 상실한다고 보기 어렵고, 6급 및 7급 공무원 공채시험의 응시연령 상한을 35세까지로 규정하면서 그 상급자인 5급 공무원의 채용연령을 32세까지로 제한한 것은 합리적이라고 볼 수 없으므로, 이 사건 시행령 조항이 5급 공채시험 응시연령의 상한을 '32세까지'로 제한하고 있는 것은 기본권 제한을 최소한도에 그치도록 요구하는 헌법 제37조 제2항에 부합된다고 보기 어렵다(헌재 2008.5.29, 2007헌마1105).
④ [O] 헌법 제25조는 "모든 국민은 법률이 정하는 바에 의하여 공무담임권을 가진다."라고 규정하여 국회의원을 비롯한 각종 선거직공무원과 기타 국가기관의 공직에 취임하여 이를 수행할 권리를 기본권으로 보장하고 있는바, 공무담임권은 각종 선거에 입후보하여 당선될 수 있는 피선거권과 공직에 임명될 수 있는 공직취임권을 포괄하고 있고, 그 보호영역에는 공직취임의 기회의 자의적인 배제가 포함된다(헌재 2009.6.25, 2007헌마40).

08 공무담임권에 관한 설명으로 옳지 않은 것은? (다툼이 있는 경우 헌법재판소 결정례에 의함)
20. 소방간부

① 공무원의 재임기간 동안 충실한 공무수행을 담보하기 위하여 공무원의 퇴직급여 및 공무상 재해보상을 보장할 것까지 공무담임권의 보호영역에 포함된다고 보기는 어렵다.
② 공무담임권의 보호영역에는 공무원이 특정의 장소에서 근무하는 것 또는 특정의 보직을 받아 근무하는 것을 포함하는 일종의 '공무수행의 자유'까지 포함된다.
③ 형사사건으로 기소된 국가공무원을 직위해제할 수 있도록 한 것은 공무담임권을 침해하지 않는다.
④ 공무담임권이란 입법부, 집행부, 사법부는 물론 지방자치단체 등 국가, 공공단체의 구성원으로서 그 직무를 담당할 수 있는 권리를 말한다.

해설

② [×] 공무담임권의 보호영역에는 일반적으로 공직취임의 기회보장, 신분박탈, 직무의 정지가 포함되는 것일 뿐, 여기서 더 나아가 공무원이 특정의 장소에서 근무하는 것 또는 특정의 보직을 받아 근무하는 것을 포함하는 일종의 '공무수행의 자유'까지 그 보호영역에 포함된다고 보기는 어렵다(헌재 2008.6.26, 2005헌마1275).
① [○] 헌법 제25조의 공무담임권이 공무원의 재임기간 동안 충실한 공무수행을 담보하기 위하여 공무원의 퇴직급여 및 공무상 재해보상을 보장할 것까지 그 보호영역으로 하고 있다고 보기 어렵다(헌재 2014.6.26, 2012헌마459).
③ [○] 이 사건 법률조항의 입법목적은 형사소추를 받은 공무원이 계속 직무를 집행함으로써 발생할 수 있는 공직 및 공무집행의 공정성과 그에 대한 국민의 신뢰를 해할 위험을 예방하기 위한 것으로 정당하고, 직위해제는 이러한 입법목적을 달성하기에 적합한 수단이다(헌재 2006.5.25, 2004헌바12).
④ [○] 공무담임권이란 입법부, 집행부, 사법부는 물론 지방자치단체 등 국가, 공공단체의 구성원으로서 그 직무를 담당할 수 있는 권리를 말한다(헌재 2006.2.23, 2005헌마403).

---

09 공무담임권에 대한 설명으로 가장 옳지 않은 것은? 19. 서울시 7급 변형

① 공무원 또는 공무원이었던 자가 재직 중의 사유로 금고 이상의 형을 받은 때에는 대통령령이 정하는 바에 의하여 퇴직급여 및 퇴직수당의 일부를 감액하여 지급하도록 한 공무원연금법 조항은 평등원칙에 위배된다.
② 간선제로 국립대학 총장후보자에 지원하려는 사람에게 접수시 1,000만원의 기탁금을 납부하도록 하고, 지원서 접수시 기탁금 납입 영수증을 제출하도록 하는 것은 총장후보자 지원자들의 무분별한 난립을 방지하려는 것으로 총장후보자에 지원하려는 자의 공무담임권을 침해하지 않는다.
③ 채용 예정 분야의 해당 직급에 근무한 실적이 있는 군인을 전역한 날부터 3년 이내에 군무원으로 채용하는 경우 특별채용시험으로 채용할 수 있도록 하는 것은 현역 군인으로 근무했던 전문성과 경험을 즉시 군무원 업무에 활용하기 위한 것으로 청구인의 공무담임권을 침해하지 않는다.
④ 금고 이상의 형의 선고유예를 받고 그 기간 중에 있는 자를 임용결격사유로 삼고, 위 사유에 해당하는 자가 임용되더라도 이를 당연무효로 하는 것은 공직에 대한 국민의 신뢰를 보장하고 공무원의 원활한 직무수행을 도모하기 위한 것으로 청구인의 공무담임권을 침해하지 않는다.

해설

② [×] 이 사건 기탁금조항의 1,000만원이라는 액수는 자력이 부족한 교원 등 학내 인사와 일반 국민으로 하여금 총장후보자 지원 의사를 단념토록 하는 정도에 해당한다(헌재 2018.4.26, 2015헌바370).
① [○] 공무원 또는 공무원이었던 자가 재직 중의 사유로 금고 이상의 형을 받은 때에는 대통령령이 정하는 바에 의하여 퇴직급여 및 퇴직수당의 일부를 감액하여 지급하도록 한 것은 재산권을 침해하고 평등의 원칙에 위배된다(헌재 2007.3.29, 2005헌바33).
③ [○] 군인을 전역한 날부터 3년 이내에 군무원으로 채용하는 경우 특별채용시험으로 채용할 수 있도록 한 구 군무원인사법 제7조 제2항 중 '전역한 날부터 3년 이내' 부분과, 임용예정일을 기준으로 전역 후 3년 이내인 자를 예비전력관리 업무담당자로 선발하도록 하는 예비전력관리 업무담당자 선발 규칙 제5조 제2항은 청구인의 공무담임권을 침해하지 않으므로 헌법에 위반되지 아니한다(헌재 2016.10.27, 2015헌마734).
④ [○] 금고 이상의 형의 선고유예를 받고 그 기간 중에 있는 자를 임용결격사유로 삼고, 위 사유에 해당하는 자가 임용되더라도 이를 당연무효로 하는 구 국가공무원법 제33조 제1항 제5호는 헌법에 위반되지 않는다(당연퇴직의 경우 위헌임을 주의)(헌재 2016.7.28, 2014헌바437).

정답 | 07 ③ 08 ② 09 ②

10 공무원에 대한 설명으로 옳지 <u>않은</u> 것은? (다툼이 있는 경우 헌법재판소 판례에 의함)   17. 국가직 7급 변형

① 공무원이란 직접 또는 간접적으로 국민에 의하여 선출 또는 임용되어 국가나 공공단체와 공법상의 근무관계를 맺고 공공적 업무를 담당하고 있는 사람들을 가리킨다고 할 수 있고, 공무원도 각종 노무의 대가로 얻는 수입에 의존하여 생활하는 사람이라는 점에서는 통상적인 의미의 근로자적인 성격을 지니고 있으므로, 헌법 제33조 제2항 역시 공무원의 근로자적 성격을 인정하는 것을 전제로 규정하고 있다.

② 공무원에게 직무의 내외를 불문하고 품위유지의무를 부과하고 품위손상행위를 공무원에 대한 징계사유로 규정한 법률조항은, '품위가 손상되는 행위'라는 가치개념을 사용하여 어떠한 행위가 여기에 해당하는지 객관적으로 특정하거나 예측할 수 없게 하고, 공무원에 대한 징계사유를 지나치게 광범위하게 규정하여 직무와 관련 없는 사적 영역에서의 행위도 징계사유로 삼을 수 있도록 하고 있으므로, 명확성원칙 및 과잉금지원칙에 위배된다.

③ 헌법 제7조가 정하고 있는 직업공무원제도는 공무원이 집권세력의 논공행상의 제물이 되는 엽관제도를 지양하며 정권교체에 따른 국가작용의 중단과 혼란을 예방하고 일관성 있는 공무수행의 독자성을 유지하기 위하여 헌법과 법률에 의하여 공무원의 신분이 보장되도록 하는 공직구조에 관한 제도로 공무원의 정치적 중립과 신분보장을 그 중추적 요소로 한다.

④ 공무원은 공인으로서의 지위와 사인으로서의 지위, 국민 전체에 대한 봉사자로서의 지위와 기본권을 향유하는 기본권 주체로서의 지위라는 이중적 지위를 가지므로 공무원이라고 하여 기본권이 무시되거나 경시되어서는 안 되지만, 공무원의 신분과 지위의 특수성상 공무원에 대해서는 일반 국민에 비해 보다 넓고 강한 기본권 제한이 가능하다.

해설

② [×] 입법취지, 용어의 사전적 의미 및 법원의 해석 등을 종합할 때 이 사건 법률조항이 공무원 징계사유로 규정한 품위손상행위는 '주권자인 국민으로부터 수임받은 공무를 수행함에 손색이 없는 인품에 어울리지 않는 행위를 함으로써 공무원 및 공직 전반에 대한 국민의 신뢰를 떨어뜨릴 우려가 있는 경우'를 일컫는 것으로 해석할 수 있고, 그 수범자인 평균적 공무원은 이를 충분히 예측할 수 있다. 따라서 이 사건 법률조항은 명확성원칙에 위배되지 아니한다(헌재 2016.2.25, 2013헌바435).

① [O] 공무원이란 직접 또는 간접적으로 국민에 의하여 선출 또는 임용되어 국가나 공공단체와 공법상의 근무관계를 맺고 공공적 업무를 담당하고 있는 사람들을 가리킨다고 할 수 있고, 공무원도 각종 노무의 대가로 얻는 수입에 의존하여 생활하는 사람이라는 점에서는 통상적인 의미의 근로자적인 성격을 지니고 있으므로, 헌법 제33조 제2항 역시 공무원의 근로자적 성격을 인정하는 것을 전제로 규정하고 있다(헌재 1992.4.28, 90헌바27).

③ [O] 우리 헌법 제7조가 정하고 있는 직업공무원제도는 공무원이 집권세력의 논공행상의 제물이 되는 엽관제도를 지양하며 정권교체에 따른 국가작용의 중단과 혼란을 예방하고 일관성 있는 공무수행의 독자성을 유지하기 위하여 헌법과 법률에 의하여 공무원의 신분이 보장되도록 하는 공직구조에 관한 제도로 공무원의 정치적 중립과 신분보장을 그 중추적 요소로 한다(헌재 2004.11.25, 2002헌바8).

④ [O] 공무원은 공인으로서의 지위와 사인으로서의 지위, 국민 전체에 대한 봉사자로서의 지위와 기본권을 향유하는 기본권 주체로서의 지위라는 이중적 지위를 가지므로 공무원이라고 하여 기본권이 무시되거나 경시되어서는 안 되지만, 공무원의 신분과 지위의 특수성상 공무원에 대해서는 일반 국민에 비해 보다 넓고 강한 기본권 제한이 가능하다(헌재 2012.5.31, 2009헌마705).

11 직업공무원제도에 대한 헌법재판소 결정으로 옳지 않은 것은?

16. 국가직 7급

① 직업공무원제도란 정권교체에 따른 국가작용의 중단과 혼란을 예방하고 일관성 있는 공무수행의 독자성을 유지하기 위하여 헌법과 법률에 의하여 공무원의 신분이 보장되는 공직구조에 관한 제도이다.
② 직업공무원제에서 말하는 공무원은 국가 또는 공공단체와 근로관계를 맺고 이른바 공법상 특별권력관계 내지 특별행정법관계 아래 공무를 담당하는 것을 직업으로 하는 협의의 공무원을 의미하고 정치적 공무원이나 임시적 공무원은 포함되지 않는다.
③ 직업공무원제도는 헌법이 보장하는 제도적 보장 중의 하나로서 입법자는 직업공무원제도에 관하여 '최대한 보장'의 원칙하에서 입법형성의 자유를 가진다.
④ 직업공무원제도는 공무원으로 하여금 특정 정당이나 특정 상급자를 위하여 충성하는 것이 아니라 국민전체의 봉사자로서 법에 따라 그 소임을 다할 수 있게 함으로써 국가기능의 측면에서 정치적 안정의 유지에 기여하는 제도이다.

해설

③ [×] 직업공무원제도는 헌법이 보장하는 제도적 보장 중의 하나임이 분명하므로 입법자는 직업공무원제도에 관하여 '최소한 보장'의 원칙의 한계 안에서 폭넓은 입법형성의 자유를 가진다(헌재 1997.4.24, 95헌바48).
① [○] 우리나라는 직업공무원제도를 채택하고 있는데, 이는 공무원이 집권세력의 논공행상의 제물이 되는 엽관제도(獵官制度)를 지양하고 정권교체에 따른 국가작용의 중단과 혼란을 예방하고 일관성 있는 공무수행의 독자성을 유지하기 위하여 헌법과 법률에 의하여 공무원의 신분이 보장되는 공직구조에 관한 제도이다(헌재 1989.12.18, 89헌마32 등).
② [○] 여기서 말하는 공무원은 국가 또는 공공단체와 근로관계를 맺고 이른바 공법상 특별권력관계 내지 특별행정법관계 아래 공무를 담당하는 것을 직업으로 하는 협의의 공무원을 말하며 정치적 공무원이라든가 임시적 공무원은 포함되지 않는 것이다(헌재 1989.12.18, 89헌마32 등).
④ [○] 직업공무원제도는 공무원으로 하여금 특정 정당이나 특정 상급자를 위하여 충성하는 것이 아니라 국민전체의 봉사자로서 법에 따라 그 소임을 다할 수 있게 함으로써 국가기능의 측면에서 정치적 안정의 유지에 기여하는 제도이다(헌재 1997.4.24, 95헌바48).

12 공무담임권에 관한 다음 설명 중 가장 옳지 않은 것은?

19. 법원직 9급 변형

① 공무담임권은 국민주권의 실현 방법으로 국가의 공적인 업무를 수행함에 있어 참여하고 이를 수행하는 권리로서 헌법상의 권리이다.
② 공무담임권은 국민이 국가나 공공단체의 구성원으로서 직무를 담당할 수 있는 권리를 뜻하고, 여기서 직무를 담당한다는 것은 공무담임에 관하여 능력과 적성에 따라 평등한 기회를 보장받는 것을 의미한다.
③ 군의 특수성을 고려하여 부사관으로 최초로 임용되는 사람의 최고연령을 27세로 정한 군인사법 조항은 부사관임용을 원하는 사람들의 공무담임권을 침해한다.
④ 직업공무원제도는 헌법이 보장하는 제도적 보장 중의 하나임이 분명하므로 입법자는 직업공무원제도에 관하여 최소한 보장의 원칙의 한계 안에서 폭넓은 입법형성의 자유를 가진다.

해설

③ [×] 군조직은 위계질서의 확립과 기강확보가 어느 조직보다 중요시되는 특수성을 고려할 필요가 있다. 소위도 27세로 정해져 있어 연령과 체력의 보편적 상관관계 등을 고려할 때 적합해 보인다(헌재 2014.9.25, 2011헌마414).
① [○] 공무담임권은 국민주권의 실현 방법으로 국가의 공적인 업무를 수행함에 있어 참여하고 이를 수행하는 권리로서 헌법상의 권리이다(헌재 2007.3.29, 2005헌마1144).
② [○] 공무담임권은 국민이 국가나 공공단체의 구성원으로서 직무를 담당할 수 있는 권리를 뜻하고, 여기서 직무를 담당한다는 것은 공무담임에 관하여 능력과 적성에 따라 평등한 기회를 보장받는 것을 의미한다(헌재 1999.12.23, 98헌마363).
④ [○] 제도적 보장은 그 본질적 내용을 침해하지 아니하는 범위 안에서 입법자에게 제도의 구체적 내용과 형태의 형성권을 폭넓게 인정한다는 의미에서 '최소한 보장의 원칙'이 적용될 뿐이다(헌재 1997.4.24, 95헌바48).

정답 | 10 ② 11 ③ 12 ③

13 공무원제도 및 공무담임권에 대한 설명으로 옳지 않은 것은? (다툼이 있는 경우 판례에 의함)

18. 지방직 7급 변형

① 공무담임권이란 입법부, 집행부, 사법부는 물론 지방자치단체 등 국가, 공공단체의 구성원으로서 그 직무를 담당할 수 있는 권리를 말한다.
② 구 검사징계법상 검사에 대한 징계로서 '면직' 처분을 인정하는 것은 과잉금지원칙에 반하여 공무담임권을 침해한다고 할 수 없다.
③ 지역구국회의원 예비후보자에게 지역구국회의원이 납부할 기탁금의 100분의 20에 해당하는 금액을 기탁금으로 납부하도록 하는 것은 예비후보자의 공무담임권을 침해하고, 비례대표 기탁금 조항은 비례대표국회의원 후보자가 되어 국회의원에 취임하고자 하는 자의 공무담임권을 침해한다.
④ 공무원시험에서 산업기사 이상의 자격증 소지자에 대하여 가산점을 주고, 기능사 자격증 소지자에게는 가산점을 주지 않는 규정은 공무담임권 및 평등권을 침해하지 않는다.

해설

③ [×] 예비후보자의 기탁금은 본선거 기탁금의 일부를 미리 납부하는 것에 불과하고 기탁금액수가 과다하다고 할 수 없다(헌재 2015. 7.30, 2012헌마402). 비례대표후보자 추천의 진지성과 선거관리의 효율성 확보 등의 입법목적을 달성하기 위해 필요한 최소한의 액수보다 지나치게 과다한 액수라 하지 않을 수 없다(헌재 2016.12.29, 2015헌마1160).
① [O] 공무담임권이란 입법부, 집행부, 사법부는 물론 지방자치단체 등 국가, 공공단체의 구성원으로서 그 직무를 담당할 수 있는 권리를 말한다(헌재 2002.8.29, 2001헌마788).
② [O] 범죄의 수사와 공소제기 업무를 담당하는 검사의 지위와 위상을 고려할 때, 검사가 중대한 비위행위를 하였음에도 계속 그 직무를 수행하도록 한다면 검찰의 직무와 사법질서에 대한 국민의 불신이 초래된다는 점에서, 검사에 대한 징계로서 "면직" 처분을 인정하는 것은 과잉금지원칙에 반하여 공무담임권을 침해한다고 할 수 없다(헌재 2011.12.29, 2009헌바282).
④ [O] 국가공무원 7급 시험에서 기능사 자격증에는 가산점을 주지 않고 기사 등급 이상의 자격증에는 가산점을 주도록 한 것은 공무담임권 및 평등권을 침해하지 않는다(헌재 2003.9.25, 2003헌마30).

14 참정권에 대한 설명으로 옳은 것만을 모두 고르면? (다툼이 있는 경우 판례에 의함)

ㄱ. 지방자치단체의 장으로 하여금 당해 지방자치단체의 관할구역과 겹치는 선거구역에서 실시되는 지역구국회의원 선거에 입후보하고자 하는 경우 당해 선거의 선거일 전 120일까지 그 직을 사퇴하도록 한 공직선거법 조항은 해당 지방자치단체장의 평등권을 침해하지 않는다.

ㄴ. 주민투표법 제8조에 따른 국가정책에 대한 주민투표는 주민의 의견을 묻는 의견수렴으로서의 성격을 갖는 것이고, 주민투표권의 일반적 성격을 보더라도 이는 법률이 보장하는 참정권이라고 할 수 있을지언정 헌법이 보장하는 참정권이라고 할 수는 없다.

ㄷ. 선거권을 제한하는 입법은 헌법 제24조에 의해서 곧바로 정당화될 수는 없고, 헌법 제37조 제2항의 규정에 따라 국가안전보장·질서유지 또는 공공복리를 위하여 필요하고 불가피한 예외적인 경우에만 그 제한이 정당화될 수 있으며, 그 경우에도 선거권의 본질적인 내용을 침해할 수 없다.

ㄹ. 사법인적인 성격을 지니는 농협·축협의 조합장선거에서 조합장을 선출하거나 선거운동을 하는 것은 헌법에 의하여 보호되는 선거권의 범위에 포함된다.

① ㄱ, ㄴ
② ㄷ, ㄹ
③ ㄱ, ㄴ, ㄷ
④ ㄴ, ㄷ, ㄹ

해설

ㄱ, ㄴ, ㄷ이 옳다.

ㄱ. [O] 통상 단체장이 지방자치단체의 관할구역과 같거나 겹치는 지역구국회의원선거에 입후보하고자 하는 경우, 일반 공무원보다 그 직위를 이용한 선심·편파 행정의 가능성 및 이로 인한 선거의 공정성의 저해 가능성은 더 크다고 볼 것이다. 그렇다면 이 사건 조항이 단체장을 일반 공무원보다 '60일' 먼저 사퇴하도록 한 것은 그러한 단체장의 지위와 권한의 특수성을 감안할 때 합리성을 벗어난 것이라 보기 어렵다(헌재 2006.7.27, 2003헌마758 등).

ㄴ. [O] 우리의 지방자치법이 비록 주민에게 주민투표권(제14조)과 조례의 제정 및 개폐청구권(제15조) 및 감사청구권(제16조)을 부여함으로써 주민이 지방자치사무에 직접 참여할 수 있는 길을 열어 놓고 있다 하더라도 이러한 제도는 어디까지나 입법자의 결단에 의하여 채택된 것일 뿐, 헌법이 이러한 제도의 도입을 보장하고 있는 것은 아니다(헌재 2001.6.28, 2000헌마735).

ㄷ. [O] 선거권을 제한하는 입법은 헌법 제24조에 의해서 곧바로 정당화될 수는 없고, 헌법 제37조 제2항의 규정에 따라 국가안전보장·질서유지 또는 공공복리를 위하여 필요하고 불가피한 예외적인 경우에만 그 제한이 정당화될 수 있으며, 그 경우에도 선거권의 본질적인 내용을 침해할 수 없다(헌재 2018.1.25, 2015헌마821).

ㄹ. [×] 사법인적 성격을 지니는 농협·축협의 조합장 선거에서 조합장을 선출하거나 선거운동을 하는 것은 헌법에 의하여 보호되는 선거권의 범위에 포함되지 않는다(헌재 2012.12.23, 2011헌바154). 이는 결사의 자유의 보호범위에 속한다.

제4장 | 청구권적 기본권

핵심 OX

01 법률·명령·규칙의 제정·개정 또는 폐지에 대한 청원을 할 수 있으나, 재판에 간섭하는 청원은 수리되지 않는다. ( )

> **해설**
> [O] 재판에 간섭하는 행위, 국가원수를 모독하는 것을 내용으로 하는 청원은 수리하지 아니한다(청원법 제6조).

02 청원을 하기 위해서는 문서로 하여야 한다. ( )

> **해설**
> [O] 모든 국민은 법률이 정하는 바에 의하여 국가기관에 문서로 청원할 권리를 가진다(헌법 제26조 제1항).

03 청원인과 직접 이해관계가 있는 사항에 대하여서만 청원할 수 있다. ( )

> **해설**
> [×] 청원은 국가기관뿐만 아니라 지방자치단체나 그 밖의 공공단체에 대해서도 할 수 있는 것으로, 청원권 행사는 자기의 권리 또는 이익의 침해를 반드시 필요로 요하지 아니한다. 자기와 직접 이해관계 없는 사항에 대해서도 청원할 수 있다.

04 국가기관의 청원에 대한 심사처리결과의 통지유무는 행정소송의 대상이 되는 행정처분이 아니다. ( )

> **해설**
> [O] 적법한 청원에 대하여 국가기관이 이를 수리·심사하여 그 결과를 청원인에게 통보하였다면 이로써 당해 국가기관은 헌법 및 청원법상의 의무이행을 다한 것이고, 그 통보 자체에 의하여 청구인의 권리·의무나 법률관계가 직접 무슨 영향을 받는 것도 아니므로, 비록 그 통보내용이 청원인이 기대하는 바에는 미치지 못한다고 하더라도 그러한 통보조치가 헌법소원의 대상이 되는 구체적인 공권력의 행사 내지 불행사라고 볼 수는 없다(헌재 2000.10.25. 99헌마458).

05 국회에 청원을 하려고 하는 자는 의원의 소개를 얻어 청원서를 제출하여야 한다. ( )

> **해설**
> [O] 국회법 제123조 제1항. 이는 그 민원을 소개하는 국회의원이 그 내용을 파악하여 국회에서 정식으로 심사해 볼 필요가 있는지를 확인토록 함으로써 그 청원을 국회의 정식안건으로 채택할 수 있는 객관적 조건을 갖추기 위한 것이다.

06 재판에 간섭하는 청원이나 국가원수를 모독하는 청원은 수리하지 않는다. ( )

> **해설**
> [O] 재판에 간섭하거나 국가기관을 모독하는 내용의 청원은 이를 접수하지 아니한다(국회법 제123조 제3항).

07 헌법에서는 청원에 대하여 심사할 의무만을 규정하므로 국가기관은 청원에 대하여 그 결과를 통지하여야 할 의무를 지지 않는다. ( )

해설

[×] 헌법은 제26조 제2항에서 청원에 대한 수리와 심사의 의무만을 국가의 의무로 규정하고 있으나, 청원법에서는 그 결과를 청원인에게 통지할 의무까지 규정하고 있다(청원법 제21조). 다만, 그에 대한 재결이나 결정할 의무까지 있는 것은 아니고, 또한 처리결과를 통지할 경우에 법률에 특별한 규정이 없는 한 처리이유까지 밝혀야 할 필요는 없다.

08 재판청구권은 헌법과 법률이 정한 법관에 의하여 법률에 의한 재판을 받을 권리를 의미하는 것일 뿐 구체적 소송에 있어서 특정의 당사자가 승소의 판결을 받을 권리를 의미하는 것은 아니다. ( )

해설

[○] 재판청구권은 헌법과 법률이 정한 법관에 의하여 법률에 의한 재판을 받을 권리를 의미하는 것일 뿐 구체적 소송에 있어서 특정의 당사자가 승소의 판결을 받을 권리를 의미하는 것은 아니다(헌재 1996.8.29, 95헌가15).

09 재판청구권은 공권력이나 사인에 의해서 기본권이 침해당하거나 침해당할 위험에 처해있을 경우 이에 대한 구제나 그 개방을 요청할 수 있는 권리라는 점에서 다른 기본권의 보장을 위한 기본권이라는 성격을 가지고 있다. ( )

해설

[○] 따라서 재판청구권은 기본권 보장을 위한 기본권이라 한다.

10 '재판'을 받을 권리에 '대법원의 재판'을 받을 권리가 포함된다는 것이 헌법재판소의 입장이다. ( )

해설

[×] 재판을 받을 권리가 사건의 경중을 가리지 않고 모든 사건에 대하여 대법원을 구성하는 법관에 의한 균등한 재판을 받을 권리를 의미한다거나 또는 상고심재판을 받을 권리를 의미하는 것이라고 할 수는 없고, 심급제도는 원칙적으로 입법자의 형성의 자유에 속하는 사항이다. 이 사건 상고심절차에 관한 특례법 조항은 비록 국민의 재판청구권을 제약하고 있기는 하지만 심급제도와 대법원의 기능에 비추어 볼 때, 헌법이 요구하는 대법원의 최고법원성을 존중하면서 민사, 가사, 행정 등 소송사건에 있어서 상고심재판을 받을 수 있는 객관적 기준을 정함에 있어 개별적 사건에서의 권리구제보다 법령해석의 통일을 더 우위에 둔 규정으로서 그 합리성이 있다고 할 것이므로 헌법에 위반되지 아니한다(헌재 2002.10.31, 2001헌바40).

11 국민참여재판을 받을 권리가 헌법 제27조의 재판을 받을 권리에 당연히 포함된다고 할 수 없다. ( )

해설

[○] 우리 헌법상 헌법과 법률이 정한 법관에 의한 재판을 받을 권리는 직업법관에 의한 재판을 주된 내용으로 하는 것이므로 국민참여재판을 받을 권리가 헌법 제27조 제1항에서 규정한 재판을 받을 권리의 보호범위에 속한다고 볼 수 없다(헌재 2009.11.26, 2008헌바12).

12 헌법에 명문의 규정이 없으나, 공정한 재판을 받을 권리는 국민의 기본권으로 보장되고 있음이 명백하다. ( )

해설

[○] 우리 헌법에는 비록 명문의 문구는 없으나 '공정한 재판을 받을 권리'를 국민의 기본권으로 보장하고 있음이 명백하며, '공정한 재판을 받을 권리'는 공개된 법정의 법관 앞에서 모든 증거자료가 조사되고 검사와 피고인이 서로 공격·방어할 수 있는 공평한 기회가 보장되는 재판을 받을 권리를 포함한다(헌재 2001.8.30, 99헌마496).

13 현행 헌법은 신속한 재판을 받을 권리를 명문으로 규정하고 있다. ( )

> **해설**
> [O] 모든 국민은 신속한 재판을 받을 권리를 가진다. 형사피고인은 상당한 이유가 없는 한 지체 없이 공개재판을 받을 권리를 가진다(헌법 제27조 제3항).

14 배심원 또는 예비배심원은 법원의 증거능력에 관한 심리에 관여할 수 없다. ( )

> **해설**
> [O] 배심원 또는 예비배심원은 법원의 증거능력에 관한 심리에 관여할 수 없다(국민의 형사재판 참여에 관한 법률 제44조).

15 국민의 형사재판참여제도에서 배심원의 평결과 양형에 관한 의견은 법원을 기속하지 아니한다. ( )

> **해설**
> [O] 평결과 의견은 법원을 기속하지 아니한다(국민의 형사재판 참여에 관한 법률 제46조 제5항).

16 국민의 형사재판 참여에 관한 법률에 따라 심리에 관여한 배심원은 재판장의 설명을 들은 후 유·무죄에 관하여 평의를 하고 필요에 따라 심리에 관여한 판사의 의견을 들은 후 다수결에 따라 평결을 하여야 한다. ( )

> **해설**
> [×] 심리에 관여한 배심원은 제1항의 설명을 들은 후 유·무죄에 관하여 평의하고, 전원의 의견이 일치하면 그에 따라 평결한다(국민의 형사재판 참여에 관한 법률 제46조 제2항).

17 헌법 제27조 제5항에서 정한 형사피해자의 재판절차진술권은 범죄 피해자가 당해 사건의 재판절차에 증인으로 출석하여 자신이 입은 피해의 내용과 사건에 관하여 의견을 진술할 수 있는 권리를 말한다. ( )

> **해설**
> [O] 형사피해자의 재판절차진술권의 개념 설명으로 옳은 지문이다.

18 법원이 방청인의 수를 제한할 경우 이는 헌법상 보장된 공개재판을 받을 권리의 본질적 내용을 침해한다. ( )

> **해설**
> [×] 재판의 공개는 일반공개를 의미하지만, 누구든지 언제나 방청이 허용되어야 한다는 의미는 아니고 합리적 사유에 근거한 방청인 수의 제한은 가능하다. 그러므로 법원이 법정의 규모·질서의 유지·심리의 원활한 진행 등을 고려하여 방청권을 발행하여 방청인의 수를 제한하더라도 공개재판주의의 취지에 반하는 것은 아니다(대판 1990.6.8, 90도646).

19 행정심판은 헌법적 근거가 있기 때문에 그 심판에 관하여 정식재판의 길이 열려 있지 않더라도 헌법에 위반되지 않는다. ( )

> **해설**
> [×] 헌법 제107조 제3항은 "재판의 전심절차로서 행정심판을 할 수 있다. 행정심판의 절차는 법률로 정하되, 사법절차가 준용되어야 한다."고 규정하고 있으므로, 입법자가 행정심판을 전심절차가 아니라 종심절차로 규정함으로써 정식재판의 기회를 배제하거나, 어떤 행정심판을 필요적 전심절차로 규정하면서도 그 절차에 사법절차가 준용되지 않는다면 이는 헌법 제107조 제3항, 나아가 재판청구권을 보장하고 있는 헌법 제27조에도 위반된다(헌재 2000.6.1, 98헌바8).

20 헌법재판소는 통고처분은 법관이 아닌 행정공무원이 행하므로 재판을 받을 권리를 침해한다고 판시하였다.
( )

해설

[×] 도로교통법상의 통고처분은 처분을 받은 당사자의 임의의 승복을 발효요건으로 하고 있으며 행정공무원에 의하여 발하여지는 것이지만, 통고처분에 따르지 않고자 하는 당사자에게는 정식재판의 절차가 보장되어 있다. 통고처분제도는 경미한 교통법규 위반자로 하여금 형사처벌절차에 수반되는 심리적 불안, 시간과 비용의 소모, 명예와 신용의 훼손 등의 여러 불이익을 당하지 않고 범칙금 납부로써 위반행위에 대한 제재를 신속·간편하게 종결할 수 있게 하여 주며, 교통법규 위반행위가 홍수를 이루고 있는 현실에서 행정공무원에 의한 전문적이고 신속한 사건처리를 가능하게 하고, 검찰 및 법원의 과중한 업무 부담을 덜어 준다. 또한 통고처분제도는 형벌의 비범죄화 정신에 접근하는 제도이다. 이러한 점들을 종합할 때, 통고처분제도의 근거규정인 도로교통법 제118조 본문이 적법절차원칙이나 사법권을 법원에 둔 권력분립원칙에 위배된다거나, 재판청구권을 침해하는 것이라 할 수 없다(헌재 2003.10.30, 2002헌마275).

21 구 법관징계법 제2조 제2호는 '품위손상', '위신실추'와 같은 추상적인 용어를 사용하여 수범자인 법관이 구체적으로 어떠한 행위가 이에 해당하는지를 충분히 예측할 수 없을 정도로 그 적용범위가 모호하거나 불분명하다고 할 수 있다.
( )

해설

[×] 법관의 품위를 손상하거나 법원의 위신을 실추시킨 경우란 법원 및 법관에 대한 국민의 신뢰를 떨어뜨릴 우려가 있는 경우로 해석되어 명확성의 원칙에 위반되지 않는다(헌재 1993.12.23, 92헌마247).

22 일반행정사건과 달리 특허분쟁사건에 있어서 사실관계의 확정을 특허청 내부의 행정심판기관에 일임한 것은 평등에 반한다.
( )

해설

[○] 특허법 제186조 제1항은 법관에 의한 사실확정 및 법률적용의 기회를 박탈한 것으로서 헌법상 국민에게 보장된 '법관에 의한' 재판을 받을 권리의 본질적 내용을 침해하는 위헌규정이다(헌재 1995.9.28, 92헌가11, 93헌가8·9·10 병합).

23 교원징계재심위원회의 재심결정에 대하여 교원에게만 행정소송을 제기할 수 있도록 하고 학교법인을 제외한 것은 학교법인의 재판청구권을 침해한다.
( )

해설

[○] 분쟁의 당사자이자 재심절차의 피청구인인 학교법인에게는 효율적인 권리구제절차를 제공하지 아니하므로 학교법인의 재판청구권을 침해한다. … 이 사건 법률조항은 헌법에 위반되므로, 우리 재판소가 종전의 1998.7.16, 95헌바19 등 결정에서 헌법에 위반되지 아니한다고 판시한 의견은 이를 변경하기로 한다(헌재 2006.2.23, 2005헌가7 등).

24 상고심절차에 관한 특례법 제4조 등의 심리불속행제도는 상고허가제로서 위헌이다.
( )

해설

[×] 상고심절차에 관한 특례법 제4조의 심리불속행제도는 상고허가제로서 합헌이다(헌재 1997.10.30, 97헌바37 ; 헌재 1995.1.20, 90헌바1).

25 소송비용을 국가가 아닌 당사자의 부담으로 하는 것은 재판청구권을 침해하지 않는다.
( )

해설

[○] 부당한 제소에 대하여 응소하려는 당사자를 위하여 실효적인 권리구제를 보장하고, 남소와 남상소를 방지하여 사법제도의 적정하고 합리적인 운영을 도모하려는 데 취지가 있다고 할 것이므로 … 재판청구권을 침해하였다고 볼 수 없다(헌재 2002.4.25, 2001헌바20).

26 피고인에게 스스로에 대한 치료감호를 청구할 기회를 부여하지 아니한 치료감호법 관련 규정은 치료감호 대상자의 재판청구권을 침해한다고 볼 수 있다. ( )

> **해설**
> [×] '피고인 스스로 치료감호를 청구할 수 있는 권리'가 헌법상 재판청구권의 보호범위에 포함된다고 보기는 어렵고, 검사뿐만 아니라 피고인에게까지 치료감호청구권을 주어야만 절차의 적법성이 담보되는 것도 아니므로, 이 사건 법률조항이 청구인의 재판청구권을 침해하거나 적법절차의 원칙에 반한다고 볼 수 없다(헌재 2010.4.29, 2008헌마622).

27 현역병의 군대 입대 전 범죄에 대한 군사법원의 재판권을 규정하고 있는 군사법원법 관련 규정은 해당 피고인의 재판청구권을 침해한다고 볼 수 없다. ( )

> **해설**
> [○] 현역병의 군대 입대 전 범죄에 대한 군사법원의 재판권을 규정하고 있는 군사법원법 조항은 재판청구권을 침해하지 않는다(헌재 2009.7.30, 2008헌바162).

28 국가배상청구권에서 교통할아버지의 경우는 공무원이 아니기 때문에 국가는 배상책임을 부담하지 않는다. ( )

> **해설**
> [×] 교통할아버지의 경우 일정한 범위의 교통안내 업무를 하도록 위탁함으로써, 그가 업무를 수행하는 과정에서 위탁받은 범위를 넘어 교통정리업무까지 수행하였다면 이는 국가배상책임을 부담한다.

29 국가배상청구의 대상이 되는 공무집행행위는 외형상 공무원의 직무집행행위여야 할 뿐 아니라 그 공무원의 주관적 의도 등을 합하여 실질적으로도 공무집행행위에 해당하여야 하는 것이다. ( )

> **해설**
> [×] 국가배상법 제2조 제1항의 '직무를 집행함에 당하여'라고 함은 직무행위 자체는 물론 객관적으로 직무의 범위에 속한다고 판단되는 행위 및 직무와 밀접히 관련된 행위를 말한다. 직무행위인지 여부는 주관적인 의사와는 관계없이 객관적으로 직무행위의 외관을 갖추고 있는지의 여부에 따라서 판단해야 한다[통설, 판례(대판 1995.4.21, 93다14240)].

30 헌법은 영조물의 설치·관리의 하자로 인한 손해발생의 경우 국가배상청구권을 명시적으로 인정하고 있다. ( )

> **해설**
> [×] 영조물의 설치·관리의 하자로 인해 손해가 발생하였을 경우에는 국가배상법 제5조의 규정에 의하여 국가배상을 청구할 수 있다.

31 국가 또는 지방자치단체라 하더라도 대등한 지위에서 사(私)경제의 주체로 활동하였을 경우 국가배상법이 적용될 수 없다는 것이 판례의 입장이다. ( )

> **해설**
> [○] 국가배상법이 정한 배상청구요건인 '공무원의 직무'에는 권력적 작용만이 아니라 행정지도와 같은 비권력적 작용도 포함되며 단지 행정주체가 사경제주체로서 하는 활동만 제외된다(대판 1998.7.10, 96다38971).

32 헌법재판관의 각하결정에 대해서는 국가배상이 인정되지 않는다. ( )

> **해설**
> [×] 헌법재판소 재판관이 청구기간 내에 제기된 헌법소원심판청구사건에서 청구기간을 오인하여 각하결정을 한 경우, 이에 대하여 우리 대법원은 국가배상을 인정한 바 있다(대판 2003.7.11, 99다24218).

33 형사보상 및 명예회복에 관한 법률에서는 불구속으로 기소되어 무죄판결을 받은 자에게도 일정한 경우 형사보상을 인정하고 있다. ( )

> **해설**
> [×] 형사보상청구권은 구금된 피의자를 그 대상으로 한다.

34 형사피고인의 경우 형사보상의 결정에 대하여는 불복을 신청할 수 있다. ( )

> **해설**
> [○] 보상결정에 대하여는 1주일 이내에 즉시항고를 할 수 있다(형사보상 및 명예회복에 관한 법률 제20조 제1항).

35 형사보상 및 명예회복에 관한 법률은 보상청구는 무죄재판이 확정된 날로부터 1년 내에 청구하여야 한다고 규정하고 있다. ( )

> **해설**
> [×] 보상청구는 무죄재판이 확정된 사실을 안 날부터 3년, 무죄재판이 확정된 때부터 5년 이내에 하여야 한다(형사보상 및 명예회복에 관한 법률 제8조).

36 1개의 재판으로써 경합범의 일부에 대하여 무죄재판을 받고 다른 부분에 대하여 유죄재판을 받은 경우, 무죄재판을 받은 부분에 대하여는 형사보상을 하여야 한다. ( )

> **해설**
> [×] 1개의 재판으로써 경합범의 일부에 대하여 무죄재판을 받고 다른 부분에 대하여 유죄재판을 받았을 경우에는 법원은 재량으로 보상청구의 전부 또는 일부를 기각할 수 있다(형사보상 및 명예회복에 관한 법률 제4조 제3호).

37 미결구금을 당한 자가 형사미성년, 심신상실 등의 사유로 무죄판결을 받은 경우 형사보상청구의 전부 또는 일부가 기각될 수 있다. ( )

> **해설**
> [○] 미결구금을 당한 자가 형사미성년, 심신상실 등의 사유에 의하여 무죄판결을 받은 경우 법원은 형사보상청구의 전부 또는 일부를 기각할 수 있다(형사보상 및 명예회복에 관한 법률 제4조 제1호).

38 외국에서 발생한 범죄라 할지라도 한국인 간의 범죄인 경우에는 한국인인 피해자는 범죄피해자구조청구권을 행사할 수 있다. ( )

> **해설**
> [×] '구조대상 범죄피해'란 대한민국의 영역 안에서 또는 대한민국의 영역 밖에 있는 대한민국 선박이나 항공기 안에서 행하여진 사람의 생명 또는 신체를 해치는 죄에 해당하는 행위(형법 제9조, 제10조 제1항, 제12조, 제22조 제1항에 따라 처벌되지 아니하는 행위를 포함하며, 같은 법 제20조 또는 제21조 제1항에 따라 처벌되지 아니하는 행위 및 과실에 의한 행위는 제외한다)로 인하여 사망하거나 장해 또는 중상해를 입은 것을 말한다(범죄피해자 보호법 제3조 제1항 제4호).

39 긴급피난, 과실에 의한 행위의 경우는 범죄피해자구조청구권의 청구가 가능하다. ( )

해설
[×] '구조대상 범죄피해'란 대한민국의 영역 안에서 또는 대한민국의 영역 밖에 있는 대한민국 선박이나 항공기 안에서 행하여진 사람의 생명 또는 신체를 해치는 죄에 해당하는 행위(형법 제9조, 제10조 제1항, 제12조, 제22조 제1항에 따라 처벌되지 아니하는 행위를 포함하며, 같은 법 제20조 또는 제21조 제1항에 따라 처벌되지 아니하는 행위 및 과실에 의한 행위는 제외한다)로 인하여 사망하거나 장해 또는 중상해를 입은 것을 말한다(범죄피해자 보호법 제3조 제1항 제4호).

40 범죄피해자 보호법에 의하면 구조금 청구시 생계곤란은 그 요건이 아니나 가해자가 불명하거나 본인의 무자력은 필요하다고 한다. ( )

해설
[×] 가해자 불명과 무자력도 제거되었으며 단지 피해의 전부나 일부를 배상받지 못한 경우에 지급한다(범죄피해자 보호법 제16조).

41 범죄피해자 보호법에 의한 범죄피해는 사망 또는 중상해를 입은 것만을 말한다. ( )

해설
[×] 사망 또는 중상해뿐만 아니라 장해를 입은 경우도 포함한다(범죄피해자 보호법 제3조 제1항 제4호).

42 구조금의 신청은 해당 구조대상 범죄피해의 발생을 안 날부터 1년이 지나거나 해당 구조대상 범죄피해가 발생한 날부터 5년이 지나면 할 수 없다. ( )

해설
[×] 범죄피해의 발생을 안 날부터 3년이 지나거나 해당 구조대상 범죄피해가 발생한 날부터 10년이 지나면 할 수 없다(범죄피해자 보호법 제25조 제2항).

43 구조금의 소멸시효는 구조결정이 해당 신청인에게 송달된 날부터 2년간 행사하지 아니하면 시효로 인하여 소멸된다. ( )

해설
[O] 범죄피해자 보호법 제31조(소멸시효)에 의하면 구조금을 받을 권리는 그 구조결정이 해당 신청인에게 송달된 날부터 2년간 행사하지 아니하면 시효로 인하여 소멸된다.

44 국가는 피해자 또는 유족이 당해 범죄피해를 원인으로 하여 손해배상을 받은 때에는 그 금액의 한도 내에서 구조금을 지급하지 아니한다. ( )

해설
[O] 구조피해자나 유족이 해당 구조대상 범죄피해를 원인으로 하여 국가배상법이나 그 밖의 법령에 따른 급여 등을 받을 수 있는 경우에는 대통령령으로 정하는 바에 따라 구조금을 지급하지 아니한다(범죄피해자 보호법 제20조).

기출문제

제1절 청원권

01 청원권에 대한 기술 중 옳지 않은 것은?　　　04. 국가직 7급

① 법률·명령·규칙의 제정·개정 또는 폐지에 대한 청원을 할 수 있으나 재판에 간섭하는 청원은 수리되지 않는다.
② 청원인과 직접 이해관계가 있는 사항에 대하여서만 청원할 수 있다.
③ 공무원의 비위의 시정이나 공무원의 징계 또는 처벌을 요구하는 청원도 할 수 있다.
④ 국가기관의 청원에 대한 심사처리결과의 통지 유무는 행정소송의 대상이 되는 행정처분이 아니다.

해설

② [×] 청원은 국가기관뿐만 아니라 지방자치단체나 그 밖의 공공단체에 대해서도 할 수 있는 것으로, 청원권 행사는 자기의 권리 또는 이익의 침해를 반드시 필요로 하지 아니한다. 따라서 자기와 직접 이해관계 없는 사항에 대해서도 청원할 수 있다.
① [O] 국회법 제123조 제4항 제1호

> **국회법 제123조 【청원서의 제출】** ④ 청원이 다음 각 호의 어느 하나에 해당하는 경우에는 이를 접수하지 아니한다.
> 1. 재판에 간섭하는 내용의 청원

③ [O] 청원법 제5조 제2호

> **청원법 제5조 【청원사항】** 국민은 다음 각 호의 어느 하나에 해당하는 사항에 대하여 청원기관에 청원할 수 있다.
> 2. 공무원의 위법·부당한 행위에 대한 시정이나 징계의 요구

④ [O] 청원에 대한 심사결과의 통지 유무는 행정소송의 대상이 되는 행정처분이라고 할 수 없다(대판 1990.5.25, 90누1458). 적법한 청원에 대하여 국가기관이 이를 수리·심사하여 그 결과를 청원인에게 통보하였다면 이로써 당해 국가기관은 헌법 및 청원법상의 의무 이행을 다한 것이고, 그 통보 자체에 의하여 청구인의 권리·의무나 법률관계가 직접 무슨 영향을 받는 것도 아니므로, 비록 그 통보내용이 청원인이 기대하는 바에는 미치지 못한다고 하더라도 그러한 통보조치가 헌법소원의 대상이 되는 구체적인 공권력의 행사 내지 불행사라고 볼 수는 없다(헌재 2000.10.25, 99헌마458).

02 청원권에 관한 설명 중 가장 적절하지 않은 것은? (다툼이 있는 경우 판례에 의함)　　　16. 경찰승진

① 모든 국민은 법률이 정하는 바에 의하여 국가기관에 문서로 청원할 권리를 가진다.
② 헌법상 보장된 청원권은 국가기관이 청원을 수리할 뿐만 아니라 이를 심사하여 청원자에게 적어도 그 결과를 통지할 것을 요구할 수 있는 권리이다.
③ 국가기관은 청원사항을 심사하여 심판서나 재결서에 준하는 이유를 명시한 처리결과를 통지하여야 한다.
④ 청원내용이 수사에 간섭하는 것일 때에는 이를 수리하지 아니할 수 있다.

해설

③ [×] 다만, 그에 대한 재결이나 결정할 의무까지 있는 것은 아니고, 또한 처리결과를 통지할 경우에 법률에 특별한 규정이 없는 한 처리이유까지 밝혀야 할 필요는 없다.
① [O] 모든 국민은 법률이 정하는 바에 의하여 국가기관에 문서로 청원할 권리를 가진다(헌법 제26조 제1항).
② [O] 헌법은 제26조 제2항에서 청원에 대한 수리와 심사의 의무만을 국가의 의무로 규정하고 있으나, 청원법에서는 그 결과를 청원인에게 통지할 의무까지 규정하고 있다(청원법 제21조 제2항).
④ [O] 청원법 제6조 제2호

> **청원법 제6조 【청원 처리의 예외】** 청원기관의 장은 청원이 다음 각 호의 어느 하나에 해당하는 경우에는 처리를 하지 아니할 수 있다.
> 2. 감사·수사·재판·행정심판·조정·중재 등 다른 법령에 의한 조사·불복 또는 구제절차가 진행 중인 사항

정답 | 01 ②　**02** ③

03 다음 중 가장 옳지 않은 것은? (판례에 의함)
05. 법원직 9급

① 공무원 등의 채용시험에서 제대군인들을 위한 가산점제도는 능력주의와 무관한 불합리한 기준으로 헌법 제25조에 위배된다.
② 교도소 수용자의 서신을 통한 청원을 검열하는 것은 청원권의 본질적 내용을 침해하는 것이다.
③ 선거범으로서 형벌을 받은 자에 대하여 일정기간 피선거권을 정지시키는 것은 국민의 기본권인 공무담임권과 평등권을 합리적 이유 없이 자의적으로 제한하는 위헌규정이라고 할 수 없다.
④ 공공필요에 의한 재산권의 수용 등에 대하여는 정당한 보상을 하여야 하고, 이는 원칙적으로 피수용재산의 객관적인 재산가치를 완전하게 보상하는 완전보상을 의미한다.

해설

② [×] 헌법상 청원권이 보장된다 하더라도 청원권의 구체적 내용은 입법활동에 의하여 형성되며 입법형성에는 폭넓은 재량권이 있으므로 입법자는 수용 목적 달성을 저해하지 않는 범위 내에서 교도소 수용자에게 청원권을 보장하는 합리적인 수단을 선택할 수 있다고 할 것인바, 서신을 통한 수용자의 청원을 아무런 제한 없이 허용한다면 수용자가 이를 악용하여 검열 없이 외부에 서신을 발송하는 탈법수단으로 이용할 수 있게 되므로 이에 대한 검열은 수용 목적 달성을 위한 불가피한 것으로서 청원권의 본질적 내용을 침해한다고 할 수 없다(헌재 2001.11.29, 99헌마713).

① [O] 헌법 제25조의 공무담임권 조항은 모든 국민이 누구나 그 능력과 적성에 따라 공직에 취임할 수 있는 균등한 기회를 보장함을 내용으로 하므로, 공직자선발에 관하여 능력주의에 바탕한 선발기준을 마련하지 아니하고 해당 공직이 요구하는 직무수행능력과 무관한 요소를 기준으로 삼는 것은 국민의 공직취임권을 침해하는 것이 되는바, 제대군인 지원이라는 입법목적은 예외적으로 능력주의를 제한할 수 있는 정당한 근거가 되지 못하는데도 불구하고 가산점제도는 능력주의에 기초하지 아니하고 성별, '현역복무를 감당할 수 있을 정도로 신체가 건강한가'와 같은 불합리한 기준으로 여성과 장애인 등의 공직취임권을 지나치게 제약하는 것으로서 헌법 제25조에 위배되고, 이로 인하여 청구인들의 공무담임권이 침해된다(헌재 1999.12.23, 98헌마363).

③ [O] 선거범으로서 형벌을 받은 자에 대하여 일정기간 피선거권을 정지하는 규정 자체는 이로써 선거의 공정을 확보함과 동시에 본인의 반성을 촉구하기 위한 법적 조치로서 국민의 기본권인 공무담임권과 평등권을 합리적 이유 없이 자의적으로 제한하는 위헌규정이라 할 수 없고, 그 경우에 구체적으로 어떤 종류의 형벌을 얼만큼 형량 선고받은 자에 대하여 어느 정도의 기간 동안 피선거권의 행사를 제한시킬 것인가의 문제는 기본적으로 입법형성권을 갖고 있는 입법권자가 결정할 그 입법재량에 속하는 사항으로서 그것이 합리적 재량의 한계를 벗어난 것이 아닌 한 위헌이라고 볼 수 없다(헌재 1993.7.29, 93헌마23).

④ [O] 헌법 제23조 제3항이 규정하는 정당한 보상이란 원칙적으로 피수용재산의 객관적인 재산가치를 완전하게 보상하는 것이어야 한다는 완전보상을 의미한다(헌재 1995.4.20, 93헌바20·66, 94헌바4·9, 95헌바6).

04 다음 중 청원권에 대한 설명으로 옳은 것은? (다툼이 있는 경우 헌법재판소 판례에 의함)
16. 국회직 9급 변형

① 모든 국민은 법률이 정하는 바에 의하여 국가기관에 문서로 청원할 권리를 가지고, 국가는 청원에 대하여 심사할 의무를 지므로 청원인이 기대한 바에 미치지 못하는 처리내용은 헌법소원의 대상이 되는 공권력의 불행사이다.
② 청원권의 보호범위에는 청원사항의 처리결과에 심판서나 재결서에 준하여 이유를 명시할 것까지를 요구하는 것을 포함하는 것은 아니다.
③ 청원서를 접수한 기관은 청원사항이 그 기관이 관장하는 사항이 아니라고 인정되는 때에는 청원인에게 청원서를 반려하여야 한다.
④ 동일인이 동일한 내용의 청원서를 동일한 기관에 2건 이상 제출하거나 2 이상의 기관에 제출한 때에는 청원에 대한 심사 의무가 발생하지 않는다.

해설

② [○] 헌법은 제26조 제2항에서 청원에 대한 수리와 심사의 의무만을 국가의 의무로 규정하고 있으나, 청원법에서는 그 결과를 청원인에게 통지할 의무까지 규정하고 있다(청원법 제9조). 다만, 그에 대한 재결이나 결정할 의무까지 있는 것은 아니고, 또한 처리결과를 통지할 경우에 법률에 특별한 규정이 없는 한 처리이유까지 밝혀야 할 필요는 없다(헌재 1994.2.24, 93헌마213).

① [×] 청원의 처리내용이 청원인이 기대한 바에 미치지 않는다고 하더라도 헌법소원의 대상이 되는 공권력의 불행사가 있다고 볼 수 없다(헌재 2004.5.27, 2003헌마851).

③ [×] 청원기관의 장은 청원사항이 다른 기관 소관인 경우에는 지체 없이 소관 기관에 청원서를 이송하고 이를 청원인(공동청원의 경우 대표자를 말한다)에게 알려야 한다(청원법 제15조 제2항).

④ [×] 청원기관의 장은 동일인이 같은 내용의 청원서를 같은 청원기관에 2건 이상 제출한 반복청원의 경우에는 나중에 제출된 청원서를 반려하거나 종결처리할 수 있고, 종결처리하는 경우 이를 청원인에게 알려야 한다(청원법 제16조 제1항).

---

05 다음 설명 중 가장 옳지 않은 것은?

13. 법원직 9급 변형

① 법률·명령·조례·규칙 등의 제정·개정 또는 폐지도 청원법에서 규정한 청원사항에 해당한다.
② 청원법에 따르면 청원이 사인 간의 권리관계 또는 개인의 사생활에 관한 사항인 때에는 수리하지 아니할 수 있다.
③ 청원법에 따르면 청원을 관장하는 기관이 청원을 접수한 때에는 특별한 사유가 없는 한 90일 이내에 그 처리결과를 청원인에게 통지하여야 한다.
④ 정부에 제출되는 정부의 정책에 관계되는 청원의 심사는 청원법에 따라 국무회의의 심사를 거칠 수 있다.

해설

④ [×] 정부에 제출되는 정부의 정책에 관계되는 청원의 심사는 국무회의 필수심의사항이다(헌법 제89조 제15호). 즉, 거칠 수 있다가 아니라 거쳐야 한다.

> **헌법 제89조** 다음 사항은 국무회의의 심의를 거쳐야 한다.
> 15. 정부에 제출 또는 회부된 정부의 정책에 관계되는 청원의 심사

① [○] 청원법 제5조 제3호

> **청원법 제5조 【청원사항】** 국민은 다음 각 호의 어느 하나에 해당하는 사항에 대하여 청원기관에 청원할 수 있다.
> 3. 법률·명령·조례·규칙 등의 제정·개정 또는 폐지

② [○] 청원법 제6조 제5호

> **청원법 제6조 【청원 처리의 예외】** 청원기관의 장은 청원이 다음 각 호의 어느 하나에 해당하는 경우에는 처리를 하지 아니할 수 있다.
> 5. 사인간의 권리관계 또는 개인의 사생활에 관한 사항

③ [○] 청원기관의 장은 청원을 접수한 때에는 특별한 사유가 없으면 90일 이내에 처리결과를 청원인에게 알려야 한다(청원법 제21조 제2항).

정답 | 03 ② 04 ② 05 ④

06 청원권에 대한 설명으로 가장 적절하지 않은 것은? (다툼이 있는 경우 헌법재판소 판례에 의함) 24. 경찰간부

① 국회에 청원하는 방법으로 국회의원의 소개를 받도록 정한 구 국회법 조항은 무책임한 청원서의 제출을 예방하여 청원 심사의 실효성을 확보하는 것으로서 청원권을 침해하였다고 볼 수 없다.

② 국회에 청원하는 방법을 '국회규칙으로 정하는 기간 동안 국회규칙으로 정하는 일정한 수 이상의 국민의 동의를 받아'라고 규정한 국회법 조항은, 국회가 한정된 자원과 심의역량 등을 고려하여 국민동의 요건을 탄력적으로 정하도록 그 구체적인 내용을 하위법령에 위임할 필요성이 인정된다.

③ 국회에 청원하는 방법을 '국회규칙으로 정하는 기간 동안 국회규칙으로 정하는 일정한 수 이상의 국민의 동의를 받아'라고 규정한 국회법 조항은, 국회규칙에서는 국회가 처리할 수 있는 범위 내에서 국민의 의견을 취합하여 국민 다수가 동의하는 의제가 효과적으로 국회의 논의 대상이 될 수 있도록 적정한 수준으로 구체적인 국민동의 요건과 절차가 설정될 것임을 예측할 수 있어, 포괄위임금지원칙에 위반되지 않는다.

④ 국회 전자청원시스템에 등록된 청원서가 등록일부터 30일 이내에 100명 이상의 찬성을 받아 일반인에게 공개되면, 공개된 날부터 30일 이내에 10만 명 이상의 동의를 받은 경우 국민동의청원으로 접수된 것으로 보는 국회법 및 국회청원심사규칙 조항은 의원소개조항에 더하여 추가적으로 요건과 절차를 규정하고 있는 것으로 입법형성의 한계를 위반한 것이다.

해설

④ [×] 청원서가 일반인에게 공개되면 그로부터 30일 이내에 10만명 이상의 동의를 받도록 한 것은 국회의 한정된 심의 역량과 자원의 효율적 배분을 고려함과 동시에, 일정 수준 이상의 인원에 해당하는 국민 다수가 관심을 갖고 동의하는 의제가 논의대상이 되도록 하기 위한 것이다(헌재 2023.3.23, 2018헌마460).
▶ 따라서 국민동의법령조항들은 입법형성의 한계를 위반한 것으로 볼 수 없다.

① [O] 이 사건 법률 조항이 의회에 청원을 할 때에 의원의 소개를 얻도록 한 것은 무책임한 청원서의 제출을 규제하여 그 남용을 예방하고 의원이 미리 청원의 내용을 확인하여 그 후 이루어질 심사의 실효성을 확보하려는 데에 그 목적이 있다(헌재 2006.6.29, 2005헌마604).
▶ 따라서 청원권을 침해하지 않는다.

② [O] 국민의 의견을 효과적으로 반영하여 청원제도의 목적을 높은 수준으로 달성하기 위해서는 국회가 국회의 한정된 자원과 심의역량 등을 고려하여 국민동의기간이나 인원 등 국민동의 요건을 탄력적으로 정할 필요가 있으므로, 그 구체적인 내용을 하위법령에 위임할 필요성이 인정된다(헌재 2023.3.23, 2018헌마460 등).

③ [O] 국회규칙에서는 국회가 처리할 수 있는 범위 내에서 국민의 의견을 취합하여 국민 다수가 동의하는 의제가 효과적으로 국회의 논의 대상이 될 수 있도록 적정한 수준으로 구체적인 국민동의 요건과 절차가 설정될 것임을 예측할 수 있다. 따라서 국민동의조항은 포괄위임금지원칙에 위반되어 청원권을 침해하지 않는다(헌재 2023.3.23, 2018헌마460 등).

07 청원에 대한 설명으로 옳지 않은 것은? (다툼이 있는 경우 판례에 의함) 16. 국가직 7급 변형

① 헌법재판소 판례는 청원권을 청구권의 일종으로 보고 있다.
② 국민은 법령에 따라 행정권한을 위임 또는 위탁받은 개인에게 청원을 제출할 수는 없다.
③ 법인도 청원권의 주체가 될 수 있다.
④ 청원이 청원법상 처리기간 이내에 처리되지 아니하는 경우 청원인은 청원을 관장하는 기관에 이의신청을 할 수 있다.

해설

② [×] 청원법 제4조 제3호

> **청원법 제4조【청원기관】** 이 법에 따라 국민이 청원을 제출할 수 있는 기관(이하 "청원기관"이라 한다)은 다음 각 호와 같다.
> 3. 법령에 따라 행정권한을 가지고 있거나 행정권한을 위임 또는 위탁받은 법인·단체 또는 그 기관이나 개인

① [O] 헌법상 보장된 청원권은 공권력과의 관계에서 일어나는 여러 가지 이해관계, 의견, 희망 등에 관하여 적법한 청원을 한 모든 당사자에게 국가기관이 청원을 수리할 뿐만 아니라 이를 심사하여 청원자에게 그 처리결과를 통지할 것을 요구할 수 있는 권리를 의미한다(헌재 1997.7.16, 93헌마239).

③ [O] 외국인과 법인도 청원권의 주체가 된다.

④ [O] 청원법 제22조 제1항 제2호

> **청원법 제22조【이의신청】** ① 청원인은 다음 각 호의 어느 하나에 해당하는 경우로서 공개 부적합 결정 통지를 받은 날 또는 제21조에 따른 처리기간이 경과한 날부터 30일 이내에 청원기관의 장에게 문서로 이의신청을 할 수 있다.
> 2. 청원기관의 장이 제21조에 따른 처리기간 내에 청원을 처리하지 못한 경우

---

08 청원권에 관한 설명 중 가장 적절한 것은? (다툼이 있는 경우 판례에 의함)   23. 경찰승진

① 의원의 소개를 얻어야만 국회에 청원을 할 수 있도록 하는 것은 의원의 소개가 없는 한 국민이 국회에 자신의 이해관계나 국정에 관하여 의견을 진술할 권리인 청원권 자체를 박탈하는 결과가 되므로 청원권의 본질적인 내용을 침해하고 있다.
② 청원법은 국민이 편리하게 청원권을 행사하고 국민이 제출한 청원이 객관적이고 공정하게 처리되도록 함을 그 목적으로 하므로, 동일인이 같은 내용의 청원서를 같은 청원기관에 2건 이상 제출한 반복청원의 경우라도 청원기관의 장은 나중에 제출된 청원서를 반려하거나 종결처리하여서는 아니 된다.
③ 청원사항의 처리결과에 심판서나 재결서에 준하여 이유를 명시할 것을 요구하는 것은 청원권의 보호범위에 포함되지 않는다.
④ 헌법은 '정부에 제출 또는 회부된 정부의 정책에 관계되는 청원의 심사'를 국무회의의 심의사항으로 규정하지 않고 있다.

해설

③ [O] 청원권의 보호범위에는 청원사항의 처리결과에 심판서나 재결서에 준하여 이유를 명시할 것까지를 요구하는 것은 포함되지 아니한다고 할 것이다(헌재 1994.2.24, 93헌마213 등). 결과통지로 충분하다.

① [×] 국회가 '민원처리장화'되는 것을 방지하기 위하여 적절한 수단을 선택할 수 있다 할 것이므로 의원의 소개를 청원서 제출의 요건으로 규정하여 의원의 소개를 얻은 민원은 일반의안과 같이 처리하고, 그 외 의원의 소개를 얻지 못한 민원은 진정으로 처리하는 방식을 택하는 것은 입법자에게 부여된 입법재량이라 할 것이다. 그렇다면 이 사건 법률조항은 입법형성의 재량의 범위를 넘어 기본권을 침해하였다고 볼 수 없다(헌재 2006.6.29, 2005헌마604).

② [×] 청원법 제16조 제1항

> **청원법 제16조【반복청원 및 이중청원】** ① 청원기관의 장은 동일인이 같은 내용의 청원서를 같은 청원기관에 2건 이상 제출한 반복청원의 경우에는 나중에 제출된 청원서를 반려하거나 종결처리할 수 있고, 종결처리하는 경우 이를 청원인에게 알려야 한다.

④ [×] 헌법 제89조 제15호

> **헌법 제89조** 다음 사항은 국무회의의 심의를 거쳐야 한다.
> 15. 정부에 제출 또는 회부된 정부의 정책에 관계되는 청원의 심사

정답 | 06 ④ 07 ② 08 ③

제2절 재판청구권

01 재판청구권에 관한 설명으로 옳은 것은?   04. 국가직 7급 변형

① 기본권의 주체가 될 수 있는 자는 누구나 재판청구권의 주체가 될 수 있고 따라서 외국인과 법인에게도 보장된다.
② 재판이라고 함은 법률의 해석·적용을 의미하므로 법관에 의한 사실확정의 기회가 부여되지 않았다고 하더라도 헌법에 위배된다고 할 수 없다.
③ 법원이 방청인의 수를 제한할 경우 이는 헌법상 보장된 공개재판을 받을 권리의 본질적 내용을 침해한다.
④ 재판청구권은 민사재판·형사재판·행정재판을 받을 권리를 의미하므로, 헌법상 보장되는 기본권인 '공정한 재판을 받을 권리'에는 '공정한 헌법재판을 받을 권리'는 포함되지 아니한다.

해설

① [O] 재판받을 권리는 상호주의가 아닌 평등주의로 외국인에게도 당연히 인정된다. 또 법인도 재판청구권의 주체가 된다.
② [×] 법관에 의한 재판을 받을 권리를 보장한다고 함은 법관이 사실을 확정하고 법률을 해석·적용하는 재판을 받을 권리를 보장한다는 뜻이고, 그와 같은 법관에 의한 사실확정과 법률의 해석적용의 기회에 접근하기 어렵도록 제약이나 장벽을 쌓아서는 아니 되며, 만일 그러한 보장이 제대로 이루어지지 아니한다면 헌법상 보장된 재판을 받을 권리의 본질적 내용을 침해하는 것으로서 우리 헌법상 허용되지 아니한다(헌재 2000.6.29, 99헌가9).
③ [×] 재판의 공개는 일반 공개를 의미하지만, 누구든지 언제나 방청이 허용되어야 한다는 의미는 아니고 합리적 사유에 근거한 방청인 수의 제한은 가능하다. 그러므로 법원이 법정의 규모·질서의 유지·심리의 원활한 진행 등을 고려하여 방청권을 발행하여 방청인의 수를 제한하더라도 공개재판주의의 취지에 반하는 것은 아니다(대판 1990.6.8, 90도646).
④ [×] 헌법에 '공정한 재판'에 관한 명문의 규정이 없지만 재판청구권이 국민에게 효율적인 권리보호를 제공하기 위해서는 법원에 의한 재판이 공정하여야만 할 것임은 당연하므로, '공정한 재판을 받을 권리'는 헌법 제27조의 재판청구권에 의하여 함께 보장된다(헌재 2002.7.18, 2001헌바53 등).

02 재판청구권에 대한 설명으로 가장 적절하지 않은 것은? (다툼이 있는 경우 헌법재판소 판례에 의함)   19. 경찰승진 변형

① 우리 헌법상 재판을 받을 권리의 보호범위에는 배심재판을 받을 권리가 포함되지 않는다.
② 심리불속행 상고기각판결의 경우 판결이유를 생략할 수 있도록 규정한 상고심절차에 관한 특례법 조항은 헌법 제27조 제1항에서 보장하는 재판청구권 등을 침해하지 않는다.
③ 소환된 증인 또는 그 친족 등이 보복을 당할 우려가 있는 경우 재판장은 당해 증인의 인적 사항의 전부 또는 일부를 공판조서에 기재하지 않게 할 수 있고, 이때 증인의 인적 사항이 증인신문의 모든 과정에서 공개되지 아니하도록 한 특정범죄신고자 등 보호법 조항들 및 피고인을 퇴정시키고 증인신문을 행할 수 있도록 규정한 같은 법 조항들은 피고인의 공정한 재판을 받을 권리를 침해하지 않는다.
④ 교원징계재심위원회의 재심결정에 대하여 교원에게만 행정소송을 제기할 수 있도록 하고 학교법인을 제외한 것은 학교법인의 재판청구권을 침해하지 아니한다.

해설

④ [×] 분쟁의 당사자이자 재심절차의 피청구인인 학교법인에게는 효율적인 권리구제절차를 제공하지 아니하므로 학교법인의 재판청구권을 침해한다. 이 사건 법률조항은 헌법에 위반되므로, 우리 재판소가 종전의 1998.7.16, 95헌바19 등 결정에서 헌법에 위반되지 아니한다고 판시한 의견은 이를 변경하기로 한다(헌재 2006.2.23, 2005헌가7 등).
① [○] 재판청구권은 사실관계와 법률관계에 관하여 최소한 한 번의 재판을 받을 기회가 제공될 것을 국가에게 요구할 수 있는 절차적 기본권을 뜻하므로, 우리 헌법상 재판을 받을 권리의 보호범위에는 배심재판을 받을 권리가 포함되지 않는다(헌재 2014.1.28, 2012헌바298).
② [○] 심리불속행 상고기각판결의 경우 판결이유를 생략할 수 있도록 규정한 상고심절차에 관한 특례법 조항은 헌법 제27조 제1항에서 보장하는 재판청구권 등을 침해하지 않는다(헌재 2012.5.31, 2010헌마625).
③ [○] 소환된 증인 또는 그 친족 등이 보복을 당할 우려가 있는 경우 재판장은 당해 증인의 인적 사항의 전부 또는 일부를 공판조서에 기재하지 않게 할 수 있고, 이때 증인의 인적 사항이 증인신문의 모든 과정에서 공개되지 아니하도록 한 특정범죄신고자 등 보호법 조항들 및 피고인을 퇴정시키고 증인신문을 행할 수 있도록 규정한 같은 법 조항들은 피고인의 공정한 재판을 받을 권리를 침해하지 않는다(헌재 2010.11.25, 2009헌바57).

03 재판을 받을 권리에 관한 다음 설명 중 가장 옳지 않은 것은? 20. 법원직 9급

① 우리 헌법은 공정하고 신속한 공개재판을 받을 권리를 보장하고 있다.
② 공정한 재판을 받을 권리 속에는 당사자주의와 구두변론주의가 보장되어 당사자가 공소사실에 대한 답변과 입증 및 반증을 하는 등 공격·방어권이 충분히 보장되는 재판을 받을 권리가 포함되어 있다.
③ 우리 헌법은 상고심재판을 받을 권리를 명문화하고 있지는 않지만, 헌법 제27조의 재판을 받을 권리로부터 당연히 도출된다고 볼 수 있다.
④ 재심은 확정판결에 대한 특별한 불복방법이고 확정판결에 대한 법적 안정성의 요청은 미확정판결에 대한 그것보다 훨씬 크다고 할 것이므로, 재심을 청구할 권리가 헌법 제27조에서 규정한 재판을 받을 권리에 당연히 포함된다고 볼 수는 없다.

해설

③ [×] '헌법과 법률이 정하는 법관에 의하여 법률에 의한 재판을 받을 권리'가 사건의 경중을 가리지 않고 모든 사건에 대하여 대법원을 구성하는 법관에 의한 균등한 재판을 받을 권리를 의미한다거나 또는 상고심재판을 받을 권리를 의미하는 것이라고 할 수는 없다(헌재 2007.7.26, 2006헌마551 등).
① [○] 헌법은 제27조 제1항에서 "모든 국민은 헌법과 법률이 정한 법관에 의하여 법률에 의한 재판을 받을 권리를 가진다."라고 규정하고 같은 조 제3항에서 "모든 국민은 신속한 재판을 받을 권리를 가진다. 형사피고인은 상당한 이유가 없는 한 지체 없이 공개재판을 받을 권리를 가진다."라고 규정하여 공정하고 신속한 공개재판을 받을 권리를 보장하고 있다(헌재 1996.12.26, 94헌바1).
② [○] 공정한 재판을 받을 권리 속에는 신속하고 공개된 법정의 법관의 면전에서 모든 증거자료가 조사·진술되고 이에 대하여 피고인이 공격·방어할 수 있는 기회가 보장되는 재판, 즉 원칙적으로 당사자주의와 구두변론주의가 보장되어 당사자가 공소사실에 대한 답변과 입증 및 반증하는 등 공격·방어권이 충분히 보장되는 재판을 받을 권리가 포함되어 있다(헌재 1996.12.26, 94헌바1).
④ [○] 재심은 확정판결에 대한 특별한 불복방법이고 확정판결에 대한 법적 안정성의 요청은 미확정판결에 대한 그것보다 훨씬 크다고 할 것이므로, 재심을 청구할 권리가 헌법 제27조에서 규정한 재판을 받을 권리에 당연히 포함된다고 할 수 없다(헌재 2000.6.29, 99헌바66).

정답 | 01 ① 02 ④ 03 ③

04 헌법이 보장하는 재판청구권에 관한 설명으로 옳지 않은 것은? (다툼이 있는 경우 판례에 의함)

19. 소방간부 변형

① 공판기일의 소송절차로서 공판조서에 기재된 것은 그 조서만으로써 증명한다고 하여 공판조서의 절대적 증명력을 규정한 형사소송법 제56조가 재판을 받을 권리를 침해하는 것은 아니다.
② 소취하간주의 경우 소송비용을 원칙적으로 원고가 부담하도록 한 민사소송법 제114조 제2항 중 제98조를 준용하는 부분 가운데 '소취하간주'에 관한 부분은 재판청구권을 침해하지 아니한다.
③ 모든 국민은 신속한 재판을 받을 권리를 가진다. 형사피고인은 상당한 이유가 없는 한 지체 없이 공개재판을 받을 권리를 가진다.
④ 변호사와 접견하는 경우에도 수용자의 접견은 원칙적으로 접촉차단시설이 설치된 장소에서 하도록 규정하고 있는 형의 집행 및 수용자의 처우에 관한 법률 시행령 조항은 청구인의 재판청구권을 지나치게 제한하고 있는 것은 아니므로, 헌법에 위반되지 않는다.

해설

④ [×] 미결수용자의 변호인 접견이 아닌 한 수용자의 접견은 원칙적으로 접촉차단시설이 설치된 장소에서 하도록 규정하고 있는 형의 집행 및 수용자의 처우에 관한 법률 시행령 제58조 제4항이 변호사로부터 효율적인 재판준비 도움을 받는 것을 방해하여 수용자의 재판청구권을 침해하므로 헌법에 위반된다(헌재 2013.8.29, 2011헌마122).
① [O] 공판조서의 절대적 증명력을 규정한 것은 청구인의 재판을 받을 권리를 침해하지 않는다(헌재 2012.4.24, 2010헌바379).
② [O] 이 사건 준용조항은 소취하간주의 경우 피고가 지출한 소송비용을 원고로부터 상환받게 함으로써, 원고의 제소로 인해 비용을 지출한 피고에게 실효적인 권리구제를 보장하고 부당한 제소를 방지하여 사법제도의 적정하고 합리적인 운영을 도모하려는 데에 그 취지가 있다고 할 것이므로 이 사건 준용조항이 청구인의 재판청구권을 침해하여 헌법에 위반된다고 볼 수 없다(헌재 2017.7.27, 2015헌바1).
③ [O] 모든 국민은 신속한 재판을 받을 권리를 가진다. 형사피고인은 상당한 이유가 없는 한 지체 없이 공개재판을 받을 권리를 가진다(헌법 제27조 제3항).
▶ 공정한 재판은 헌법조문에는 없다.

05 재판청구권에 관한 설명 중 가장 적절하지 않은 것은? (다툼이 있는 경우 판례에 의함)

22. 경찰순경 변형

① 헌법은 "군인 또는 군무원이 아닌 국민은 대한민국의 영역 안에서는 중대한 군사상 기밀, 초병, 초소, 유독음식물공급, 포로, 군용물에 관한 죄 중 법률이 정한 경우와 비상계엄이 선포된 경우를 제외하고는 군사법원의 재판을 받지 아니한다."라고 규정하고 있다.
② 헌법재판소는 국민참여재판을 받을 권리도 헌법 제27조 제1항에서 규정한 재판을 받을 권리의 보호범위에 속한다고 보고 있다.
③ 법관기피신청이 소송의 지연을 목적으로 함이 명백한 경우에 신청을 받은 법원 또는 법관은 결정으로 이를 기각할 수 있도록 규정한 형사소송법 제20조 제1항이 헌법상 보장되는 공정한 재판을 받을 권리를 침해하는 것은 아니다.
④ 형사재판에 계속 중인 사람에 대하여 출국을 금지할 수 있다고 규정한 출입국관리법 제4조 제1항 제1호는 유죄를 근거로 형사재판에 계속 중인 사람에게 사회적 비난 내지 응보적 의미에 제재를 가하려는 것이라고 보기 어려우므로 무죄추정의 원칙에 위배된다고 할 수 없다.

해설

② [×] 우리 헌법상 헌법과 법률이 정한 법관에 의한 재판을 받을 권리라 함은 직업법관에 의한 재판을 주된 내용으로 하는 것이므로 '국민참여재판을 받을 권리'가 헌법 제27조 제1항에서 규정한 재판을 받을 권리의 보호범위에 속한다고 볼 수 없다(헌재 2009.11.26, 2008헌바112).

① [○] 군인 또는 군무원이 아닌 국민은 대한민국의 영역 안에서는 중대한 군사상 기밀·초병·초소·유독음식물공급·포로·군용물에 관한 죄 중 법률이 정한 경우와 비상계엄이 선포된 경우를 제외하고는 군사법원의 재판을 받지 아니한다(헌법 제27조 제2항).

③ [○] 심판대상조항은 절차에 위반되거나 소송절차 지연을 목적으로 하는 기피신청의 남용을 방지하여 형사소송절차의 신속성의 실현이라는 공익을 달성하고자 하는 것으로 그 입법목적이 정당하고, … 심판대상조항은 관할 위반, 기피사유서 미제출의 경우나 소송절차 지연을 목적으로 하는 것이 '명백'한 경우에 한하여 이를 허용하고 있으므로 침해의 최소성도 갖추고 있다고 할 것이며, … 공정한 재판을 받을 권리를 침해하였다고 할 수 없다(헌재 2006.7.27, 2005헌바58).

④ [○] 심판대상조항은 형사재판에 계속 중인 사람이 국가의 형벌권을 피하기 위하여 해외로 도피할 우려가 있는 경우 법무부장관으로 하여금 출국을 금지할 수 있도록 하는 것일 뿐으로, 무죄추정의 원칙에서 금지하는 유죄 인정의 효과로서의 불이익, 즉 유죄를 근거로 형사재판에 계속 중인 사람에게 사회적 비난 내지 응보적 의미의 제재를 가하려는 것이라고 보기 어렵다. 따라서 심판대상조항은 무죄추정의 원칙에 위배된다고 볼 수 없다(헌재 2015.9.24, 2012헌바302).

06 재판청구권에 대한 설명으로 옳지 않은 것은?

19. 국회직 9급

① 재판청구권은 재판이라는 국가적 행위를 청구할 수 있는 적극적 측면과 헌법과 법률이 정한 법관이 아닌 자에 의한 재판이나 법률에 의하지 아니한 재판을 받지 아니하는 소극적 측면을 아울러 가지고 있다.
② 형사피해자는 법률이 정하는 바에 의하여 당해 사건의 재판절차에서 진술할 수 있다.
③ 형사피의자와 형사피고인은 유죄의 판결이 확정될 때까지는 무죄로 추정된다.
④ 우리나라의 배심재판은 국민주권에 근거하여 배심원의 심의와 평결에 법원이 구속되는 재판으로서 국민의 재판을 받을 권리를 침해하는 것이 아니다.
⑤ 군인 또는 군무원이 아닌 국민은 대한민국의 영역 안에서는 중대한 군사상 기밀·초병·초소·유독음식물공급·포로·군용물에 관한 죄 중 법률이 정한 경우와 비상계엄이 선포된 경우를 제외하고는 군사법원의 재판을 받지 아니한다.

해설

④ [×] 국민의 형사재판 참여에 관한 법률 제46조 제5항

> 국민의 형사재판 참여에 관한 법률 제46조 【재판장의 설명·평의·평결·토의 등】 ⑤ 제2항부터 제4항까지의 평결과 의견은 법원을 기속하지 아니한다.

① [○] 헌법 제27조 제1항은 "모든 국민은 헌법과 법률이 정한 법관에 의하여 법률에 의한 재판을 받을 권리를 가진다."라고 하여 법률에 의한 재판과 법관에 의한 재판을 받을 권리를 보장하고 있다. 재판청구권은 재판이라는 국가적 행위를 청구할 수 있는 적극적 측면과 헌법과 법률이 정한 법관이 아닌 자에 의한 재판이나 법률에 의하지 아니한 재판을 받지 아니하는 소극적 측면을 아울러 가지고 있다(헌재 1998.5.28, 96헌바4).
② [○] 형사피해자는 법률이 정하는 바에 의하여 당해 사건의 재판절차에서 진술할 수 있다(헌법 제27조 제5항).
③ [○] 헌법은 형사피고인에 대하여서만 규정하였으나 공소가 제기된 형사피고인에게 무죄추정이 적용되는 이상 아직 공소제기조차 되지 아니한 형사피의자에게 무죄추정이 적용되는 것은 당연하다(헌재 1992.4.14, 90헌마82).
⑤ [○] 군인 또는 군무원이 아닌 국민은 대한민국의 영역 안에서는 중대한 군사상 기밀·초병·초소·유독음식물공급·포로·군용물에 관한 죄 중 법률이 정한 경우와 비상계엄이 선포된 경우를 제외하고는 군사법원의 재판을 받지 아니한다(헌법 제27조 제2항).

정답 | 04 ④ 05 ② 06 ④

07 재판청구권에 대한 설명으로 옳지 <u>않은</u> 것은? (다툼이 있는 경우 판례에 의함) 18. 국회직 9급 변형

① 수형자가 국선대리인인 변호사를 접견하는데 교도소장이 그 접견내용을 녹음·기록하였다고 해도 재판을 받을 권리를 침해하는 것은 아니다.
② 헌법은 재판의 전심절차로서 행정심판을 할 수 있다고 규정하고 있다.
③ 심급제도가 몇 개의 심급으로 형성되어야 하는지에 관하여 헌법이 전혀 규정하는 바가 없으므로 이는 입법자의 광범위한 형성권에 맡겨져 있다.
④ 행정심판절차에 사법절차가 준용되지 않는다 하더라도 임의적 전치제도로 그치고 있다면 당사자의 재판청구권을 침해한다고 할 수 없다.

해설

① [×] 수형자와 변호사와의 접견내용을 녹음, 녹화하게 되면 그로 인해 제3자인 교도소 측에 접견내용이 그대로 노출되므로 수형자와 변호사는 상담과정에서 상당히 위축될 수밖에 없고, 특히 소송의 상대방이 국가나 교도소 등의 구금시설로서 그 내용이 구금시설 등의 부당처우를 다투는 내용일 경우에 접견내용에 대한 녹음, 녹화는 실질적으로 당사자대등의 원칙에 따른 무기평등을 무력화시킬 수 있다. … 이 사건에 있어서 청구인과 헌법소원사건의 국선대리인인 변호사의 접견내용에 대해서는 접견의 목적이나 접견의 상대방 등을 고려할 때 녹음, 기록이 허용되어서는 아니 될 것임에도, 이를 녹음, 기록한 행위는 청구인의 재판을 받을 권리를 침해한다(헌재 2013.9.26, 2011헌마398).
② [○] 헌법 제107조 제3항

> 헌법 제107조 ③ 재판의 전심절차로서 행정심판을 할 수 있다. 행정심판의 절차는 법률로 정하되, 사법절차가 준용되어야 한다.

③ [○] 재판을 받을 권리라는 것은, '법적 분쟁시 독립된 법원에 의하여 사실관계와 법률관계에 관하여 한번 포괄적으로 심사를 받을 수 있도록 국민이 소송을 제기할 수 있는 권리'로서, 적어도 한번의 재판을 받을 권리, 적어도 하나의 심급을 요구할 권리인 것이며, 그 구체적인 형성은 입법자의 광범위한 입법재량에 맡겨져 있는 것이다. 즉, 심급제도가 몇 개의 심급으로 형성되어야 하는가에 관하여 헌법이 전혀 규정하는 바가 없으므로, 이는 입법자의 광범위한 형성권에 맡겨져 있는 것이며, 모든 구제절차나 법적분쟁에서 반드시 보장되는 것은 아니다(헌재 2005.3.31, 2003헌바34).
④ [○] 입법자가 행정심판을 전심절차가 아니라 종심절차로 규정함으로써 정식재판의 기회를 배제하거나, 어떤 행정심판을 필요적 전심절차로 규정하면서도 그 절차에 사법절차가 준용되지 않는다면 이는 헌법 제107조 제3항, 나아가 재판청구권을 보장하고 있는 헌법 제27조에도 위반된다 할 것이다. 반면 어떤 행정심판절차에 사법절차가 준용되지 않는다 하더라도 임의적 전치제도로 규정함에 그치고 있다면 위 헌법조항에 위반된다 할 수 없다. 그러한 행정심판을 거치지 아니하고 곧바로 행정소송을 제기할 수 있는 선택권이 보장되어 있기 때문이다(헌재 2000.6.1, 98헌바8).

08 절차적 기본권에 대한 설명으로 옳지 <u>않은</u> 것은? (다툼이 있는 경우 헌법재판소 결정에 의함) 17. 5급 공채

① 항소심에서 심판대상이 된 사항에 한하여 법령위반의 상고이유로 삼을 수 있도록 상고를 제한하는 형사소송법 규정은 재판청구권을 침해하여 위헌이다.
② 기피신청에 대한 재판을 그 신청을 받은 법관의 소속 법원 합의부에서 하도록 한 민사소송법 규정은 공정한 재판을 받을 권리를 침해하지 않는다.
③ 재심사유를 알고도 주장하지 아니한 때에는 재심의 소를 제기할 수 없도록 규정한 민사소송법 규정은 재판청구권을 침해하지 않는다.
④ 무죄판결이 확정된 형사피고인에게 국선변호인의 보수에 준하여 변호사 보수를 보상하여 주도록 규정한 형사소송법 규정은 재판청구권을 침해하지 않는다.

해설
① [×] 항소심의 심판대상이 되지 않았던 사항이라도 항소심판결에 위법이 있는 경우 대법원은 그 위법이 판결에 영향을 미친 헌법·법률·명령 또는 규칙의 위반이라고 판단한 때에는 직권으로 심판할 수 있으므로, 항소심판결 자체의 위법을 시정할 기회는 피고인들에게 보장되어 있다. 그렇다면 항소심에서 심판대상이 된 사항에 한하여 법령위반의 상고이유로 삼을 수 있도록 상고를 제한하는 형사소송법 조항이 합리적인 입법재량의 한계를 일탈하여 청구인들의 재판청구권을 침해하였다고 볼 수 없다(헌재 2015.9.24, 2012헌마798).
② [O] 기피신청에 대한 재판을 그 신청을 받은 법관의 소속 법원 합의부에서 하도록 한 민사소송법 제46조 제1항 중 '기피신청에 대한 재판의 관할'에 관한 부분이 공정한 재판을 받을 권리를 침해하지 않는다(헌재 2013.3.21, 2011헌바219).
③ [O] 민사소송법 제451조 제1항 제9호 중 '이를 알고도 주장하지 아니한 때' 부분은 재판청구권의 본질을 심각하게 훼손하는 등 입법형성권의 한계를 일탈하여 그 내용이 현저히 자의적이지 아니하므로 청구인의 재판청구권을 침해하지 아니한다(헌재 2015.12.23, 2015헌바273).
④ [O] 무죄판결이 확정된 형사피고인에게 국선변호인의 보수에 준하여 변호사 보수를 보상하여 주도록 규정한 형사소송법 제194조의4 제1항 후문의 '변호인이었던 자에 대하여는 국선변호인에 관한 규정을 준용한다'는 부분 중 보수에 관한 부분이 재판청구권을 침해하지 않는다(헌재 2013.8.29, 2012헌바168).

09 다음 중 재판청구권에 대한 설명으로 옳지 않은 것은? (다툼이 있는 경우 헌법재판소 판례에 의함)

16. 국회직 9급 변형

① 국민참여재판의 대상사건을 형사사건 중 합의부 관할사건으로 한정한 법률 규정이 단독판사 관할사건으로 재판받는 피고인과 합의부 관할사건으로 재판받는 피고인을 다르게 취급하고 있는 것은 합리적인 이유가 존재하지 않아 평등권을 침해한다.
② 재판청구권은 권리구제절차를 규정하는 절차법에 의해서 구체적으로 형성·실현되며 동시에 이에 의하여 제한된다.
③ 군사법원에서 심판관을 일반장교로 임명할 수 있도록 규정하는 것이 재판청구권을 침해하는 것은 아니다.
④ 법관에 의한 재판을 받을 권리를 보장한다고 함은 법관이 사실을 확정하고 법률을 해석·적용하는 재판을 받을 권리를 보장하는 것이다.

해설
① [×] 형사사건의 다수를 차지하는 단독판사 관할사건까지 국민참여재판의 대상사건으로 할 경우, 한정된 인적·물적자원만으로는 현실적으로 제도 운영에 어려움이 있는 점, 합의부 관할사건이 일반적으로 단독판사 관할사건보다 사회적 파급력이 큰 점 등에 비추어 보면, 이 사건 법률조항이 단독판사 관할사건으로 재판받는 피고인과 합의부 관할사건으로 재판받는 피고인을 다르게 취급하고 있는 것은 합리적인 이유가 있으므로 이 사건 법률조항은 평등권을 침해하지 않는다(헌재 2015.7.30, 2014헌바447).
② [O] 재판청구권은 권리보호절차의 개설과 개설된 절차에의 접근의 효율성에 관한 절차법적 요청으로서, 권리구제절차 내지 소송절차를 규정하는 절차법에 의하여 구체적으로 형성·실현되며, 또한 이에 의하여 제한된다(헌재 2002.10.31, 2000헌가12).
③ [O] 헌법이 군사법원을 특별법원으로 설치하도록 허용하되, 대법원을 군사재판의 최종심으로 하고 있고, 구 군사법원법 제21조 제1항은 재판관의 재판상의 독립을, 같은 조 제2항은 재판관의 신분을 보장하고 있으며, 또한 같은 법 제22조 제3항, 제23조 제1항에 의하면 군사법원의 재판관은 반드시 일반법원의 법관과 동등한 자격을 가진 군판사를 포함시켜 구성하도록 하고 있는바, 이러한 사정을 감안하면 헌법에 위반된다고 볼 수 없다(헌재 1996.10.31, 93헌바25).
④ [O] 재판청구권은 사실관계와 법률관계에 관하여 최소한 한 번의 재판을 받을 기회가 제공될 것을 국가에게 요구할 수 있는 절차적 기본권을 뜻한다(헌재 1997.12.24, 96헌마172 등).

10 국민의 형사재판 참여에 관한 설명이다. 가장 타당하지 <u>않은</u> 설명은? (현행 헌법이나 법률규정에 의함)

08. 국가직 7급

① 국민의 형사재판 참여에 관한 법률에 따라 심리에 관여한 배심원은 재판장의 설명을 들은 후 유·무죄에 관하여 평의를 하고 필요에 따라 심리에 관여한 판사의 의견을 들은 후 다수결에 따라 평결을 하여야 한다.
② 위 평결이 유죄인 경우 배심원은 심리에 관여한 판사와 함께 양형에 관하여 토의하고 그에 관한 의견을 개진한다.
③ 위 배심원들의 평결과 의견은 법원을 기속하지 아니한다.
④ 위 법률에 의한 배심원은 만 20세 이상의 대한민국 국민 중에서 선정된다.

해설

① [×] 국민의 형사재판 참여에 관한 법률 제46조 제2항

> 국민의 형사재판 참여에 관한 법률 제46조【재판장의 설명·평의·평결·토의 등】② 심리에 관여한 배심원은 제1항의 설명을 들은 후 유·무죄에 관하여 평의하고, 전원의 의견이 일치하면 그에 따라 평결한다. 다만, 배심원 과반수의 요청이 있으면 심리에 관여한 판사의 의견을 들을 수 있다.

② [○] 국민의 형사재판 참여에 관한 법률 제46조 제4항

> 국민의 형사재판 참여에 관한 법률 제46조【재판장의 설명·평의·평결·토의 등】④ 제2항 및 제3항의 평결이 유죄인 경우 배심원은 심리에 관여한 판사와 함께 양형에 관하여 토의하고 그에 관한 의견을 개진한다. 재판장은 양형에 관한 토의 전에 처벌의 범위와 양형의 조건 등을 설명하여야 한다.

③ [○] 국민의 형사재판 참여에 관한 법률 제46조 제5항

> 국민의 형사재판 참여에 관한 법률 제46조【재판장의 설명·평의·평결·토의 등】⑤ 제2항부터 제4항까지의 평결과 의견은 법원을 기속하지 아니한다.

④ [○] 국민의 형사재판 참여에 관한 법률 제16조

> 국민의 형사재판 참여에 관한 법률 제16조【배심원의 자격】배심원은 만 20세 이상의 대한민국 국민 중에서 이 법으로 정하는 바에 따라 선정된다.

제3절 국가배상청구권

01 국가배상청구에 관한 다음 설명 중 가장 옳지 않은 것은? *01. 법원행시 변형*

① 국가배상청구권의 주체는 원칙적으로 한국 국민이며, 국민에는 자연인뿐만 아니라 내국법인도 포함된다.
② 국가배상법상의 직무상 행위에는 직무행위와 외형상 관련 있는 것으로 인정되는 행위까지 포함한다고 보는 외형설이 통설, 판례이다.
③ 헌법은 국가, 공공단체 외에 공무원 개인의 배상책임에 대하여도 규정하고 있다.
④ 공무원 개인에게 과실이 있는 경우라면 어떤 경우든 국가 및 공무원 개인 모두에게 배상책임이 있다는 것이 판례의 입장이다.

해설

④ [×] 공무원 개인에게 고의나 중과실이 있는 경우에만 선택적 청구가 가능하다고 판시하였다(대판 1997.2.11, 95다5110).
① [○] 공무원의 직무상 불법행위로 손해를 받은 국민은 법률이 정하는 바에 의하여 국가 또는 공공단체에 정당한 배상을 청구할 수 있다(헌법 제29조 제1항). 이 조문에서 국민은 자연인뿐만 아니라 법인도 포함한다.
② [○] 외형설이 통설, 판례이다. 외관상으로는 공무원증과 재직증명서를 발급하는 행위로서 직무집행으로 보여지므로 결국 소외인의 공무원증 등 위조행위는 국가배상법 제2조 제1항 소정의 공무원이 직무를 집행함에 당하여 한 행위로 인정된다(대판 2005.1.14, 2004다26805).
③ [○] 헌법 제29조 제1항

> **헌법 제29조** ① 공무원의 직무상 불법행위로 손해를 받은 국민은 법률이 정하는 바에 의하여 국가 또는 공공단체에 정당한 배상을 청구할 수 있다. 이 경우 공무원 자신의 책임은 면제되지 아니한다.

02 국가배상청구권에 대한 다음의 설명 중 가장 잘못된 것은? (통설과 판례에 의함) *04. 법원직 9급 변형*

① 판례는 국회의원의 입법행위가 국가배상법 제2조 제1항의 위법행위에 해당되는지에 대하여 원칙적으로 소극적 입장에 있다.
② 헌법상 국가배상청구권에 관한 규정은 국가배상청구권을 청구권적 기본권으로 보장하며, 그 요건에 해당하는 사유가 발생한 개별 국민에게는 금전청구권으로서의 재산권으로서도 보장된다.
③ 국가배상청구의 대상이 되는 공무집행행위는 외형상 공무원의 직무집행행위여야 할 뿐 아니라 그 공무원의 주관적 의도 등을 합하여 실질적으로도 공무집행행위에 해당하여야 하는 것이다.
④ 국가 또는 지방자치단체라 하더라도 대등한 지위에서 사(私)경제의 주체로 활동하였을 경우 국가배상법이 적용될 수 없다는 것이 판례의 입장이다.

정답 | 10 ① / 01 ④

해설

③ [×] 국가배상법 제2조 제1항 소정의 '직무를 집행함에 당하여'라 함은 직접 공무원의 직무집행행위이거나 그와 밀접한 관계에 있는 행위를 포함하고, 이를 판단함에 있어서는 행위 자체의 외관을 객관적으로 관찰하여 공무원의 직무행위로 보여질 때에는 비록 그것이 실질적으로 직무행위에 속하지 않는다 하더라도 그 행위는 공무원이 '직무를 집행함에 당하여' 한 것으로 보아야 한다(대판 2001.1.5, 98다39060).
① [O] 국회의원은 입법에 관하여 원칙적으로 국민 전체에 대한 관계에서 정치적 책임을 질 뿐 국민 개개인의 권리에 대응하여 법적 의무를 지는 것은 아니므로, 국회의원의 입법행위는 그 입법내용이 헌법의 문언에 명백히 위반됨에도 불구하고 국회가 굳이 당해 입법을 한 것과 같은 특수한 경우가 아닌 한 국가배상법 제2조 제1항 소정의 위법행위에 해당된다고 볼 수 없다(대판 1997.6.13, 96다56115).
② [O] 헌법상의 국가배상청구권에 관한 규정은 국가배상청구권을 청구권적 기본권으로 보장하며, 국가배상청구권은 그 요건에 해당하는 사유가 발생한 개별 국민에게는 금전청구권으로서의 재산권으로 보장된다(헌재 2015.4.30, 2013헌바395).
④ [O] 국가배상청구의 요건인 '공무원의 직무'에는 권력적 작용만이 아니라 비권력적 작용도 포함되며 단지 행정주체가 사경제주체로서 하는 활동만 제외된다(대판 2001.1.5, 98다39060).

03 국가배상청구권에 관한 설명으로 가장 적절하지 않은 것은? (다툼이 있는 경우 판례에 의함) _{23. 경찰순경 2차}

① 군인·군무원·경찰공무원 기타 법률이 정하는 자가 전투·훈련등 직무집행과 관련하여 받은 손해에 대하여는 법률이 정하는 보상 외에 국가 또는 공공단체에 공무원의 직무상 불법행위로 인한 정당한 배상을 청구할 수 있다.
② 특수임무수행자 등이 보상금 등의 지급결정에 동의한 때에는 특수임무수행 또는 이와 관련한 교육훈련으로 입은 피해에 대하여 재판상 화해가 성립된 것으로 보는 특수임무수행자 보상에 관한 법률 제17조의2 가운데 특수임무수행 또는 이와 관련한 교육훈련으로 입은 피해 중 정신적 손해에 관한 부분이 과잉금지원칙을 위반하여 국가배상청구권을 침해한다고 보기 어렵다.
③ 국가배상청구권의 성립요건으로서 공무원의 고의 또는 과실을 규정함으로써 무과실책임을 인정하지 않은 국가배상법 조항이 입법자의 입법형성권의 자의적 행사로서 국가배상청구권을 침해한다고 볼 수 없다.
④ 국가배상법은 외국인이 피해자인 경우에는 해당 국가와 상호 보증이 있을 때에만 국가배상법을 적용한다고 규정하고 있다.

해설

① [×] 군인·군무원·경찰공무원 기타 법률이 정한 자가 전투·훈련 등 직무집행과 관련하여 받은 손해에 대해서는 법률이 정하는 보상 외에 국가 또는 공공단체에 공무원의 직무상 불법행위로 인한 배상을 청구할 수 없다(헌법 제29조 제2항).
② [O] 특수임무수행자보상심의위원회는 관련 분야의 전문가들로 구성되고, 위원에 대한 지휘·감독 규정이 없는 등 독립성이 보장되어 위원회에서 결정되는 보상액과 법원의 그것 사이에 별다른 차이가 없게 된 점 등을 볼 때 청구인들의 재판청구권을 침해한다고 볼 수 없다(헌재 2009.4.30, 2006헌마1322).
③ [O] 청구인들이 심판대상조항의 위헌성을 주장하게 된 계기를 제공한 국가배상청구 사건은, 인권침해가 극심하게 이루어진 긴급조치 발령과 그 집행을 근거로 한 것이므로 다른 일반적인 법 집행 상황과는 다르다는 점에서 이러한 경우에는 국가배상청구 요건을 완화하여야 한다는 주장이 있을 수 있다. 그러나 위와 같은 경우라 하여 국가배상청구권 성립요건에 공무원의 고의 또는 과실에 대한 예외가 인정되어야 한다고 보기는 어렵다(헌재 2020.3.26, 2016헌바55 등).
▶ 즉, 무과실책임을 인정할 수 없다.
④ [O] 이 법은 외국인이 피해자인 경우에는 해당 국가와 상호 보증이 있을 때에만 적용한다(국가배상법 제7조).

제4절 형사보상청구권

01 형사보상제도에 관한 다음의 설명 중 가장 옳은 것은?

02. 법원행시 변형

① 형사피의자에게는 형사보상청구를 허용하지 아니한다.
② 형사보상법에 의한 형사보상을 받은 사람은 다른 법률의 규정에 의하여 손해배상을 청구할 수 없다.
③ 형사보상을 청구할 수 있는 자가 보상을 청구하지 아니하고 사망하였을 때 상속인은 이를 청구할 수 없다.
④ 보상의 결정이나 보상의 청구를 기각한 결정에 대하여는 즉시항고를 할 수 있다.

해설

④ [○] 형사보상 및 명예회복에 관한 법률 제20조 제1항·제2항

> **형사보상 및 명예회복에 관한 법률 제20조【불복신청】** ① 제17조 제1항에 따른 보상결정에 대하여는 1주일 이내에 즉시항고를 할 수 있다.
> ② 제17조 제2항에 따른 청구기각 결정에 대하여는 즉시항고를 할 수 있다.

① [×] 헌법 제28조

> **헌법 제28조** 형사피의자 또는 형사피고인으로서 구금되었던 자가 법률이 정하는 불기소처분을 받거나 무죄판결을 받은 때에는 법률이 정하는 바에 의하여 국가에 정당한 보상을 청구할 수 있다.

② [×] 형사보상 및 명예회복에 관한 법률 제6조 제1항

> **형사보상 및 명예회복에 관한 법률 제6조【손해배상과의 관계】** ① 이 법은 보상을 받을 자가 다른 법률에 따라 손해배상을 청구하는 것을 금지하지 아니한다.

③ [×] 형사보상 및 명예회복에 관한 법률 제3조 제1항

> **형사보상 및 명예회복에 관한 법률 제3조【상속인에 의한 보상청구】** ① 제2조에 따라 보상을 청구할 수 있는 자가 그 청구를 하지 아니하고 사망하였을 때는 그 상속인이 이를 청구할 수 있다.

정답 | 02 ③   03 ①   /   01 ④

02 다음 중 형사보상청구권에 관한 설명으로 옳지 않은 것은?

04. 법원행시 변형

① 당해 절차에 의한 무죄는 물론 재심·비상상고에 의한 무죄판결의 경우에도 형사보상청구권이 인정된다.
② 형사보상책임은 관계기관의 고의나 과실을 요한다.
③ 형사피의자 또는 형사피고인으로서 구금이 되었을 것을 요한다.
④ 형사보상청구권은 이를 양도 또는 압류할 수 없다.

해설

② [×] 고의나 과실이 있는 경우에는 별도로 손해배상을 청구할 수 있다. 이 법은 보상을 받을 자가 다른 법률에 따라 손해배상을 청구하는 것을 금지하지 아니한다(형사보상 및 명예회복에 관한 법률 제6조 제1항).
  ▶ 즉, 관계기관의 고의나 과실을 요하지 아니한다.
① [○] 무죄판결은 당해 절차에 의한 무죄판결의 경우뿐만 아니라 재심에 의한 무죄판결까지도 포함한다.
③ [○] 헌법 제28조

> **헌법 제28조** 형사피의자 또는 형사피고인으로서 구금되었던 자가 법률이 정하는 불기소처분을 받거나 무죄판결을 받은 때에는 법률이 정하는 바에 의하여 국가에 정당한 보상을 청구할 수 있다.

④ [○] 형사보상 및 명예회복에 관한 법률 제23조

> **형사보상 및 명예회복에 관한 법률 제23조 【보상청구권의 양도 및 압류의 금지】** 보상청구권은 양도하거나 압류할 수 없다. 보상금 지급청구권도 또한 같다.

03 다음은 형사보상청구권에 관한 설명이다. 가장 타당한 것은?

07. 법원직 9급 변형

① 현행 형사보상법에서는 불구속으로 기소되어 무죄판결을 받은 자에게도 일정한 경우 형사보상을 인정하고 있다.
② 면소 또는 공소기각의 재판을 받은 자에게는 형사보상청구권이 인정되지 않는다.
③ 헌법 제28조에서 규정하는 '정당한 보상'은 형사보상청구권자가 입은 손실의 완전한 보상을 의미하는데, 현행 형사보상법에서는 1일 보상액의 한도를 정하고 있다.
④ 외국인과 법인은 형사보상청구권의 주체가 될 수 없다.

해설

③ [○] 형사보상 및 명예회복에 관한 법률 제5조 제1항

> **형사보상 및 명예회복에 관한 법률 제5조 【보상의 내용】** ① 구금에 대한 보상을 할 때에는 그 구금일수에 따라 1일당 보상청구의 원인이 발생한 연도의 최저임금법에 따른 일급 최저임금액 이상 대통령령으로 정하는 금액 이하의 비율에 의한 보상금을 지급한다.

① [×] 구금이 요건이다.

> **헌법 제28조** 형사피의자 또는 형사피고인으로서 '구금되었던 자'가 법률이 정하는 불기소처분을 받거나 무죄판결을 받은 때에는 법률이 정하는 바에 의하여 국가에 정당한 보상을 청구할 수 있다.

② [×] 형사보상 및 명예회복에 관한 법률 제26조 제1항 제1호

> **형사보상 및 명예회복에 관한 법률 제26조 【면소 등의 경우】** ① 다음 각 호의 어느 하나에 해당하는 경우에도 국가에 대하여 구금에 대한 보상을 청구할 수 있다.
> 1. 형사소송법에 따라 면소 또는 공소기각의 재판을 받아 확정된 피고인이 면소 또는 공소기각의 재판을 할 만한 사유가 없었더라면 무죄재판을 받을 만한 현저한 사유가 있었을 경우

④ [×] 외국인은 평등주의에 의해 보상청구권의 주체가 된다. 다만, 법인의 경우에는 성질상 구금이 불가능하므로 보상청구권의 주체가 될 수 없다.

04 형사보상에 관한 설명 중 가장 적절하지 않은 것은? (다툼이 있는 경우 판례에 의함)   22. 경찰순경

① 형사보상의 청구에 대한 보상의 결정에 대하여는 불복을 신청 할 수 없도록 단심재판으로 규정한 형사보상법 조항은 형사보상인용결정의 안정성을 유지하고, 신속한 형사보상의 절차의 확립을 통해 형사보상에 관한 국가예산 수립의 안정성을 확보하며, 나아가 상급법원의 부담을 경감하고자 하는 데 그 목적이 있으므로 청구인들의 형사보상청구권을 침해하지 않는다.
② 형사보상의 청구를 무죄재판이 확정된 때로부터 1년 이내에 하도록 규정하고 있는 형사보상법 조항은 입법재량의 한계를 일탈하여 청구인의 형사보상청구권을 침해한다.
③ 형사보상 및 명예회복에 관한 법률에 따르면 본인이 수사 또는 심판을 그르칠 목적으로 거짓 자백을 하거나 다른 유죄의 증거를 만듦으로써 기소, 미결구금 또는 유죄재판을 받게 된 것으로 인정된 경우에는 법원은 재량으로 보상청구의 전부 또는 일부를 기각할 수 있다.
④ 국가의 형사사법행위가 고의, 과실로 인한 것으로 인정되는 경우에는 국가배상청구 등 별개의 절차에 의하여 인과관계 있는 모든 손해를 배상받을 수 있으므로, 형사보상절차로써 인과관계 있는 모든 손해를 보상하지 않는다고 하여 반드시 부당하고 할 수는 없다.

해설

① [×] 이 사건 불복금지조항은 형사보상의 청구에 대하여 한 보상의 결정에 대하여는 불복을 신청할 수 없도록 하여 형사보상의 결정을 단심재판으로 규정하고 있는데, 보상액의 산정에 기초되는 사실인정이나 보상액에 관한 판단에서 오류나 불합리성이 발견되는 경우에도 그 시정을 구하는 불복신청을 할 수 없도록 하는 것은 형사보상청구권 및 그 실현을 위한 기본권으로서의 재판청구권의 본질적 내용을 침해하는 것이라 할 것이다(헌재 2010.10.28, 2008헌마514 등).
② [O] 형사보상청구권의 제척기간을 1년으로 규정하고 있는 것은 위의 어떠한 사유에도 해당하지 아니하는 등 달리 합리적인 이유를 찾기 어려워, 일반적인 사법상의 권리보다 더 확실하게 보호되어야 할 권리인 형사보상청구권의 보호를 저해하고 있다(헌재 2010.7.29, 2008헌가4).
③ [O] 형사보상 및 명예회복에 관한 법률 제27조 제2항 제1호

> **형사보상 및 명예회복에 관한 법률 제27조【피의자에 대한 보상】** ② 다음 각 호의 어느 하나에 해당하는 경우에는 피의자보상의 전부 또는 일부를 지급하지 아니할 수 있다.
> 1. 본인이 수사 또는 재판을 그르칠 목적으로 거짓 자백을 하거나 다른 유죄의 증거를 만듦으로써 구금된 것으로 인정되는 경우

④ [O] 이 사건 보상금 시행령 조항은 보상금을 일정한 범위 내로 한정하고 있는데, 형사보상은 형사사법절차에 내재하는 불가피한 위험으로 인한 피해에 대한 보상으로서 국가의 위법·부당한 행위를 전제로 하는 국가배상과는 그 취지 자체가 상이하므로 형사보상절차로서 인과관계 있는 모든 손해를 보상하지 않는다고 하여 반드시 부당하다고 할 수는 없다(헌재 2010.10.28, 2008헌마514 등).

정답 | 02 ② 03 ③ 04 ①

05 헌법 제28조와 관련한 설명으로 옳지 않은 것은? (다툼이 있는 경우 헌법재판소 판례에 의함) 22. 소방간부 변형

① 형사피의자 또는 형사피고인으로서 구금되었던 자가 법률이 정하는 불기소처분을 받거나 무죄판결을 받은 때에는 법률이 정하는 바에 의하여 국가에 정당한 보상을 청구할 수 있다.
② 형사피고인으로서 구금되었던 자가 법률이 정한 무죄판결을 받은 경우에 국가에 대하여 물질적·정신적 피해에 대한 정당한 보상을 청구할 수 있는 권리를 보장하여 국가의 형사사법작용에 의하여 신체의 자유가 침해된 국민에게 그 구제를 인정하여 국민의 기본권 보호를 강화하는 데 그 목적이 있다.
③ 형사보상청구에 관하여 어느 정도의 제척기간을 둘 것인가의 문제는 원칙적으로 입법권자의 재량에 맡겨져 있는 것이지만, 그 청구기간이 지나치게 단기간이거나 불합리하여 무죄재판이 확정된 형사피고인이 형사보상을 청구하는 것을 현저히 곤란하게 하거나 사실상 불가능하게 한다면 이는 입법재량의 한계를 넘어서는 것으로서 헌법이 보장하는 형사보상청구권을 침해하는 것이라 하지 않을 수 없다.
④ 보상청구는 무죄재판을 한 법원의 상급법원이 관할한다.

해설

④ [×] 형사보상 및 명예회복에 관한 법률 제7조

> 형사보상 및 명예회복에 관한 법률 제7조【관할법원】보상청구는 무죄재판을 한 법원에 대하여 하여야 한다.

① [O] 헌법 제28조

> 헌법 제28조 형사피의자 또는 형사피고인으로서 구금되었던 자가 법률이 정하는 불기소처분을 받거나 무죄판결을 받은 때에는 법률이 정하는 바에 의하여 국가에 정당한 보상을 청구할 수 있다.

② [O] 헌법 제28조는 "형사피의자 또는 형사피고인으로서 구금되었던 자가 법률이 정하는 불기소처분을 받거나 무죄판결을 받은 때에는 법률이 정하는 바에 의하여 국가에 정당한 보상을 청구할 수 있다."고 규정함으로써, 형사피고인으로서 구금되었던 자가 법률이 정한 무죄판결을 받은 경우에 국가에 대하여 물질적·정신적 피해에 대한 정당한 보상을 청구할 수 있는 권리를 보장하고 있다. 형사보상청구권은 국가의 형사사법작용에 의하여 신체의 자유가 침해된 국민에게 그 구제를 인정하여 국민의 기본권 보호를 강화하는 데 그 목적이 있다(헌재 2010.7.29, 2008헌가4).
③ [O] 형사보상청구에 관하여 어느 정도의 제척기간을 둘 것인가의 문제는 원칙적으로 입법권자의 재량에 맡겨져 있는 것이지만, 그 청구기간이 지나치게 단기간이거나 불합리하여 무죄재판이 확정된 형사피고인이 형사보상을 청구하는 것을 현저히 곤란하게 하거나 사실상 불가능하게 한다면 이는 입법재량의 한계를 넘어서는 것으로서 헌법이 보장하는 형사보상청구권을 침해하는 것이라 하지 않을 수 없다(헌재 2010.7.29, 2008헌가4).

06 형사보상청구권에 관한 설명으로 가장 옳은 것은? 18. 서울시 7급 변형

① 형사피의자의 경우, 보상을 하는 것이 선량한 풍속 기타 사회질서에 반한다고 할 특별한 사정이 있다 하더라도 보상의 전부를 지급해야 한다.
② 형사보상의 청구는 무죄재판이 확정된 때로부터 또는 검사로부터 공소를 제기하지 아니하는 처분의 고지나 통지를 받은 날로부터 6개월 이내에 하여야 한다.
③ 형사보상청구에 관한 제척기간을 두고 있는 것은 형사보상에 관한 국가의 채무관계를 조기에 확정하고 예산 수립의 불안정성을 제거하여 국가재정을 합리적으로 운영하기 위한 것이다.
④ 형사보상제도에 따라 형사보상금을 수령한 피고인은 다시 국가배상법에 의한 손해배상을 청구할 수 없다.

해설

③ [O] 형사보상청구에 관한 제척기간을 두고 있는 것은 형사보상에 관한 국가의 채무관계를 조기에 확정하고 예산 수립의 불안정성을 제거하여 국가재정을 합리적으로 운영하기 위한 것이므로, 이는 공공복리를 추구하기 위한 정당한 입법 목적이라 할 것이다(헌재 2010.7.29, 2008헌가4).

① [×] 형사보상 및 명예회복에 관한 법률 제27조 제2항 제3호

> 형사보상 및 명예회복에 관한 법률 제27조【피의자에 대한 보상】② 다음 각 호의 어느 하나에 해당하는 경우에는 피의자보상의 전부 또는 일부를 지급하지 아니할 수 있다.
> 3. 보상을 하는 것이 선량한 풍속이나 그 밖에 사회질서에 위배된다고 인정할 특별한 사정이 있는 경우

② [×] 보상청구는 무죄재판이 확정된 사실을 안 날부터 3년, 무죄재판이 확정된 때부터 5년 이내에 하여야 한다(형사보상 및 명예회복에 관한 법률 제8조).

④ [×] 이 법은 보상을 받을 자가 다른 법률에 따라 손해배상을 청구하는 것을 금지하지 아니한다(형사보상 및 명예회복에 관한 법률 제6조 제1항).

07 형사보상청구권에 대한 설명으로 옳지 않은 것은?

16. 국가직 7급 변형

① 형사피의자로 구금되었다가 법률이 정하는 불기소처분을 받은 자는 법률이 정하는 바에 의하여 형사보상청구권을 행사할 수 있다.
② 형사보상청구권과 직접적인 이해관계를 가진 당사자는 형사피고인과 국가밖에 없는데, 국가가 무죄판결을 선고받은 형사피고인에게 넓게 형사보상청구권을 인정함으로써 감수해야 할 공익은 경제적인 것에 불과하다.
③ 1개의 재판으로 경합범의 일부에 대하여 무죄재판을 받고 다른 부분에 대하여 유죄재판을 받았을 경우 법원은 보상청구의 전부를 인용하여야 한다.
④ 다른 법률에 따라 손해배상을 받을 자가 같은 원인에 대하여 형사보상 및 명예회복에 관한 법률에 따른 보상을 받았을 때에는 그 보상금의 액수를 빼고 손해배상의 액수를 정하여야 한다.

해설

③ [×] 1개의 재판으로 경합범의 일부에 대하여 무죄재판을 받고 다른 부분에 대하여 유죄재판을 받았을 경우에는 법원은 재량으로 보상청구의 전부 또는 일부를 기각할 수 있다(형사보상 및 명예회복에 관한 법률 제4조 제3호).

① [O] 형사피의자 또는 형사피고인으로서 구금되었던 자가 법률이 정하는 불기소처분을 받거나 무죄판결을 받은 때에는 법률이 정하는 바에 의하여 국가에 정당한 보상을 청구할 수 있다(헌법 제28조).

② [O] 형사보상청구권과 직접적인 이해관계를 가진 당사자는 형사피고인과 국가밖에 없는데, 국가가 무죄판결을 선고받은 형사피고인에게 넓게 형사보상청구권을 인정함으로써 감수해야 할 공익은 경제적인 것에 불과하고 그 액수도 국가 전체 예산규모에 비추어 볼 때 미미하다고 할 것이다. 또한 형사피고인에게 넓게 형사보상청구권을 인정한다고 하여 법적 혼란이 초래될 염려도 전혀 없다(헌재 2010.7.29, 2008헌가4).

④ [O] 형사보상 및 명예회복에 관한 법률 제6조 제3항

> 형사보상 및 명예회복에 관한 법률 제6조【손해배상과의 관계】③ 다른 법률에 따라 손해배상을 받을 자가 같은 원인에 대하여 이 법에 따른 보상을 받았을 때에는 그 보상금의 액수를 빼고 손해배상의 액수를 정하여야 한다.

정답 | 05 ④ 06 ③ 07 ③

제5절 범죄피해자구조청구권

01 범죄피해자구조청구권에 관한 설명 중 가장 적절한 것은? (다툼이 있는 경우 판례에 의함) 20. 경찰승진 변형

① 범죄피해자구조청구권은 생명, 신체에 대한 피해를 입은 경우에 적용되는 것은 물론이고 재산상 피해를 입은 경우에도 적용된다.
② 범죄행위 당시 구조피해자와 가해자 사이에 사실상의 혼인관계가 있는 경우에도 구조피해자에게 구조금을 지급한다.
③ 범죄피해자구조청구권의 주체는 자연인과 법인이다.
④ 헌법재판소는 범죄피해자구조청구권의 대상이 되는 범죄피해에 해외에서 발생한 범죄피해의 경우를 포함하고 있지 아니한 것이 현저하게 불합리한 자의적인 차별이라고 볼 수 없어 평등원칙에 위배되지 아니한다고 결정하였다.

해설

④ [O] 범죄피해자구조청구권의 대상이 되는 범죄피해에 해외에서 발생한 범죄피해의 경우를 포함하고 있지 아니한 것이 현저하게 불합리한 자의적인 차별이라고 볼 수 없어 평등원칙에 위반되지 아니한다(헌재 2011.12.29, 2009헌마354).
① [×] 타인의 범죄행위로 인하여 생명·신체에 대한 피해를 받은 국민은 법률이 정하는 바에 의하여 국가로부터 구조를 받을 수 있다(헌법 제30조). 재산상 피해를 입은 경우에는 적용되지 않는다.
② [×] 범죄피해자 보호법 제19조 제1항 제1호

> 범죄피해자 보호법 제19조【구조금을 지급하지 아니할 수 있는 경우】① 범죄행위 당시 구조피해자와 가해자 사이에 제1항 각 호의 어느 하나에 해당하는 친족관계가 있는 경우에는 구조금을 지급하지 아니한다.
> 1. 부부(사실상의 혼인관계를 포함한다)

③ [×] 범죄피해자 구조청구권은 생명·신체에 피해를 받은 사람을 구조하는 것을 목적으로 하는데(범죄피해자 보호법 제1조) 법인은 생명·신체를 가질 수 없어 주체가 될 수 없다.

02 범죄피해자구조청구권에 대한 설명으로 가장 적절하지 않은 것은? 15. 경찰승진

① 범죄피해자구조청구권이라 함은 타인의 범죄행위로 인하여 생명·신체에 대한 피해를 입은 국민이 가해자로부터 충분한 배상을 받지 못한 경우에 국가에 대하여 경제적 구조를 청구할 수 있는 권리를 말한다.
② 범죄피해자구조는 피해자가 사망한 경우에는 유족이, 중상해 등을 당한 경우에는 본인이 청구한다.
③ 범죄피해자 보호법에 의할 때 외국인이 구조피해자이거나 유족인 경우에는 구조를 청구할 수 없다.
④ 구조대상 범죄피해란 대한민국의 영역 안에서 또는 대한민국의 영역 밖에 있는 대한민국의 선박이나 항공기 안에서 행하여진 사람의 생명 또는 신체를 해치는 죄에 해당하는 행위로 인하여 사망하거나 장해 또는 중상해를 입은 것을 말한다.

해설

③ [×] 이 법은 외국인이 구조피해자이거나 유족인 경우에는 해당 국가의 상호보증이 있는 경우에만 적용한다(범죄피해자 보호법 제23조).
① [O] 이 법은 범죄피해자 보호·지원의 기본 정책 등을 정하고 타인의 범죄행위로 인하여 생명·신체에 피해를 받은 사람을 구조(救助)함으로써 범죄피해자의 복지 증진에 기여함을 목적으로 한다(범죄피해자 보호법 제1조).
② [O] 국가는 구조대상 범죄피해를 받은 사람(이하 '구조피해자'라 한다)이 다음 각 호의 어느 하나에 해당하면 구조피해자 또는 그 유족에게 범죄피해 구조금(이하 '구조금'이라 한다)을 지급한다(범죄피해자 보호법 제16조).
④ [O] '구조대상 범죄피해'란 대한민국의 영역 안에서 또는 대한민국의 영역 밖에 있는 대한민국의 선박이나 항공기 안에서 행하여진 사람의 생명 또는 신체를 해치는 죄에 해당하는 행위(형법 제9조, 제10조 제1항, 제12조, 제22조 제1항에 따라 처벌되지 아니하는 행위를 포함하며, 같은 법 제20조 또는 제21조 제1항에 따라 처벌되지 아니하는 행위 및 과실에 의한 행위는 제외한다)로 인하여 사망하거나 장해 또는 중상해를 입은 것을 말한다(범죄피해자 보호법 제3조 제1항 제4호).

03 범죄피해자구조청구권에 대한 설명으로 옳지 <u>않은</u> 것은? (다툼이 있는 경우 판례에 의함) 18. 지방직 7급 변형

① 범죄피해구조금은 국가의 재정에 기반을 두고 있는바, 구조금청구권의 행사대상을 우선적으로 대한민국의 영역 안의 범죄피해에 한정하고, 향후 구조금의 확대에 따라서 해외에서 발생한 범죄피해의 경우에도 구조를 하는 방향으로 운영하는 것은 입법형성의 재량의 범위 내라고 할 수 있다.
② 대한민국의 영역 안에서 과실에 의한 행위로 사망하거나 장해 또는 중상해를 입은 경우에도 범죄피해자구조청구권이 인정된다.
③ 범죄피해자 보호법에 따르면 국가는 구조피해자나 유족이 해당 구조대상 범죄피해를 원인으로 하여 손해배상을 받았으면 그 범위에서 구조금을 지급하지 아니한다.
④ 타인의 범죄행위로 피해를 당한 사람과 그 배우자, 직계친족뿐만 아니라 범죄피해 방지 및 범죄피해자 구조 활동으로 피해를 당한 사람도 범죄피해자로 본다.

해설
② [×] '구조대상 범죄피해'란 대한민국의 영역 안에서 또는 대한민국의 영역 밖에 있는 대한민국의 선박이나 항공기 안에서 행하여진 사람의 생명 또는 신체를 해치는 죄에 해당하는 행위(형법 제9조, 제10조 제1항, 제12조, 제22조 제1항에 따라 처벌되지 아니하는 행위를 포함하며, 같은 법 제20조 또는 제21조 제1항에 따라 처벌되지 아니하는 행위 및 과실에 의한 행위는 제외한다)로 인하여 사망하거나 장해 또는 중상해를 입은 것을 말한다(범죄피해자 보호법 제3조 제1항 제4호). 따라서 과실에 의한 행위는 제외된다.
① [O] 국가의 재정에 기반을 두고 있는 구조금에 대한 청구권 행사대상을 우선적으로 대한민국의 영역 안의 범죄피해에 한정하고, 향후 해외에서 발생한 범죄피해의 경우에도 구조를 하는 방향으로 운영하는 것은 입법형성의 재량의 범위 내라고 할 것이다. 따라서 범죄피해자구조청구권의 대상이 되는 범죄피해에 해외에서 발생한 범죄피해의 경우를 포함하고 있지 아니한 것이 현저하게 불합리한 자의적인 차별이라고 볼 수 없어 평등원칙에 위반되지 아니한다(헌재 2011.12.29, 2009헌마354).
③ [O] 범죄피해자 보호법 제21조

> **범죄피해자 보호법 제21조【손해배상과의 관계】** ① 국가는 구조피해자나 유족이 해당 구조대상 범죄피해를 원인으로 하여 손해배상을 받았으면 그 범위에서 구조금을 지급하지 아니한다.

④ [O] 범죄피해자 보호법 제3조 제2항

> **범죄피해자 보호법 제3조【정의】** ② 제1항 제1호에 해당하는 사람 외에 범죄피해 방지 및 범죄피해자 구조활동으로 피해를 당한 사람도 범죄피해자로 본다.

정답 | 01 ④ 02 ③ 03 ②

04 다음 중 범죄피해자구조청구권에 관한 설명으로 가장 옳지 않은 것은? (다툼이 있는 경우 판례에 의함)

22. 해양경찰 간부 변형

① 범죄피해자 보호법에 따르면 구조금의 지급신청은 해당 구조대상 범죄피해의 발생을 안 날부터 3년이 지나거나 해당 구조대상 범죄피해가 발생한 날부터 5년이 지나면 할 수 없다.
② 범죄피해자구조청구권은 제9차 개정헌법에서 처음으로 도입되었다.
③ 범죄피해구조대상이 되는 범죄피해의 범위에는 형법 제20조 또는 제21조 제1항에 따라 처벌되지 아니하는 행위, 과실에 의한 행위는 제외한다.
④ "범죄피해자"란 타인의 범죄행위로 피해를 당한 사람과 그 배우자(사실상의 혼인관계를 포함한다), 직계친족 및 형제자매를 말한다.

해설

① [×] 범죄피해자 보호법 제25조 제2항

> 범죄피해자 보호법 제25조 【구조금의 지급신청】 ② 제1항에 따른 신청은 해당 구조대상 범죄피해의 발생을 안 날부터 3년이 지나거나 해당 구조대상 범죄피해가 발생한 날부터 10년이 지나면 할 수 없다.

② [O] 범죄피해자구조청구권은 제9차 개정헌법에서 처음으로 도입되었다.
③ [O] 범죄피해자 보호법 제3조 제1항 제4호

> 범죄피해자 보호법 제3조 【정의】 ① 이 법에서 사용하는 용어의 뜻은 다음과 같다.
> 4. … , 같은 법 제20조 또는 제21조 제1항에 따라 처벌되지 아니하는 행위 및 과실에 의한 행위는 제외한다) … .

④ [O] "범죄피해자"란 타인의 범죄행위로 피해를 당한 사람과 그 배우자(사실상의 혼인관계를 포함한다), 직계친족 및 형제자매를 말한다(범죄피해자 보호법 제3조 제1항 제1호).

정답 | 04 ①

제5장 | 사회권적 기본권

핵심 OX

01 모든 국민은 인간다운 생활을 할 권리를 가지는데 이 권리는 인간적 생존에 필요한 최소한의 물질적 생활을 국가에 요구할 수 있는 권리이다. ( )

해설

[O] 인간다운 생활을 할 권리로부터는 인간의 존엄에 상응하는 생활에 필요한 '최소한의 물질적인 생활'의 유지에 필요한 급부를 요구할 수 있는 구체적인 권리가 상황에 따라서는 직접 도출될 수 있다고 할 수는 있어도, 동 기본권이 직접 그 이상의 급부를 내용으로 하는 구체적인 권리를 발생케 한다고는 볼 수 없다(헌재 2003.5.15, 2002헌마90).

02 공무원유족연금의 수급대상에서 18세 이상의 자를 제외하는 것은 헌법에 위반되지 않는다. ( )

해설

[O] 18세 이상이면 신체적, 정신적으로 성숙하여 사회생활에 적응할 수 있고, 적어도 최소한의 생활은 스스로 영위해 나갈 수 있는 사회적 독립성을 획득할 수 있는 것으로 보아 유족의 범위에서 배제하였다 할 것인바, … 그 입법형성의 한계를 일탈하여 최소한의 보장마저 외면함으로써 사회보장수급권, 재산권, 평등권을 침해하는 것이라고 볼 수 없다(헌재 1999.4.29, 97헌마333).

03 지역의료보험조합과 직장의료보험조합의 통합은 헌법에 위반되지 아니한다. ( )

해설

[O] 직장·지역가입자 간의 부담의 평등을 보장할 수 있는 법적 제도장치를 두고 있으므로, 직장가입자와 지역가입자의 재정통합을 규정하는 법 제33조 제2항은 헌법에 위반되지 아니한다(헌재 2000.6.29, 99헌마289).

04 국민연금의 급여수준은 납입한 연금보험료의 금액을 기준으로 결정하여야 하며, 한 사람의 수급권자에게 여러 종류의 수급권이 발생한 경우에는 중복하여 지급해야 한다. ( )

해설

[×] 국민연금의 급여수준은 수급권자가 최저생활을 유지하는 데 필요한 금액을 기준으로 결정해야 할 것이지 납입한 연금보험료의 금액을 기준으로 결정하거나 여러 종류의 수급권이 발생하였다고 하여 반드시 중복하여 지급해야 할 것은 아니다(헌재 2000.6.1, 97헌마190).

05 국가 등의 양로시설에 입소하는 국가유공자에게 일정 요건하에서 보상금수급권에 대한 지급정지를 규정하고 있는 것은 자유권이나 자유권의 제한영역에 관한 규정이 아니므로 행복추구권을 침해한다고 할 수 없다. ( )

해설

[O] 헌법 제10조의 행복추구권은 국민이 행복을 추구하기 위하여 필요한 급부를 국가에게 적극적으로 요구할 수 있는 것을 내용으로 하는 것이 아니라, 국민이 행복을 추구하기 위한 활동을 국가권력의 간섭 없이 자유롭게 할 수 있다는 포괄적인 의미의 자유권으로서의 성격을 가지는데, 이 사건 규정은 보상금수급권에 대한 일정 요건하의 지급정지를 규정하고 있는 것으로 자유권이나 자유권의 제한영역에 관한 규정이 아니므로, 이 사건 규정이 행복추구권을 침해한다고 할 수는 없다(헌재 2000.6.1, 98헌마216).

06 교도시설에 수용 중인 경우에는 기결수뿐 아니라 미결수용자에 대하여도 국민건강보험급여를 정지하고 있는 국민건강보험법 규정은 무죄추정의 원칙에 위반된다거나, 수용자의 건강권과 인간다운 생활권을 침해하는 조항이라고 볼 수 없다. ( )

해설
[○] 교도시설에 수용 중인 경우에는 기결수뿐 아니라 미결수용자에 대하여도 국민건강보험급여를 정지하고 있는 국민건강보험법 규정은 무죄추정의 원칙에 위반된다거나, 수용자의 건강권과 인간다운 생활권을 침해하는 조항이라고 볼 수 없다(헌재 2005.2.24, 2003헌마31 등).

07 장애로 인한 추가지출비용을 반영한 별도의 최저생계비를 결정치 않고 가구별 인원수만을 기준으로 최저생계비를 고시하는 것은 비장애인가구 구성원에 비해 장애인가구 구성원의 평등권 및 인간존엄 등 기본권을 침해하는 것이다. ( )

해설
[×] 장애로 인한 추가지출비용을 반영한 별도의 최저생계비를 결정치 않고 가구별 인원수만을 기준으로 최저생계비를 고시하는 것은 비장애인가구 구성원에 비해 장애인가구 구성원의 평등권 및 인간존엄성을 침해하는 것은 아니다(헌재 2004.10.28, 2002헌마328).

08 모든 국민은 능력에 따라 균등하게 교육을 받을 권리를 가진다. ( )

해설
[○] 모든 국민은 능력에 따라 균등하게 교육을 받을 권리를 가진다(헌법 제31조 제1항).

09 헌법재판소는 의무교육의 취학연령을 획일적으로 정하는 것은 헌법 제31조의 능력에 따라 균등하게 교육을 받을 권리의 본질적 내용을 침해한 것이 아니라고 한다. ( )

해설
[○] 의무교육의 취학연령을 획일적으로 정하는 것은 헌법 제31조의 능력에 따라 균등하게 교육받을 권리의 본질적인 내용은 침해한 것이 아니라고 한다(헌재 1994.2.24, 93헌마192 참조).

10 헌법은 6년의 초등교육과 3년의 중등교육에 대한 의무교육제를 명시적으로 보장하고 있다. ( )

해설
[×] 6년의 초등교육과 3년의 중등교육에 대한 의무교육제는 교육기본법 제8조에 규정되어 있다.

11 헌법상 교육권은 본질적으로 교육을 받을 권리를 의미한다고 할 것이므로, 부모의 자녀에 대한 교육권이 인정된다고 할지라도 이는 자녀의 보호와 인격발현을 위해 부여된 것으로 자녀교육에 대한 책임으로 이해하는 것이 타당하다. ( )

해설
[○] 헌법상 교육권은 본질적으로 교육받을 권리를 의미한다고 할 것이므로 부모의 자녀에 대한 교육권이 인정된다고 할지라도 이는 자녀의 보호와 인격발현을 위해 부여된 것으로 자녀교육에 대한 책임으로 이해하는 것이 타당하다(헌재 2000.4.27, 98헌가16).

12 학교교육의 범주 내에서는 국가의 교육권한이 헌법적으로 독자적인 지위를 부여받음으로써 부모의 교육권과 함께 자녀의 교육을 담당하지만 학교 밖의 교육영역에서는 원칙적으로 부모의 교육권이 우위를 차지한다. ( )

해설
[○] 헌재 2000.4.27, 98헌가16

13 교사의 수업권은 헌법상 보장되는 기본권이 아니며 설령 보장된다고 하더라도 학생의 수학권을 위한 제약이 불가피하다. ( )

해설
[○] 교육내용에 대한 결정권을 포함한다고 할 것이며, … 국민의 수학권과 교사의 수업의 자유는 다 같이 보호되어야 하겠지만 그중에서도 국민의 수학권이 더 우선적으로 보호되어야 한다(헌재 1992.11.12, 89헌마88).

14 국민의 수학권과 교사의 수업의 자유는 다같이 보호되어야 하겠지만 그중에서도 교사의 수업의 자유가 더 우선적으로 보호되어야 한다. ( )

해설
[×] 국민의 수학권과 교사의 수업의 자유는 다 같이 보호되어야 하겠지만 그중에서도 국민의 수학권이 더 우선적으로 보호되어야 한다(헌재 1992.11.12, 89헌마88).

15 대학입학지원자가 모집정원에 미달하였음에도 불구하고 대학이 정한 수학능력이 없다는 이유로 지원자에 대해 불합격 처분을 한 것은 교육을 받을 권리에 대한 침해로서 무효이다. ( )

해설
[×] 대학입학지원서가 모집정원에 미달한 경우라도 대학이 정한 수학능력이 없는 자에 대해 불합격처분을 한 것은 교육법 제111조 제1항에 위반되지 아니하여 무효라 할 수 없다(대판 1983.6.28, 83누193).

16 교과용 도서를 표준어 규정에 의하도록 하는 것은 부모의 자녀교육권을 침해하지 않는다. ( )

해설
[○] 학교의 교과용 도서를 표준어 규정에 의하도록 한 부분은 국가의 학교교육의 내용과 목표를 정할 수 있는 포괄적인 규율권한 내의 문제라 할 것이다(헌재 2009.5.28, 2006헌마618).

17 교수재임용 거부사유를 알려주지 않고 탈락하게 되는 교원이 사후에 다툴 수 있는 제도적 장치를 마련하지 않고 있는 법률조항은 헌법에 위반된다. ( )

해설
[○] 객관적인 기준의 재임용 거부사유와 재임용에서 탈락하게 되는 교원이 자신의 입장을 진술할 수 있는 기회 그리고 재임용 거부를 사전에 통지하는 규정 등이 없으며, 나아가 재임용이 거부되었을 경우 사후에 그에 대해 다툴 수 있는 제도적 장치를 전혀 마련하지 않고 있는 이 사건 법률조항은, 현대사회에서 대학교육이 갖는 중요한 기능과 그 교육을 담당하고 있는 대학교원의 신분의 부당한 박탈에 대한 최소한의 보호요청에 비추어 볼 때 헌법 제31조 제6항에서 정하고 있는 교원지위법정주의에 위반된다고 볼 수밖에 없다(헌재 2003.2.27, 2000헌바26).

18 학원 교습시간을 제한하는 것은 학생들의 인격의 자유로운 발현권을 침해한다. ( )

해설
[×] 이는 학원의 교습시간을 제한하여 학생들의 수면시간 및 휴식시간을 확보하고, 학교교육을 정상화하며, 학부모의 경제적 부담을 덜어주려는 것으로 정당하다(헌재 2009.10.29, 2008헌마635).

19 의무교육의 무상성에 관한 헌법상 규정은 교육을 받을 권리를 보다 실효성 있게 보장하기 위해 의무교육 비용을 학령아동 보호자의 부담으로부터 공동체 전체의 부담으로 이전하라는 명령일 뿐 의무교육의 모든 비용을 조세로 해결해야 함을 의미하는 것은 아니다. ( )

해설
[○] 의무교육 무상에 관한 헌법규정은 의무교육의 비용에 관하여 학부모의 직접적 부담으로부터 전체 공동체의 부담으로 이전하라는 명령일 뿐, 그 공적 부담을 어떻게 구성할 것인지에 관하여는 중립적이다(헌재 2005.12.22, 2004헌라3).

20 학교운영지원비를 학교회계 세입항목에 포함시키도록 하는 것은 헌법 제31조 제3항에 규정되어 있는 의무교육의 무상원칙에 위반되지 않는다. ( )

해설
[×] 학교운영지원비는 기본적으로 학부모의 자율적 협찬금의 성격을 갖고 있음에도 그 조성이나 징수의 자율성이 완전히 보장되지 않아 기본적이고 필수적인 학교 교육에 필요한 비용에 가깝게 운영되고 있다는 점 등을 고려해보면 이 사건 세입조항은 헌법 제31조 제3항에 규정되어 있는 의무교육의 무상원칙에 위배되어 헌법에 위반된다(헌재 2012.8.23, 2010헌바220).

21 검정고시로 고등학교 졸업학력을 취득한 사람들의 수시모집지원을 제한하는 내용의 피청구인 국립교육대학교 등의 2017학년도 신입생 수시모집 입시요강은 검정고시 출신자인 청구인들의 균등하게 교육을 받을 권리를 침해한다. ( )

해설
[○] 교육대학교 등 11개 대학교의 '2017학년도 신입생 수시모집 입시요강'이 검정고시로 고등학교 졸업학력을 취득한 사람들의 수시모집 지원을 제한하는 것은 교육을 받을 권리를 침해한다(헌재 2017.12.28, 2016헌마649).

22 헌법상 의무교육 무상의 범위는 교육의 기회균등을 실현하기 위해 필수불가결한 비용을 말하므로, 단순한 영양공급 차원을 넘어 교육적 성격을 가지는 학교급식은 무상의 의무교육 내용에 포함된다. ( )

해설
[×] 이 사건 심판대상조항이 의무교육대상인 중학생의 학부모들에게 급식 관련 비용의 일부를 부담하도록 하고 있지만, 급식활동 자체가 의무교육에 필수불가결한 내용이라 보기 어렵고, 국가나 지방자치단체의 지원으로 부담을 경감하는 조항이 마련되어 있으며, 특히 저소득층 학생들을 위한 지원방안이 마련되어 있다는 점을 고려해보면 이 사건 심판대상조항이 입법형성권의 범위를 넘어 헌법상 의무교육의 무상원칙에 반한다고 할 수 없으므로 헌법에 위반되지 않는다는 것이다(헌재 2012.4.24, 2010헌바164).

23 학교운영지원비는 운영상 교원연구비와 같은 교사의 인건비 일부와 학교회계직원의 인건비 일부 등 의무교육과정의 인적 기반을 유지하기 위한 비용을 충당하는 데 사용되고 있으므로 의무교육 무상의 범위에 포함되어야 한다. ( )

해설
[○] 학교운영지원비는 기본적으로 학부모의 자율적 협찬금의 성격을 갖고 있음에도 그 조성이나 징수의 자율성이 완전히 보장되지 않아 기본적이고 필수적인 학교교육에 필요한 비용에 가깝게 운영되고 있다는 점 등을 고려해보면 이 사건 세입조항은 헌법 제31조 제3항에 규정되어 있는 의무교육의 무상원칙에 위배되어 헌법에 위반된다(헌재 2012.8.23, 2010헌바220).

24 외국인 근로자에게도 자본주의 경제질서하에서 근로자가 기본적 생활수단을 확보하고 인간의 존엄성을 보장받기 위하여 최소한의 근로조건을 요구할 수 있는 권리의 기본권 주체성이 인정된다. ( )

해설

[O] 근로의 권리는 일할 자리에 관한 권리만이 아니라 일할 환경에 관한 권리도 함께 내포하고 있는바, 후자는 인간의 존엄성에 대한 침해를 방어하기 위한 자유권적 성격도 갖고 있어 외국인 근로자라고 하여 이 부분에까지 기본권 주체성을 부인할 수는 없다(헌재 2007.8.30, 2004헌마670).

25 근속기간 6개월 미만의 근로자를 해고예고제도에서 제외한 것은 헌법에 위반된다. ( )

해설

[O] 6개월 미만 근무한 월급근로자 또한 전직을 위한 시간적 여유를 갖거나 실직으로 인한 경제적 곤란으로부터 보호받아야 할 필요성이 있다. 이는 근로의 권리를 침해하며, 평등원칙에도 위배된다(헌재 2015.12.23, 2014헌바3).
▶ 반면에 3개월 미만의 일용직 노동자의 경우 해고예고를 제외한 것은 합헌이다.

26 근로의 권리로부터 국가에 대한 직접적인 직장존속청구권을 도출할 수는 없다. ( )

해설

[O] 근로의 권리로부터 국가에 대한 직접적인 직장존속청구권을 도출할 수는 없다. 단지 사용자의 처분에 따른 직장상실에 대하여 최소한의 보호를 제공하여야 할 의무를 국가에 지우는 것이다(헌재 2002.11.28, 2001헌바50).

27 무노동은 임금2분설에 따라 부분임금을 지급해야 한다는 것이 현재 대법원 판례이다. ( )

해설

[×] 우리 현행법상 임금을 사실상 근로를 제공한 데 대하여 지급받는 교환적 부분과 근로자로서의 지위에 기하여 받는 생활보장적 부분으로 2분할 아무런 법적 근거도 없다[대판 1995.12.21, 94다26721(전합)].

28 퇴직금 전액을 우선변제하는 것은 담보물권의 본질을 침해한다. ( )

해설

[O] 그 질권이나 저당권의 본질적 내용을 이루는 우선변제수령권이 형해화하게 되므로 이 사건 법률조항 중 '퇴직금' 부분은 질권이나 저당권의 본질적 내용을 침해할 소지가 생기게 되는 것이다(헌재 1997.8.21, 94헌바19 등).

29 국가는 사회적 특수계급을 창설하지 않는 범위에서 국가유공자에 대하여 우선적으로 근로의 기회를 부여할 헌법상 의무가 있다. ( )

해설

[O] 헌법은 제32조 제6항에서 국가유공자 등에게 우선적으로 근로의 기회를 제공할 국가의 의무만을 명시하고 있지만, 이는 헌법이 국가유공자 등이 조국광복과 국가민족에 기여한 공로에 대한 보훈의 한 방법을 구체적으로 예시한 것일 뿐이며, 동 규정과 헌법전문에 담긴 헌법정신에 따르면, 국가는 사회적 특수계급을 창설하지 않는 범위 내에서 국가유공자 등을 예우할 포괄적인 의무를 지고 있다고 해석된다(헌재 2003.05.15, 2002헌마90).

30 헌법재판소는 근로3권(노동3권)이 '사회적 보호기능을 담당하는 자유권' 또는 '사회권적 성격을 띤 자유권'이라고 판시하였다. ( )

> **해설**
> [O] 근로자는 노동조합과 같은 근로자단체의 결성을 통하여 집단으로 사용자에 대항함으로서 사용자와 대등한 세력을 이루어 근로조건의 형성에 영향을 미칠 수 있는 기회를 가지게 되므로 이러한 의미에서 근로3권은 '사회적 보호기능을 담당하는 자유권' 또는 '사회권적 성격을 띤 자유권'이라는 것이 헌법재판소의 태도이다(헌재 2017.9.28, 2015헌마653).

31 헌법 제33조 제1항에 규정되어 있는 단체행동권의 주체는 근로자와 사용자이다. ( )

> **해설**
> [×] 단체행동권의 주체는 근로자이다.

32 근로3권(노동3권)의 주체는 육체노동자, 사무노동자를 포함하나 해고의 효력을 다투고 있는 자나 실업 중에 있는 자 및 법인 등은 제외된다. ( )

> **해설**
> [×] 따라서 노조법 제2조 제1호 및 제4호 라목 본문에서 말하는 '근로자'에는 특정한 사용자에게 고용되어 현실적으로 취업하고 있는 자뿐만 아니라, 일시적으로 실업 상태에 있는 자나 구직 중인 자도 노동3권을 보장할 필요성이 있는 한 그 범위에 포함된다(대판 2004.2.27, 2001두8568).

33 대학교원의 특수성을 인정하더라도, 대학교원의 근로3권을 전면적으로 제한한 것은 필요 이상의 과도한 제한이다. ( )

> **해설**
> [O] 일반 근로자 및 초·중등교원과 구별되는 대학교원의 특수성을 인정하더라도, 대학교원에게도 단결권을 인정하면서 다만 해당 노동조합이 행사할 수 있는 권리를 다른 조합과 달리 강한 제약 아래 두는 방법도 얼마든지 가능한데 이를 전면적으로 제한하는 것은 필요 이상의 과도한 제한이다(헌재 2018.8.30, 2015헌가38).

34 헌법재판소는 소극적 단결권은 헌법 제33조 제1항의 단결권에 포함되지 않는다고 보고 있다. ( )

> **해설**
> [O] 판례는 소극적 단결권은 단결권에서 보호되지 않으며, 결사의 자유나 일반적 행동자유에서 보장될 수 있다고 판시하고 있다(헌재 2005.11.24, 2002헌바95 등).

35 단체교섭권은 헌법 제37조 제2항에 의하여 국가안전보장·질서유지 또는 공공복리 등의 공익상의 이유로 제한이 가능하다. ( )

> **해설**
> [O] 모든 기본권은 헌법 제37조 제2항에 근거하여 제한이 가능하다(헌재 2004.8.26, 2003헌바58).

36 노동조합의 대표자 또는 노동조합으로부터 위임받은 자에게 단체교섭권과 함께 단체협약체결권을 부여한 것은 헌법에 위반된다. ( )

해설

[×] 노사 간의 타협과 양보의 결과로서 합의가 도출되었더라도 다시 노동조합총회의 의결을 거쳐야만 비로소 그 합의의 효력이 발생할 수 있도록 하는 것은 근로자의 의사를 존중하는 것이기는 하나, 사용자가 결정권한이 없는 노동조합대표자를 상대로 하여 성실하고도 진지하게 교섭에 임하리라는 것을 기대하기는 어렵게 되고, 이로 말미암아 근로3권의 헌법적 목적을 실현하기 위한 절차로서의 단체협약제도의 기능이 크게 저해되어 노동영역에서의 산업평화가 위협받을 수 있다 할 것이다(헌재 1998.2.27, 94헌바13 등).

37 헌법 제33조 제1항이 "근로자는 근로조건의 향상을 위하여 자주적인 단결권, 단체교섭권, 단체행동권을 가진다."고 규정하여 비록 단체협약체결권을 명시하고 있지 않지만, 단체교섭권에는 단체협약체결권이 포함되어 있다고 보아야 한다. ( )

해설

[○] 노동조합의 대표자 또는 노동조합으로부터 위임을 받은 자에게 단체교섭권만이 아니라 단체협약체결권도 부여한 것이라 하겠다(헌재 1998.2.27, 94헌바13 등).

38 국가비상사태에서 근로3권을 사실상 전면적으로 부정하는 것은 근로3권의 본질을 침해하는 것이다. ( )

해설

[○] 이 법은 모든 근로자의 근로3권을 사실상 전면적으로 부정하는 것으로 근로3권의 본질적 내용을 침해하는 것이다(헌재 2015.3.26, 2014헌가5).

39 청원경찰의 근로3권 제한은 과도한 제한으로 헌법에 위반된다. ( )

해설

[○] 교원과 일부 공무원도 단결권과 단체교섭권을 인정받고 있는 상황에서 일반근로자인 청원경찰의 근로3권을 모두 제한하는 것은 사회의 변화에도 맞지 않는다(헌재 2017.9.28, 2015헌마653).

40 5급 이상의 일반직공무원 등에게 노조가입을 허용하지 않는 것은 헌법에 위반된다. ( )

해설

[×] 조심해야 한다. 현행법은 5급 이상의 공무원도 허용하고 있으나, 판례는 허용하지 않는 것에 대해서 합헌적으로 보았다.

41 법률이 정하는 주요 방위산업체에 종사하는 근로자의 근로3권은 법률이 정하는 바에 의하여 이를 제한하거나 인정하지 아니할 수 있다. ( )

해설

[×] 법률이 정하는 주요 방위산업체에 종사하는 근로자의 단체행동권은 법률이 정하는 바에 의하여 이를 제한하거나 인정하지 아니할 수 있다(헌법 제33조 제3항). 단체행동권만 해당하고, 근로3권 전부가 해당하는 것은 아니다.

42 최근 대법원은 환경권의 보호영역과 관련하여 단순 자연환경뿐만 아니라 종교적 환경이나 교육적 환경까지 포함한다고 보았다. ( )

해설

[○] 어느 토지나 건물의 소유자가 종전부터 향유하고 있던 경관이나 조망, 조용하고 쾌적한 종교적 환경 등이 그에게 하나의 생활이익으로서의 가치를 가지고 있다고 객관적으로 인정된다면 법적인 보호의 대상이 될 수 있는 것이다(대판 1997.7.22, 96다56153).

43 대법원은 헌법의 규정에서 직접 사법상의 환경권이 나오는 것이 아니라고 한다. ( )

> **해설**
> [O] 대법원은 환경권의 법적 성격에 대하여 추상적 권리설의 입장을 취하고 있으며, 환경권에 관한 환경정책 기본법 제6조 규정만으로는 그 보호대상인 판결의 내용과 범위 등이 명확하지 못하여 개개인의 국민에게 직접적으로 사법상의 권리를 부여한 것이라고 보기는 어렵고 환경권이 사법상의 권리로서 인정되려면 권리의 주체, 대상, 내용, 행사방법 등이 구체적으로 정립될 수 있어야 한다고 판시했다(대결 1995.5.23, 94마2218). 즉, 대법원은 헌법의 규정에서 직접 사법상의 환경권이 나오지 아니한다는 견해를 보인 바 있다.

44 대법원에 의하면 국민은 쾌적한 생활환경조성청구권을 헌법 제35조에 의하여 직접 행사할 수 있다고 한다.
( )

> **해설**
> [×] 헌법 제35조 제2항의 환경권의 내용과 행사에 관하여는 법률로 정한다는 규정은 법률유보를 규정하고 있는 것으로 쾌적한 생활환경조성청구권은 법률에 의해서 구체화된 것이다. 대법원은 국민은 쾌적한 생활환경조성청구권은 법률규정에 의해서 직접 행사할 수 있다고 판시한 바 있다(대판 1997.7.22, 96다56153).

45 환경영향평가대상지역 안의 주민들의 경우에는 주민들이 갖고 있는 환경상의 이익이 주민개개인에 대하여 개별적으로 보호되는 직접적, 구체적인 이익이지만 밖의 주민들의 경우는 원고적격을 인정받기 위해서는 입증이 필요하다.
( )

> **해설**
> [O] 환경영향평가대상지역 안인지 밖인지는 꼭 비교해서 체크해 두어야 한다[대판 2001.7.27, 99두2970 ; 대판 2006.3.16, 2006두330 (전합)].

46 판례는 김 양식장 사안에서 피해자가 폐수의 발생과 양식장의 피해를 입증하게 되면 가해자인 공장 측이 안전농도 내임을 증명한다고 하였는데, 이를 개연성 이론이라고 한다. ( )

> **해설**
> [O] 판례는 사안에서 피해자는 폐수의 발생과 도달, 양식장의 피해를 가해자는 안전농도 내임을 증명해야 한다고 판시하였다(대판 1984. 6.12, 81다558). ▶ 이 지문은 오류유도형이라 볼 수 있는데 도달은 공장이 아니라 피해자가 증명해야 한다.

47 우리 헌법재판소는 2002년 8월 29일의 소득세법 제61조 위헌소원(2001헌바82) 결정에서 부부의 자산소득을 합산하여 과세하도록 규정하고 있는 소득세법 제61조 제1항이 자산소득합산과세의 대상이 되는 혼인한 부부를 혼인하지 않은 부부나 독신자에 비하여 차별취급하는 것은 헌법상 정당화될 수 있는 제한이기 때문에 헌법 제36조 제1항에 위반되지 않는다고 결정하였다. ( )

> **해설**
> [×] 헌법재판소는 재산권 및 조세에 관한 많은 결정들 속에서 사유재산권 보장의 측면에서 엄격한 척도를 적용하고 있다. 우리 헌법재판소는 2002년 8월 29일의 소득세법 제61조 위헌소원(2001헌바82) 결정에서 부부의 자산소득을 합산하여 과세하도록 규정하고 있는 소득세법 제61조 제1항이 자산소득합산과세의 대상이 되는 혼인한 부부를 혼인하지 않은 부부나 독신자에 비하여 차별취급하는 것은 헌법상 정당화되지 아니하기 때문에 헌법 제36조 제1항에 위반된다고 결정하였다.

48 사실적으로 남녀 간의 공동생활체가 존재하지 아니하는 경우에는 결코 그 혼인관계는 헌법에 의하여 보호받지 못하나 국가는 사실혼관계에 있는 자에게 법적 절차를 밟을 것을 강제할 수 없다. ( )

> **해설**
> [O] 국가는 사실혼관계에 대하여 오직 법적 의미의 혼인관계로서 인정하지 않고, 그 부부에 대하여도 법적 부부로서 보호해 주지 않을 수 있을 뿐이다. 그러나 사실혼 그 자체도 하나의 사적 영역을 형성하는 것이므로 그 사적 영역에 상응하는 법의 보호를 받음은 물론이다.

49 동성동본금혼규정은 입법목적이 이제는 혼인에 관한 국민의 자유와 권리를 제한할 사회질서나 공공복리에 해당될 수 없다는 점에서 헌법 제37조 제2항에도 위반된다. ( )

해설

[O] 동성동본인 혈족 사이의 혼인을 그 촌수의 원근에 관계없이 일률적으로 모두 금지하고 민법은 이를 위반한 혼인을 취소할 수 있도록 하였을 뿐만 아니라 아예 그 혼인신고 자체를 수리하지 못하도록 하고 있어, 동성동본인 혈족은 서로가 아무리 진지하게 사랑하고 있다고 하더라도 또 촌수를 계산할 수 없을 만큼 먼 혈족이라 하더라도 혼인을 할 수 없고 따라서 혼인에 있어 상대방을 결정할 수 있는 자유를 제한하고 있는 동시에, 그 제한의 범위를 동성동본인 혈족, 즉 남계혈족에만 한정함으로써 성별에 의한 차별을 하고 있다. 그렇다면 이 사건 법률조항은 이미 위에서 본 바와 같이 금혼규정으로서의 사회적 타당성 내지 합리성을 상실하고 있음과 아울러 "인간으로서의 존엄과 가치 및 행복추구권"을 규정한 헌법이념 및 규정과 "개인의 존엄과 양성의 평등"에 기초한 혼인과 가족생활의 성립·유지라는 헌법규정에 정면으로 배치된다 할 것이고, 또 그 금혼의 범위를 동성동본인 혈족, 즉 남계혈족에만 한정하여 성별에 의한 차별을 하고 있는데 이를 시인할 만한 합리적인 이유를 찾아볼 수 없으므로 헌법상의 평등의 원칙에도 위반되는 것이다. 결국 이 사건 법률조항은 헌법 제10조, 제11조 제1항, 제36조 제1항에 위반될 뿐만 아니라 그 입법목적이 이제는 혼인에 관한 국민의 자유와 권리를 제한할 "사회질서"나 "공공복리"에 해당될 수 없다는 점에서 헌법 제37조 제2항에도 위반된다(헌재 1997.7.15, 95헌가6).

50 헌법재판소는 호주제는 개인을 독립적 인격체로서 존중하는 것이 아니라 오로지 남계혈통 중심의 가의 유지와 계승이라는 목적을 위한 대상적·도구적 존재로 파악하고 있고, 이는 혼인과 가족생활에서 개인의 존엄을 존중하라는 헌법 제36조 제1항의 요구에 부합하지 않으므로 헌법불합치결정을 선고하였다. ( )

해설

[O] 잠정적으로 계속 적용케 하기 위하여 헌법불합치결정을 선고하였다. 호주제의 골격을 이루는 심판대상조항들이 위헌으로 되면 호주제는 존속하기 어렵고, 그 결과 호주를 기준으로 가별로 편제토록 되어 있는 현행 호적법이 그대로 시행되기 어려워 신분관계를 공시·증명하는 공적 기록에 중대한 공백이 발생하게 되므로, 호주제를 전제하지 않는 새로운 호적체계로 호적법을 개정할 때까지 심판대상조항들을 잠정적으로 계속 적용케 하기 위하여 헌법불합치결정을 선고한다(헌재 2005.2.3, 2001헌가9).

51 이혼이나 재혼과 같은 경우에도 부성주의에 대한 예외를 인정하지 않는 것은 헌법의 양성 평등의 원칙에 위반된다. ( )

해설

[O] 이 사건 법률조항이 부성주의를 규정한 것 자체는 헌법에 위반된다고 할 수 없으나 가족관계의 변동 등으로 구체적인 상황하에서는 부성의 사용을 강요하는 것이 개인의 가족생활에 대한 심각한 불이익을 초래하는 것으로 인정될 수 있는 경우에도 부성주의에 대한 예외를 규정하지 않고 있는 것은 인격권을 침해하고 개인의 존엄과 양성의 평등에 반하는 것이어서 헌법 제10조, 제36조 제1항에 위반된다(헌재 2005.12.22, 2003헌가5).

52 중혼취소권자에 자식을 두지 않는 것은 합리성을 인정할 수 있다. ( )

해설

[×] 차별을 한 이유는 부모의 중혼 여부에 대하여 자식이 이를 문제 삼아서는 안 된다는 가부장적·종법제적인 사고가 바탕이 된 것으로 보일 뿐이고, 다른 합리적인 사유를 상정하기 어렵다(헌재 2010.7.29, 2009헌가8).

53 친생부인의 소의 제척기간을 태어난 지 1년이 되는 때까지로 규정한 것은 부의 인격권을 침해한다. ( )

해설

[O] 일반적으로 친자관계의 존부는 특별한 사정이나 어떤 계기가 없으면 이를 의심하지 아니하는 것이 통례임에 비추어 볼 때, 위 법률조항은 입법재량의 범위를 넘어서 친자관계를 부인하고자 하는 부로부터 이를 부인할 수 있는 기회를 극단적으로 제한함으로써 자유로운 의사에 따라 친자관계를 부인하고자 하는 부의 가정생활과 신분관계에서 누려야 할 인격권, 행복추구권 및 개인의 존엄과 양성의 평등에 기초한 혼인과 가족생활에 관한 기본권을 침해하는 것이다(헌재 1997.3.27, 95헌가14 등).

54 민법 제847조 제1항 중 '친생부인의 사유가 있음을 안 날부터 2년 이내' 부분은 친생부인의 소의 제척기간에 관한 입법재량의 한계를 일탈하지 않은 것으로서 양성의 평등에 기초한 혼인과 가족생활에 관한 기본권을 침해하지 아니한다. ( )

> **해설**
> [O] 민법 제847조 제1항 중 '친생부인의 사유가 있음을 안 날부터 2년 이내' 부분은 친생부인의 소의 제척기간에 관한 입법재량의 한계를 일탈하지 않은 것으로서 양성의 평등에 기초한 혼인과 가족생활에 관한 기본권을 침해하지 아니한다(헌재 2015.3.26, 2012헌바357).

55 인지청구의 소를 단순히 사망한 사실을 안 날로부터 1년 내라고 규정한 것은 헌법에 위반된다. ( )

> **해설**
> [×] 혼인 외 출생자의 인지청구 자체가 현저히 곤란하게 되거나 사실상 불가능하게 되는 것은 아니다. 따라서 이 사건 법률조항이 인지청구의 소의 제소기간을 부 또는 모의 사망을 안 날로부터 1년 내로 규정한 것은 과잉금지원칙에 위배되지 아니하므로 인지청구를 하고자 하는 국민의 인간으로서의 존엄과 가치 그리고 행복을 추구하는 기본권을 침해하는 것은 아니다(헌재 2001.5.31, 98헌바9).

56 법적으로 승인되지 아니한 사실혼 또한 헌법 제36조 제1항에 규정된 혼인의 보호범위에 포함된다. ( )

> **해설**
> [×] 법적으로 승인되지 아니한 사실혼은 헌법 제36조 제1항의 보호범위에 포함되지 아니하므로, 이 사건 법률조항은 헌법 제36조 제1항에 위반되지 않는다(헌재 2014.8.28, 2013헌바119).

57 부부의 자산소득을 합산해서 과세하는 것은 헌법에 위반된다. ( )

> **해설**
> [O] 헌법재판소는 재산권 및 조세에 관한 많은 결정들 속에서 사유재산권 보장의 측면에서 엄격한 척도를 적용하고 있다. 우리 헌법재판소는 2002년 8월 29일의 소득세법 제61조 위헌소원(2001헌바82)결정에서 부부의 자산소득을 합산하여 과세하도록 규정하고 있는 소득세법 제61조 제1항이 자산소득합산과세의 대상이 되는 혼인한 부부를 혼인하지 않은 부부나 독신자에 비하여 차별취급하는 것은 헌법상 정당화되지 아니하기 때문에 헌법 제36조 제1항에 위반된다고 결정하였다.

58 치과전문의 자격시험을 실시하지 않는 것은 직업의 자유와 평등권을 침해한다. ( )

> **해설**
> [O] 이 경우 행복추구권, 평등권, 직업의 자유를 침해하지만 학문의 자유, 재산권, 보건권을 침해하는 것은 아니라고 판시하였다(헌재 1998.7.16, 96헌마246).

59 존속을 고소하지 못하게 하는 형법조항은 합리적인 이유가 있어 헌법에 위반되지 않는다. ( )

> **해설**
> [O] 이러한 측면에서 '효'라는 우리 고유의 전통규범을 수호하기 위하여 비속이 존속을 고소하는 행위의 반윤리성을 억제하고자 이를 제한하는 것은 합리적인 근거가 있는 차별이라고 할 수 있다. 따라서, 이 사건 법률조항은 그 차별에 있어서 합리적인 이유가 있으므로, 헌법 제11조 제1항의 평등원칙에 위반되지 아니한다(헌재 2011.2.24, 2008헌바56).

60 혼인종료 후 300일 이내에 출생한 자를 전남편의 친생자로 추정하는 것은 모가 가정생활과 신분관계에서 누려야 할 혼인과 가족생활에 관한 기본권을 침해한다. ( )

해설

[O] 혼인종료 후 300일 이내에 출생한 자녀를 전남편(夫)의 친생자로 추정하는 민법 제844조 제2항 중 '혼인관계종료의 날로부터 300일 내에 출생한 자'에 관한 부분(이하 '심판대상조항')이, 입법재량의 한계를 일탈하여 모(母)가 가정생활과 신분관계에서 누려야 할 인격권, 혼인과 가족생활에 관한 기본권을 침해하여 헌법에 합치되지 아니한다(헌재 2015.4.30, 2013헌마623).

61 가족관계등록부 등의 기록사항에 관한 증명서 교부청구권을 형제자매에게도 부여하는 가족관계의 등록 등에 관한 법률 규정은 증명서 발급에 있어 형제자매에게 정보주체인 본인과 거의 같은 지위를 부여하고 있기에 정보주체의 개인정보자기결정권을 침해한다. ( )

해설

[O] 가족관계등록법상의 각종 증명서 발급에 있어 형제자매에게 정보주체인 본인과 거의 같은 지위를 부여한다. 즉, 형제자매는 본인과 관련된 모든 증명서를 발급받을 수 있고, 기록사항 전부가 현출된 증명서를 발급받을 수 있다. 이는 증명서 교부청구권자의 범위를 필요한 최소한도로 한정한 것이라고 볼 수 없다(이복형제의 경우에도 가능함)(헌재 2016.6.30, 2015헌마924).

기출문제

제1절 인간다운 생활을 할 권리

01 사회국가원리에 대한 설명으로 옳은 것은? (다툼이 있는 경우 판례에 의함)   17. 지방직 7급

① 국가는 노인의 특성에 적합한 주택정책을 복지향상차원에서 개발하여 노인으로 하여금 쾌적한 주거활동을 할 수 있도록 노력하여야 할 의무를 부담한다.
② 국민건강보험법상 보험료의 국고지원에 있어서 지역가입자와 직장가입자의 차별취급은 사회국가원리의 관점에서 합리적인 차별이 아니므로 평등원칙에 위반된다.
③ 헌법상 직업의 자유 또는 근로의 권리, 사회국가원리 등에 근거하여 근로자에게 국가에 대한 직접적인 직장존속보장 청구권이 헌법상 인정된다.
④ 헌법 제119조 제2항의 '적정한 소득의 분배를 유지'하기 위해서는 소득에 대한 누진세율에 따른 종합과세를 시행하여야 할 구체적인 헌법적 의무가 조세입법자에게 부과된다.

해설

① [O] 헌법은 제35조 제3항에서 국가는 주택정책개발을 통하여 모든 국민이 쾌적한 주거생활을 할 수 있도록 노력해야 한다고 규정한다. 따라서 국가는 노인의 특성에 적합한 주택정책을 복지향상차원에서 개발하여 노인으로 하여금 쾌적한 주거활동을 할 수 있도록 노력하여야 할 의무를 부담한다(헌재 2016.6.30, 2015헌바46).
② [×] 직장가입자에 비하여, 지역가입자에는 노인, 실업자, 퇴직자 등 소득이 없거나 저소득의 주민이 다수 포함되어 있고, 이러한 저소득층 지역가입자에 대하여 국가가 국고지원을 통하여 보험료를 보조하는 것은, 경제적·사회적 약자에게도 의료보험의 혜택을 제공해야 할 사회국가적 의무를 이행하기 위한 것으로서, 국고지원에 있어서의 지역가입자와 직장가입자의 차별취급은 사회국가원리의 관점에서 합리적인 차별에 해당하는 것으로서 평등원칙에 위반되지 아니한다(헌재 2000.6.29, 99헌마289).
③ [×] 헌법 제15조의 직업의 자유 또는 헌법 제32조의 근로의 권리, 사회국가원리 등에 근거하여 실업방지 및 부당한 해고로부터 근로자를 보호하여야 할 국가의 의무를 도출할 수는 있을 것이나, 국가에 대한 직접적인 직장존속보장청구권을 근로자에게 인정할 헌법상의 근거는 없다(헌재 2002.11.28, 2001헌바50).
④ [×] 헌법 제119조 제2항은 국가가 경제영역에서 실현하여야 할 목표의 하나로서 '적정한 소득의 분배'를 들고 있지만, 이로부터 반드시 소득에 대하여 누진세율에 따른 종합과세를 시행하여야 할 구체적인 헌법적 의무가 조세입법자에게 부과되는 것이라고 할 수 없다(헌재 1999.11.25, 98헌마55).

02 다음 사회적 기본권에 관한 설명 중 옳지 않은 것은? (다툼이 있는 경우 판례에 의함)   24. 해양경찰

① 업무상 질병으로 인한 업무상 재해에 있어 업무와 재해 사이의 상당인과관계에 대한 입증책임을 이를 주장하는 근로자나 그 유족에게 부담시키는 산업재해보상보험법 규정이 근로자나 그 유족의 사회보장수급권을 침해한다고 볼 수 없다.
② 교도소 수용자들의 자살을 방지하기 위하여 독거실 내 화장실 창문에 안전철망을 설치한 행위는 수형자의 환경권을 침해하지 않는다.
③ 유족연금수급권은 그 급여의 사유가 발생한 날로부터 5년간 이를 행사하지 아니하면 시효로 인하여 소멸하도록 규정한 구 군인연금법 조항은 유족연금수급권자의 인간다운 생활을 할 권리를 침해한다고 볼 수 없다.
④ 보건복지부장관이 최저생계비를 고시함에 있어서 장애인가구와 비장애인가구를 구분하지 않고 일률적으로 동일한 최저생계비를 적용한 것은 생활능력 없는 장애인가구 구성원의 평등권을 침해하였다.

해설

④ [×] 장애인가구는 비장애인가구와 비교하여 각종 법령 및 정부시책에 따른 각종 급여 및 부담감면으로 인하여 최저생계비의 비목에 포함되는 보건의료비, 교통·통신비, 교육비, 교양·오락비, 비소비지출비를 추가적으로 보전받고 있다. 이러한 사정들에 비추어 보면, 생활능력 없는 장애인가구 구성원의 인간다운 생활을 할 권리가 침해되었다고 할 수 없다(헌재 2004.10.28, 2002헌마328).

① [○] 업무상 질병으로 인한 업무상 재해에 있어 업무와 재해 사이의 상당인과관계에 대한 입증책임을 이를 주장하는 근로자나 그 유족에게 부담시키는 것이 사회보장수급권을 침해한다고 볼 수 없다(헌재 2015.6.25, 2014헌바269).

② [○] 이 사건 설치행위는 수용자의 자살을 방지하여 생명권을 보호하고 교정시설 내의 안전과 질서를 보호하기 위한 것으로 환경권을 침해하지 않는다(헌재 2014.6.26, 2011헌마150).

③ [○] 연금재정의 불안정성을 차단하여 연금재정을 합리적으로 운용하기 위한 것이다. 군인연금이라는 사회보장 제도의 운영 목적과 연금재정체계 및 다른 법률에 정한 급여수급권에 관한 소멸시효 규정과 비교할 때 소멸시효 기간을 5년으로 정한 것은 수긍할 만한 이유가 존재한다(헌재 2021.4.29, 2019헌바412).

▶ 따라서 인간다운 생활을 할 권리를 침해하지 아니한다.

03 사회적 기본권에 대한 설명으로 가장 적절하지 않은 것은? (다툼이 있는 경우 헌법재판소 판례에 의함)

22. 경찰간부

① 사실혼 배우자에게 상속권을 인정하지 않는 민법 제1003조 제1항 중 '배우자' 부분이 사실혼 배우자의 상속권 및 평등권을 침해하고, 헌법 제36조 제1항에 위반된다.

② 가족제도에 관한 전통문화란 가족제도에 관한 헌법이념인 개인의 존엄과 양성평등에 반하는 것이어서는 안 된다는 한계가 도출되므로 어떤 가족제도가 개인의 존엄과 양성평등에 반한다면 헌법 제9조를 근거로 그 헌법적 정당성을 주장할 수는 없다.

③ 악취가 배출되는 사업장이 있는 지역을 악취관리지역으로 지정함으로써 악취방지를 위한 예방적·관리적 조처를 할 수 있도록 한 것은 헌법상 국가와 국민의 환경보전의무를 바탕으로 주민의 건강과 생활환경의 보전을 위하여 사업장에서 배출되는 악취를 규제·관리하기 위한 적합한 수단이다.

④ 교도소 수용자들의 자살을 방지하기 위하여 독거실 내 화장실 창문에 안전철망을 설치한 행위는 수형자의 환경권 등 기본권을 침해하지 않는다.

해설

① [×] 객관적인 기준에 의하여 파악할 수 있도록 함으로써 상속을 둘러싼 분쟁을 방지하고 법률관계를 조속히 확정시켜, 거래의 안전을 도모하기 위한 것이다(헌재 2014.8.28, 2013헌바119).

② [○] 전통문화도 헌법이념인 개인의 존엄과 양성의 평등에 반하는 것이어서는 안 된다는 한계가 도출되므로 전래의 가족제도가 헌법 제36조 제1항이 요구하는 개인의 존엄과 양성평등에 반한다면 헌법 제9조(전통문화계승발전)를 근거로 그 헌법적 정당성을 주장할 수 없다(헌재 2005.2.3, 2001헌가9).

③ [○] '악취와 관련된 민원이 1년 이상 지속되고, 악취가 제7조 제1항에 따른 배출허용기준을 초과하는 지역'을 정한 구 악취방지법 제6조 제1항 제1호가 명확성원칙에 위반되지 않고, 악취관리지역 내 악취배출시설 운영자인 청구인들의 직업수행의 자유를 침해하지 않는다(헌재 2020.12.23, 2019헌바25).

④ [○] 이 사건 설치행위는 수용자의 자살을 방지하여 생명권을 보호하고 교정시설 내의 안전과 질서를 보호하기 위한 것으로 환경권을 침해하지 않는다(헌재 2014.6.26, 2011헌마150).

정답 | 01 ① 02 ④ 03 ①

04 인간다운 생활을 할 권리에 관한 설명으로 가장 적절하지 <u>않은</u> 것은? (다툼이 있는 경우 판례에 의함)

23. 경찰순경 2차

① 인간다운 생활을 할 권리로부터 인간의 존엄에 상응하는 생활에 필요한 최소한의 물질적인 생활'의 유지에 필요한 급부를 요구할 수 있는 구체적인 권리가 상황에 따라서는 직접 도출될 수 있어도 동 기본권이 직접 그 이상의 급부를 내용으로 하는 구체적인 권리까지 발생케 한다고 볼 수 없다.
② 국가가 행하는 최저생활보장 수준이 국민의 인간다운 생활을 보장하기 위한 객관적인 내용의 최소한을 보장하고 있는지 여부는 특정한 법률에 의한 급부만을 가지고 판단하여서는 아니되고 국가가최저생활보장을 위하여 지급하는 각종 급여나 각종 부담의 감면 등을 총괄한 수준으로 판단하여야 한다.
③ 직장가입자가 소득월액보험료를 일정 기간 이상 체납한 경우 그 체납한 보험료를 완납할 때까지 국민건강보험공단이 그 가입자 및 피부양자에 대하여 보험급여를 실시하지 아니할 수 있도록 한 구 국민건강보험법 조항은 해당 직장가입자인 청구인의 인간다운 생활을 할 권리를 침해한 것이라고 볼 수 없다.
④ 구치소·치료감호시설에 수용 중인 자에 대하여 국민기초생활 보장법에 의한 중복적인 보장을 피하기 위하여 기초생활보장 제도의 보장단위인 개별가구에서 제외하기로 한 입법자의 판단은 헌법상 용인될 수 있는 재량의 범위를 일탈하여 구치소·치료 감호시설에 수용 중인 자인 청구인의 인간다운 생활을 할 권리를 침해한다.

해설

④ [×] 생활이 어려운 국민에게 필요한 급여를 행하여 이들의 최저생활을 보장하기 위해 제정된 '국민기초생활 보장법'은 부양의무자에 의한 부양과 다른 법령에 의한 보호가 이 법에 의한 급여에 우선하여 행하여지도록 하는 보충급여의 원칙을 채택하고 있는바, '형의 집행 및 수용자의 처우에 관한 법률' 및 치료감호법에 의한 구치소·치료감호시설에 수용 중인 자는 당해 법률에 의하여 생계유지의 보호와 의료적 처우를 받고 있으므로 이러한 구치소·치료감호시설에 수용 중인 자에 대하여 '국민기초생활 보장법'에 의한 중복적인 보장을 피하기 위하여 개별가구에서 제외하기로 한 입법자의 판단이 헌법상 용인될 수 있는 재량의 범위를 일탈하여 인간다운 생활을 할 권리와 보건권을 침해한다고 볼 수 없다(헌재 2012.2.23, 2011헌마123).
① [○] 인간다운 생활을 할 권리로부터는 인간의 존엄에 상응하는 생활에 필요한 "최소한의 물질적인 생활"의 유지에 필요한 급부를 요구할 수 있는 구체적인 권리가 상황에 따라서는 직접 도출될 수 있다고 할 수는 있어도, 동 기본권이 직접 그 이상의 급부를 내용으로 하는 구체적인 권리를 발생케 한다고는 볼 수 없다고 할 것이다. 이러한 구체적 권리는 국가가 재정형편 등 여러 가지 상황들을 종합적으로 감안하여 법률을 통하여 구체화할 때에 비로소 인정되는 법률적 권리라고 할 것이다(헌재 1995.7.21, 93헌가14).
② [○] 국가가 행하는 최저생활보장 수준이 국민의 인간다운 생활을 보장하기 위한 객관적인 내용의 최소한을 보장하고 있는지 여부는 특정한 법령에 의한 급부만을 가지고 판단하여서는 안 되고 다른 법령에 의거하여 국가가 최저생활보장을 위하여 지급하는 각종 급여나 각종 부담의 감면 등을 총괄한 수준으로 판단하여야 한다(헌재 2014.3.27, 2012헌바192).
③ [○] 가입자 간 보험료 부담의 형평성을 제고하고자 하는 소득월액보험료의 도입취지를 고려하면, 소득월액보험료를 체납한 가입자에 대하여 보수월액보험료를 납부하였다는 이유로 보험급여를 제한하지 아니할 경우, 형평에 부합하지 않는 결과가 초래될 수 있다. 따라서 소득월액보험료 체납자에 대한 보험급여를 제한하는 것은 그 취지를 충분히 납득할 수 있다. 따라서 심판대상조항은 청구인의 인간다운 생활을 할 권리나 재산권을 침해하지 아니한다(헌재 2020.4.23, 2017헌바244).

05 인간다운 생활을 할 권리에 대한 설명으로 옳지 <u>않은</u> 것은? (다툼이 있는 경우 판례에 의함) 20. 국가직 7급 변형

① 국가에게 헌법 제34조에 의하여 장애인의 복지를 위하여 노력을 해야 할 의무가 있다는 것은, 장애인도 인간다운 생활을 누릴 수 있는 정의로운 사회질서를 형성해야 할 국가의 일반적인 의무를 뜻하는 것이지, 장애인을 위하여 저상버스를 도입해야 한다는 구체적 내용의 의무가 헌법으로부터 나오는 것은 아니다.
② 헌법 제34조 제1항이 보장하는 인간다운 생활을 할 권리는 사회권적 기본권의 일종으로서 인간의 존엄에 상응하는 최소한의 물질적인 생활의 유지에 필요한 급부를 요구할 수 있는 권리를 의미한다.
③ 인간다운 생활을 보장하기 위한 객관적인 내용의 최소한을 보장하고 있는지 여부는 특정한 법률에 의한 생계급여만을 가지고 판단하면 되고, 여타 다른 법령에 의해 국가가 최저생활보장을 위하여 지급하는 각종 급여나 각종 부담의 감면 등을 총괄한 수준으로 판단할 것을 요구하지는 않는다.
④ 국가가 인간다운 생활을 보장하기 위한 헌법적 의무를 다하였는지의 여부가 사법적 심사의 대상이 된 경우에는, 국가가 최저생활보장에 관한 입법을 전혀 하지 아니하였다든가 그 내용이 현저히 불합리하여 헌법상 용인될 수 있는 재량의 범위를 명백히 일탈한 경우에 한하여 헌법에 위반된다고 할 수 있다.

해설

③ [×] 인간다운 생활을 보장하기 위한 객관적인 내용의 최소한을 보장하고 있는지 여부는 생활보호법에 의한 생계급여만을 가지고 판단하여서는 아니되고 그 외의 법령에 의거하여 국가가 최저생활보장을 위하여 지급하는 각종 급여나 각종 부담의 감면 등을 총괄한 수준을 가지고 판단하여야 한다(헌재 1997.5.29, 94헌마33).
① [O] 장애인의 복지를 향상해야 할 국가의 의무가 다른 다양한 국가과제에 대하여 최우선적인 배려를 요청할 수 없을 뿐 아니라, 나아가 헌법의 규범으로부터는 '장애인을 위한 저상버스의 도입'과 같은 구체적인 국가의 행위의무를 도출할 수 없는 것이다(헌재 2002.12.28, 2002헌마52).
② [O] 헌법 제34조 제1항의 인간의 존엄에 상응하는 최소한의 물질생활의 보장을 내용으로 하는 인간다운 생활을 할 권리를 침해하였다고 볼 수는 없다(헌재 2000.6.1, 98헌마216).
▶ 인간다운 생활을 할 권리에 대해 최소한의 물질적인 생활을 보장하는 것으로 보고 있다.
④ [O] 국가가 인간다운 생활을 보장하기 위한 헌법적인 의무를 다하였는지의 여부가 사법적 심사의 대상이 된 경우에는, 국가가 생계보호에 관한 입법을 전혀 하지 아니하였다든가 그 내용이 현저히 불합리하여 헌법상 용인될 수 있는 재량의 범위를 명백히 일탈한 경우에 한하여 헌법에 위반된다고 할 수 있다(헌재 1997.5.29, 94헌마33).

06 사회보장수급권에 관한 헌법재판소의 결정으로 옳지 않은 것은?   09. 국가직 7급

① 공무원연금법상 퇴직연금의 수급자가 사립학교교직원 연금법 제3조의 학교기관으로부터 보수 기타 급여를 지급받고 있는 경우, 그 기간 중 퇴직연금의 지급을 정지하도록 한 것은 기본권 제한의 입법한계를 일탈한 것으로 볼 수 없다.
② 국민연금의 급여수준은 납입한 연금보험료의 금액을 기준으로 결정하여야 하며, 한 사람의 수급권자에게 여러 종류의 수급권이 발생한 경우에는 중복하여 지급해야 한다.
③ 공무원연금법상의 연금수급권은 국가에 대하여 적극적으로 급부를 요구하는 것이므로 헌법규정만으로는 실현될 수 없고, 법률에 의한 형성을 필요로 한다.
④ 군인연금법상의 퇴역연금은 퇴직군인의 생활을 보장하기 위한 사회보험 내지 사회보장·사회복지적 성질도 함께 갖는 것이며, 이와 같은 법적 성질은 퇴직일시금의 경우도 기본적으로 같다.

해설

② [×] 국민연금의 급여수준은 수급권자가 최저생활을 유지하는 데 필요한 금액을 기준으로 결정해야 할 것이지 납입한 연금보험료의 금액을 기준으로 결정하거나 여러 종류의 수급권이 발생하였다고 하여 반드시 중복하여 지급해야 할 것은 아니다(헌재 2000.6.1, 97헌마190).
① [○] 위 규정에 의하여 지급이 정지되는 것은 사립학교기관으로부터 보수를 지급받고 있는 기간 중의 퇴직연금만이고 퇴직수당 등 다른 급여의 지급이 정지되는 것은 아니므로 이는 입법목적 달성을 위하여 필요하고 적정한 방법으로서 기본권 제한의 입법한계를 일탈한 것으로 볼 수 없다(헌재 2000.6.29, 98헌바106).
③ [○] 헌법 제34조 제1항은 "모든 국민은 인간다운 생활을 할 권리를 가진다."고 하고, 제2항은 "국가는 사회보장·사회복지의 증진에 노력할 의무를 진다."고 규정하고 있는바, 이 법상의 연금수급권과 같은 사회보장수급권은 이 규정들로부터 도출되는 사회적 기본권의 하나이다. 이와 같이 사회적 기본권의 성격을 가지는 연금수급권은 국가에 대하여 적극적으로 급부를 요구하는 것이므로 헌법규정만으로는 이를 실현할 수 없고, 법률에 의한 형성을 필요로 한다(헌재 1999.4.29, 97헌마333).
④ [○] 군인연금법상의 퇴역연금은 퇴직군인의 생활을 보장하기 위한 사회보험 내지 사회보장·사회복지적 성질도 함께 갖는 것이며, 이와 같은 법적 성질은 퇴직일시금의 경우도 기본적으로 같다(헌재 1996.10.31, 93헌바55 ; 헌재 2007.10.25, 2005헌바68).

07 사회권에 관한 설명 중 옳지 않은 것은? (다툼이 있는 경우 판례에 의함)   08. 국가직 7급 변형

① 교도소 수용자에게 국민건강보험급여를 정지하고 보험료 납입의무를 면제하는 것은 수용자의 인간다운 생활을 할 권리를 침해하지 않는다.
② 국가유공자 등 예우 및 지원에 관한 법률이 보상받을 권리의 발생시기를 국가보훈처장에게 등록신청을 한 날이 속하는 달부터 발생하도록 한 것은 행복추구권 및 인간다운 생활을 할 권리를 침해한다.
③ 건강한 작업환경, 일에 대한 정당한 보수, 합리적인 근로조건의 보장 등에 관한 권리는 외국인에게도 인정된다.
④ 당해 사업장에 종사하는 근로자의 3분의 2 이상을 대표하는 노동조합의 경우 단체협약을 매개로 한 조직강제를 용인하는 것은 근로자의 단결권을 침해하지 않는다.

해설

② [×] 위 수급권은 천부적으로 가지는 권리가 아니며 법률에 의해서 비로소 인정되는 권리이므로, 그에 대한 권리는 당연히 법에서 정한 국가유공자 유족으로 등록신청한 달로부터 발생한다(헌재 2010.5.27, 2009헌바49).
① [○] 교도소 수용자에게 국민건강보험급여를 정지하고 보험료 납입의무를 면제하는 것은 수용자의 인간다운 생활을 할 권리를 침해하지 않는다(헌재 2005.2.24, 2003헌마31).
③ [○] 근로의 권리가 "일할 자리에 관한 권리"만이 아니라 "일할 환경에 관한 권리"도 함께 내포하고 있는바, 후자는 인간의 존엄성에 대한 침해를 방어하기 위한 자유권적 기본권의 성격도 갖고 있어 건강한 작업환경, 일에 대한 정당한 보수, 합리적인 근로조건의 보장 등을 요구할 수 있는 권리 등을 포함한다고 할 것이므로 외국인 근로자라고 하여 이 부분에까지 기본권 주체성을 부인할 수는 없다(헌재 2007.8.30, 2004헌마670).
④ [○] 판례는 유니온샵에 대하여 합헌으로 판단하고 있다(헌재 2005.11.24, 2002헌바95).

08 헌법상 사회적 기본권(사회권)에 관한 다음 설명 중 가장 옳지 않은 것은?

19. 법원직 9급

① 검정고시로 고등학교 졸업학력을 취득한 사람들의 수시모집지원을 제한하는 내용의 피청구인 국립교육대학교 등의 2017학년도 신입생 수시모집 입시요강은 검정고시 출신자인 청구인들의 균등하게 교육을 받을 권리를 침해한다.

② 공무원연금법에 따른 퇴직연금일시금을 지급받은 사람 및 그 배우자를 기초연금 수급권자의 범위에서 제외하는 기초연금법 조항은 위 퇴직연금일시금을 지급받은 사람 및 그 배우자의 인간다운 생활을 할 권리를 침해하지 않는다.

③ 업무상 질병으로 인한 업무상 재해에 있어 업무와 재해 사이의 상당인과관계에 대한 입증책임을 이를 주장하는 근로자나 그 유족에게 부담시키는 산업재해보상보험법 조항이 해당 근로자나 그 유족의 사회보장수급권을 침해한다고 볼 수 없다.

④ 도시환경정비사업의 시행으로 인하여 철거되는 주택의 소유자를 위하여 임시수용시설을 설치하도록 규정하지 않은 도시 및 주거환경정비법 조항은 위 도시환경정비사업의 시행으로 철거되는 주택의 소유자에 대하여 최소한의 물질적 생활도 보장하지 않는 것이므로 인간다운 생활을 할 권리를 침해하는 것이다.

해설

④ [×] 이 사건 법률조항은 국가에 대하여 최소한의 물질적 생활을 요구할 수 있음을 내용으로 하는 인간다운 생활을 할 권리의 향유와는 관련이 없고, 이 사건 법률조항으로 인하여 거주지를 이전하여야 하는 것은 아니므로 거주·이전의 자유와도 관련이 없다(헌재 2014.3.27, 2011헌바396).

① [O] 교육대학교 등 11개 대학교의 '2017학년도 신입생 수시모집 입시요강'이 검정고시로 고등학교 졸업학력을 취득한 사람들의 수시모집 지원을 제한하는 것은 교육을 받을 권리를 침해한다(헌재 2017.12.28, 2016헌마649).

② [O] 공무원연금법에 따른 퇴직연금일시금을 지급받은 사람 및 그 배우자를 기초연금 수급권자의 범위에서 제외하는 기초연금법 조항은 위 퇴직연금일시금을 지급받은 사람 및 그 배우자의 인간다운 생활을 할 권리를 침해하지 않는다(헌재 2018.8.30, 2017헌바197). 수급권이 중복으로 발생하여도 중복으로 지급하지는 않는다.

③ [O] 업무상 질병으로 인한 업무상 재해에 있어 업무와 재해 사이의 상당인과관계에 대한 입증책임을 이를 주장하는 근로자나 그 유족에게 부담시키는 것이 사회보장수급권을 침해한다고 볼 수 없다(헌재 2015.6.25, 2014헌바269).

정답 | 06 ② 07 ② 08 ④

09 사회보장수급권에 대한 설명으로 가장 옳지 않은 것은?

18. 서울시 7급 변형

① 지방자치단체장은 특정 정당을 정치적 기반으로 하여 선거에 입후보할 수 있고 선거에 의하여 선출되는 공무원이라는 점에서 헌법 제7조 제2항에 따라 신분보장이 필요하고 정치적 중립성이 요구되는 공무원에 해당한다. 따라서 헌법 제7조의 해석상 지방자치단체장을 위한 퇴직급여제도를 마련하여야 할 입법적 의무가 도출된다고 볼 수 있다.
② 사립학교 교원에 대한 명예퇴직수당은 장기근속자의 조기퇴직을 유도하기 위한 특별장려금이라고 할 것이고 사회보장수급권에 해당하지 않는다.
③ 공무원연금법에서 다른 법령에 따라 국가나 지방자치단체의 부담으로 공무원연금법에 따른 급여와 같은 종류의 급여를 받는 자에게는 그 급여에 상당하는 금액을 공제하여 지급한다고 규정하고 있는 것은 사회보장수급권의 위헌적 침해로 볼 수 없다.
④ 산재보험수급권은 이른바 '사회보장수급권'의 하나로서 국가에 대하여 적극적으로 급부를 요구하는 것이지만 국가가 재정부담능력과 전체적 사회보장 수준 등을 고려하여 그 내용과 범위를 정하는 것이므로 입법부에 폭넓은 입법형성의 자유가 인정된다.

해설

① [×] 지방자치단체장은 특정 정당을 정치적 기반으로 하여 선거에 입후보할 수 있고 선거에 의하여 선출되는 공무원이라는 점에서 헌법 제7조 제2항에 따라 신분보장이 필요하고 정치적 중립성이 요구되는 공무원에 해당한다고 보기 어려우므로 헌법 제7조의 해석상 지방자치단체장을 위한 퇴직급여제도를 마련하여야 할 입법적 의무가 도출된다고 볼 수 없고, 그 외에 헌법 제34조나 공무담임권 보장에 관한 헌법 제25조로부터 위와 같은 입법의무가 도출되지 않는다(헌재 2014.6.26, 2012헌마459).
② [○] 사립학교 교원에 대한 명예퇴직수당은 장기근속자의 조기퇴직을 유도하기 위한 특별장려금이라고 할 것이고 장기근속자의 사회복귀나 노후 복지보장과 같은 사회보장과는 직접적인 관련이 있다고 보기 어렵다(헌재 2007.4.26, 2003헌마533).
③ [○] 공무원연금법에서 다른 법령에 따라 국가나 지방자치단체의 부담으로 공무원연금법에 따른 급여와 같은 종류의 급여를 받는 자에게는 그 급여에 상당하는 금액을 공제하여 지급한다고 규정하고 있는 것은 입법자의 입법형성권을 넘는 자의적인 것으로서 청구인의 사회보장수급권이나 재산권을 침해하였다고 보기 어렵다(헌재 2013.9.26, 2011헌바272).
④ [○] 산재보험수급권은 이른바 '사회보장수급권'의 하나로서 국가에 대하여 적극적으로 급부를 요구하는 것이지만 국가가 재정부담능력과 전체적인 사회보장 수준 등을 고려하여 그 내용과 범위를 정하는 것이므로 광범위한 입법형성의 자유가 인정된다(헌재 2013.9.26, 2012헌가16).

제2절 교육을 받을 권리

01 교육을 받을 권리에 관한 설명 중 가장 적절하지 <u>않은</u> 것은? (다툼이 있는 경우 판례에 의함) 20. 경찰승진 변형

① 교사의 수업권은 헌법상 보장되는 기본권이 아니며 설령 보장된다고 하더라도 학생의 수학권을 위한 제약이 불가피하다.
② 학교용지부담금의 부과대상을 수분양자가 아닌 개발사업자로 정하고 있는 구 학교용지 확보 등에 관한 특례법 조항은 의무교육의 무상원칙에 위배된다.
③ '부모의 자녀에 대한 교육권'은 비록 헌법에 명문으로 규정되어 있지는 아니하지만, 이는 모든 인간이 국적과 관계없이 누리는 양도할 수 없는 불가침의 인권이다.
④ 초등학교 교육과정의 편제와 수업시간은 교육현장을 가장 잘 파악하고 교육과정에 대해 적절한 수요예측을 할 수 있는 해당 부처에서 정하도록 할 필요가 있으므로, 초·중등교육법 제23조 제2항이 교육과정의 기준과 내용에 관한 기본적인 사항을 교육부장관이 정하도록 위임한 것 자체가 교육제도 법정주의에 반한다고 보기 어렵다.

해설

② [×] 의무교육의 무상성에 관한 헌법상 규정은 교육을 받을 권리를 보다 실효성 있게 보장하기 위해 의무교육 비용을 학령 아동 보호자의 부담으로부터 공동체 전체의 부담으로 이전하라는 명령일 뿐 의무교육의 모든 비용을 조세로 해결해야 함을 의미하는 것은 아니므로, 학교용지부담금의 부과대상을 수분양자가 아닌 개발사업자로 정하고 있는 이 사건 법률조항은 의무교육의 무상원칙에 위배되지 아니한다(헌재 2008.9.25, 2007헌가1).
① [O] 교사의 수업권은 교사의 지위에서 생겨나는 직권인데, 그것이 헌법상 보장되는 기본권이라고 할 수 있느냐에 대하여서는 이를 부정적으로 보는 견해가 많으며, 설사 헌법상 보장되고 있는 학문의 자유 또는 교육을 받을 권리의 규정에서 교사의 수업권이 파생되는 것으로 해석하여 기본권에 준하는 것으로 간주하더라도 수업권을 내세워 수학권을 침해할 수는 없으며 국민의 수학권의 보장을 위하여 교사의 수업권은 일정범위 내에서 제약을 받을 수밖에 없는 것이다(헌재 1992.11.12, 89헌마88).
③ [O] '부모의 자녀에 대한 교육권'은 비록 헌법에 명문으로 규정되어 있지는 아니하지만, 이는 모든 인간이 국적과 관계없이 누리는 양도할 수 없는 불가침의 인권으로서 혼인과 가족생활을 보장하는 헌법 제36조 제1항, 행복추구권을 보장하는 헌법 제10조 및 "국민의 자유와 권리는 헌법에 열거되지 아니한 이유로 경시되지 아니한다."고 규정하는 헌법 제37조 제1항에서 나오는 중요한 기본권이다(헌재 2000.4.27, 98헌가16 등).
④ [O] 초등학교 교육과정의 편제와 수업시간은 교육 여건의 변화에 따른 시의적절한 대처가 필요하므로 교육현장을 가장 잘 파악하고 교육과정에 대해 적절한 수요 예측을 할 수 있는 해당 부처에서 정하도록 할 필요가 있다. 따라서 초·중등교육법 제23조 제2항이 교육과정의 기준과 내용에 관한 기본적인 사항을 교육부장관이 정하도록 위임한 것 자체가 교육제도 법정주의에 반한다고 보기 어렵다(헌재 2016.2.25, 2013헌마838).

02 교육을 받을 권리에 대한 설명 중 가장 적절하지 않은 것은? (다툼이 있는 경우 판례에 의함) 15. 경찰승진

① 학교교육에 있어서 교사의 가르치는 권리를 수업권이라고 한다면 그것은 자연법적으로는 학부모에게 속하는 자녀에 대한 교육권을 신탁받은 것이고, 실정법상으로는 공교육에 책임이 있는 국가의 위임에 의한 것이다.
② 헌법은 국가의 교육권한과 부모의 교육권의 범주 내에서 학생에게도 자신의 교육에 관하여 스스로 결정할 권리를 부여하고 있으므로 학생은 국가의 간섭을 받지 아니하고 자신의 능력과 개성, 적성에 맞는 학교를 자유롭게 선택할 권리를 가진다.
③ 교육을 받을 권리의 내용과 관련하여 헌법재판소는 실질적인 평등교육을 실현해야 할 국가의 적극적인 의무가 인정된다고 하여 이로부터 국민이 직접 실질적 평등교육을 위한 교육비를 청구할 권리가 도출된다고 볼 수 없다고 판시하였다.
④ 사립학교 법인이 의무의 부담을 하고자 할 때에는 관할청의 허가를 받도록 하는 것은 사립학교 운영의 자유를 침해하는 것이므로 위헌이다.

해설

④ [×] 학교법인으로 하여금 의무의 부담을 하고자 할 때 관할청의 허가를 받도록 하고 있어 사립학교운영에 관한 자유를 제한하고 있다 하더라도, 이는 공공복리를 위하여 필요한 권리를 제한한 경우에 해당하는 것이며, 일정액 미만의 넓은 범위에서 허가를 받지 않도록 예외를 두고 있고 시행상 일반적인 학교운영과 관련된 통상적인 의무부담은 허가에서 제외하고 있으며 일정액 이상이라도 허가를 받아 자유롭게 처리할 수 있는 점 등을 보면 합리적인 입법한계를 일탈하였거나 기본권의 본질적인 부분을 침해하였다고 볼 수 없다(헌재 2001.1.18, 99헌바63).
① [○] 학교교육에 있어서 교사의 가르치는 권리를 수업권이라고 한다면 그것은 자연법적으로는 학부모에게 속하는 자녀에 대한 교육권을 신탁받은 것이고, 실정법상으로는 공교육의 책임이 있는 국가의 위임에 의한 것이다(헌재 1992.11.12, 89헌마88).
② [○] 헌법은 국가의 교육권한과 부모의 교육권의 범주 내에서 학생에게도 자신의 교육에 관하여 스스로 결정할 권리, 즉 자유롭게 교육을 받을 권리를 부여하고, 학생은 국가의 간섭을 받지 아니하고 자신의 능력과 개성, 적성에 맞는 학교를 자유롭게 선택할 권리를 가진다(헌재 2012.11.29, 2011헌마827).
③ [○] 교육을 받을 권리의 내용과 관련하여 헌법재판소는 자신의 교육환경을 최상 혹은 최적으로 만들기 위해 타인의 교육시설 참여 기회를 제한할 것을 청구할 수 있는 것은 교육을 받을 권리의 내용이 아니고 자신이 이수한 교육과정을 유사한 다른 교육과정을 이수한 것과 동등하게 평가해 줄 것을 요구할 수 있음을 뜻하는 것도 아니며, 실질적인 평등교육을 실현해야 할 국가의 적극적인 의무가 인정된다고 하여 이로부터 국민이 직접 실질적 평등교육을 위한 교육비를 청구할 권리가 도출된다고 볼 수 없고, 국가 및 지방자치단체가 사립유치원에 대하여 교사 인건비, 운영비 및 영양사 인건비를 예산으로 지원하여야 할 구체적인 작위의무가 헌법해석상 바로 도출된다고 볼 수 없다고 판시하였다(헌재 2008.9.25, 2008헌마456).

03 교육기본권에 대한 설명으로 옳지 않은 것은? (다툼이 있는 경우 판례에 의함) 18. 5급 공채 변형

① 헌법은 초등교육과 중등교육을 의무교육으로 실시하도록 명문으로 규정하고 있다.
② 국·공립학교처럼 사립학교에도 학교운영위원회를 의무적으로 설치하도록 한 것은 현저히 자의적이거나 비합리적으로 사립학교의 공공성만을 강조하고 사립학교의 자율성을 제한한 것이라 보기 어렵다.
③ 개발사업지역에서 100세대 규모 이상의 주택건설용 토지를 조성·개발하거나 공동주택을 건설하는 사업자에 대하여 학교용지부담금을 부과하는 것은 헌법상 의무교육의 무상원칙에 위배되지 않는다.
④ 헌법상 의무교육제도는 국민의 교육을 받을 권리를 뒷받침하기 위한 헌법상의 교육기본권에 부수하는 제도적 보장이다.

해설

① [×] 헌법 제31조 제2항은 모든 국민은 그 보호하는 자녀에게 적어도 초등교육과 법률이 정하는 교육을 받게 할 의무를 진다. 즉, 헌법은 초등교육만 의무교육으로 규정하고 있다.
② [○] 국·공립학교처럼 사립학교에도 학교운영위원회를 의무적으로 설치하도록 한 것은 현저히 자의적이거나 비합리적으로 사립학교의 공공성만을 강조하고 사립학교의 자율성을 제한한 것이라 보기 어렵다(헌재 2001.11.29, 2000헌마278).
③ [○] 개발사업지역에서 100세대 규모 이상의 주택건설용 토지를 조성·개발하거나 공동주택을 건설하는 사업자에 대하여 학교용지부담금을 부과하는 것은 헌법상 의무교육의 무상원칙에 위배되지 않는다(헌재 2008.9.25, 2007헌가9).
④ [○] 교육기본권에 부수하여 의무교육제도가 있는 것이다.

04 교육기본권에 대한 설명으로 옳지 않은 것은? (다툼이 있는 경우 판례에 의함) 〔17. 국가직 7급〕

① 교육을 받을 권리가 국가에 대하여 특정한 교육제도나 시설의 제공을 요구할 수 있는 권리를 뜻하는 것은 아니다.
② 조례에 의한 규제가 지역 여건이나 환경 등 그 특성에 따라 다르게 나타나는 것은 헌법이 지방자치단체의 자치입법권을 인정한 이상 당연히 예상되는 결과이나, 고등학생들이 학원교습시간과 관련하여 자신들이 거주하는 지역의 학원조례 조항으로 인하여 다른 지역 주민들에 비하여 더한 규제를 받게 되었다면 평등권이 침해되었다고 볼 수 있다.
③ 고시 공고일을 기준으로 고등학교에서 퇴학된 날로부터 6월이 지나지 아니한 자를 고등학교 졸업학력 검정고시를 받을 수 있는 자의 범위에서 제외하는 것은, 국민의 교육을 받을 권리 중 그 의사와 능력에 따라 균등하게 교육받을 것을 국가로부터 방해받지 않을 권리, 즉 자유권적 기본권을 제한하는 것이므로, 그 제한에 대하여는 과잉금지원칙에 따른 심사를 하여야 한다.
④ 교원의 정치활동은 교육수혜자인 학생의 입장에서는 수업권의 침해로 받아들여질 수 있다는 점에서 초·중등학교 교육공무원의 정당가입 및 선거운동을 제한하는 것은 헌법적으로 정당화될 수 있다.

해설

② [×] 학원에서의 교습은 보장하면서 심야에 한하여 교습시간을 제한하면서 다른 사교육 유형은 제한하지 않으므로 청구인들의 기본권을 과도하게 제한하는 것이라고 볼 수 없으므로 청구인들의 인격의 자유로운 발현권, 자녀교육권 및 직업수행의 자유를 침해하였다고 볼 수 없다(헌재 2009.10.29, 2008헌마635).
① [○] 옳은 지문이다.
③ [○] 고시 공고일을 기준으로 고등학교에서 퇴학된 날로부터 6월이 지나지 아니한 자를 고등학교 졸업학력 검정고시를 받을 수 있는 자의 범위에서 제외한 것은 교육받을 권리를 침해하지 않는다(헌재 2008.4.24, 2007헌마1456).
④ [○] 교원의 정치활동은 교육수혜자인 학생의 입장에서는 수업권의 침해로 받아들여질 수 있다는 점에서 초·중등학교 교육공무원의 정당가입 및 선거운동을 제한하는 것은 헌법적으로 정당화될 수 있다(헌재 1992.11.12, 89헌마88).

정답 | 02 ④ 03 ① 04 ②

05 교육을 받을 권리에 대한 설명으로 가장 옳지 않은 것은? (다툼이 있는 경우 판례에 의함) 17. 서울시 7급 변형

① 공개경쟁을 통한 입학시험제도는 합헌이지만, 능력이 떨어지는 사람에 대하여 국가는 이들을 교육하기 위한 적극적 배려를 하여야 한다.
② 학원설립등록의무를 부과하고 이를 어긴 경우 처벌하도록 규정하는 것은 행복추구권, 직업선택의 자유를 침해한다고 볼 수 없다.
③ 교육의 의무의 주체는 학령아동의 친권자 또는 그 후견인이다.
④ 자율형 사립고등학교(이하 '자사고'라 함)와 일반고등학교(이하 '일반고'라 함)가 동시선발을 하게 되면 해당 자사고의 교육에 적합한 학생을 선발하는 데 지장이 있고 자사고의 사학운영의 자유를 침해하므로 자사고를 후기학교로 정하여 신입생을 일반고와 동시에 선발하도록 한 초·중등교육법 시행령 해당 조항은 국가가 학교 제도를 형성할 수 있는 재량 권한의 범위를 일탈하였다.

해설
④ [×] 시행령은 입학전형 실시권자나 학생 모집 단위 등도 그대로 유지하여 자사고의 사학운영의 자유 제한을 최소화하였다. 또한 일반고 경쟁력 강화만으로 고교서열화 및 입시경쟁 완화에 충분하다고 단정할 수 없다. 따라서 이 사건 동시선발 조항은 국가가 학교 제도를 형성할 수 있는 재량 권한의 범위 내에 있다(헌재 2019.4.11, 2018헌마221). ▶ 즉, 합헌이다.
① [○] 공개경쟁을 통한 입학시험제도는 합헌이지만, 능력이 떨어지는 사람에 대하여 국가는 이들을 교육하기 위한 적극적 배려를 하여야 한다(헌재 2011.6.30, 2010헌마503).
② [○] 학원설립등록의무를 부과하고 이를 어긴 경우 처벌하도록 규정하는 것은 행복추구권, 직업선택의 자유를 침해한다고 볼 수 없다(헌재 2014.1.28, 2011헌바252).
③ [○] 교육의 의무의 주체는 친권자 또는 후견인이며, 권리의 주체는 아동이 된다.

06 교육의 권리에 대한 침해로 인정되는 것은? 18. 서울시 7급

① 학원의 종류 중 '유아를 대상으로 교습하는 학원'을 학교교과 교습학원으로 분류한 것
② 검정고시로 고등학교 졸업학력을 취득한 사람들의 수시모집 지원을 제한하는 내용의 국립교육대학교의 신입생 수시모집 입시요강
③ 특정지역에 대하여 우선적으로 중학교 의무교육을 실시한 것
④ 고교평준화지역에서 일반계 고등학교에 진학하는 학생을 교육감이 학교군별로 추첨에 의하여 배정한 것

해설
② [○] 검정고시로 고등학교 졸업학력을 취득한 사람들의 수시모집 지원을 제한하는 내용의 피청구인 국립교육대학교 등의 '2017학년도 신입생 수시모집 입시요강'은 검정고시 출신자인 청구인들을 합리적인 이유 없이 차별함으로써 청구인들의 균등하게 교육을 받을 권리를 침해한다(헌재 2017.12.28, 2016헌마649).
① [×] 학원의 종류 중 '유아를 대상으로 교습하는 학원'을 학교교과 교습학원으로 분류한 심판대상 법률조항은 교육기관의 교육운영에 관한 자주적인 결정권을 제한하거나 교육내용이나 교육방법을 제한하는 규정이 아니므로 교육의 권리를 제한한다고 볼 여지가 없다(헌재 2013.5.30, 2011헌바227).
③ [×] 중학교의 의무교육을 특정지역 등에 확정적으로 실시하지 아니하는 경우와는 달리 단순한 실시의 지연만으로는 국민의 교육받을 권리가 위헌적으로 침해되는 것이라고 단정할 수 없다(헌재 1991.2.11, 90헌가27).
④ [×] 고교평준화지역에서 일반계 고등학교에 진학하는 학생을 교육감이 학교군별로 추첨에 의하여 배정하도록 한 것은 학부모의 '사립학교선택권'이나 종교교육을 위한 학교선택권이 과도하게 제한된다고 보기 어렵다(헌재 2009.4.30, 2005헌마514).

07 의무교육에 대한 설명으로 가장 옳지 않은 것은?

19. 서울시 7급

① 헌법상 의무교육 무상의 범위는 교육의 기회균등을 실현하기 위해 필수불가결한 비용을 말하므로, 단순한 영양공급 차원을 넘어 교육적 성격을 가지는 학교급식은 무상의 의무교육 내용에 포함된다.
② 수업료나 입학금의 면제, 학교와 교사 등 인적·물적 기반 및 그 기반을 유지하기 위한 인건비와 시설유지비, 신규시설투자비 등의 재원마련 비용은 의무교육 무상의 범위에 포함된다.
③ 학교운영지원비는 운영상 교원연구비와 같은 교사의 인건비 일부와 학교회계직원의 인건비 일부 등 의무교육과정의 인적 기반을 유지하기 위한 비용을 충당하는 데 사용되고 있으므로 의무교육 무상의 범위에 포함되어야 한다.
④ 의무교육 무상의 원칙이 의무교육을 위탁받은 사립학교를 설치·운영하는 학교법인 등과의 관계에서 이미 학교법인이 부담하도록 규정되어 있는 경비까지 국가나 지방자치단체의 부담으로 한다는 취지로 볼 수는 없다.

해설

① [×] 급식활동 자체가 의무교육에 필수불가결한 내용이라 보기 어렵고, 국가나 지방자치단체의 지원으로 부담을 경감하는 조항이 마련되어 있으며, 특히 저소득층 학생들을 위한 지원방안이 마련되어 있다는 점을 고려해보면 이 사건 심판대상조항이 입법형성권의 범위를 넘어 헌법상 의무교육의 무상원칙에 반한다고 할 수 없으므로 헌법에 위반되지 않는다는 것이다(헌재 2012.4.24, 2010헌바164).
② [○] 의무교육에 있어서 무상의 범위에는 의무교육이 실질적이고 균등하게 이루어지기 위한 본질적 항목으로, 수업료나 입학금의 면제, 학교와 교사 등 인적·물적 시설 및 그 시설을 유지하기 위한 인건비와 시설유지비, 신규시설투자비 등의 재원 부담으로부터의 면제가 포함된다 할 것이며, 그 외에도 의무교육을 받는 과정에 수반하는 비용으로서 의무교육의 실질적인 균등보장을 위해 필수불가결한 비용은 무상의 범위에 포함된다(헌재 2012.8.23, 2010헌바220).
③ [○] 의무교육과정에서 학교와 교사 등 인적·물적 기반 및 그 기반을 유지하기 위한 인건비와 시설유지비, 신규시설투자비 등의 재원마련은 전적으로 국가와 지방자치단체의 몫임이 분명함에도 불구하고, 교원연구비와 같은 교사의 인건비 일부와 학교회계직원의 인건비 일부를 학부모들이 부담하는 학교운영지원비로 충당하는 것은 헌법이 천명하고 있는 의무교육의 무상원칙에 분명히 반하는 것이라 할 수 있다(헌재 2012.8.23, 2010헌바220).
④ [○] 판례는 사립의 경우 국·공립과 비교할 때 많은 자율성이 인정되고 독자적인 건학이념의 실현을 위하여 사인 또는 법인이 재산을 출연하여 설립하는 학교로서 교육의 공공성 확보를 위하여 국가 및 지방자치단체가 설립하는 국·공립과는 그 목표하는 바가 다르다고 보아 사립학교가 이를 부담하는 것에 대해서 위헌으로 보지 않았다(헌재 2006.10.26, 2004헌마13).

08 교육을 받을 권리 및 교육제도에 대한 설명으로 옳지 않은 것은? (다툼이 있는 경우 판례에 의함)

13. 지방직 7급

① 수학능력에 대한 공개경쟁입학시험을 통해 교육을 받을 권리를 제한적으로 부여하거나 대학이 정하는 일정한 기준에 미달하는 자에 대하여 입학을 불허하는 것은 합헌이다.
② 학교교육에 있어서 교원의 가르치는 권리, 즉 수업권은 교원의 지위에서 인정되는 헌법상의 기본권으로서 교원의 수업권은 학생의 학습권에 대하여 우월한 지위에 있다.
③ 임용권자가 임용기간이 만료된 국·공립대학의 조교수에 대하여 재임용을 거부하는 취지로 한 임용기간만료의 통지는 대학교원의 법률관계에 영향을 주는 것으로서 행정소송의 대상이 되는 처분에 해당한다.
④ 의무교육 무상의 원칙에 있어서 무상의 범위는 헌법상 교육의 기회균등을 실현하기 위해 필수불가결한 비용, 즉 모든 학생이 의무교육을 받음에 있어서 경제적인 차별 없이 수학하는 데 반드시 필요한 비용에 한한다.

해설

② [×] 국민의 수학권과 교사의 수업의 자유는 다 같이 보호되어야 하겠지만 그중에서도 국민의 수학권이 더 우선적으로 보호되어야 한다(헌재 1992.11.12, 89헌마88).
① [O] 학교에서 정한 수학능력에 미달하는 지원자를 불합격으로 한 처분이 재량권의 남용이라고 볼 수 없다(대판 1983.6.28, 83누193).
③ [O] 임용권자가 임용기간이 만료된 국·공립대학의 조교수에 대하여 재임용을 거부하는 취지로 한 임용기간만료의 통지는 대학교원의 법률관계에 영향을 주는 것으로서 행정소송의 대상이 되는 처분에 해당한다[대판 2004.4.22, 2000두7735(전합)].
▶ 이 판결을 계기로 이제 교수재임용을 거부한 경우 분쟁은 헌법소송이 아니라 행정소송으로 진행하여야 한다.
④ [O] 무상급식의 경우는 이 범위에 포함되지 않고 입법자가 입법정책적으로 해결해야 할 문제라는 것이 헌법재판소의 견해이다(헌재 2012.4.24, 2010헌바164).

09 사회적 기본권에 대한 설명으로 가장 적절하지 않은 것은? (다툼이 있는 경우 판례에 의함)

17. 경찰승진

① 인간다운 생활을 할 권리 중 최소한의 물질적 생활의 유지 이상의 급부를 요구할 수 있는 구체적인 권리는 법률을 통하여 구체화할 때에 비로소 인정되는 법률적 차원의 권리이다.
② "의무교육은 무상으로 한다."는 헌법 제31조 제3항은 초등교육에 관하여는 직접적인 효력규정으로서, 이로부터 개인은 국가에 대하여 초등학교의 입학금·수업료 등을 면제받을 수 있는 헌법상의 권리를 가진다.
③ 부모의 자녀교육권이란 부모의 자기결정권이라는 의미에서 보장되는 자유가 아니라, 자녀의 보호와 인격발현을 위하여 부여되는 것이므로, 자녀의 행복이란 관점에서 교육방향을 결정하라는 행위지침을 의미할 뿐 부모의 기본권이라고는 볼 수 없다.
④ 헌법상 보장되고 있는 학문의 자유 또는 교육을 받을 권리의 규정에서 교사의 수업권(授業權)이 파생되는 것으로 해석하여 기본권에 준하는 것으로 간주하더라도, 수업권을 내세워 국민의 수학권(修學權)을 침해할 수는 없다.

해설

③ [×] '부모의 자녀에 대한 교육권'은 비록 헌법에 명문으로 규정되어 있지는 아니하지만, 이는 모든 인간이 국적과 관계없이 누리는 양도할 수 없는 불가침의 인권으로서 혼인과 가족생활을 보장하는 헌법 제36조 제1항, 행복추구권을 보장하는 헌법 제10조 및 "국민의 자유와 권리는 헌법에 열거되지 아니한 이유로 경시되지 아니한다."라고 규정하는 헌법 제37조 제1항에서 나오는 중요한 기본권이다. 부모의 자녀교육권은 다른 기본권과는 달리, 기본권의 주체인 부모의 자기결정권이라는 의미에서 보장되는 자유가 아니라, 자녀의 보호와 인격발현을 위하여 부여되는 기본권이다(헌재 2000.4.27, 98헌가16).
① [O] 인간다운 생활을 할 권리 중 최소한의 물질적 생활의 유지 이상의 급부를 요구할 수 있는 구체적인 권리는 법률을 통하여 구체화할 때에 비로소 인정되는 법률적 차원의 권리이다(헌재 1995.7.21, 93헌가14).
② [O] 의무교육의 실시범위와 관련하여 의무교육의 무상원칙을 규정한 헌법 제31조 제3항은 초등교육에 관하여는 직접적인 효력규정으로서 개인이 국가에 대하여 입학금·수업료 등을 면제받을 수 있는 헌법상의 권리라고 볼 수 있다(헌재 1991.2.11, 90헌가27).
④ [O] 헌법상 보장되고 있는 학문의 자유 또는 교육을 받을 권리의 규정에서 교사의 수업권이 파생되는 것으로 해석하여 기본권에 준하는 것으로 간주하더라도 수업권을 내세워 수학권을 침해할 수는 없으며 국민의 수학권의 보장을 위하여 교사의 수업권은 일정범위 내에서 제약을 받을 수밖에 없는 것이다(헌재 1992.11.12, 89헌마88).

제3절 근로의 권리와 근로3권

01 근로3권에 관한 다음 설명 중 옳지 않은 것은?　　　05. 국회직 8급

① 공무원은 법률이 정하는 자에 한하여 근로3권을 가진다.
② 법률이 정하는 주요 방위산업체에 종사하는 근로자에게 단체행동권을 부인하는 것은 헌법에 반한다.
③ 단결권의 주체인 근로자는 근로의 성격과는 무관하다.
④ 실직자도 근로3권의 주체가 될 수 있다.
⑤ 단체행동권의 행사는 정당행위로서 형사상 책임을 추궁당하지 않는다.

해설

② [×] 인정하지 아니할 수 있다는 규정이 있으므로 부인한다고 해도 헌법에 위반되지는 않는다.

> **헌법 제33조** ③ 법률이 정하는 주요방위산업체에 종사하는 근로자의 단체행동권은 법률이 정하는 바에 의하여 이를 제한하거나 인정하지 아니할 수 있다.

① [○] 헌법 제33조 제2항

> **헌법 제33조** ② 공무원인 근로자는 법률이 정하는 자에 한하여 단결권·단체교섭권 및 단체행동권을 가진다.

③ [○] 노동조합 및 노동관계조정법 제2조 제1호

> **노동조합 및 노동관계조정법 제2조 【정의】** 이 법에서 사용하는 용어의 정의는 다음과 같다.
> 1. '근로자'라 함은 직업의 종류를 불문하고 임금·급료 기타 이에 준하는 수입에 의하여 생활하는 자를 말한다.

④ [○] 노동조합 및 노동관계조정법 제2조 제1호 및 제4호 라목 본문에서 말하는 '근로자'에는 특정한 사용자에게 고용되어 현실적으로 취업하고 있는 자뿐만 아니라, 일시적으로 실업 상태에 있는 자나 구직 중인 자도 노동3권을 보장할 필요성이 있는 한 그 범위에 포함된다(대판 2004.2.27, 2001두8568).

⑤ [○] 정당한 근로자의 단체행동에 대하여는 적극적 효과로서 형사책임을 포함하여 일체의 민사상 손해배상책임도 지지 아니한다.

02 다음 근로의 권리에 관한 설명 중 가장 옳지 않은 것은? (다툼이 있는 경우 판례에 의함)

24. 해양경찰

① 여성 근로자에 대한 특별한 보호가 현행 헌법에 명시적으로 규정되어 있다.
② 노동조합 및 노동관계조정법 그리고 대법원 판례는 해고된 자는 설사 해고의 효력을 다투고 있다고 할지라도 근로자의 지위에 있지 않다고 해석하고 있다.
③ 근로조건의 기준은 인간의 존엄성을 보장하도록 법률로 정한다는 것이 헌법의 명시적인 입장이다.
④ '가구 내 고용활동'에 대해서는 근로자퇴직급여보장법을 적용하지 않도록 규정한 같은 법 제3조 단서 중 '가구 내 고용활동' 부분은 합리적 이유가 있는 차별로서 평등원칙에 위배되지 아니한다.

해설
② [×] 근로자가 회사로부터 해고를 당하였다고 하더라도 상당한 기간 내에 노동위원회에 부당노동행위 구제 신청을 하여 그 해고의 효력을 다투고 있었다면, 위 법규정의 취지에 비추어 노동조합원으로서의 지위를 상실하는 것이라고 볼 수 없다(대판 1992.3.31, 91다14413).
① [○] 여자의 근로는 특별한 보호를 받으며, 고용·임금 및 근로조건에 있어서 부당한 차별을 받지 아니한다(헌법 제32조 제4항).
③ [○] 근로조건의 기준은 인간의 존엄성을 보장하도록 법률로 정한다(헌법 제32조 제3항).
④ [○] 가구 내 고용활동에 대하여 다른 사업장과 동일하게 퇴직급여법을 적용할 경우 이용자 및 이용자 가족의 사생활을 침해할 우려가 있음은 물론 국가의 관리 감독이 제대로 이루어지기도 어렵다(헌재 2022.10.27, 2019헌바454).
▶ 따라서 적용하지 않더라도 평등원칙에 위배되지 아니한다.

03 헌법재판소의 판례 변경에 대한 설명으로 옳은 것은? (다툼이 있는 경우 판례에 의함)

19. 국가직 7급

① 장기보존이 가능한 탁주를 제외한 탁주의 공급구역을 주류제조장 소재지의 시·군의 행정구역으로 제한하는 것에 대하여 탁주제조업자나 판매업자의 직업의 자유와 소비자의 자기결정권을 침해하지 않는다고 하였다가 탁주제조업자나 판매업자의 직업의 자유와 소비자의 자기결정권을 침해한다고 하였다.
② 행정심판이나 행정소송 등의 사전구제절차를 거치지 아니하고 청구한 국가인권위원회의 진정에 대한 각하 또는 기각결정의 취소를 구하는 헌법소원심판청구가 보충성 요건을 충족하지 않는다고 하였다가 보충성 요건을 충족한다고 하였다.
③ 자치구·시·군의회의원선거구획정에서 헌법상 허용되는 인구편차의 기준을 상하 50%(인구비례 3 : 1)에서 상하 33⅓%의 기준으로 변경하였다.
④ 월급근로자로서 6개월이 되지 못한 자를 해고예고제도의 적용에서 배제시키는 것은 평등원칙에 위반되지 않는다고 하였다가 평등원칙에 위반된다고 하였다.

해설
④ [○] 6개월 미만 근무한 월급근로자 또한 전직을 위한 시간적 여유를 갖거나 실직으로 인한 경제적 곤란으로부터 보호받아야 할 필요성이 있다. 이는 근로의 권리를 침해하며, 평등원칙에도 위배된다(헌재 2015.12.23, 2014헌바3). ▶ 근속기간 3월 미만의 일용근로자 해고예고 적용 제외 규정은 합헌이다(헌재 2017.5.25, 2016헌마640).
① [×] 탁주의 공급구역을 탁주제조장이 소재하는 시·군의 행정구역으로 제한하고 있는 이 사건 공급구역제한제도로 인하여 부득이 발생하는 다소간의 소비자선택권의 제한을 두고 헌법에 위반되는 것이라고 할 수는 없다(헌재 1999.7.22, 98헌가5). ▶ 자도소주는 위헌이다(헌재 1996.12.26, 96헌가18).
② [×] 이 사건 심판청구는 행정심판이나 행정소송 등의 사전 구제절차를 모두 거친 후 청구된 것이 아니므로 보충성 요건을 충족하지 못하였다(헌재 2015.3.26, 2013헌마214).
③ [×] 지문은 국회의원의 경우에 대한 판시이며, 지방의원의 경우 상하 60%에서 상하 50%로 변경되었다(헌재 2018.6.28, 2014헌마166).

04 근로3권에 대한 설명으로 옳은 것은? (다툼이 있는 경우 판례에 의함)

15. 서울시 7급

① 헌법 제33조 제1항이 "근로자는 근로조건의 향상을 위하여 자주적인 단결권, 단체교섭권, 단체행동권을 가진다."고 규정하여 비록 단체협약체결권을 명시하고 있지 않지만, 단체교섭권에는 단체협약체결권이 포함되어 있다고 보아야 한다.
② 노동조합을 설립할 때 행정관청에 설립신고서를 제출하게 하고 그 요건을 충족하지 못한 경우 설립신고서를 반려하도록 한 규정은 근로자의 단결권을 침해하는 것이다.
③ 법률이 정하는 주요방위산업체에 종사하는 근로자의 근로3권은 법률이 정하는 바에 의하여 이를 제한하거나 인정하지 아니할 수 있다.
④ 쟁의행위는 업무의 저해라는 속성상 그 자체로 형법상의 여러 가지 범죄의 구성요건에 해당될 수 있음에도 불구하고 그것이 정당성을 가지는 경우에는 형사책임이 면제되지만, 민사상 손해배상책임은 면제되지 아니한다.

해설

① [O] 노동조합의 대표자 또는 노동조합으로부터 위임을 받은 자에게 단체교섭권만이 아니라 단체협약체결권도 부여한 것이라 하겠다(헌재 1998.2.27, 94헌바13 등).
② [×] 노동조합법에 따른 적법한 노동조합의 설립을 유도하기 위한 것으로 신고제는 헌법에 위반되지 않는다(헌재 2008.7.31, 2004헌마9).
③ [×] 헌법 제33조 제3항

> **헌법 제33조** ③ 법률이 정하는 주요방위산업체에 종사하는 근로자의 단체행동권은 법률이 정하는 바에 의하여 이를 제한하거나 인정하지 아니할 수 있다.

④ [×] 정당쟁의행위에는 형사상, 민사상 모든 책임이 면제되고 손해배상청구를 할 수 없다.

> **노동조합 및 노동관계조정법 제3조【손해배상 청구의 제한】** 사용자는 이 법에 의한 단체교섭 또는 쟁의행위로 인하여 손해를 입은 경우에 노동조합 또는 근로자에 대하여 그 배상을 청구할 수 없다.

05 근로3권에 대한 설명으로 옳지 않은 것은? (다툼이 있는 경우 판례에 의함)

19. 지방직 7급

① 교섭창구단일화제도는 노동조합의 교섭력을 담보하여 교섭의 효율성을 높이고 통일적인 근로조건을 형성하기 위한 불가피한 제도라는 점에서 노동조합의 조합원들이 향유할 단체교섭권을 침해한다고 볼 수 없다.
② 단결권은 '사회적 보호기능을 담당하는 자유권' 또는 '사회권적 성격을 띤 자유권'으로서의 성격을 가지고 있다.
③ 청원경찰의 복무에 관하여 국가공무원법 제66조 제1항을 준용함으로써 노동운동을 금지하는 청원경찰법 제5조 제4항 중 국가공무원법 제66조 제1항 가운데 '노동운동' 부분을 준용하는 부분은 국가기관이나 지방자치단체 이외의 곳에서 근무하는 청원경찰의 근로3권을 침해한다.
④ 교원의 노동조합 설립 및 운영 등에 관한 법률에 의하면 사립학교 교원은 단결권과 단체교섭권이 인정되고 단체행동권이 금지되지만, 국·공립학교 교원은 근로3권이 모두 부인된다.

해설
④ [×] 교원의 노동조합 설립 및 운영 등에 관한 법률 제6조에 근거 국·공립의 경우도 단결권과 단체교섭권은 인정되며, 단체행동권만 금지된다.
① [O] 하나의 사업 또는 사업장에 2개 이상의 노동조합이 있는 경우 단체교섭에 있어 그 창구를 단일화하도록 하여 교섭대표가 된 노동조합에게만 단체교섭권을 부여하고 있는 노동조합 및 노동관계조정법 제29조 제2항, 제29조의2 제1항이 청구인들의 기본권을 침해하지 않는다(헌재 2012.4.24, 2011헌마338).
② [O] 헌법재판소는 근로3권에 대해 '사회적 보호기능을 담당하는 자유권' 또는 '사회권적 성격을 띤 자유권'이라고 말할 수 있다고 판시하였다(헌재 2017.9.28, 2015헌마653).
③ [O] 교원과 일부 공무원도 단결권과 단체교섭권을 인정받고 있는 상황에서 일반근로자인 청원경찰의 근로3권을 모두 제한하는 것은 사회의 변화에도 맞지 않는다(헌재 2017.9.28, 2015헌마653).

06 근로3권에 관한 설명 중 가장 적절하지 않은 것은? (다툼이 있는 경우 판례에 의함)   16. 경찰승진 변형

① 헌법은 근로자의 단결권·단체교섭권·단체행동권을 보장하고 있다.
② 국가의 행정관청이 사법상 근로계약을 체결한 경우 국가는 그러한 근로계약관계에 있어서 사업주로서 단체교섭의 당사자의 지위에 있는 사용자에 해당한다.
③ 근로3권을 향유하는 근로자는 노동을 제공하고 그 대가를 받는 자이면 족하므로 육체적·정신적 노동자를 포괄한다.
④ 헌법재판소는 소극적 단결권은 헌법 제33조 제1항의 단결권에 포함된다고 보고 있다.

해설
④ [×] 헌법 제33조 제1항의 단결권에는 노동조합을 구성하고 이에 가입하여 활동할 수 있는 자유인 적극적 단결권 외에 단체에 가입하지 아니할 자유 내지 탈퇴의 자유, 즉 소극적 단결권이 인정되느냐에 관해서는 견해가 대립하고 있다. 판례는 소극적 단결권은 단결권에서 보호되지 않으며, 결사의 자유나 일반적 행동자유에서 보장될 수 있다고 판시하고 있다(헌재 2005.11.24, 2002헌바95 등).
① [O] 근로자는 근로조건의 향상을 위하여 자주적인 단결권·단체교섭권 및 단체행동권을 가진다(헌법 제33조 제1항).
② [O] 국가도 사법상 근로계약을 체결한 사안에서는 사용자에 해당할 수 있다.
③ [O] 근로3권을 향유하는 근로자는 노동을 제공하고 그 대가를 받는 자이면 족하므로 육체적·정신적 노동자를 포괄한다. 즉, 직업의 성질이나 내용은 불문한다.

07 근로3권에 관한 설명으로 옳은 것은?   07. 국가직 7급 변형

① 근로기준법 제23조 제1항의 부당해고제한조항을 4인 이하 사업장에 적용되는 조항으로 포함하지 않은 것은 근로자 보호의 필요성이 크고 4인 이하 사업장에 그다지 큰 경제적 부담 전가가 되지 않으므로 4인 이하 사업장을 5인 이상 사업장과 달리 차별하는 데에 합리적인 이유를 인정할 수 없어 청구인의 평등권을 침해한다.
② 헌법 제33조 제1항에 규정되어 있는 단체행동권의 주체는 근로자와 사용자이다.
③ 단체행동권은 단체교섭이 행해지는 도중이라도 행사할 수 있다.
④ 사용자의 직장폐쇄는 노동조합이 쟁의행위를 개시한 이후에만 행할 수 있다.

해설
④ [O] 사용자의 직장폐쇄권은 수동적·방어적 목적으로 행사할 수 있으므로 노동조합이 쟁의행위를 개시한 이후에만 할 수 있다.
① [×] 심판대상조항이 부당해고제한조항과 노동위원회 구제절차를 4인 이하 사업장에 적용되는 근로기준법 조항으로 나열하지 않음으로써 4인 이하 사업장을 5인 이상 사업장에 비해 차별취급한 것은, 근로기준법의 확대적용을 위한 지속적인 노력을 기울이는 과정에서 한편으로 일부 영세사업장의 열악한 현실을 고려하고, 근로기준법의 법규범성을 실질적으로 관철하기 위한 입법정책적 결정으로서 거기에는 나름대로의 합리적 이유가 있다(헌재 2019.4.11, 2017헌마820).
② [×] 사용자는 근로3권의 주체가 되지 못한다. 근로3권은 근로자를 위한 권리이다.
③ [×] 단체행동은 단체교섭이 결렬된 이후에 행사할 수 있다. 도중에 행해지게 되면 이는 불법노동행위가 된다.

08 근로3권에 대한 설명으로 옳지 않은 것은? (다툼이 있는 경우 헌법재판소 결정에 의함) 17. 5급 공채

① 노동조합을 설립할 때에 행정관청에 설립신고서를 제출하도록 하고 그 요건을 충족하지 못하는 경우 설립신고서를 반려하도록 규정하고 있는 노동조합법 규정은 노동조합법상 요구되는 요건만 충족하면 노동조합의 설립이 자유롭다는 점에서 헌법에서 금지하는 결사에 대한 허가제에 해당하지 않는다.
② 근로자가 노동조합을 결성하지 아니할 자유나 노동조합에 가입을 강제당하지 아니할 자유는 단결권의 내용에 포섭되는 것이 아니라, 일반적 행동자유권 또는 결사의 자유에서 그 근거를 찾을 수 있다.
③ 교원의 노동조합 설립 및 운영 등에 관한 법률의 적용을 받는 교원의 범위를 초·중등학교에 재직 중인 교원으로 한정하고 있는 것은 전국교직원노동조합 및 해직 교원들의 단결권을 침해하지 아니한다.
④ 노동조합이 당해 사업장에 종사하는 근로자의 3분의 2 이상을 대표하고 있을 때에는 근로자가 그 노동조합의 조합원이 될 것을 고용조건으로 하는 단체협약의 체결을 부당노동행위의 예외로 하는 법률규정은, 노동조합의 적극적 단결권이 근로자 개인의 단결하지 않을 자유보다 중시된다고 할 수 없고 노동조합에게 위와 같은 조직강제권을 부여하는 것은 근로자의 단결하지 아니할 자유의 본질적인 내용을 침해하는 것이므로 근로자의 단결권을 보장한 헌법에 위반된다.

해설

④ [×] 노동조합의 적극적 단결권은 근로자 개인의 단결하지 않을 자유보다 중시된다고 할 것이고, 또 노동조합에게 조직강제권을 부여한다고 하여 이를 근로자의 단결하지 아니할 자유의 본질적인 내용을 침해하는 것으로 단정할 수는 없다(헌재 2005.11.24, 2002헌바95).
① [O] 노동조합을 설립할 때 행정관청에 설립신고서를 제출하게 하고 그 요건을 충족하지 못하는 경우 설립신고서를 반려하도록 하고 있는 이 사건 법률조항은 노동조합 설립에 있어 노동조합법상의 요건 충족 여부를 사전에 심사하도록 하는 구조를 취하고 있으나, 이 경우 노동조합법상 요구되는 요건만 충족되면 그 설립이 자유롭다는 점에서 일반적인 금지를 특정한 경우에 해제하는 허가와는 개념적으로 구분된다는 점에서 단체의 설립 여부 자체를 사전에 심사하여 특정한 경우에 한해서만 그 설립을 허용하는 '허가'와는 다르다. 따라서 이 사건 법률조항의 노동조합 설립신고서 반려제도가 헌법 제21조 제2항 후단에서 금지하는 결사에 대한 허가제라고 볼 수 없다(헌재 2012.3.29, 2011헌바53).
② [O] 근로자가 노동조합을 결성하지 아니할 자유나 노동조합에 가입을 강제당하지 아니할 자유, 그리고 가입한 노동조합을 탈퇴할 자유는 근로자에게 보장된 단결권의 내용에 포섭되는 권리로서가 아니라 헌법 제10조의 행복추구권에서 파생되는 일반적 행동의 자유 또는 제21조 제1항의 결사의 자유에서 그 근거를 찾을 수 있다(헌재 2005.11.24, 2002헌바95).
③ [O] 교원의 노동조합 설립 및 운영 등에 관한 법률의 적용을 받는 교원의 범위를 초·중등학교에 재직 중인 교원으로 한정하고 있는 것은 전국교직원노동조합 및 해직 교원들의 단결권을 침해하지 아니한다(헌재 2015.5.28, 2013헌마671).

09 근로의 권리 및 근로3권에 관한 설명 중 가장 적절하지 않은 것은? (다툼이 있는 경우 판례에 의함)

20. 경찰승진 변형

① 계속근로기간 1년 이상인 근로자가 근로연도 중도에 퇴직한 경우 중도퇴직 전 1년 미만의 근로에 대하여 유급휴가를 보장하지 않는 것은 근로의 권리를 침해한다.
② 근로의 권리는 국민의 권리이므로 외국인은 그 주체가 될 수 없는 것이 원칙이나, 근로의 권리 중 일할 환경에 관한 권리에 대해서는 외국인의 기본권 주체성을 인정할 수 있다.
③ 근로의 권리는 사회적 기본권으로서, 국가에 대하여 직접 일자리를 청구하거나 일자리에 갈음하는 생계비의 지급청구권을 의미하는 것이 아니라, 고용증진을 위한 사회적·경제적 정책을 요구할 수 있는 권리에 그치는 것이다.
④ 교원노조를 설립하거나 가입하여 활동할 수 있는 자격을 초·중등교원으로 한정함으로써 교육공무원이 아닌 대학 교원에 대해서 근로기본권의 핵심인 단결권조차 전면적으로 부정한 법률조항은 그 입법목적의 정당성을 인정하기 어렵고, 수단의 적합성 역시 인정할 수 없다.

해설

① [×] 연차유급휴가의 판단기준으로 근로연도 1년간의 재직 요건을 정한 이상, 이 요건을 충족하지 못한 근로연도 중도퇴직자의 중도퇴직 전 근로에 관하여 반드시 그 근로에 상응하는 등의 유급휴가를 보장하여야 하는 것은 아니므로, 근로연도 중도퇴직자의 중도퇴직 전 근로에 대해 1개월 개근시 1일의 유급휴가를 부여하지 않더라도 이것이 청구인의 근로의 권리를 침해한다고 볼 수 없다(헌재 2015.5.28, 2013헌마619).
② [O] 근로의 권리가 "일할 자리에 관한 권리"만이 아니라 "일할 환경에 관한 권리"도 함께 내포하고 있는바, 후자는 인간의 존엄성에 대한 침해를 방어하기 위한 자유권적 기본권의 성격도 갖고 있어 건강한 작업환경, 일에 대한 정당한 보수, 합리적인 근로조건의 보장 등을 요구할 수 있는 권리 등을 포함한다고 할 것이므로 외국인 근로자라고 하여 이 부분까지 기본권 주체성을 부인할 수는 없다(헌재 2007.8.30, 2004헌마670).
③ [O] 근로의 권리는 사회적 기본권으로서 국가에 대하여 직접 일자리를 청구하거나 일자리에 갈음하는 생계비의 지급청구권을 의미하는 것이 아니라 고용증진을 위한 사회적·경제적 정책을 요구할 수 있는 권리에 그치며, 근로의 권리로부터 국가에 대한 직접적인 직장존속청구권이 도출되는 것도 아니다(헌재 2011.7.28, 2009헌마408).
④ [O] 교원노조를 설립하거나 가입하여 활동할 수 있는 자격을 초·중등교원으로 한정함으로써 교육공무원이 아닌 대학 교원에 대해서는 근로기본권의 핵심인 단결권조차 전면적으로 부정한 측면에 대해서는 그 입법목적의 정당성을 인정하기 어렵고, 수단의 적합성 역시 인정할 수 없다(헌재 2018.8.30, 2015헌가38).

10 근로기본권에 대한 설명으로 옳지 않은 것은? (다툼이 있는 경우 판례에 의함)

20. 5급 공채 변형

① 사용자의 성실교섭의무 위반에 대한 형사처벌은 계약의 자유와 기업의 자유를 침해하지 않는다.
② 헌법에서는 국가유공자의 유가족, 상이군경의 유가족 및 전몰군경의 유가족은 법률이 정하는 바에 의하여 우선적으로 근로의 기회를 부여받는다고 규정하고 있다.
③ 근로의 권리란 인간이 자신의 의사와 능력에 따라 근로관계를 형성하고, 타인의 방해를 받음이 없이 근로관계를 계속 유지하며, 근로의 기회를 얻지 못한 경우에는 국가에 대하여 근로의 기회를 제공하여 줄 것을 요구할 수 있는 권리를 말한다.
④ 헌법은 여자 및 연소자 근로의 특별한 보호와 최저임금제의 시행에 관하여 규정하고 있다.

해설

② [×] 헌법 제32조 제6항은 엄격하게 해석할 필요가 있다. 이러한 관점에서 위 조항의 대상자는 조문의 문리해석대로 '국가유공자', '상이군경', 그리고 '전몰군경의 유가족'이라고 봄이 상당하다. 따라서 '국가유공자의 가족'의 경우 그러한 가산점의 부여는 헌법이 직접 요청하고 있는 것이 아니라 입법정책으로서 채택된 것이라 볼 것이다(헌재 2006.2.23, 2004헌마675 등). ▶ 따라서 국가유공자의 유가족과 상이군경의 유가족은 여기에 해당하지 않는다.

① [O] 이 사건 법률조항은 헌법상 보장된 단체교섭권을 실효성 있게 하기 위한 것으로서 정당한 입법목적을 가지고 있다. 입법자는 이 사건 조항으로써 사용자에게 성실한 태도로 단체교섭 및 단체협약체결에 임하도록 하는 수단을 택한 것인데, 이는 위와 같은 입법목적의 달성에 적합한 것이다. 따라서 이 사건 조항이 비례의 원칙에 위배하여 청구인의 계약의 자유, 기업활동의 자유, 집회의 자유를 침해한 것이라 볼 수 없다(헌재 2002.12.18, 2002헌바12).

③ [O] 근로의 권리란 인간이 자신의 의사와 능력에 따라 근로관계를 형성하고, 타인의 방해를 받음이 없이 근로관계를 계속 유지하며, 근로의 기회를 얻지 못한 경우에는 국가에 대하여 근로의 기회를 제공하여 줄 것을 요구할 수 있는 권리를 말하며, 이러한 근로의 권리는 생활의 기본적인 수요를 충족시킬 수 있는 생활수단을 확보해 주고 나아가 인격의 자유로운 발현과 인간의 존엄성을 보장해 주는 것으로서 사회권적 기본권의 성격이 강하므로 이에 대한 외국인의 기본권주체성을 전면적으로 인정하기는 어렵다(헌재 2007.8.30, 2004헌마670).

④ [O] 헌법 제32조

> **헌법 제32조** ① 모든 국민은 근로의 권리를 가진다. 국가는 사회적·경제적 방법으로 근로자의 고용의 증진과 적정임금의 보장에 노력하여야 하며, 법률이 정하는 바에 의하여 최저임금제를 시행하여야 한다.
> ④ 여자의 근로는 특별한 보호를 받으며, 고용·임금 및 근로조건에 있어서 부당한 차별을 받지 아니한다.
> ⑤ 연소자의 근로는 특별한 보호를 받는다.

11 다음 중 근로자의 기본권에 관한 설명으로 가장 옳지 <u>않은</u> 것은? (다툼이 있는 경우 판례에 의함)

22. 해양경찰 간부

① 헌법 제32조 제1항의 근로의 권리는 국가에 대하여 근로의 기회를 제공하는 정책을 수립해 줄 것을 요구할 수 있는 권리도 내포하므로 노동조합도 그 주체가 될 수 있다.

② 근로관계 종료 전 사용자로 하여금 근로자에게 해고예고를 하도록 하는 것은 개별 근로자의 인간 존엄성을 보장하기 위한 최소한의 근로조건 가운데 하나에 해당하므로, 해고예고에 관한 권리는 근로의 권리의 내용에 포함된다.

③ 정직일수를 연가일수에서 공제하도록 규정하고 있는 국가공무원복무규정 제17조 제1항은 근로의 권리를 침해하지 않는다.

④ 노동관계 당사자가 쟁의행위를 함에 있어서는 그 목적, 방법 및 절차상의 한계를 벗어나지 아니한 범위 안에서 관계자들의 민사상 및 형사상 책임이 면제된다.

해설

① [×] 판례의 경우 외국인도 그 주체가 된다고 해서 비판받고 있다. 또한 노동조합의 경우에는 근로의 기회를 달라는 근로의 권리의 주체가 될 수 없다(헌재 2009.2.26, 2007헌바27).

② [O] 해고예고제도는 근로조건의 핵심적 부분인 해고와 관련된 사항일 뿐만 아니라, 근로자가 갑자기 직장을 잃어 생활이 곤란해지는 것을 막는 데 목적이 있으므로 근로자의 인간 존엄성을 보장하기 위한 최소한의 근로조건으로서 근로의 권리의 내용에 포함된다(헌재 2015.12.23, 2014헌바3).

③ [O] 이 사건 법령조항은 정직처분을 받은 공무원에 대하여 정직일수를 연차유급휴가인 연가일수에서 공제하도록 규정하고 있는바, 연차유급휴가는 일정기간 근로의무를 면제함으로써 근로자의 정신적·육체적 휴양을 통하여 문화적 생활의 향상을 기하려는 데 그 의의가 있으므로 근로의무가 면제된 정직일수를 연가일수에서 공제하였다고 하여 이 사건 법령조항이 현저히 불합리하다고 보기 어렵다(헌재 2008.9.25, 2005헌마586).

④ [O] 쟁의행위는 업무의 저해라는 속성상 그 자체 시민형법상의 여러 가지 범죄의 구성요건에 해당될 수 있음에도 불구하고 그것이 정당성을 가지는 경우에는 형사책임이 면제되며, 민사상 손해배상책임도 발생하지 않는다(헌재 1998.7.16, 97헌바23).

12 근로의 권리와 근로3권에 대한 설명으로 가장 옳은 것은? (다툼이 있는 경우 판례에 의함)   17. 서울시 7급

① 해고예고제도는 근로자의 인간 존엄성을 보장하기 위한 합리적 근로조건에 해당한다고 보기 힘들므로, 해고예고에 관한 권리는 근로자가 향유하는 근로의 권리의 내용에 포함되지 않는다.
② 노동조합법상의 근로자성이 인정되는 한, 출입국관리 법령에 따라 취업활동을 할 수 있는 체류자격을 받지 아니한 외국인근로자도 노동조합을 설립하거나 노동조합에 가입할 수 있다.
③ 하나의 사업 또는 사업장에 두 개 이상의 노동조합이 있는 경우 단체교섭에 있어 그 창구를 단일화하도록 하고 교섭대표가 된 노동조합에게만 단체교섭권을 부여하고 있는 교섭창구단일화제도는 노사의 자율성을 부정하는 것이므로 단체교섭권을 침해하는 것이다.
④ 노동조합으로 하여금 행정관청이 요구하는 경우 결산 결과와 운영 상황을 보고하도록 하고 그 위반시 과태료에 처하도록 하는 것은 노동조합의 단결권을 침해한다.

해설

② [O] 노동조합법상의 근로자성이 인정되는 한, 출입국관리 법령에 따라 취업활동을 할 수 있는 체류자격을 받지 아니한 외국인근로자도 노동조합을 설립하거나 노동조합에 가입할 수 있다[대판 2015.6.25, 2007두4995(전합)].
① [×] 해고예고제도는 근로조건의 핵심적 부분인 해고와 관련된 사항일 뿐만 아니라, 근로자가 갑자기 직장을 잃어 생활이 곤란해지는 것을 막는 데 목적이 있으므로 근로자의 인간 존엄성을 보장하기 위한 최소한의 근로조건으로서 근로의 권리의 내용에 포함된다(헌재 2015.12.23, 2014헌바3).
③ [×] 하나의 사업 또는 사업장에 두 개 이상의 노동조합이 있는 경우 단체교섭에 있어 그 창구를 단일화하도록 하고, 교섭대표가 된 노동조합에게만 단체교섭권을 부여하고 있는 것은 과잉금지원칙을 위반하여 청구인들의 단체교섭권을 침해한다고 볼 수 없다(헌재 2012.4.24, 2011헌마338).
④ [×] 노동조합으로 하여금 행정관청이 요구하는 경우 결산 결과와 운영 상황을 보고하도록 하고 그 위반시 과태료에 처하도록 하는 것은 노동조합의 단결권을 침해하지 아니한다(헌재 2013.7.25, 2012헌바116).

제4절 환경권

01 환경권과 관련한 다음 설명 중 가장 옳지 <u>않은</u> 것은? (다툼이 있는 경우 대법원 판례 및 헌법재판소 결정에 의함. 이하 같음)

18. 법무사 변형

① 환경권은 명문의 법률규정이나 관계 법령의 규정 취지 및 조리에 비추어 권리의 주체, 대상, 내용, 행사방법 등이 구체적으로 정립될 수 있어야만 인정되는 것이므로, 사법상의 권리로서의 환경권을 인정하는 명문의 규정이 없으면 환경권에 기하여 직접 방해배제청구권을 인정할 수는 없다.

② 환경영향평가 대상사업이라도 그 대상지역 밖의 주민의 경우에는 그들이 누리는 환경상의 이익은 공익으로서의 추상적 이익에 해당하므로 대상사업을 허용하는 허가나 승인처분 등의 취소를 구할 원고적격이 전혀 인정되지 않는다.

③ 환경에는 자연환경뿐 아니라 생활환경까지도 포함된다.

④ 환경권은 건강하고 쾌적한 환경에 대한 침해배제를 청구할 수 있는 자유권적 측면과 쾌적한 환경에서 생활할 수 있도록 배려하는 보호·보장청구권의 측면을 모두 가지고 있다.

해설

② [×] 환경영향평가 대상지역 밖의 주민이라 할지라도 공유수면매립면허처분 등으로 인하여 그 처분 전과 비교하여 수인한도를 넘는 환경피해를 받거나 받을 우려가 있는 경우에는, 공유수면매립면허처분 등으로 인하여 환경상 이익에 대한 침해 또는 침해우려가 있다는 것을 입증함으로써 그 처분 등의 무효확인을 구할 원고적격을 인정받을 수 있다[대법원 2006.3.16, 2006두330(전합)].

① [○] 환경권은 명문의 법률규정이나 관계 법령의 규정 취지 및 조리에 비추어 권리의 주체, 대상, 내용, 행사방법 등이 구체적으로 정립될 수 있어야만 인정되는 것이므로, 사법상의 권리로서의 환경권을 인정하는 명문의 규정이 없는데도 환경권에 기하여 직접 방해배제청구권을 인정할 수 없다(대법원 1997.7.22, 96다56153).

③ [○] '건강하고 쾌적한 환경에서 생활할 권리'를 보장하는 환경권의 보호대상이 되는 환경에는 자연환경뿐만 아니라 인공적 환경과 같은 생활환경도 포함된다. 환경권을 구체화한 입법이라 할 환경정책기본법 제3조에서도 환경을 자연환경과 생활환경으로 분류하면서, 생활환경에 소음·진동 등 사람의 일상생활과 관계되는 환경을 포함시키고 있다. 그러므로 일상생활에서 소음을 제거·방지하여 정온한 환경에서 생활할 권리는 환경권의 한 내용을 구성한다(헌재 2008.7.31, 2006헌마711).

④ [○] 환경권을 행사함에 있어 국민은 국가로부터 건강하고 쾌적한 환경을 향유할 수 있는 자유를 침해당하지 않을 권리를 행사할 수 있고, 일정한 경우 국가에 대하여 건강하고 쾌적한 환경에서 생활할 수 있도록 요구할 수 있는 권리가 인정되기도 하는바, 환경권은 그 자체 종합적 기본권으로서의 성격을 지닌다(헌재 2008.7.31, 2006헌마711).

02 환경권에 대한 설명으로 옳지 않은 것은? (다툼이 있는 경우 판례에 의함)   예상문제

① 환경보전은 단순히 국가의 노력만으로 이루어지기는 어려우므로 헌법은 국민의 환경보전 노력의무도 규정하고 있다.
② 헌법 제35조 제1항은 "모든 국민은 건강하고 쾌적한 환경에서 생활할 권리를 가지며, 국가와 국민은 환경보전을 위하여 노력하여야 한다."라고 규정하여 환경권을 헌법상의 기본권으로 명시함과 동시에 국가와 국민에게 환경보전을 위하여 노력할 의무를 부과하므로, 국가는 각종 개발·건설계획을 수립하고 시행함에 있어 소중한 자연환경을 보호하여 그 자연환경 속에서 살아가는 국민들이 건강하고 쾌적한 삶을 영위할 수 있도록 보장하고 나아가 우리의 후손에게 이를 물려줄 수 있도록 적극적인 조치를 취하여야 할 책무를 부담한다.
③ 환경영향평가 대상사업의 경우 그 대상지역 안의 주민들이 환경침해를 받지 아니하고 쾌적한 환경에서 생활할 수 있는 환경상의 이익은 주민 개개인에 대하여 개별적으로 보호되는 직접적·구체적 이익이다.
④ 환경영향평가 대상사업이라도 그 대상지역 밖의 주민의 경우에는 그들이 누리는 환경상의 이익은 공익으로서의 추상적 이익에 해당하므로 손해를 입증하더라도 대상사업을 허용하는 허가나 승인처분 등의 취소를 구할 원고적격이 인정되지 않는다.

해설
④ [×] 환경영향평가 대상지역 밖의 주민이라 할지라도 공유수면매립면허처분 등으로 인하여 그 처분 전과 비교하여 수인한도를 넘는 환경피해를 받거나 받을 우려가 있는 경우에는, 공유수면매립면허처분 등으로 인하여 환경상 이익에 대한 침해 또는 침해우려가 있다는 것을 입증함으로써 그 처분 등의 무효확인을 구할 원고적격을 인정받을 수 있다[대판 2006.3.16, 2006두330(전합)].
① [○] 모든 국민은 건강하고 쾌적한 환경에서 생활할 권리를 가지며, 국가와 국민은 환경보전을 위하여 노력하여야 한다(헌법 제35조 제1항).
② [○] 헌법 제35조 제1항은 "모든 국민은 건강하고 쾌적한 환경에서 생활할 권리를 가지며, 국가와 국민은 환경보전을 위하여 노력하여야 한다."라고 규정하여 환경권을 헌법상의 기본권으로 명시함과 동시에 국가와 국민에게 환경보전을 위하여 노력할 의무를 부과하므로, 국가는 각종 개발·건설계획을 수립하고 시행함에 있어 소중한 자연환경을 보호하여 그 자연환경 속에서 살아가는 국민들이 건강하고 쾌적한 삶을 영위할 수 있도록 보장하고 나아가 우리의 후손에게 이를 물려줄 수 있도록 적극적인 조치를 취하여야 할 책무를 부담한다(대판 2006.6.2, 2004마1148·2004마1149).
③ [○] 주민들이 위 변경승인처분과 관련하여 갖고 있는 위와 같은 환경상의 이익은 주민 개개인에 대하여 개별적으로 보호되는 직접적·구체적인 이익이라고 보아야 할 것이다(대판 2001.7.27, 99두2970).

03 다음 환경권에 관한 설명 중 가장 옳지 않은 것은? (다툼이 있는 경우 판례에 의함)

24. 해양경찰 간부

① 독서실과 같이 정온을 요하는 사업장의 실내소음 규제기준을 만들어야 할 입법의무가 헌법의 해석상 곧바로 도출된다고 보기는 어렵다.
② 비사업용자동차의 타인광고를 제한하는 것은, 자동차 이용 광고물의 난립을 방지하여 도시미관과 도로 안정 등을 확보함으로써, 국민이 안전하고 쾌적한 환경에서 생활할 수 있도록 하기 위한 것이다.
③ 학교시설에서의 유해중금속 등 유해물질의 예방 및 관리 기준을 규정한 학교보건법 시행규칙 조항에 마사토 운동장에 대한 규정을 두지 아니한 것이 당시 마사토 운동장이 설치된 고등학교에 재학 중이던 학생의 환경권을 침해하지 아니한다.
④ 구 동물보호법상 동물장묘업 등록에 관하여 장사 등에 관한 법률 제17조 외에 다른 지역적 제한사유를 규정하지 않은 것은 환경권을 보호해야 하는 입법자의 의무를 과소하게 이행한 것이다.

해설

④ [×] 동물보호법, 장사 등에 관한 법률, 동물장묘업의 시설설치 및 검사기준 등 관계규정에서 동물장묘시설의 설치제한 지역을 상세하게 규정하고, 매연, 소음, 분진, 악취 등 오염원 배출을 규제하기 위한 상세한 시설 및 검사기준을 두고 있는 등의 사정을 고려할 때, 심판대상조항에서 동물장묘업 등록에 관하여 '장사 등에 관한 법률' 제17조 외에 다른 지역적 제한사유를 규정하지 않았다는 사정만으로 청구인들의 환경권을 보호하기 위한 입법자의 의무를 과소하게 이행하였다고 평가할 수는 없다(헌재 2020.3.26, 2017헌마1281).

① [○] 헌법이 독서실과 같이 정온을 요하는 사업장의 실내소음 규제기준을 마련하여야 할 구체적이고 명시적인 입법의무를 부과하였다고 볼 수 없고, 다른 헌법조항을 살펴보아도 위와 같은 사항에 대한 명시적인 입법위임은 존재하지 아니한다(헌재 2017.12.28, 2016헌마45).

② [○] 심판대상조항이 비사업용자동차의 타인광고를 제한하는 것은, 자동차 이용 광고물의 난립을 방지하여 도시미관과 도로안전 등을 확보함으로써 국민이 안전하고 쾌적한 환경에서 생활할 수 있도록 하기 위한 것이다(헌재 2022.1.27, 2019헌마327).

③ [○] 법령이나 지침, 조례 등을 통해 마사토 운동장에 대한 유해중금속 등의 관리가 이루어지고 있는 점을 고려하면, 심판대상조항에 마사토 운동장에 관한 기준이 도입되지 않았다는 사정만으로 국민의 환경권을 보호하기 위한 국가의 의무가 과소하게 이행되었다고 평가할 수는 없다. 따라서 심판대상조항은 청구인의 환경권을 침해하지 아니한다(헌재 2024.4.25, 2020헌마107).

정답 | 02 ④   03 ④

제5절 혼인과 가족제도

01 현행 헌법상의 혼인과 가족제도에 관한 다음 설명 중 옳지 <u>않은</u> 것은?
05. 국회직 8급 변형

① 여성근로자가 혼인을 하게 되면 퇴직할 것을 조건으로 하는 근로계약은 헌법에 위배된다.
② 현행 헌법은 혼인과 가족제도에 대한 국가의 보장의무를 규정하고 있다.
③ 소득세에 있어 부부합산과세는 헌법에 위배되지 않는다.
④ 헌법재판소의 결정에 의하면 동성동본혈족 간의 금혼제도는 개인의 존엄과 양성의 평등에 기초한 혼인과 가족생활의 성립과 유지라는 헌법규정에 정면으로 배치된다.

해설

③ [×] 부부 간의 인위적인 자산 명의의 분산과 같은 가장행위 등은 상속세 및 증여세법상 증여의제규정(제44조) 등을 통해서 조세회피행위를 방지할 수 있고, 부부의 일방이 혼인 전부터 소유하고 있던 재산 또는 혼인 중에 상속 등으로 취득한 재산과 같은 특유재산 등으로부터 생긴 소득은 소득세 부담을 경감 또는 회피하기 위하여 인위적으로 소득을 분산한 결과에 의하여 얻어진 소득이 아니다. 따라서 이 사건 법률조항은 혼인한 자의 차별을 금지하고 있는 헌법 제36조 제1항에 위반된다(헌재 2002.8.29, 2001헌바82).
① [○] 결혼퇴직제는 헌법에 위반된다.

> 헌법 제36조 ① 혼인과 가족생활은 개인의 존엄과 양성의 평등을 기초로 성립되고 유지되어야 하며, 국가는 이를 보장한다.

② [○] 헌법 제36조 제1항
④ [○] 동성동본금혼제 역시 만고불변의 진리로서 우리의 혼인제도에 정착된 것이 아니라 시대의 윤리나 도덕관념의 변화에 따라 나타나서 그 시대의 제반 사회·경제적 환경을 반영한 것에 지나지 않는다는 점을 감안할 때, 이미 이 제도는 이제 더 이상 법적으로 규제되어야 할 이 시대의 보편타당한 윤리 내지 도덕관념으로서의 기준성을 상실하였다고 볼 수밖에 없고, 헌법 제9조의 정신에 따라 우리가 진정으로 계승·발전시켜야 할 전통문화는 이 시대의 제반 사회·경제적 환경에 맞고 또 오늘날에 있어서도 보편타당한 전통윤리 내지 도덕관념이라 할 것이다(헌재 1997.7.16, 95헌가6 등).

02 혼인과 가족제도에 대한 설명으로 옳은 것을 모두 고른 것은? (다툼이 있는 경우 판례에 의함)
17. 국가직 7급 변형

> ㄱ. 헌법재판소의 결정에 의하면 호주제도는 남성에게 호주가 되는 우선적인 지위를 인정함으로써 합리적 근거 없이 아내의 지위를 남편보다 하위에, 어머니의 지위를 아버지보다 하위에 각각 위치하게 하는 정당성 없는 남녀차별을 초래하여 성별에 의한 차별을 금지한 헌법 제11조 제1항과 개인의 자율적 의사와 양성의 평등에 기초한 혼인생활과 가족생활의 자유로운 형성을 보장하는 헌법 제36조 제1항에 각각 위반된다.
> ㄴ. 친생부인의 소의 제척기간을 규정한 민법 제847조 제1항 중 '부가 그 사유가 있음을 안 날로부터 2년 내' 부분은 친생부인의 소의 제척기간에 관한 입법재량의 한계를 일탈하지 않은 것으로서 헌법에 위반되지 아니한다.
> ㄷ. 혼인 종료 후 300일 이내에 출생한 자를 전남편의 친생자로 추정하는 민법 제844조 제2항 중 '혼인관계종료의 날로부터 300일 이내에 출생한 자'에 관한 부분은 모가 가정생활과 신분관계에서 누려야 할 인격권, 혼인과 가족생활에 관한 기본권을 침해하지 아니한다.
> ㄹ. 헌법 제36조 제1항의 헌법원리로부터 도출되는 차별금지의 명령은 헌법 제11조 제1항에서 보장되는 평등원칙을 혼인과 가족생활영역에서 더욱 더 구체화함으로써 혼인과 가족을 부당한 차별로부터 특별히 더 보호하려는 목적을 가진다.

① ㄱ, ㄴ ② ㄷ, ㄹ
③ ㄱ, ㄴ, ㄹ ④ ㄴ, ㄷ, ㄹ

해설

ㄱ, ㄴ, ㄹ이 옳다.

ㄱ. [O] 결론적으로 전래의 어떤 가족제도가 헌법 제36조 제1항이 요구하는 개인의 존엄과 양성평등에 반한다면 헌법 제9조를 근거로 그 헌법적 정당성을 주장할 수는 없다(헌재 2005.2.3, 2001헌가9 등).

ㄴ. [O] 2년이란 제척기간은 자녀의 불안정한 법적 지위를 장기간 방치하지 않기 위한 것으로서 합리적 이유가 인정되므로, 심판대상조항은 입법재량의 한계를 일탈하지 않은 것으로서 헌법에 위반되지 아니한다(헌재 2015.3.26, 2012헌바357).

ㄷ. [×] 혼인 종료 후 300일 이내에 출생한 자녀를 전남편(夫)의 친생자로 추정하는 민법 제844조 제2항 중 '혼인관계종료의 날로부터 300일 내에 출생한 자'에 관한 부분이, 입법재량의 한계를 일탈하여 모(母)가 가정생활과 신분관계에서 누려야 할 인격권, 혼인과 가족생활에 관한 기본권을 침해하여 헌법에 합치되지 아니한다(헌재 2015.4.30, 2013헌마623).

ㄹ. [O] 이러한 헌법원리로부터 도출되는 차별금지명령은 헌법 제11조 제1항에서 보장되는 평등원칙을 혼인과 가족생활영역에서 더욱 더 구체화함으로써 혼인과 가족을 부당한 차별로부터 특별히 더 보호하려는 목적을 가진다. 이때 특정한 법률조항이 혼인한 자를 불리하게 하는 차별취급은 중대한 합리적 근거가 존재하여 헌법상 정당화되는 경우에만 헌법 제36조 제1항에 위배되지 아니한다(헌재 2002.8.29, 2001헌바82).

---

03 혼인과 가족생활에 관한 헌법 제36조 제1항의 해석으로서 가장 옳지 <u>않은</u> 것은? (헌법재판소의 결정례에 의함)

11. 법원직 9급 변형

① 친양자 입양을 청구하기 위해서는 친생부모의 친권상실, 사망 등 기타 동의할 수 없는 사유가 없는 한 친생부모의 동의를 반드시 요하도록 하는 것은 친양자가 될 자의 가족생활에 관한 기본권을 침해하지 않는다.

② 헌법 제9조에서 말하는 전통이란 역사성과 시대성을 띤 개념으로서 가족제도에 관한 전통·전통문화란 적어도 그것이 가족제도에 관한 헌법이념인 개인의 존엄과 양성의 평등에 반하는 것이어서는 안 된다는 한계가 있으므로, 전래의 어떤 가족제도가 헌법 제36조 제1항이 요구하는 개인의 존엄과 양성평등에 반한다면 헌법 제9조에서의 전통을 근거로 헌법적 정당성을 주장할 수 없다.

③ 출생 직후의 자(子)에게 성을 부여할 당시 부(父)가 이미 사망하였거나 부모가 이혼하여 모가 단독으로 친권을 행사하고 양육할 것이 예상되는 경우에도 부의 성을 사용할 것이 강제되도록 한 법률 조항은 헌법에 합치하지 아니한다.

④ 혼인취소사유에 해당하는 중혼에 대해 그 취소청구권자로 직계비속을 포함하지 않은 법률조항은 혼인 당사자의 자기결정권을 침해하지 않기 위한 취지이므로 합리적 차별에 해당한다고 볼 수 있다.

해설

④ [×] 직계존속을 중혼취소청구권자로 규정하면서도 중혼의 취소에 대하여 상속권 등과 관련하여 법률적인 이해관계가 이에 못지않게 크다고 볼 수 있는 직계비속을 중혼취소청구권자에서 제외한 것은 우리 헌법이 제정 당시부터 헌법적 결단을 통하여 용인하지 않기로 한 가부장적 사고에 바탕을 둔 것으로서 합리성을 인정하기 어렵다고 할 것이다(헌재 2010.7.29, 2009헌가8).

① [O] 친양자 입양의 경우 친생부모와 그 자녀 사이의 친족관계를 완전히 단절시키는 등 친생부모의 지위에 중대한 영향을 미치는 점 등을 고려할 때 헌법에 위반되지 않는다(헌재 2012.5.31, 2010헌바87).

② [O] 헌법 제9조에서 말하는 전통이란 역사성과 시대성을 띤 개념으로서 가족제도에 관한 전통·전통문화란 적어도 그것이 가족제도에 관한 헌법이념인 개인의 존엄과 양성의 평등에 반하는 것이어서는 안 된다는 한계가 있으므로, 전래의 어떤 가족제도가 헌법 제36조 제1항이 요구하는 개인의 존엄과 양성평등에 반한다면 헌법 제9조에서의 전통을 근거로 헌법적 정당성을 주장할 수 없다(헌재 2005.2.3, 2001헌가9).

③ [O] 이 사건 법률조항이 부성주의를 규정한 것 자체는 헌법에 위반된다고 할 수 없으나 가족관계의 변동 등으로 구체적인 상황하에서는 부성의 사용을 강요하는 것이 개인의 가족생활에 대한 심각한 불이익을 초래하는 것으로 인정될 수 있는 경우에도 부성주의에 대한 예외를 규정하지 않고 있는 것은 인격권을 침해하고 개인의 존엄과 양성의 평등에 반하는 것이어서 헌법 제10조, 제36조 제1항에 위반된다(헌재 2005.12.22, 2003헌가5).

정답 | 01 ③   02 ③   03 ④

04 혼인과 가족생활에 관한 권리에 대한 설명으로 가장 적절하지 않은 것은? (다툼이 있는 경우 판례에 의함)

23. 경찰순경 2차

① 헌법 제36조 제1항은 혼인과 가족에 관련되는 공법 및 사법의 모든 영역에 영향을 미치는 헌법원리 내지 원칙규범으로서의 성격도 가진다.
② 태어난 즉시 '출생등록될 권리'는 헌법상의 기본권이 아니라 법률상의 권리이므로 '혼인 중 여자와 남편 아닌 남자 사이에서 출생한 자녀에 대한 생부의 출생신고'를 허용하도록 규정하지 아니한 가족관계의 등록 등에 관한 법률조항이 혼인외 출생자인 청구인들의 태어난 즉시 '출생등록될 권리'를 침해하는 것은 아니다.
③ 사실혼 배우자는 혼인신고를 함으로써 상속권을 가질 수 있고, 증여나 유증을 받는 방법으로 상속에 준하는 효과를 얻을 수 있으며, 근로기준법, 국민연금법 등에 근거한 급여를 받을 권리 등이 인정된다는 측면에서 볼 때, 사실혼 배우자에게 상속권을 인정하지 않는 민법 조항이 사실혼 배우자인 청구인의 상속권을 침해하는 것은 아니다.
④ 부모가 자녀의 이름을 지어주는 것은 자녀의 양육과 가족생활을 위하여 필수적인 것이고, 가족생활의 핵심적 요소라 할 수 있으므로 '부모가 자녀의 이름을 지을 자유'는 혼인과 가족생활을 보장하는 헌법 제36조 제1항과 행복추구권을 보장하는 헌법 제10조에 의하여 보호받는다.

해설

② [×] 태어난 즉시 '출생등록될 권리'가 헌법상 보장되는 기본권으로서, 자유권과 사회권의 성격을 동시에 갖는 독자적 기본권으로 판단하고 있다. 이 사건에서 혼인 외 출생자에 대한 출생신고의무자를 모와 남편으로 한정하는 심판대상조항들이 혼인 중인 여자와 남편이 아닌 남자 사이에서 출생한 혼인 외 출생자인 청구인들의 태어난 즉시 '출생등록될 권리'를 침해한다(의료기관이나 생부가 생래적 혈연관계를 소명하여 출생신고를 할 수 있도록 할 필요가 있다)(헌재 2023.3.23, 2021헌마975).
① [O] 헌법 제36조 제1항은 혼인과 가족에 관련되는 공법 및 사법의 모든 영역에 영향을 미치는 헌법원리 내지 원칙규범으로서의 성격도 가진다(헌재 2002.8.29, 2001헌바82).
③ [O] 사실혼 배우자는 혼인신고를 함으로써 상속권을 가질 수 있고, 증여나 유증을 받는 방법으로 상속에 준하는 효과를 얻을 수 있으며, 근로기준법, 국민연금법 등에 근거한 급여를 받을 권리 등이 인정된다. 따라서 이 사건 법률조항이 사실혼 배우자의 상속권을 침해한다고 할 수 없다(헌재 2014.8.28, 2013헌바119).
④ [O] 부모가 자녀의 이름을 지어주는 것은 자녀의 양육과 가족생활을 위하여 필수적인 것이고, 가족생활의 핵심적 요소라 할 수 있으므로, '부모가 자녀의 이름을 지을 자유'는 혼인과 가족생활을 보장하는 헌법 제36조 제1항과 행복추구권을 보장하는 헌법 제10조에 의하여 보호받는다(헌재 2016.7.28, 2015헌마964).

05 다음 혼인과 가족생활에 관한 설명 중 가장 옳지 않은 것은? (다툼이 있는 경우 판례에 의함) 24. 해양경찰 간부

① '출생등록될 권리'는 헌법에 명시되지 아니한 독자적 기본권으로서, 자유로운 인격실현을 보장하는 자유권적 성격과 아동의 건강한 성장과 발달을 보장하는 사회적 기본권의 성격을 함께 지닌다.
② 부모가 자녀의 이름을 지어주는 것은 자녀의 양육과 가족생활을 위하여 필수적인 것이고, 가족생활의 핵심적 요소라 할 수 있으므로, '부모가 자녀의 이름을 지을 자유'는 혼인과 가족생활을 보장하는 헌법 제36조 제1항과 행복추구권을 보장하는 헌법 제10조에 의하여 보호받는다.
③ 육아휴직신청권은 헌법 제36조 제1항 등으로부터 개인에게 직접 주어지는 헌법적 차원의 권리라고 볼 수는 없고, 입법자가 입법의 목적, 수혜자의 상황, 국가예산, 전체적인 사회보장수준, 국민정서 등 여러 요소를 고려하여 제정하는 입법에 적용요건, 적용대상, 기간 등 구체적인 사항이 규정될 때 비로소 형성되는 법률상의 권리이다.
④ 중혼을 혼인취소의 사유로 정하면서 후혼의 취소가 가혹한 결과를 발생시키는 경우에도 취소청구권의 제척기간 또는 소멸사유를 규정하지 않은 것은 후혼배우자의 혼인과 가족생활에 관한 기본권을 침해한다.

해설

④ [×] 중혼을 혼인취소사유로 규정함으로써 이미 후혼배우자의 인격권 및 행복추구권을 어느 정도 보호하고 있는 것이며, 이에 더하여 중혼취소청구권의 소멸에 관하여 아무런 규정을 두지 않았다 하더라도 그것이 현저히 불합리하여 입법재량의 범위를 일탈하였다고 보기 어렵다(헌재 2014.7.26, 2011헌바275).
① [O] 태어난 즉시 '출생등록될 권리'는 '출생 후 아동이 보호를 받을 수 있을 최대한 빠른 시점'에 아동의 출생과 관련된 기본적인 정보를 국가가 관리할 수 있도록 등록할 권리로서, 아동이 사람으로서 인격을 자유로이 발현하고, 부모와 가족 등의 보호하에 건강한 성장과 발달을 할 수 있도록 최소한의 보호장치를 마련하도록 요구할 수 있는 권리이다. 이는 헌법에 명시되지 아니한 독자적 기본권으로서, 자유로운 인격실현을 보장하는 자유권적 성격과 아동의 건강한 성장과 발달을 보장하는 사회적 기본권의 성격을 함께 지닌다(헌재 2023.3.23, 2021헌마975).
② [O] 부모가 자녀의 이름을 지어주는 것은 자녀의 양육과 가족생활을 위하여 필수적인 것이고, 가족생활의 핵심적 요소라 할 수 있으므로, '부모가 자녀의 이름을 지을 자유'는 혼인과 가족생활을 보장하는 헌법 제36조 제1항과 행복추구권을 보장하는 헌법 제10조에 의하여 보호받는다(헌재 2016.7.28, 2015헌마964).
③ [O] 육아휴직신청권은 헌법 제36조 제1항 등으로부터 개인에게 직접 주어지는 헌법적 차원의 권리라고 볼 수는 없고, 입법자가 입법의 목적, 수혜자의 상황, 국가예산, 전체적인 사회보장수준, 국민정서 등 여러 요소를 고려하여 제정하는 입법에 적용요건, 적용대상, 기간 등 구체적인 사항이 규정될 때 비로소 형성되는 법률상의 권리이다(헌재 2008.10.30, 2005헌마1156).
▶ 양육권은 헌법상 권리이다.

제6장 | 국민의 의무

핵심 OX

01 헌법 제39조 제2항의 병역의무조항에서 금지하는 '불이익한 처우'라 함은 사실상·경제상의 불이익을 모두 포함한다. ( )

해설
[×] 헌법 제39조 제2항은 병역의무를 이행한 사람에게 보상조치를 취하거나 특혜를 부여할 의무를 국가에게 지우는 것이 아니라, 법문 그대로 병역의무의 이행을 이유로 불이익한 처우를 하는 것을 금지하고 있을 뿐이다. 그리고 이 조항에서 금지하는 "불이익한 처우"라 함은 단순한 사실상, 경제상의 불이익을 모두 포함하는 것이 아니라 법적인 불이익을 의미하는 것으로 보아야 한다(헌재 1999.12.23, 98헌마363).

02 군법무관 출신의 변호사 개업지를 제한한 것은 헌법 제39조 제2항이 금지하는 법률상 불이익에 해당한다. ( )

해설
[○] 사법연수원을 수료하고 즉시 개업하는 변호사의 경우 개업지를 선택함에 있어 아무런 제한을 받지 아니하나, 병역의무의 이행을 위하여 군법무관으로 복무한 자는 전역 후 변호사로 개업함에 있어 개업지의 제한을 받게 된다. 군법무관으로의 복무 여부가 자신의 선택에 의하여 정해지는 경우와는 달리 병역의무의 이행으로 이루어지는 경우, 이는 병역의무의 이행으로 말미암아 불이익한 처우를 받게 되는 것이라 아니할 수 없어 이의금지를 규정한 헌법 제39조 제2항에 위반된다(헌재 1989.11.20, 89헌가102).

03 국방의 의무는 직접적인 병력형성의무만을 가리키는 것이 아니라, 간접적인 병력형성의무 및 병력형성 이후 군 작전명령에 복종하고 협력하여야 할 의무도 포함하는 개념이다. ( )

해설
[○] 국방의 의무라 함은 북한을 포함한 외부의 적대세력의 직접적 간접적인 침략행위로부터 국가의 독립을 유지하고 영토를 보전하기 위한 의무로서 현대전이 고도의 과학기술과 정보를 요구하고 국민전체의 협력을 필요로 하는 이른바 총력전인 점에 비추어 단지 병역법 등에 의하여 군복무에 임하는 등의 직접적인 병력형성의무만을 가리키는 것으로 좁게 볼 것이 아니라, 향토예비군 설치법, 민방위기본법, 비상대비자원 관리법, 병역법 등에 의한 간접적인 병력형성의무 및 병력형성 이후 군 작전명령에 복종하고 협력하여야 할 의무도 포함하는 넓은 의미의 것으로 보아야 할 것이므로, 전투경찰순경으로서 대간첩작전을 수행하는 것도 위와 같이 넓은 의미의 국방의 의무를 수행하는 것으로 볼 수 있고 … (헌재 1995.12.28, 91헌마80).

04 현역병의 군대 입대 전 범죄에 대한 군사법원의 재판권을 규정하고 있는 군사법원법의 관련 규정은 현역 복무 중인 군인의 재판청구권을 침해하지 아니한다. ( )

해설
[○] 현역병의 군대 입대 전 범죄에 대한 군사법원의 재판권을 규정하고 있는 군사법원법 조항은 재판청구권을 침해하지 않는다(헌재 2009.7.30, 2008헌바162).

05 병역의무 그 자체를 이행하느라 받는 불이익은 "누구든지 병역의무 이행으로 인하여 불이익한 처우를 받지 아니한다."라고 규정하고 있는 헌법 제39조 제2항과 관련이 없다. ( )

해설

[O] 병역의무 그 자체를 이행하느라 받는 불이익은 "누구든지 병역의무 이행으로 인하여 불이익한 처우를 받지 아니한다."고 규정하고 있는 헌법 제39조 제2항과 관련이 없다(헌재 1999.2.25, 97헌바3).

06 경찰대학의 입학 연령을 17세 이상 21세 미만으로 한정하여 병역의무이행 후 그 상한연령을 초과하면 입학하지 못하게 하는 것은 병역의무의 이행을 이유로 불이익을 주는 것이 아니다. ( )

해설

[O] 이 사건 심판대상규정은 병역의무 이행 그 자체를 이유로 청구인을 대상에서 제외하고 있는 것이 아니며, 이 사건 심판대상규정에 따라 청구인이 결과적으로 입학이 어려워졌다고 하더라도 이를 병역의무 이행이 이유가 되어 불이익을 받은 것이라 할 수 없으므로, 헌법 제39조 제2항에 위반되는 것으로도 볼 수 없다(헌재 2009.7.30, 2007헌마991).

기출문제

01 다음 중 현행 헌법상 국민의 기본적 의무로 규정되어 있지 아니한 것은? 04. 법원직 9급

① 근로의 의무 ② 환경보전의 의무
③ 교육을 받게 할 의무 ④ 부양의 의무

해설

④ [×] 헌법에는 부양의 의무에 관한 규정이 없다.
① [○] 모든 국민은 근로의 의무를 진다. 국가는 근로의 의무의 내용과 조건을 민주주의원칙에 따라 법률로 정한다(헌법 제32조).
② [○] 모든 국민은 건강하고 쾌적한 환경에서 생활할 권리를 가지며, 국가와 국민은 환경보전을 위하여 노력하여야 한다(헌법 제35조 제1항).
③ [○] 모든 국민은 그 보호하는 자녀에게 적어도 초등교육과 법률이 정하는 교육을 받게 할 의무를 진다(헌법 제31조 제2항).

02 국민의 기본의무에 관한 다음 설명 중 가장 옳지 않은 것은? 02. 법원행시

① 납세의 의무와 국방의 의무는 고전적 의무에 해당한다.
② 외국인이라도 치외법권이 있는 경우를 제외하고는 납세의 의무를 진다.
③ 국방의 의무는 타인에 의한 대체적 이행이 불가능하다는 점에서 일신전속적 성격을 갖는다.
④ 헌법재판소는 국방의 의무는 군복무에 임하는 등의 직접적인 병력형성의무만을 가리키므로, 향토예비군 설치법, 민방위기본법 등에 의한 간접적인 병력형성의무는 이에 포함되지 않는다고 보고 있다.
⑤ 교육을 받게 할 의무의 주체는 직접 자녀를 보호하는 친권자 또는 후견인이라는 것이 통설이다.

해설

④ [×] 국방의 의무라 함은 병역법 등에 의하여 군복무에 임하는 등의 직접적인 병력형성의무만을 가리키는 것으로 좁게 볼 것이 아니라, 향토예비군 설치법, 민방위기본법, 비상대비자원 관리법, 병역법 등에 의한 간접적인 병력형성의무 및 병력형성 이후 군 작전명령에 복종하고 협력하여야 할 의무도 포함하는 넓은 의미의 것으로 보아야 할 것이다(헌재 1995.12.28, 91헌마80).
① [○] 현대적 의무로는 근로·환경·교육의 의무가 있다.
② [○] 외국인도 납세의 의무는 부담한다. 그러나 국방의 의무는 외국인은 원칙적으로 제외된다.
③ [○] 납세의 의무는 대체적 이행이 가능하지만 국방의 의무는 일신전속적 성격을 가진다.
⑤ [○] 교육받을 권리는 권리로서의 성질보다는 친권자 또는 후견인의 역할이 중요하다.

03 헌법상 국민의 권리와 의무에 대한 헌법재판소 결정으로 옳지 않은 것은?

16. 국가직 7급

① 학교운영지원비를 학교회계 세입항목에 포함시키도록 하는 것은 헌법 제31조 제3항에 규정되어 있는 의무교육의 무상원칙에 위반되지 않는다.
② 조세의 부과·징수로 인해 납세의무자의 사유재산에 관한 이용·수익·처분권이 중대한 제한을 받게 되는 경우에는 재산권의 침해가 될 수 있다.
③ 국방의 의무는 병역법에 의하여 군복무에 임하는 등의 직접적인 병력형성의무만을 가리키는 것이 아니라, 향토예비군 설치법, 민방위기본법 등에 의한 간접적인 병력형성의무도 포함하며, 병력형성 이후 군 작전명령에 복종하고 협력하여야 할 의무도 포함한다.
④ 헌법 제39조 제2항의 병역의무 이행으로 인한 '불이익한 처우'라 함은 단순한 사실상·경제상의 불이익을 모두 포함하는 것이 아니라 법적인 불이익을 의미한다.

해설

① [×] 학교운영지원비는 기본적으로 학부모의 자율적 협찬금의 성격을 갖고 있음에도 그 조성이나 징수의 자율성이 완전히 보장되지 않아 기본적이고 필수적인 학교 교육에 필요한 비용에 가깝게 운영되고 있다는 점 등을 고려해보면 이 사건 세입조항은 헌법 제31조 제3항에 규정되어 있는 의무교육의 무상원칙에 위배되어 헌법에 위반된다(헌재 2012.8.23, 2010헌바220).
② [O] 조세의 부과·징수로 인해 납세의무자의 사유재산에 관한 이용·수익·처분권이 중대한 제한을 받게 되는 경우에는 재산권의 침해가 될 수 있다(헌재 1997.12.24, 96헌가19).
③ [O] 국방의 의무는 병역법에 의하여 군복무에 임하는 등의 직접적인 병력형성의무만을 가리키는 것이 아니라, 향토예비군 설치법, 민방위기본법 등에 의한 간접적인 병력형성의무도 포함하며, 병력형성 이후 군 작전명령에 복종하고 협력하여야 할 의무도 포함한다(헌재 1995.12.28, 91헌마80).
④ [O] 헌법 제39조 제2항은 "누구든지 병역의무의 이행으로 인하여 불이익한 처우를 받지 아니한다."고 규정하고 있다. 헌법재판소는 이 조항에서 금지하는 불이익한 처우란 단순한 사실상·경제상의 불이익을 포함하는 것이 아니라 단지 법적인 불이익만을 의미한다고 판시하였다(헌재 1999.12.23, 98헌마363).

정답 | 01 ④ 02 ④ 03 ①

2026 대비 최신개정판

해커스경찰
박철한
경찰헌법 기출문제집

개정 5판 1쇄 발행 2025년 1월 2일

지은이	박철한 편저
펴낸곳	해커스패스
펴낸이	해커스경찰 출판팀
주소	서울특별시 강남구 강남대로 428 해커스경찰
고객센터	1588-4055
교재 관련 문의	gosi@hackerspass.com
	해커스경찰 사이트(police.Hackers.com) 교재 Q&A 게시판
	카카오톡 플러스 친구 [해커스경찰]
학원 강의 및 동영상강의	police.Hackers.com
ISBN	979-11-7244-701-4 (13360)
Serial Number	05-01-01

저작권자 ⓒ 2025, 박철한

이 책의 모든 내용, 이미지, 디자인, 편집 형태는 저작권법에 의해 보호받고 있습니다.
서면에 의한 저자와 출판사의 허락 없이 내용의 일부 혹은 전부를 인용, 발췌하거나 복제, 배포할 수 없습니다.

경찰공무원 1위,
해커스경찰(police.Hackers.com)

해커스경찰

· 정확한 성적 분석으로 약점 극복이 가능한 **경찰 합격예측 온라인 모의고사**(교재 내 응시권 및 해설강의 수강권 수록)
· 해커스 스타강사의 **경찰헌법 무료 특강**
· **해커스경찰 학원 및 인강**(교재 내 인강 할인쿠폰 수록)
· 다회독에 최적화된 **회독용 답안지**

한경비즈니스 선정 2024 한국품질만족도 교육(온·오프라인 경찰학원) 부문 1위

해커스경찰 전 강좌
100% 환급+평생패스

형사법/경찰학/헌법 전 강좌
합격할 때까지 평생 무제한 연장!
* 환급 시 제세공과금 본인 부담

전 강사&전 강좌	검정제/가산점 강의	합격 시
무제한 수강	**무료 제공**	**수강료 전액환급***

*증빙 서류 제출 및 조건 달성 시
*제세공과금 제외

해커스경찰 police.Hackers.com   문의 1588-4055